Leben im Lebensbaum

Verlag für Naturmedizin und Bioenergetik

Walter Binder

Leben im Lebensbaum

קבלה

Eine Einführung

Verlag für Naturmedizin und Bioenergetik

Der Autor- Jahrgang 47, ist seit sechs Jahren Initiator und Leiter einer größeren Interessengemeinschaft für grenzwissenschaftliche und esoterische Themen. Schon in jungen Jahren befaßte er sich mit Philosophie, Theologie, spiritueller Psychologie und der energetischen Praxis, vor allem mit den Chakren. Seit 1977 ist er, ohne Unterbrechung, selbständig praktizierender Heilpraktiker und sammelte genügend medizinische und naturheilkundliche Erfahrungen. Seit der Reiki-Einweihung in den dritten Grad gibt er im In- und Ausland Kurse und Seminare in Reiki, Kabbala, Chakrenharmonisierung und ist Leiter einer spirituellen Arbeitsgruppe.

Anschrift:
Walter Binder
"Im Haus der Begegnung"
Leimfeldstr.17
94469 Deggendorf

Das Titelbild kann als Poster vom Verlag bezogen werden.

CIP-Kurztitelaufnahme der Deutschen Bibliothek:
Binder Walter:
Leben im Lebensbaum, Walter Binder, Deggendorf, Verlag für Naturmedizin und Bioenergetik 1994
ISBN 3-9800985-7-5

1.Auflage 1994

Einbandgestaltung/Titelei: Karl Richard Lang, Dipl.Graphiker und Designer, Plattling.
Gesamtherstellung: Druckerei Wiener Verlag, A-2325 Himberg
ISBN 3-9800985-7-5

Inhaltsverzeichnis

Vorwort 16

Das Baumgleichnis 19
Der Lebensbaum als Spiegel des Universums und des Menschen 22
Einführung in die Kabbala 22

I.Kapitel
Die Mythen des Lebensbaumes 24
Historisches 28
Schriftliche Quellen 29
Jüngere Geschichte 32
Die hebräische Schriftentwicklung 37
1.Die Wurzeln des Hebräischen 37
2.Judäospanisch- und Judäolateinisch 38
Der mystische Buchstabensinn des hebräischen Alphabets 40
Tabelle I, Form-Bedeutung der Urschrift 40
Tabelle II, Zuordnungen nach dem Sepher Jezirah 41
Der Organbaum und seine somatischen Korrespondenzen 41
Die drei Körperbereiche im Lebensbaum 42
Der menschliche Körper im Lebensbaum 44

II.Kapitel
Wesentliche Elemente der Kabbala 45
Zim-Zum: Das Sein entsteht aus dem Unfaßbaren 45
Zim-Zum im goldenen Zeitalter 47
Die Ausfaltung des Lebensbaumes aus dem Zim-Zum 48
Das Ajin-Sof-Aur 49
Die zehn heiligen Samen 50-51
Der Schöpfungsstrahl 52-53
Strukturelle Elemente der Kabbala 54
Polaritätszuordnungen und Gegensätze im Schöpfungsstrahl 54
Das Tetagrammaton 55
Die drei Säulen des Lebensbaumes 56
Die vier Welten und sieben Ebenen im Schöpfungsstrahl 57
1.Aziluth 57
Der Schleier zwischen Aziluth und Beriah 57
2.Beriah 59
3.Jezirah 59
4.Assiah 60
Die vier kabbalistischen Welten 61
Die Numeration der Gesetzeslast in den kabbalistischen Welten 62
Die Gesetzeslast in den kabbalistischen Welten 63
Die Verbindung der zehn heiligen Samen mit den 24 Urideen 64

Auszüge aus den ältesten kabbalistischen Fragmenten 64
Die drei Mütter 64
Die neun Doppelten 65
Die zwölf Einfachen 69
Die Eros-Energie der vierundzwanzig Urideen 76
Die Ableitung der individuellen Bewußtseinshaltungen aus den vierundzwanzig Urideen 77
Der Baum der vierundzwanzig Urideen 79
Die vierundzwanzig hebräischen Buchstaben 80
Kabbalistische Wertigkeit 80
Die primären Wege 81
Die drei Mütter 81
Die neun Doppelten 81
Die zwölf Einfachen 82
Der Baum der vierundzwanzig Bewußtseinshaltungen 83
Der hebräische Baum 84

III.Kapitel

Wozu das menschliche Sein? 85
Die kosmische Matrix 86
a)Das ideale Sein 86
b)Das reale Sosein 87
Das kosmische Sein (Raum, Energie, Form) 87
Raum 87
Energie 88
Die vierundzwanzig Denkkategorien (Form) 89
Die individuelle Matrix 92
Das individuelle Sein 93
Die Zentrierung des individuellen Seins 95
Der Verlust des kosmischen Seins (Eroszyklus) 96
Der Verlust des kosmischen Seins (Thanatoszyklus) 97
Der Fall aus dem Paradies oder der Verlust des kosmischen Seins 99

IV.Kapitel

Das Diagramm der linksläufigen, invokativen Flußrichtung (Integration) 103
Das Diagramm der rechtsläufigen, evokativen Flußrichtung (Identifikation) 105
Der Vorgang der Identifikation in den Thanatoszyklen 106
Der Fünferzyklus 107
Die Fünferzyklen in der menschlichen Seele 109
1.Der horizontale Eroszyklus I (Integration) 111
Der Eroszyklus in den Wegen 113
2.Der horizontale Thanatoszyklus I (die Übertreibung) 113
Die Begierde und Erwartungshaltung im Thanatoszyklus I 116

Der Thanatoszyklus in den Wegen 118
3.Der horizontale Thanatoszyklus Ia
(die Unterbewertung oder Unterschätzung) 119
Die Integration und Identifikation im Pentagrammfluß 121
a)Integration 121
b)Identifikation 122
4.Der Eroszyklus II 123
a)Der aufsteigender Eroszyklus II (Vereinigung, Transformation) 123
b)Der absteigende Eroszyklus II (Konkretisierung) 124
5.Der Thanatoszyklus II 126
a)Der aufsteigender Thanatoszyklus II (Macht) 126
b)Der absteigender Thanatoszyklus II (Absonderung) 127
Der Zermürbungsprozeß des Ego (Thanatos-Bewußtsein) 129

V.Kapitel
Das dialektische Gesetz der Integration von Gegensätzen 131
Der Gegensatz west-östlicher Denkweisen 133
Analoges Denken 133
Vergleichstabelle des ost-westlichen Wahrnehmungsmodus
und der Seinsweise 134
Die Gegensatzproblematik 134
Der Ausgleich der Gegensätze durch die Energie der Mitte 138

VI.Kapitel
Die zehn Sefiroth und ihre symbolischen Entsprechungen 144
Im Ajin-Sof-Aur 147
Das mystische Erlebnis 147
Der Chor der sieben Urgeister spricht 148
Das Mysterium, Alpha-Omega-Omega-Alpha 149

Die obere Triade 150
Einführung in Kether, das unfaßbare Bewußtsein 150
Kurz-Zusammenfassung 151
Die Botschaft: Metatron spricht 151
Affirmationen 152
Einführung in Chokmah, das übergeistige Bewußtsein 153
Kurz-Zusammenfassung 154
Die Botschaft: Raziel spricht 154
Affirmationen 155
Einführung in Binah, das wissende Bewußtsein 156
Kurz-Zusammenfassung 157
Die Botschaft: Zafkiel spricht 157
Affirmationen 158

Die mittlere Triade 159
Einführung in Chesed, das expansive Bewußtsein 159
Kurz-Zusammenfassung 160
Die Botschaft: Zadkiel, der Tröster Gottes, spricht 160
Affirmationen 161
Einführung in Geburah, das selektierende Bewußtsein 162
Kurz-Zusammenfassung 164
Die Botschaft: Kamael, der Gestrenge Gottes, spricht 164
Affirmationen 165
Einführung in Tifereth, das integrale Bewußtsein 166
Kurz-Zusammenfassung 167
Die Botschaft: Michael, der General Gottes, spricht 167
Affirmationen 168

Die untere Triade 169
Einführung in Netzach, das emotionale Bewußtsein 169
Kurz-Zusammenfassung 171
Die Botschaft: Rafael, der Heiler Gottes, spricht 171
Affirmationen 172
Einführung in Hod, das logische Bewußtsein 173
Kurz-Zusammenfassung 175
Die Botschaft: Uriel, das Licht Gottes, spricht 175
Affirmationen 176
Einführung in Jesod, das vitale Bewußtsein 177
Kurz-Zusammenfassung 179
Die Botschaft: Gabriel, der Starke Gottes, spricht 179
Affirmationen 180
Einführung in Malkuth, das physische Bewußtsein 181
Kurz-Zusammenfassung 182
Die Botschaft: Sandalphon, der Gärtner Gottes, spricht 182
Affirmationen 183
Daath, der Reißverschluß im Schleier zwischen Aziluth und Beriah 184
Einführung 184
Kurz-Zusammenfassung 188
Die Botschaft: Der Chor der Engel spricht 188
Affirmationen 189

VII.Kapitel

Die Engel 190
Kurzeinführung 190
Übereinstimmende Beobachtungen an Engeln 191
Die zehn himmlischen Exponenten
und ihre göttliche Macht in den Sphären der Sefiroth 193
Besondere Merkmale der Engelschöre 194
Erste Triade, Seraphim, Cherubim, Throne 195

Zweite Triade, Herrschaften, Gewalten und Mächte 197
Außerhalb der Ränge, Erhalter des kosmischen Gleichgewichtes 198
Dritte Triade Urkräfte (Erzengel), Lebenskräfte, Schutzengel 199
Der Baum der Himmelsfürsten 201
Übergib die Arbeit den Engeln und
überantworte dich dem inneren Kind 202

VIII.Kapitel
Tifereth, der Dreh- und Angelpunkt des Lebensbaumes 204
Prolog an die Erleuchtung 205
Die achtfache Erosstrahlung aus Tifereth 206
Die acht primären Wege 208
Das virtuelle Selbst in Tifereth 209
Identifikationen 209
Der Teufelskreis des Selbstbezuges (Uoroboros) 210
Teilpersönlichkeiten 212
Die schöpferische Macht des virtuellen Selbstes 216
Auf die Transzendenz des Bewußtseins kommt es an 217
Stufen der Erkenntnis 218
1.Stufe 218
2.Stufe: nimm dein Ego nicht so wichtig 219
3.Stufe: die distanzierte, lächelnde Wahrnehmung 219
4.Stufe: Verlaß nicht die Transzendenz 220
Die spirituelle Direktmethode 220
Die Offenbarung des Göttlichen in Tifereth 222
Der Unterschied zwischen Ego und virtuellem Selbst 223
Exkurs Gegensätzliche Lebensthemen 225
Demut und Widerstand 225
1.Stufe: Eingeständnis und Konsens 225
2.Stufe: Demut und Neinsagen 225
3.Stufe: Demütige Übertragungen 226

IX.Kapitel
Die spirituellen Gesetze im Lebens- und Erkenntnisbaum 228
Zusammenfassung einiger wichtiger Gesetze 228
Vorbemerkungen 228
1.Die Gesetze des Lebens- und Erkenntnisbaumes 229
2.Die psychologischen und spirituellen Gesetze 233
Blockadeformen in den Wegen 237
Korrelationen zwischen Thanatoszyklen I, Ia und II 239
Reziproke Verhältnisse 240
Wegevergleich auf einen Blick 242
Die Haupt- oder Dauerblockaden in den Wegen 243
Die Ursache der Begierde 244
Übersichtsschema Motivwandel 246

Kleiner Fragebogen 247
Schau auf den transzendenten Hintergrund, nicht auf das Ego 249
Erschütterungen 250
Das zentrale Wandlungsgesetz des Erkenntnisbaumes 252
1 a) Übertreibung (überwertige Expansion) 253
1 b) Übertreibung (überwertige Selektion) 253
2 a) Unterbewertung (unterwertige Expansion) 254
2 b) Unterbewertung (unterwertige Selektion) 255
1 a) Macht (überwertige Expansion) 255
1b) Macht (überwertige Selektion) 255
2 a) Absonderung (überwertige Expansion) 256
2 b) Absonderung (überwertige Selektion) 256
Äußerungsweisen der selektiven Aufrichtigkeit 259
Äußerungsweisen der expansiven Zuversicht 259
Die psychosomatische Aufdeckung von Blockaden 260
Die zehn Sefiroth und ihre psychosomatischen Korrespondenzen 260
Die psychosomatischen Korrespondenzen der Wege 261
Die Korrespondenz der Wege zur Wirbelsäule 262
Tabelle der Wirbelsäulenkorresponenzen 263
Allgemeine Organverbindung sowie zelluläre und humorale Phasen 264
Zelluläre und humorale Phasen in den Wegen 265
Sefiroth'scher Einfluß auf die zellulären sowie humoralen Phasen 266
Abkürzungen der Sefiroth-Inversion 267
Die funktionalen Gesetze in den Wegen,- eine Übersicht 268
I.Allgemeine regulative Funktionen 269
II.Spezielle regulative Funktionen 269

X.Kapitel

Die praktische Wegearbeit 271
Die spirituelle Botschaft 271
1.Außen und Innen 272
2.Die mangelnde Mitte von Besitz, Beziehungen, Persönlichkeit in den Aktionsfeldern 274
3.Übertreibung in den Aktionsfeldern (A) 276
4.Unterbewertung oder Unterschätzung in den Aktionsfeldern (B) 276
Auswahlliste C von Übertreibungsformen in den Wegen 277
Auswahlliste D vonUnterbewertungsformen in den Wegen 278
5.Geben und Nehmen in den Lebensbereichen und Aktionsfeldern 280
Auswahlliste E, Geben in den Lebensbereichen und Aktionsfeldern 283
Auswahlliste F, Nehmen in den Lebensbereichen und Aktionsfeldern 283
Der Korrespondenzschlüssel zur spirituellen Botschaft 283
a)Besitzverluste, Beschädigungen und was sie widerspiegeln können 284
Beschädigungen und Besitzverluste durch: 284
b)Beziehungen und was sie widerspiegeln können 284
Beziehungsstörungen durch zuviel oder zuwenig? 284

Die Engel in den Wegen 285
Engel und Genien in den Wegen 286

XI.Kapitel
Die Wege im Einzelnen 290
Praktische Instruktionen 290
Die Methode der Wegearbeit 292
1.Weg; Die Erkenntnis 293
Urtext, das Bild, Affirmationen, Fragen 293
Attribute, Organbeziehung, Weisheitsspruch 294
2.Weg; Die Vorstellungskraft und Phantasie 295
Urtext, das Bild, Affirmationen, Fragen 295
Attribute, Organbeziehung, Weisheitsspruch 296
3.Weg; Die Würde 297
Urtext, das Bild, Affirmationen, Fragen 297
Attribute, Organbeziehung, Weisheitsspruch 298
4.Weg; Belohnung und Vergeltung 299
Urtext, das Bild, Affirmationen, Fragen 299
Attribute, Organbeziehung, Weisheitsspruch 300
5.Weg; Die Aufrichtigkeit 301
Urtext, das Bild, Affirmationen, Fragen 301
Attribute, Organbeziehung, Weisheitsspruch 302
6.Weg; Die Zuversicht 303
Urtext, das Bild, Affirmationen, Fragen 303
Attribute, Organbeziehung, Weisheitsspruch 304
7.Weg; Die Zielstrebigkeit 305
Urtext, das Bild, Affirmationen, Fragen 305
Attribute, Organbeziehung, Weisheitsspruch 306
8.Weg; Die Übereinstimmung 307
Urtext, das Bild, Affirmationen, Fragen 307
Attribute, Organbeziehung, Weisheitsspruch 308
9.Weg; Die Akzeptanz 309
Urtext, das Bild, Affirmationen, Fragen 309
Attribute, Organbeziehung, Weisheitsspruch 310
10.Weg; Die Hilfsbereitschaft und Arbeit 311
Urtext, das Bild, Affirmationen, Fragen 311
Attribute, Organbeziehung, Weisheitsspruch 312
11.Weg; Die Kreativität 313
Urtext, das Bild, Affirmationen, Fragen 313
Attribute, Organbeziehung, Weisheitsspruch 314
12.Weg; Die Treue 315
Urtext, das Bild, Affirmationen, Fragen 315
Attribute, Organbeziehung, Weisheitsspruch 316
13.Weg; Die Einigung 317
Urtext, das Bild, Affirmationen, Fragen 317

Attribute, Organbeziehung, Weisheitsspruch 318
14.Weg; Die Zuverlässigkeit 319
Urtext, das Bild, Affirmationen, Fragen 319
Attribute, Organbeziehung, Weisheitsspruch 320
15.Weg; Das Vertrauen 321
Urtext, das Bild, Affirmationen, Fragen 321
Attribute, Organbeziehung, Weisheitsspruch 322
16.Weg; Die Entschlossenheit 323
Urtext, das Bild, Affirmationen, Fragen 323
Attribute, Organbeziehung, Weisheitsspruch 324
17.Weg; Die Beharrlichkeit 325
Urtext, das Bild, Affirmationen, Fragen 325
Attribute, Organbeziehung, Weisheitsspruch 326
18.Weg; Die Begeisterung 327
Urtext, das Bild, Affirmationen, Fragen 327
Attribute, Organbeziehung, Weisheitsspruch 328
19.Weg; Der Humor 329
Urtext, das Bild, Affirmationen, Fragen 329
Attribute, Organbeziehung, Weisheitsspruch 330
20.Weg; Die Ideenfülle 331
Urtext, das Bild, Affirmationen, Fragen 331
Attribute, Organbeziehung, Weisheitsspruch 332
21.Weg; Die Spiritualität 333
Urtext, das Bild, Affirmationen, Fragen 333
Attribute, Organbeziehung, Weisheitsspruch 334
22.Weg; Die Gesetzeserfüllung 335
Urtext, das Bild, Affirmationen, Fragen 335
Attribute, Organbeziehung, Weisheitsspruch 336
Weg 22a; Die Geduld 338
Urtext, das Bild, Affirmationen, Fragen 338
Attribute, Organbeziehung, Weisheitsspruch 339
23.Weg; Die Bescheidenheit 340
Urtext, das Bild, Affirmationen, Fragen 340
Attribute, Organbeziehung, Weisheitsspruch 341
Weg 23a; Die Genügsamkeit 342
Urtext, das Bild, Affirmationen, Fragen 342
Attribute, Organbeziehung, Weisheitsspruch 343
24.Weg; Die Gelassenheit 344
Urtext, das Bild, Affirmationen, Fragen 344
Attribute, Organbeziehung, Weisheitsspruch 345
Weg 24a; Die Hingabe 346
Urtext, das Bild, Affirmationen, Fragen 346
Attribute, Organbeziehung, Weisheitsspruch 347
Weg 24b; Der Friede 348
Urtext, das Bild, Affirmationen, Fragen 348

Attribute, Organbeziehung, Weisheitsspruch 349

Die Mitte der Bewußtseinshaltungen in den Wegen **350**
Kurz-Affirmationen der Wege (männlich) 351
Kurz-Affirmationen der Sefiroth (männlich) 352
Kurz-Affirmationen der Wege (weiblich) 353
Kurz-Affirmationen der Sefiroth (weiblich) 354
Kurz-Affirmationen der Sefiroth (männlich und weiblich) 354
Kurz-Affirmationen der Sefiroth (männlich und weiblich) 355

XII.Kapitel
Der Kelippoth 356
Die Kelippoth'sche Inversion des Baumes 357
Die Aufspaltung der Aggression in Perversion 359
Der Verlust des Ausgleichs 361
Korrespondenzschlüssel des Kelippoth'schen Baumes 362
Die psychosomatischen Korrespondenzen der Sefiroth-Inversionen 362
Die psychosomatischen Korrespondenzen der Wege-Inversionen 363
Der Kelippoth'sche Baum 364
Der humorale und zelluläre Degenerationsprozeß im Kelippoth 365

XIII.Kapitel
Die Einheit von Religionen und Philosopien im Lebensbaum 367
Der Baum der sieben Weltreligionen 373
Die kommende Lichtmaterie 375
Zusammenfassung 394

XIV.Kapitel
Die praktische Kabbala 395
Die Notwendigkeit der richtigen Deutung von Farben, Symbolen und astralen Begegnungen bei der Wege- und Traumarbeit 395
Die Archetypen 396
Die Archetypen der Sefiroth und ihre psychosomatische Beziehung 397
Der Baum der Archetypen 398
Archetypen des Arkanum und ihre psychosomatische Wegebeziehung 399
Das Wesen der Symbole 400
1.Der Sinn und die Entstehung von Symbolen 400
2.Die Wirkung von Symbolen 401
Kurzbeschreibung der germanischen und nordischen Götter aus der Edda 402
Vorbemerkung 402
Die germanischen Götter im Asgard und die Olympier 407
Der germanische Runen- und Götterbaum 416
Der Baum der griechischen Olympier 417
Erläuterungen zum Buddhabaum 418

Kurzbeschreibung der Buddhas 418
Der Buddha-Baum 421
Astrale Farben und Bewußtseinszustände 422
Astraler Farbschlüssel 423
Imaginationsreise zum Himmelsfürsten Raziel 424
Erlebnisbericht der übergeistigen Schau 426
Epilog 428
Danksagung 429
Seminarhinweise 430

Anhang
Kritik an der traditionellen Numeration des Tarot 432
Vergleichstabelle des traditionellen Tarot
mit dem Sepher Jezirah 433
Vergleichstabelle der berichtigten Zuordnung
von Tarot und Sepher Jezirah 434
Die neue Buchstabenzuordnung zum Arkanum des Tarot 434
Kurze Begründung 435
Der Baum des Tarot 439
Die vierundzwanzig hebräischen und griechischen Buchstaben,
Tarotkarten, german. u. griech. Gottheiten, Runen, Sternzeichen
und Planeten auf einen Blick 440

Anmerkungen
-zur Esoterik 441
Fußangeln und Fallstricke 442
Der Baum der Einweihungsstufen 445
-zu den neuen Wegen und Unterwegen 446
-zu den Gnadengaben 447
Der Baum der Gnadengaben 448
-zu den Seinskategorien 449
-zu den Gesetzen der Seinsschichten 451
-zum magischen Mißbrauch des Pentagramms und seine
bedauerliche Erblast aus dem Mittelalter 452
-zu Thanatoszyklus I und Ia, die Übertreibung
und Unterbewertung (Unterschätzung) 454
-zu a) Gerechtigkeit, Gnade und Liebe 454
-zu b)Gerechtigkeit und Liebe im Alltag 458

Literaturhinweise 461
Bildquellennachweis 461
Glossar 462-492
Merkaba-Arbeitsblätter 493-495
Stichwortverzeichnis 496
Verlagsverzeichnis 508

An das hohe Selbst

"Beschließt du eine Sache, wird sie gelingen
und das Licht wird über deinen Wegen strahlen".
Hiob 22.28

Vorwort

Mit diesem Werk, das mir einige Jahre meiner jugendlichen Kraft und viele private Opfer gekostet hat, hoffe ich, die Kabbala in ihrem wahren Licht dargestellt zu haben. Auch in Bezug auf die Kabbala können wir mit dem Lateiner ausrufen *"Mutatis mutandis"*, alles ist dem Wandel unterworfen und der Änderungsbedürftigkeit des Zeitgeistes. Zum erstenmal wurde versucht, aus den ältesten Texten der Kabbala (Bahir, Jezirah) ein Arbeits- und Diagnosediagramm systematisch herauszuarbeiten, das der Subtilität des spirituellen Entwicklungsprozesses angemessen ist. Es war ein Marathon durch die Esoterik und Psychologie und alle Randgebiete, und manchmal stand ich vor der Frage, ob ich das ganze Unternehmen aufgeben sollte. Insofern kann das vorliegende Werk als Pionierarbeit einer Kabbala für die kommenden Generationen bezeichnet werden. Gerade wegen der großen Mühe freue ich mich, den hier vorliegenden Einführungsband nun endlich der Öffentlichkeit übergeben zu dürfen. Ich hoffe, mit ihm die Kabbala vom zweifelhaften Ruf einer mirakulösen Buchstaben- und Zahlenmagie befreit zu haben. Ganz entgegen der allgemeinen Auffassung bedarf es zur praktischen Anwendung der Kabbala keiner Hebräisch-Kenntnisse, es sei denn, man untersucht sie hinsichtlich gematrischer oder sonstiger Buchstabenoperationen. Die mühseligen, jedoch mageren Früchte solcher Unternehmungen stehen allerdings in keinem Verhältnis zum Aufwand. Ich glaube, für dieses kühne Unternehmen die freundliche Zustimmung der überaus frommen und vom glühenden Wunsch, Gott von Angesicht zu Angesicht zu schauen beseelten Merkaba-Mystiker gefunden zu haben. Wie sehr fühle ich doch ihre Sehnsucht! Die Kabbala, als *Landkarte des Bewußtseins* in rechter Weise genutzt, dient sowohl dem ganzheitlichen Psychologen oder dem psycho-spirituellen Lebensberater, als auch dem ernsthaften Seminarleiter zur diagnostischen Orientierung und gleichzeitig als Arbeitsanleitung für inneres Wachstum.

Nur sekundär ist die Kabbala ein magisches System, primär bietet sie eine umfassende Lebenshilfe, um den Menschen aus seiner Verstrickung von bewertenden Ich-Bin-Attributen und dualistischen Weltinterpretationen zu befreien. In diesem Sinne wurde dieses Werk konzipiert, denn sollte die Kabbala, nach dem Merkaba-Mythos dem Menschen *"aus den himmlischen Hallen"* zu seiner Erlösung übergeben worden sein, dann ist die Zeit jetzt reif, sie unter diesem Aspekt zu untersuchen und aus ihr geeignete Methoden und Gesetzmäßigkeiten abzuleiten. So verstanden bietet sich der Lebensbaum, wie kaum ein anderes System, als esoterisches Arbeitsdiagramm an und ermöglicht methodisches Vorgehen und systematische Aufarbeitung von Bewußtseinslücken und Blockaden. Durch die gezielte Arbeit mit ihm wird der so häufige intuitive Selbstbetrug und der schöne Schein illusionärer Gefühlsgewißheiten vermieden. Die Kabbala ist daher nur für *"esoterische Realisten"* geeignet, die ihre Vorstellungen von Notwendigkeit und Möglichkeit aus dem Sumpf astraler Phantasmen befreien möchten. Ohne mentale Umackerung gibt es weder eine klare Orientierung noch wahre Lichtpunkte der Erkenntnis, denn schon immer war der schwankende Boden der Gefühlsgewißheiten ein launischer Ratgeber, der sein Fähnchen nach dem Winde dreht. Mit der hier vorliegenden

Arbeit besitzen wir einerseits ein mentales Arbeitsdiagramm, das die innere Problematik der Gegensätze klar aufzeigt, und andererseits versetzt sie uns in die Lage, jene emotionalen Wegeblockaden in den Griff zu bekommen, welche die bewertenden oder verurteilenden Interpretationsweisen z.B. Übertreibung und Unterschätzung der vierundzwanzig Bewußtseinshaltungen bewirken. Erst durch dieses *"Recycling"* gelingt die Transformierung in die Fülle der transzendenten Drangrichtungen, mit denen das virtuelle Selbst spielt wie ein Kind. Der Transformierungsprozeß im Sinne von *"Wesentlich werden"* lokalisiert sich in der Mitte des Lebensbaumes (Tifereth), jenem *Deus est centrum mundi* -dem spirituellen Omegapunkt- in welchem der*"überpersönliche Eros*" den emotionalen Zustand transzendiert und die Vision des künftigen Lichtmenschen Adam Kadmon Wirklichkeit wird. Ich möchte allen sichtbaren und unsichtbaren Helfern für dieses schwere Unternehmen aus tiefstem Herzen danken. Ohne ihre Hilfe wären dieses Werk und die Manuskripte zu den noch drei ausstehenden Bänden wohl kaum gelungen.

Der Verfasser
"Im Haus der Begegnung" in Deggendorf, Juli 1994

Auf harte Kruste wird kein Same gesät. Du wirst aufgepflügt werden durch ein Suchen ohne Rast. Was bisher gut war- wird schlecht. Was schlecht war- wird gut. Der Name ist noch Materie. Suche, was dahinter ist!
Die Antwort der Engel

Das Baum-Gleichnis

Betrachten wir einen Baum, dann sehen wir eine einfache Dreigliederung:
1.Der Wurzelstock und das Wurzelwerk
2.Der Stamm und seine Hauptäste
3.Die Krone und das Blätterdach

1.Aus den Mineralien und den bakteriellen Zersetzungen der Erde erhält der Baum jene Nähr- und Wirkstoffe, die er für seinen Aufbau braucht.
2. Im Stamm und in den Ästen befindet sich das Verteilersystem für den erdhaften Nährstrom.
3. Das Blätterdach und die Krone gleicht einem entfalteten Sonnensegel, aus dem er die Energie des Sonnenlichtes empfängt.
4. Im Prozeß der Photosynthese wird durch das Licht der Nährstoff aus der Erde umgewandelt und als Baustein in die Baumsubstanz integriert. Nur dieser Verwandlungsprozeß ermöglicht Wachstum und Reife.
Dieses einfache Gleichnis können wir auch auf unser inneres bzw. spirituelles Wachstum anwenden.
Die Mineralien und bakteriellen Stoffe des Wurzelwerkes entsprechen unseren alltäglichen Erfahrungen und Eindrücken.
Der Stamm und die Äste entsprechen unserer individuellen Wesensstruktur, welche die gesammelten Eindrücke und Empfindungen im seelischen Innenraum verteilt. Gleichnishaft steht der Stamm für die Wirbelsäule,- das innere Rückgrat- oder die Säule der Festigkeit und Standhaftigkeit, mit der wir den Widrigkeiten und Versuchungen des Ego widerstehen und auch, wie wir äußeren Anfechtungen begegnen. In dem sinnigen Ausspruch: "Dieser oder jener Mensch habe Rückgrat" kommt der tiefere Sinn des Gleichnisses zum Ausdruck. Die Blätter und die Krone bedeuten, wie wir Eindrücke und Erfahrungen für unser spirituelles Wachstum nutzen, d.h. so integrieren, daß das *"Werde, der Du bist"* heranreift.
Das spirituelle Bewußtsein ist, analog dem Sonnenlicht, die Leuchte, die unser Inneres erhellt, und alles annimmt, ja, selbst die negativsten Erfahrungen positiv in ihrem geheimen Wachtumswert erkennt.
Spirituelles Bewußtsein ist in diesem Sinne als ein göttliches Licht zu verstehen, das *wertfrei wahrnimmt-* frei ist von Unter- und Überbewertungen und Vorurteilen keine Chance läßt.
Ein solches Bewußtsein entdeckt in jeder Erscheinung und Begegnung etwas von sich selbst (Tat Vam Asi, das bist Du!). Dies ist übrigens das Geheimnis der Erleuchtung, welche in dem, was sie auch erblickt, immer etwas von sich selbst entdeckt und so zu einem umfassenden Verstehen gelangt.
Ein gutes Wurzelwerk gleicht jenem unerschrockenen Realitätssinn, der das Leben als Herausforderung und als spirituellen Lernprozeß begreift. Die feste Verwurze-

lung in der Erde gleicht Menschen, die ihre Existenz im Hier und Jetzt voll annehmen und bejahen. Die Widerstandsfähigkeit des Stammes und der Äste gegen Wind und Wetter gleicht Menschen, die auch Härten und Widrigkeiten widerstehen und überwinden. Die Struktur der Äste- ihr Verteilersystem- entspricht den mentalen und emotionalen Aufnahmemöglichkeiten von Lebenseindrücken und Erfahrungen und wie sie verteilt werden können. Die Krone und die Fülle des Blätterdaches zeigen die Erkenntnisfähigkeit des Lebenssinnes und die Möglichkeiten der inneren Umwandlung und Transformation für spirituelles Wachstum und Entfaltung.
Im Menschen finden sich alle Seinsebenen wieder. Mineralisches, pflanzliches, animalisches und geistiges Sein sind zu einer Einheit verschmolzen und durchdringen sich gegenseitig. Doch der Geist des Menschen wurzelt im Urlicht!
Als einzigem Wesen der Schöpfung *vereinigen sich in ihm Himmel und Erde,* bilden eine Ganzheit; er ist die Mitte, in der sich himmlische und irdische Kräfte harmonisch vereinigen können und er ist dazu berufen! In dem Bemühen, Himmel und Erde (Möglichkeit und Notwendigkeit) mehr oder weniger zu vereinen, verstrickt der Mensch sich in innere Widersprüche. Er gerät in die Mühle zwischen persönlichem und überpersönlichem Sein, wodurch ihm jene verborgenen Beweggründe und Schatten des Herzens und des Handelns mehr und mehr bewußt werden. Dies aber ist das Feuer des inneren Schmelzofens, den die mittelalterlichen Alchimisten "Anathos" nannten. Schließlich wird aus ihm in einem Siebenstufen-Prozeß jene Quintessenz herausgearbeitet, welche C.G.Jung die himmlische Hochzeit, die Vereinigung von fleischlichem Ich und höherem Selbst bezeichnete. Durch die *Ver-Wesung* des alten Ichbildes, im Sinne von *Wesentlich-Werden* befreit sich jener Adam Kadmon -der Sohn Gottes- aus dem dunklen Verlies des Ego. Dies ist der Grund, weshalb der Weltenbaum umgekehrt, mit der Wurzel nach oben, dargestellt ist, d.h. er wurzelt nicht im physischen Universum, sondern im ewigen Urglanz, jenen spirituellen Welten, in denen der herrliche Adam Kadmon אדםקדמון Gott von Angesicht zu Angesicht schaut.

Es war ein König, der einen Baum im Garten pflanzen wollte; da sah er im ganzen Garten umher, um zu erfahren, ob er dort einen Wasserquell hätte, der den Baum erhalten würde. Er fand keinen; da sagte er: ich will nach Wasser graben und eine Quelle ans Licht bringen, damit der Baum bestehen kann. Er grub und brachte eine Quelle ans Licht, aus der fließendes Wasser sprudelte, und dann pflanzte er den Baum. Und er blieb bestehen und trug Frucht und seine Wurzeln wurden stark, denn man bewässerte ihn ständig mit dem, was man aus der Quelle geschöpft hatte.

Bahir §15

In diesem Gleichnis wird *der Eine* als der absolute Weltenschöpfer verherrlicht, der seinen Plan, -den Lebensbaum- im Urglanz manifestiert. Die Wasserquelle bedeutet seine verborgene Weisheit, und mit Frucht sind jene Seelen gemeint, die zu ihm aufsteigen. Die starken Wurzeln bedeuten die kosmischen Gesetze, die ständig durch seine Weisheit bewässert werden.

Das Baumgleichnis

Abb.1

Baumtyp und besonderes Erscheinungsbild
(Potentieller Entfaltungsspielraum)
Unsere einmalige Wesensstruktur (Seelenkleid)

Humus, Nährstoffe, Mineralien, Bakterien
(Physisches Sein)
Lebensumfeld, Alltagserfahrungen, Eindrücke.

Wurzelwerk
(Vitales Sein)
Eindrücke aus dem Lebensumfeld und *wie* wir sie annehmen.

Stamm
Lebenswille, Robustheit, Widerstandsfähigkeit, Standhaftig keit, Rückgrat u. Bejahung des Seins.

Äste
Inneres Verteilersystem. *Wie und Wo* wir die Eindrücke und Erfahrungen verteilen und ablagern.

Blätter, Blätterdach und Krone
Geistiges Sein (Sonnenlicht)
Potential und Bereitschaft der Verarbeitung von Eindrücken u. Erfahrungen, erkennen des Lebenssinnes, Umwandlung u.Transformation für spirituelles Wachstum.

Früchte
Spiritueller Ertrag unseres irdischen Seins (unser Beitrag zur spirituellen Evolution)

„Das Gleichgewicht von Liebe und Erkenntnis gründet auf Spiritualität.
Die Einheit von Gefühl und Verstand baut auf Liebe und Erkenntnis;
Die Harmonie von Physis und Vitalität (Triebe) hängt vom Einklang zwischen Gefühl und Verstand ab.
Fehlt nun eines der oberen Glieder, dann kann es auch keine Einheit zwischen Physis und Vitalität geben."

Prolog

Der Lebensbaum als Spiegel des Universums und des Menschen

Alle Erscheinung, und sei sie noch so unbedeutend, ist nur ein Gleichnis der Herrlichkeit *des Einen.* Wenn Steine reden könnten, würden selbst sie *den Einen* preisen. Das Universum kündet von der Größe *des Einen* und ob Astronom, Mikrobiologe oder Kernphysiker, jedem wird bald überdeutlich, daß die göttliche Ordnung und Weisheit, sowohl im subtil Kleinsten wie im unendlich Größten waltet. Jeder, der nur einigermaßen aufgeschlossen ist, erkennt, daß in allem der gleiche Geist, die gleichen Grundprinzipien und die gleiche Weisheit weht, und alles miteinander vernetzt ist. *Der Lebensbaum ist ein universales Gleichnis*; er ist Urglyphe des inneren Menschen und des Kosmos und er gibt uns eine klare seelische Orientierung. Letztlich verweist er auf die polare und analoge Ordnung des Universums und eröffnet jedem, der sich darum bemüht, einen umfassenden Einblick in die Weisheit der spirituellen Wesens- und Wertehierarchie von Schöpfung und Mensch.

Einführung in die Kabbala

Das Wort Kabbala kommt aus dem Hebräischen und leitet sich aus dem Wortstamm*"kibel"* קבל ab; es bedeutet sinngemäß "empfangen"(Etz Chajim) קבלה.
Die Kabbala hat ihre geistigen Wurzeln in den chaldäisch-ägyptischen Mysterienstätten und ist ein esoterisch-westlicher Einweihungsweg. Einweihung in unserem Sinne bedeutet einerseits, in ein praktisches Wissen unterwiesen zu werden und andererseits, jenen Impuls oder inneren Anstoß zu erhalten (initiare), der unser höheres Selbst zur Entfaltung bringt- den göttlichen Kern und das ewige Sein bewußt macht, aber auch die Liebe und Hingabe an *das Eine* und an die Schöpfung weckt und die Harmonie mit allem, was ist, fördert. Der Initiationsprozeß treibt die Frage nach dem *Woher, Wozu und Wohin* auf die Spitze und führt ins Erwachen. Durch ihn nehmen wir unser Leben selbstverantwortlich in die Hand und beginnen an uns zu arbeiten.
Die 10 Sefiroth ספירות und 24 Verbindungen (10 + 24 = 34) יח wurden zu einem Baumsymbol verschmolzen und es bildet den strukturellen Grundriß sowohl westlicher als auch östlicher Esoterik, darum ist es Urglyphe oder zentrales Urbild des inneren und äußeren Kosmos. Das Symbol des Lebensbaumes zeigt nicht nur den Vorgang der Ausfaltung göttlicher Attribute nach unten sowie die Entfaltung der Seinsstufen und Bewußtseinszustände, sondern an ihm läßt sich auch der Prozeß der spirituellen Evolution und der Aufstieg sowie die Öffnung des Unbewußten

zum Überbewußtsein demonstrieren. Jeder der zehn Sefiroth ist potentiell vollkommen und soll im Menschen ganz zum Ausdruck kommen. Mit der Geburt beginnt gewöhnlich das Abenteuer dieser Bewußtwerdung und manche Kabbalisten behaupten, daß dazu viele Leben nötig seien. Die langsame Entfaltung der Sefiroth ist ein Bewußtwerdungsprozeß, der ein ganzes Leben anhält, und nur wer strebend sich bemüht, wird ihre Reinheit und Glorie erfahren.

Jeder kann den Lebensbaum wie ein spirituelles Arbeitsdiagramm benutzen und sein ganz persönliches Lebensthema entdecken. Es geht dabei um die Durchdringung des sterblichen Ichbildes mit dem Licht des virtuellen Selbstes, das uns aus der Gefangenschaft bewertender Ich-Bin-Attribute befreit. Dies bedeutet: *"Werde, der du bist!"* Erst dann gelingt die Versöhnung von unbewußten Gegensätzen und integrale Wahrnehmungseinheit wird möglich.

Besonders wichtig für eine gleichgewichtige Entfaltung der Sefiroth ist die systematische Wegearbeit, welche die Implosion der bewertenden Ich-Bin-Attribute (Zim-Zum) fördert und die volle Ausfaltung der seelischen Potenzen und Fähigkeiten bewirkt. Der Lebensbaum als esoterisches Arbeitsdiagramm ermöglicht, wie kaum ein anderes System, methodisches Vorgehen und systematische Aufarbeitung von Lücken und Blockaden. Durch die gezielte Arbeit mit ihm wird der *so häufige intuitive Selbstbetrug* und der schöne Schein *illusionärer Gefühlsgewißheiten* vermieden. Darum ist er nur für *esoterische Realisten* geeignet, die ihre Vorstellungen von Notwendigkeit und Möglichkeit aus dem Sumpf astraler Phantasmen befreien möchten.

I.Kapitel

"Ich bin es, der diesen Baum gepflanzt hat, daß alle Welt sich an ihm ergötze, und habe mit ihm das All gewölbt, und seinen Namen All genannt; denn an ihm hängt das All, und von ihm geht das All aus, alles bedarf seiner und auf es schauen und nach ihm bangen sie, und von dort gehen die Seelen aus. Allein war ich, als ich ihn machte, und kein Engel kann sich über ihn erheben und sagen: ich war vor dir da; denn auch als ich meine Erde wölbte, als ich diesen Baum pflanzte und einwurzelte und sie aneinander Freude haben ließ und mich selbst ihrer freute- wer wäre bei mir gewesen, dem ich dieses Geheimnis offenbart hätte?"

Bahir §14

Die Mythen des Lebensbaumes

Ursprünglich bedeutete Kabbala *„geheime Weisheitslehre"*, deren Wurzeln im Westen bis in die Mysterienstätten der Chaldäer und Ägypter zurückreichen (ca.4000 v.Chr.). Im ägyptischen Djed-Pfeiler, dem großen Auferstehungssymbol des Osiris mit den vier Sphären, ist z.B. der Weltenbaum versinnbildlicht. Auch im letzten Weltreich der Assyrer, 9.Jh.v.Chr., wurde er in Steinplatten eingemeißelt.

Abb.2 Der Baum des Lebens, von zwei Cherubim bewacht.

In den Geheimlehren der Inder (Upanishaden) gab es den Weltenbaum wahrscheinlich schon früher, z.B. im Banyan-Baum des Vedanta und in alten, noch nicht übersetzten buddhistischen Handschriften, etwa das von dem Japaner Dr.Mikao Usui entdeckte chinesische Ideogramm eines Lebensbaumes, der für verschiedene Einweihungsgrade in die universale Lebensenergie (Reiki) verwendet wird. Der in Indien und Ceylon beheimatete Bodhi-Baum (Ficus religiosa finalis), unter dem Buddha die Erleuchtung fand, genießt ähnliche Verehrung wie der westliche Weltenbaum, denn seit Jahrtausenden meditierten unzählige Asketen und Sannyasins unter seinem Blätterdach, in der Hoffnung, unter ihm den Kreislauf der Wiedergeburten (Samsara) zu beenden.

Abb.3 Zwei Bodhi-Baumdarstellungen, in Stein gemeißelt.

Abb. 4

In der obigen Abbildung sehen wir den Altchinesischen Weltenbaum (Abb.4) aus der Grabkammer Wu Liang Tsu, aus der Han-Zeit um 167 n.Chr., daneben ein Asketenkreis unter einem Banyan-Baum sitzend.

Abb.5

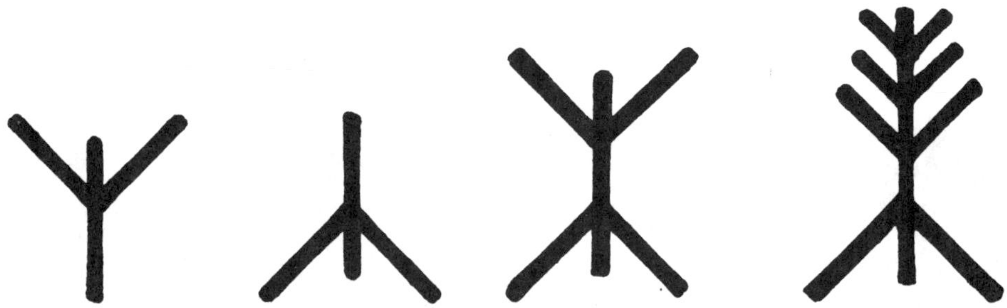

Abb.6 Algiz Yr Verschmelzung stilisierte Form

Eine der ältesten Formen des Lebensbaumes sehen wir in der Verschmelzung zweier Runen, der Rune Algiz und der Rune Yr. Algiz ist das Zeichen für Mann und weist auf die Öffnung zum Göttlichen hin, Yr, das der Frau und bedeutet die Öffnung zur Erde. Die Verschmelzung beider symbolsiert die Vereinigung des Göttlichen- des Ideellen und der Erde oder der Möglichkeiten und Notwendigkeiten. Eine weitere, mehr stilisierte jüngere Runenform des Lebensbaumes sehen wir daneben. In der schamanischen Steinzeitepoche gab es verschiedene Darstellungsformen des Lebensbaumes, die das mythisch-naturhafte Erleben ausdrückten.

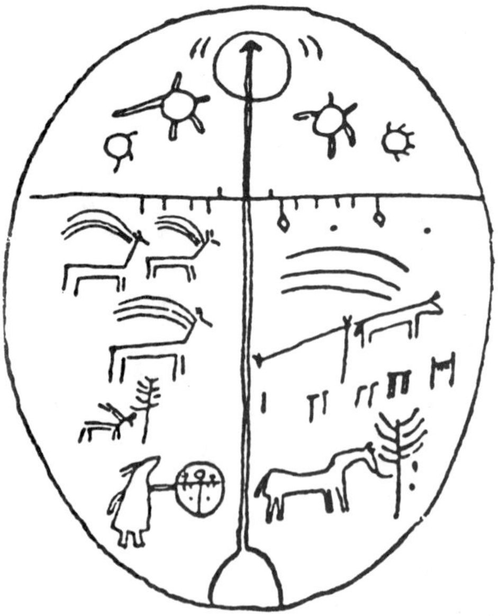

Abb.7 Weltenbaum auf einer isländischen Schamanentrommel

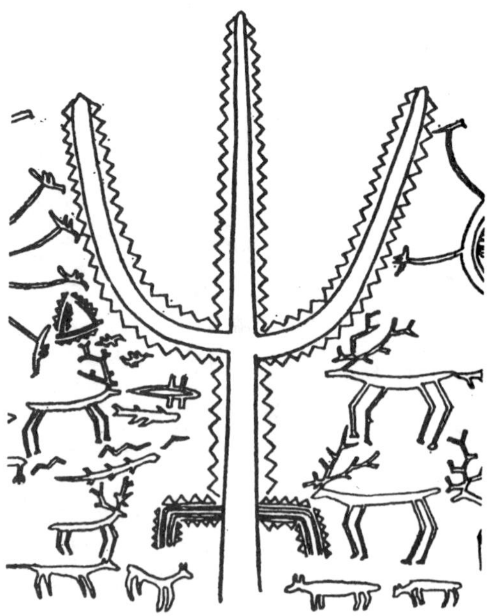

Sibirischer Weltenbaum

Die nordischen Mythen Islands besingen in der Edda den kosmischen Baum Yggdrasil oder die Weltesche, da heißt es:

"Eine Esche weiß ich, sie heißt Yggdrasil,
die hoch benetzt mit hellem Naß:
von dort kommt der Tau, der in Täler fällt;
immergrün steht sie am Urdbrunnen."

Die drei Wurzeln des Weltenbaums symbolisieren das Reich der Toten (Hel), das Reich der Riesen (Reifthursen- Dämonen und Unholde) und das Reich der Menschen. Aus den Wurzeln -dem Urdbrunnen- gehen die drei Nornen oder Urmütter hervor, welche den Baum immerzu bewässern und das Schicksal der Menschen und Götter spinnen. Sein Geäst ist der Himmel, in dem die Götter wohnen. Zwischen Göttern und Menschen wölbt sich die Regenbogenbrücke *Bifrost* (die Astralebene) oder die Asenbrücke, ein bebender, schwankender Weg, über den die Götter zu den Menschen reiten und den Heimdall bewacht, siehe S.410. Der Weltenbaum muß Unbill leiden, heißt es, denn seine Wurzeln werden von dämonischen Mächten immerdar zerfressen und seine Fäulnis schreitet voran, bis die Zeit kommt, wo er erschüttert wird, und der Bruder Surts, -ein Feuerriese-, den Baum verschlingt. Diese apokalyptische Weissagung kündet von einem weltweiten Sintbrand, in dem sich die alte Schöpfung in eine neue verwandelt, siehe auch S.406. Offenbar ist mit Yggdrasil nicht der ewige Lebensbaum, mit der Wurzel nach oben, gemeint, sondern der Baum der Erkenntnis (der schwarze Regenbogen), die alte Schöpfung.

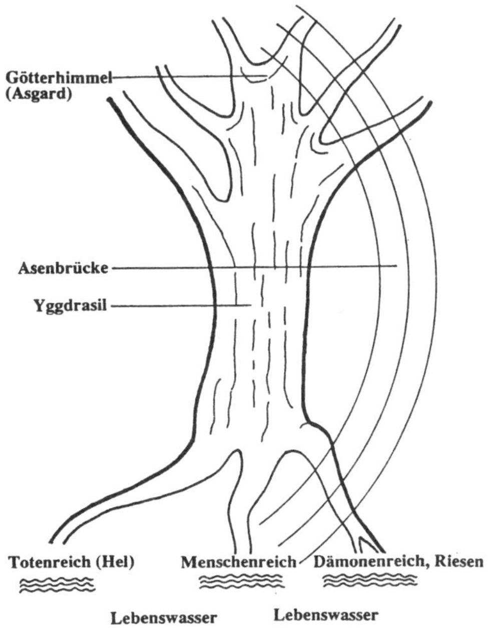

Abb.8 Yggdrasil, der germanische Weltenbaum (schematisierte Darstellung).

Da die Kabbala als esoterische Weisheitslehre mündlich überliefert wurde, bleibt ihre wahre Herkunft spekulativ. Prähistorisch soll sie aus dem mythischen Atlantis stammen und vom Engelsfürsten Metatron, „dem kleinen Angesicht Gottes“, der, nachdem die Menschen von Gott abfielen, die Kabbala brachte, um ihnen den wahren Weg zurück zum ursprünglichen Seligkeitszustand zu zeigen. Einem Mythos zufolge soll der Baum des Lebens in den Auen des Paradieses wachsen und ein Gleichnis des seelischen Wachstums und der Entwicklung des Menschen sein.
Die spirituelle Evolution des Adam Kadmon soll also parallel zum Wachstum des Lebensbaumes auf dem "Berg Gottes" verlaufen und Metatron hat den Menschen im Lebensbaum ein himmlisches Gleichnis gegeben.
Ein anderer Mythos von Adam Kadmon erzählt, daß die zehn Sefiroth in seinem Seelenkleid so gewaltig strahlten, daß er an ihrer seligen Fülle zerbarst und in Myriaden von glückseligen Funken versprühte, welche die Bausteine der ganzen Schöpfung bilden. Den Mythos mögen manche belächeln, doch die Allegorie bedeutet nichts anderes, als die sich verschenkende Fülle *des Einen*, und sie läßt uns ahnen, welch' selige Fülle in Gott sein muß.

Historisches

So weit die geschichtliche Chronik reicht, kamen kabbalistisch-gnostische Vorstellungen schon in der 2.Hälfte des nachchristlichen Jahrhunderts in der *Merkaba-Mystik* vor. Als 134 n. Chr. mehrere römische Legionen (50 000 Mann) unter der Führung Hadrians Jerusalem dem Erdboden gleichmachten, waren die Israeliten ihres Tempels und der Schriften (hl.Thorarollen) beraubt und standen vor einem kulturellen Scherbenhaufen. In Ermangelung der rituellen Ausübung ihrer Religion konnte sich unter solchen Bedingungen eine mystische Strömung entwickeln. Einige von den noch Verbliebenen fanden sich in esoterischen Lebensgemeinschaften zusammen (Merkaba-Mystiker) und entfalteten als Nachfolger von *Rabbi Akiba* eine tiefschürfende Buchstabenmystik, welche die mystische Thronwagenvision des Propheten Hesekiel zum Ziel hatte, und die sie zu einem siebenstufigen Initiationsweg ausbauten. Zu diesem Zweck mußte sich der Myste durch mehrtägiges Fasten, Beten und Lobpreisen intensiv vorbereiten. Erst wenn er dem ekstatischen Zustand genügend nahe war, durfte er die Reise beginnen. Er legte dabei das Haupt zwischen die Knie, visualisierte den Thronwagen (masse merkaba) und fuhr auf ihm durch sieben Himmelspaläste (hebr.Hekhaloth); hierfür benutzte er die magische Bedeutung des hebräischen Alphabetes und daraus wieder Namen und Symbole, die ihn als Eingeweihten vor den anglikanischen Himmelswächtern auswiesen. Gemäß dem hebräischen Alphabet gab es zweiundzwanzig Bewußtseinshaltungen, deren Verwirklichung von den Hütern der Schwelle gefordert wurde. Ein Beispiel: gelangte der Mystiker an das fünfte Tempeltor, das durch die mittlere Mutter (Weg der Erkenntnis) symbolisiert ist und jene Gegensatzspannung zwischen Güte und Strenge (Chesed und Geburah) verband, so mußte der Myste den Torwächtern Rede und Antwort stehen, z.B. wie er die Einheit von Strenge und Milde verwirklichte und über authentische Erlebnisse berichten. Unter den wissenden Augen der Wächter konnte nur derjenige bestehen, der die Wahrheit sagte, und

nur er wurde in den Tempel eingelassen, wo er die Einweihung von den himmlischen Exponenten *Kamael* -dem Strengen- und *Zadkiel* -dem Tröster Gottes- empfing. Konnte er so alle Himmelspaläste passieren, dann war er ein *"Jorde Merkaba"*, ein vollständig Eingeweihter und durfte vor das kleine Angesicht Gottes treten, das nach damaliger Auffassung Henoch oder Metatron war. Daß hierbei die magischen Namen und Symbole nur von untergeordneter Bedeutung waren, zeigte sich an den bewußtseinsverändernden Folgen solcher Reisen, die im Kreis der Eingeweihten ihre ganz eigenen Kriterien hatten. Wesentliche Inhalte des Buches Sepher Jezirah stammen wahrscheinlich aus den Visionen der Merkaba-Mystiker und zeugen von dem hohen Niveau ihrer ernsthaften Frömmigkeit.
Solche und andere esoterische Einweihungswege waren das Gegenstück zur talmudischen Gesetzestreue und das Sammelbecken jüdisch-gnostischer Vorstellungen, welche schließlich die Kabbala in ihrer heutigen Gestalt hervorbrachten.

Schriftliche Quellen

Die eigentlichen schriftlichen Quellen der Kabbala finden sich in einem gnostischen Textfragment -dem **Schi'ur Koma**- aus dem 1.Jh.n.Chr., in der Gott in seiner menschlichen Gestalt beschrieben wurde, wobei jedem Körperteil magische Zeichen und Buchstaben zugeordnet waren. Die Inhalte stammen wahrscheinlich aus den Initiationserlebnissen der Merkaba-Mystiker und waren visionären Ursprungs. Wenn auch pseudepigraphisch, so wird Rabbi Akiba, dem bedeutendsten Talmudlehrer seiner Zeit, das Fragment zugeschrieben. Weitere wichtige Quellen sind das Buch *Sepher Bahir* (von der Erschaffung des Lichtes) und das Buch *Sepher Jezirah* (Buch der Schöpfung oder Weltformung).
Das Buch Sepher Bahir (die Erschaffung des Lichtes) מאיר gilt neben dem *Schi'ur Koma* als das älteste Werk der Kabbala und dürfte ein esoterischer Ausfluß des babylonischen Talmud sein. Die älteste Handschrift wurde 1176 in Südfrankreich entdeckt und 1651 in Amsterdam erstmalig gedruckt. Als Autor gilt *Rabbi Nehuniah ben Hakana*, ein Talmudlehrer des ersten Jh.v.Chr. Die Handschrift ist nur fragmentarisch erhalten und in Midraschform verfaßt, d.h. eine Sammlung von Aussprüchen oder kurzen Vorträgen, die sich auf Bibelverse beziehen, besonders auf solche, die kosmologisch und kosmogonisch von Bedeutung sind. Ein Bibelvers wird einfach aufgegriffen und zum Gegenstand der Erörterung gemacht. Mehr als 50 Gleichnisse nehmen dabei einen zentralen Platz ein. Das Buch Bahir stammt sehr wahrscheinlich aus der Anfangszeit der Merkabamystik und versucht, den Weltenbaum mit den Bibelversen in Einklang zu bringen. Nach *Rabbi Nehuniah ben Hakana* hat Gott (Jehova) den Weltenbaum geschaffen, der das Universum darstellt. Die Kräfte der oberen Welten (himmlische Welten) werden von Gott gebildet und ihre Früchte- die Gerechten- steigen von dort in die untere Welt hinab, siehe auch *"Auszüge aus dem Buch Bahir"* im Band I (Der Mensch im Lebensbaum).

Das Buch Sepher Jezirah (Buch der Weltformung) ספריצירה enthält knapp 1600 Worte und stammt aus der Zeit der Merkaba-Mystik, etwa 2. Jh.n.Chr. und ist theistisch ausgerichtet. Der Autor des Buches dürfte ein Eingeweihter der Buchstabenmystik gewesen sein. In der Manier eines Visionärs (Jorde Merkaba) beschreibt er die kosmogonische Kraft der Sefiroth, ebenso die geheime Bedeutung der hebräischen Quadratbuchstaben, in orakelhaften Sätzen. Die numerische Ordnung der Urideen wird, offenbar mit voller Absicht, in schwierige metaphorische Formulierungen eingehüllt und entzieht sich dem Zugriff intellektueller Analyse. Das Buch Sepher Jezirah kann daher nur intuitiv entschlüsselt werden und nicht mit weltkluger Gelehrsamkeit. Es beschreibt, wie die zehn Sefiroth als göttliche Emanationen welche die Schöpfung entfalten und mit 22 geheimen Wegen der Weisheit verbinden. In jedem Sefirah sind auf der jeweiligen Stufe stets alle 10 Sefiroth enthalten, so daß der Lebensbaum insgesamt 100 Seinsebenen bzw. Bewußtseinsebenen enthält, wobei jeder Sefirah den Anfang und das Ende bildet. Das Buch ist eine direkte Anspielung auf den Thronwagen des Propheten Hesekiel.
Die Vision des Thronwagens erblickt Gott in *verherrlichter Menschengestalt*, umgeben von vier feurig-lebendigen Rädern, und weist wieder auf die Vierer-, Fünfer- und Zehnerordnung hin. Der Wagen *(Masse merkaba)* gibt uns eine dämmerhafte Ahnung vom Wesen der Gottheit und der himmlischen Familie. Diese Vision ist auch der wahre Grund, weshalb die Kabbala den Aufbau des Universums anthropomorph beschreibt und weshalb den zehn Sefiroth jeweils zehn Körperbereiche zugeordnet wurden, die mit bestimmten Körperorganen und -abschnitten, -den 22 hebräischen Buchstaben-, korrespondieren. Das vorliegende Werk stützt sich wesentlich auf diese Quellenangaben.
Im 12.Jh. tauchten die ersten kabbalistischen Schriften in Spanien (Gerona) und Südfrankreich auf, wo sich geheime judäo-spanische Zirkel, auf christlich-jüdischer Tradition gründend, gebildet hatten und unter der Führung von begnadeten Charismatikern und Mystikern die Kabbala nicht nur lehrten, sondern auch tatsächlich lebten.
Das Buch Sohar (*Sepher ha-Sohar*- Buch des göttlichen Glanzes) זהרהגדול und זהרהקטון ist wahrscheinlich jüngeren Datums und stammt wohl aus der Feder des spanischen Kabbalisten Mose de Leon *(Rabbi ben schem-tov de Leon*) aus Avila (1250-1305), welcher ältere Textfragmente aus der Merkaba-Mystik mit den neueren Erkenntnissen der spanischen Kabbalistik vereinigte. In der mystischen Literatur erlangte dieses Buch höchstes Ansehen und gilt wegen seiner schwierigen Traktate unter Kabbalisten bis in die Gegenwart als Grundlagenwerk der mystischen Kabbala.
Die Texte im Sohar sind nicht leicht, doch jeder, der sich mit der Kabbala befaßt, muß sie, um in ihre Geheimnisse vorzudringen, gelesen haben, da führt kein Weg vorbei. Zur größten Verwunderung der Kabbalaforscher ist der Sohar in ostaramäischer Sprache abgefaßt, wie sie zur Zeit Jesus von Nazareth vom Volk gesprochen wurde. Die Tatsache, daß Jesus und seine Jünger aramäisch sprachen, wirft auf die aus dem Griechischen übersetzten Evangelien ein neues Licht und relativiert deren wörtliche Auslegung. Zudem wäre interessant, inwieweit die hebräische Kanonisierung mit den aramäischen Dialekten, die unzweifelhaft auch von

den Propheten gesprochen wurden, übereinstimmt. Man darf ja nicht übersehen, daß die hebräische Sprache und Schrift nur von einer Minderheit, z.B. von den Schriftgelehrten (Pharisäern), beherrscht wurde, wobei vor allem zu prüfen wäre, inwieweit die aramäische Wort- und Zeichenbedeutung ins Hebräische korrekt übertragen wurde. Die aramäische Sprache ist jedenfalls älter und eng mit der altsyrischen "Estrangeloschrift" verwandt.
Infolge der aramäischen Hürde konnten nur wenige den Sohar lesen. Es ist nicht auszuschließen, daß der Verfasser möglicherweise die Kommentare durch mediale Durchgaben empfing, denn die aramäische Sprache hatte im 13.Jh.längst aufgehört, als Volkssprache zu existieren. Allerdings gibt es schriftliche Aufzeichnungen in Aramäisch, z.B. die Offenbarung des Johannes und einige Briefe von ihm, die auf die Authentizität des Verfassers schließen lassen, zudem gibt es Psalmfragmente, z.B. Psalm 7, und Teile des alten Testamentes, z.B. im Buch der Richter, in ostaramäischer Abfassung. Der Sohar wurde vom Aramäischen zuerst ins Lateinische und erst später in andere Sprachen übersetzt. Eine vollständige englische Übersetzung des Sohar- ediert von Sperling Simon- gab es erstmals 1949.
Im Aufbau enthält der Sohar folgende Abschnitte:
1.Das Buch der Geheimnisse
2.Die große Versammlung
3.Die kleine Versammlung
4.Der treue Hirte
5.Ergänzungen zum Sohar
6.Der neue Sohar
Der Inhalt des Sohar *ist mystische Theosophie.* Sie ist wesentlicher Bestandteil der Kabbala und philosophische Grundlage. Die geistige Welt des Sohar besteht aus einer Mischung von anthropomorpher Theologie, mythischer Kosmogonie und spiritueller Psychologie. Gott, Welt und Seele führen auf ihren eigenen Ebenen kein abgesondertes Dasein. Der ursprüngliche Schöpfungsakt kennt überhaupt keine absolute Trennung. Der Mensch hat jedoch die Trennung vollzogen und lebt in der Abgesondertheit seines Ego, d.h. er hat sich mit *bewertenden* Ich-Bin-Attributen vom Universum getrennt.

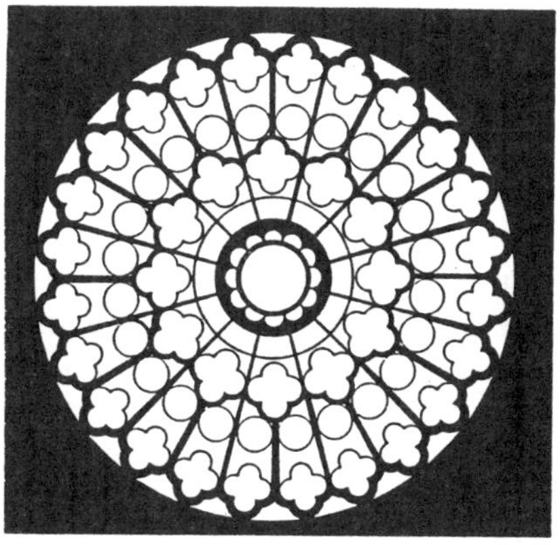

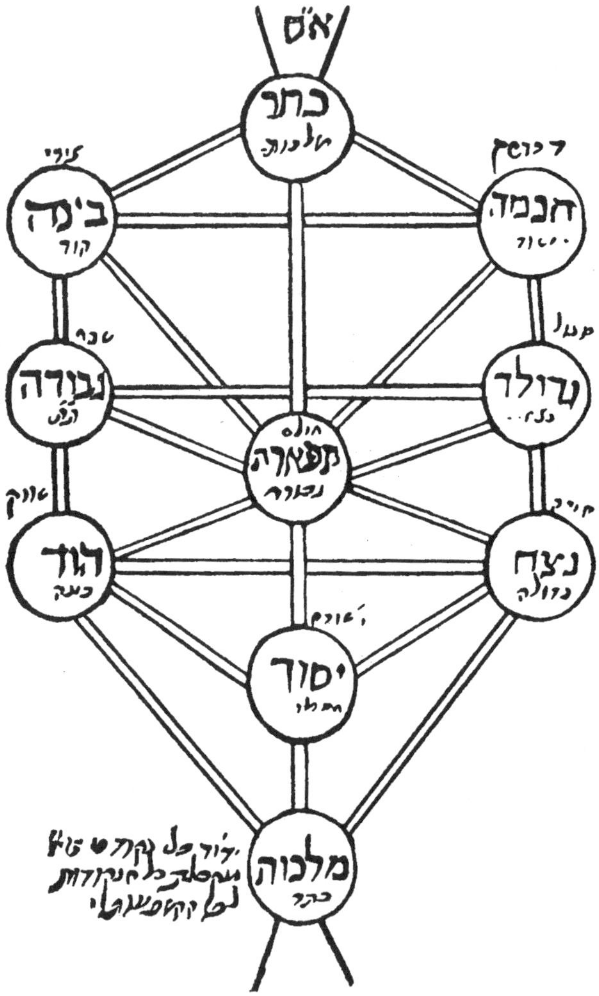

Abb.9 Baumstruktur aus einer Sohar-Handschrift

Jüngere Geschichte

1492, nach der Vertreibung der Juden aus Spanien durch die Katholiken, bildeten sich in Spanien zwei berühmte kabbalistische Schulen, die des *"Moses ben Jakob Cordovera"* (1522 bis 1570) und des *"Isaak Luria"* (1534 bis 1572). Rabbi Cordovera starb schon mit achtundvierzig und hinterließ einen Riesenkommentar zum Sohar und eine brilliante philosophische Begründung zum Lebensbaum. Als theoretischer Systematiker lieferte er zu den zehn Sefiroth und den ursprünglich 22 Wegen ein Begründungssystem, das die nachfolgenden abendländischen Philosophen vom Format eines Spinoza durchaus inspirierte.

Ganz anders Isaak Luria, der als der Exponent der neueren Kabbala gilt. Er versuchte, wie Cordovera, ein Leben des vollkommenen Gerechten zu führen (Zaddik) und rang um Heiligkeit. Sein besonderes Charisma, von dem seine Schüler immer wieder berichteten, verlieh ihm die Aura eines Erleuchteten. Von ihm existiert auch eine Heiligenbiographie. Isaak Luria war kein Gelehrter, vielmehr war er Visionär und Asket. Unter den Kabbalisten wurde sein Testament ehrfurchtsvoll als *"die Schriften des heiligen Löwen"* bezeichnet. Sein im Original einzig erhaltener schriftlicher Nachlaß, der Kommentar zum Sifra de Zeni'utha (Buch der Verborgenheit, das wohl schwierigste Stück des Sohar), zeigt, daß er die Geheimnisse mehr visionär erschaute und weniger schlußfolgerte. Das meiste von ihm wurde mündlich vermittelt, und, als er schon im achtunddreißigsten Jahr verstarb, wurde es von seinem Schüler (*Chajim Vital,* 1543 bis 1620) niedergeschrieben.
Beide, die Cordovera-Kabbala und die lurianische Kabbala, ähneln sich und enthalten gleichermaßen theoretische wie praktische Aspekte. Lurias Kabbala betont mehr das asketische Ideal der Buße und Umkehr und lehrt praktische Mystik. Viele philosophische Begründungen sind von Cordovera mit eingeflossen und haben sie positiv befruchtet. Neu bei Luria ist die Auffassung vom ***Zim-Zum***, siehe S.45, eine der erstaunlichsten und weitestreichenden mystischen Ideen, wie sie ähnlich auch bei Laotse in seinen Aphorismen zu finden sind.
Neu bei Luria ist auch die Lehre von Adam Kadmon, dem himmlischen Menschen, und das Geheimnis des *Tikkun.* Adam Kadmon ist der Sohn Gottes oder das Ebenbild Gottes (von Angesicht zu Angesicht), ja er widerspiegelt sich in Gott.
Die Botschaft des *Tikkun* ist die Wiederherstellung des himmlischen Adam Kadmon, der durch die Verirrung (Absonderung) des Ich-Bin das göttliche Licht nicht mehr reflektieren kann. Durch die schrittweise Offenbarung der zehn göttlichen Angesichter oder Sefiroth (Parzufim) wird sich der Mensch im evolutiven Prozeß seiner göttlichen Bestimmung zunehmend bewußt. Tikkun ist also die Erlösung aller Dinge aus ihrer dunklen Unbewußtheit und zwar der ganzen Schöpfung. Dies ist die Rückkehr eines jeden von uns zum Alpha- und Omegazustand *des Einen* und die Herabkunft des göttlichen Adam Kadmon oder die selige Fülle *der Liebe, Freude, Freiheit, Kreativität und Geborgenheit,* somit auch die Wiederherstellung der ursprünglichen Ganzheit, die *in dem Einen* schon immer war und immer sein wird (Apokastasis).
Die lurianische Kabbala lehrt auch die Wiedergeburt und Seelenwanderung. Was im Hinduismus als Karma bezeichnet wird, heißt auf hebräisch *Gilgul* גילגול .Die Seelenwanderung ist jedoch nur für perverse Vergehen vorgesehen, vor allem sexueller Natur, z.B. Sodomie. *Gilgul* gibt es nur in der Welt Kelippoth, dem physischen Universum, in dem sich Materielles, Astrales und Spirituelles so sehr vermischt haben, daß sie nur schwer voneinander unterscheidbar sind.

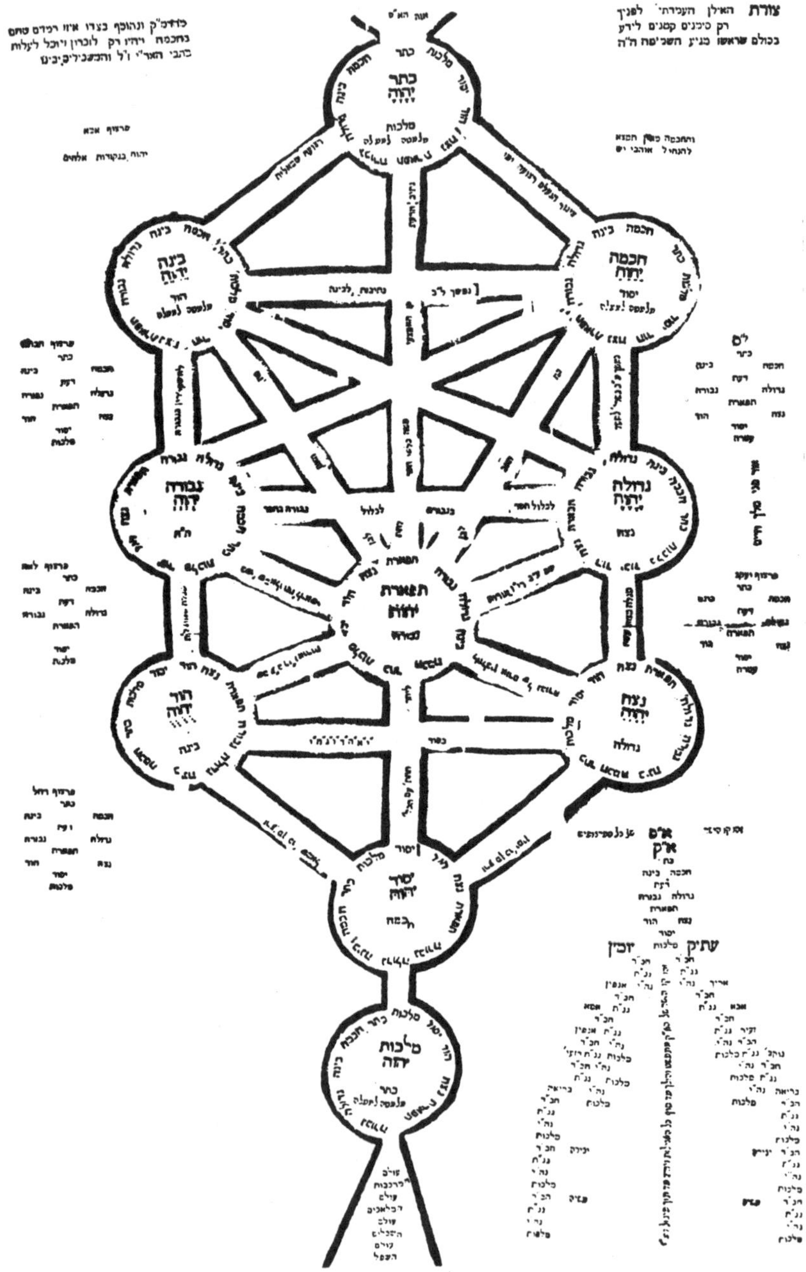

Abb.10 Der Sefiroth-Baum des Isaak Lurian

Die mystische Theologie der lurianischen Kabbala hatte auf die nachfolgenden Generationen abendländischer Esoteriker, besonders in der Rosenkreuzerbewegung, großen Einfluß und wurde mehrfach ins Lateinische übersetzt. In der Renaissance, 1450 bis ca.1750, verbreiteten bedeutende Gelehrte die Ideen der Kabbala in Europa; einer der bekanntesten Vertreter der europäischen Renaissancephilosophie war der italienische Adelige *Pico della Mirandola* (1463-1494), der eine Bahir-Handschrift besessen haben soll. Unter den deutschen Vertretern ragen mehrere Gestalten heraus, darunter besonders *Johannes Reuchlin* (1455-1522), der 1517 sein Werk "De arte cabalistica" herausbrachte. Auch *Johannes Pistorius* (1546-1608) sowie *Friedrich Christoph Oetinger* (1702-1782) und vor allem *Christian Knorr von Rosenroth* (1631-1689), der im Auftrag der Prinzessin Antonia von Württemberg eine Kabbalalehrtafel in der Dreifaltigkeitskirche zu Bad Teisnach anbringen ließ, siehe Abb.11. Daß auch christliche Kleriker der Faszination der Kabbala als einem religiös-theosophischen Erkenntnissystem unterlagen, davon zeugt das Hauptwerk des Jesuiten *Athanasius Kircher* "Oedipus Aegyptiacus" von 1658. Er war davon überzeugt, daß kabbalistische Vorstellungen ägyptischen Ursprungs seien. Er ging sogar so weit, zu behaupten, Moses habe sie in Ägypten am Hofe des Pharao erlernt und den Israeliten weitergegeben. Das Werk Kirchers enthält starke christliche Elemente, z.B. die neun Engelschöre des Dionysios Areopagites. Die Kabbala galt unter den rational orientierten Gelehrten des Abendlandes bis in die Gegenwart als absonderlich-skurrile Zahlenmagie, als ein mystisch-spekulatives System, ja als ein Tummelplatz von Zahlenmagiern und Wahrsagern. Tatsächlich wurde ihr tiefer esoterisch-praktischer Wert von vielen verkannt und nur von wenigen wirklich verstanden. Selbst in dem exklusiven Orden der goldenen Dämmerung, um die Jahrhundertwende in England, wurde die Kabbala von Insidern wie *Mac Gregor Mathers und Aleister Crowley* schwarzmagisch mißbraucht und trug so zum schnellen Untergang des Ordens bei. Einen Einblick in die hohe Magie der Kabbala, wie sie im Orden der goldenen Dämmerung gehandhabt wurde, gab uns Violet Firth (Dion Fortune) in ihrem Buch "Die mystische Kabbala". Ihr Buch kann man als eine gewisse Ergänzung zur klassischen Literatur bezeichnen, da sehr viele praktische Hinweise und Einsichten gegeben werden. Einer der bedeutendsten Kabbalaforscher unseres Jahrhunderts war Gershom (Gerhard) Scholem, der, am 5.Dez.1897 in Berlin geboren, daselbst jüdische Religionsphilosophie studierte und 1922 seine Dissertation über das Buch Bahir schrieb. 1923 übersiedelte er nach Palästina und war ab 1933 Professor für jüdische Mystik an der Hebräischen Universität in Jerusalem und seit 1968 Präsident der Israelischen Akademie der Wissenschaften. Sicherlich würde auch er eine praktische Verwertung begrüßen.

Wie sehr ihm an solider Forschungsarbeit lag, zeigt sein Kommentar zur Kabbalaforschung:

"Wie gut haben es doch die Kabbala-Forscher!

Wenn ich mir, wozu ich oft Gelegenheit habe, die Aufstellungen der Bibelwissenschaftler unserer Tage vor Augen halte und bedenke, wie vieles hier auf mühselig aufgebauten und oft an einem Haare hängenden Hypothesen beruht, mit denen die wahre, das heißt mythische Natur mancher zentraler Vorstellungen des Alten Te-

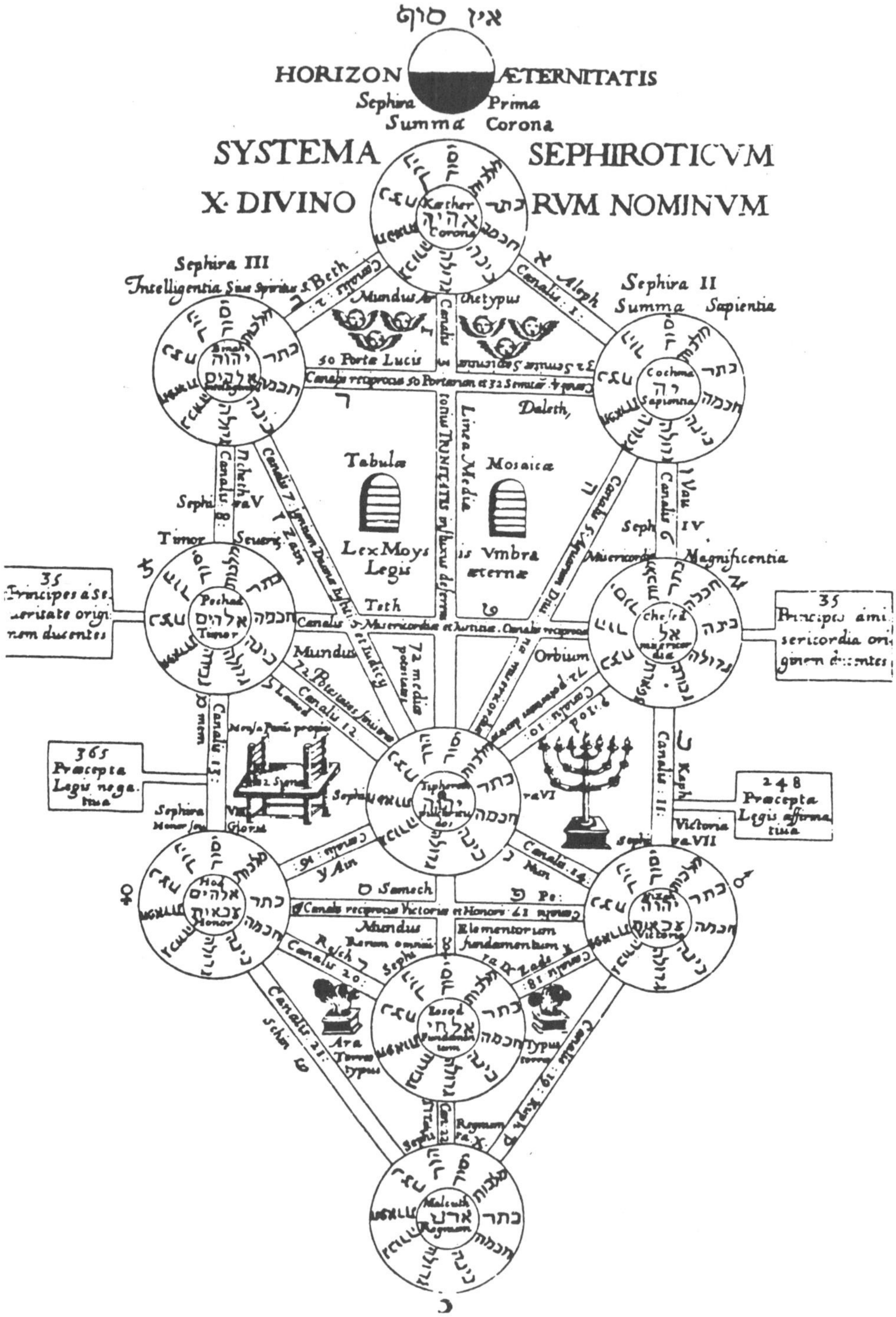

Abb.11 Der barocke Sefiroth-Baum nach Knorr von Rosenroth

stamentes wieder ins Licht gesetzt werden sollen - so atme ich erleichtert auf, wenn ich an mein Studiengebiet denke, in dem es -wenn ich mich einmal so ausdrücken darf- so viel reeller zugeht oder doch zugehen würde, wenn sich der solide Scharfsinn der Wissenschaftler ihm zuwenden würde und nicht die Himmelsstürmerei der Scharlatane. Denn was die Alttestamentler nur um den Preis des tollkühnen Quid pro quo (zugunsten der Wunschvorstellung) und unter Vergewaltigung des Wortlautes ihrer Texte in ihren intellektuellen Exerzitien eben noch erreichen können, bleibt doch immer für jeden, der unbefangen an die Texte der Bibel herantritt, im wesentlichen (ich möchte fast sagen: leider!) recht fragwürdig. Aber im kabbalistischen Schrifttum des mittelalterlichen Judentums kommen diese Hypothesen erst so eigentlich "nach Hause", liegt, was aus der Bibel so oft unter Verrenkungen erschlossen werden mußte, auf unverstellte Art offen zutage. Wo es sich um das Fortleben oder die Repristination (Wiederherstellung) mythischer Vorstellungen handelt, um deren Klärung die moderne Bibelwissenschaft sich abmüht, da erlauben seine Texte dem Kabbala-Forscher mit ganz anderer methodischer Sicherheit und Beglaubigung vorzugehen, als sie den Erforschern der Religion des alten Israel oder des nachexilischen Judentums möglich war, die sich mehr oder weniger auf dem zwar fruchtbaren, aber ach so schwankenden Boden bewegen müssen, den etwa die genial-falschen Aufstellungen Hermann Gunkels oder Siegmund Mowinckels zuerst umrissen haben." Ende des Zitats.
Seine Quellenanalysen zur Kabbala-, der jüdisch-mystisch-theosophischen Geheimlehre, sind wohl die umfangreichsten und tiefsten, die je ein Gelehrter dieses Formats studiert haben mag. Scholems geisteswissenschaftliche Interpretation zum Verständnis der Geschichte und der Psychologie des Judentums geht über bloße geschichtliche Beschreibungen weit hinaus und gibt uns vor allem einen tiefen Einblick in die kabbalistisch-esoterische Vorstellungswelt früher Schriften, z.B. das Buch Bahir aus der Zeit der Merkabamystik. Im Anhang finden sie einige seiner bedeutendenden Werke zur Kabbala. Besonders empfehlenswert ist sein Beitrag: *"Von der mystischen Gestalt der Gottheit."* Gershom Scholem starb 1982 in Jerusalem.

Die hebräische Schriftentwicklung

1. Die Wurzeln des Hebräischen

Eine aramäische Textstelle in der Bibel verweist auf die mesopotamische Herkunft der Hebräer.

Als das Persische Großreich zur antiken Weltmacht aufstieg, setzte sich das Aramäische als Sprache im ganzen Reich endgültig durch. Die Exilanten aus der babylonischen Gefangenschaft (Exodus 538 v.Chr.) brachten auch die aramäische Sprache nach Judäa, doch waren einige ethnische Gruppen mit eigenen Sprachen ansässig. Größere Teile der Bibel (Pentateuch und die Prophetenbücher), die mehr als ein Jahrtausend, zusammen mit dem ursprünglichen hebräischen Text, während des Gottesdienstes rezitiert wurden, sind in Schriftaramäisch verfaßt. Die aramäische Fassung des Pentateuch und der Prophetenbücher war bis zum 2.Jahrhundert v.Chr. nur mündlich überliefert worden, denn bis dahin galt es als Pflicht eines je-

den Juden, den Text der Thora zweimal pro Woche in hebräischer und einmal in aramäischer Sprache zu lesen. Die aramäische Schrift entwickelte sich ursprünglich aus dem phönizischen Alphabet und entfaltete, nach dem Auseinanderbrechen des Persischen Weltreiches durch Alexander den Großen, immer mehr lokale Varianten. Die für die hebräische Phonetik gebräuchliche alte phönizische Schrift wurde von der hebräischen Quadratschrift abgelöst, welche auf die aus dem vierten vorchristlichen Jahrhundert stammende aramäische Schrift zurückging und in abgewandelter Form auch heute noch benutzt wird. Durch den regen Handel mit dem benachbarten Diadochenreich der Seleukiden, ca.100 v.Chr., fand auch das Griechische in Palästina größere Verbreitung. In Palästina blieben Aramäisch und Hebräisch dennoch die dominanten Sprachen. Bedeutende Werke, wie das erste Makkabäerbuch und große Teile des Ecclesiasticus, sind in hebräischer Sprache abgefaßt. Ab dem ersten Jh.v.Chr. gingen griechische Nomina, ja ganze Wortstämme, in das Hebräische ein. Viele hebräische Verben sind griechischen Ursprungs und verdrängten die alten Formen. Gleichzeitig flossen auch aramäische Lehnwörter und grammatikalische Elemente ein. So entstand ein neuer Dialekt, der vor allem in einigen Qumranrollen und in Sprüchen rabbinischer Gelehrter dokumentiert ist. Nach der Zerstörung des zweiten Tempels wurde in Galiläa überwiegend aramäisch gesprochen und das Hebräische allmählich verdrängt. Nach der arabischen Eroberung im 7.Jh., während der byzantinischen Phase, wurde in Palästina vor allem Aramäisch und Griechisch gesprochen. Für die jüdische Bevölkerung aber war das Aramäische Alltagssprache. Fast alle rabbinischen Texte sind in Westaramäisch geschrieben, z.B. zwei größere Midraschsammlungen und der Palästinensische Talmud. Der Babylonische Talmud, ein enzyklopädisches Kompendium von drei Jahrhunderten rabbinischer Gelehrsamkeit an den Akademien in Mesopotamien, ist hingegen in Ostaramäischer Sprache verfaßt und gilt in der gesamten Diaspora als wichtigstes Lehrbuch höherer jüdischer Bildung.
Das in ganz Europa (vor allem Spanien und Südfrankreich, Nordafrika, Syrien und Irak) verstreute jüdische Volk bediente sich dreier Sprachen: Aramäisch, Hebräisch und Arabisch. Die Vertrautheit, vor allem im muslimischen Spanien, mit den drei eng verwandten Sprachen förderte die komparative Linguistik und war für die Entwicklung des Hebräischen sehr fruchtbar. Daraus entfaltete sich die judäo-arabische Schriftsprache, aber auch eine Umgangssprache, die vor allem im religiösen Austausch, im Handel und in der Rechtsprechung benutzt wurde. Ähnlich wie die Juden in arabischer Umgebung verhielten sich auch die Juden in Persien. Sie sprachen wie ihre Nachbarn, bevorzugten beim Schreiben aber das hebräische Alphabet. Auf Grund der aramäischen Wurzeln beider Sprachen dürfte hier die gegenseitige Durchdringung am intensivsten gewesen sein.

2.Judäospanisch und Judäolateinisch

Als 711 und 1085 der größte Teil der iberischen Halbinsel unter muslimische Herrschaft geriet, war das Arabische die Sprache der Verwaltung und der höheren sozialen Schicht. Wie in der ganzen arabischen Welt dominierte auch bei den spanischen Juden das Arabische im Alltag, der hebräische Schriftverkehr jedoch beherrschte die poetische und religiöse Literatur. Erst als im 13.Jahrhundert der mus-

limische Einfluß auf der iberischen Halbinsel nach und nach verdrängt wurde, entwickelten sich zunehmend lateinische Dialekte, und nur im Königreich Granada, das 1492 von den Spaniern erobert wurde, herrschte das Arabische vor.
Dieser kleine geschichtliche Abriß der hebräischen Sprache sollte genügen, um deutlich zu machen, daß, solange die traditionellen religiösen Werte gepflegt wurden, der Kontakt zum Hebräischen stets erhalten blieb; denn die hebräischen Texte in der Bibel und Mischna sowie die aus dem Talmud abgeleiteten sozialen Gesetze und Vorschriften und vor allem die Liturgie spielten im Alltag der Juden eine zentrale, ja verpflichtende Rolle. Obwohl das Hebräische im 2.Jahrhundert als Umgangssprache in Palästina fast ausstarb, hielt es sich dennoch über beinahe 1900 Jahre in mediterranen provinzialen jüdischen Gemeinden. Besonders der aufkommende Nationalismus der europäischen Völker führte im 19.Jahrhundert zu einer Renaissance des Hebräischen als Nationalsprache der Juden. Mit der Idee des Zionismus des *Elieser ben Jehuda* (1858-1922) und der Gründung des Staates Israel im Jahre 1946 wurde das Hebräische wieder zur einheitlichen Muttersprache für rund zwei Millionen Menschen. Dies darf wohl als die größte kulturelle Leistung des jüdischen Volkes in der Neuzeit betrachtet werden.

Der mystische Buchstabensinn des hebräischen Alphabets

Weit über die alphabetische Anwendung hinaus gelten hebräische Buchstaben, ähnlich wie auch die Sanskritbuchstaben, als universale Symbole mit einem numerischen Wert, hinter denen sich zunächst vordergründig nur eine figürliche Form-Bedeutung verbirgt. Ihre eigentliche Bedeutung ist jedoch die archetypische Uridee und mantrische Kraft, die allerdings nicht einheitlich sind und auch in der Überlieferung voneinander erheblich abweichen. Die hebräischen Urbuchstaben und auch andere sehr alte Schriften, z.B. Aramäisch, Altägyptisch, Sanskrit und Altchinesisch, sind eigentlich Ideogramme und bilden ein *symbolisches bzw. strukturelles und klangliches Baukastensystem der Schöpfung.* Die Inder, Taoisten und Ägypter sahen in den Buchstaben die Verkörperungen von Naturgottheiten und kosmogonischen Kräften, während die Hebräer darin flammende Symbole und Attribute der *einen* Gottheit erblickten, aus der letztlich alle anderen Gottheiten hervorgingen. Die hebräischen Buchstabenmystiker, vor allem die Merkaba-Mystiker, glaubten, in jedem Buchstaben eine schöpferische Kraft zu erkennen, mit der sie auf das Universum magisch einwirken könnten. Hebräische Buchstaben richtig intonieren bzw. zeremoniell beschwören bedeutete für sie, Kräfte in den vier kabbalistischen Welten auszulösen. Der Kabbala-Eingeweihte benutzt die Kombination von Buchstaben, um ganz bestimmte Wirkungen hervorzurufen, und der Lebensbaum dient ihm dazu als magischer Orientierungsrahmen. Geht man wieder zu den Quellen zurück, dann müssen wir die Buchstabenbedeutung zunächst auf ihre Urschriftform untersuchen und ihre Abweichungen mit den Ideogrammen vergleichen. Nur so läßt sich eine gemeinsame Formbedeutung finden. Ich möchte nun in vier Kolonnen zunächst die figürliche Form-Bedeutung und ihre Abweichungen, und in der nächsten Tabelle die symbolische bzw. archetypische Uridee aufzeigen.

Buchstabe	Urform	Form-Bedeutung	Zahlenwert	kabbalist. Wert
1.Aleph		Rind, Stier, Ochse	1	Mutter
2.Beth		Haus, Hütte, Zelt	2	doppelt
3.Gimel		Kamel	3	doppelt
4.Daleth		Tür, Tor	4	doppelt
5.He		Luftloch, Fenster	5	einfach
6.Vau		Haken, Nagel	6	einfach
7.Zajin		Waffe, Schwert	7	einfach
8.Chet		Mauer, Gitter, Zaun	8	einfach
9.Thet		Windung, Schlange	9	einfach
10.Jod		Hand, Sperma	10	einfach
11.Kaph		hohle Hand	20	doppelt
12.Lamed		Stecken, Ochsenstachel	30	einfach
13.Mem		Wasser	40	Mutter
14.Nun		Fisch	50	einfach
15.Samek		Stütze, Unterlage	60	einfach
16.Ajin		Auge	70	einfach
17.Phe		Mund, Öffnung	80	doppelt
18.Shade		Fischerhaken	90	einfach
19.Koph		Hinterkopf	100	einfach
20.Resch		Haupt, Kopf	200	doppelt
21.Schin		Zähne	300	Mutter
22.Taw		Zeichen, Unterschrift	400	doppelt

Aus der Struktur der Formbedeutung läßt sich einiges herausinterpretieren und der Phantasie sind anscheinend keine Grenzen gesetzt, doch wenn man mehrere Interpretationsstufen nebeneinanderstellt, kommt man langsam auf die eigentliche Bedeutung. Die drei Mütter (fett markiert) repräsentieren nach Sepher Jezirah die drei Elemente Feuer, Wasser und Luft, aus der alle anderen Buchstaben hervorgehen. Nach der Form sind dies der Stier, gleich der gute Wille, das Wasser oder das persönliche Verschulden und die Zähne als Symbol der Waage des Gesetzes und der Gerechtigkeit. Die sieben Doppelten stehen als Sinnbild für die sieben Planeten und sieben Wochentage: doppelt deshalb, weil sie nach alter Interpretation eine Tages- und eine Nachtseite haben, also der Dualität unterworfen sind, die zwölf Einfachen stehen für die 12 Tierkreiszeichen und ihre seelisch-geistige Ausdrucksdynamik. Wir erkennen also wieder die alte rhythmische Ordnung der Drei, Sieben und Zwölf, die grundlegend für das Universum ist.

Buchstabe	**Grundidee**	**Organ**	**Zeichen/Planet**	**Tag/Jahreszeit**
1.Aleph	König d.Luft	Oberkörper		Wind u.Laues
2.Beth	König d.Weisheit	re.Auge	Saturn	Samstag
3.Gimel	Kö. d.Reichtums	li.Auge	Jupiter	Donnerstag
4.Daleth	Fruchtbarkeit	re.Ohr	Mars	Dienstag
5.He	Sprache	re.Hand	Widder	Frühling
6.Vau	Denken	li.Hand	Stier	
7.Zajin	Sehen	re.Fuß	Zwilling	
8.Chet	Sehkraft	li.Fuß	Krebs	
9.Thet	Gehör	re.Niere	Löwe	
10.Jod	Werktätigkeit	li.Niere	Jungfrau	Erntezeit
11.Kaph	König d.Lebens	li.Ohr	Mond	Montag
12.Lamed	Beischlaf	Leber	Waage	
13.Mem	Wasser	Bauch	Erde	kalte Jahreszeit
14.Nun	Geruch	Galle	Skorpion	
15.Samek	Schlaf	Milz	Schütze/Orion	
16.Ajin	Zorn	Speiseröhre	Steinbock	
17.Phe	Herrschaft	re.Nasenloch	Merkur	Mittwoch
18.Shade	Geschmack	Magen	Wassermann	
19.Koph	Lachen	Darm	Fische	
20.Resch	König d.Friedens	li.Nasenloch	Venus	Freitag
21.Schin	Feuer/Himmel	Kopf		
22.Taw	Anmut	Mund	Sonne	Sonntag/Sabbat

Der Organbaum und seine somatischen Korrespondenzen

Man erkennt in Abb.12, daß der Baum zunächst in drei Hauptebenen aufgeteilt ist. Kopf, Oberkörper und Bauch. Der Kopf ist dem Feuer zugeordnet und wird von Weg 21 (Schin) -einer der drei Mütter- repräsentiert. Er verbindet die zwei oberen Sefiroth und ist der Weg der höchsten Einsicht und Erleuchtung. Der Oberkörper und die Brust sind der Luft zugeordnet und durch den Weg Aleph repräsentiert. Auch Aleph ist eine der Mütter und sorgt für den Gegensatzausgleich zwischen Geburah und Chesed. Auf ihm erwacht die Erkenntnis und höhere Vernunft. Der Bauch ist dem Wasser zugeordnet (Weg 13, Mem). Auch diese Mutter ist fundamental für den Gegensatzausgleich von Gefühl (Netzach) und Verstand (Hod). Auf diesem Weg herrscht die Bewußtseinshaltung der Einigung. Berücksichtigt man die Reihenfolge der elementaren Hervorbringung, nämlich daß Feuer Luft und Luft Wasser hervorbringt, so wird auch klar, daß die Spiritualität die Voraussetzung für Erkenntnis und letztere wieder die Grundlage von Gefühl und Verstand ist. Die Erde gilt in der Kabbala nicht als eigenständiges Element, sondern nur als deren Produkt, ist also nur der Niederschlag oder das Kondensat. Daher wurden ihr die Füße, Knöchel und die Fußsohlen zugeordnet.

Die drei Körperbereiche im Lebensbaum

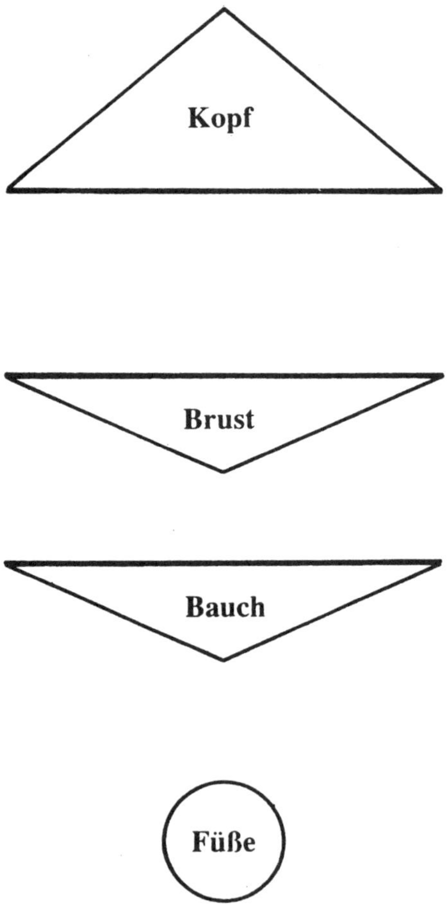

Abb.12

Die neue topographische Aufteilung der Organe und Körperbereiche im Lebensbaum gibt uns den Schlüssel an die Hand, um die rätselhaften Beziehungen von Organerkrankungen und seelischer Fehleinstellung aufzudecken. Die Lehre von der Organ-*Be*-Deutung war vor einigen Jahren (1975) ein solcher Versuch, um das Geheimnis zwischen Organfunktion und seelischen Abwehrformen bzw. Verdrängungsstrategien zu ergründen. Leider ist sie an ihrer zu oberflächlichen Simplifizierung gescheitert. Sie ging von einer überwiegend funktionellen Sichtweise aus und übersah, daß ihr Bedeutungsraster viel zu grobmaschig ist und allzu leicht den Kranken in ein Schema zwingt, das nur auf einige Krankheitsfälle zutrifft. Der Fallstrick, über den die Organ-Bedeutungslehre ständig stolperte, ist, daß sie den vorläufigen Erkenntnisstand der Physiologie und Anatomie zur Gleichnis-Grundlage für seelische Vorgänge erhebt. Daraus erwachsen ungezählte Irrtümer und psychologische Fehldeutungen. Immerhin hat die Lehre von der *Krankheits-Bedeutung* das Bewußtsein für Selbstverantwortung geweckt und Bewegung in das starre, bislang nur äußerliche Verursacherprinzip gebracht, denn die Erkenntnis, daß wer Verantwortung für seine Krankheit übernimmt, sich auch zu deren tieferen Ursachen bekennt, entzieht ihr so die spirituelle Grundlage oder den Nährboden! Das bedeutet den ersten Erlösungsschritt von Leid und Schmerz. Das mangelnde Selbsteingeständnis und die Abschiebung jeder Verantwortung ist eines der Gründe, warum Krankheiten so lange stationär bleiben. Die psychosomatischen Korrespondenzen, welche die Zuordnung der Organe zu den 24 Wegen ermöglichen, sind klinisch noch nicht erforscht und bedürfen einer Langzeitstudie. Immerhin erscheint auf den ersten Blick ein Zusammenhang gewisser seelischer Fehleinstellungen und Organerkrankungen plausibel. In der folgenden Grafik habe ich zunächst nur die menschliche Gestalt in das Baumdiagramm gestellt, um die regionalen Korrespondenzen zwischen Wegen, Sefiroth und Organen zu zeigen. Die nähere Aufschlüsselung finden sie auf S.260 und 261.

Der menschliche Körper im Lebensbaum

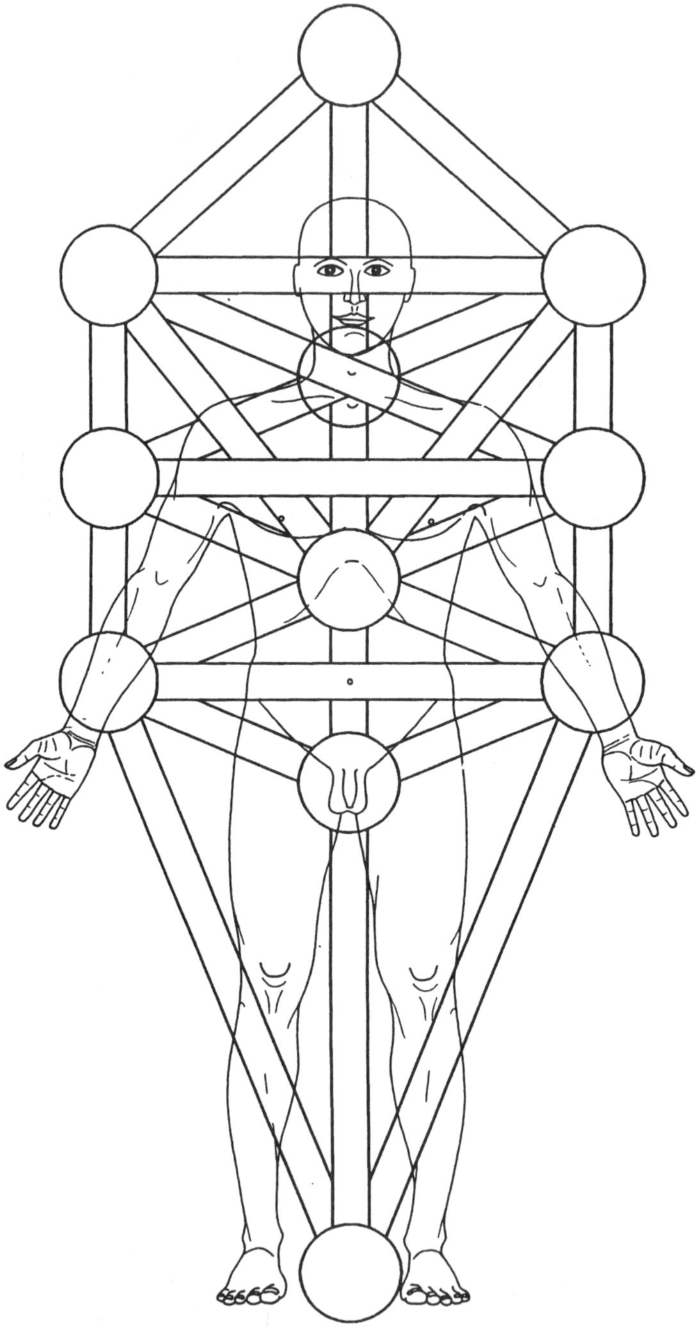

Abb.13 Jedem Weg und jedem Sefirah sind entsprechende Organe und Körperabschnitte zugeordnet, siehe auch Korrespondenzschlüssel S.260 und 261.

II.Kapitel

Am Anfang war Stille. In Stille innen wurde geboren der Ton. Der Ton- die Liebe. Der Ton- der Sohn des Herrn, des Herrn, der Stille ist. Im Schoße der Stille ruhte der Ton. Er wurde Körper und er wurde geboren. Die Liebe ist erstes Abbild. Der Körper ist nichts anderes als Liebe, die Materie ward. Er ist der Beweger. Der Ton ist die Schwingung. Die Schöpfung ist ausgestrahltes Abbild: Materie aus göttlicher Liebe. So entstand das Sein.
Die Antwort der Engel.

Wesentliche Elemente der Kabbala

Zim-Zum; Das Sein entsteht aus dem Unfaßbaren

Der Name *Zim-Zum* צמצים bezeichnet jenen unbegreiflichen Akt Gottes, in dem er durch eine Art Null-Option seiner selbst unendliche Kraft veräußert. Gott zieht sich in sich selbst zurück, *er implodiert* und schafft damit Raum für das Freiwerden von unendlicher Energie, Formen und Ideen. Dies ist etwa so, als ob jemand sich selbst zum Geringsten macht, um anderen besser dienen zu können. Das universale Gesetz, wonach sich im spirituellen Bewußtsein alle raum-zeitlichen Wertebegriffe umkehren, trifft positiv auf den Satz zu: *"Der Geringste wird der Größte sein."* Wenn Gott tatsächlich in der größten Selbstbeschränkung wirkt, also der Geringste in der ganzen Schöpfung ist, dann muß er seine unendliche Energie in Myriaden von Licht und Liebe verströmen. Die Null-Option lüftet auch jenes Geheimnis, weshalb Gott stets die Fülle ist, d.h. immer der Geber, und seine Attribute die der unendlichen Güte, Schöpfermacht und Gnade. Auch Buddha meint mit Nirvana dasselbe, nämlich den größtmöglichen Seligkeitszustand durch das Loslassen aller selbstischen Vorstellungen, dies ist u.a. der Duft der liebenswerten Aura eines Bodhisattva.
Wir können auch einfach sagen, *das Eine* entleert sich, ohne je leer zu werden. Nur ein Bewußtsein, das keine Eigenfärbung oder Selbstvorstellung hat, kann in allem sein und jeden beliebigen Zustand annehmen, das ist das eigentliche Geheimnis der größten Schöpfer- und Verwirklichungsmacht; darum gelingt das große Werk und darum wird er von allem, was ist, geliebt.
Diese nahezu *unendliche Selbstbeschränkung* ist der überzeugendste Beweis für die göttliche Liebe und Selbsthingabe, ähnlich wie der Kreuzestod des Jesus von Nazareth. Was kann eine Gottheit für seine Geschöpfe noch mehr tun, als sie mit seiner ganzen Herrlichkeit zu bekleiden, damit alle am Glanz seiner Seligkeit teilhaben, sich selbst dabei verleugnend? Schon allein dafür ist Gott sehr, sehr liebenswert.
Zim-Zum, die Hingabe, ist jener Omegapunkt, an dem Buddhismus, Taoismus, Hinduismus, Christentum, Islam, Theosophie, Kabbalistik sowie alle transzendentalen Philosophien wieder einmünden, siehe auch S.373.
Buddha bezeichnet *Zim-Zum* als Nirvana, nicht etwa als die große Leere (Shunyata), deren Voraussetzung sie ist, Shankara meint damit die Nichtzweiheit des Brahman (Advaitaphilosophie des Vedanta) und für Laotse ist es das große

Tao. Jesus lobpreist in der Bergpredigt an erster Stelle die geistlich Armen, die Gott schauen, womit er gleichfalls die innere Selbstbeschränkung, d.h. keine bewertenden Ich-Bin-Attribute, als höchste Tugend hervorhebt. Im Koran wird Allah als der Unerkennbare, ewig Verborgene gepriesen, und Theosophen bezeichnen die höchste Gottheit Parabrahman. Die transzendentalen Philosophen, besonders Hegel, der Philosoph des deutschen Idealismus, definiert in "Phänomenologie des Geistes" *Zim-Zum* als das *An-sich- und Für-sich-Sein* des Weltgeistes, in dem der Zustand der absoluten Vernunft wiederhergestellt ist. Kant spricht in der Kritik der reinen Vernunft von der Unerkennbarkeit des Dinges an sich.

Die praktische Konsequenz, die wir aus der Erkenntnis des *Zim-Zum* zu ziehen haben, gipfelt also in der Frage: *Welchen Grad von Zim-Zum hast Du?* Damit ist auch schon die innere und äußere Bescheidenheit angesprochen (siehe auch Weg 23), die aber nur eine Vorstufe des *Zim-Zum* sein kann. Bescheidenheit in diesem Sinne ist nicht Schüchternheit oder kontraktile Vorsicht, sondern wieviel wir uns aus Liebe für den anderen zurücknehmen. Diese Fähigkeit hat jedoch nichts mit willentlicher Selbstbeschränkung zu tun, auch nicht mit mangelnder Selbstwahrnehmung, denn sowohl dem einen wie dem anderen fehlt die Liebe. Auch ist *Zim-Zum* nicht ein Weg zurück in die Unbewußtheit, z.B. die Verdrängung der Selbstwertschätzung, denn mit Verdrängen soll ja etwas vermieden werden, etwa ungeliebte Wünsche oder Bedürfnisse. Im *Zim-Zum* gibt es nur überpersönliche und persönliche Verbundenheit und ein allumfassendes Verstehen, somit keine ungeliebten Bedürfnisse und Wünsche.

Das genaue Gegenteil von *Zim-Zum* ist die übersteigerte Selbstwahrnehmung, die mit Sicherheit zur Selbstüberschätzung verleitet und, wie jeder weiß, in den Sog egozentrischer Verhaltensmuster einmündet. *Zim-Zum* ist die Rückkehr zum reinen Seinsbewußtsein, in dem wir alles offen und wertfrei annehmen und mit allem verbunden sind. Der Wert einer Religion oder Philosophie mißt sich letztlich auch daran, wie stark sie das *Zim-Zum* zu fördern vermag und die Kabbala stößt uns mit der Nase direkt darauf. Im Koritherbrief des Paulus heißt es: *"Er muß wachsen, ich muß geringer werden“,* womit er gleichfalls *Zim-Zum* andeutet. Geringer werden muß unser Ego, jenes verzerrte, mit Bewertungen belastete Persönlichkeitsbild, in das wir wie in einem dunklen Kerker eingesperrt sind.

Zim-Zum im goldenen Zeitalter

In prähistorischer Zeit, als das mythische Bewußtsein vorherrschte, gab es eine Phase, in der die Menschen einen hohen Grad an *Zim-Zum* hatten.

Tschuang-Tse, der beste Interpret des Tao-Te-King, erzählt über diese Zeit folgende Geschichte:

Im golden Zeitalter wurden die guten Menschen nicht hochgeschätzt; Tugend war nichts besonderes. Die Herrscher waren bloße Vorbilder und wurden nicht verehrt. Das Volk war frei und rechtschaffen, ohne ein Pflichtbewußtsein zu kennen. Die Menschen liebten einander, ohne etwas von Nächstenliebe zu wissen. Sie waren treu, ohne Treue zu kennen. Sie waren ehrlich, ohne von Treu und Glauben zu wissen. In allen Dingen handelten sie frei, ohne sich jemandem verpflichtet zu fühlen. Daher hinterließen ihre Taten keine Spuren; die Folgen ihrer Handlungen vererbten sich weder auf die Nachwelt, noch erzeugten sie Karma.

In jenen Tagen des natürlichen Bewußtseins hatten die Menschen ruhige Bewegungen und einen festen Blick. Es gab keine Straßen über die Berge, keine Schiffe und keine Brücken über die Wasser. Alle Dinge wurden hervorgebracht, jedes für seinen ihm gemäßen Bereich. Vögel und wilde Tiere vermehrten sich; Bäume und Büsche gediehen. Die wilden Tiere ließen sich noch an der Hand führen, man konnte auf die Bäume klettern und den Raben ins Nest schauen. Denn damals lebten die Menschen mit den Vögeln und Tieren zusammen, und die ganze Schöpfung war eins. Es gab keinen Unterschied zwischen guten und bösen Menschen. Alle waren gleichermaßen ohne Wissen, und so konnte ihre Tugend nicht irregehen. Da sie alle gleichermaßen frei von Begierden waren, gab es für sie keine Bewertungen und Ziele. Die Menschen der goldenen Zeit erfreuten sich ihr ganzes Leben lang vollkommenen Friedens. Zu jener Zeit waren die empfangenden (Yin) und gebenden Kräfte(Yang) in stillem Einklang; Geister und Götter störten nicht; die Jahreszeiten hatten ihre Ordnung; alle Wesen kannten keine Krankheiten und blieben ohne Verletzung, und keines kannte den vorzeitigen Tod; die Menschen hatten wohl Wissen, aber keine Gelegenheit, es zu gebrauchen: es war eine Zeit der höchsten Einheit. Will man diese Zeit mit einem einzigen Wort charakterisieren, so könnte man sagen, es ist die der **Arglosigkeit und Absichtslosigkeit**!

In einer Seminardiskussion wurde dagegen eingewendet, daß unter solchen Bedingungen inneres Wachstum kaum möglich sei. Das ist durchaus richtig, doch wie kommt eine Gesellschaft zu einem solchen *Tao-Bewußtsein*? Dem ging aller Wahrscheinlichkeit ein langer Wachstumsprozeß voraus und es mußte errungen werden. Jenseits von Gut und Böse sein erfordert die radikale Loslösung von dem *bewertenden Selbstbezug* und, daß dies möglich ist, demonstrieren unsere Kinder zwischen dem zweiten und zehnten Lebensjahr. Gerade ihnen fehlt die Bewertung eines Ich-Bin und dennoch unterscheiden sie sich von der Welt. Die fehlende Bewertung muß nicht automatisch mangelnde Unterscheidung zur Folge haben, wäre dem so, so könnte kein Geschöpf existieren. Das was uns von der Einheit des Universum trennt ist die fortgesetzte Selbst-und Fremdbewertung, deren Folgen wir weder überschauen können und noch weniger im Griff haben. Unser künftiges Motto sollte also lauten: *„Ich unterscheide sehr wohl was das Wahre, Schöne und Gute ist, doch niemals fälle ich Urteile!“*

Die Ausfaltung des Lebensbaumes aus dem Zim-Zum

"Am Anfang war das Wort und das Wort war bei Gott und das Wort war Gott. Dieses war im Anfang bei Gott. Alles wurde durch dasselbe, und ohne dasselbe wurde auch nicht eines, das geworden ist." Joh., 1.2-3

Die Null-Option des Einen ist für unser Bewußtsein das Unfaßbare, für die Kabbalisten **das Ajin**, **אין** für Buddhisten das Nirvana und für den Vedantisten Brahman. In der Null-Option sind alle Potenzen und Möglichkeiten sowie alle Urideen, Kategorien, Naturgesetze und Schöpfungsformen enthalten!

Einen solchen inneren Zustand umschreibt Buddha mit folgenden Worten: *"Es gibt, ihr Mönche, einen Bereich (Bewußtsein), wo weder Festes noch Flüssiges ist, weder Hitze noch Bewegung, weder diese Welt noch jene Welt, weder Sonne noch Mond. Das, ihr Mönche, nenne ich weder ein Kommen noch ein Gehen, noch ein Stillestehen, weder ein Geborenwerden noch ein Sterben. Es ist ohne jede Grundlage, ohne Entwicklung, ohne Stützpunkt: Das eben ist das Ende des Leidens"(Udana VIII,3)*, siehe auch S.391

Nach der unfaßbaren Leere erfolgt das Empfinden der Grenzenlosigkeit, jene unendliche Ausgedehntheit, in der alle Strukturen in Form von namenloser Schwingung und Vibration enthalten sind. Die Kabbalisten bezeichnen den Zustand der Unendlichkeit **Aijn-Sof אין סו**. Es ist dies die Möglichkeit, in einem unendlichen Raum zu existieren. Raum ist schon der Beginn von Schöpfung und Schöpfung bedeutet Vibration, Schwingung oder Wort. Die Urschwingung, im Vedanta als Aum oder Om bezeichnet, ist jene Grundschwingung, die der kosmische Untergrund aller Ideen, Formen und Erscheinungen ist. Dies ist der erste Zustand nach Zim-Zum, vor aller Vorstellung und Formgebung. Nach der Unendlichkeit des Raumes folgt das Urlicht, der Urglanz, den die Kabbalisten das **Ajin-Sof-Aur אין סוף אור** nannten. Um es mit den Worten Buddhas wieder zu sagen:

Ohnegleichen ist der Glanz des Nirvanas, grenzenlos, rundherum strahlend, hier haben nicht Wasser (und) Erde (noch) Feuer und Luft einen Halt, hier wird Langes und Kurzes, Feines und Grobes, Schönes, Unschönes, hier werden "Namen und Körper" restlos beseitigt: Durch den unsagbaren Glanz wird dies alles ausgelöscht (D 11.85 I p.223).

Ajin-Sof-Aur, der "unsagbare Urglanz Gottes“, ist grenzenloser Ozean himmlischen Lichtes, doch ein Licht, das mit dem physischen Auge nicht wahrnehmbar ist. Obwohl ohne Zentrum, hat es die Tendenz zu einer wirbelnden Konzentration oder Fokussierung, dem **Kether** oder *dem Einen*, in dem nicht nur die selige Fülle, als da sind: *Liebe, Freude, Freiheit, Schöpfung und Geborgenheit,* sondern auch die zehn Samen (Sefiroth) und die vierundzwanzig Verbindungswege des Lebensbaumes (Urideen) enthalten sind.

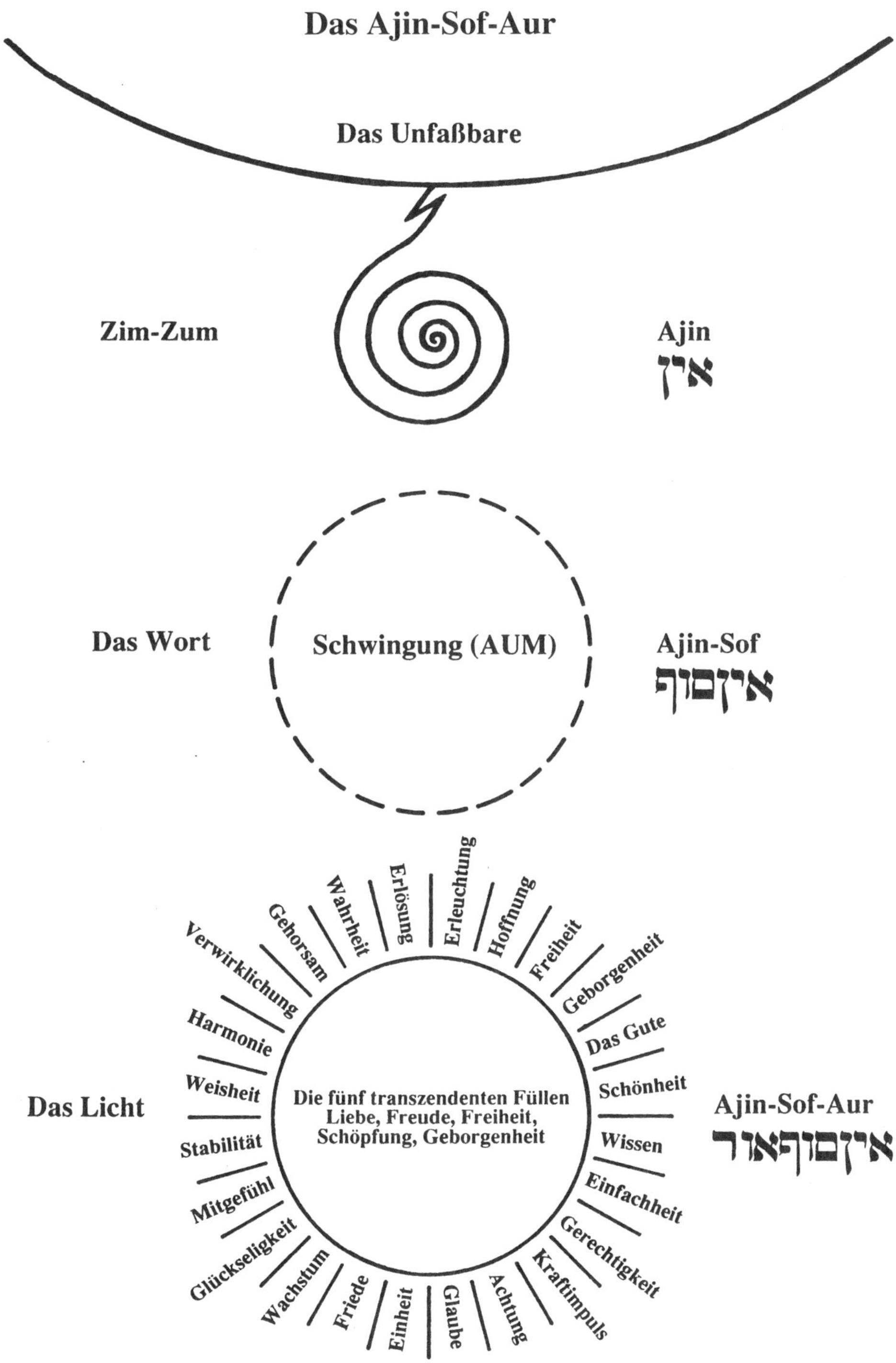

Das Ajin-Sof-Aur
Das Unfaßbare
Zim-Zum
Ajin
אין
Das Wort
Schwingung (AUM)
Ajin-Sof
איןסוף
Das Licht
Die fünf transzendenten Füllen
Liebe, Freude, Freiheit,
Schöpfung, Geborgenheit
Erleuchtung
Hoffnung
Freiheit
Geborgenheit
Das Gute
Schönheit
Wissen
Einfachheit
Gerechtigkeit
Kraftimpuls
Achtung
Glaube
Einheit
Friede
Wachstum
Glückseligkeit
Mitgefühl
Stabilität
Weisheit
Harmonie
Verwirklichung
Gehorsam
Wahrheit
Erlösung
Ajin-Sof-Aur
איןסוףאור

Abb.14

Die zehn heiligen Samen

Die Krone, der erhabene Samen, heißt Kether und ist der erste Samen und die Wurzel von Himmel und Erde.

Kether, כתר *der erste Samen, heißt das Wunder der Wunder. Er ist die höchste Krone. Dies ist das Licht, das den Uranfang ohne Anfang begreifen läßt, und ist die erste Verklärung; kein Geschöpf kann seine Wesenheit je erfassen."*

Die Strahlen des herrlichen Palastes streuten neun weitere heilige Samen aus, welche die neun Früchte des heiligen Lebensbaumes hervorbrachten.

Der zweite Samen heißt **Chokmah**, חכמה das bedeutet Weisheit. *"Der zweite Samen heißt das erleuchtete Bewußtsein, es ist die Krone der Schöpfung und der Glanz der höchsten Einheit, der sich der Sohn am meisten nähert. Er ist über jedes Haupt erhaben und wird von den Weisen die zweite Verklärung genannt."*

Der dritte Samen heißt **Binah**, בינה das bedeutet Gerechtigkeit. *"Der dritte Samen heißt heiliges Bewußtsein und ist die Grundlage der uranfänglichen Weisheit, welche die Schöpferin des Vertrauens genannt wird. Seine Wurzel ist in den drei Müttern. Es ist mit dem Glauben verwandt, welchem es entströmt."*

Der vierte Samen heißt **Chesed**, חסד das bedeutet Güte. *"Der vierte Samen heißt anhaltendes und empfangendes Bewußtsein, weil es sich wie eine Grenzsäule erhebt, um die Emanationen aus den höheren Bewußtseinen zu empfangen. Ihm entströmen alle subtilen Kräfte. Er selbst fließt aus der höchsten Krone (Kether)".*

Der fünfte Samen heißt **Geburah**, גבורה das bedeutet Strenge. *"Der fünfte Samen heißt Wurzel-Bewußtsein, weil es der höchsten Einheit (obere Triade) mehr als jede andere gleichend, aus den Tiefen der uranfänglichen Gerechtigkeit (Binah) entströmt."*

Der sechste Samen heißt **Tifereth**, תפארת das bedeutet Schönheit. *"Der sechste Samen heißt Bewußtsein der Vermittlung, weil in ihm sich der Strom der Emanationen vervielfältigt (achtfach). Es ergießt diesen Strom auch auf die Gesegneten, die sich in ihm vereinigen."*

Der siebte Samen heißt **Netzach**, נצח das bedeutet Sieg. *"Der siebte Samen wird verborgenes Bewußtsein genannt, weil er einen blendenden Glanz auf alle ordnenden Kräfte ausgießt, die mit den Augen des Geistes und in Verzückung des Glaubens betrachtet werden."*

Der achte Samen heißt **Hod**, הוד das bedeutet Herrlichkeit. *"Der achte Samen heißt vollkommenes und universelles Bewußtsein. Ihm entströmt die Vorbereitung der Prinzipien. Es hat keine Wurzeln an denen es hängt, außer in den Tiefen der Sphäre Herrlichkeit, der Ursache, aus der es entströmt."*

Der neunte Samen heißt **Jesod**, יסוד das bedeutet Fundament. *"Der neunte Samen heißt geläutertes Bewußtsein. Es reinigt die Sefiroth und bewahrt ihre erhabene Glorie. Indem sie ihre Einheit begründet, gibt sie ihnen (den Sefiroth) Schutz vor Zerstörung und Zerfall."*

Der zehnte Samen heißt **Malkuth**, מלכות das bedeutet das Reich. *"Der zehnte Samen heißt glänzendes Bewußtsein, weil es über jedes Haupt erhaben ist und seinen Sitz in Binah hat; es erhellt den Glanz aller Himmelslichter und läßt die Form der Strukturprinzipien ausströmen."* So erstrahlen die zehn Samen zu zehn herrlichen Lichtern, und jedes leuchtet heller als tausend Sonnen.

Die zehn heiligen Samen

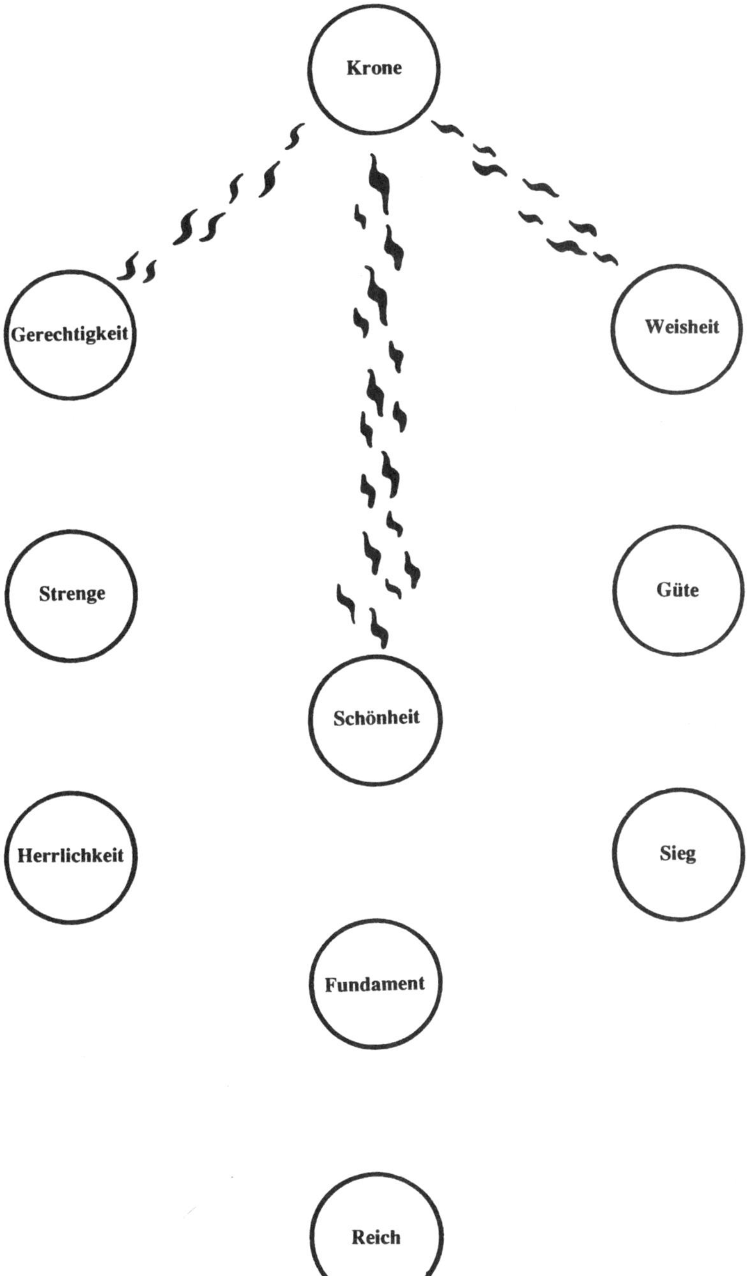

Abb.15

Der Schöpfungsstrahl

Das *Eine* in Kether, ohne ein Zweites, ist nach alten Lehren der Urpunkt *Nequdah Rashunah* oder die wirbelnde Swastika, jenes kosmische Sonnenkreuz, aus dem die vier Welten und sieben Bewußtseinsstufen emanieren. Dies ist der erste Sefirah. Von Kether, dem wirbelnden Urglanzpunkt oder dem Primum mobile, wie die Alchimisten sagen würden, emaniert der Schöpfungsstrahl (Kav) in einer spiraligen Abwärtsbewegung und entfaltet in sukzessiver Folge die Bewußtseins- oder Seinsebenen, siehe Abb.16, und manifestiert zuerst den Kosmos der Ideen, Ethik und Werte (zweiter Sefirah), dann die Welt der höchsten Prinzipien, Seinskategorien und kosmischen Gesetze (dritter Sefirah). Im weiteren Verlauf folgt die Seinsebene der Pläne und Motive (vierter Sefirah), in der fünften die der Gewissensimpulse, Regeln, Prüfungen. In der siebten die des äußeren Glanzes, in der achten die der vernünftigen und logischen Einordnung, in dem neunten Sefirah die energetische Aufladung. So geht eine Seinsebene aus der anderen hervor und in dem tiefsten Sefirah (Malkuth), der Welt des Gemachten und der Physis (Manifestation), erreicht der Schöpfungsstrahl seine größte Verdichtung. An ihm hängt das ganze physische Universum, mit einem überwiegend grobstofflichen Festkörperbewußtsein, wie eine Gondel an einem riesigen Ballon. Alle Sefiroth zusammen verschmelzen in dem sechsten Sefirah (Tifereth) zu einer wundervollen Wahrnehmungseinheit, in der sich alle Gegensätze versöhnen. Das Licht des Schöpfungsstrahls entfaltet, wie gesagt, mit jeder absteigenden Spiralwindung eine ganz bestimmte Seinsebene und ist ein steter Ausfaltungsvorgang, dessen Höhe- und Wendepunkt in Malkuth erreicht wird. Dabei kommen die Gesetze der Seins- oder Energieschichten zur Anwendung, siehe Anmerkung, S.451. Den Sefirah Malkuth nannten die Patriarchen auch das Reich oder die Schechina (zu uns komme Dein Reich), in welcher der Ausfaltungsprozeß seine physische Vollendung erhält. Die Herausformung der Materie zu einer für unser gewöhnliches Sinnenbewußtsein phänomenalen Erscheinung ist das Sichtbarwerden der göttlichen Ideen und Prinzipien; erst im Hier und Jetzt können wir sie berühren, genießen, anwenden und bearbeiten und erst in Malkuth nimmt unsere schöpferische Sehnsucht greifbare Gestalt an.

Der Schöpfungsstrahl kann auch mit dem Wasser eines Brunnens verglichen werden, das auf kleine, übereinandergelegene Brunnenschalen nach unten fließt, und sich zuunterst in einer großen Auffangschale wieder sammelt. Wenn Gott aus dem Munde der Propheten spricht: *"Ich bin der Quell lebendigen Wassers"* oder von den Strömen lebendigen Wassers, dann ist das Bild vom Lebensbrunnen ein ausgezeichnetes Metapher des Schöpfungsvorganges.

Der Schöpfungsstrahl

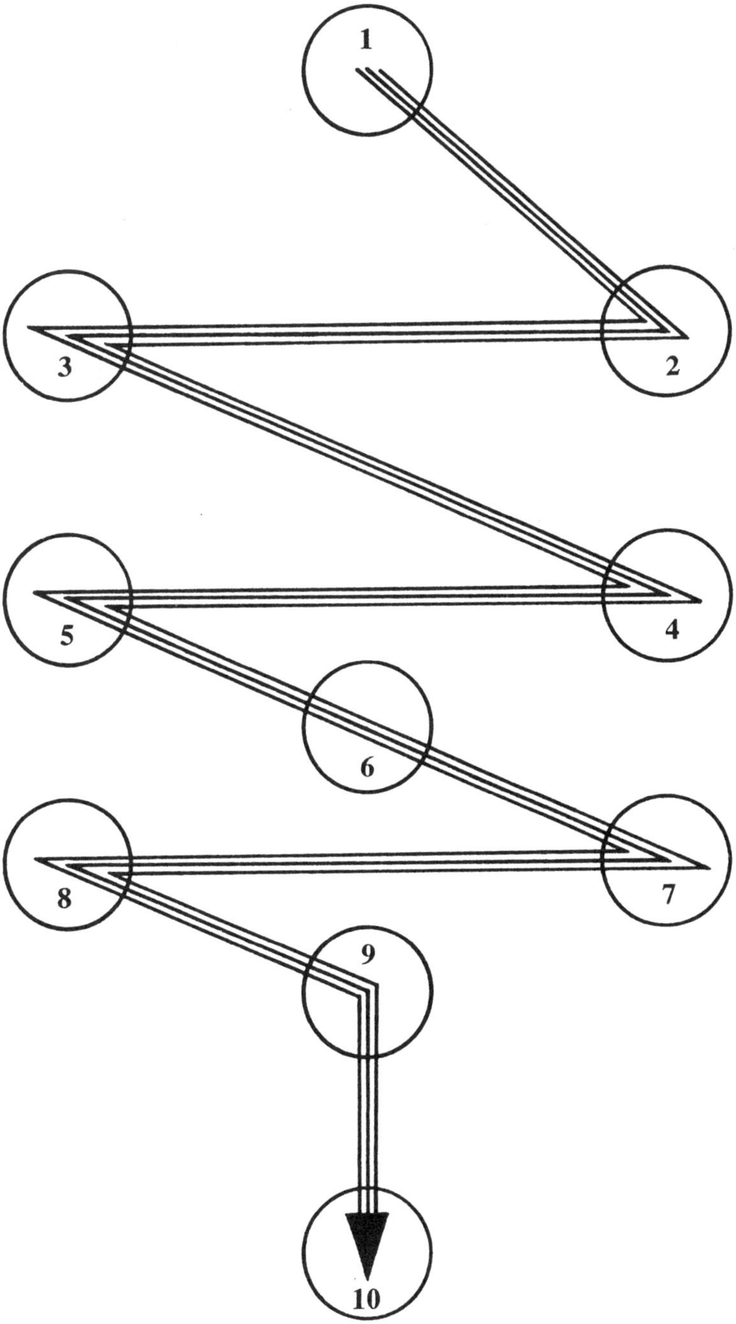

Abb.16

Strukturelle Elemente der Kabbala

Polaritätszuordnungen und Gegensätze im Schöpfungsstrahl

Betrachten wir zunächst die Blitzform des Schöpfungsstrahles, dann zählen wir zehn Stadien. Diese zehn Stadien sind die Sefiroth oder Schöpfungssphären. In der kabbalistischen Literatur werden sie auch als Lichter (Orot) oder Kräfte (Kohot) bezeichnet. Auf der Linie der zweiten Abwärtsbewegung befindet sich in der Mitte des Baumes ein unsichtbarer, geheimnisvoller Sefirah mit dem Namen "Daath," und auf der dritten Abwärtsbewegung darunter ein weiterer Sefirah mit dem Namen Tifereth. Ich werde später auf diese beiden Sefiroth besonders eingehen.

Der Schöpfungsstrahl bildet so eigentlich elf Stadien, wobei sich drei Sefiroth-Paare jeweils gegenüberstehen und fünf sich in der Mitte befinden. Die sich auf der horizontalen Linie gegenüberstehenden Sefiroth bilden Gegensätze, die wir zunächst grob als Yin- und Yangkräfte bezeichnen wollen. Die in der Mitte untereinander aufgereihten Sefiroth möchte ich als Säule des Ausgleichs und der Mitte bezeichnen. Erinnern wir uns nochmals an das Wesen von Yin und Yang:

Yang ist die bewegende, expandierende und dynamisierende Energie, sie ist heiß, trocken und offensiv. Yin, die bauende, formende und festigende Energie, ist kalt, feucht und defensiv. Yang ist das Eindringende, Yin das Aufnehmende, daher wurde im Taoismus die Frau dem Yin, der Mann dem Yang zugeordnet. Die Wirkungen des Wesens beider Kräfte kann man in allen Seinsbereichen beobachten. Ich behaupte, daß nicht ein mit Bewußtsein ausgestattetes Wesen ein vollkommenes Gleichgewicht von Yin und Yang in sich ganz fassen kann und es in einem oder mehreren Bereichen einen mehr oder weniger konflikthaften Zustand von Yin und Yang erdulden muß. Die Ausgewogenheit von Yin und Yang ist ein evolutives Lernthema, von dessen Bewältigung ganz entscheidend der innere Frieden abhängt. Nach kabbalistischer Tradition entspricht die linke Yang-Säule der Güte (dem Wohlwollen) und die rechte Yin-Säule der Strenge. Beide wurden auch mit den Eingangssäulen des salomonischen Tempeltores Jachin (schwarz- Strenge) und Boaz (weiß- Güte oder Gnade) verglichen. Die mittlere Säule versinnbildlicht den Ausgleich beider. Sie wird auch häufig als Säule der Harmonie und der Versöhnung bezeichnet, etwa so wie die Wirbelsäule des menschlichen Körpers, durch die ja die nervösen und die lebensenergetischen Ströme ein- und ausfließen und das Unten mit dem Oben verbinden. Der Kundalini-Yoga lehrt, daß im Zentralkanal des Rückenmarkgraus die feinstoffliche Energie *"des Shushumna"* fließt. Sie entspricht dem Nadi, der den rechten Kanal (Pingala oder Mondkraft) und den linken (Ida oder Sonnenkraft) vereinigt. Wir sehen auch hier wieder deutliche Parallelen west-östlicher Sichtweisen. Mit Recht nennt man diese Säule auch die des vollkommenen Bewußtseins. Dem Verlauf des Schöpfungsstrahles folgend, geht also die göttliche Kraft zu Chokmah, in der sich die Yangenergie polarisiert und weiter zu Binah, auf der gegenüberliegenden Seite, wo sich Yin herausbildet. In beiden Sefiroth beginnt also die Polarität der Schöpfung und beide sind die steuernden Urkräfte der Ausfaltung und Differenzierung nachfolgender Welten und Bewußtseinszustände. Mit der Differenzierung von Yin und Yang beginnt das große Schöpfungsdrama der periodischen und phasenweisen Vereinigung von Gegensätzen, Widersprüchen und Paradoxa. Dieser Prozeß gleicht dem Hammer und Amboß, auf dem die Bewußtseinsformen geschmiedet werden, und der von einem Zustand in den anderen überführt und wieder zu einer dialektischen Aufwärtsbewegung antreibt, unermüdlich nach der integralen Mitte suchend, jener großen Hoffnung, in der alle Gegensätze und Widersprüche miteinander versöhnt werden können, nämlich die Lichtmaterie eines kommenden Friedensreiches.

Das Tetagramaton

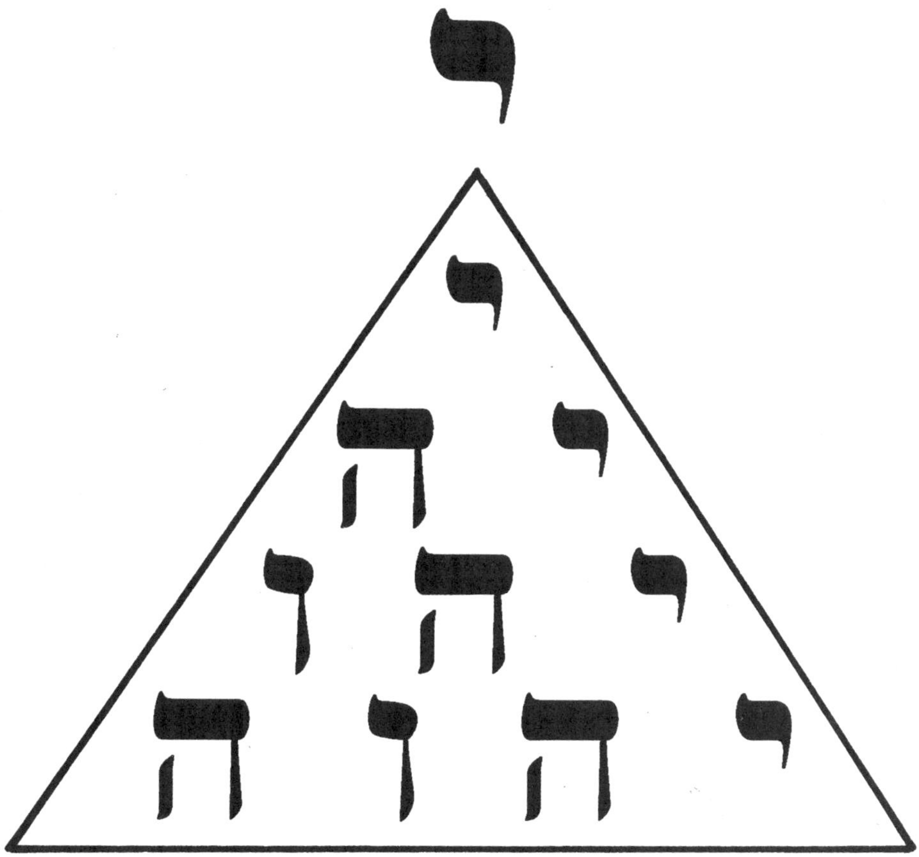

י	**Iod, Gott-Vater**
יה	**Iah, der Sohn**
יהו	**Iaho, der heilige Geist**
יהוה	**Iahoah, das lebendige Universum**

Die drei Säulen im Lebensbaum

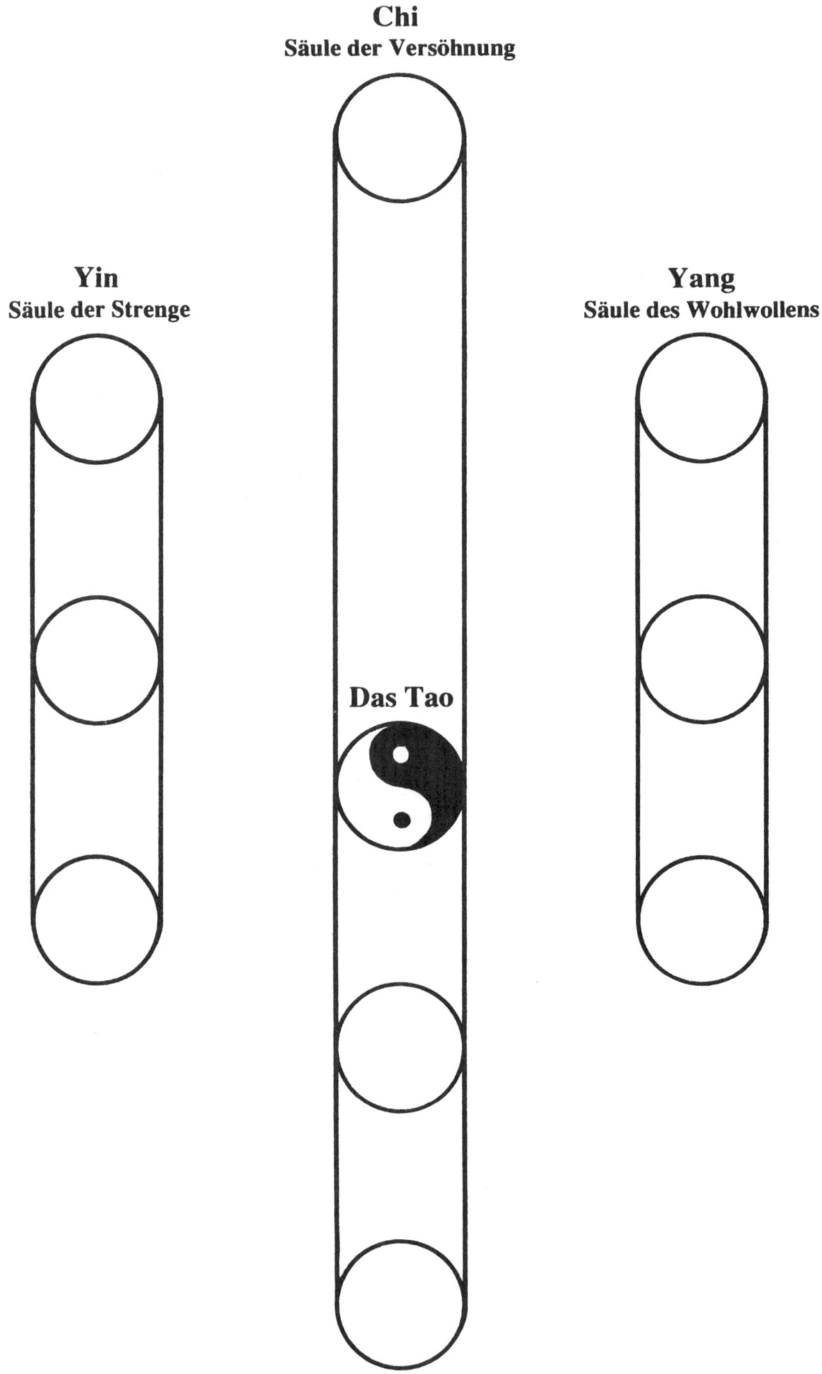

Abb.17

Die vier Welten und sieben Ebenen im Schöpfungsstrahl

Betrachten wir den Verlauf des Schöpfungsstrahles, so wie er die zehn Sefiroth aus sich emaniert, dann ergeben sich drei horizontale Linien (die drei Mütter). Verbinden wir die oberste Mutter mit Kether, so entsteht ein nach oben gerichtetes Dreieck. Verbinden wir die beiden unteren Mütter mit den mittleren Sefiroth, dann haben wir zwei abwärtsgerichtete Dreiecke. Jeweils eines dieser Dreiecke entspricht einem Element, sowohl was die Sinneswahrnehmung betrifft, als auch was seine spirituelle und kosmogonische Bedeutung anbelangt. Jedes dieser Dreiecke beinhaltet zwei Ebenen oder Sphären, die je eine kabbalistische Welt repräsentieren.

1.Aziluth (*Olam Ha Aziluth*), die göttliche Welt des heiligen Feuers (Kraft), emaniert aus dem höchsten Punkt-, dem Kether-, den ich mit dem wirbelnden Sonnenkreuz verglich, das *Ehje ascher Ehje,* Ich werde sein, der Ich-Bin.

Dies ist die Welt der Emanationen, also die höchste Kausalwelt, aus deren Licht (daher hl.Feuer) die primäre Schöpfung hervorgeht. Das Licht des hl.Feuers, das die dort beheimateten Wesenheiten ausstrahlen, ist höchster Ausdruck von Frieden und Hingabe.

In ihr gibt es ein nur traumhaftes Zeitbewußtsein und kaum Gegensätze. Alles folgt der heiligen Liebesschwingung- *Hingabe, Liebe und Bescheidenheit.* Es ist der Sitz erhabener Mächte und Götter (Logoi und Archonten), die im Zustand des Sat-Cid-Ananda (Sein-Wissen-Seligkeit) verbleiben und nicht mehr in den Abgrund steigen müssen. Ein Beispiel dafür ist Metatron, das kleine Angesicht Gottes. Einem Mythos zufolge steht er neben dem Thron Gottes und ist oberster Himmelsfürst. Der Begriff "Oberster" bedarf einer Erläuterung: Aus himmlischer Sicht ist der Größte derjenige, dessen Liebe zu Gott und allen Geschöpfen am stärksten entflammt ist. Die Schlußfolgerung daraus kann nur sein, daß ein solches Wesen auch zur größten Hingabe bereit ist und frei von selbstischen Absichten sein muß. Metatron dürfte der vollkommenste Repräsentant des Eros-Bewußtseins sein. Diese hohen Wesen sind nach der johanneischen Apokalypse die sieben Geister Gottes, deren Impulse auf die Menschheitsgeschichte epochalen Einfluß hat. Aus der göttlichen Welt steigen auch die Avatare und Menschheitserlöser vom Format eines Jesus Christus oder Gautama Buddha herab.

Die darunterliegende Sphäre ist die der Weisheit und der Throne. In Chokmah repräsentiert der Himmelsfürst "Raziel" die Weisheit und das Geheimnis Gottes, und in Binah ist es „Zafkiel“, der Herr der Throne (Anbetung Gottes). Auch diese erhabenen Mächte haben im Schöpfungsverlauf auf die äonalen und evolutiven Rhythmen großen Einfluß.

Der Schleier zwischen Aziluth und Beriah

Das Licht der göttlichen Sphäre von Aziluth ist frei von Gegensätzen und nahezu zeitlos. Das Bewußtsein der dort beheimateten Wesen ist von einer so liebenswerten Offenheit und Einfachheit, daß es für andere Welten nahezu unerreichbar scheint. Es herrscht dort vollkommene Seligkeit und Frieden. Wenn der Schöpfungsstrahl aus Binah herabströmt, teilt sich seine Energie in die zehntausend Dinge, und die Gegensätze fallen scheinbar aus ihrer ursprünglichen Einheit. Raum und Zeit nehmen immer konkretere Formen an, werden zunehmend spürbarer und

greifbarer. Die Wesenheiten und Existenzen verfallen in den unteren Welten von Beriah, Jezirah und Assiah mehr und mehr der Illusion, ihre Ebene sei die realste Existenzform. Etwa so, als ob ein sogenannter Realist behauptet, die vollkommenste Wirklichkeit sei die Materie, nur weil Körper und Sinnesorgane sich den materiellen Bedingungen optimal angepasst haben (Theodizee). Ähnlich ergeht es vielen Astralwesen, die meinen, ihre Welt sei die beste und außerhalb ihrer gäbe es keine bessere; in Wahrheit leben sie nur in einer rosaroten Wolke hausgemachter Vorstellungen und Gefühlszustände, die weder Erkenntnis noch spirituelles Wachstum ermöglichen. Solange sie im Dunstkreis ihrer Vorstellungswelt bleiben, sind sie für lange Zeiträume (oft bis zu 500 Erdenjahre) Gefangene ihrer eingebildeten Realität. Das ist Maya, die Illusion von der angeblichen Wirklichkeit, und es gibt in den unteren Welten kaum ein Wesen, das davon vollkommen frei wäre. Spirituell Höherentwickelte sehen jedoch, daß alle Bewußtseinsstufen in der Schöpfung nur ein großer Traum sind, und daß auch unsere innere Realität im Hier und Jetzt wie ein Traum auf der Bewußtseinsleinwand erscheint. Der Träumer ist unser göttlicher Funke (Eros-Bewußtsein), doch der Spielverderber ist das Ego (Thanatos-Bewußtsein), darum wird der Traum für viele zum Alptraum.
Zwischen der göttlichen Welt Aziluth und der spirituellen gibt es einen unsichtbaren Sefirah mit dem Namen "Daath," das heißt: *Abgrund der Erkenntnis* (Abyss). Abgrund oder Abyss bedeutet Gefahr oder Risiko. Daath birgt in sich sozusagen das Janusgesicht der Erkenntnis, die sowohl in das Licht als auch in die Finsternis führen kann, d.h. in den Tod. In jedem Fall ist die Erkenntnis, wenn sie von Menschen, Engeln oder Göttern zum alleinigen Besitz und Verdienst erklärt wird, ein unkalkulierbares Risiko. Je nachdem, ob Daath aufsteigend oder absteigend durchschritten wird, färbt sie das Bewußtsein entsprechend ein. Steigt das Bewußtsein in unschuldiger Neugierde aus dem seligen Urglanz herab, dann besteht die Gefahr, daß in Daath die Wahrnehmung sich zunehmend personifiziert. Das überpersönliche Licht des Urglanzes kann dabei immer mehr verlorengehen und die Wahrnehmung sich auf Haben- und Besitzenwollen fokussieren. So entsteht allmählich die Illusion eines sich selbst genießenden Erlebnismittelpunktes, der den Urglanz mehr und mehr vergißt. Diesen Vorgang umschreibt die Allegorie vom Sündenfall, nämlich das verbotene Genießen der Frucht (Apfel). Durch das Besitzen und Genießen der Erkenntnis erschafft das Bewußtsein unmerklich einen eigenen Wertekosmos, der es von der Ganzheit zunehmend absondert. Genau dieser Verdunklungsprozeß setzte vor 8625 Jahren ein und steuert in Kürze einem apokalyptischen Wendepunkt zu.
Aufsteigend erfahren wir in Daath die Erkenntnis von Illusion und Wirklichkeit. In diesem offenen Zustand werden alle Bewußtseinsinhalte und Ebenen als Illusion durchschaut. Selbst der Schmerz und das Leid sind nur eine Folge von illusionärem Wirklichkeitsverständnis, weil Schmerz um so intensiver erfahren wird, je mehr jemand an der Realität seiner Bewußtseinsform festhält. Jemand, der z.B. meint, sein Körper unterliege allein den physiologischen Gesetzen, die derzeit vom allgemeinen Wissenstand der Medizin anerkannt sind, muß unter bestimmten Bedingungen Lust und Schmerz, Gesundheit oder Krankheit erwarten. Seine Realität ist begrenzt, und er setzt ihr selbst Grenzen. Den gleichen Prozeß erleidet das

sterbliche Ichbild. Das aufsteigende Bewußtsein verliert in Daath zunehmend seine endliche Ichvorstellung. Alle Ich-Meinungen und bewertenden Ich-Bin-Attribute werden als vergängliche Trugbilder durchschaut und losgelassen. In Daath ahnt das Ich-Bin wieder jenes *Zim-Zum*, dem es einmal so nahe war. Es ist die Rückkehr zu dem einen, reinen, sich selbst reflektierenden Bewußtsein der Stille und Klarheit. Die Flüchtigkeit und Vergänglichkeit aller Manifestationen werden wie Schaumkronen im Ozean eines nahezu unendlichen Bewußtseinsmeeres geschaut. Der in Daath Wiedergeborene erkennt sich selbst als eine Traumgestalt auf der Leinwand des göttlichen Bewußtseins. Er sieht sich gleichzeitig als Zuschauer und Akteur auf der Bühne des Alltags; er kann *gelassen* bleiben, weil die selige Fülle Gottes ihn und die ganze Schöpfung träumt. Ein so Erleuchteter oder Erwachter hat das Leid überwunden; für ihn ist alles zum heiteren Spiel geworden. Was bleibt, ist das sich selbst wahrnehmende reine Bewußtsein, das jenseits der vier bekannten Bewußtseinszustände immer dasselbe ist und in den seligen fünf Füllen lebt und webt. Für den zu Daath aufsteigenden Kabbalisten bedeuten die vier Bewußtseinszustände nur *"Vorhang oder Pargod"*, und für den okkulten Kabbalisten Abyss (Abgrund); für ihn kann Daath tatsächlich zum Abgrund eines magisch potenzierten, jedoch sterblichen Ichbildes werden, das er sich selbst geschaffen hat, und dessen Auflösung lange Zeit in Anspruch nehmen dürfte.

2.Beriah (*Olam Ha Beriah*), die spirituelle Welt der Pläne und Absichten (Bewegung - Luft).

Beriah ist die Welt der überpersönlichen und persönlichen Ideen, Pläne und höheren Beweggründe, siehe auch S.246. Die höhere Mentalwelt genialischer Vorstellungsweisen ist von Wesenheiten bevölkert, welche die Weisheit des göttlichen Willens ergründen, und ihr Bewußtsein ist *voll* von den besten und wohlmeinendsten Absichten und Plänen. Beriah wird von Genien und höheren Engeln bevölkert, und aus ihr stammen die Genies unserer kulturellen Entwicklung. Die anglikanischen Repräsentanten sind Zadkiel (der Tröster Gottes) aus dem Chor der Herrschaften in Chesed und in Geburah Kamael (der Gestrenge Gottes) aus dem Reigen der Gewalten. Auf der darunterliegenden Sphäre repräsentiert diese Welt die Ebene der persönlichen Motive, besonders die Prüfung von Wahrnehmungsweisen und Motivation. Gewissenstreue, moralische Standhaftigkeit und Mut zur Wahrheit stehen im Spannungsverhältnis zu Güte, Zuversicht, Kompromißbereitschaft und Nachsicht, aber auch zu Durchsetzung und Rücksichtnahme. Dort wird die Fähigkeit des Abwägens, geduldigen Abwartens und schneller Entscheidung erarbeitet, aber auch die Notwendigkeit, Scheinfrieden und Pseudoharmonien zugunsten höherer Einsichten und Vernunftsgründe aufzugeben, was ja gerade das Problem der unteren Astralebenen ist.

3.Jezirah (*Olam Ha Jezirah*), die Welt der Gestaltung und Ausschmückung (Struktur-Wasser). Jezirah ist in eine höhere und tiefere Astralsphäre unterteilt. Die obere ist befaßt mit Schönheit und Ästhetik, wie etwa die Pläne und Absichten aus der spirituellen Welt in harmonischen Formen, Strukturen und Klängen dargestellt werden können. Sie ist eine besonders schöpferische Welt, in der Schönheit und Harmonie ein Hauptthema ist. Nicht von ungefähr gaben die alten Kabbalisten Tifereth, dem zentralen Sefirah, den Namen *"Schönheit"*, womit die Synthese aus

den oberen und unteren Welten wohl gemeint ist (Hexagramm). In ihr sind die schöpferischen Genies von Künstlern, Musikern, Architekten und Handwerkern versammelt. Anglikanischer Hauptrepräsentant ist Michael in Tifereth (der General Gottes), der außerhalb der Engelschöre steht. Dieser gewaltige Engel muß von unsagbarer Schönheit und Vollkommenheit sein. Wie sonst vermochte er Luzifer, den ersten Engel des Morgenlichtes, vom Gottesberg (Welt Aziluth) zu vertreiben? Auch hier sollten wir wieder richtig verstehen: Vertreiben bedeutet im anglikanischen Sinne durch die Strahlung von Liebe und Güte, nicht durch Gewalt und Aggression. Die untere Astralebene steht im Spannungsfeld zwischen Verstand und Gefühl. Begeisterung und Spontaneität müssen mit klarer Überlegung und Vernunft in Einklang gebracht werden. In jedem von uns ist dieses Spannungsverhältnis gegenwärtig und ein Dauerthema. Unsere Gedanken, wenn sie von den Emotionen der Begeisterung aufgewirbelt werden, sind gleich schäumenden Kronen auf Wellenspitzen, doch sollten sie nicht schäumen, sondern kraftvolle Wogen werden, die zu einer harmonisch-mentalen Gesamtbewegung beitragen. Anglikanischer Repräsentant ist Uriel, der Engel des göttlichen Lichtes, in Hod, aus dem Chor der Erzengel, und Rafael, der Heiler Gottes, aus dem Reigen der Urkräfte, in Netzach. Unterhalb dieser Astralwelt befindet sich die zauberhafte, aber auch zwiespältige Zwischenebene der Märchen, Mythen und Sagen (Unbewußtes). Sie ist in Jesod, dem Sefirah der großen Vitalität, eine Welt voller Träume und Hoffnungen und der Aufenthalt vieler unerlöster Seelen. Diese Zwischenwelt webt, wie ein magischer Zauberwebstuhl, die wundersamsten Lebenserscheinungen, wie wir sie in Märchen als Elfen, Gnome, Sylphen, Nixen, Tier- und Pflanzenmenschen und sonstige Fabelgestalten kennen. Der eigentliche Drang ist der unbedingte Wunsch, Gestaltungen und Sinnlichkeit vital auszuleben. Doch auch unter diesen Fabelwesen verbergen sich hochentwickelte Geister, die aus irgendwelchen Gründen eine komisch-witzige Hülle angenommen haben. Höherer Repräsentant ist Gabriel, der Mann Gottes, der den Menschen in einer je nach der momentanen Bewußtseinsverfassung angemessenen Form erscheint. Er stammt aus dem Chor der wandelbaren Engel, stets bereit, mit Menschen nach ihren Vorstellungen Kontakt aufzunehmen.
4.Assiah, die Welt des Gemachten (Ausformung zur Materie).
Die Welt Assiah (*Olam Ha Assiah*) ist die Welt unseres physischen Universums und des Festkörperbewußtseins. In ihr kristallisiert sich die Energie aus den Plänen und Formen der spirituellen und astralen Ebenen. Wie eine Gondel hängt der physische Kosmos unter den oberen Welten. Anglikanischer Repräsentant ist Sandalphon, der Gärtner Gottes, aus dem Chor der Schutzengel, der uns mit Geduld und in Liebe begleitet und beschützt. Widerstand, Begrenzung und Schwere kennzeichnen Malkuth, diese unsere Welt, auch die der Trägheit und Mühsal. Doch nur in ihr können wir wirklich innerlich wachsen und schneller vorankommen. Darum heißt es auch, ein Tag auf Erden ist soviel wie tausend Jahre im Jenseits. Also, in der Kürze liegt die Würze, und um es mit Goethe zu sagen: *"Und hast Du nicht dieses stirb und werde, so bist Du nur ein trüber Gast auf dieser Erde."*

Die vier kabbalistischen Welten

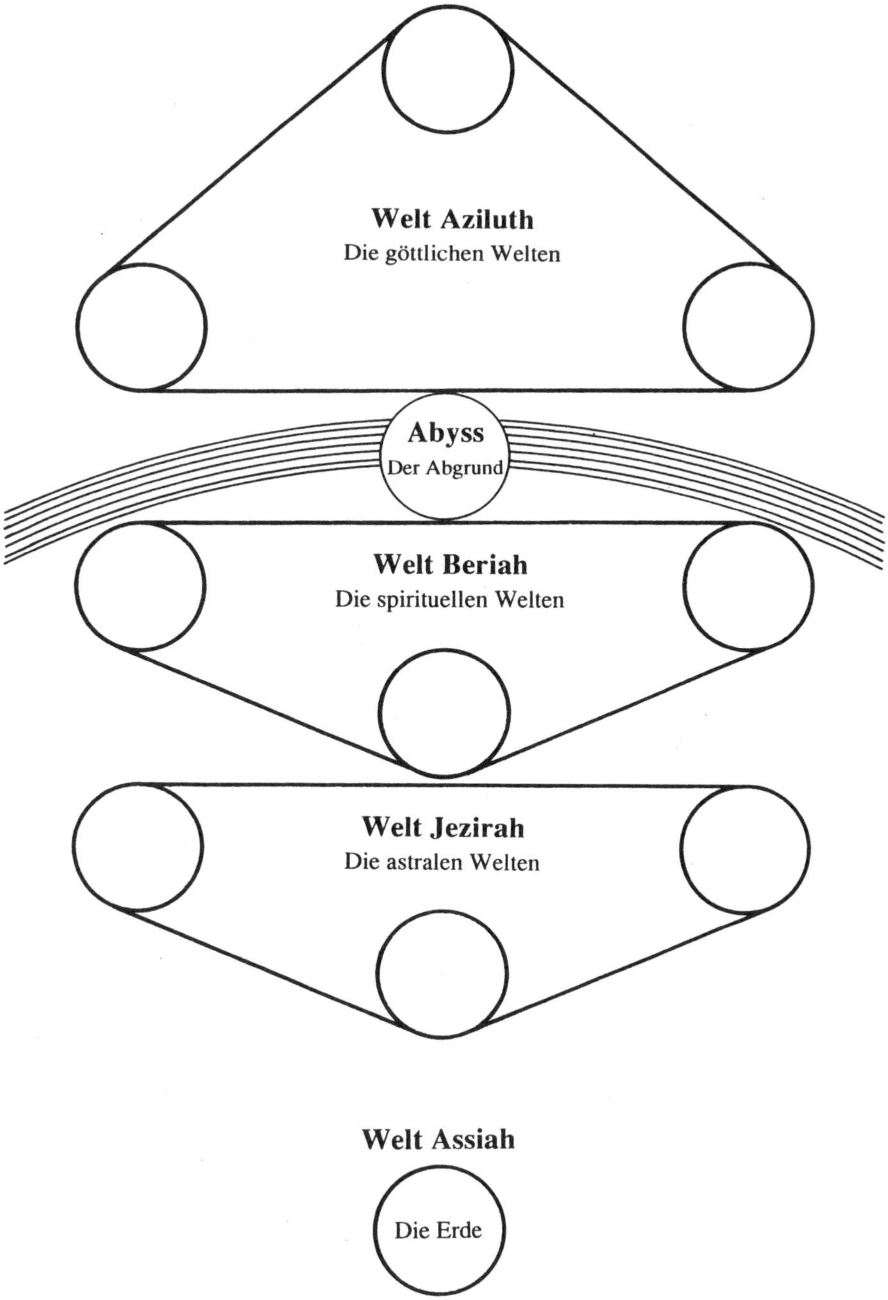

Abb.18

Die Numeration der Gesetzeslast in den kabbalistischen Welten

Um zu einem umfassenderen Verständnis über die spirituellen Grade und Entwicklungsmöglichkeiten in den Welten zu gelangen, bedarf es außer der Hermeneutik noch der numerischen Gesetzeslast in den kabbalistischen Welten.
Wie man aus der u.a. Abbildung ersehen kann, nimmt mit der progressiven Zunahme der Seinsgesetze proportional der Freiheitsgrad ab, so daß auf der Erde mit 192 Seinsgesetzen der geringste Freiheitsgrad herrscht. Der geringere Freiheitsgrad bedeutet, daß immer mehr Gesetze und Polaritäten zu berücksichtigen sind, und daß die Entscheidungen, weil immer schwieriger, um so eindeutiger sein müssen. Erst unter diesen Bedingungen ist wahres spirituelles Wachstum und eine Öffnung für die höheren Impulse möglich. Subsumiert man die Gesetze der Welten in Zahlen, dann ergibt sich ein numerischer Stufenbau.

1.Welt Aziluth
Ebene *Null* ist das Göttliche oder Unerforschliche. In ihr herrscht nur ein Gesetz, nämlich das des seligen Friedens (Weg 24).
Ebene *Eins* schließt alle möglichen Weltensysteme ein. In ihr herrschen drei Seinsgesetze, nämlich Liebe, Weisheit und Gerechtigkeit (3).

2.Welt Beriah
Ebene *Zwei* bezieht sich auf ein System von mehreren Galaxien (Galaxishaufen). In ihr herrschen sechs Seinsgesetze (6).
Ebene *Drei* bezieht sich auf alle Systeme innerhalb einer Galaxis. Dort herrschen zwölf Seinsgesetze (12).

3.Welt Jezirah
Ebene *Vier* sind alle Systeme im Bereich einer Zentralsonne, die von vierundzwanzig Seinsgesetzen beherrscht werden (24).

Ebene *Fünf* betrifft alle Systeme im Bereich der Planeten. In ihr herrschen achtundvierzig Seinsgesetze (48).

Zwischenebene *Sechs* sind alle Systeme im Bereich der Asteroiden und Monde. In ihr herrschen sechsundneunzig Seinsgesetze (96).

4.Welt Assiah
Ebene *Sieben* betrifft alle Systeme im Bereich der Erde mit hundertundzweiundneunzig Seinsgesetzen (192).

Die Gesetzeslast in den kabbalistischen Welten

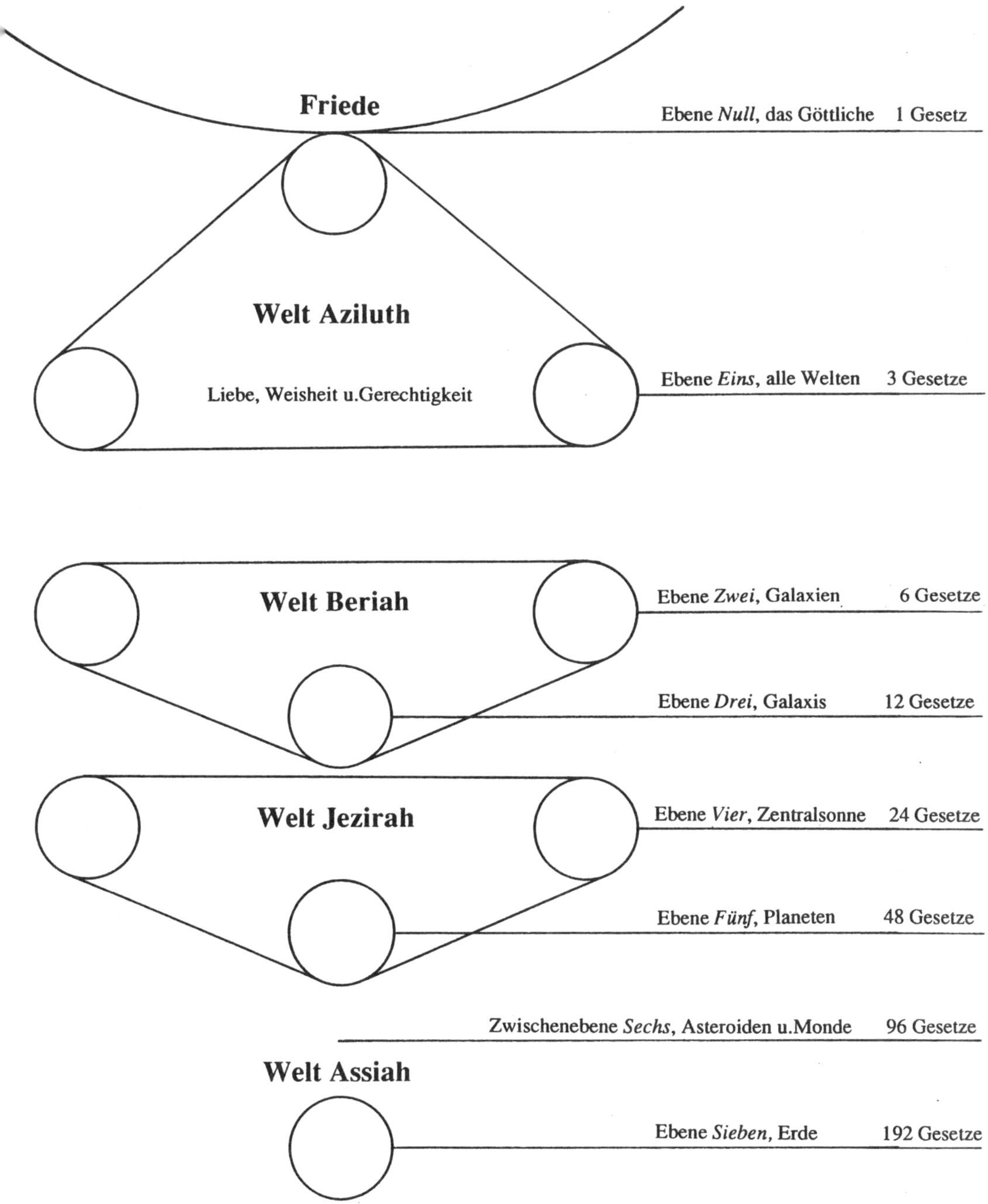

Abb.19

Die Verbindung der zehn heiligen Samen mit den vierundzwanzig Urideen

Auszüge aus den ältesten kabbalistischen Fragmenten

Geist aus Geist, und er verband die Lichter untereinander durch vierundzwanzig Urideen der Freude: drei Mütter, neun doppelte und zwölf einfache.
Vierundzwanzig Urideen- er zeichnete sie ein, er vertauschte, wog und versetzte sie. Er formte durch sie das Wesen alles Geformten.
Vierundzwanzig Urideen verbinden die zehn Leuchten und sind der Lebensbaum, an dem die Welten hängen wie Trauben.

Die Mütter

Drei Mütter in der Geistseele: Ein großes, verborgenes, verhülltes und mit sechs Siegeln verschlossenes Geheimnis! ***Einheit, Wissen, Erleuchtung***. Die *Erleuchtung* im Himmel, die *Einheit* auf Erden, das *Wissen* im Geist.
Drei Mütter: Aus jenen nun gingen hervor Wasser, Luft und Feuer und teilten sich als männlich und weiblich.
Drei Mütter: Erde, Wind, Himmel. Der Himmel wurde aus dem Feuer geformt, die Erde aus dem Wasser, der Wind aus der Luft, die zwischen Feuer und Wasser vermittelt.
Drei Mütter im Jahr: Kälte, Wärme, Laues. Die Wärme wurde aus dem Feuer geformt, die Kälte aus dem Wasser, das Laue aus der Luft, die zwischen ihnen vermittelt.
Drei Mütter im Körper: Kopf, Oberkörper, Bauch. Der Kopf wurde aus dem Feuer geformt, der Bauch aus dem Wasser, der Oberleib aus der Luft, die zwischen ihnen vermittelt.

Die Uridee des **Wissens** machte Er zum König über die Luft. Er setzte ihr eine Krone auf und verband so beide miteinander (das Wissen und die Luft), und er formte durch sie den Wind in der Welt, das Laue im Jahr und den Oberleib im Körper. Aus ihr entfaltet sich *"das Bewußtsein der Zusammenfassung und Erschließung, weil durch es die Himmelskundigen* ***Erkenntnis*** *erlangen über die Bedeutung und Einwirkung der Himmelserscheinungen auf die Kreaturen."*

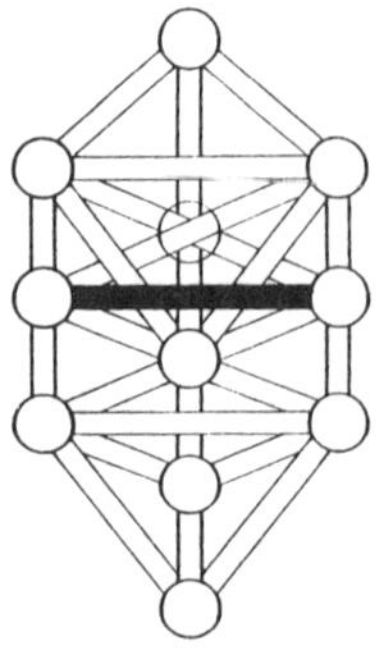

Die Uridee der **Einheit** machte Er zum König über das Wasser. Er setzte ihr eine Krone auf und verband so beide miteinander (die Einheit und das Wasser), und er formte durch sie die Erde in der Welt, die Kälte im Jahre und den Bauch im Körper. Aus ihr entfaltet sich *"das Bewußtsein der* ***Einigung****; es ist die Herrlichkeit, die jeden Geist die Wahrheit erkennen läßt."*

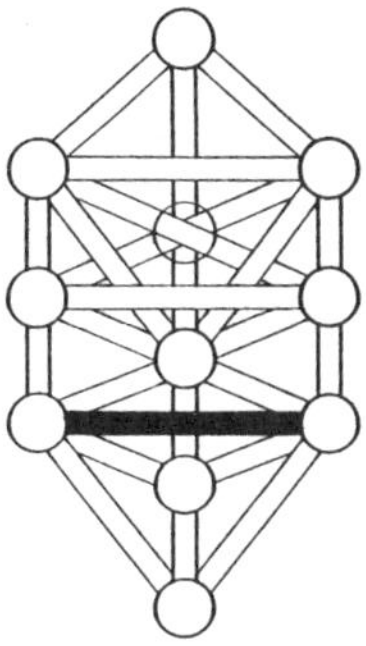

Die Uridee der **Erleuchtung** machte Er zum König über das Feuer. Er setzte ihr eine Krone auf und verband so beide miteinander (die Erleuchtung und das Feuer), und er formte durch sie den Himmel in der Welt, die Wärme im Jahre und den Kopf im Körper. Aus ihr entfaltet sich *"das Bewußtsein der* ***Spiritualität****. Es belehrt über die Mysterien und ist die Grundlage der Heiligkeit."*

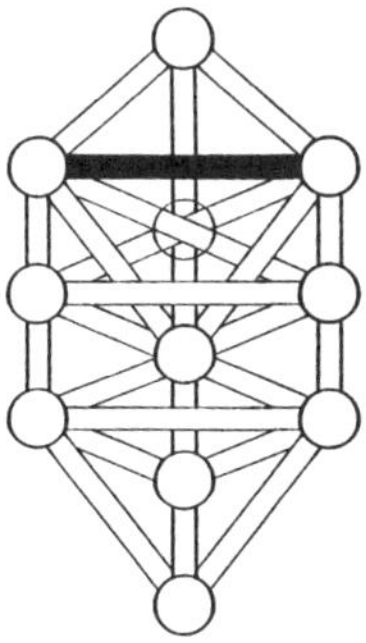

Die neun Doppelten

Neun doppelte Urideen: Friede, Achtung, Schönheit, Erlösung, Glaube, Weisheit, Einfachheit, Wachstum, Gerechtigkeit.

Neun, die ihr Gegenteil behüten! Das Gegenteil des Friedens ist der Unfriede, das Gegenteil der Achtung Verachtung, das Gegenteil der Schönheit Häßlichkeit, das Gegenteil der Erlösung Knechtschaft, das Gegenteil des Glaubens Zweifel, das Gegenteil der Weisheit Torheit, das Gegenteil von Einfachheit Vielheit, das Gegenteil von Wachstum Verfall, das Gegenteil von Gerechtigkeit Unrecht.

Neun doppelte- er wog und zeichnete sie ein, er verband sie und bildete durch sie die Reihenfolge im Lebensbaum und die neun Abschnitte im Jahr (360: 9=40) und die neun Pforten im Körper und von ihnen aus neun Engelschöre und neun Zeiten des Menschen und der Erde. Die neun Pforten im Körper sind: zwei Augen, zwei Ohren, zwei Nasenlöcher, ein Mund und die zwei unteren Leibesöffnungen.

Die Uridee der **Achtung** machte er zum König über den Reichtum; er setzte ihr eine Krone auf und verband beide (Achtung und Reichtum) miteinander, und er formte durch sie die Sonne am Himmel und das linke Auge im Körper. Aus ihr entfaltet sich *"das Bewußtsein des hl.Feuers (Berg Gottes). Es ist der Schleier vor den Ordnungen (Ursachen) der oberen und unteren Samen. Jenes Bewußtsein, das auf diesem Weg wandelt, steht vor dem großen Angesicht und erfreut sich einer* ***großen Würde****."*

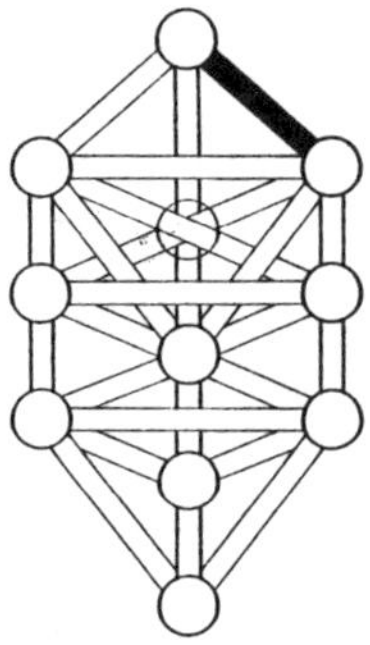

Die Uridee der **Schönheit** machte Er zum König über die Bewunderung; er setzte ihr eine Krone auf und verband beide (die Schönheit und Bewunderung) miteinander, und er formte durch sie den Mond am Himmel und das rechte Auge im Körper. Aus ihr entfaltet sich *"das Bewußtsein des Lichtes-* ***die Vorstellungskraft****, weil es das Abbild der Herrlichkeit ist. Es ist die Quelle der Gesichte (Visionen) der Propheten."*

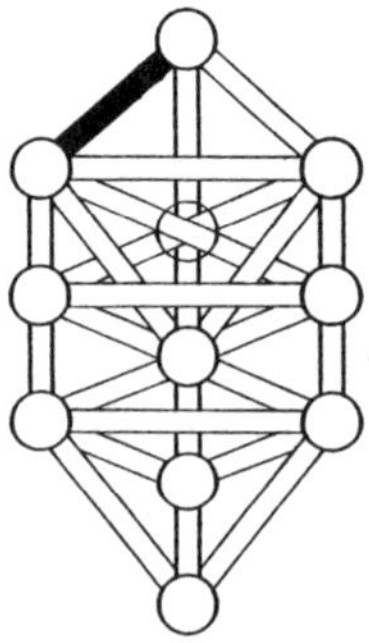

Die Uridee der **Gerechtigkeit** machte er zum König über die Fruchtbarkeit; er setzte ihr eine Krone auf und verband beide (Gerechtigkeit und Fruchtbarkeit) miteinander, und er formte durch sie den Mars am Himmel und das rechte Ohr am Körper. Aus ihr entfaltet sich *"das Bewußtsein der Wonne und Verklärung (Entrückung), das die* ***Belohnung und Vergeltung*** *für die Gerechten ist."*

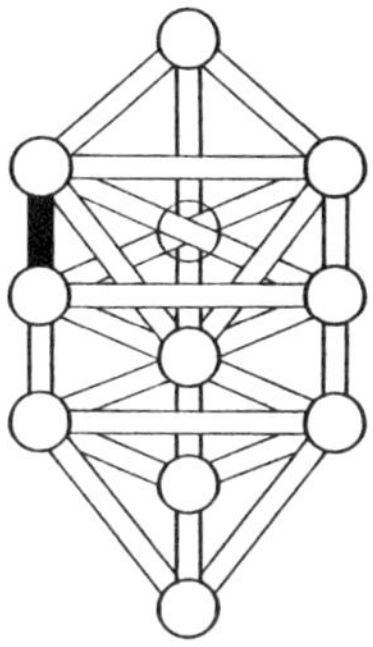

Die Uridee des **Wachstums** machte er zum König über das Leben; er setzte ihr eine Krone auf und verband beide (Wachstum und Leben) miteinander, und er formte durch sie den Jupiter am Himmel und das linke Ohr am Körper. Aus ihr entfaltet sich *"das Bewußtsein der* ***Kreativität*** *und der Wärme, weil die Wärme die grundlegende Kraft aller Schöpfungen ist."*

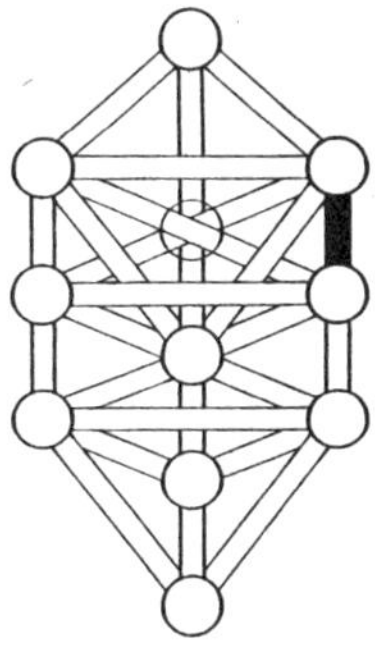

Die Uridee des **Glaubens** machte er zum König über die Herrschaft; er setzte ihr eine Krone auf und verband beide (Glaube und Herrschaft) miteinander, und er formte durch sie den Merkur am Himmel und das rechte Nasenloch im Körper. Aus ihr entfaltet sich *"das Bewußtsein der* ***Beharrlichkeit****. Es ist der Urgrund der Beständigkeit und verleiht allen Sefiroth Beständigkeit."*

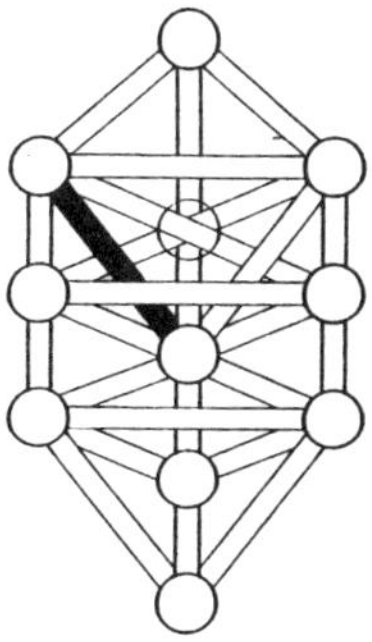

Die Uridee **Erlösung** machte er zum König über den Frieden; er setzte ihr eine Krone auf und verband beide (Erlösung und Frieden) miteinander, und er formte durch sie den Uranus am Himmel und das linke Nasenloch im Körper. Aus ihr entfaltet sich *"das Bewußtsein* ***der Ideen****. Es erfreut die wahren Sucher und empfängt die Ideen der Schöpfung und wirkt sich segensreich auf alle Existenzen aus."*

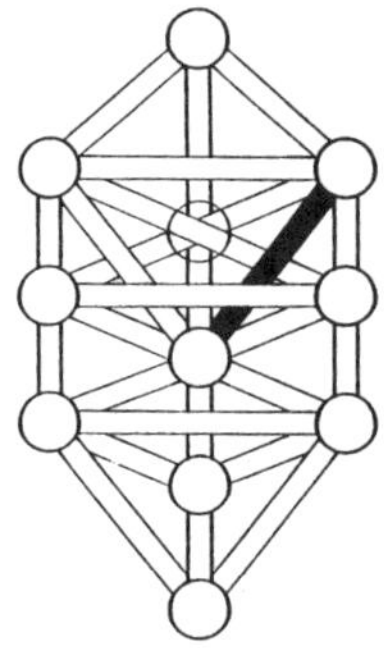

Die Uridee der **Weisheit** machte er zum König über die Gesetze; er setzte ihr eine Krone auf und verband beide (Weisheit und Gesetze) miteinander und formte durch sie den Saturn am Himmel und die rechte Gesichtshälfte im Körper. Aus ihr entfaltet sich *"das Bewußtsein der* ***Gesetzeserfüllung****."*

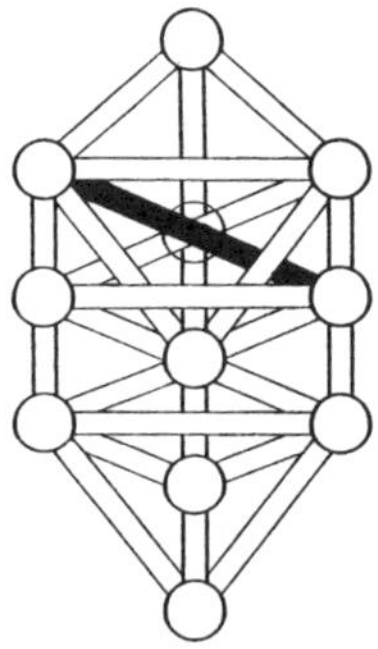

Die Uridee der **Einfachheit** machte er zum König über die Zufriedenheit; er setzte ihr eine Krone auf und verband beide (Einfachheit und Zufriedenheit) miteinander und formte durch sie die Venus am Himmel und die linke Gesichtshälfte im Körper. Aus ihr entfaltet sich *"das Bewußtsein der* ***Bescheidenheit****."*

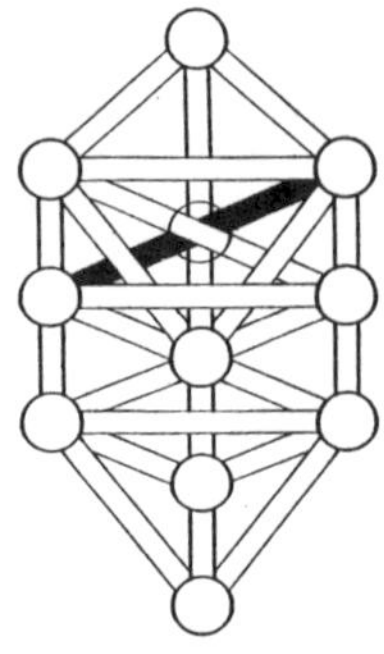

Die Uridee des **Friedens** machte er zum König über die Anmut; er setzte ihr eine Krone auf und verband beide (Friede und Anmut) miteinander, und er formte durch sie den Neptun am Himmel und den Mund im Körper. Aus ihr entfaltet sich *"das Bewußtsein der **Gelassenheit, der Hingabe und der Liebe**" In ihr ist das Geheimnis der zehn geistigen Edelsteine (Gnadengaben*) befaßt. Sie entströmen dem höchsten Segen und der erhabensten Verklärung .*

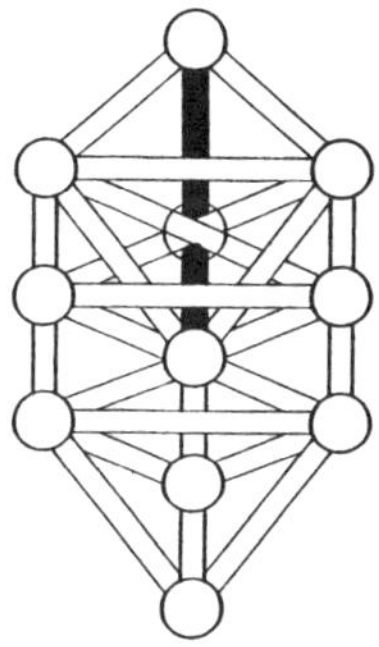

Die zwölf Einfachen

Zwölf einfache Urideen: Harmonie, Gehorsam, das Gute, Wahrheit, Stabilität, Mitgefühl, Freiheit, Verwirklichung, Glückseligkeit, Hoffnung, Kraftimpuls und Geborgenheit.

Zwölf einfache Urideen, zwölf und nicht elf, zwölf und nicht dreizehn! Ihre Art ist die von zwölf Kreissektoren: nordöstlicher, südöstlicher, ostnordöstlicher, ostsüdöstlicher, nordnordöstlicher, nordnordwestlicher, nordwestlicher, südwestlicher, westnordwestlicher, westsüdwestlicher, südsüdwestlicher und südsüdöstlicher Sektor. Und sie erweitern sich und verlaufen ins Unendliche, und sie sind die Arme der Welt.

Zwölf einfache- er wog und zeichnete sie ein, wog, verband und vertauschte sie, und er bildete durch sie zwölf Sternbilder in der Welt, zwölf Monate im Jahre und zwölf Leiter (leitende Organe) im Körper.

Zwölf Sternbilder in der Welt: Widder, Stier, Zwillinge, Krebs, Löwe, Jungfrau, Waage, Skorpion, Schütze, Steinbock, Wassermann, Fische.

Zwölf Monate im Jahre: März, April, Mai, Juni, Juli, August, September, Oktober, November, Dezember, Januar, Februar.

Zwölf Leiter im Körper: Zwei Hände, zwei Füße, zwei Nieren, Milz, Leber, Galle, Speiseröhre, Magen und Darm. Zwei grollen: (Leber und Galle), zwei sind fröhlich: (Magen, Milz), zwei geben Rat: (Nieren), zwei werden beraten: (Speiseröhre, Darm), zwei rauben: (Hände) und zwei jagen: (Füße).- Er machte sie nach Art eines Widerstreits, er ordnete sie nach Art eines Krieges, auch das eine gegen das andere.

*Anmerkung: Gnadengaben, siehe S.447

Die Uridee der **Wahrheit** machte er zum König über die Sprache; er setzte ihr eine Krone auf und verband beide (Wahrheit und Sprache) miteinander, und er formte den Widder am Himmel, den März im Jahre und die rechte Hand am Körper. Aus ihr entfaltete sich *"das Bewußtsein der Versuchung oder Prüfung, weil es die erste Versuchung ist, durch die Gott die* ***Aufrichtigen*** *prüft."*

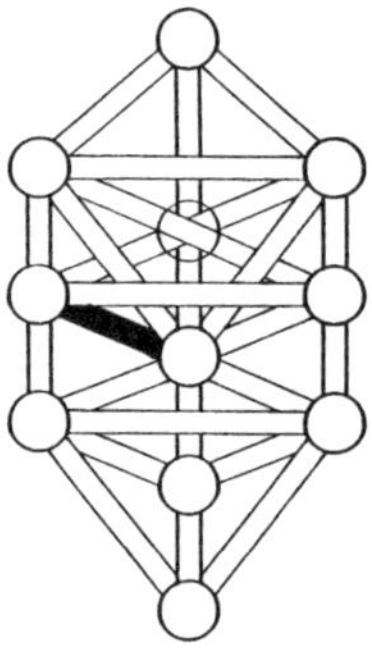

Die Uridee **Hoffnung** machte er zum König über das Denken; er setzte ihr eine Krone auf und verband beide (Hoffnung und Denken) miteinander, und er formte durch sie den Stier am Himmel, den April im Jahre und die linke Hand am Körper. Aus ihr entfaltete sich *"das Bewußtsein der* ***Zuversicht****, weil in ihm die geistigen Tugenden (Ethik) niedergelegt sind, die hier wachsen, bis sie zu denen kommen, die in ihrem Schatten wohnen."*

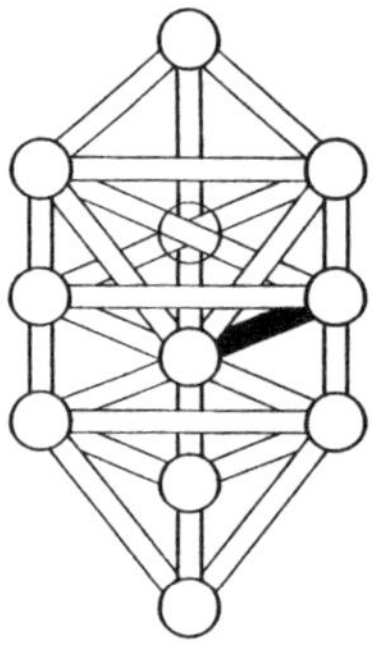

Die Uridee **Freiheit** machte er zum König über das Gehen; er setzte ihr eine Krone auf und verband beide (Freiheit und Gehen) miteinander, und er formte durch sie die Zwillinge am Himmel, den Mai im Jahre und den rechten Fuß am Körper. Aus ihr entfaltete sich *"das Bewußtsein der* ***Zielstrebigkeit****; durch sie ist der Geist jeder Kreatur geschaffen und die Bewegung (individuelle Entfaltungsbewegung), der diese unterworfen ist."*

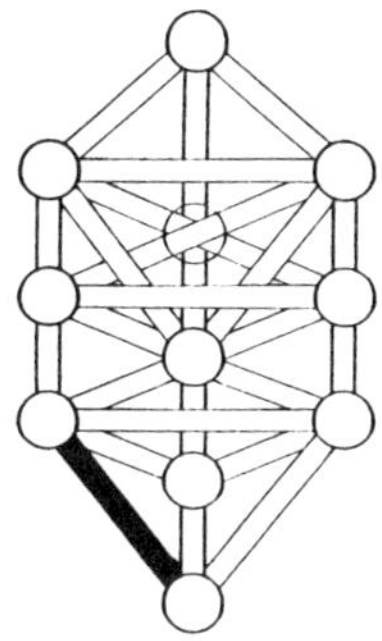

Die Uridee der **Harmonie** machte er zum König über die Sehkraft; er setzte ihr eine Krone auf und verband beide (Harmonie und Sehkraft) miteinander, und er formte durch sie den Krebs am Himmel, den Juni im Jahr und den linken Fuß am Körper. Aus ihr entfaltete sich *"das Bewußtsein der Gleichgestimmtheit. Es gibt allen Wesen das, was die Ähnlichkeiten ausmacht, und bringt sie in* ***Übereinstimmung*** *mit ihrem Aussehen."*

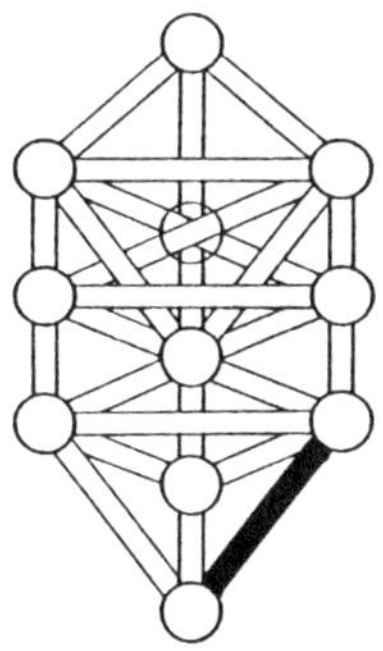

Die Uridee des **Gehorsams** machte er zum König über das Gehör; er setzte ihr eine Krone auf und verband beide (Gehorsam und Gehör) miteinander, und er formte durch sie den Löwen am Himmel, den Juli im Jahr und die rechte Niere im Körper. Aus ihr entfaltete sich *"das Bewußtsein der* ***Akzeptanz****; durch sie sind die Naturgesetze unseres Sonnensystems vollendet und vollkommen gemacht worden."*

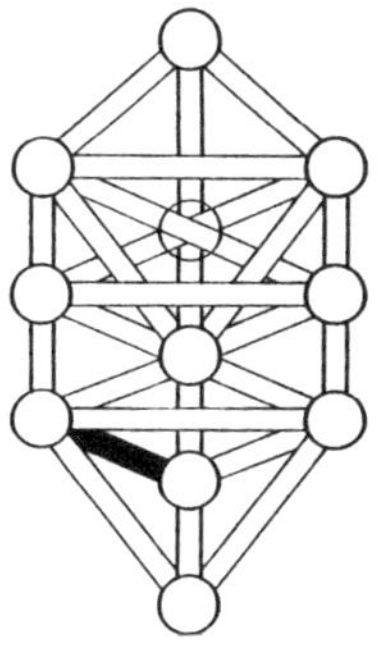

Die Uridee des **Mitgefühls** machte er zum König über die Arbeit; er setzte ihr eine Krone auf und verband beide (Mitgefühl und Arbeit) miteinander, und er formte durch sie die Jungfrau am Himmel, den August im Jahr und die linke Niere im Körper. Aus ihr entfaltete sich *"das Bewußtsein der unterstützenden Kraft und Hilfe (**Hilfsbereitschaft**); weil es allen Bewegungen der Himmelskörper Kraft verleiht und sie dadurch leitet und fördert."*

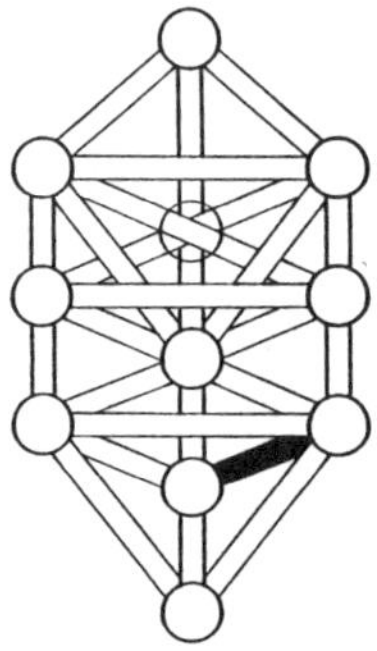

Die Uridee der **Stabilität** machte er zum König über die Partnerschaft; er setzte ihr eine Krone auf und verband beide (Stabilität und Partnerschaft) miteinander, und er formte durch sie die Waage am Himmel, den September im Jahre und die Leber im Körper. Aus ihr entfaltete sich *"das Bewußtsein der Belehrung; es macht die Aufrichtigen zur **Treue** geneigt und bereitet sie auf das Kommen des heiligen Geistes vor."*

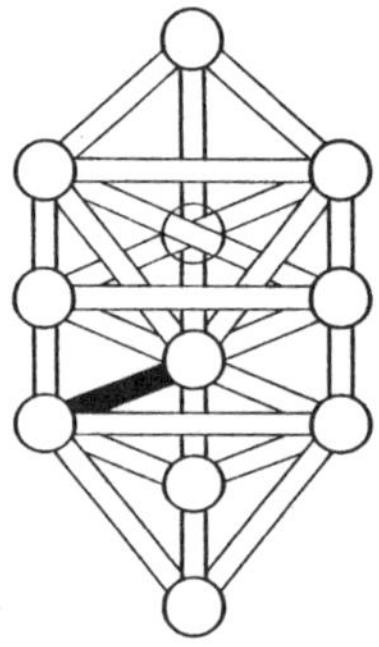

Die Uridee der **Geborgenheit** machte er zum König über den Geruch; er setzte ihr eine Krone auf und verband beide (Geborgenheit und Geruch) miteinander, und er formte durch sie den Skorpion am Himmel, den Oktober im Jahr und die Galle im Körper. Aus ihr entfaltete sich *"das Bewußtsein der Dauer und **Zuverlässigkeit**, weil es den Bahnen der Himmelskörper Dauer und Stabilität verleiht."*

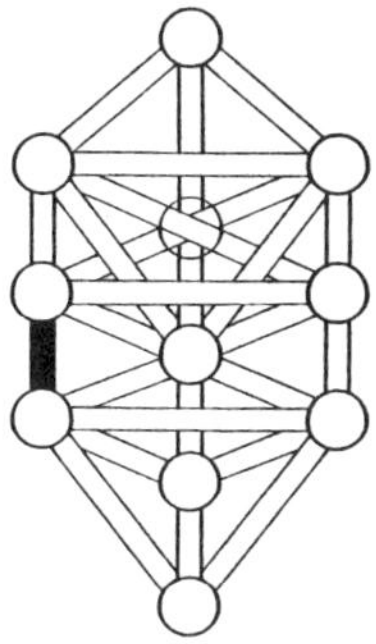

Die Uridee des **Guten** machte er zum König über den Schlaf; er setzte ihr eine Krone auf und verband beide (das Gute und den Schlaf) miteinander, und er formte durch sie den Schützen am Himmel, den November im Jahre und die Milz im Körper. Aus ihr entfaltete sich *"das Bewußtsein des **Vertrauens**. Aus ihm entnimmt man die Geheimnisse und die verborgenen Bedeutungen, die in seinem Dunkel schlummern."*

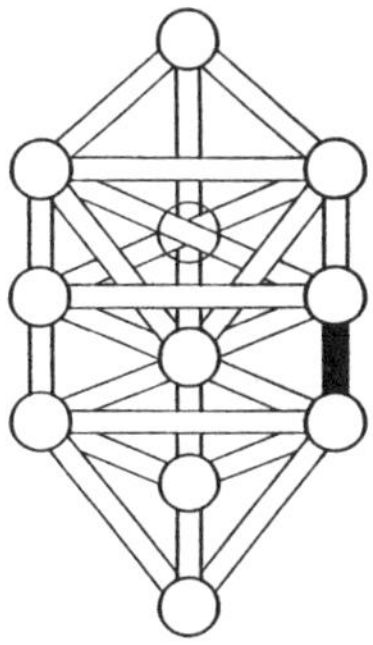

Die Uridee der **Verwirklichung** machte er zum König über den Zorn; er setzte ihr eine Krone auf und verband beide (Verwirklichung und Zorn) miteinander, und er formte durch sie den Steinbock am Himmel, den Dezember im Jahr und die Speiseröhre im Körper. Aus ihr entfaltete sich *"das Bewußtseins der **Entschlossenheit**; es verleiht jeder Kreatur den Willen zum Dasein und den besonderen Ausdruck seiner Existenz."*

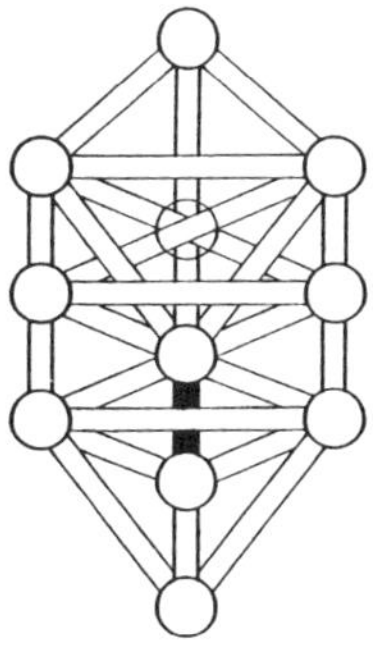

Die Uridee des **Kraftimpulses** machte er zum König über den Geschmack; er setzte ihr eine Krone auf und verband beide (Kraftimpuls und Geschmack) miteinander, und er formte durch sie den Wassermann am Himmel, den Januar im Jahr und den Magen im Körper. Aus ihr entfaltete sich *"das Bewußtsein der **Begeisterung**, weil dadurch Gott alles das erneuert (Regeneration), was in der Schöpfung erneuert werden kann."*

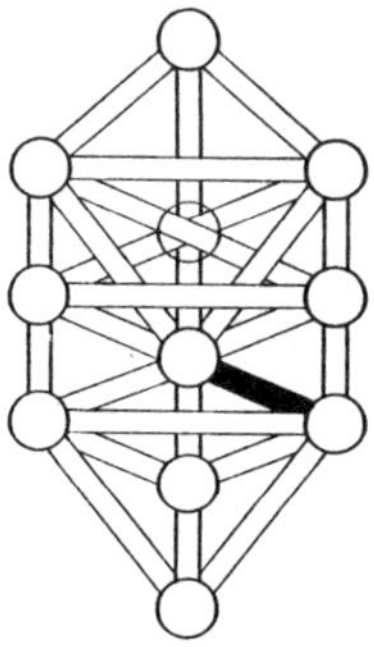

Die Uridee der **Glückseligkeit** machte er zum König über das Lachen; er setzte ihr eine Krone auf und verband beide (Glückseligkeit und Lachen) miteinander, und er formte durch sie die Fische am Himmel, den Februar im Jahr und den Darm im Körper. Aus ihr entfaltete sich *"das Bewußtsein des **Humors**; es formt die gestaltlichen Ideen der höheren Bewußtseine zu Körpern aus und fördert ihr Wachstum."*

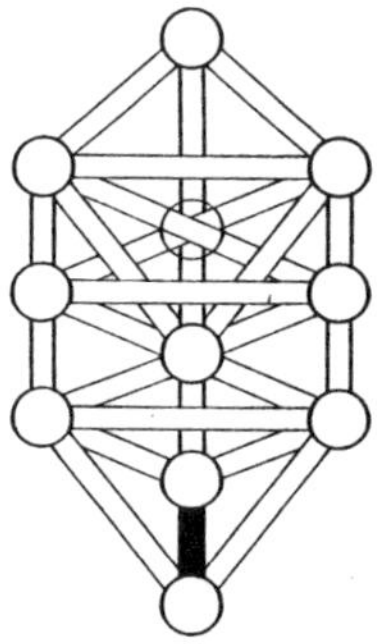

Drei Mütter, welche drei Väter sind, da von ihnen ausgeht Feuer, Luft und Wasser.
Drei Mütter, neun doppelte und zwölf einfache Urideen.
Dies sind die vierundzwanzig Urideen, mit denen der Heilige, der lebendige Gott, der Hohe und Erhabene, ewig (in der Höhe) Wohnende den Grund legte; hoch und heilig ist sein Name, hoch und heilig ist Er!
Drei Mütter und ihre Abkömmlinge, neun Planeten und ihre zwölf Sternbilder.
Einen Beweis für die Sache bilden die treuen Zeugen in der Welt, im Jahre und im Körper.
Eine Norm ist die Zwölfzahl, die Neunzahl und die Dreizahl. Ihre Zeugen sind: der Tierkreis (die zwölf Sternbilder), der Drache (neun Planeten) und das Herz (drei Mütter).

Drei Mütter: Luft, Wasser, Feuer; Feuer oben, Wasser unten und die Luft als Vermittelndes zwischen beiden. Und das Zeichen ist: Feuer trägt Wasser. Mem schweigt, Schin zischt und Aleph ist ein Vermittelndes zwischen beiden.
Der "Drache" in der Welt ist wie ein König auf seinem Throne; der Tierkreis im Jahr ist wie ein umherreisender König im Lande; das Herz im Körper ist wie ein König im Kriege.
Auch machte Gott das eine gegen das andere: das Gute gegen das Böse und das Böse gegen das Gute. Gutes aus Gutem und Böses aus Bösem. Das Gute ermöglicht die Ermittlung des Bösen, das Böse das des Guten. Gutes wird aufbewahrt für die Guten und Böses für die Bösen.
Bei drei steht jeder allein für sich.
Neun sind (folgendermaßen) geteilt: vier gegenüber vier und einer vermittelnd zwischen beiden Parteien. Zwölf stehen im Kriege (und zwar in folgender Gruppierung): drei Freunde, drei Feinde, drei Belebende und drei Tötende.
Drei Freunde: das Herz und die beiden Ohren. Drei Feinde: die Galle, die Leber und die Zunge. Drei Belebende: die beiden Nasenlöcher und die Milz. Drei Tötende: die beiden (unteren) Leibesöffnungen und der Mund. Gott aber, ein wahrhaftiger König, waltet über ihnen allen.
Eins über drei, drei über neun, neun über zwölf! Aber alle hängen (trotz der Gegensätze) eng zusammen.
Ende der kabbalistischen Fragmente!

Die Eros-Energie der vierundzwanzig Urideen

Die zehn Sefiroth oder heiligen Samen können maximal durch vierundzwanzig Wege verbunden werden. Durch Ideen wird Verbindung hergestellt! In der kleinen Tabelle w.u., habe ich jene vierundzwanzig Urideen aus dem *Wertekosmos* zusammengestellt, die den fünf Füllen oder transzendenten Drangrichtungen immanent sind. Sie bilden die Grundlage unseres inneren Lebens und sind die eigentlichen Beweggründe (Motivation) unseres Vollkommenheitsstrebens. Wir können auch sagen, es sind die höchsten überpersönlichen Erwartungswerte, die unsere Sehnsucht nähren und jenes verborgene Erfüllungsstreben in uns bewirken. Faßt man alle Werte unter einem einzigen Kardinalbegriff zusammen, so kann dieser nur *die Fülle der Liebe und des Friedens* sein, die, wie die Erfahrung zeigt, die Summe und das Ganze aller Werte ausmacht. Es ist der Saft von Ajin-Sof, *jenes verborgene Leben Gottes,* ohne das alles verdorren und ins Nichts zusammenstürzen würde. Grundlage und Voraussetzung für ein stabiles Kontinuum der Urideen sind allerdings die konstante Verankerung in den fünf transzendenten Füllen oder überpersönlichen Drangrichtungen: ***Liebe, Freude, Freiheit, Schöpfung und Geborgenheit***, in welchen das sterbliche Ich-Bin in ein überpersönliches tranzendiert sein muß, siehe auch S.489. Praktisch ausgedrückt: *„Wer in der Raum-Zeit-Welt arbeiten kann und in der Liebe lebt, der hat das Höchste erreicht."* Die vierundzwanzig Urideen bilden meines Erachtens den inneren Drang aller individuellen Bewußtseinshaltungen, ja sie machen unser Bewußtsein schlechthin aus. Eine der nachgenannten Urideen kann nur dann universale Gültigkeit haben, wenn aus ihr alle anderen ableitbar sind und jede Uridee in eine andere umgewandelt werden kann.

Wahrheit	**Friede**
Einheit	**Einfachheit**
Gerechtigkeit	**Mitgefühl**
Achtung	**Erlösung**
Harmonie	**Wachstum**
Gehorsam	**Erleuchtung**
Wissen	**Glaube**
Stabilität	**Kraftimpuls**
Verwirklichung	**Hoffnung**
Geborgenheit	**Freiheit**
Schönheit	**Weisheit**
Das Gute	**Glückseligkeit**

Da die überpersönlichen Urideen zum höchstmöglichen und umfassendsten Ausdruck drängen, sich jedoch im kosmischen Sein nur symbolisch und gegenständlich offenbaren, können sie erst im persönlichen Sein, d.h. in menschlicher Gestalt optimal zum individuellen Ausdruck gelangen. Erst im individuellen Sein verwandeln sie sich in vierundzwanzig Bewußtseinshaltungen und konstituieren die Fülle der inneren Erlebnisqualitäten. Obwohl das individuelle Sein das überpersönliche zur Voraussetzung hat, und seine Bewußtseinshaltungen sich aus den Urideen nähren, kommt es dennoch oder gerade deshalb zum ständigen Konflikt zwischen überpersönlicher Uridee (kosmisches Sein) und individueller Bewußtseinshaltung (individuelles Sein), siehe auch Band I, "Der Mensch im Lebensbaum."

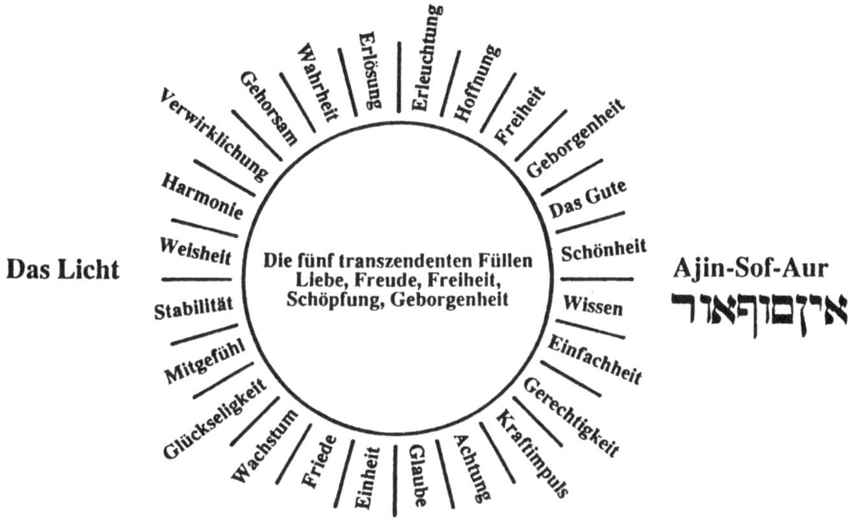

Abb.20

Die Ableitung der individuellen Bewußtseinshaltungen aus den vierundzwanzig Urideen

Uridee	wird zur indivuellen Bewußtseinshaltung
Wahrheit	*der Aufrichtigkeit*
Einheit	*der Einigung*
Gerechtigkeit	*der Belohnung/Vergeltung*
Achtung	*der Würde*
Harmonie	*der Übereinstimmung*
Gehorsam	*der Akzeptanz*
Wissen	*der Erkenntnis*
Stabilität	*der Treue*
Verwirklichung	*der Entschlossenheit*
Geborgenheit	*der Zuverlässigkeit*
Schönheit	*der Vorstellung/Phantasie*
Das Gute	*des Vertrauens*
Friede	*der Gelassenheit/Hingabe*
Einfachheit	*der Bescheidenheit*
Mitgefühl	*der Hilfsbereitschaft/Arbeit*
Erlösung	*der Ideenfülle*
Wachstum	*der Kreativität*
Erleuchtung	*der Spiritualität*
Glaube	*der Beharrlichkeit*
Kraftimpuls	*der Begeisterung*
Hoffnung	*der Zuversicht*
Freiheit	*der Zielstrebigkeit*
Weisheit	*der Gesetzeserfüllung*
Glückseligkeit	*des Humors*

Obwohl alle Bewußtseinshaltungen sehr unterschiedliche emotionale und mentale Erlebnisse bewirken, zeigt die Analyse, daß sie alle eng verwandt sind und deshalb in einem unmittelbaren Abhängigkeitsverhältnis stehen. So ist die Begeisterung nur bei entsprechender Zuversicht möglich, die Zielstrebigkeit von der Entschlossenheit abhängig, Hingabe setzt Vertrauen voraus, Zuverlässigkeit die Treue usw. Wir haben es hier mit einem ethischen Kontinuum zu tun, das lediglich individuell eingefärbt und gewichtet wird.
Dieses direkte Abhängigkeitsverhältnis und die individuelle Über- oder Unterbewertung hat für die spirituelle Entwicklung enorme Konsequenzen und ist die Ursache für untergründige Entwicklungshemmnisse und das ständige Scheitern gutgemeinter Vorsätze, siehe auch S.243. Ist eine Bewußtseinshaltung unzureichend entwickelt, so alle übrigen auch. Umgekehrt, wenn eine einzige voll entfaltet und individualsiert ist, dann sind die Voraussetzungen für die komplette Entfaltung aller übrigen gegeben. Auch die Überwertigkeit einer Bewußtseinshaltung, die ja nur der Versuch ist, durch übersteigerte Wahrnehmung den entsprechenden Mangel zu beheben, führt zur Übertreibung der übrigen. Ohne die gleichgewichtige Realisierung der individuellen Bewußtseinshaltungen kann es keine Liebe und erst recht keinen Frieden geben. Die Liebe erlischt, wenn die Treue gebrochen wird, sie verkümmert, wenn das Vertrauen fehlt, erkaltet bei Unaufrichtigkeit, wird enttäuscht bei Ungerechtigkeit (Weg 4), welkt bei mangelnder Begeisterung, sie schrumpft durch Ungeduld (Weg 22a) und durch Maßlosigkeit (Weg 23) usw. Doch kann sie auch vergeben und über Unzulänglichkeiten großzügig hinwegsehen. Das Maß der Vergebung und Versöhnung hängt direkt davon ab, inwieweit das sterbliche Ich-Bin sich ins Überpersönliche tranzendiert, und ob es mit dem Kopf schon drinsteckt oder nur mit den Füßen berührt. Die größte Liebe und Güte bringt ohne Mühe und Anstrengung derjenige auf, welcher *in der Raum-Zeit-Welt arbeiten kann und sein Bewußtsein in der Transzendenz der fünf Füllen,* nämlich ***Liebe, Freude, Freiheit, Schöpfung und Geborgenheit,*** *bewahrt.*
Dennoch sollte man dem anderen stets nur so viel zumuten, als man selbst verkraften kann, eher weniger!

Der Baum der vierundzwanzig Urideen

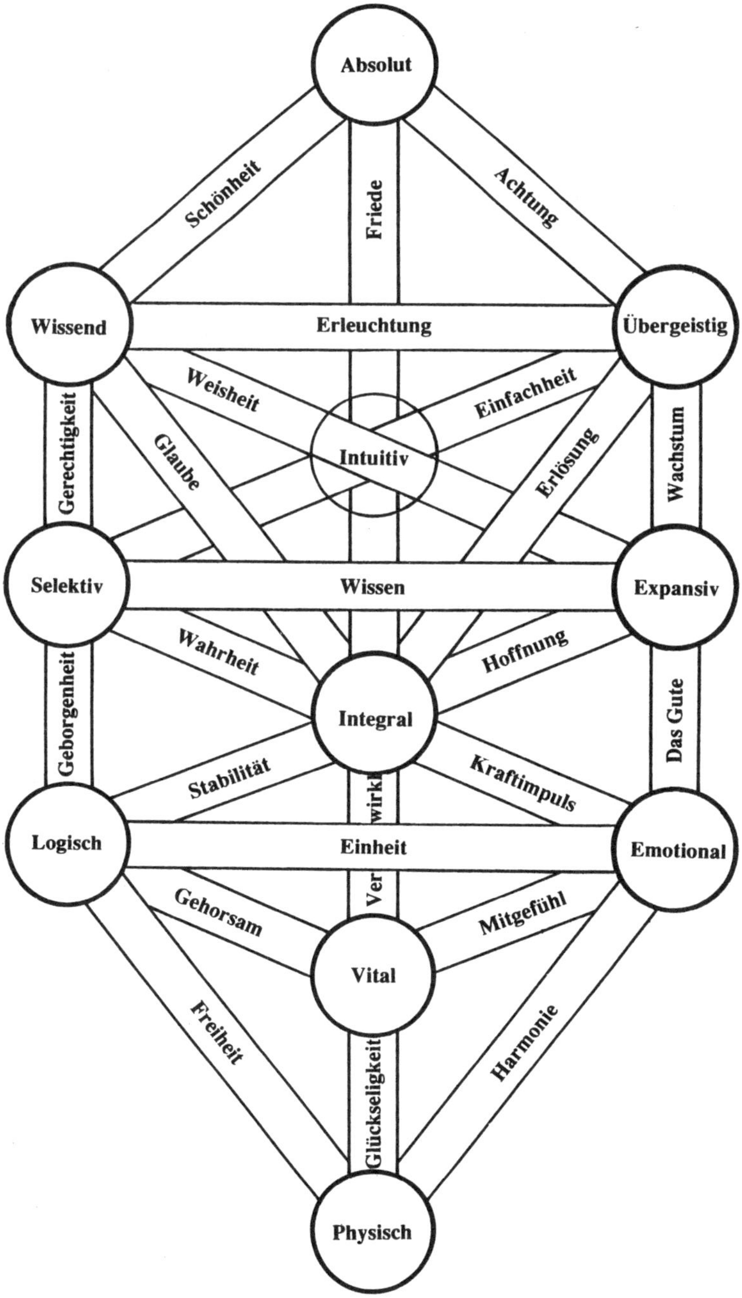

Abb.21

Die vierundzwanzig hebräischen Buchstaben

Vierundzwanzig Urideen, ausgesprochen in vierundzwanzig Grundlauten- eingesenkt in die Stimme, eingehaucht in die Geistseele; gebildet im Munde an fünf Stellen: an der Kehle, am Gaumen, an der Zunge, an den Zähnen, an den Lippen.

hebr. Buchst.	Laut	Uridee	Bewußtsein	Name
א	A	Das Wissen	Erkenntnis	*1.Aleph*
בּ	B	Die Schönheit	Vorstellungskraft	*2.Beth*
כ	CH	Das Wachstum	Kreativität	*11.Kaph*
ד	D	Die Gerechtigkeit	Belohnung/Vergeltung	*4.Daleth*
ע	E	Die Verwirklichung	Entschlossenheit	*16.Ajin*
ף	V/U	Die Einfachheit	Bescheidenheit	*23. Fe*
ג	G	Die Achtung	Würde	*3.Gimel*
ה	H	Die Wahrheit	Aufrichtigkeit	*5.He*
י	J	Das Mitgefühl	Hilfsbereitschaft/Arbeit	*10.Jod*
ל	L	Die Stabilität	Treue	*12.Lamed*
מ	M	Die Einheit	Einigung	*13.Mem*
נ	N	Die Geborgenheit	Zuverlässigkeit	*14.Nun*
פּ	P	Der Glaube	Beharrlichkeit	*17.Phe*
ק	Q	Die Glückseligkeit	Humor	*19.Koph*
ר	R	Die Erlösung	Ideenfülle	*20.Resch*
ס	Ks	Das Gute	Vertrauen	*15.Samek*
ש	Sch	Die Erleuchtung	Spiritualität	*21.Schin*
צ	S	Der Kraftimpuls	Begeisterung	*18.Shade*
ט	T	Der Gehorsam	Akzeptanz	*9.Thet*
ת	Th	Die Weisheit	Gesetzeserfüllung	*22.Taw*
ב	O	Der Friede	Hingabe	*24.Wet*
ו	F	Die Hoffnung	Zuversicht	*6.Vau*
ח	X	Die Harmonie	Übereinstimmung	*8.Chet*
ז	Z	Die Freiheit	Zielstrebigkeit	*7.Zajin*

Kabbalistische Wertigkeit

Die kabbalistische Wertigkeit bedeutet den spirituellen Wachstumswert der Wege, je nach ihrer Höhe und Zentriertheit im Lebensbaum. Bei Wegebelastungen durch Blockaden ist die Wertigkeit, vor allem die Zentriertheit, zu berücksichtigen. Wege von lebensthematischer Bedeutung können so für die Entwicklung des Bewußtseinskontinuums besser eingeschätzt werden. Ein einfacher Weg ist lebensthematisch leichter zu bewältigen als ein doppelter, der erheblich mehr Zeit und feinere Wahrnehmung erfordert. Die kabbalistische Wertigkeit bedeutet aufsteigend auch eine Zunahme an Subtilität, in welcher die Gegensätze feiner werden, jedoch auch mehr verschwimmen. Wer mit Blockaden in den Doppelten oder in den Müttern zu kämpfen hat, muß sie mehr im spirituellen Bereich suchen, weniger im Astralen und Konkreten (Emotional und Mental). Vorrang haben grundsätzlich die Blockaden in den acht primären Wegen, die für das Kontinuum, sowohl der astralen, als auch spirituellen Zentriertheit des überpersönlichen Eros entscheidend sind, siehe auch Schöpfungsstrahl und primäre Wege.

Die primären Wege

Die acht primären Wege strahlen die harmonisierende Eros-Energie von Tifereth in den Lebensbaum hinaus. Blockaden auf einem dieser Wege müssen, ungeachtet der kabbalistischen Wertigkeit, zuerst ausgemerzt werden, da sie für das zentrische Gleichgewicht des Bewußtseinskontinuums von grundlegender Bedeutung sind. Die primären Wege kommen, mit Ausnahme der Wege 24, 17 und 20, nur in den einfachen Wegen vor, dieser scheinbare Widerspruch hebt sich auf, wenn man berücksichtigt, daß die Wege sowohl hierarchisch als auch zentrisch gedeutet werden müssen, wobei die zentrische Wertigkeit einen höheren Rang einnimmt, siehe Abb.66, S.208.

ע	**E**	die Verwirklichung	Entschlossenheit	***16.Ajin***
ה	**H**	die Wahrheit	Aufrichtigkeit	***5.He***
ל	**L**	die Stabilität	Treue	***12.Lamed***
פּ	**P**	der Glaube	Beharrlichkeit	***17.Phe***
ר	**R**	die Erlösung	Ideenfülle	***20.Resch***
צ	**S**	der Kraftimpuls	Begeisterung	***18.Shade***
ב	**O**	der Friede	Hingabe	***24.Wet***
ו	**F**	die Hoffnung	Zuversicht	***6.Vau***

Die drei Mütter

Die drei mittleren Achsen verknüpfen sechs Sefiroth. Sie verbinden die Hauptgegensätze und bilden das Fundament des Lebensbaumes, daher ist Ihre Stellung für den direkten Gegensatzausgleich überragend! Dissonanzen und Blockaden in den drei Müttern (Spiritualität, Erkenntnis, Einigung von Gefühl und Verstand) haben eine starke Auswirkung auf das Ungleichgewicht seelischer Gegensätze. Je höher eine Mutterachse, z.B. Weg 21, desto subtiler und feiner die Gegensatzproblematik.

א	**A**	das Wissen	Erkenntnis	***1.Aleph***
מ	**M**	die Einheit	Einigung	***13.Mem***
ש	**Sch**	die Erleuchtung	Spiritualität	***21.Schin***

Die neun Doppelten

Mit Ausnahme der *primären* Wege 17, 20 und 24 sind die Doppelten oberhalb von Aleph lokalisiert. Blockaden und Dissonanzen in den entsprechenden Bewußtseinshaltungen haben daher *doppeltes* Gewicht.

בּ	**B**	die Schönheit	Vorstellungskraft	***2.Beth***
כ	**Ch**	das Wachstum	Kreativität	***11.Kaph***
ד	**D**	die Gerechtigkeit	Belohnung/Vergeltung	***4.Daleth***
ף	**V/U**	die Einfachheit	Bescheidenheit	***23. Fe***
ג	**G**	die Achtung	Würde	***3.Gimel***
ת	**Th**	die Weisheit	Gesetzeserfüllung	***22.Taw***
פּ	**P**	der Glaube	Beharrlichkeit	***17.Phe***
ר	**R**	die Erlösung	Ideenfülle	***20.Resch***
ב	**O**	der Friede	Hingabe	***24.Wet***

Die zwölf Einfachen

Die zwölf Einfachen sind alle unterhalb von Aleph lokalisiert. Blockaden und Dissonanzen in den entsprechenden Bewußtseinshaltungen haben einfaches Gewicht, sofern sie nicht zentrisch auf die Lebensbaummitte ausgerichtet sind.

ע	**E**	die Verwirklichung	Entschlossenheit	***16.Ajin***
ה	**H**	die Wahrheit	Aufrichtigkeit	***5.He***
י	**J**	das Mitgefühl	Hilfsbereitschaft/Arbeit	***10.Jod***
ק	**Q**	die Glückseligkeit	Humor	***19.Koph***
ל	**L**	die Stabilität	Treue	***12.Lamed***
נ	**N**	die Geborgenheit	Zuverlässigkeit	***14.Nun***
ס	**Ks**	das Gute	Vertrauen	***15.Samek***
ט	**T**	der Gehorsam	Akzeptanz	***9.Thet***
צ	**S**	der Kraftimpuls	Begeisterung	***18.Shade***
ו	**V**	die Hoffnung	Zuversicht	***6.Vau***
ח	**X**	die Harmonie	Übereinstimmung	***8.Chet***
ז	**Z**	die Freiheit	Zielstrebigkeit	***7.Zajin***

Der Baum der vierundzwanzig Bewußtseinshaltungen

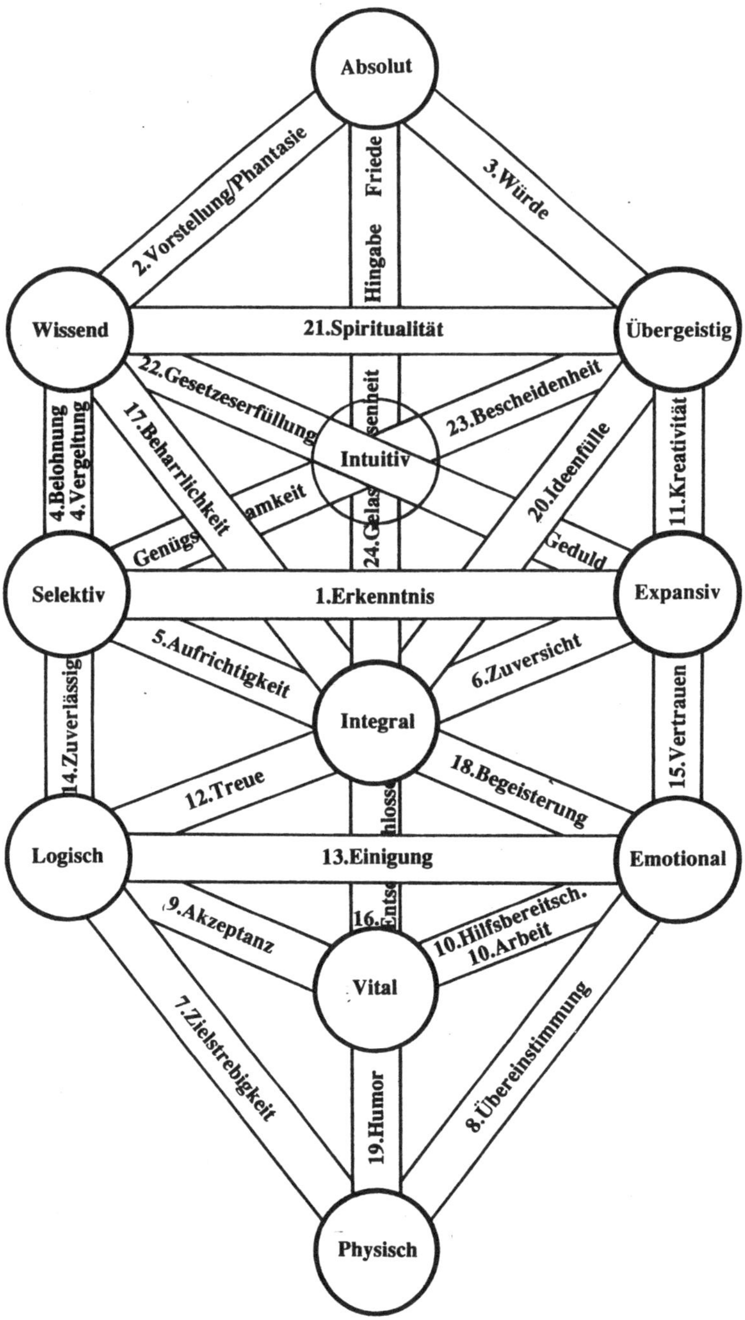

Abb.22

Der hebräische Baum

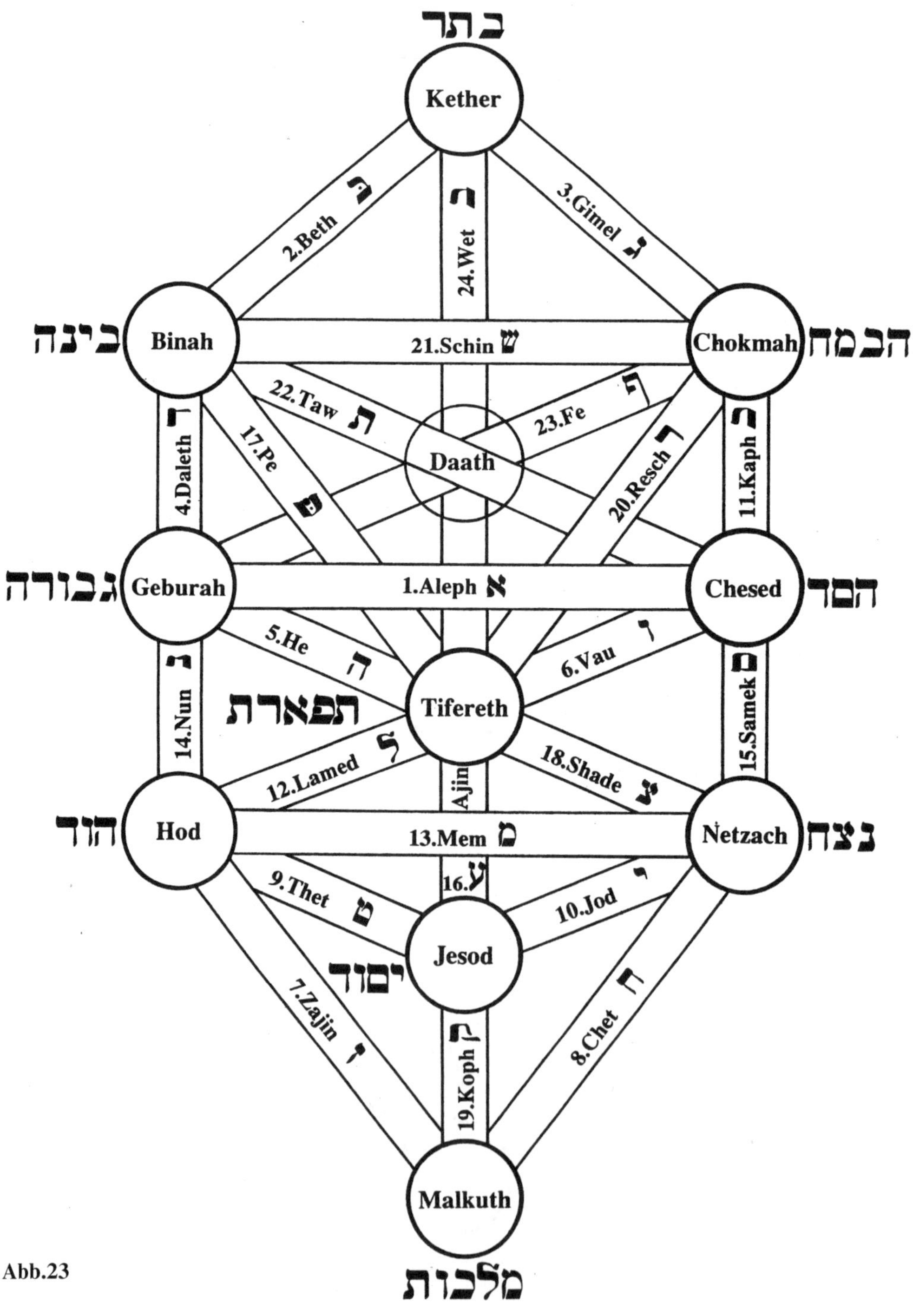

Abb.23

III.Kapitel

Der Mensch ist das Zepter in Gottes Hand.
Das Zepter verbindet oben und unten.
Sein Maß und seine Freude ist das, was er vom Kreise ausstrahlt.
Und das ist unmeßbar.
Das Tier ist hungrig, es frißt sich voll- es füllt sein Maß.
Der Mensch ist erfüllt, er strahlt aus- nie ist das Maß voll.
Seine Freude ist unmeßbar.
Das ist der Schlüssel zum ewigen Leben.
Das Maß ist erst voll, wenn sich alles um dich freut.
Das ist möglich.
Glaubt ihr es nicht, so glaubt ihr nicht an ihn.
Er füllt dich jederzeit bis zum Rande, denn seine Barmherzigkeit ist unendlich.
Die Antwort der Engel.

Wozu das menschliche Sein?

Die Sinnfrage, *wozu* der Mensch eigentlich da ist, nämlich Himmel und Erde in sich zu vereinen, wird durch den Gesang der Engel zur göttlichen Glorie erhoben. Er ist das Zepter in Gottes Hand und seine Freude ist unmeßbar, welch eine herrliche Botschaft! Nur dies kann die wahre Erfüllung des Menschen sein.

Wenn wir, wie die Patriarchen sagten, ein Gleichnis Gottes sind, nach dessen Bild wir geschaffen wurden, so müssen wir auch fragen, was die Essenz dieses Gottesbildes sein soll?

Eine umfassende Antwort darauf kann es freilich nicht geben, doch scheint mir eines gewiß: In dem Einen heben sich alle Gegensätze auf (conijunctio oppositorum). Das Zusammenfallen der Gegensätze ist ein Hauptmerkmal von Ganzheit und Einheit und ist im wesentlichen *Frieden.*

Auch im Menschen prallen die Gegensätze aufeinander, und wenn der Mensch Gleichnis des Einen ist, dann sollten in ihm die Gegensätze wenigsten harmonieren. *Nur so kann er wahres* ***Gleichnis des Einen*** *sein.* Anknüpfend an diese wichtige Erkenntnis sollten auch wir zwischen idealem Sein und realem Sosein die *wahre Mitte* finden. Zwischen beiden Polen sollten wir harmonisch hin und her schwingen und keinem die Vorherrschaft überlassen. Wir müssen *das Wahre, Schöne und Gute* verwirklichen, damit es in der Welt sei, doch sollten wir unabänderliche Tatsachen zunächst akzeptieren und sie langsam durch Geduld und Weisheit wandeln. Hier gilt das Wort- statt Revolution Evolution.

Was aber ist das Wahre, Schöne und Gute? Es ist die Fülle des Urglanzes in uns selbst, die es zu entdecken gilt, und in ihm sollen wir leben von Ewigkeit zu Ewigkeit. Eine Ahnung von dieser herrlichen Verheißung eröffnet sich in den fünf transzendenten Drangrichtungen, nämlich: ***Liebe, Freude, Freiheit, Schöpfung und Geborgenheit*** und deren fünf Ausdrucksformen: ***räumlich, energetisch, tätig, formend und besitzend.*** Nur wenn sich unser Bewußtsein auf diese Fülle ausrichtet, wird das Ego zum ergebenen Butler unseres virtuellen Selbstes, und wir leben und weben dann in einem überpersönlichen Bewußtsein, das für die spirituelle

Evolution arbeitet und stets in der unangreifbaren Mitte des *Deus est centrum mundi* verweilt. Die Verwirklichung dieses Geheimnisses der goldenen Mitte liegt in der beharrlichen Ausrichtung der Aufmerksamkeit auf die innere Fülle des Urglanzes, der uns langsam aber beständig in ein Gegenwartsbewußtsein leitet, in dem wir stets die richtige Wahl des Zeitpunktes (Wann), der passenden Methode (Wie) und des rechten Ortes (Wo) treffen. Wer aber von uns vermag dieses Geheimnis aus eigener Kraft zu verwirklichen? Nur dann, wenn *Er, das überpersönliche Sein,* in unseren Herzen pulsiert, kann es Realität werden.

Die kosmische Matrix

a)Das ideale Sein

Der Mensch, so wie er auf diesem Planeten in Erscheinung tritt, ist ein Faszinosum. Seit Anbeginn menschlichen Denkens haben Weise, Priester und Philosophen sein *Woher, Wohin und Wozu* enträtseln wollen. Untrennbar mit ihm ist das Rätsel des Bewußtseins und schlechthin des Seins verbunden, und niemand vermochte bisher, die Tür zu diesem Geheimnis aufzustoßen. Die archaischen Texte und religiösen Botschaften sehen in ihm ein Gleichnis *des Einen*, doch wer vermöchte zu sagen, was dieses *Eine* ist? Sein Attribut ist die Einheit und Ganzheit, aus der alles hervorquillt und wieder eingeht. Ein umfassender Begriff für Einheit und Ganzheit ist das Sein an sich, wobei wir gleich zu Anfang aus Gründen der Systematik zwischen *idealem Sein und realem Sosein* unterscheiden sollten. Ideales Sein ist weder der Zeit noch dem Wandel unterworfen. Es ist in einem überpersönlichen Wertekosmos aufgehoben, der uns stets begleitet und in dem das *Wahre, das Schöne und das Gute* wie ein ferner Omegapunkt existiert. Wenn wir von Glück, Frieden und Erfüllung reden, dann denken wir an jenen überpersönlichen Wertekosmos und jene fünf transzendenten Füllen, doch ist er meist mit dem Wermutstropfen persönlichen Glücksstrebens vermischt und verliert so seine überpersönliche Reinheit. Aus ihm quellen alle Ideen, Werte, Prinzipien und kosmischen Gesetze, aber auch unser persönlicher Mythos (die ideale Existenzweise). Alle, selbst unsere verborgensten Absichten, nähren sich aus dieser geheimen Sehnsucht, und der menschliche Geist erkundet alle nur denkbaren Möglichkeiten, um den persönlichen Mythos wenigsten in Teilbereichen seiner Existenz zu verwirklichen. Ich behaupte, daß alle mit Bewußtheit begabten Wesen, ja selbst gefallene dämonische Bewußtseinsformen, nach Glückseligkeit und Frieden streben, doch hängt die Erfüllung ganz davon ab, inwieweit sie dieses Glück als ein persönliches oder überpersönliches betrachten. Die Seinsweise des Okzident betont mehr den Aspekt der Möglichkeiten, daher war sie es auch, die Technik und Wissenschaft am stärksten auf das ideale Sein ausrichtete.

b)Das reale Sosein

Das reale Sosein spielt sich im Hier und Jetzt ab. Es ist der stete Wechsel und Wandel der Erscheinungen. Philosophen vom Format eines Heraklit und Laotse betonten, daß das Sein stetig in Fluß ist, „panta rei", also ein fließender Prozeß. Das reale Sosein diktiert uns die Notwendigkeiten, sozusagen die nackte Realität des Alltags. Daraus folgt die praktische Konsequenz: Folgen wir dem Fluß des Wandels und akzeptieren das, was ist, dann sind wir mit dem Universum und mit allem Sosein in Harmonie und in Frieden. Diese aus dem Taoismus und östlich-philosophischen Systemen (Orient) stammende Auffassung hatte allerdings zur Folge, daß viele Generationen sich den politischen und sozialen Verhältnissen anpaßten, ja unterwarfen, und ihre Aufmerksamkeit nur auf die praktische Bewältigung des Soseins richteten. Idealität und höhere Werte sowie wissenschaftlicher und sozialer Fortschritt konnten in einer solchen Atmosphäre nur mühsam vorankommen. Das war auch der eigentliche Grund, weshalb der Orient im Vergleich zum Okzident technisch und wissenschaftlich so lange rückständig blieb.

Das kosmische Sein

Wir sprachen bisher vom idealen Sein und vom realen Sosein.
Das ideale Sein können wir auch als *kosmisches Sein* oder *überpersönliches Sein* bezeichnen, denn zeitlose Wahrheiten (die ewigen Gesetze), Werte, Ethik, Ideen, Erkenntnis, Naturgesetze und mathematische Zusammenhänge, denen wir alle unterworfen sind, haben kosmische Relevanz und niemand kann außerhalb ihrer existieren.
Welche wesentlichen drei Urkategorien konstituieren das kosmische Sein oder die kosmische Matrix?
Es sind dies: **Raum, Energie und Form.**

Raum an sich hat keine Bewußtseinseigenschaften und auch keine Funktionen, außer der des Ausgefülltseins. Seine Unscheinbarkeit und Unauffälligkeit verleiht ihm die Attribute der Leerheit, des Friedens, der Unendlichkeit und Ewigkeit. Genau diese Attribute treffen auf das Absolute zu, wobei für uns nur das erste Attribut des Friedens faßbar ist. Was aber ist Friede?
Friede ist der natürliche Zustand des Seins, in dem *das Wahre, das Schöne und das Gute* stetig gegenwärtig sind. In ihm sind alle schöpferischen Wesenskräfte, Prinzipien und Urpotenzen latent vorhanden und müssen nur geweckt oder erweckt werden. Die Erweckung geschieht durch den Eros, jene heilige Kraft, die ununterbrochen und geheimnisvoll aus den Tiefen des Einen hervorquillt; er bringt alles in eine ganzheitliche Bewegung und ist jene integrale Kraft, die alles in ein stimmiges Verhältnis überführt.
Der Raum ist ein Symbol für umfassenden Frieden; er ist die Hoffnung der Menschen und die Sehnsucht aller Religiosität und Spiritualität. Er ist erklärtes Erlösungsziel aller geistigen Bemühungen und die frohe Botschaft eines neuen Himmels und einer neuen Erde *-die Lichtmaterie oder das neue Jerusalem.*

Das japanische Grußwort Shanti und das jüdische Schalom bedeuten Frieden und die Hoffnung auf einen friedlichen Endzustand. Beide sind der Inbegriff prophetischer Verheißungen eines ewigen Friedensreiches, in dem alle Völker ihre Schwerter zu Pflugscharen umschmieden und mit dem Göttlichen einen neuen Bund eingehen. *Nicht ein bestimmtes Volk ist dafür auserwählt, sondern Menschen aus allen Völkern und Stämmen, die eines guten Willens sind, werden Anteil haben an diesem Friedensreich- oder heiligen Raum.*

Energie ist die zweite Urkategorie, sie erzeugt Bewegung, indem sie etwas in Gang bringt. Weiter oben sprach ich vom Wandel und Fluß aller Erscheinungen. Die allem innewohnende Lebensenergie, der Eros, verleiht dem Sein jenen Prozeßcharakter, dem ein finales Prinzip innewohnt, denn jede Erscheinung zeigt einen dynamischen Entwicklungshöhepunkt und ein Verfallsstadium, in dem die Energie sich anscheinend aus dem Korrelat oder Bezugssystem zurückzieht.
Aus spiritueller Sicht ist Energie reiner Eros. Es ist die Urkraft oder Potenz der Zuneigung, die alles miteinander verbindet und im Innersten zusammenhält, ähnlich wie auch die Gravitation ganze Galaxien und galaktische Systeme miteinander verbindet und ihre Bahnen bestimmt. Eros ist die Kraft umfassender Zuneigung (Affinität) und des Verstehens, jene heilige Energie, die dem Schöpfungsstrahl innewohnt und in sukzessiver Folge die nachfolgenden neun Sefiroth oder Lichter Gottes hervorbringt. Wir können den Eros auch als *die Glorie der Ideenkraft* bezeichnen, die den Raum mit dem Wahren, Schönen und Guten erfüllt.
Ohne die unendliche Fülle der Schöpfungsideen würde der Raum nur leerer Abgrund sein, jener Geist, der über den Wassern schwebt, wie in der Genesis gleich zu Anfang steht. Erst die Sefiroth und die Urideen sind die Materialien, welche die Schöpfung ausgestalten. Wenn wir etwas über die Urideen aussagen können, dann bestenfalls, daß sie göttliche Energiequalitäten aus einer höherdimensionierten Wirklichkeit des Wahren, Schönen und Guten sind. Ihr Attribut ist *die Ganzheit*, ausgestattet mit einer dynamisch-schöpferischen Potenz von unvorstellbarer Kraft und Macht, deren Glorie wir nur in lichten Momenten erfahren. In den konkreten Erscheinungen erfassen wir die Ganzheit einer Idee nur teilweise, indem wir mehr intuitiv als durch Schlußfolgerungen den ideellen Kerngehalt einer Sache, eines Ereignisses oder eines Dinges wahrnehmen. Im Grunde ist die Idee an sich vollkommen, doch unser getrübtes oder traumhaftes Bewußtsein erlaubt nur eine vage Wahrnehmung des Kerngehaltes. Erst wenn wir die volle Bedeutung einer Idee erfassen, weckt sie in uns enorme *Eros-Energien* und wir ruhen nicht eher, bis die Idee konkrete oder nützliche Gestalt angenommen hat. In der Geschichte der Erfinder und Entdecker gibt es dafür viele Beispiele. Sie bezeugen die Faszination der Ideen. Fichte sagte ganz richtig:*"Die Idee, wo sie zum Leben durchdringt, gibt eine unermeßliche Kraft und Stärke, und nur aus der Idee quillt Kraft."*

Die vierundzwanzig Denk-Kategorien

Die dritte Urkategorie der kosmischen Matrix ist die Form, siehe auch Band I. Sie bedeutet Gestalt, Umriß, aber auch den inneren Aufbau, das Gefüge oder die bestimmende Ordnung eines Gegenstandes oder eines Prozesses.
Ein einfaches Beispiel kann uns helfen, den Unterschied zwischen Idee und Form besser zu verstehen, siehe auch Anmerkung S.449.
Der Sinngehalt von Ideen, Gedanken und Gefühlen muß, wenn er vermittelt werden soll, in Worte und Buchstaben geformt sein. Mittels der Sprache, deren Formelemente die Buchstaben, Syntax, Semantik usw. sind, können die seelischen Inhalte formuliert und verstehbar gemacht werden. Die vierundzwanzig Buchstaben irgendeiner Sprache, z.B. des hebräischen Alphabetes oder des Sanskrit, *formulieren* die Idee oder den Sinngehalt eines Gedankens oder einer Absicht.
In der archaischen Bilder- und Symbolsprache der Patriarchen und in alten Mythologien sind mit Kategorien und Prinzipien die 24 Herren des kosmischen Gesetzes gemeint, d.h. die eigentlichen Hüter des Gerechtigkeitsprinzips und der kosmischen Ordnung. Untersuchen wir sie im Hinblick auf die 24 Urideen, dann begreifen wir die kosmischen Gesetze etwas besser.
Das nachfolgende Kategoriensystem habe ich von N.Hartmann übernommen, weil es m.E. das Sein am vollständigsten erfaßt. Besonders wichtig für eine ganzheitliche Darstellung des Lebensbaumes ist, daß N.Hartmann auf nicht weniger als 24 Urkategorien kommt, die er in zwölf Gegensatzpaare gliederte. Zudem ermöglicht sein Kategoriensystem die Ableitung der übrigen zweiundzwanzig Begriffe aus jeweils zwei gegensätzlichen, was auf Stringenz und Kohärenz seines Systems schließen läßt; auch, daß zwei Gegensatzbegriffe die übrigen 22 voraussetzen und somit ein kategoriales Kontinuum vorliegt, das der Einheit des sichtbaren Seins am ehesten gerecht wird.

Concretum-Prinzip	Mannigfaltigkeit-Einheit
Struktur-Modus	Widerstreit-Einstimmigkeit
Form-Materie	Gegensatz-Dimension
Äußeres-Inneres	Diskretion-Kontinuität
Dependenz-Determination	Substrat-Relation
Qualität-Quantität	Gefüge-Element

Verteilt man auf die oberen zwei Sefiroth das von allen Menschen anerkannte Wahre, Schöne und Gute in Gestalt der vierundzwanzig höchsten Urideen und die in Philosophie und Wissenschaft angewendeten Kategorien, so ergibt sich folgende Verteilung:

Binah	**Chokmah**
Prinzip-Concretum	Gerechtigkeit-Mitgefühl
Struktur-Modus	Wahrheit-Friede
Form-Materie	Verwirklichung-Hoffnung
Äußeres-Inneres	Schönheit-Weisheit
Dependenz-Determination	Gehorsam-Erleuchtung
Qualität-Quantität	Harmonie-Wachstum
Mannigfaltigkeit-Einheit	Das Gute-Glückseligkeit
Widerstreit-Einstimmigkeit	Achtung-Erlösung
Gegensatz-Dimension	Wissen-Glaube
Kontinuität-Diskretion	Geborgenheit-Freiheit
Substrat-Relation	Stabilität-Kraftimpuls
Gefüge-Element	Einheit-Einfachheit

Die kosmische Matrix

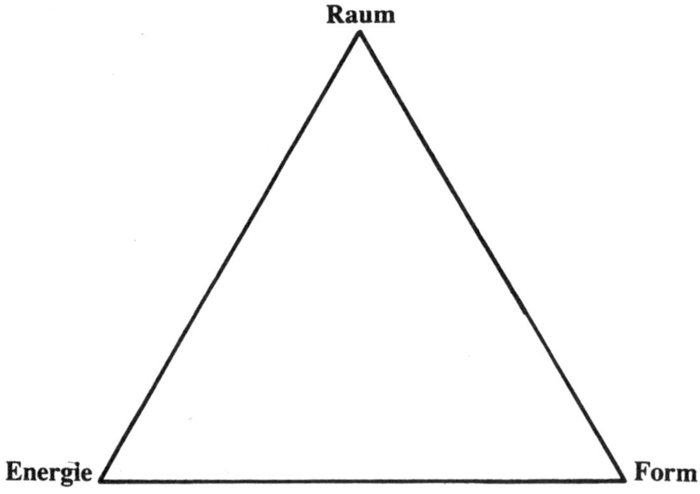

Abb.24

Raum steht für ideales Sein und reales Sosein.

Die Dreiheit von **Raum, Energie und Form** sind die drei Urkategorien, aus denen sich alle Erscheinungen herausbilden.

Dieses kosmische Dreieck können wir noch anders darstellen: Anstelle von Raum kann Frieden stehen, für Energie Urideen und für Form Prinzipien.

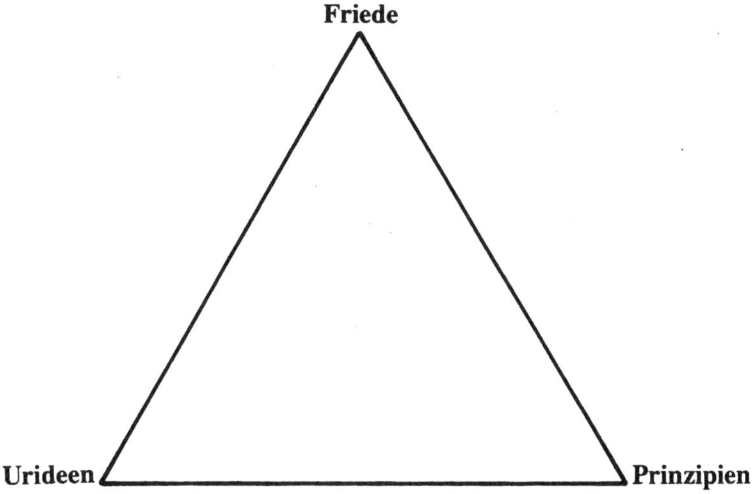

Abb.25

Raum steht für den alles umfassenden Frieden, Energie für Eros mit den 24 Urideen bzw. Urpotenzen und Form für die 24 Seinskategorien. Die kosmische Matrix wird von keinem bewertenden Ich-Bin diktiert, daher verbleiben die Urideen und Seinskategorien im kosmischen Zustand und dienen als überpersönliche Bausteine der Schöpfung, sowohl auf der physischen wie der seelisch-geistigen Ebene. Die Urideen sind vergleichbar mit den 24 kosmischen Buchstaben, deren beliebige Kombinationen die Mannigfaltigkeit und Vielheit aus der Einheit ermöglichen. In der dritten Variante können wir für Raum auch kosmisches Sein setzen, das dem individuellen Sein direkt gegenübersteht.

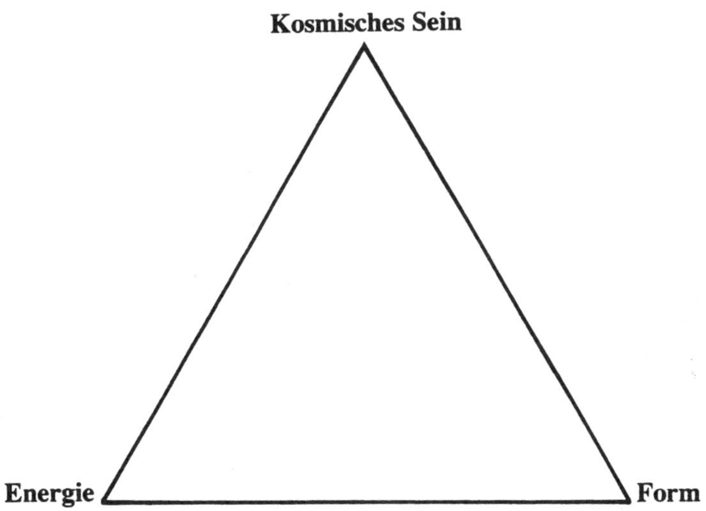

Abb.26

Die individuelle Matrix

Individuelles Sein

Dem kosmischen Sein steht das individuelle Sein diametral gegenüber. Es wird diktiert von einem persönlichen Wertekosmos, der sich aus präexistenten Erfahrungen herausbildete. Jeder Mensch im Hier und Jetzt weicht mit seiner persönlichen Bewertung vom idealen oder kosmischen Sein mehr oder weniger ab. Obzwar die persönliche Bewertung eine möglichst vollständige Annäherung versucht, um mit der Herrlichkeit des idealen Seins übereinzustimmen, gelingt dies nur solchen Wesenheiten, die ihr individuelles Sein vollständig aufgegeben haben. Jesus, Buddha, Laotse u.a. waren darin Vorbilder und Lehrer. Alle betonen, daß der wahre Grund unserer Existenz in der Absonderung vom überpersönlichen Sein wurzelt und so den Kreislauf der Wiedergeburten (Samsara) in Gang hält. Das individuelle Sein mit seinen bewertenden Ich-Bin-Attributen ist demnach nichts weiter als die einmalige Konstellation eines inneren Kosmos von Werten und Ideen, die den Drang nach personaler Verwirklichung haben.

Dieses Selbstverständnis oder verborgene Selbstbildnis stellt an die Seinsweise stets zwei Grundfragen:

1.Was kann und darf ich ***tun***, um *mich* zu verwirklichen, d.h. um meinen persönlichen Mythos (verborgene Sehnsucht) zu manifestieren.

Die zweite Frage lautet: Was brauche ich zu *meiner* Verwirklichung, was also muß und darf ich ***haben***, um *mich* zu verwirklichen und zum Ausdruck zu bringen. Die individuelle Matrix zeigt ein mit der Spitze nach unten weisendes Dreieck:

Individuelle Matrix

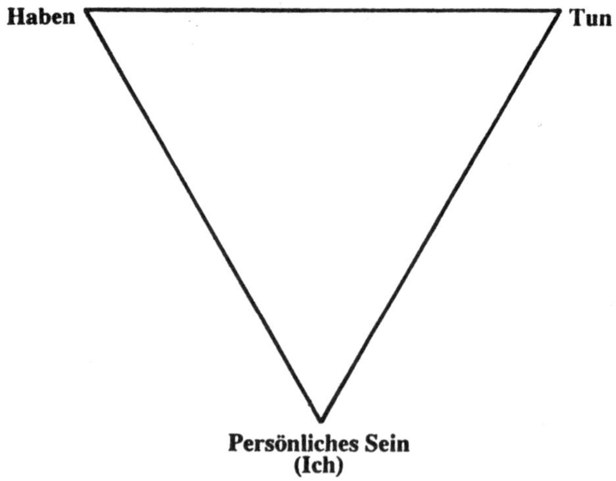

Abb.27

Eine andere Variante zeigt uns die nachfolgende Abbildung. Für individuelles Sein kann ebenso gut persönliches Sein stehen, für Haben Werte im Sinne: das, was ich haben möchte, mir also wertvoll ist, und für Tun Ideen, welche sich, je nach der individuellen Konstellation, aus den 24 Urideen ableiten.

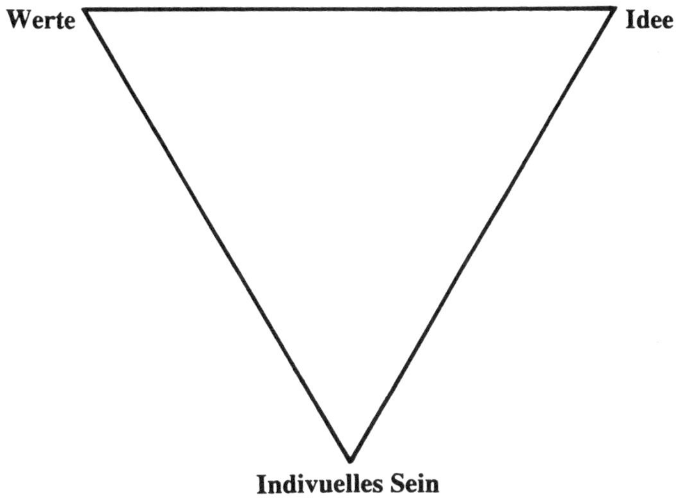

Abb.28

Im Wesentlichen besteht das individuelle Sein aus Haben und Tun! Es will besitzen und handeln, will im Hier und Jetzt etwas bewirken und die Vorstellung seines persönlichen Seins durchsetzen. Da jedoch der Mensch als einziges Geschöpf dieses Planeten auch das kosmische Sein in sich fühlt, müssen wir ihm auch die kosmische Matrix anlegen. Verschmelzen wir beide miteinander, dann ergibt sich folgende Figur:

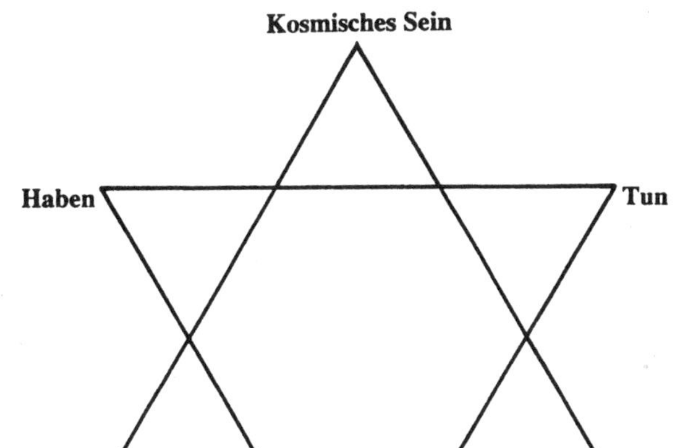

Abb.29

Dieses Hexagramm mit den sechs Urkategorien können wir auch noch in zwei weiteren Varianten darstellen:

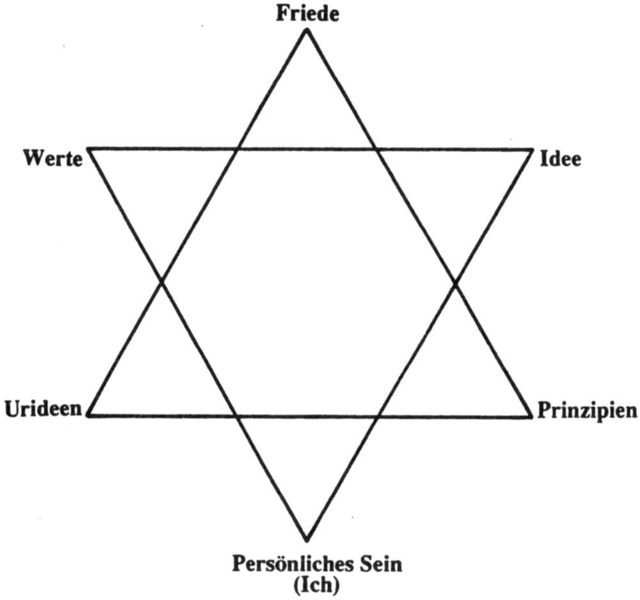

Abb.30

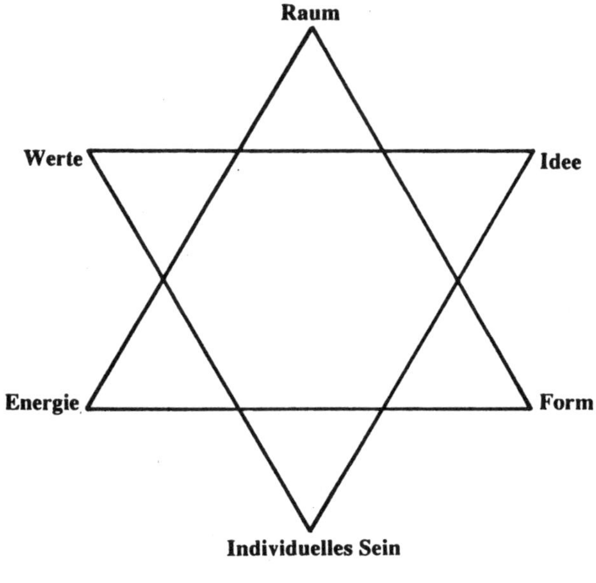

Abb.31

Sind die sechs Urkategorien im Menschen ausgewogen angelegt, so ist er im Gleichgewicht und mit dem Universum in Harmonie. In dieser Ausgewogenheit ist er wahres Gleichnis des Göttlichen und das individuelle Sein in einer umfassenden Einheitswahrnehmung. Das Bewußtsein genießt in dieser integralen Wahrnehmung ununterbrochen die fünf ungeborenen seligen Füllen: *Liebe, Freude, Freiheit, Schöpfung und Geborgenheit* und obwohl es mit seiner Person einer äußeren Tätigkeit nachgeht, ist seine Wahrnehmung stets auf dies Ungeborene gerichtet. Betrachten wir die Anordnung, so steht dem persönlichen Sein (Ich) der kosmische Friede diametral gegenüber, die Prinzipien den persönlichen Werten und die Urideen den persönlichen Ideen oder individuellen Ideenmustern. Diese weniger als Opposition aufzufassende Konstellation soll auf die fruchtbare Wechselwirkung zwischen den Urkategorien verweisen.

Haben soll, wenn es mit dem ewigen Eros in Verbindung steht, ohne Besitzanspruch sein. ***Tun*** soll von der Weisheit der kosmischen Gesetze und Prinzipien inspiriert sein und aus den ungeheuren Potenzen der göttlichen Urideen kreative Kraft und Begeisterung schöpfen, und das ***Ich*** soll den Dingen und Erscheinungen nur *beiwohnen*, nicht in ihnen aufgehen (Identifikation). Der Raum ist, wie ich weiter oben schon sagte, nur Medium des Friedens und der Leere, in ihm ist seliges Nirvana, d.h. reine Wahrnehmung ohne bewertenden Ich-Bin-Bezug, in dem alles zur Entfaltung kommen darf und selbst die sonderlichsten Erscheinungen ihren richtigen Platz erhalten.

Die Zentrierung des individuellen Seins

Die Zentrierung des individuellen Seins in einen selbstgewählten Bewertungskosmos läßt sich am besten an der Ich-Verlagerung veranschaulichen. In Abb.32 verlagert sich das persönliche Sein -die untere Seinszacke- in das Zentrum des sechszackigen Hexagrammes und wird zum personal-verstofflichten Sein, das sich nunmehr als ein zentriertes Ich-Bin-Bewußtsein in der Mitte seines eigenen Universums begreift. Die kosmische Wahrnehmung wird hierdurch eingeengt und geht teilweise verloren. Bei diesem Zentrierungsvorgang macht sich das individuelle Sein zum Mittelpunkt aller Wahrnehmung und läuft dadurch Gefahr, ins Ego (Thanatos-Bewußtsein) abzustürzen. Dem individuellen Bewußtsein, das bisher mit dem kosmischen innig verbunden war, fehlt die so wichtige überpersönliche Kontrolle des kosmischen Seins und muß mit diesem Schritt jetzt vieles zwanghaft auf sich beziehen.

Wie die Figur in Abb.32 zeigt, entsteht so aus dem Hexagramm ein fünfzackiges Pentagramm, das die fünf Glieder (auch der Kopf ist ein Glied) des Menschen symbolisiert. Das Pentagramm zeigt einerseits die Zahl und das Wesen persönlicher Absonderung, andererseits symbolisiert es die Erlösung.

Die Zentrierung des individuellen Seins

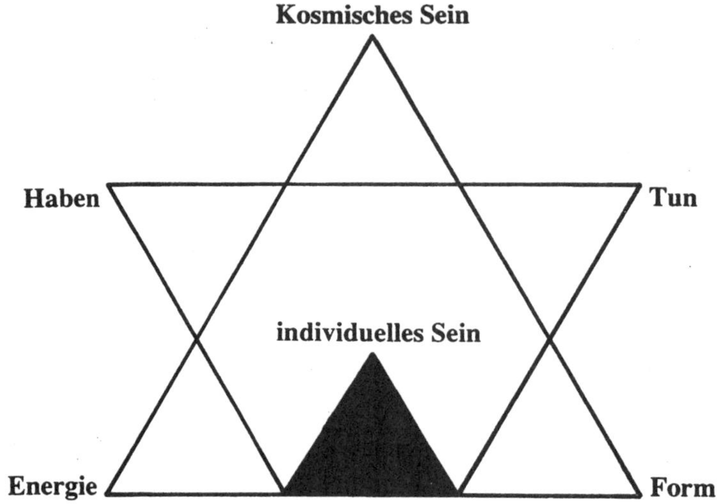

Abb.32

Verlust des kosmischen Seins (Eroszyklus)

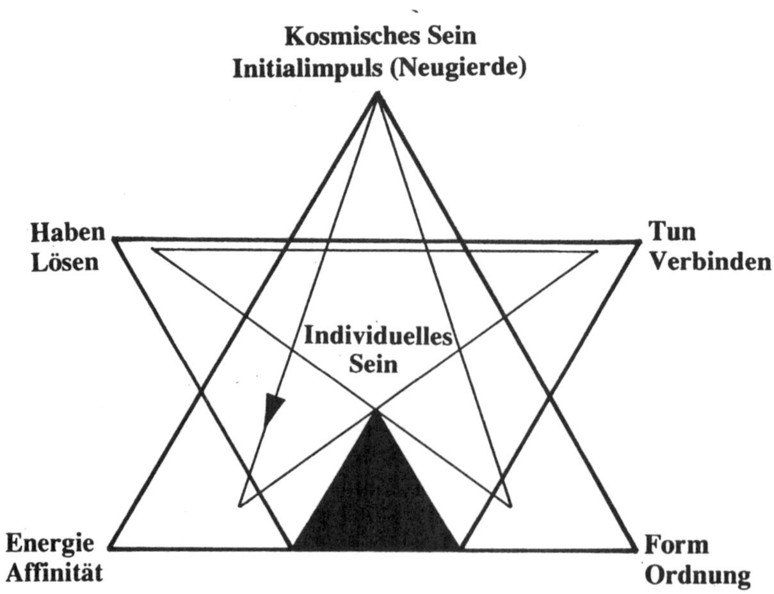

Abb.33

Verlust des kosmischen Seins (Thanatoszyklus)

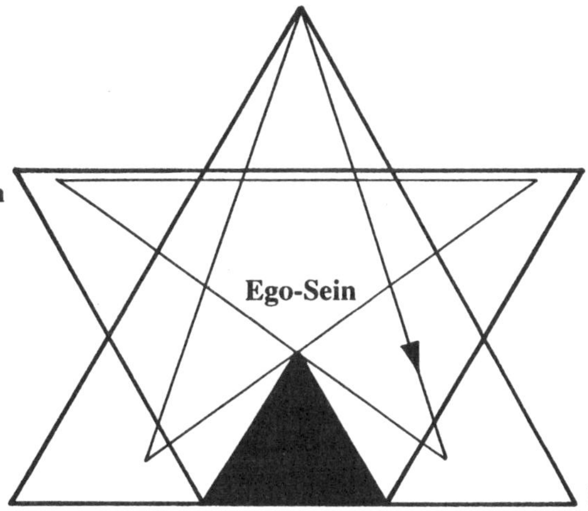

Abb.34

Setzen wir in Abbildungen 33 und 34 die psychologischen Schlüsselbegriffe neben die des kosmischen und individuellen Seins, so zeigt sich eine wohltuende Übereinstimmung. In der horizontalen Achse des Eroszyklus steht bei tun verstehen des Du, bei Haben das lösen des Ichs, bei Energie die Affinität, bei Form die Integration und bei Raum (kosmisches Sein) der Initialimpuls oder die Neugierde. In den letzten beiden Abbildungen 35 und 36 habe ich in das Pentagramm die menschliche Gestalt hineinprojiziert und die Ich-Bin, Du und Wir-Achse eingefügt. In der horizontalen Achse steht bei tun blockieren des Du, bei Haben festhalten des Ich-Bin, bei Energie die Abneigung, bei Form die Bewertung (Erwartung) und bei Raum (kosmisches Sein) wieder der Initialimpuls oder die Begierde.

Eroszyklus

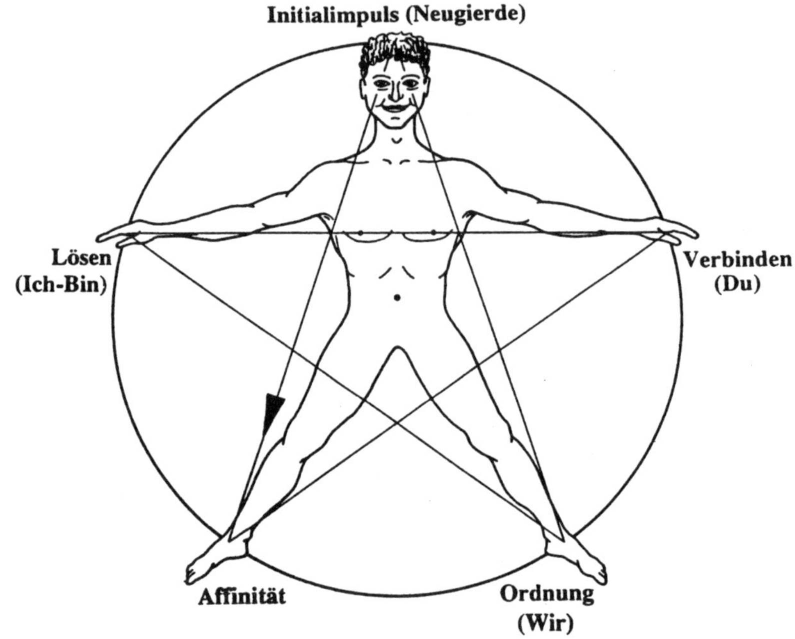

Abb.35

Thanatoszyklus

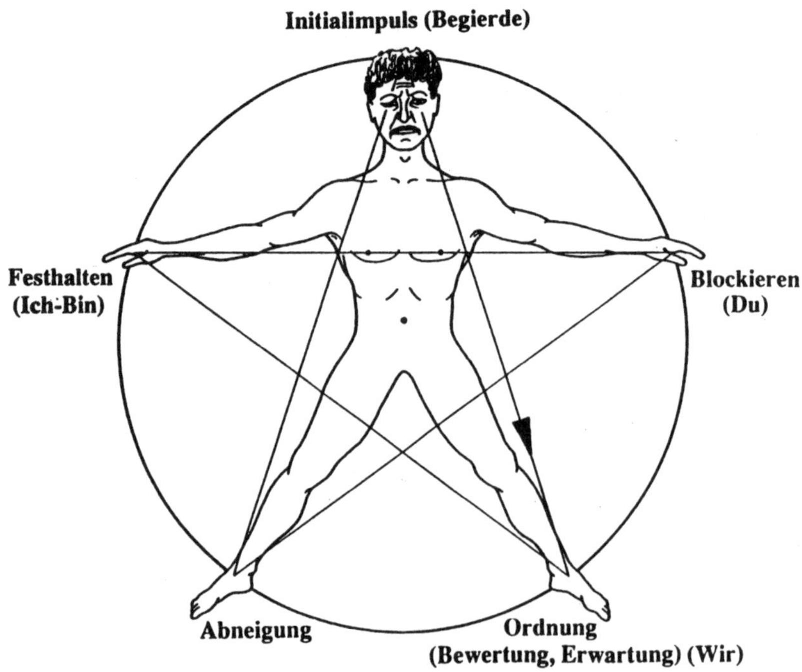

Abb.36

"Die ganze Schöpfung ist ein Tempel Gottes.
Es gibt keinen Ort, wo sein Leben nicht wäre.
In den Mineralien schläft das Leben,
in den Pflanzen träumt das Leben,
in den Vögeln und allen Tieren erwacht das Leben
und im Menschen ist es bereits erwacht.
In allen Geschöpfen pulsiert das gleiche göttliche Leben
und alle sind Mitglieder des Einen.
Wie einfach, wie rein, liebevoll und schön geben sich
das Gras, die Blumen, Bäume, Fische, Vögel und die ganze Natur
der Kraft des Einen hin!
Wir sollten von ihnen lernen, ein Leben der Reinheit,
heiligen Einfachheit und göttlichen Liebe zu führen."
Kirpal Singh

Der Fall aus dem Paradies oder der Verlust des kosmischen Seins

Den Verlust des kosmischen Seins kann man am besten als einen Mangel an Frieden und Fülle bezeichnen. Wie, so wird mancher fragen, kann man Frieden und Fülle nicht wollen?

Es ist der Versuch, der scheinbaren Leerheit des Urglanzes oder des *Ajin-Sof-Aur* zu entrinnen und sich mit einigen Attributen der 24 Urideen auszuschmücken. Das individuelle Sein glaubt, sich dadurch selbst zu entdecken. Anders gesprochen, kann man auch sagen, das individuelle Sein entledigt sich seiner angestammten Armut und versucht sich an den 24 Urideen und Prinzipien zu bereichern.

Während des Absonderungsvorganges vom kosmischen Sein steht es genau an diesem Punkt, nämlich etwas sein zu wollen! Dieser Punkt ist im Lebensbaum in Daath markiert, daher hat Daath weder einen Namen noch eine Numeration, siehe auch S.57 und 184.

Diese markante Kreuzungsstelle wird in der Kabbala auch als Abyss oder Abgrund bezeichnet. Gemeint ist damit die Entscheidung entweder für das Leben des unermeßlichen Eros oder für die raum-zeitliche Selbsterkenntnis. Man kann es auch so ausdrücken: Jemand, der nach etwas sucht, meint, nun etwas anderes zu sein als das Gesuchte, was schließlich die Illusion nährt, ein von der Allheit abgesondertes Etwas zu sein. Das daraus resultierende Absonderungsbewußtsein liefert sich dem wechselvollen Prozeß des Werdens und Vergehens aus, was letztlich Geburt und Tod bedeutet (Samsara). Indem es vom Universum mehr als das bloße Ich fordert, will es von ihm unterschieden sein, daher sein Versuch, aus der Leerheit des unendlichen Glanzes auszubrechen und eine eigene Leuchte darzustellen. Es gleicht einer Fackel, die das Tageslicht der Sonne noch weiter erhellen möchte, ohne zu merken, daß sein Licht zwangsläufig das wahre Sein verdunkeln muß. Sobald das individuelle Sein sich mit einer oder mehreren Urideen und Kategorien ausschmückt, glaubt es, etwas zu wissen bzw. etwas zu besitzen oder zu sein. Doch diese Identifizierung muß Stückwerk bleiben, weil sie nur Teil des Ganzen ist und weil sie in die Absonderung führt. Daß diese Wahrheit auch abendländische Meister erkannt haben, davon zeugen die Schriften des Meister Eckehart.

In seiner Predigt von der wahren Armut entdecken wir deutliche Übereinstimmungen mit Buddha und Laotse. Da heißt es:
"Zum ersten heißt der ein armer Mensch, der nichts will. Diesen Sinn verstehen etliche Leute nicht recht. Das sind die Leute, die bei allem Bußwerk und äußerlichen Übungen doch an ihren Eigenschaften festhalten. Wie diese Leute angesehen sind, daß Gott erbarm! (Er meint wohl nicht das Pharisäertum, sondern jene Leute, die sich für heilig und fromm halten, ähnlich wie die jüdischen Rabbiner und Zaddiks). Und sie erkennen doch so wenig von der göttlichen Wahrheit. Diese Menschen heißen fromm nach dem äußeren Schein. Aber von innen sind sie Esel, denn sie erfassen den Unterschied der göttlichen Wahrheit nicht. Diese Menschen meinen, der sei ein armer Mensch, der nichts will, als den allerliebsten Willen Gottes zu erfüllen. Ein solcher Mensch hat aber nicht die Armut, von der wir reden wollen, denn er hat noch einen Willen, mit dem er dem Willen Gottes genugtun will. Und das ist nicht das Rechte. Denn wenn der Mensch wirklich arm sein will, so soll er seines geschaffenen Willens also ledig sein, wie er war, da er nicht war. Und ich sage euch bei der ewigen Wahrheit: so lange ihr diesen Willen habt, den Willen Gottes zu erfüllen, und etwa nach der Ewigkeit und nach Gott selbst begehrt, so lange seid ihr nicht echt arm. Nur der ist ein armer Mensch, der nichts will, noch erkennt, noch begehrt. Als ich in meiner ersten Ursache stand, da hatte ich keinen Gott; ich wollte nichts, ich begehrte nichts, denn ich war nur ein Sein und wollte kein ander Ding. Was ich wollte, das war ich; und was ich war, das wollte ich und stand ledig Gottes und aller Dinge. Aber als ich hinausging aus meinem freien Willen und mein geschaffenes Wesen empfing, da bekam ich auch einen Gott. Denn ehe die Kreaturen waren, war Gott nicht "Gott": er war das, was er war. Da die Kreaturen wurden und ihr geschaffenes Wesen anfingen, da war Gott nicht mehr allein in sich selber Gott, sondern er ward Gott in den Kreaturen. Demnach ist er ihnen Gott nach ihrer Kreatur und hat genau so viele Allmacht und Reichtum, als sie in ihrer geringen Kreatur zu fassen vermögen" (je nach der Bewußtseinsstufe).
In seiner berühmten Predigt über die wahre Armut sagte uns Meister Eckehart -dieser wahrhaft erleuchtete Mensch- schon vor mehr als 700 Jahren zur Frage, worin denn die eigentliche Seligkeit bestünde:
"Worin liegt am meisten Seligkeit? Etliche Meister haben gesagt: In der Minne (Liebe). Andere: In der Erkenntnis und in der Minne. Wir aber sagen: Nicht in der Erkenntnis noch in der Minne. Sondern es ist in der Seele ein Etwas, aus dem fließt Erkenntnis und Minne: ein Etwas, das selber weder erkennt, noch liebt, wie die Kräfte der Seele. Wer dies erkennt, der erkennt, woran die Seligkeit liegt. Dies Etwas hat kein Vorher und kein Nachher und wartet keines hinzukommenden Dinges, denn es vermag weder zu gewinnen, noch zu verlieren. Darum ist es ihm auch benommen, in sich selbst zu wirken;
mehr: es ist dies selber das Selbst, das sich selber genießt nach der Weise Gottes. Darum sage ich, daß der Mensch Gottes quitt und ledig stehen solle; daß er nicht wissen und erkennen wolle, was Gott in ihm wirke. Und also soll der Mensch arm sein seines eigenen Wissens."

An anderer Stelle zum Thema geistliche Armut sagt Meister Eckehart: *"Zum zweiten ist der ein armer Mensch, der nichts weiß. Wir haben manchmal gesagt, der Mensch solle so leben, als ob er nicht lebte, weder sich selber, noch der Wahrheit, noch Gott. Aber jetzt sprechen wir es anders und meinen mehr und sagen, der Mensch, der die Armut haben möchte, der soll dessen inne sein, was er war, da er noch nicht lebte, weder sich selber, noch der Wahrheit, noch Gott. Er soll so ledig allen Wissens sein, daß keinerlei Vorstellung Gottes in ihm lebendig ist. Denn da der Mensch in dem ewigen Urstand Gottes war, da lebte in ihm nichts anderes. Was da lebte, das war Gott selbst. Daher sagen wir, daß der Mensch also ledig sein soll* ***seines eigenen Wissens****, wie er war, da er noch nicht im Dasein war, und er lasse Gott wirken, was er wolle, und stehe also ledig wie da er aus Gott kam."*
Mit entledigen des eigenen Wissens meint Meister Eckehart nicht, man soll vergessen, was man weiß, sondern wir sollen aufhören, zu meinen, wir hätten ein *eigenes Wissen*. Es geht also nicht darum Wissen einfach aufzugeben, sondern um den Irrtum, *zu meinen, daß man weiß*.
Daß man weiß bedeutet, man bezieht dieses Wissen oder diese Fähigkeiten auf sich selbst, doch in Wahrheit gibt es kein ausgeschmücktes Selbst, sondern der Mensch ist in seiner wahren Essenz reines *Ich*.
Solange wir das Wissen genießen und mit ihm spielen, sind wir frei nach der Weise Gottes, wenn wir jedoch glauben, unser *Ich* sei mit Wissen angefüllt oder gar überlegen, dann haben wir uns mit ihm identifiziert und von der unendlichen Fülle abgesondert. Dies richtig zu verstehen ist der wahre Schlüssel zum Eroszyklus, siehe S.57! Das Ich oder das individuelle Sein steht also, sobald es beginnt, sich mit den Attributen des *Einen* auszuschmücken, zum kosmischen Sein in Opposition, denn durch seinen selbstgemachten Wertekosmos sondert es sich vom Raum ab, d.h. vom kosmischen Sein. Das kosmische Bewußtsein mag dem individuellen Sein als eine abgründige Leere erscheinen, weil es in seiner Einfachheit und Armut nur ein Ich konstatiert, unbestimmbar, und doch mit allem identisch. Es ist gleichzeitig Fülle und Leere, Teil und Ganzes, unendlicher Glanz und abgründige Finsternis, Form und Raum, Vielheit und Vereinzelung, zwar umfassend, doch letztlich undefinierbar. Das ist die wahre Ursache, weshalb sich das individuelle Sein auf die Suche begibt, um seine verborgene Essenz zu ergründen.
Es ist die Suche nach dem Wunderbaren.
In seiner ursprünglichen Einheit mit dem kosmischen Sein faßt es zwar alle Ideen, Werte und Prinzipien in sich, doch kann es keines für sich allein genießen noch besitzen. Das *Ich-Bin der Ich-Bin* ist allüberall, ein einziger Glanz, weder zu fassen noch zu begreifen, es ist das *Ajin-Sof-Aur*, jener unendliche Glanz, der aus dem Göttlichen ewig strömt und alle daran teilhaben läßt, ohne dafür besondere Gegenleistungen zu fordern, außer, daß das individuelle Sein sich dem kosmischen unterordnen soll. Auch der Buddhismus spricht von Amitabha, dem Herrn des unendlichen Glanzes, und meint damit das gleiche.
Sobald das individuelle Sein auf der Suche nach sich selbst sein wahres Wesen ergründet, vergißt es seine wahre Identität, man könnte auch sagen, es tauscht den unendlichen Glanz gegen ein paar Urideen oder Urpotenzen ein. Die Suche nach idealen Leitmaximen führt daher in einen eigenen Wertekosmos, dessen Wirklich-

keit jedoch immer nur Stückwerk vom Ganzen sein kann. Hat das Suchende im Sein den einen oder anderen Drang gestillt, z.B. die Freude oder die Freiheit, dann stellt es fest, daß sie im Grunde schon immer da waren und das erwartete große Glück ausbleibt. Diese für alle sich stets wiederholende Erfahrung ist einer der Hauptgründe, weshalb es keine wirkliche Erfüllung geben kann. Eine andere, ebenso erstaunliche Erfahrung ist die des Nicht-festhalten-könnens. Alles, wonach unser Ich-Bin bzw. unser Ego strebt, was es auch erlangen mag, zerrinnt zu einem Nichts, nicht nur, weil alles vergänglich ist, sondern weil in uns eine undefinierbare Leere zurückbleibt, die von noch soviel Besitz und Reichtümern nicht gefüllt werden kann. *Im Grunde ist es ein Haschen nach Wind.*

Das ist m.E. der, wenn auch nur subjektive, Beweis, daß unser wahres Wesen und unsere wahre Essenz das des reinen Ich-Bewußtseins ist, das für alle Erscheinungen und Manifestationen unerreichbar bleibt. In unserem Modell steht das kosmische Sein stets dem individuellen gegenüber, und vielleicht ist der metaphysische Grund allen Werdens und Vergehens nichts weiter als ein Wechselspiel (Lila) zwischen kosmischem und individuellem Sein. Es ist fast schon ein erheiterndes Schauspiel, wie das kosmische Sein einerseits versucht, sich im individuellen Sein darzustellen, also das gestaltliche Ich in einem verzweifelten Kreisprozeß zu erreichen sucht, andererseits das individuelle Sein die Unendlichkeit des kosmischen Seins in einem Ich-Bin ergreifen möchte.

Der Preis, den das individuelle Sein für diesen Schritt bezahlt, ist hoch, zu hoch.

Dieser Preis ist der Verlust des allumfassenden Friedens und des unendlichen Glanzes. Kein noch so schöner, umfassender individueller Kosmos kann diesen Verlust je wieder ausgleichen; selbst wenn das individuelle Sein Galaxien und ganze Universen erschafft, bleibt ihm stets der Verlust der umfassenden Einheit als bitterer Geschmack zurück. Der Fall aus der Einheit und Ganzheit ist, um es mit den Worten religiöser Schriften zu sagen, die Vertreibung aus dem Paradies.

IV.Kapitel

"Des Menschen Zahl ist die Fünf: fünf Glieder, nämlich zwei Arme, zwei Beine und den Kopf, zweimal fünf Finger, zweimal fünf Zehen, fünf Hohlorgane, fünf Speicherorgane, fünf Steuerdrüsen: nämlich Zirbeldrüse, Hirnanhangdrüse, Schilddrüse, Nebennieren, Geschlechtsdrüsen, fünf Sinne, fünf seelische Zustände, nämlich: Neugierde, Zuneigung, Verstehen, Lösung, Vereinigung und alle ordnen sich nach den fünf Elementen: Äther, Feuer, Luft, Wasser und Erde. Die Sechs ist schon da, und die Sieben weilt noch, aber sie kommt mit Riesenschritten."

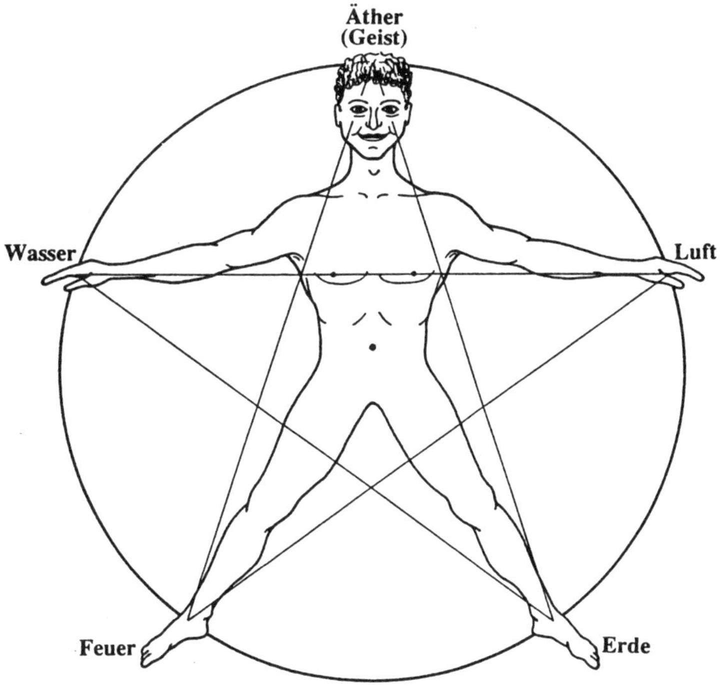

Abb.37

Das Diagramm der linksläufigen, invokativen Flußrichtung (Integration)

Invokation kommt von der lateinischen Wurzel *"invocatio"*, das bedeutet Anrufung. Jemanden oder etwas zu Hilfe rufen bedeutet auch, sich seiner Schwäche bewußt zu sein. Das Wesen der Anrufung ist jedoch nicht nur ein Hilfeersuchen, sondern kann auch bedeuten, etwas einzuschließen bzw. in sein Sein einzubeziehen. Genau das geschieht beim Eroszyklus.

Die Bedeutung dieses Wortes ist also in ihrem ursprünglichen Sinne erhalten geblieben. Die Strichführung im Pentagrammfluß ist linksläufig und geht von oben nach links abwärts, und in der Evokation verläuft sie in die Gegenrichtung.

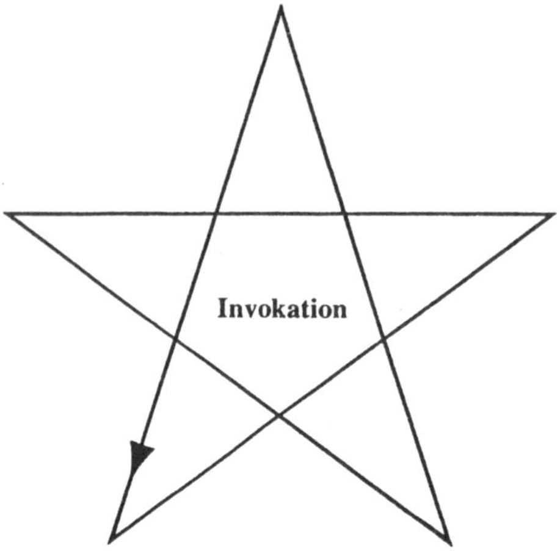

Abb.38

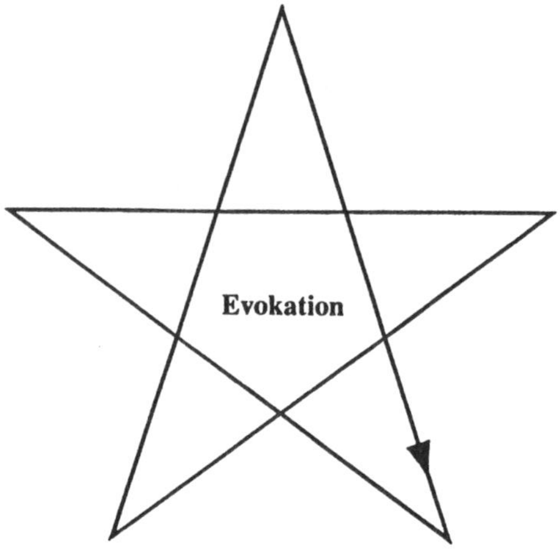

Abb.39

Erinnern wir uns auch hier nochmals der linksläufigen, einwärtsgerichteten Spirale, die eine Schwingungszunahme bedeutet, in der die äußeren Manifestationen in das Licht, also zum Zentrum der Spirale, zurückkehren. Die Rückkehr zur Urschwingung -zur ursprünglichen Ordnung und Einheit- ist jedoch kein Auflösungsprozeß, sondern die Bewußtwerdung der Einheit und Ganzheit und der Relativität des Teils zum Ganzen. Die Seele erreicht einen höheren Schwingungszustand und transzendiert die Sinnenanschauung. Sie kommt so zu ganzheitlicher übersinnlicher Wahrnehmung und begreift die Vernetzung allen Seins. Mit der Zunahme von Wahrnehmung setzt das Erwachen ein, nämlich aus der Illusion, man sei ein vom Universum abgesonderter Teil und lebe mit allem auf Distanz. Wenn diese Illusion einmal aufgegeben wird, erst dann ist wahre Zuneigung, Verstehen und wahre Verbundenheit möglich und die Vorstellung einer Sonderexistenz wird zur lächerlichen Farce. Nichts mehr ist auf Distanz oder fremd, jede Erscheinung hat einmaligen Wert und Bedeutung, steht zum Ganzen in einer unbedingten Beziehung, weil sie stets auf ihre Weise das Ganze repräsentiert. Jemand, der mit dieser Sichtweise das Sein wahrnimmt, gibt jede Form von Begierde und übersteigerter Erwartung auf, denn tiefes Verstehen ergreift ihn. Die Stadienreihenfolge der Neugier, Zuneigung, des Verstehens, Lösens und der Integration ermöglichen diese reine, verstehende Wahrnehmung ohne Selbstbezug und ohne Standort (lösen), und das Ich kann jeden beliebigen Standpunkt einnehmen, ohne ihm zu verfallen. Deshalb fehlt dem Ich die Grundlage und Voraussetzung zur Begierde und es verbleibt im Zyklus der Zuneigung. Invokation löst die Identifikation auf, bewirkt Disidentifkation; sie verhilft allen Kräften und Lichtern der Seele gleichermaßen zu ihrer Entfaltung. Die Teilkräfte müssen nicht mehr wie Götter im Exil dahinvegetieren, sondern sind jederzeit bereit zum geeinten Ausdruck (Integration). Kein einseitiges Selbstbildnis verdunkelt mehr die Sichtweise, weil eben kein abseitiger Standpunkt bzw. Standort mehr da ist. Das *Weder-Noch und Sowohl-als-Auch* wird zur beherrschenden Sichtweise und ermöglicht eine originale, einmalige Verhaltens- und Spielweise.

Das Diagramm der rechtsläufigen, evokativen Flußrichtung (Identifikation)

Wie alles im Leben entweder positiv oder negativ betrachtet und angewandt werden kann, so ist es auch mit der rituellen Anwendungs- und Bedeutungslehre der Symbole. Wir können einen Klangschalenklöppel gemäß seiner Bestimmung handhaben, aber auch jemanden damit verletzen. Es kommt ganz darauf an, *was* wir in dem Gegenstand, Ereignis oder in der Situation sehen. Allein unsere innere Bewertung, d.h. persönliche oder überpersönliche Sichtweise, entscheidet, wie wir etwas einschätzen und handhaben. Die Stärke einer überpersönlichen Sichtweise hängt davon ab, inwieweit wir uns der verstehenden Mitte angenähert haben oder wie weit wir davon entfernt sind. Evokation kommt von dem lateinischen Wort *"evocatio,"* also vorladen, der Begriff ist aus der militärischen Sprache der Römer entlehnt und bedeutet auch auffordern oder herausfordern. Bezogen auf eine Person bedeutet Evocator *"Aufwiegler",* jemand also, der Streit und Widerstand hervorruft.

In diesem Lichte besehen wandelte sich der Begriff Evokation in die negative Bedeutung von Abwehr und Bannung um. Ich sprach w.o. schon von der Strichführung des Bannungsrituals. Es ist der rechtsläufige Zyklus im Pentagrammfluß. Erinnern wir uns nochmals daran: Die rechtsläufige, auswärtsgerichtete Spirale bewirkt eine Schwingungsverlangsamung und ermöglicht so die Sinneswahrnehmung von Feuer, Erde, Wasser, Luft, doch können wir nur die niederfrequenten Schwingungen erfassen, nicht die höheren. Wenn also der rechtsläufige Energiefluß eine Vergröberung der Wahrnehmung bewirkt bzw. sie auf die sinnesphysiologischen Inputs begrenzt, so bedeutet dies, daß der größte Teil der Realität dem Tagesbewußtsein verborgen bleibt. Daher entsteht in einem solchen Bewußtsein die Illusion von der Abgesondertheit und Trennung. Diese illusionäre Einengung hat für die innere Selbstwahrnehmung und das Verhältnis zur Welt erhebliche Konsequenzen. Es fehlt vor allem die innere Verbundenheit und Beziehung zum Ganzen. Der größte Teil befindet sich auf Distanz, ist anders und fremd. Daraus folgt zwangsläufig der Verlust an Zuneigung (Affinität), und eine Bewertung bzw. Einschätzung der äußeren Erscheinungen setzt ein, die entsprechende Erwartungen auslöst.

Was aber hat die Evokation mit der Identifikation zu tun?

Ich sagte, daß das Bewußtsein der Abgesondertheit eine eigenwillige Ordnung und Einschätzung der Wirklichkeit aufbaut. Um eine Erwartung zu haben, bedarf es eines Standortes oder Standpunktes. Letzterer ist immer eine Frage der Verhältnismäßigkeit! Wenn wir uns selbst ins Verhältnis setzen erwarten wir meist etwas ganz bestimmtes. Das bedeutet, daß die Selbstbewertung die Grundlage und Voraussetzung jeder Erwartungshaltung ist. Wir beziehen unsere Erwartungen daher immer nur aus unseren bewertenden Ich-Bin Attributen, und die wiederum sind in verschiedene Teilpersönlichkeiten gespalten, siehe S.212.Je nachdem, welche von ihnen gerade das Ich-Bin beherrschen, wird die Begierde und Erwartung entsprechend ausfallen und so das illusionäre Bild der Wirklichkeit auch noch vertiefen. Die Teilpersönlichkeiten sind eigentlich seelische Kräfte, die zum Ausdruck kommen wollen, entsprechend der zweiundsiebzig Genien (24x3), die jedoch nur dann segensreich wirken, wenn sie im Bewußtsein des *Sowohl-als-Auch* ihren Platz einnehmen. Unser Ziel ist es ja, daß auf jedem Weg nur noch Genien für uns arbeiten, dann erst sind wir wahre Lichtmenschen und ein Gleichnis Gottes, *des Adam Kadmon!*

Der Vorgang der Identifikation in den Thanatoszyklen

Wird eine seelische Urkraft, z.B. die Güte, von der Strenge überlagert, dann bemächtigt sich der Prinzipienreiter und kalte Technokrat des Ich-Bin, und alle Erwartungen nehmen Bezug auf diesen Standpunkt. Die Folge ist eine unrealistische Übertreibung und einseitige Ausrichtung, die früher oder später enttäuscht wird und an der Realität scheitern muß. Entsprechend dem Pendelgesetz schwingt das Bewußtsein ins Gegenteil und identifiziert sich nun mit der Güte. Die Strenge wird entweder in das Unbewußte verbannt oder besser *gebannt* und von der Güte einfach überlagert. Ergreift die Güte das Ich-Bin, so kommt es zu erheblichen Dissonanzen, weil weder die Verbannung (Verdrängung) noch die Überlagerung ein Weg der Mitte ist, und die favorisierte Güte, in Gestalt einer Teilpersönlichkeit, ständig gezwungen ist, ihre dominante Rolle zu verteidigen. Wenn alles vom Standpunkt der Güte beurteilt und bewertet wird, läßt man zuviel zu, Übertoleranz und mangelnde Konsequenz beherrschen dann das Bild. Gleiches erwartet man auch von anderen und ist enttäuscht, wenn die erwartete Resonanz ausbleibt. Trotz oder gerade wegen der Bemühungen um Güte rumort die Strenge im unbewußten Verbannungswinkel, und unerklärliche Launen und Unzufriedenheit schleichen sich ein. Solche Wechselduschen sind in den Thanatoszyklen an der Tagesordnung und zermürben langsam das Individuum. Von Individuation kann keine Rede mehr sein. Je nachdem, wie stark das Ich-Bin von Teilpersönlichkeiten dissoziiert ist, unterliegt der Betroffene ihren Begierden, die immer tiefer in den Thanatoszyklus hineinziehen. Der entscheidende Schritt, der in den Thanatoszyklus führt, ist also die Begierde und die übersteigerte Erwartung, die wiederum ihre Wurzeln in einem *verrückten Selbstbildnis* haben. Die Evokation wurde also deshalb für alle Thanatoszyklen gewählt, weil das Selbstbildnis im Prinzip aus favorisierten Teilpersönlichkeiten besteht, die entweder aus der Verbannung ins Tagesbewußtsein aufsteigen oder in die Verbannung hinabsteigen.

Der Fünferzyklus

Nach antiker Vorstellung vermag nur das fünfte Element, der Äther, die Gegensätze von Feuer, Erde, Wasser und Luft miteinander zu verbinden und auszugleichen. Die alten Alchimisten nannten diese geheimnisvolle integrale Kraft auch Quintessenz oder den Stein der Weisen, *Lapis philosophoricum*. Durch die Bewegung der Quintessenz kommt jene geheimnisvolle Einheit zustande, nach der alle Elemente und alle Kräfte der Seele streben.

Nach der üblichen (rationalen) Sicht geschieht die Umwandlung der Elemente durch Entzug oder Anreicherung einer bestimmten Qualität (Feuchtigkeit oder Trockenheit). Die Analyse hat jedoch ergeben, daß die Quintessenz nur *die Affinität* sein kann. Sie entzündet bei den warmen Elementen (Licht und Luft) durch Entzug der Feuchtigkeit das Feuer und löscht es wieder durch Zusetzen von Feuchtigkeit. Das gleiche gilt für die kalten Elemente. Erde entsteht danach durch Entzug von Feuchtigkeit und Wasser durch Zusetzen von Feuchtigkeit.

Bei näherer Betrachtung der integralen Bewegung des Äthers sind ihm drei Bewegungsrichtungen immanent:

1.Der Initialimpuls
2.Der Affinitätsimpuls
3.Der ordnende Impuls

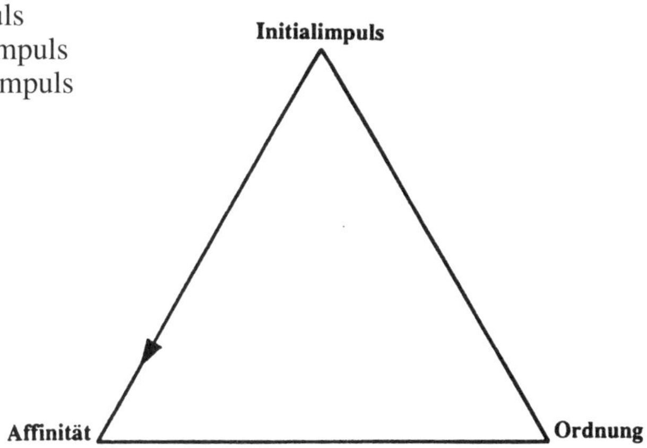

Abb.40

Der *Affinitätsimpuls* steht also in der Mitte zwischen Initialimpuls und Ordnung. Seine Funktion bewirkt sowohl Anreicherung als auch Entzug. Die Affinität ist stets der integrale Faktor, welcher die Voraussetzung für Ordnung und Neuimpuls schafft, weil er die Gegensätze in ihren verwandten Qualitäten miteinander verknüpft und nichtverwandte Gegensätze voneinander löst.

Die Dynamik der Anreicherung kann also nur durch Verbinden, die des Entzugs nur durch Lösen möglich sein. Die Affinität besitzt sowohl die Fähigkeit des Lösens wie des Verbindens, sie ist somit das Zünglein an der Waage.

Durch Entzug, Anreicherung und Verbrauch entsteht der natürliche Umwandlungsprozeß, welcher aber noch längst nicht Gleichgewicht bedeutet. Verbinden und Lösen stammen also aus dem Affinitäts-Impuls, womit zwei neue Impulse hinzukommen:

a)Der verbindende Impuls
b)Der lösende Impuls

Integrieren wir diese beiden Impulse in den ätherischen Dreierzyklus, dann ergeben sich fünf Impulse:
1.Der Initialimpuls
2.Der Affinitätsimpuls
a)Der verbindende Impuls
b)Der lösende Impuls
3.Der ordnende Impuls
Der Affinitätsimpuls ist also zweigeteilt, wie so vieles, und bewirkt den Prozeß des Verbindens und Lösens. In den Abb.41 u.42 habe ich das Pentagramm in den Dreierzyklus integriert und die fünf Impulse entsprechend zugeordnet.

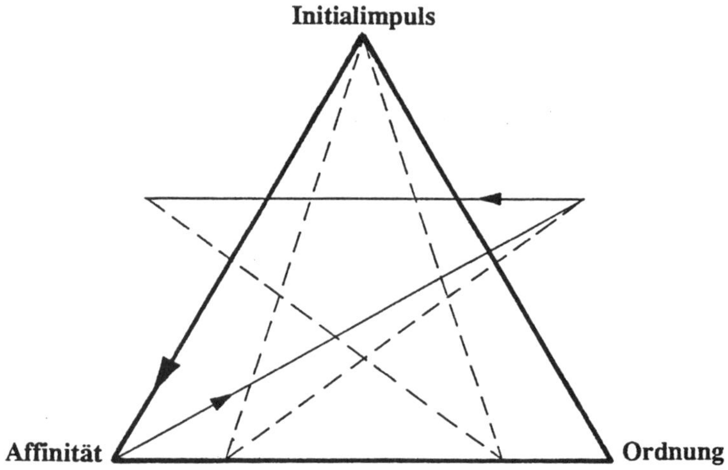

Abb.41

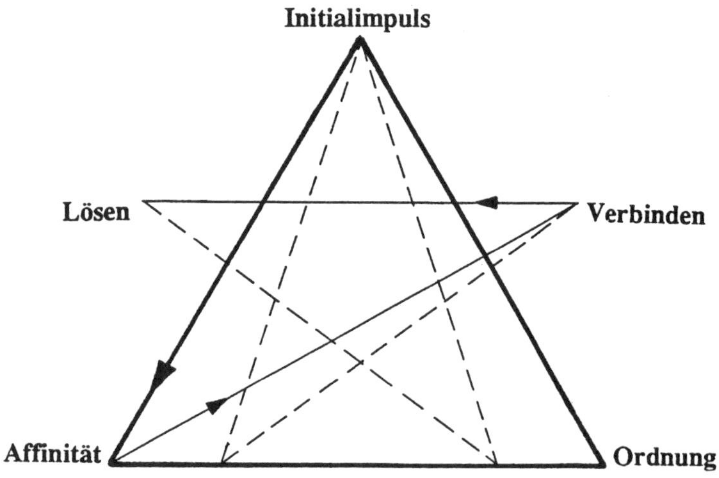

Abb.42

Die Fünferzyklen in der menschlichen Seele

Es gibt in der menschlichen Seele zwei Grundzyklen, die, so möchte ich sagen, die Gesetze des Lebens (Eros) und des Todes (Thanatos) beherrschen. Nach langen Beobachtungen glaube ich, die wesentlichen Stadien entdeckt zu haben. Das Hauptmerkmal des Eroszyklus ist das unschuldige ***Ich*** ohne irgendwelche Attribute, während der Thanatoszyklus durch ein bewertendes ***Ich-Bin*** von Anfang an negativ stigmatisiert ist. Durch das *Ich-Bin* verliert das Ich seine Unschuld und sondert sich mit *eigenen* Attributen, d.h. selbstischen Vorstellungen, vom universalen oder kosmischen Sein ab. Beide Zyklen zeigen fünf Bewußtseinszustände, die eine bestimmte Sequenz haben. Die Sequenz (Reihenfolge) wird von der Grundwahrnehmung bestimmt, entweder Eros oder Thanatos. Wenn die Patriarchen vom Buch des Lebens sprachen (Prädestination), dann meinten sie die Ausrichtung (Intention) der Wahrnehmung auf den Eroszyklus, nicht aber Auserwähltheit. Letztere wäre weder mit kosmischer Gerechtigkeit vereinbar, noch mit dem Prinzip der Freiheit, denn wäre die Verdammnis seit Ewigkeit beschlossen, welchen Sinn hätte die menschliche Existenz, oder sollten sich die weißen Schafe nur an den schwarzen bewähren. Dies würde bedeuten, die Bösen würden den Guten zum Licht verhelfen, damit sie um so tiefer verdammt zu würden. Das wäre in der Tat die Perversion pharisäerischer Frömmigkeit. Solche Konzepte können eigentlich nur den Dämonen zugedacht sein, die selbst erbarmungslos sind. Die Ausrichtung auf den Eroszyklus (Abb.43) führt zum Leben und zum Licht, denn von Anfang an ist er von *der Affinität* (Zuneigung) bestimmt, die sich, wie schon gesagt, in zwei Bewußtseinszustände aufteilt. Die Ausrichtung auf den Thanatoszyklus (Abb.44) wird schon zu Beginn von der *selbstischen Ordnung* (eigener Wertekosmos) diktiert, die sich gleichfalls in zwei Bewußtseinszustände aufspaltet.

Eroszyklus

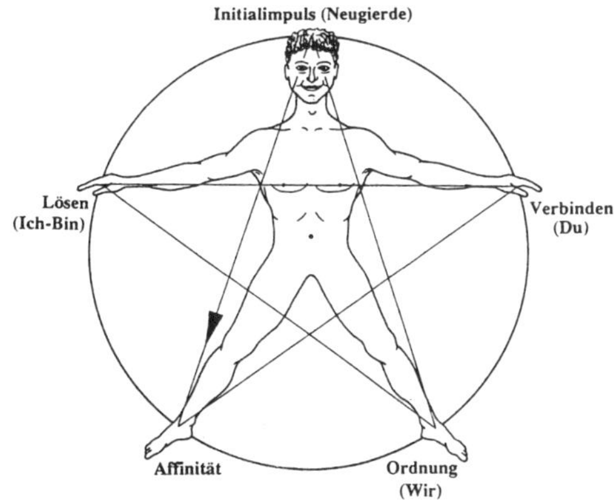

Abb.43

Thanatoszyklus

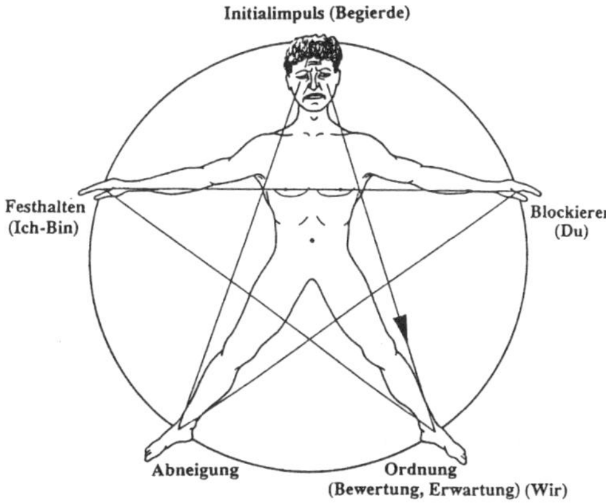

Abb.44

Nun gibt es im Lebensbaum zwei Eroszyklen (I u.II) und im Erkenntnisbaum ebenso zwei Thanatoszyklen (I u.II). Der erste Zyklus, sowohl im Lebensbaum, als auch im Erkenntnisbaum, bezieht sich auf die horizontalen Wege 21, 1, 13 (die drei Mütter) und die *horizontal*-diagonalen Wege 23, 22, 6, 5, 18, 12, 10 und 9. Die Flußrichtung der Wahrnehmungen dieses Zyklus geht in die Horizontale, d.h. wenn der Fluß nach innen, zur Baummitte, gerichtet ist, kommt es zur Gegensatzvereinigung, ist die Wahrnehmung nach außen gerichtet, so kommt es zur Gegensatzverschärfung der entsprechenden Seinsebenen (physische, vitale, emotionale, spirituelle und göttliche Ebene). Die Vereinigung horizontaler Gegensätze findet stets in den mittleren Sefiroth statt und führt in den Zustand des *Deus est centrum mundi.*

Die vertikalen Wege 24, 16 und 19 (die mittlere Säule), die Wege 11, 4, 15, 14, (äußere Säulen) und die *vertikal*-diagonalen Wege 3, 2, 20, 17, 8 und 7 beziehen sich auf den zweiten Zyklus (Eroszyklus II und Thanatoszyklus II). Die Flußrichtung der Wahrnehmungen dieses Zyklus geht in die Vertikale, d.h. hier geht es, wenn der Fluß nach oben gerichtet ist, um Verfeinerung und Erweiterung des Bewußtseins (Sublimierung oder Macht) oder, wenn die Wahrnehmung nach unten gerichtet ist, um die Vergröberung und Verengung (Absonderung) des Bewußtseins (Rustikalisierung und Konkretisierung). Wo jedoch ist der integrale Vereinigungspunkt aller Flußrichtungen? *"Die Vereinigung des Oben und des Unten und des Außen zu einer umfassenden und spirituellen Wahrnehmungseinheit physischer, vitaler, emotionaler, spiritueller und göttlicher Welten findet in Tifereth statt -dem Sohn Gottes-, in dem das Göttliche geboren wird, siehe auch S.166 bis 168. Zudem strahlt von Tifereth das herrliche Bewußtsein des* ***Deus est centrum mundi*** *aus -die Weltmitte- und gibt allen korrespondierenden, insbesondere den primären Wegen 12, 18, 5, 6, 17 und 20, den Impuls der Mitte, des Lichtes und der Harmonie. Generell gilt, daß die vierundzwanzig Bewußtseinshaltungen des Lebensbaumes, wenn sie die Mitte zwischen persönlichen und überpersönlichen Interessen finden, ganz wesentlich zu einem Gleichgewicht der drei polaren Sefiroth-Paare beitragen. Die tägliche Arbeit mit dem Lebensbaum hat diese Mitte aller vierundzwanzig Bewußtseinshaltungen im Visier; und höchstes Ziel ist es, die integrale Wahrnehmungseinheit in Tifereth zu erlangen."*

Gemeinsam ist den Eroszyklen, daß sie stets mit der unschuldigen Neugierde beginnen. Sie ist der Initialimpuls, der jedem Wesen eigen ist. Auch das zweite Bewußtseinsstadium- die Affinität- ist bei allen Eroszyklen gleich, erst im dritten Stadium weichen sie voneinander etwas ab. Die Zyklen des Thanatos haben, mit Ausnahme der Unterbewertung (Unterschätzung), in den ersten beiden Bewußtseinsstadien die gleiche Sequenz, nämlich Begierde und Erwartung. Da die Erwartung aus der individuellen Ordnung des Habenbewußtseins und einem selbstischen Wertekosmos entspringt, kommt es ab dem dritten Stadium zu Sequenz-Abweichungen.

1.Der horizontale Eroszyklus I (Integration)

Um die Impulse, so wie sie in der Natur vorkommen, auf die inneren Ebenen zwischenmenschlicher Beziehungen anzuwenden, müssen wir entsprechende Schlüsselbegriffe wählen, die uns ein psychologisches Verständnis vermitteln.
Die o.g. Analyse ergibt die nachfolgende Reihe:

Funktion	**psychologischer Schlüsselbegriff**
1.Der Initialimpuls	Neugier
2.Der Affinitätsimpuls	Zuneigung
3.Der verbindende Impuls	Verstehen (Du-Verbindung)
4.Der lösende Impuls	Ichlösung
5.Der ordnende Impuls	Integration (Wir-Vereinigung)

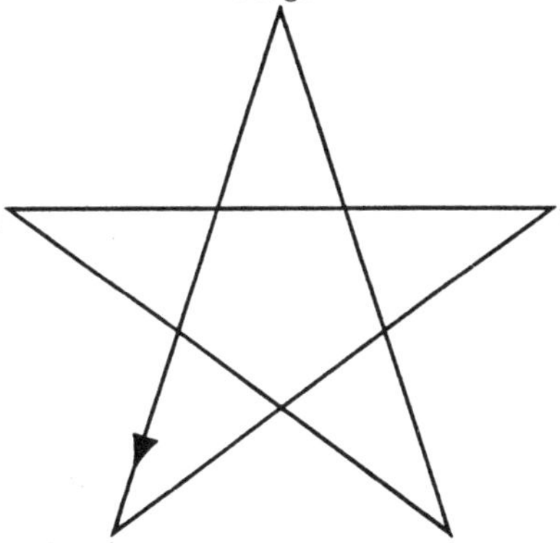

Abb.45

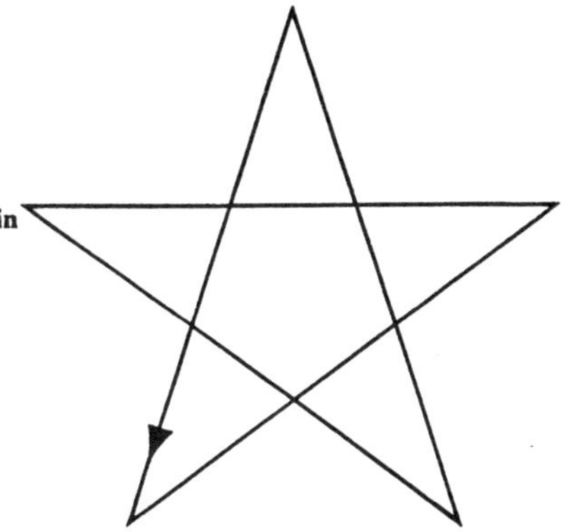

Abb.46

a)Mit Neugierde (Drang nach Neuem) ist ausnahmslos jedes Bewußtsein ausgestattet. Das Paradoxon der Leerheit und gleichzeitigen Vielheit allen Seins ist es, was die Neugierde nährt. Das nur wahrnehmende Ich ist neugierig auf die verborgene Essenz seines Seins und sucht in irgendeiner Manifestation die Lösung dieses ewigen Rätsels. Hierdurch wird es in bestimmte Ereignisketten verwickelt. Am Anfang des Eroszyklus wählt es aus Neugierde eine bestimmte Existenzweise und liefert sich so der Gefahr der Sonderexistenz aus und somit der Abgesondertheit.
b)Zuneigung ist gleichfalls ein genereller Wesenszug. Hierbei favorisiert das Bewußtsein eine der fünf Füllen oder transzendenten Drangrichtungen:
Liebe, Freude, Freiheit, Schöpfung und Geborgenheit. Das Ich glaubt, in einer der fünf transzendenten Drangrichtungen die Fülle und Essenz der Ganzheit zu erkennen, daher ist es einer besonders zugeneigt. Es erwählt sich aus dem Wertekosmos eine bestimmte Kollektion der 24 Urideen und Prinzipien und entscheidet sich damit endgültig für eine bestimmte Seinsweise oder Entfaltung des entsprechenden Seinsschachtes: ***räumliche, energetische, tätige, formende, und besit-***

zende Entfaltung. Die Zuneigung ist eine wesentliche Voraussetzung für Austausch und Beziehung, ohne sie kann Leben und Schöpfung nicht sein. Existiert ein Bewußtsein im Zustand der Sonderexistenz, so vermag es nur eine bedingte Zuneigung aufzubringen, weil sich in der Absonderung Zuneigung und Abneigung aufspalten.

c)**Verstehen** ist erst möglich, wenn Zugeneigtheit zur Andersheit gegeben ist. Dieses andere ist das Du, dem wir mehr zu- oder abgeneigt sind. Das Du verstehen bedeutet, es *zuzulassen und anzunehmen, so wie es ist.* Damit schließen wir es ein und erweitern so den eigenen Horizont (Seinsbewußtsein).

d)**Lösen** kann nur möglich sein, wenn wir verstanden und angenommen haben. *Wie kann das geschehen?* Nur wenn wir gewisse Selbst-Vorstellungen in Frage stellen, können wir dem anderen vorurteilsfrei begegnen. Erst unter dieser Voraussetzung kann das Ich eine Verbindung mit dem Du eingehen und sagen, *Ich-Bin auch Du* (**Tat Vam Asi**). Haben wir uns von Selbstvorstellungen gelöst und mit dem Du verbunden, dann gibt es Gemeinsamkeit, aber auch gegenseitige Verstärkung und Unterstützung. Je mehr wir also uns selbst ablösen (erlösen), fühlen wir uns mit allem verbunden, seien es Naturphänomene, Menschen, Tiere oder Pflanzen, und desto eher können wir ihr Wesen begreifen, somit mehr *Zuneigung* geben und empfangen. Die Zuneigung stärkt und unterstützt uns, ja, sie verleiht Macht. Ein Magier auf hoher Erosstufe ist um so mächtiger, je mehr ihm die Naturkräfte *zugeneigt* sind.

e)**Integration** bedeutet einordnen in ein *Wir oder in ein Ganzes* und kann nur erfolgen, wenn die Voraussetzungen von 1-4 erfüllt sind. Ohne Du kann ein Ich schwerlich im Wir integriert werden und umgekehrt. Wahre Integration verbindet die inneren und äußeren Gegensätze und vollzieht sich, je nachdem auf welcher Seinsebene (die vier zentralen Sefiroth), auf einem bestimmten Niveau. Wer ein integrales Bewußtsein entwickelt, steht zum Ganzen in einem einmaligen und ergänzenden Verhältnis; sein Kennzeichen ist Originalität und der ewige Name in Tifereth. In Abb.45 habe ich zunächst die fünf psychologischen Schlüsselbegriffe auf den Pentagrammspitzen verteilt, die uns die Stadien der Gegensatzvereinigung näher aufzeigen sollen. In Abb.46 sehen Sie in der dritten Strichführung (horizontale Du-Ich-Achse) die Position des Du und Ich, die uns sowohl im Eros- als auch im Thanatoszyklus anzeigen soll, wie die zwei möglichen Flußrichtungen von Invokation und Evokation sich auf der Du-Ich-Achse auswirken.

Wählt das Ich den Weg der linksläufigen Invokation (Anrufung), so folgt es dem Prozeß der offenen Zuneigung, welche die Voraussetzung der drei folgenden Stadien ist. Unter Zuneigung verstehe ich bestenfalls eine *allgemeine Bejahung*, ohne subjektive Bewertung, gemäß der Wahl einer transzendenten Drangrichtung im Seinsschacht. Eine solche Bejahung bildet die Grundlage für Offenheit und wertfreie Beobachtung. Die Zuneigung verknüpft sich, wie jeder weiß, sehr schnell mit einem Du und führt zunächst zum Kontakt, später durch Offenheit zum Verstehen. Erst durch das Verstehen kann die Selbstvorstellung etwas zurückgenommen und korrigiert werden (Ichlösung). Damit ist der Weg für eine Verbindung frei, die letztlich das Du zugeneigt macht. Im folgenden Schritt kommt es zur Integration im Sinne einer Wir-Vereinigung. Je freier von bewertenden Ich-Bin-Attributen, desto wahrscheinlicher folgt der Wahrnehmungsfluß den Stadien des Eroszyklus.

Der Eroszyklus in den Wegen

Wie jedoch teilt sich dieser Zyklus in den Wegen auf? In Abb.47 sehen Sie statt der fünf Pentagrammspitzen in sukzessiver Folge fünf Wege, welche sowohl die Funktion, als auch die psychologischen Schlüsselbegriffe beinhalten. Die linksläufige Schleifenführung zeigt die Abfolge der Sequenzen bis zur Integration. Für die Praxis, d.h. Wegearbeit, sind die letzten drei Phasen maßgebend, nämlich Verstehen, Loslösung und Integration, weil Neugier und Zuneigung in der Regel stets vorgegeben sind und erst ab dem Verstehen kommt es zu eindeutigen, nachvollziehbaren Abweichungen.

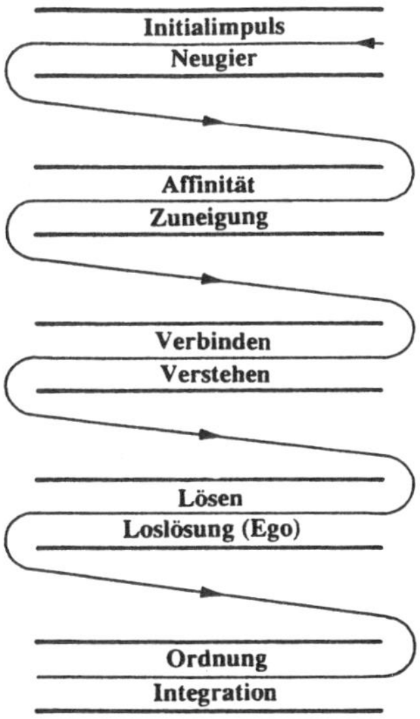

Abb.47

2.Der horizontale Thanatoszyklus I (die Übertreibung)

Die Quintessenz auf ihrer dunklen, also Thanatos-Seite, offenbart uns jenes Geheimnis, wie die seelischen Kräfte den Weg in die Opposition der Gegensätze gehen. Am Anfang eines Thanatoszyklus steht entweder *die Blockade,* siehe S.261, *oder die Begierde.* Genaugenommen ist auch die Begierde eine Blockade, denn sie ist die Ursache einer verzerrten Realitätssicht und das eben ist das eigentliche Hindernis. Die Welt so zu sehen, wie sie ist, nennt man Erleuchtung, man ist dann aus seinem selbstisch versponnenen Traum erwacht und mit dem Universum wieder eins, d.h. im harmonischen Austausch. Die Begierden als auch die Blockaden entwickeln sich meist aus bewertenden Ich-Bin-Attributen, und lagern, wie hochradioaktiver Müll, in den Höhlen des Unbewußten, wo sie vor sich hinschwelen und da und dort das Bewußtsein einnebeln. Die Sequenz des Eroszyklus kehrt sich im Thanatoszyklus um und bekommt eine andere Reihenfolge. In Abb.48 sehen Sie die rechtsläufige Bewegung des Äthers und eine andere Stadienreihenfolge:

1.Der Initialimpuls
2.Der ordnende Impuls
3.Der Abneigungsimpuls

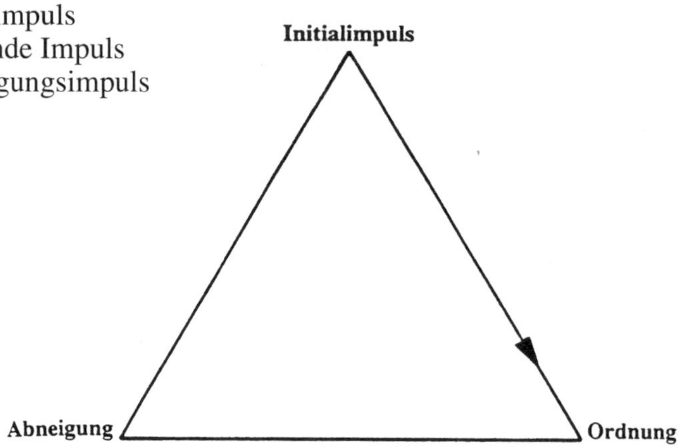

Abb.48

Der unschuldige Neugierimpuls des Eroszyklus wird von der *Be-Gierde* eingefärbt. Die Begierde entsteht, weil die Urideen des überpersönlichen Seins auf ein persönliches Ego-Sein gerichtet sind und so *ver*-persönlicht werden. Damit ist der Weg in die Identifikation vorprogrammiert. Das ordnende Prinzip wird in diesem Zyklus gleich an die zweite Stelle gesetzt und zur selbstischen Ordnung erhoben. Diese Ordnung bezieht zwar ihre Ideenmaterialien, ebenso wie das Eros-Bewußtsein, aus dem überpersönliche Wertekosmos, doch werden sie als persönlicher Besitz betrachtet (Habenbewußtsein) und vor allem als eigenes Produkt, daher auch festgehalten. Festhalten meint hier den Selbstbezug der überpersönlichen Ideen und Werte und somit einerseits ihre Überschätzung (Übertreibungstendenz) oder die Unterschätzung (Unterbewertung) anderer, weniger beachteter Werte. Notwendig muß nach einer Übertreibung oder Unterschätzung die Blockierung folgen, und dem die seelische Spaltung. Die verbindende und lösende Kraft der Affinität des Eroszyklus -der eigentliche Integrationsfaktor- geht im Ordnungsimpuls verloren, weil er durch Ego-Bewertungen belastet ist. Daher können weder verwandte Qualitäten verbunden, noch nichtverwandte gelöst werden. Eine Umwandlung kann so nicht stattfinden. Es kommt zu einer starren, unverrückbaren Opposition. Die Gegensätze blockieren sich, -stehen sich feindlich gegenüber oder spalten sich ab.
Im Übertreibungszyklus hat der Ordnungsimpuls also zwei Impulse:
a)Der festhaltende Impuls
b)Der blockierende Impuls
Integrieren wir diese beiden Impulse in den kosmischen Dreierzyklus, so ergeben sich wieder fünf Impulse:
1.Der Begierdeimpuls
2.Der ordnende Impuls
a)Der festhaltende Impuls
b)Der blockierende Impuls
3.Der spaltende Impuls

Der ordnende Impuls ist hier zweigeteilt und bewirkt den Prozeß des Festhaltens und Blockierens. In den Abb.49 u.50, habe ich das Pentagramm in den Dreierzyklus integriert und die fünf Impulse entsprechend zugeordnet.

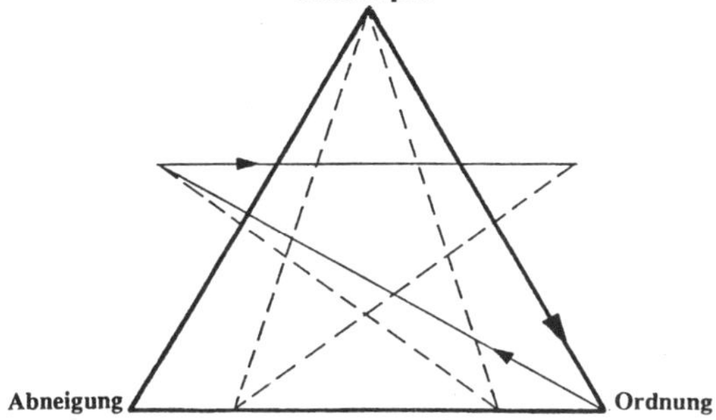

Abb.49

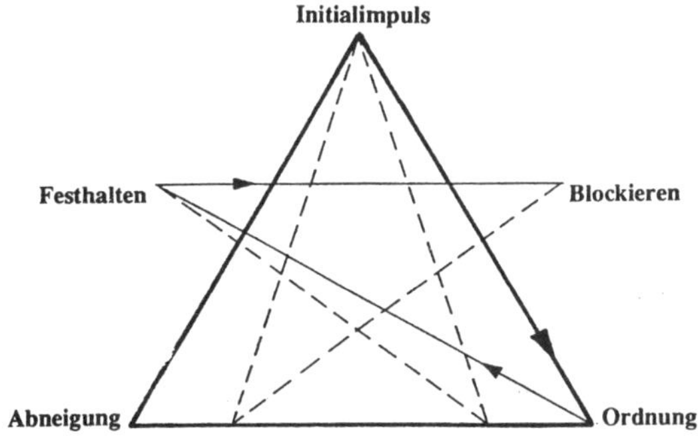

Abb.50

Der bewertende Ordnungsimpuls ist der spaltende Faktor und zerstört die Einheit der seelischen Kräfte, weil er zwangsläufig in die Abneigung und Aggression einmünden muß. Das Thanatos-Bewußtsein benutzt die überpersönlichen Ideen und Prinzipien, um sich selbst darzustellen. Es glaubt, so seine paradoxe Essenz zu entdecken, indem es eine bestimmte Selbstvorstellung aufbaut (bewertende Ich-Bin-Attribute). Aus dem kosmischen Ordnungsprinzip macht es seine eigene Ordnung, nämlich so, wie es das Sein gerne hätte (Habenbewußtsein). Diese selbstische Ordnung entspringt zwar gleichfalls, wie im Eroszyklus, aus der Sehnsucht nach dem Wunderbaren, doch im Thanatoszyklus wird alles zur persönlichen Angelegenheit und Selbstdarstellung erhoben. Um die Impulse so, wie sie in der Natur vorkommen, auf die Ebene zwischenmenschlichen Bewußtseins anzuwenden, müssen wir auch hier wieder entsprechende Schlüsselbegriffe wählen, die in der Psychologie verwendet werden:

Funktion	**psychologischer Schlüsselbegriff**
1.Der Initialimpuls	Begierde
2.Der ordnende Impuls	Erwartung/fordern
3.Der festhaltende Impuls	Übertreibung
4.Der blockierende Impuls	Enttäuschung
5.Der spaltende Impuls	Aggression/Abneigung

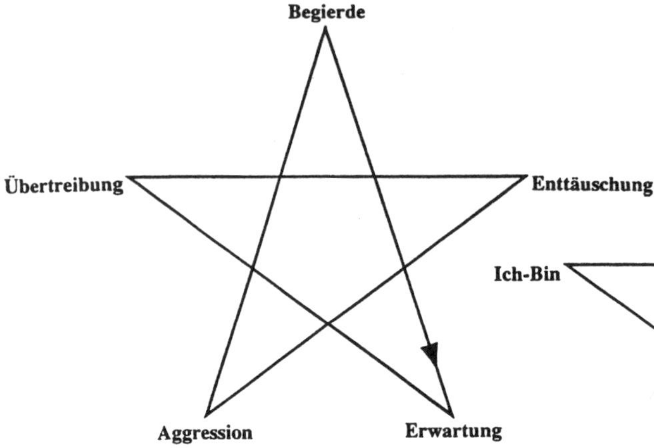

Abb.51

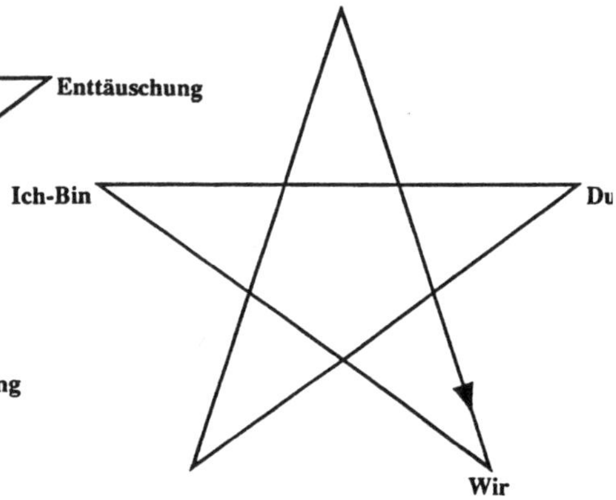

Abb.52

Die obigen Abbildungen zeigen den Thanatoszyklus in der evokativen, rechtsläufigen Strichführung. Plaziert man wieder in der dritten Strichführung (horizontale Achse) die Ich-Du Beziehung, so mündet der festhaltende Impuls in eine fordernde Übertreibungshaltung des Ich-Bin, der die blockierende Enttäuschung im Du folgt.

Die Begierde und Erwartungshaltung im Thanatoszyklus I

Wählt das Ich den Weg der Evokation, dann setzt zuerst die Begierde ein. Das eigentliche Übel der Begierde ist das sterbliche Selbstbildnis, welches die Maßstäbe für die persönliche Erwartung setzt. Je mehr die Selbstvorstellung (bewertende Ich-Bin-Attributte) sich vom Sein abgesondert, d.h. je mehr die innere Realität vom Du und der äußeren Welt differiert, desto weniger Zuneigung und desto über- oder unterwertiger die Erwartungshaltung und desto größer der Selbstbezug. Die Erwartung erfolgt also aus der Position der Absonderung, welche die Seins-und Existenzweise (Seinsschacht) meist überbewertet. Der entscheidende Unterschied zum Eroszyklus ist, daß die Verwirklichung stets auf die innere Abgesondertheit bezogen ist, sie hält daher den Status einer Ich-Bin-Verwirklichung, nicht wie beim Eroszyklus den der Du-Verwirklichung. Das ist auch der Grund, weshalb alle Aktionen und Handlungen unterschwellig von Ungeduld und Sorge begleitet sind.
Ebenso geht es mit der Erwartungshaltung! Sie ist meist auf ein Ich-Haben und Ich-Tun gerichtet, deshalb muß sie fordernd sein. Hieraus resultieren unerfüllte Erwartungen und somit die Enttäuschung, denn der Gegenpol -das Du- hat gleichfalls bestimmte Selbstvorstellungen, die der eigenen in vieler Hinsicht zuwiderlaufen. Es muß, ob es will oder nicht, die Stadien der Erwartung, Enttäuschung und Aggression durchlaufen.

a)Der Begierdeimpuls

Dieser Impuls bezieht sich auf das Besitzen- oder Tunwollen von etwas. Jemand, der etwas besitzen will, hat einen Mangel (Habenbewußtsein). Dieser Mangel kann innerlich oder äußerlich sein. Innerlich z.B. eine fehlende Begabung oder ein unterentwickelter Persönlichkeitszug oder äußerlich ein materielles oder existentielles Defizit, etwa Unabhängigkeit, Anerkennung, Zuneigung, Einfluß, Wohlleben, Geld usw., jene Allerweltsmotive, nach denen gewöhnlich jeder Mensch strebt. Im Gegensatz zum Eroszyklus werden sie zum inneren Antrieb für Selbstdarstellung. Das Ich-Bin erschaut im Wertekosmos diese Ideen als Möglichkeit, um sich selbst in den Blick zu rücken, daraus erwächst seine Begierde und der Entfaltungsanspruch in Form von Spielraum, Macht, Geltung, Verändern, Organisieren, Abgrenzung usw., die ein steter Nährboden sind. Eine solche *Erwartungs-Vibration* ist mehr auf die eigene Verwirklichung gerichtet, als auf das Du und Lebensumfeld. Der Begierde geht es ja nicht darum, die Rätsel und Geheimnisse des Seins zu ergründen, sondern überwiegend um einsamen Genuß, Besitz und Selbstdarstellung. Die ethischen Werte und höheren Motive sinken mit der Begierde auf das Niveau von Allerweltsmotiven herab. Aus Vereinigung wird Unabhängigkeit und Autonomie, aus Wertschätzung wird Anerkennungsstreben, aus Freiheit wird Einflußstreben und Bestimmen, aus schöpferischer Gestaltung wird Genuß und Wohlleben und aus Geborgenheit Geldanhäufung und Sicherheitszwang. Die Begierde ist stets selbstbezogen, daher egozentrisch.

b)Der Erwartungsimpuls

Der Erwartungshaltung ist meist ein bestimmtes Bild vorgegeben. Dieses Bild ist die selbstische Ordnung, die sich aus der Begierde nährt. Der überwertigen Erwartungshaltung wird durch übertriebene Handlungen und Verhaltensmuster Nachdruck verliehen, und sie geht überwiegend vom persönlichen Maßstab aus. Hierbei geht es darum, daß die anderen die *persönliche* Erwartung erfüllen! Die Begierde macht die Erfüllung zu einer persönlichen Sache und zu einer Frage von Sein oder Nichtsein. Die meisten Erwartungen beinhalten an das Lebensumfeld indirekt die Forderung nach Besitz und Anerkennung und haben essentiellen Charakter. Je unrealistischer die Erwartung, um so weniger Einfühlung, und desto wahrscheinlicher die Isolierung in der eigenen Vorstellungswelt. Zu hohe Erwartungen müssen unerfüllt bleiben oder lassen auf sich warten. Ungeduld und Sorge sind die Folge, und im Falle der Nichterfüllung muß notwendig die Enttäuschung einsetzen.

c)Der Übertreibungsimpuls

Alle Übertreibungen nähren sich aus übersteigerten Erwartungen, die vor dem Hintergrund eines bestimmten Habenbewußtseins und Selbstbildes vibrieren. Die Übertreibungsformen zielen überwiegend auf persönlichen Besitz und Selbstdarstellung (Tun). Ideen und Werte haben dabei nur Alibi- und Steigbügelhalterfunktion. Selbst fanatische Sektierer und Glaubensanhänger, die vorgeben, nur für eine heilige Sache zu kämpfen, benutzen häufig ihre Glaubensinhalte dazu, um sich selbst etwas zu beweisen oder ihr spirituelles Machtbewußtsein zu befriedigen. Ein Mensch, der sich tatsächlich von *überpersönlichen* Idealen und Werten leiten läßt, steht ganz im Dienst höherer Ideale und hat keinen Grund, sich darzustellen. Den Unterschied zwischen verschleierter Selbstdarstellung und überpersönlicher Verwirklichung zeigt *die Art und Weise*, wie die Übertreibungsformen inszeniert werden. Je theatralischer und pathetischer, desto mehr ist Selbstdarstellung im Spiel, je stiller und zurückhaltender, desto überpersönlicher.

d)Der Enttäuschungsimpuls

Notwendig muß auf eine übersteigerte Erwartung und Übertreibung die Enttäuschung folgen. Enttäuschung ist stets ein Gefühl der Leere und des Defizites. Der unvollendeten Verwirklichung folgt ein Empfinden des Versagthabens und manchmal sogar die Resignation; sie kann in leichteren Fällen auch Entmutigung und Niedergeschlagenheit sein, in schweren Fällen allerdings zur Depression führen. Nach der Enttäuschung setzen Kompensationshandlungen ein, siehe Band I, die oft ein Leben lang anhalten und für den Menschen eine Dauerbelastung sind. In jedem Fall setzt die Enttäuschung, mehr oder weniger vorübergehende Antriebsblockaden, doch wenn das Ich-Bin genügend stark ist, kann gerade die Blockade einen neuerlichen und stärkeren Begierdeimpuls einläuten.

e)Der Aggressionsimpuls (siehe auch Glossar)

Die Nichterfüllung von Wunsch und Erwartung bewirkt entweder Abneigung, Aggression oder Resignation (Traurigkeit). Der Aggressionsimpuls kann ein aggressives Urteil anderer sein oder im Falle einer starken Begierde eine neue, verstärkte Übertreibung. Während die Resignation die Chance des Loslassens enthält, kann die Aggression einen neuen, meist aggressiveren Impuls bewirken und führt somit noch tiefer in den Thanatoszyklus hinein, mit der Gefahr der Inversion.

Der Thanatoszyklus in den Wegen

Auch im Thanatoszyklus I können wir die fünf Sequenzen, sowohl der allgemeinen Funktion, wie der psychologischen Schlüsselbegriffe, in die Wege aufteilen. In Abb.53 geht die Schleifenführung nach rechts und zeigt die Abfolge der Sequenzen bis zur Aggression. Auch hier sind für die Praxis, d.h. für die Wegearbeit, die letzten drei Phasen maßgebend, nämlich Übertreibung, Enttäuschung und Aggression, weil Begierde und Erwartung in der Regel stets vorgegeben sind; und erst ab der Übertreibung kommt es zu eindeutigen, nachvollziehbaren Abweichungen.

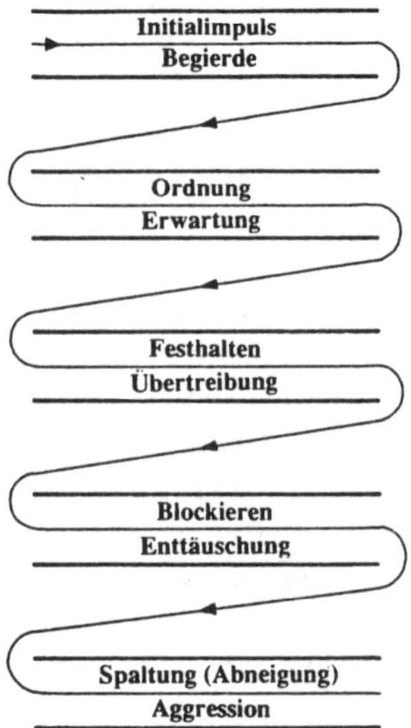

Abb.53

3.Der horizontale Thanatoszyklus Ia (die Unterbewertung oder die Unterschätzung)

Die Quintessenz auf ihrer dunklen, also Thanatos-Seite, offenbart uns noch eine zweite Komponente, wie die seelischen Kräfte den Weg in die Opposition der Gegensätze gehen. Der überwertige Selbstbezug der überpersönlichen Ideen und Werte kann auch in die *Unterschätzung* und somit Unterbewertung anderer, weniger beachteter Werte einmünden. Hierbei steht am Anfang nicht die Begierde oder der heiße Wunsch, etwas haben, besitzen oder erleben zu müssen, sondern die Blockade, den Wert einer Sache, eines Ereignisses oder einer Person in Bezug auf das Ganze richtig einzuschätzen. Auf S.243 habe ich die wichtigsten Blockaden näherhin beschrieben: *die moralische Blockade, die Trägheitsblockade, die Minderwertigkeitsblockade, die Trauerblockade, die Enttäuschungs- oder Lähmungsblockade, die Vorurteilsblockade, die Hochmutsblockade, die Angstblockade, die Neidblockade, die Eifersuchtsblockade.*

Diese zehn Blockaden können eine Unterbewertung, aber auch Fehlbewertung der Realität bewirken und die Sequenz dieses Zyklus einleiten, siehe auch Anmerkung. Auch hier kommt es zur Blockierung und nachfolgend zur seelischen Spaltung. Um die Impulse, so wie sie in der Natur vorkommen, auf die Ebene des zwischenmenschlichen Bewußtseins anzuwenden, müssen wir wieder entsprechende Schlüsselbegriffe wählen, die in der Psychologie verwendet werden:

Funktion	**psychologischer Schlüsselbegriff**
1.Initialimpuls	1.Blockade
2.ordnender Impuls	2.Bewertung (Erwartung)
3.festhaltender (ablehnender)Impuls	3.Unterbewertung (Unterschätzung)
4.blockierender Impuls	4.Versäumnis
5.spaltender Impuls	5.Schuldprojektion oder Neid

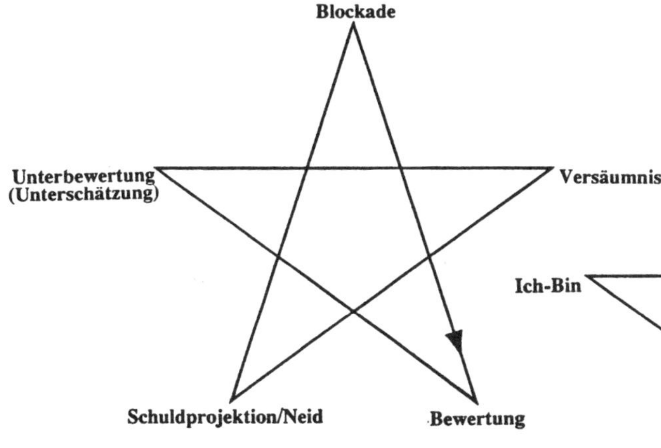

Abb.54

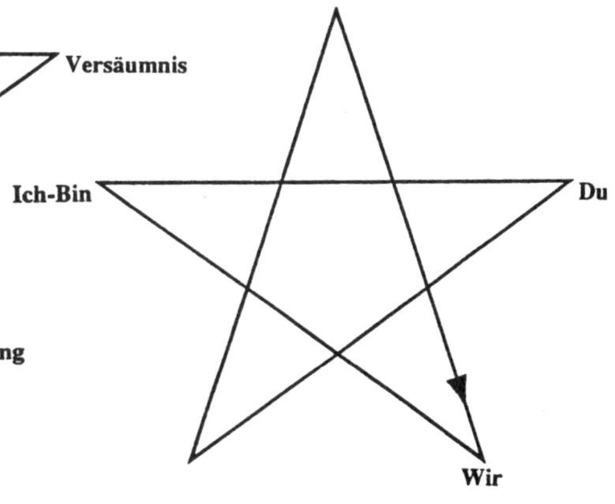

Abb.55

Die obige Abbildung zeigt den Thanatoszyklus wieder in der evokativen, rechtsläufigen Strichführung. Setzt man die psychologischen Schlüsselbegriffe ein, so steht beim Ich die Unterbewertung (Unterschätzung), beim Du das Versäumnis und das Wir bei der Bewertung (die selbstische Wertehierarchie).

a)Der Blockadeimpuls

Die w.o. aufgeführten Hauptblockaden in den Wegen sind es, welche eine ausgewogene Realitätssicht der Mitte verhindern und eher zur Unter- als Überbewertung führen. Die Blockaden entwickeln sich langsam durch negative Erfahrungen auf dem Nährboden chronisch bewertender Ich-Bin-Attribute. Freilich, auch durch einseitige Überbewertung kann eine Unterschätzung auftreten, nach dem bekannten Spruch: *"Willst Du das eine immer nur besitzen oder tun, versäumst du das andere!"* Die einseitige Begierde kann also andererseits die Unterschätzung bewirken, doch eher ist es die Blockade welche die unterwertige Interpretation der Realität bewirkt.

b)Der Bewertungsimpuls

Je mehr die Selbstvorstellung (das Thanatos-Bewußtsein) vom Sein abgesondert ist, d.h. je mehr die innere Realität vom Du und der äußeren Welt differiert, desto weniger Zuneigung und desto über- oder unterwertiger die Erwartungshaltung in Bezug auf einen Wert oder Ereignis, so sagte ich weiter oben. Die Erwartung erfolgt also aus der Position des Absonderungszustandes, der die Möglichkeiten der Seins- und Existenzweise zum Teil unterschätzt. Die Unterschätzung eines Wertes, eines Problems oder Ereignisses kann also von der überhöhten Bewertung persönlicher Interessen und Ideen herrühren oder einer unterbewertenden Wahrnehmung infolge unterbewußter Blockaden. Im ersten Fall sieht das einseitige Haben- und Tunwollen die Interessen der anderen in einem nur dämmerhaften Licht und beginnt sie zu unterschätzen. In diesem Fall können wir auch von einer defizitären Erwartungshaltung ausgehen, dem das Versäumnis und die neidvolle Schuldprojektion folgt. Im anderen Fall, und dies ist der häufigste, wird die Unterbewertung von einer unbewußten Blockade verzerrt, die es aufzudecken gilt, will man sie wirklich in den Griff bekommen, siehe auch Anmerkung, S.454.

c)Der Unterbewertungs- oder Unterschätzungsimpuls

Aus einer defizitären Erwartung oder Blockade resultiert Unterschätzung bzw. Geringschätzung. Letztere kann sich in mangelnder Wertschätzung, Mißachtung oder manchmal sogar Verachtung äußern, je nachdem, auf welchem Niveau sich der/die Betroffene befindet. Die Folgen einer solchen Haltung sind Unterlassungen, dümmliche Zulassungen und Nachlässigkeiten, die kaum wiedergutzumachen sind. In Bezug auf die Bewußtseinshaltung eines Weges weist die Unterschätzung des innewohnender Wertes, z.B. Aufrichtigkeit, auf die mangelnde Wertschätzung oder mangelnde Bewußtheit desselben hin. Die Unterbewertung, manchmal auch bewußte Unterschätzung, kann auch aus Bequemlichkeit resultieren, sie kann auch Maskenfunktion haben, um z.B. mangelndes Selbstvertrauen zu verbergen (Minderwertigkeitsblockade) oder um sich vor der Verantwortung zu drücken oder die Konsequenzen herunterzuspielen. In jedem Fall führt die Unterbewertung in das Versäumnis.

d)Der Versäumnisimpuls

Je mehr Unterschätzung oder Geringschätzung, desto größer das oder die Versäumnisse. Während die Übertreibung noch korrigierbar ist, läßt sich ein Versäumnis oder eine Unterlassung nur selten wiedergutmachen. Aus Versäumnis entstehen Zulassung und Nachlässigkeiten, und meist fatale Sach- und Zeitzwänge, die kaum noch veränderbar sind. Die Hochmutsblockade und Verachtung z.B. sind gleichfalls eine der Ursachen, warum etwas unterschätzt oder mißachtet wird. Versäumnisse sind stets schmerzhaft und lösen Bedauern und Reue aus. Um die daraus resultierenden Neidgefühle abzuwehren, suchen nicht wenige nach geeigneten Sündenböcken (Schuldprojektion).

e)Der neidvolle Projektionsimpuls

Wird ein Versäumnis abgewehrt, so kommt es zur aggressiven Übertreibung der Schwächen und Fehler anderer. Weiter unten sprach ich auch mehrfach von der Oppositionsregel, die besagt, *daß durch die übertriebene Verurteilung anderer Schwächen und Fehler die eigene gegenteilige Schwäche verdrängt oder überlagert werden soll.* Ist also die eigene Minderwertigkeit die Ursache des Versäumnisses, dann wird die gegenteilige Stärke des anderen dafür verantwortlich gemacht. Ein Beispiel dafür ist die Kreativität (Weg 11). Hat jemand einen sehr kreativen Konkurrenten mit vollen Auftragsbüchern, so wird er, wenn seine Auftragslage weniger gut ist, dem anderen aggressiven Verdrängungswettbewerb vorwerfen, um seinen eigenen Mangel zu entschuldigen. Der eigentliche Stachel der Sündenbocksuche ist jedoch der Neid. Die Sequenz, sowohl der allgemeinen Funktion, wie der psychologischen Schlüsselbegriffe in den Wegen, stellt sich gleichermaßen dar wie in Abb.53, nur müssen wir die entsprechenden Begriffe einsetzen.

Die Integration und Identifikation im Pentagrammfluß

a)Integration

Weiter oben sagte ich schon, daß die Integration die inneren und äußeren Gegensätze verbindet. Integration bedeutet, zum Ganzen in einem *einmaligen und ergänzenden* Verhältnis zu stehen. Dieses Verhältnis ist durch Originalität gekennzeichnet. Die Harmonie zum Ganzen kann jedoch nur aus jener integralen Mitte entstehen, in der weder das Ich noch das Du eine Vorrangstellung erhält. Somit ist Integration die gleichgewichtige, ergänzende Wir-Beziehung im Zu- und Miteinander. Das Wesen des Eros ist Offenheit und Zuneigung, daher haben Begierde und zu hohe Erwartungen keine Chance. Meister Eckehart drückt dies im dritten spirituellen Kriterium über die geistliche Armut folgendermaßen aus: *"Zum dritten ist der ein armer Mensch, der nichts hat.."*.

Weiter heißt es:

"Steht die Sache so, daß der Mensch aller Dinge ledig und aller Kreaturen und seiner selber und Gottes ledig steht, und ist es noch also mit ihm bestellt, daß Gott in ihm eine Stätte zu wirken fände, so sagen wir: solange das im Menschen ist, ist der Mensch nicht arm in der tiefsten Armut; denn Gott ist mit seinen Werken nicht der Meinung, daß der Mensch in sich eine Eigenstätte habe, worin Gott wirken möge. Denn das erst ist Armut des Geistes, daß Mensch Gottes und aller seiner

Werke so ledig stehe, daß Gott, wenn er in der Seele wirken wollte, er selber die Stätte sein müßte, darinnen er wirken will. Und das tut er gerne. Denn fände Gott den Menschen so arm, so erlangte der Mensch in dieser Armut das ewige Wesen, das er gewesen ist, und das er jetzt ist, und das er in Ewigkeit leben soll."
Meister Eckehart vertritt eine radikale Mystik, die manchen vielleicht zu rigoros ist. Diese Radikalität offenbart jedoch das Geheimnis des Eroszyklus, nämlich ein Mensch, der das Sein im Eroszyklus lebt, bezieht weder Besitz, noch Wissen, noch irgendeine Fähigkeit auf sich. Und weil er nichts auf sich bezieht, weiß er auch nicht, wer er ist, wer er sein kann, noch woher er kommt und wohin er geht. *Bei ihm fehlt jeder Akt von Selbstbezug!* Er spielt mit der Schöpfung wie ein unschuldiges Kind und läßt das Sein in sich fließen wie ein lustiges Bächlein.
In seiner berühmten Bergpredigt lobpreist Jesus Christus die geistlich Armen in dem Satz: *"Selig sind die geistlich Armen, denn ihrer ist das Reich der Himmel."*
Wir können das Wesen des Eroszyklus auch in die radikale Kurzfassung bringen: *"Sei still zu Dir selbst und erkenne, daß ich der Herr bin."*
Kehren wir nun wieder zur Funktionsweise des Eroszyklus zurück! Offene Zuneigung eröffnet die Möglichkeit des Zulassens und des Verstehens. Mit dem Verstehen wächst das Vertrauen, und letzteres ist die Voraussetzung, um sein Ego, die bewertenden und verurteilenden Ich-Bin-Attribute, aufzugeben. Erst wenn wir das Du mehr zulassen und unser Ego loslassen (Ichlösung), können wir uns verbinden, und Integration in ein *Wir* ist möglich. In Tifereth, siehe S.204, geschieht diese Gegensatzvereinigung und führt zu einer Ausgewogenheit von *Du, Ich und Wir.*
Haben sich alle drei gemäß ihrer Einmaligkeit integriert, dann erst kann ein neuer Zyklus in die nächsthöhere Integrationsstufe erfolgen. Dies ist der Vorgang der Individuation.

b)Identifikation

Die Identifikation (Verhaftung an eine bestimmte Selbst- und Seinsvorstellung) ist ein Zustand der Sonderexistenz. Im Grunde ist die Identifikation ein Symptom mangelnden Seinsbewußtseins, sie hat sozusagen Stellvertreter- oder Ersatzfunktion für die verlorene reine Ich-Erfahrung und überlagert sie. Immer ist sie *aus der Mitte ver-rückt*, weil sie einen abseitigen Standpunkt einnimmt, deshalb kann sie zum Ganzen nicht in einem ergänzenden, sondern nur in einem distanzierten Verhältnis stehen. Ich und Du werden voneinander nicht nur unterschieden, sondern durch selbstische Vorstellungen getrennt. Zuneigung und Offenheit kann so nicht möglich sein. Die bewertenden Ich-Bin-Attribute sind der Maßstab für alle möglichen Erwartungen und müssen schließlich in Übertreibung, Enttäuschung und Aggression einmünden. Durch die Überlagerung der inneren Originalität wird Spontaneität und ureigenste Kreativität blockiert und kommt nicht zum Ausdruck. Weder wird das Du zugelassen, noch das Ich-Bin losgelassen; kein wirkliches Verstehen ist möglich, und erst recht nicht Integration. Der Dreierschritt in den Wegen läuft spiegelbildlich umgekehrt. Der Impuls (Ich) folgt der eigenmächtigen Ordnung (Ich-Bin, als ein Sammelsurium von Meinungen und Erwartungen verstanden), tritt mit einer bedingenden Forderung dem Ereignis oder Mitmenschen gegenüber und erwartet entweder von sich oder den Mitmenschen bestimmte Übertreibungsformen oder umgekehrt, unterschätzt deren Vorstellungen und Bedürfnisse. Diese werden meist ungenügend erfüllt oder nicht akzeptiert und bergen die Gefahr der Enttäuschung oder des Versäumnisses. Wenn Enttäuschungen durch gewisse Abwehrformen nicht verhindert werden, setzt die Aggression oder die neidvolle Schuldprojektion ein. Je nach psychischer Labilität können sich die Abwehrformen zu Neurosen verdichten und die Persönlichkeit verändern. In dieser Reihenfolge findet ein zunehmender Identifikationsprozeß statt, der nur durch die Aufhebung illusionärer Selbstvorstellungen zu durchbrechen ist.

4.Der Eroszyklus II

Dieser zweite Zyklus bezieht sich, wie schon auf S.110 bemerkt, auf die vertikalen Wege 24, 16 und 19 (die mittlere Säule), die Wege 11, 4, 15, 14 (äußere Säulen) und die *vertikal*-diagonalen Wege 3, 2, 20, 17, 8 und 7. Die Flußrichtung der Wahrnehmungen dieses Zyklus geht in die Vertikale, d.h. wenn der Fluß nach oben gerichtet ist, geht es einerseits um Verfeinerung oder Erweiterung von Wahrnehmung (Sublimierung und Loslassen) oder sich nach unten ausrichtet, in das Sichtbarwerden der konkreten Schwingungsgestalt (Konkretisierung). Wie schon betont, ist den Eroszyklen allen gemeinsam, daß sie stets mit der unschuldigen Neugierde beginnen. Die Neugierde ist der Initialimpuls, der jedem Wesen innewohnt, das mit Bewußtsein begabt ist. Auch das zweite Stadium -die Affinität- ist bei allen Eroszyklen gleich, erst im dritten Stadium weichen sie voneinander etwas ab.

a)Der aufsteigende Eroszyklus II (Vereinigung, Transformation)

Die Neugierde nach höherem Wissen, z.B. was die höhere Wahrheit sei, bringt das Ich zunächst in eine Aufwärtsbewegung und bedingt eine Zugeneigtheit zu einer herausragenden, überpersönlichen Idealität (Zuneigung), siehe die 24 Urideen des Eros, S.76. Hat es sich mit der Idealität längere Zeit beschäftigt, so entwickelt sich eine Sehnsucht nach oben, sozusagen haben die Vorstellungen von einer schöneren, ideelleren Welt Magnetwirkung. Das ist der *verbindende* Impuls. Jede aufsteigende Sequenz, ob im Eros- oder Thanatoszyklus, führt in die Introversion. Die Welt der Werte und Ideen (Wertekosmos) ist wie ein großes inneres Du und sie setzt jenen Impuls in Gang, der die *Loslösung* von alten Ichvorstellungen (Ichlösung), z.B. Gewohnheiten, bewirkt. Erst das Loslassen des alten Ichbildes schafft die Voraussetzung für das Zulassen oder auch das Einlassen auf neue Impulse, welche schließlich die Vereinigung ermöglicht. Sie bewirkt die Transformation in eine höhere Ordnung, doch geht es letztlich um integrales Bewußtsein, nämlich die totale Verschmelzung von kosmischem und individuellem Sein in Tifereth- dem Zustand der kommenden Lichtmaterie, siehe S.375.

Im aufsteigenden Eroszyklus müssen wir auch hier wieder die funktionelle Bedeutung der Impulse in die Sprache der Seele übersetzen, um die richtigen Schlüsselbegriffe zu erhalten:

Die o.g. Analyse ergibt die nachfolgende Reihe:

Funktion	**psychologischer Schlüsselbegriff**
1.Der Initialimpuls	Neugier
2.Der Affinitätsimpuls	Zuneigung
3.Der verbindende Impuls	Sehnsucht (Verbindung zum Du- der Idealität)
4.Der lösende Impuls	Loslassen (Ichlösung)
5.Der ordnende Impuls	Zulassen (ideelle Vereinigung)

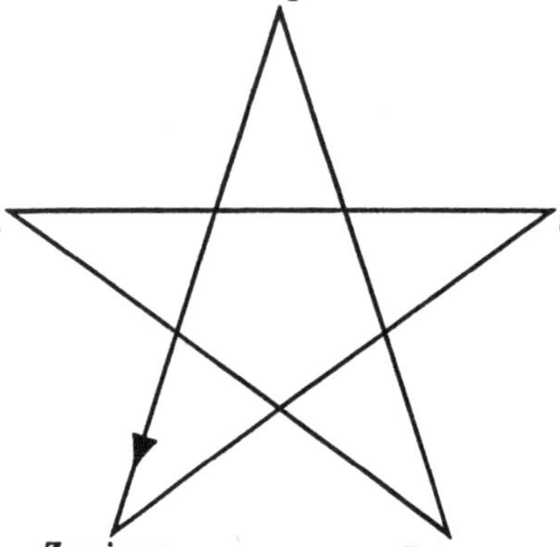

Abb.56

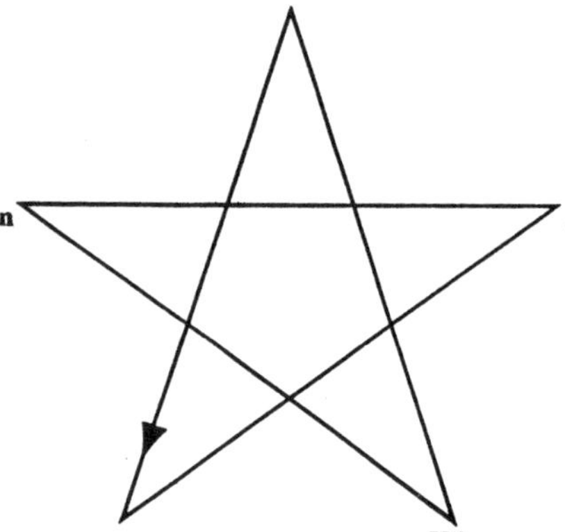

Abb.57

Die obige Abbildung zeigt den aufsteigende Eroszyklus, wieder in der invokativen, linksläufigen Strichführung. Setzt man die entsprechenden psychologischen Schlüsselbegriffe ein, so steht beim Ich das Loslassen, beim Du die Sehnsucht und bei der Zulassung das Wir (die ideelle Vereinigung). Die Sequenz, sowohl der allgemeinen Funktion wie der psychologischen Schlüsselbegriffe in den Wegen, stellt sich gleichermaßen dar wie in Abb.47., nur müssen wir die entsprechenden Begriffe einsetzen.

b)Der absteigende Eroszyklus II (Konkretisierung)

Der Wunsch, sich aus der Zeitlosigkeit bloßer astraler oder spiritueller Schwingungsidentität herauszulösen, um nach unten konkret in Erscheinung zu treten, ist zunächst der *lösende* Impuls. Er bezieht seine Energie aus der physischen Welt der sinnlichen Anschauung, Berührung und Endlichkeit (Kosmos des Raumes und der Zeit). Dieser Wunsch nach Loslösung vom Raum-Zeit-Kontinuum entspringt einem defizitären Identitätsgefühl, das durch die Konkretisierung des gestaltlichen Seins auf Zeit befriedigt werden soll. Erst die Ablösung vom astralen oder spirituellen Feldbewußtsein schafft die Voraussetzung für eine neue Identität und setzt den *verknüpfenden* Impuls in Gang, der sich in der nächsten Sequenz zu einer individuellen Gestalt konkretisiert. Der absteigende Zyklus, ob im Eros- oder Thanatosyklus, führt immer in die Extroversion, die ja stets den Drang nach Mitteilung zur Grundlage hat. Sich mitteilen ist jedoch nur über *konkrete Formen* möglich, deshalb bedarf es der individuellen Ausgestaltung und Persönlichkeit, doch geht es auch hier um integrales Bewußtsein, nämlich die Verschmelzung von kosmischem und individuellem Sein in Tifereth, dem Zustand der kommenden Lichtmaterie, siehe S.375. Im absteigenden Eroszyklus vertauschen die dritte und vierte Sequenz ihre Positionen. Gemäß der Umkehr der Flußrichtung von oben nach unten beginnt hier der Prozeß zuerst mit dem lösenden Impuls, der die Voraussetzung für konkrete Neugestaltungen ist. Dem folgen der verbindende und der ordnende Impuls. Diese zwei Impulse erhalten jedoch andere psychologische Schlüsselbegriffe:

Funktion	**psychologischer Schlüsselbegriff**
1.Der Initialimpuls	Neugier
2.Der Affinitätsimpuls	Zuneigung
3.Der lösende Impuls	Wunsch (Ablösung aus der Zeitlosigkeit)
4.Der verbindende Impuls	Verknüpfung (Ich-Verbindung)
5.Der ordnende Impuls	Konkretisierung (Wir-Vereinigung)

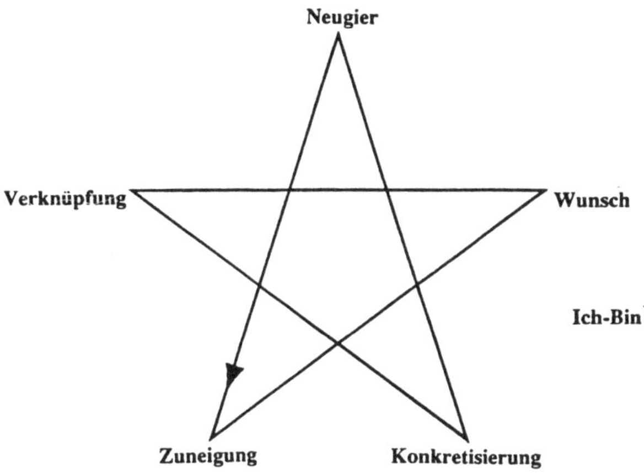

Abb.58

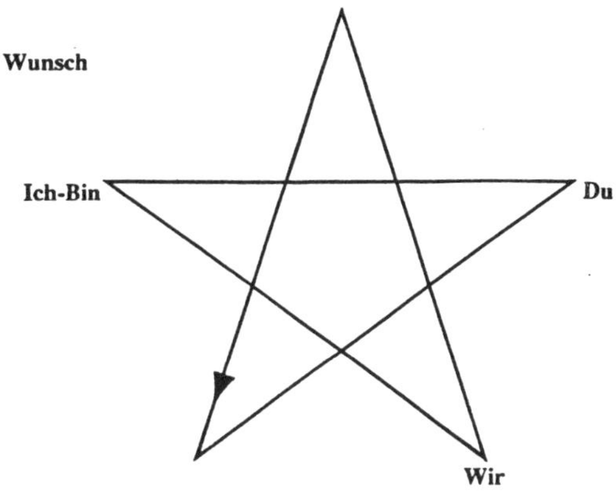

Abb.59

Die obige Abbildung zeigt den absteigenden Eroszyklus in der invokativen, linksläufigen Strichführung. Setzt man die entsprechenden psychologischen Schlüsselbegriffe ein, so steht beim Ich die Verknüpfung, beim Du der Wunsch und das Wir bei der Konkretisierung. Die Sequenz, sowohl der allgemeinen Funktion, wie der psychologischen Schlüsselbegriffe in den Wegen, stellt sich gleichermaßen dar wie in Abb.47, nur müssen wir wieder die entsprechenden Begriffe einsetzen.

5.Der Thanatoszyklus II

Dieser zweite Zyklus bezieht sich, wie schon auf S.110 bemerkt, auf die vertikalen Wege 24, 16 und 19 (die mittlere Säule) die Wege 11, 4, 15, 14 (äußere Säulen) und die *vertikal*-diagonalen Wege 3, 2, 20, 17, 8 und 7. Die Flußrichtung der Wahrnehmungen geht in die Vertikale, d.h. hier geht es bei aufsteigendem Fluß einerseits um Macht oder bei abwärtsgerichtetem Fluß um Vergröberung von Wahrnehmung, d.h. Absonderung. Der Zusammenfluß aller Thanatoswahrnehmungen physischer, vitaler, emotionaler, spiritueller Welten des Oben und des Unten findet zwar auch in Tifereth statt, doch kommt hierbei keine integrale Wahrnehmungseinheit zustande, sondern eine verstärkte Egozentrierung, die zum verallgemeinernden Bewußtsein degeneriert, siehe auch Kelippoth'scher Baum, S.364. Wie schon auf S.113 erläutert, haben die Zyklen des Thanatos in den ersten beiden Bewußtseinsstadien die gleiche Sequenz, nämlich Begierde und Erwartung. Da die Erwartung aus der individuellen Ordnung des Habenbewußtseins und des selbstischen Wertekosmos entspringt, kommt es, wie bei den Eroszyklen, ab dem dritten Stadium zu Sequenz-Abweichungen.

a)Der aufsteigende Thanatoszyklus II (Macht)

Zur Wiederholung wollen wir nochmals den Grundvorgang des elementaren Zyklus darstellen:

1.Der Begierdeimpuls
2.Der ordnende Impuls
a)Der festhaltende Impuls
b)Der blockierende Impuls
3.Der spaltende Impuls

Die Begierde nach Macht, z.B. die Schaltstellen der Obrigkeit in einer Gesellschaftsordnung, bringt das Ich-Bin zunächst in eine Aufwärtsbewegung und bedingt durch die Zugeneigtheit (Zuneigung) zu herausragenden Exponenten der Macht, siehe Band I, die fünf Allerweltsmotive. Im Seinsschacht entwickelt sich eine bestimmte Erwartung, die sowohl an die Vertreter der Macht als auch an deren Apparat gerichtet ist. Das Imperativ der Machterwartung verspricht sich vor allem mehr Autorität und somit Identität und hieraus bezieht das Thanatosbewußtsein die Energie des Ehrgeizes, der eben an der Vision autoritärer Macht und des Besitzes festhält. *Dies entspricht dem festhaltenden Impuls.* Das Ich-Bin, das ehrgeizig an einem Machtziel *festhält*, ist geradezu typisch für das Thanatosbewußtsein. Um das Ziel zu erreichen, ist Profilierung nötig (Selbstdarstellung), die jedoch das Du an seiner Entfaltung hindert *(blockiert)*. Nach der Profilierungsphase kommt es zum konkreten Machtanspruch, um das ersehnte Ziel einer umfassenderen Identität (Einfluß und Besitz) zu verwirklichen.
Im aufsteigenden Thanatoszyklus müssen wir auch hier wieder die funktionellen Impulse in die Sprache der Seele übersetzen:

Die o.g. Analyse ergibt die nachfolgende Reihe:

Funktion	**psychologischer Schlüsselbegriff**
1.Der Initialimpuls	Begierde
2.Der ordnende Impuls	Bewertung (des Wir)
3.Der festhaltende Impuls	Ehrgeiz (des Ich-Bin)
4.Der blockierende Impuls	Profilierung (auf Kosten des Du)
5.Der spaltende Impuls	Macht

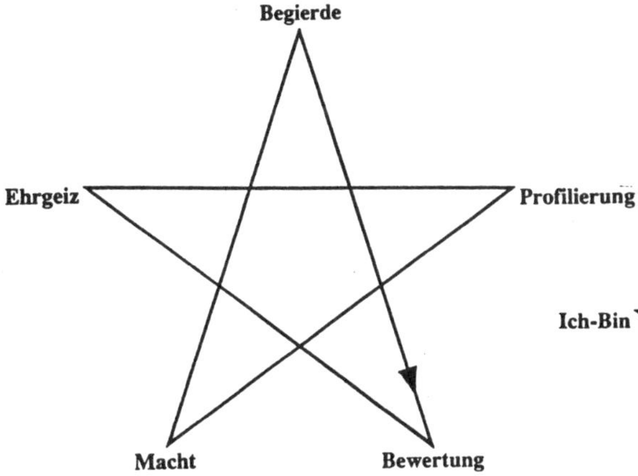

Abb.60

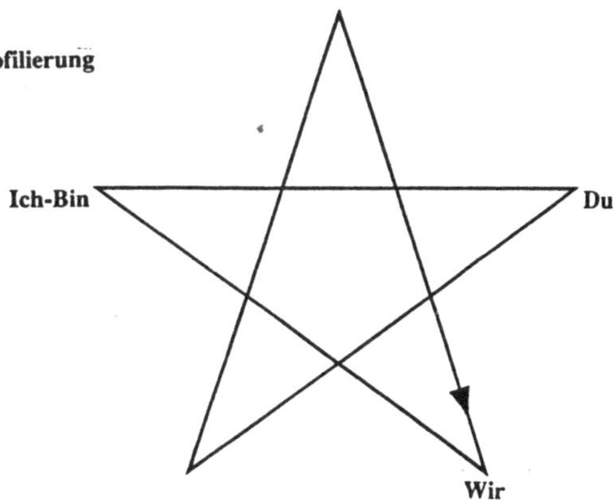

Abb.61

Die obige Abbildung zeigt den aufsteigenden Thanatoszyklus, wieder in der evokativen, rechtsläufigen Strichführung. Setzt man die entsprechenden psychologischen Schlüsselbegriffe ein, so steht beim Ich der Ehrgeiz, beim Du die Profilierung und beim Wir die Bewertung (die selbstische Wertehierarchie). Die Sequenz, sowohl der allgemeinen Funktion wie der psychologischen Schlüsselbegriffe in den Wegen, stellt sich gleichermaßen dar wie in Abb.53., nur müssen wir wieder die entsprechenden Begriffe einsetzen.

b)Der absteigende Thanatoszyklus II (Absonderung)

Die Begierde nach einem ausgeschmückten Ich-Bin bewirkt einen konkreten Identitätsdrang, der jedoch nicht nur nach Ausdruck verlangt, sondern auch nach persönlicher Stärke und Überlegenheit. Diese Erwartung stammt aus dem Ordnungs-Impuls eines persönlichen Wertekosmos (Ideenmaterialien des dominanten Seinsschachtes) und favorisiert bestimmte Ausdrucksmöglichkeiten des Habens und Tuns, die auf die Abwärtsbewegung des Ich-Bin in die Welt der Erscheinungen (Extroversion) wie ein Magnet wirkt. *Dies ist der festhaltende Impuls.* Das Ich-Bin des Thanatosbewußtseins braucht den Besitz und die Aktion, um sich selbst darzustellen, nur so glaubt es sich zu besitzen. Besitzen muß daher *blockieren.* Selbstdarstellung geht stets auf Kosten des Du und führt in die Absonderung und Absi-

cherung. Dies ist der typische Abstiegszyklus des Ich-Bin und bewirkt statt Konkretisierung Absonderung und Spaltung. Im Gegensatz zum absteigenden Eroszyklus vertauschen die dritte und vierte Sequenz ihre Positionen nicht, weil der lösende und verbindende Impuls fehlt. Im Thanatoszyklus steht anstelle verbinden festhalten und für lösen blockieren, also das genaue Gegenteil des Eroszyklus.
Die zwei Impulse erhalten daher andere psychologische Schlüsselbegriffe:

Funktion	**psychologischer Schlüsselbegriff**
1.Der Initialimpuls	Begierde
2.Der ordnende Impuls	Bewertung/fordern
3.Der festhaltende Impuls	Identitätsdrang (des Ich-Bin)
4.Der blockierende Impuls	Haben (auf Kosten des Du)
5.Der spaltende Impuls	Absonderung/Absicherung (in die Vereinzelung)

Abb.62

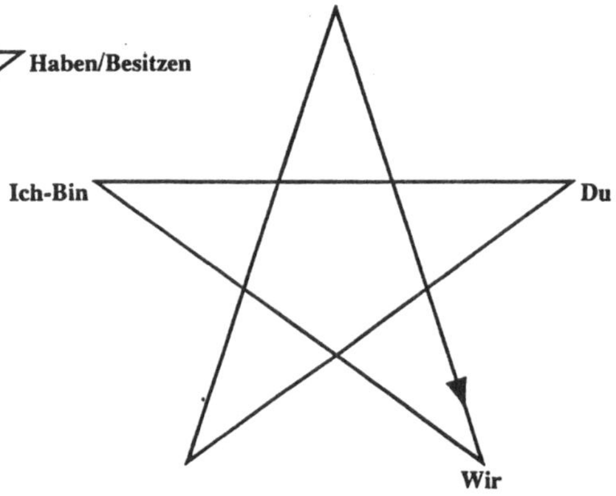

Abb.63

Die obige Abbildung zeigt den absteigenden Thanatoszyklus in der evokativen, rechtsläufigen Strichführung. Setzt man die entsprechenden psychologischen Schlüsselbegriffe ein, so steht beim Ich der Identitätsdrang, beim Du Haben und Besitzen und beim Wir die Bewertung oder die Forderung. Die Sequenz, sowohl der allgemeinen Funktion wie der psychologischen Schlüsselbegriffe in den Wegen, stellt sich gleichermaßen dar wie in Abb.53, nur müssen wir wieder die entsprechenden Begriffe einsetzen.

Der Zermürbungsprozeß des Ego (Thanatos-Bewußtsein)

Im Spannungsfeld von gegensätzlichen Bewußtseinshaltungen und Enttäuschungen wird das Thanatos-Bewußtsein, im Auf und Ab der Über- als auch Unterbewertungen, langsam zermürbt und nähert sich so allmählich einer verstehenden Mitte. Seine Illusion, die favorisierte Drangrichtung sei sein ureigenstes Wesen, sozusagen die Quintessenz seines Ich-Bin, bewirkt zwar momentan einen festen Standpunkt, doch gleichzeitig eine Abtrennung vom Ganzen, was eine einseitige Sichtweise zur Folge hat. Es bejaht gewisse Ideen und Werte und bevorzugt eine Reihe von Verhaltensmustern, mit denen es hofft, sich möglichst weit an seine innerste Originalität anzunähern. Dies mag durchaus für den momentanen Entwicklungsstand nützlich sein und so manchen höherführenden Impuls geben, doch kann es damit niemals die Mitte im Sinne eines *-Deus est centrum mundi-* erreichen, denn der Urglanz -das *Ajin-Sof-Aur-* ist stets frei von Gegensätzen. Die Weltmitte oder das namenlose Sein ist die Ganzheit und die Allheit, insofern sie jeden Standpunkt einnehmen kann. Das eigentliche Geheimnis spiritueller Lebenskunst ist *eine Mitte ohne Selbstbezug*, und alle spirituellen Bemühungen richten sich darauf. Nimmt jemand einen einseitigen Standpunkt ein, d.h. sieht er eine bestimmte Idee oder eine Drangrichtung überwertig, dann benötigt er sie offensichtlich für eine Kurskorrektur und man sollte nur eingreifen, wenn er Leben und Existenz anderer aufs Spiel setzt. Überdies kann ein überwertiges Ideal, z.B. ein moralisierender Standpunkt, ein Hinweis darauf sein, daß das Gegenteil, nämlich das negative Schattenbild, übermächtig ist und nun eine ebenso starke Gegenkraft braucht, um überwunden oder niedergehalten zu werden. Deshalb ist es sehr unklug, jemanden gleich zu verurteilen, weil er einen abseitigen Standpunkt vertritt. Hier läßt sich mit sensibler, einfühlsamer Kritik weit mehr ausrichten.

Im Versuch, die Mitte zu verwirklichen, z.B. zwischen Realität (das reale Sosein) und Idealität (das ideale Sein), im Sowohl-als-Auch, unterliegt, wie gesagt, das Ich-Bin einem harten Zermürbungsprozeß. In 64, S.137, habe ich die dialektische Aufhebung von Gegensätzen graphisch dargestellt. Hierbei werden zwei gegensätzliche Standpunkte in einem dritten, übergeordneten Standpunkt integriert. Die Versöhnung von Gegensätzen können wir auch als Ergänzung von Teilwahrheiten auffassen. Nimmt jemand z.B. den Standpunkt des Schönheitsideals (siehe Weg 2) ein, indem er alles nach dem Maß des Schönen, Erhabenen und Ebenmäßigen bewertet, so übersieht er dabei die anderen Werte, z.B. Nützlichkeit, Zweckmäßigkeit, Brauchbarkeit oder die seelischen Qualitäten wie Treue, Ehrlichkeit, Zuverlässigkeit usw. Wie jeder aus eigener Lebenserfahrung weiß, ist diese *Be-Wertung* nicht in jeder Situation sinnvoll und nützlich. Dort, wo es z.B. auf praktische und nützliche Funktion ankommt, könnte die Schönheit geradezu lächerlich wirken. Eine häßliche Form und Gestalt kann in einer bestimmten Situation weit nützlicher und zweckmäßiger sein, z.B. in der Technik. Oder es könnte sein, daß Häßliches manchmal witzig wirkt, während das Schöne vielleicht einen zu ernsten, ja feierlichen Eindruck macht.

Ein überwertiges Schönheitsideal verleitet allzu leicht, alles nach dem äußeren Schein zu beurteilen und übersieht häufig den dahinterstehenden Trug. Durch solche, meist schmerzliche Erfahrungen, beginnen die meisten, früher oder später die

Bewertung des Schönen zu relativieren und schwenken bald zum Verneinungsstandpunkt, indem nun dem Schönen eine Absage erteilt wird und dem Unschönen, aber Gehaltvolleren die Aufmerksamkeit gilt. Hat man sich längere Zeit mit diesem Standpunkt identifiziert, und erkennt allmählich die Grenzen und Einschränkungen auch dieses Standpunktes, erst so ist man in der Lage, sowohl den Wert des Schönen, wie auch des Unschönen zur richtigen Zeit und am rechten Ort zu integrieren und beginnt, beide gleichermaßen zu bejahen. Schließlich lehrt uns ja auch das Leben, daß es Situationen und Zeiten gibt, wo beide Standpunkte, sowohl Schönes wie auch Unschönes, weniger angebracht sind und wir beginnen zu verstehen, daß es da noch einen übergeordneten Standpunkt geben könnte, der beide einschließt, also bejahen des Schönen und Unschönen, aber auch, daß beide manchmal gleichzeitig verworfen, also verneint werden müssen. Und so kommen die meisten schließlich zu einer endgültigen *Weder-Noch-Auffassung*, in der sozusagen in einem dritten, übergeordneten Schritt weder Schönes noch Unschönes bejaht noch verneint wird. Diese zyklisch-dialektische Aufhebung von Gegensätzen ist ein langsamer Zermürbungsprozeß von Werten und Drangrichtungen, und wie man sieht, endet schließlich alles im *Weder-Noch und Sowohl-als-Auch.* Im Grunde ist dieser Vorgang ein schrittweises *Akzeptieren* von Andersheit und Paradoxon, *Loslassen* von Illusionen, die weder im Hier und Jetzt, noch in einer idealen Welt existieren, u*nd Zulassen* jener unergründlichen Weisheit, die wie eine abgründige Liebesschwingung sowohl das ideale Sein wie auch reale Soseins von Augenblick zu Augenblick neu gestaltet.

V.Kapitel

Sag auf deiner Reise nach innen nicht, daß du ein menschliches Wesen bist, das eine göttliche Erfahrung macht, sondern sage, daß du ein göttliches Wesen bist, das eine menschliche Erfahrung macht.

Das dialektische Gesetz der Integration von Gegensätzen

Kommen wir nun auf den Boden des Alltags zurück und schauen uns die Möglichkeiten an, wie wir die Gegensatzproblematik der Realität bewältigen können. Auf S.56 habe ich die Yin-Yang-Struktur des Lebensbaumes aufzuzeigen versucht, und die rechte Säule (Chokmah) dem Yang und die linke (Binah) dem Yin zugeordnet. Die mittlere Säule, auf der insgesamt fünf Sefiroth aufgereiht sind, ist die Säule der Vermittlung und des Ausgleichs. Yin und Yang sind komplementäre Kräfte, die sich gegenseitig bedingen, doch nur im Menschen haben sie die Möglichkeit, harmonisch zu schwingen, denn der Mensch ist ein Gleichnis Gottes und kann die Gegensätze in sich versöhnen und zum Ausdruck bringen. Betrachten wir die beiden äußeren Säulen als die Hauptgegensätze, so sehen wir in der rechten von oben nach unten eine zunehmende Verschärfung des Formungsprinzips, etwa Gerechtigkeit, Gesetz, Ordnung, Regelsysteme und Verstand, während auf der linken Seite eine zunehmende Konkretisierung des Energieprinzips, etwa Gnade, Verständnis, Nachsichtigkeit und Spontaneität überwiegt. Die rechte neigt eben zur Verfestigung und Formung, während die linke zur Expansion und Pulsation tendiert. Konkret auf seelische Qualitäten des Alltags bezogen, neigt der eine Mensch, der mehr der rechten Säule zugeneigt ist, zu Normen, Regelhaftigkeit und Pflichten und droht in monotoner Fixierung zu erstarren, während der linkslastige Weite, Toleranz und Freiheit sucht.
Zwei Grundhaltungen sind für die Vereinigung dieser Gegensätze von Bedeutung:
1. Die Weder-Noch-Haltung
2. Die Sowohl-als-Auch-Haltung

Die erste Haltung schützt uns vor Überbewertungen, einseitigen und extremen Standpunkten, wir entziehen den Teilpersönlichkeiten in den Wegen die Grundlage und kommen so zu einer mehr oder weniger neutralen Beoachterposition. Wenn wir aber in der Weder-Noch-Haltung verharren, so kann dies unsere Entscheidung lähmen, und wir werden zum Zauderer. Ein entschlossenes Nein ist oft notwendig, wenn es darum geht, *Aufrichtigkeit* (Weg 5) zu verwirklichen. Wir sollten gegen uns selbst und andere aufrichtig sein, doch gelingt das nur mit Entschlossenheit (Weg 16), ähnlich ist es mit der Treue (Weg 12), die eine ernste Angelegenheit ist, z.B. wie man zu seinem Wort steht und Versprechungen einlöst. Alle genannten Bewußtseinshaltungen können nicht mit einer lauen Weder-Noch-Haltung verwirklicht werden, sondern erfordern eine *eindeutige* Haltung. Fixieren wir uns auf die Weder-Noch-Haltung, so überlassen wir das seelische Geschehen der inneren Dynamik gegensätzlicher Kräfte und irgendwann schleicht sich eine Abwehrform ein, je nach der seelischen Verfassung. Jemand mag vielleicht längere Zeit seine neutrale Stellung durch eine sehr bewußte Beobachterposition halten, doch nach aller Erfahrung gibt er irgendwann auf, weil sein Stehvermögen eben auch nicht übermenschlich ist. Den Mechanismus der Entlastung und Abwehr habe ich ausführlich in Band I beschrieben.

Die Sowohl-als-Auch-Haltung ermöglicht *ein Miteinander* statt eines Gegeneinanders. Besonders in den Bewußtseinshaltungen der drei Mütter, Weg 21 (Schin), Weg 1 (Aleph) und Weg 13 (Mem) ist sie relevant und von großer Bedeutung für die Überwindung des Thanatos-Bewußtseins. In allen Wegen kann die Sowohl-als-Auch-Haltung zur Versöhnung und Integration der Teilpersönlichkeiten beitragen. Wer nach außen stark sein will, sollte die Teilpersönlichkeiten anerkennen und zu einem Miteinander bewegen, siehe S.104, nur so verwirklicht er innere Einigkeit und Stärke.

Mit der Sowohl-als-Auch-Haltung erkennen und akzeptieren wir unsere Schattenseiten; indem wir sie beleuchten, nehmen sie Gestalt an, und wir wissen, wie wir ihre Lichtseite einzusetzen haben. Auf diese Weise können wir die Energien der dunklen Seite für die Integration des Ego ins virtuelle Selbst sinnvoll nutzen. Je mehr wir aus der Sicht überpersönlicher Werte handeln, desto stärker leuchtet das Licht des Urglanzes und desto lichtvoller wird es in uns. Nur ein höherer Standpunkt macht uns den Wert der dunklen Seite deutlich. Es ist wie mit einem hell erleuchteten Haus. Alle Bewohner des Hauses sehen sich *so, wie sie sind*, brauchen keine Angst voreinander zu haben und können es leichter sauberhalten und auch noch geschmackvoll und zweckmäßig einrichten. Aber auch die Sublimierung kann durch eine Sowohl-als-Auch-Haltung wesentlich besser verwirklicht werden, weil durch sie das Loslassen alter Gewohnheiten und Zulassen höherer Werte möglich ist.

Eine egobezogene Sichtweise verdunkelt die zehn Kräfte (Sefiroth) in uns und verwischt die Konturen der Gegensätze (ihren Ergänzungswert) zu grauen Nebelgebilden, die Folge ist, je dämmriger es wird, desto wahrscheinlicher rastet irgendeine Abwehrform ein und gerät außer Kontrolle, etwa so, als ob ein Kobold durch ein dunkles Haus geistert.

Der vierundzwanzigste Weg ist der schnellste, aber auch steilste, um die Gegensätze in einer einzigen Lichtquelle zu verschmelzen! Hingabe und Gelassenheit sind seine beiden Grundhaltungen, und wer diesen schmalen Pfad geht, findet die Mitte zwischen *Sowohl-als-Auch und Weder-Noch,* es ist der königliche Weg, und nur wenige können ihn wirklich entschlossen gehen. Welche Wege wir auch begehen, eine ausgewogene Balance der zehn Sefiroth und vierundzwanzig Bewußtseinshaltungen kann am ehesten durch die beiden Grundhaltungen des *Weder-Noch und Sowohl-als-Auch* gelingen. Jede dieser Grundhaltung beugt Über- und Unterbewertung vor und damit Ungleichgewichten der zehn seelischen Kräfte, und sie bewahrt uns vor leidvollen Mußreaktionen in negativen Ereignisfeldern.

Der Gegensatz west-östlicher Denkweisen

Die Kuhn'sche Kritik an der Wissenschaftstheorie hat ein für allemal klargemacht, daß selbst die Wissenschaft nicht rational verfährt, sondern bloß paradigmatisch. Ein Paradigma schlägt uns ja nur vor, mit welcher Fragestellung (Denkansatz) wir an die Wirklichkeit herangehen und welche Lösungsregeln wir auswählen sollen. Allgemein anerkannte Denkschemata reichen jedoch nur für die Problemlösung eines ganz kleinen Ausschnittes der Wirklichkeit und relativieren ganz von selbst den jeweiligen Standpunkt. Die miteinander konkurrierenden Paradigmen sind der westlich geprägte kausalanalytische und der östliche induktivsynthetische Denkmodus. Beide möchte ich in allgemeinverständlicher Form kurz vorstellen: Je nach Veranlagung und Kulturkreis neigt unser Denken entweder mehr zur Ursachenanalyse oder mehr zur Synthese von Beziehungen. Mit der analytischen Sichtweise zerlegen wir nach dem Prinzip atomistischer Reduktion den Vorgang, das Ereignis oder den Stoff und kommen so den bedingenden Faktoren näher, auf die es ankommt. Besonders gut ist diese Erkenntnisweise, um vergangene Wirkungen aufzuspüren und in ein gegenwärtiges Beziehungsnetz zu stellen. Anders die synthetische Erkenntnisweise, die besonders das psychische Gegensatzproblem besser lösen hilft. Dort, wo z.B. Seelisches und Körperliches sich kreuzen, verknüpft diese Sichtweise alle wichtigen relevanten Faktoren zu einem Beziehungsnetz und versucht, sie ganzheitlich abzuwägen. Ein Beispiel: Die westliche Medizin versucht, mit kausalanalytischen Diagnoseverfahren die vergangenen Ursachen einer Krankheit aufzuspüren. Sie will auf den Punkt kommen, indem sie beispielsweise sagt, eine Infektionskrankheit komme von dem oder jenem Erreger, der seit etwa drei Wochen in den Körper vordringe (virulente Invasion). Die östliche Medizin, z.B die Akupunkturlehre, sagt, daß etwa eine infektiöse Scharlacherkrankung durch zuviel Hitze im Herzfunktionskreis entstanden sei, und diese Hitze jetzt in einen anderen Funktionskreis abgeleitet werden müsse. Während die westliche Medizin eine Ausleitung oder Abtötung der Antigene anstrebt, versucht die östliche Medizin, das System durch geeignete Maßnahmen wieder *ins Gleichgewicht* zu bringen. Beide haben aus ihrer Sicht recht! Ähnlich wie das energetische Ordnungsschema der Akupunktur, ist auch der Lebensbaum ein Struktur-Korrelat in dem sich die Bewußtseinshaltungen gegenseitig bedingen und voraussetzen. Ist z.B. die Zuverlässigkeit gestört, so kann es kein Vertrauen geben, ist die Entschlossenheit unterentwickelt, so fehlt es an Zielstrebigkeit. Auch hier kommt der induktivsynthetische Denkmodus in Anwendung.

Analoges Denken

Ein besseres Verständnis für die Höhe und Bedeutung einer Bewußtseinseigenschaft erhalten wir am ehesten dadurch, daß wir ihre Inhalte mit Naturphänomenen oder immer wiederkehrenden Eindrücken im Analogieschlußverfahren vergleichen. Beispiele: Die Helle des Bewußtseins gleicht dem Licht der Sonne. Das Wasser ist Symbol für Reinheit und Klarheit. Durch seine Farblosigkeit und Geschmackosigkeit ist es ein Gleichnis für Neutralität bzw. das Weder-Noch und Sowohl-als-Auch. Im Gegensatz zum kausalen Erkenntnisweg spielt im Analogieschlußverfahren die Zeit keine Rolle. Sowohl Vergleichsbilder der Vergangenheit, Gegenwart als auch Zukunft sind nützlich für ein vertiefendes Verständnis.

Vergleichstabelle des ost-westlichen Wahrnehmungsmodus und der Seinsweise

West	**Ost**
Patriarchalisch	**Matriarchalisch**
Wille, Kopf	**Gefühl, Bauch**
Persönlichkeitsbewußtsein	**kollektives Bewußtsein**
Personalisierung	**Depersonalisierung**
subjektive Projektion	**objektive Introjektion**
(sub. Objekterfassung)	**(ob. Verinnerlichung)**
Explikation (Ausgrenzen)	**Implikation (Einbeziehen)**
Veräußerlichung des Willens	**Verinnerlichung des Willens**
Raumeroberung	**Raum-Assimilation**
Raum-Zeit-Aufteilung	**Raumübergänge-Zeitfluß**
Raumkoordinaten, mathem. Zeiteinteilung	**Raumweite, Zeitrhythmen**
Diskontinuität	**Kontinuität**
Detailwissen	**Einheitswissen**
verbal-digitales Denken	**nonverbal-analoges Denken**
kausal-analytisch	**induktiv-synthetisch**
unterscheidend-folgerichtig	**verbindend-holisitisch**
strukturell	**funktionell**
geradlinige Logik	**verschlungene, kreisförmige Logik**
Zahlen und Begriffe	**Bilder und Einheiten**
gegensätzlich	**ergänzend**
arithmetisch-computerhaft	**geometrisch-räumlich**
Sichern des Seins	**Genießen des Seins**
schizothyme Reaktion	**zyklothyme Reaktion**
Sorge, Unruhe	**Sorglosigkeit, Ruhe**

Bemerkung: Der östliche Wahrnehmungsmodus entspricht der rechten, der westliche der linken Hirnhälfte. In der *situationszentrierten* Wechselwirkung liegt das Geheimnis der goldenen Mitte!

Die Gegensatzproblematik

Das Zusammenfallen und die Aufhebung von Gegensätzen (conijunctio oppositorum) ist nur in der göttlichen Welt von Aziluth möglich. Solange wir in Raum und Zeit leben, neigen wir zu Gegensatzpositionen und es fällt uns schwer, die Mitte des Sowohl-als-Auch zu halten. Gefühl und Verstand, Notwendigkeit und Möglichkeit, Ich und Du, staatliche Interessen und individuelle Bedürfnisse, Loslassen oder Festhalten, Handeln oder Zuwarten sind ständige emotionale und gedankliche Herausforderungen, die uns manchmal, wenn es zuviel wird, überfordern und vor allem innerlich stark bewegen. Der scheinbare Widerspruch von Gegensätzen bringt unser Inneres in Bewegung und hat so manche Philosophen ein Leben lang beschäftigt. Hegel und Fichte z.B. versuchten, die Gegensätze (These-Antithese) in einem übergeordneten Standpunkt aufzuheben (Synthese), und sie

behaupteten, dieser Vorgang sei der Grundprozeß allen Seins zu immer größeren Subtotalitäten oder Ganzheiten.
Was nun bedeuten die sich anscheinend widersprechenden Sätze: *Gleiches zieht Gleiches an, aber Gegensätze ziehen sich auch an.*
In der elektrophysikalischen Ordnung bauen z.B. zwei Pole ein gemeinsames Energiefeld auf, sie bilden also ein Magnetfeld oder ein Spannungsfeld mit zwei Polen. Nehmen wir jedoch dem einen Pol seine Ladung, so bricht das Energiefeld zusammen. Es kann daher nicht sinnvoll sein, gegensätzliche Standpunkte durch Neutralisierung eines Standpunktes aufzuheben. Die Folge wäre, daß der noch nicht neutralisierte Pol nicht mehr wechselwirken könnte. Sind beide Pole sehr stark und stehen sich zu nah gegenüber, so ist das Magnetfeld nicht nur zu stark, sondern die zu starke Anziehung bewirkt disharmonische Schwingung, und das Magnetfeld hat einen kleineren Wirkungsradius. Beide Pole ziehen sich ja durch ihre entgegengesetzte Ladung an, und nur wenn sie in einer angemessenen Entfernung fixiert sind, kann sich ein harmonisches Energiefeld aufbauen. Dieses Beispiel kann man sicher nicht auf alle Lebensbereiche anwenden. Hund und Katze sind dafür ein sprichwörtliches Beispiel. Der Unterschied ihrer Verhaltensmuster ist zu groß, um eine Lebensgemeinschaft auf kleinem Territorium zu gewährleisten. In diesem Fall sind es die sich gegenseitig behindernden Verhaltensmuster, die eine Zweisamkeit verunmöglichen. Auch Lebensrhythmus und Lebensart sowie emotionale Grundstimmung und die Art und Weise, wie beide in die Umwelt hineinwirken oder reagieren, sind zu unterschiedlich. In diesem Fall stoßen sich die Gegensätze ab. Die entscheidende Abstoßungsenergie ist hier die Behinderung und gegenseitige Hemmung. Hier ist der Satz gültig:
Gegensätze ziehen sich an, wenn sie sich ergänzen, sie stoßen sich ab, wenn sie sich behindern oder hemmen. Die Ergänzung oder Hemmung muß komplett sein, wenn sie wirksam sein soll.
Bei einer kompletten Ergänzung kommt es zu einer fruchtbaren Wechselwirkung, nicht jedoch zu einer Verschmelzung, denn das würde die Wechselwirkung aufheben. Bei einer Hemmung kommt es zu einer gegenseitig behindernden Wechselwirkung. Daher können wir hier auch ganz allgemein sagen, daß Gegensätze entweder in eine positive oder negative Wechselwirkung treten.
In den subtilen Beziehungen zwischen Menschen und Lebewesen kann dieses Gesetz vielfach beobachtet werden, doch gibt es auch feine Unterschiede. Wenn zwei Menschen sich lieben, so liebt der eine im anderen das, was er nicht hat, was er aber gerne hätte, und er *sehnt* sich nach der Ergänzung, die ihn komplett machen würde. Wie aber steht es mit den negativen bzw. feindseligen Wechselwirkungen? Wenn wir fragen, wo hier die Ergänzung stattfindet, dann brauchen wir nur an die Ebenen des Baumdiagramms zu denken. Es sind vor allem die unteren Ebenen, deren Gegensätze am stärksten sind, und die stets die Ergänzung am dringlichsten benötigen. Je höher die Ebene im Schöpfungsstrahl ist, desto subtiler zwar die Gegensatzproblematik, doch desto geringer die Ergänzungsbedürftigkeit. Die Bewußtseinsebene von Geburah und Chesed z.B., Strenge und Güte, ist zwar mächtiger als die von Netzach und Hod, weil Emotionalität und Verstand von den höheren Impulsen der Motive und des Gewissens induziert sind und ihre entscheidende

Richtung erhalten, aber die Dissonanz von Verstand und Gefühl wird im Alltag wesentlich bewußter erlitten als zwischen Gewissen und Motivation. Der Konflikt von Gewissen und Motivation offenbart sich in nur einigen, dafür aber um so einschneidenderen Lebenssituationen.
Partnerbeziehungen, die sich z.B. auf der unteren Ebene gut ergänzen, haben nur dann eine bleibende Basis, wenn sich auch die höherdimensionierten Gegensätze gut ergänzen, nach dem Motto: *"Wenn es oben stimmt, stimmt es auch unten."*
Im Alltag können wir beobachten, daß eine feindselige Beziehung gelegentlich sogar befruchtend wirkt und die schöpferischen Kräfte anfacht. Wenn sich z.B. zwei Parteikontrahenten in Redeschlachten begegnen und aneinander reiben, kann einer am anderen wachsen und sich profilieren. In diesem Fall treten die Gegensätze dennoch in eine fruchtbare Wechselwirkung, weil sie die persönliche Leistungsfähigkeit herausfordern. *Am Widerstand wächst man, sofern er nicht zerstörerisch ist.* Deshalb sollte man nicht jammern, wenn so manches Problem oder Lebenshindernis im Wege ist, sondern nach dem Motto verfahren: *"Was Dich nicht umbringt, macht Dich stark!"*
Hinterfragen wir, warum uns dieses oder jenes mißfällt oder ärgert, dann sollten wir nach innen gehen und eine Selbstanalyse vornehmen. Daß wir z.B. das eine oder andere nicht akzeptieren, sondern so und nicht anders haben möchten, kann ein Hinweis darauf sein, daß wir gewisse innere Widersprüche und Gegensätze noch nicht richtig integriert haben. Daraus leitet sich die Weisheit ab, daß unser äußeres Sein das Innenleben in irgendeiner Form widerspiegelt, siehe auch die spirituelle Botschaft, S.283. Wenn jemand ein einigermaßen entwickeltes Analogiedenken besitzt und die Außenwelt scharf beobachtet, so kann er auf den inneren Zustand schließen. Dennoch darf man auch hier nicht in den Fehler der simplifizierenden Verallgemeinerung verfallen, sondern sollte stets prüfen, ob die innere Situation der Auslöser ist. In der Kabbala geht es auf jeder Ebene gleichfalls um die Aussöhnung von Gegensätzen, nicht um theoretische oder graphisch-geometrische Lösungsansätze, sondern um innerlich nachvollziehbare, und auch gefühlsmäßig erlebbare Erkenntnisse, mit denen wir etwas anfangen können. Eine der bekanntesten Konzepte der Gegensatzbewältigung stammt von dem Begründer der buddhistischen Schule Madhyamikas, Nagarjuna. Nagarjuna ging davon aus, daß jedes Ding nur durch sein Gegenteil existiert, deshalb kann es nur eine relative Existenz geben. Das eine kann also nur durch das andere bestehen. Leid kann durch Freude erkannt werden, Strenge durch Milde, Unfreiheit durch Freiheit, Not durch Wohlstand, Schatten durch Licht usw. Eines geht aus dem anderen hervor, und stets setzt eins das andere voraus, das entweder sein Gegenteil oder aber stark abgewandelt ist. Die Wahrheit kann demnach nur in der Mitte zwischen den Gegensätzen liegen; so gesehen wäre dies allerdings nur ein bloßer Kompromiß, in dem die konkurrierenden Gegensätze Wesentliches von ihrer Substanz verlören. Die Lösung des Problems liegt jedoch in einem dritten übergeordneten Standpunkt, in dem die Teilwahrheiten zu einer höheren, umfassenderen neuen Wahrheit vereinigt sind. Damit haben wir wieder die Idee des Neuen und Umfassenderen.

Der dialektische Erkenntnisprozeß

1.Bejahung des Seins

2.Verneinung des Seins

3.Bejahung des Seins wie des Nicht-Seins

4.Verneinung des Seins wie des Nicht-Seins

5.Bejahung des Seins wie des Nicht-Seins und Verneinung des Seins wie des Nicht-Seins

6.Weder Bejahung noch Verneinung des Seins, wie des Nicht-Seins

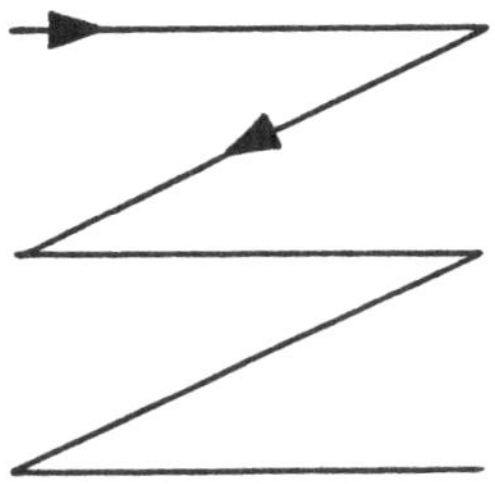

Abb.64

In obiger Abbildung habe ich diesen dialektischen Prozeß dargestellt. Alle Philosophie und geistige Tätigkeit landet irgendwann einmal in der Transzendenz, denn tatsächlich kommt jeder Denker und Philosoph in die Phase des *Weder-Noch und des Sowohl-als-Auch.* Ich habe dieses Schema auch auf den dialektischen Prozeß der Wandlungszustände in den Wegen angewandt und ihre Korrelation zu den Sefiroth und umgekehrt, siehe Band I. Wenn auch diese rationalistische Sichtweise nicht das Niveau der Erleuchtung erreicht, so demonstriert sie doch sehr eindrucksvoll die Relativität von Ansichten und Standpunkten und regt immer wieder zur Suche nach neuen mental-integralen Positionen an; dies fördert letztlich die Intuition. Wie aber steht es mit den inneren Konflikten, z.B. dem Eingehen auf die Bedürfnisse des Partners, ohne daß die Verwirklichung der eigenen Interessen ins Hintertreffen gerät, so wie wir dies im Alltag immer wieder erleben.
Ein Beispiel soll dies verdeutlichen.
Jemandem Raum und Zeit für seine Entwicklung sowie das Ausleben seiner Interessen und Neigungen einzuräumen, bedeutet meist, sich selbst einschränken zu müssen, was offensichtlich den persönlichen Verzicht notwendig macht. Das Gebot der Nächstenliebe wird hier, je nach unserer Gewissensschärfe (Geburah), zu einer ethischen Forderung und wenn wir es nur halbherzig verwirklichen, so schlägt das Gewissen; der Partner wird uns Rücksichtslosigkeit und Egoismus vorwerfen, selbst wenn wir zu Verzicht bereit gewesen sind. Umgekehrt gibt es auch genügend Beispiele, wo *zuviel* Rücksichtnahme die eigene Entfaltung hinderte, weil die Forderungen unverschämt und anmaßend waren. In beiden Fällen sollten wir uns in die Lage des jeweiligen Gegenübers *hineinfühlen* und erspüren, wie uns zumute wäre, wenn wir in dessen Haut steckten. Hier nützt uns die rationale Methode nur wenig, auch wenn wir die Situation noch so logisch durchdenken.
Es ist also eine Frage der *gefühlsmäßigen Abwägung* von gegensätzlichen Interessen und Wünschen, inwieweit das eine oder andere Zugeständnis gemacht werden soll. Innere Konflikte entstehen auch, wenn wir uns nicht entscheiden können und im neutralen *Weder-Noch* sitzen bleiben. Dieser Zustand blockiert die Problemlösung und ist die Ursache halbherziger Ansätze. Dagegen ermöglicht der Zustand des *Sowohl-als-Auch* eine echte Chance des Miteinanders.

Der Ausgleich der Gegensätze durch die Energie der Mitte

Auf der metaphysischen Ebene (Welt Aziluth)
Gott
Integrale Wahrnehmung
kosmisches Sein individuelles Sein
Integrale Wahrnehmung ermöglicht sowohl kosmisches wie individuelles Sein. Sie vermittelt und integriert beide in Gott, der die absolute Wahrnehmung ist
oder

Sein
freie Wahrnehmung
Verstehen Seligkeit
Die Wahrnehmung, ohne bereits zu wissen, ist die Essenz von Verstehen und Seligkeit und die Voraussetzung transzendenten Seins.

Auf der ontologischen Bewußtseinsebene (Welt Aziluth)
Raum
Punkt
Form Energie
oder

Sein
kosmisches Bewußtsein
Form Kraft
Der virtuelle Punkt im Raum oder das kosmische Bewußtsein vermitteln. Ohne sie gäbe es weder eine Form, noch gäbe es Kraft/Energie
oder

Raum
Idee
Form Energie
oder

Raum
Idee
Form Kraft
Die Idee aus dem Wertekosmos verschmilzt Energie und Form zu einer sinnvollen Gestalt, die zum Raum in einem funktionellen Verhältnis steht

Auf der physikalischen Energieebene (Welt Jezirah)
Magnetfeld
Komplementarität
positiv negativ
Die Komplementarität ermöglicht Wechselwirkung, die je nach Stärke der beiden Pole (plus oder minus) ein Kraftfeld erzeugt.

Auf der mikrophysikalischen Energieebene (Welt Jezirah)
Atom
Korpuskeln
Proton Elektron
Die korpuskulare Interaktion bewirkt den Ladungszustand des positiven Protons und die Wellenbewegung des negativen Elektrons und konstitutiert ein Atom.

Auf der mechanischen Festkörperebene (Welt Assiah)
(Physisches Universum)
Bewegung
Mechanik
Trägheit Anziehungskraft
Das Verbindende sind die Gesetze der Mechanik. Wenn z.B. ein Apfel vom Baum fällt, dann rollt er, falls er auf einen Abhang fällt, den Berg hinab
oder

Gleichgewicht
Mechanik
Leichtheit Schwere
Auch hier sind das Verbindende die Gesetze der Mechanik, denn sie bestimmen die Balance zwischen leicht und schwer.

Auf der kosmischen Gravitationsebene (Welt Assiah)
Kreisbewegung
Gravitationsgesetz
zentripetal zentrifugal
Die Gravitationsgesetze sind das Verbindende. Die zentripetalen Kräfte der Sonne bewirken eine zentrifugale Kreisbewegung mehrerer Planeten.

Auf der biochemischen Ebene (Welt Assiah)
Neutral
Reaktionsprozeß
sauer basisch
Die Reaktionsprozesse (Puffersysteme) überführen eine Säure oder Lauge in einen neutralen Zustand.

Auf der vitalen Ebene (Welt Assiah)
Orgasmus
Instinkt
Lust Unlust
Der Instinkt sucht Befriedigung, indem er die Lust und Unlust im Orgasmus vereinigt
oder

Wollust
Trieb
Schmerz Genuß
Der Sexualtrieb steht zwischen Schmerz und Lust. Seine Entladung führt zur Mitte, welche die Wollust ist
oder

Rhythmus
Instinkt
Bewegung Ruhe
Die instinktive Wahl des Gleichgewichtes zwischen Ruhe und Bewegung bestimmt den vitalen Rhythmus.

Auf der einfachen Empfindungsebene (Welt Assiah)
Empfindung
Erfahrung
unangenehm angenehm
Durch die Erfahrung unterscheiden wir zwischen angenehm und unangenehm und kommen so zu einer individuellen Empfindung.

Niedere emotional-mentale Ebene (Welt Jezirah)
Beruhigung
Vermittlung
offensiv defensiv
Die Vermittlung zwischen defensiven und offensiven Gefühlen und Gedanken bringt Beruhigung oder seelische Glättung, jedoch noch keine Problemlösung.

Niedere emotional-mentale Ebene (Welt Jezirah)
Courage
Zuversicht
Aggression Feigheit
Die Zuversicht vermittelt zwischen aggressiven sowie defensiven Gefühlen und Gedanken und ermöglicht couragiertes Verhalten,
aber

Gleichgültig
Blockade
Aggression Feigheit

Bleiben Aggression und Feigheit isoliert, weil sich eine Blockade aufbaut, so kommt es zur Gleichgültigkeit, die nur eine Schutzhaltung ist.

Auf der logisch-mentalen Ebene (Welt Jezirah)

Synthese
Logik
These Antithese

Das Mittel zur Wahrheitsfindung ist die Logik, die eine dialektische Synthese ermöglicht.

Auf einer höheren emotional-mentalen Ebene (Welt Jezirah)

Verstehen
Erfahrung/Intuition
Vertrauen Skepsis

Erfahrung und Intuition vermitteln zwischen Vertrauen und Skepsis und ermöglichen Verstehen

oder

Gleichmut
Erfahrung
Zuneigung Abneigung

Durch die Erfahrung erkennen wir die Relativität von Zu- und Abneigung und kommen so zum Gleichmut

oder

Offenheit
Relativierung
Toleranz Intoleranz

Die Relativierung von Toleranz und Intoleranz ermöglicht Offenheit

oder

Gleichmut
Erfahrung
Angst Sorglosigkeit

Das Gleichgewicht zwischen Angst und Sorglosigkeit kann durch Lebenserfahrung in Gleichmut verwandelt werden

oder

Gelassenheit
Güte
Zuneigung Abneigung

Die Güte kann Zuneigung und Abneigung versöhnen und ermöglicht Gelassenheit.

Auf einer höheren emotional-mentalen Ebene (Welt Beriah)

Gelassenheit

Einfühlung

Güte Strenge

Die richtige Einfühlung vermittelt zwischen Güte und Strenge (ganz besonders in der Pädagogik), sie macht gelassen

oder

Gerechtigkeit

inneres Gesetz

Bestrafung Belohnung

Das individuelle Maß von Bestrafung und Belohnung bestimmt das innere Gesetz und ist die höhere Gerechtigkeit

oder

Gerechtigkeit

Wiedergutmachung

Vergelten Verzeihen

Die Wiedergutmachung vermittelt zwischen Vergelten und Verzeihen und befriedigt das Gerechtigkeitsempfinden.

Auf der supramental-emotionalen Ebene (Welt Aziluth)

Abgeklärtheit

Abwägung

Loslassen Festhalten

Vermittelnd wirkt hier der Abwägungsprozeß, welcher sowohl die existentiellen als auch seelischen Folgen berücksichtigt. Hierbei geht es um Nutzen-Risiko-Abwägung. Der häufige Abwägungsprozeß zwischen ideellen Werten, psychischen und materiellen Notwendigkeiten gibt Abgeklärtheit

oder

Vertrauen

Liebe

Zulassen Verhindern

Wenn wir lieben, können wir etwas zulassen oder verhindern, sobald wir die Folgen erkennen. Wir sollten dabei die Vernunft und Erfahrung, aber vor allem die Intuition einsetzen. Etwas aus Gefälligkeit oder Mitgefühl *zuzulassen oder zu verhindern* kann negative Konsequenzen haben. Aus Liebe nein sagen ist schwer, aber oft die wahre Haltung der Liebe. Wenn wir z.B. unsere Kinder aus Liebe allzu frei gewähren lassen, in der wohlmeinenden Hoffnung, ihnen damit einen Dienst zu erweisen (großen Entfaltungs- und Entwicklungsspielraum), so kann dies in die seelische Verwahrlosung führen und in ein Anspruchsniveau, das weder Opfer noch Verzicht akzeptiert, und der Egoismus eskaliert. Beispiele dafür gibt es viele. Erweist sich die Nein-Haltung aus Liebe als richtig, dann stärkt dies das Vertrauen.

oder

Weisheit
Rücksichtnahme
Liebe Wille

Etwas durchsetzen zu wollen kann dem anderen als lieblos und kalt erscheinen, je nachdem ***wie*** wir etwas durchsetzen. Sich selbst zu behaupten oder rücksichtslos durchsetzen, ohne Liebe, ist lieblos und egoistisch. Wenn wir unseren Willen mit Liebe behaupten, sind wir rücksichtsvoll und schließen den Willen des anderen mit ein, wir sind *einfühlsam* und achten die Rechte und Bedürfnisse des anderen. Weisheit schließt den Willen des anderen mit ein, integriert, so daß Fremd- und Eigenwille in einem übergeordneten Miteinander harmonieren.

VI.Kapitel

AN GOTT
Du Quell des wahren Lebens,
Wie lauf ich nicht nach dir?
Hab alles aufgegeben;
Das irre, wirre Leben,
Was ist es mir?

Nur dich, nur dich zu schauen,
Sehnt meine Seele sich:
Vor dir nur will ich beben,
Kenn keine Kraft im Leben
Als deine Herr, als dich.

Könnt ich im Traum dich finden,
Wie gerne schlief ich ein:
Wollt nimmer auferstehen,
Nein, schlafen, träumen, sehen-
Und stille sein.

Könnt dich im Herzen schauen
Dein armes Erdenkind: -
Hätt ich dich nur da drinnen,
So jauchzte all mein Sinnen,
Und gerne wär ich blind!
Jehuda Halevi

Die zehn Sefiroth und ihre symbolischen Entsprechungen

Im Kapitel II, habe ich zu zeigen versucht, daß die Sefiroth zehn Seinsebenen repräsentieren, die sich im Verlauf des herabsteigenden Schöpfungsstrahls manifestieren. Jeder Sefirah ist demnach ein pulsierendes Kraftzentrum Gottes, das fortwährend Energie und Bewußtsein ausstrahlt. Die Ausstrahlung nehmen wir als Bewußtseinszustände oder Schwingungen wahr, die im mentalen und emotionalen Zustand zwei Seiten haben. Wenn wir sie zu beschreiben versuchen, müssen wir auf Gleichnisse, Namen und Symbole zurückgreifen. Unter Symbolen verstehe ich, wie auf S.400 näher beschrieben, Farben, Klänge, Zahlen, Buchstaben, Mandalas, magische Zeichen, Planeten, Namen der Macht, Archetypen, mythische Götter, Erzengel usw. Sie dienen nur als Gleichnis, um die Bedeutung der einzelnen Sefiroth besser zu verstehen und kontemplativ zu verinnerlichen. Die Lage der Sefiroth und korrespondierenden Wege im Lebensbaum bestimmen die Hierarchie der Welten und die horizontale Gegensatzproblematik. Die kontemplative Beschäftigung vieler Generationen ermöglichte diese Einsichten. Geht man davon aus, daß im Laufe der Jahrhunderte hochsensitive Menschen diese Zuordnungen meditativ entdeckten und ihre Erfahrungen, mit geringfügigen Abweichungen, übereinstimmen, dann kann an der Richtigkeit der Zuordnungen kein Zweifel sein. Die Unterschiede sind bestenfalls kulturell, nicht jedoch, was den inneren Bedeutungsgehalt betrifft.

Nicht die Zuordnung definiert die Sefiroth, sondern umgekehrt, die Sefiroth geben den Zuordnungen Rang und Qualität. Für den, der sich mit der abendländischen Esoterik beschäftigt, erschließt, wie gesagt, das horizontale und vertikale Beziehungsnetz von symbolischen Entsprechungen den Sinngehalt und das Wesen des ganzen Lebensbaumes und gibt ihm wichtige Orientierungspunkte für sein persönliches Lebensthema.

Nach dem Buch *Schi'ur Koma* erblickten die jüdisch-gnostischen Visionäre die geheimnisvolle Gestalt Gottes, doch war sie nicht die Gottheit selbst, sondern nur seine verherrlichte Gewandung (Chaluk). Aus ihr flammten die zehn hebräischen Namen Gottes und alle damit verbundenen Attribute. Die Lehre, wonach Gott eine menschliche Gestalt habe, galt unter orthodoxen Juden als Häresie und naiver Anthropomorphismus. In der Vision des Hesekiel erscheint Gott zwar in *verherrlichter Menschengestalt*, umgeben von vier feurig-lebendigen Rädern, doch weder Hesekiels Visionen noch andere Propheten, konnten den abstrakten Monotheismus abmildern.

Die Warnung Gottes in Exodus 33.20 an Moses:*"Denn kein Mensch sieht mich und lebt"* wird durch eine andere widersprüchliche Aussage geradezu aufgehoben, wenn es da heißt: *"Von Mund zu Mund rede ich zu ihm (Moses) und (klar) Gesehenes und nicht in Rätseln, und Gestalt Gottes schaut er."* Dieses Paradoxon ist typisch für das Wesen der Gottheit und zeigt, daß die Rede von einer Gestalt Gottes nicht visionäre Phantastik ist, sondern durchaus eine reale Grundlage hat.

Der Name Sefiroth (die oder den- gleich Plural), Sefirah (die, der oder des- gleich Singular), bedeutete ursprünglich die zehn Urzahlen oder die zehn Stufen bzw. Potenzen der Gottheit und erfuhr infolge der anschwellenden Literatur eine erhebliche Begriffserweiterung.

Abraham Herrera beschreibt in seinem Buch "Die Himmelspforten" (1620) die Sefiroth wesentlich anschaulicher:

"Sie sind Spiegel seiner Wahrheit und Analogien seines erhabensten Seins; Ideen seiner Weisheit und Repräsentationen seines Willens; Behältnisse seiner Kraft und Instrumente seiner Tätigkeit; Schatzkammern seiner Seligkeit und Verteilerinnen seiner Gnade; Richter seines Reiches, die seinen Richterspruch ans Licht bringen und zugleich die Attribute und Namen jenes, welcher der Höchste und die Ursache von allem ist; zehn unauslöschliche Namen; zehn Attribute seiner erhabensten Majestät; zehn Finger seiner Hände; zehn Lichter, in denen er sich selber austrahlt; und zehn Gewänder, mit denen er bekleidet ist; zehn Visionen, unter denen er erscheint; zehn Formen, unter denen er alles geformt hat; zehn Heiligtümer, in denen er verherrlicht wird; zehn Grade der Prophetie, durch die er sich manifestiert; zehn Katheder, von denen aus er lehrt; zehn Throne, auf denen er die Völker richtet; zehn Abteilungen des Paradieses für die, die dessen würdig sind; zehn Stufen, auf denen er hinabsteigt und auf denen man zu ihm hinaufsteigen kann; zehn Lager, die allen Influxus (Wechselwirkungen) und Segen produzieren;

zehn Zwecke, nach denen alles Verlangen trägt, die aber nur die Gerechten erreichen; zehn Lichter, die alle Intelligenzen erleuchten; zehn Arten von Feuer, die alles Begehren auslöschen; zehn Arten der Glorie, die alle vernünftigen Seelen beseligen; zehn Worte, durch die die Welt geschaffen wurde; zehn Geister, durch die sie bewegt und am Leben erhalten wird; zehn Zahlen, Maße und Gewichte, durch die alles gezählt, gemessen und gewogen wird; zehn Prüfsteine, durch die die Vollendung aller Dinge geprüft wird; zehn Kategorien, in denen alles enthalten ist; die allgemeinsten Genera (Grundbausteine), in deren Schoß alles umfaßt und aus dem es herauskommt, usw."

Aus dieser Fülle von Attributen, Potenzen und Symbolen läßt sich kaum noch eine mystische Gestalt Gottes extrahieren. Die Gottheit wohnt nicht nur in den Sefiroth, sondern auch daneben und zwischen ihnen, als das gestaltlose *Ajin-Sof-Aur*, denn je wahrer die Gestalt erscheint, desto gewaltiger das Leben des Gestaltlosen in ihr. Für den wahren Kabbalisten gibt es keine konkrete Gestalt, die sich vom Urgrund des Gestaltlosen ganz zu lösen vermag. Dieses Gestaltlose in der Gestalt ist für das kabbalistische Denken charakteristisch.

Auf den folgenden Seiten habe ich die zehn Sefiroth und Daath -den verborgenen Sefirah-, in Kurzfassungen vorgestellt, um all jenen, denen für das Studium der nachfolgenden Bände die nötige Zeit fehlt, den praktischen Wert des Lebensbaumes nahezubringen. Die gebotene Kürze der Einführung in den Lebensbaum gibt Gelegenheit, die praktischen Konsequenzen um so deutlicher zu demonstrieren. Eingedenk dessen mag auch der theoretisch interessierte Leser seinen Nutzen daraus ziehen, denn sie verschafft ihm den nötigen Überblick über seinen gegenwärtigen Wissensstand und wo noch schmerzliche Lücken vorhanden sind. Auf S.290 habe ich wichtige praktische Instruktionen und Methoden zur täglichen Anwendung der Sefiroth und der Wege gegeben, und nur wer in dieser Weise verfährt, hat Aussicht auf Erfolg. Gleich zu Anfang beginnt der Reigen der 11 Sefiroth mit dem Mysterium, das vor dem Einen war, ist und sein wird, nämlich das Zim-Zum oder die Null-Option des Unaussprechlichen, vor dem wir nur noch schweigen können, *-Das Alpha-Omega und Omega-Alpha!*

Im Ajin-Sof-Aur

Dem in tiefer Meditation versunkenen Betrachter eröffnet sich das *Ajin-Sof-Aur* als ein kaum zu beschreibender *"ozeanischer Glanz."* Er hat kein eigentliches Zentrum, sondern ist durchdrungen von Myriaden aus Goldregen. In diesem Erleuchtungszustand hat man den Eindruck, als ob die Person, -*"die Ich-Bin-Vorstellung"*- in einen unergründlichen Sog hineingezogen würde und plötzlich implodiert. Verschwunden ist jegliche Selbstvorstellung, jene Filmleinwand, auf die man wie hypnotisiert starrte, und die uns so lange verblendete. In diesem Bewußtseinszustand steigen wir zum Mittelpunkt unseres Wesens hinab und erfahren in ruhevoller Wachheit die Herrlichkeit unserer eigentlichen Essenz. Dieser verklärte Zustand entrückt zu einem unergründlichen Ganzheitsbewußtsein und macht deutlich, daß unser Tagesbewußtsein (die Vorstellung von sich) nur eine elende Tonscherbe war.

Das mystische Erlebnis:

."..Dabei hatte ich den Eindruck von einer Macht, von einer Wärme, aus lichtvollem Gold: nicht flüssig, nicht vibrierend, eher wie Myriaden aus Goldfunken. Und doch sind es weder Teilchen noch Punkte; es ist wie lebendiges Gold, ein Staubregen warmen Goldes -man kann nicht sagen glänzend, man kann nicht sagen düster; es ist auch kein Licht in dem Sinn wie wir es verstehen: ein unermeßlicher Schwarm aus lichtvollem Gold und nichts als das. Es ist als ob sie die Augen, das Gesicht berühren. Und mit welch großem, ja gütigen Verstehen! Zugleich das Gefühl tiefster Geborgenheit und die Erfüllung eines majestätischen Friedens. Es ist ein unsagbarer Reichtum, die Fülle der Allmacht. Hier ist die bis auf ihren Höhepunkt gesteigerte Bewegung, unendlich viel rascher als alles, was man sich vorstellen kann, aber es ist zugleich der absolute Friede, die vollkommenste Ruhe. In dieser Bewegung, dieser ewigwährenden Schwingung, gibt es weder Anfang noch Ende. In ihr ist etwas, das seit aller Ewigkeit und in alle Ewigkeit fortbesteht; und hier gibt es keine Aufteilung von Raum und Zeit; nur wenn es gleichsam wie ein Lichtbild auf die Leinwand geworfen wird, beginnt es die Aufteilung der Zeit vorzunehmen, aber man kann es nicht als Sekunde, man kann es nicht als Augenblick bezeichnen; dies läßt sich nur schwer umschreiben. Man hat nicht einmal Zeit, davon Kenntnis zu nehmen, und schon ist es vorbei -etwas, das keine Grenzen hat, keinen Anfang, kein Ende. Diese allumfassende Bewegung ist so umgreifend, so machtvoll und weit, daß es, wenn man es wahrnimmt, das Gefühl einer unergründlichen ruhevollen Potenz gibt. Es ist völlig unbeschreiblich, und doch ist es der Ursprung und das tragende Fundament der gesamten Schöpfung, in der jene erhabene Bewegung und eine kosmische Kraft schwingt, die alle Formen und Erscheinungen gestaltet."

Der Chor der sieben Urgeister spricht:

Höret! Die Kraft, die in euch wirkt, ist mit dem Ganzen eins. Eins sind die sieben Seelen Gottes und eure Seelen. Die "Helfende" ist die Zwei. Die "Sprechende" ist die Vier. Der "Bauende" ist die Fünf. Die "Strahlende" ist die Sechs. Die Eins, die Drei und die Sieben säumen noch, doch sie werden kommen. Was kommen muß, wird sein. Jede Stufe des Seins ist eine Seele. Die sieben Seelen vereint: Der Mensch. Die sieben Seelen sind sieben Glieder. Sie alle wirken. *Der Ewige aber ist Eins.* Die Sieben formen den Kegel und nirgends bricht der Kreis. Niemand hat Vorrang. Auch wir singen im Kreise und unser Auge schaut *Ihn.* Jeder Kreis hat einen Gipfel. Der Kegel ist der Weg. Unser Platz ist im Kreise. Seit zeitlosen Zeiten singen wir, und *Er* ist die zeitlose Zeit: *Der Alte, Ur-Alte und der Ewige Säugling.* Wunderbar ist *Sein Plan!* Freudevoll ist darum auch unser Lied: Durch uns erschafft *der Schöpfer ewig Seinen Plan*, doch ohne euch wird nichts. Singet auch ihr! Noch geheim ist eures Liedes Name. Wir können nur eines sagen: Die ganze Schöpfung wird nach euch singen! Das Lied, das eure Seele der Erde entlockt, ist nicht traurig und nicht froh, ist nicht viel und ist nicht wenig, es ist ganz. Ganzer Himmel und ganze Erde vereint: die Sieben. Höret! Das Wunder schreitet unter euch, es schreitet im Kreise. *Schreitet mit ihm!* Der Kreis wird enger, der Kreis bricht nicht. Das Ewige naht. Glaube ist nicht mehr nötig, Glaube ist Brücke; Brücke ist noch Raum. Der Punkt aber enthält das Ganze. Der Himmel spricht. Durch euch und durch uns erhält die Erde Flügel. Sprecht ihr durch uns -, so stehen wir. Tun wir durch euch -, so erhält sie Flügel. Kein Ende kennt unser Dienst.
Die "Helfende" ist die Zwei. Es erblüht die Liebe -die Zwei. Wunder!
Die "Sprechende" ist die Vier. Ergreife die Hand der Vier und Glückseligkeit und Friede finden ihren Platz, weil sie gehalten sind von der Mitte, vom Wesen des Menschen: Dem Erkennen.
Der "Bauende" ist die Fünf. Friede und Stille -die Fünf. Sie lassen sich mit dir auf Erden nieder. Du aber halte die Erde fest!
Die "Strahlende" ist die Sechs. Nimmst du die Sechs an? Sie ist Glückseligkeit, wisse es! Nicht im Rang schreiten die Sieben, sie schreiten in der Runde. Der Gipfel, des Kegels Spitze, ist eins. Die Eins, die Drei und die Sieben säumen noch, doch sie werden kommen.

Wir konnten euch gute Botschaft bringen. Danket Ihm! Er sandte uns. Empfanget unseren freudvollen Segen. Beuget euer Haupt.

Das Mysterium

Alpha-Omega. Omega-Alpha!
Der Erschaffene Mensch ist zwischen Anfang und Ende.
Der Erschaffende Mensch ist zwischen Ende und Anfang.
Zwischen Omega und Alpha ist das Wunder.
Alles wendet sich. Die Lösung ist: Omega-Alpha

Sei still und erkenne,
daß ich Gott bin!

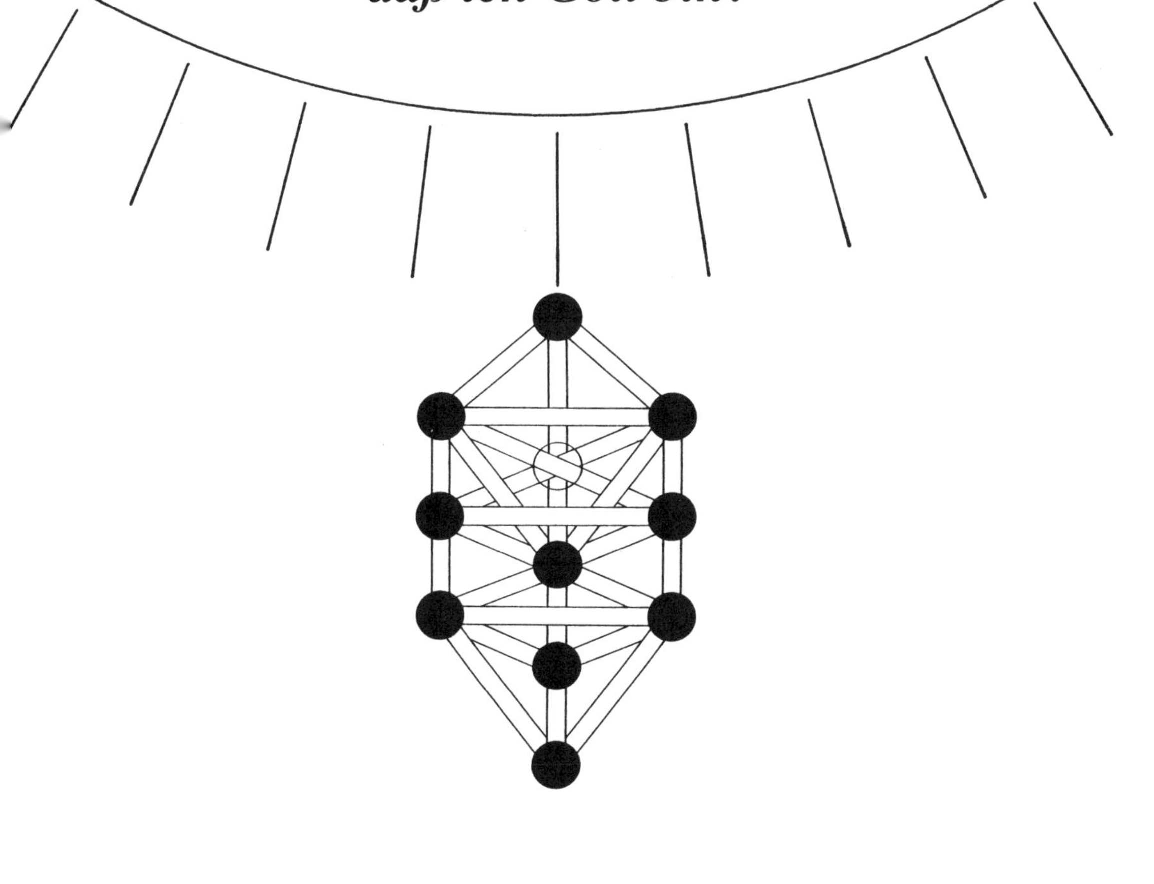

Die obere Triade

Einführung

Kether,* כתר *das unfaßbare Bewußtsein

In dem Sefirah Kether verschmelzen Raum und Zeit zu einer höherdimensionierten Wirklichkeit, die man vergeblich mit dem unzureichenden Verstand zu erhaschen sucht. Ein- und Ausfaltung aller Universen, Evolution und Involution, fließen ineinander zu einem subtilen Jetzt und alle Wesen, die mit einem reflexiven Bewußtsein begabt sind, stehen staunend vor diesem ewigen Rätsel. Senken wir also bescheiden unseren Blick vor diesem erhabenen Geheimnis, das uns für immer verschlossen bleibt, denn es ist das Geheimnis des Seins an sich. *Das Sein entsteht aus dem Unfaßbaren* und auf S.45 sprach ich *vom Zim-Zum*, der Nulloption Gottes. Kann es für Bescheidenheit und Demut ein größeres Vorbild geben als das Zim-Zum? Das *Ehje Ehje Ascher Ehje* ist reinstes und klarstes Seinsbewußtsein, ungetrübt von jeder selbstischen Vorstellung, frei von allen Schatten der Absonderung und Selbstliebe. Darum kann in ihm weder Raum noch Zeit Fuß fassen, weder Dualität noch Polarität. Hier ist im wahrsten Sinne des Wortes reines Licht in seinem unendlichen Glanz, das die Kabbalisten *Ajin-Sof-Aur* nannten.

Im Palikanon (D 11,85 I P.223) wird gesagt:

"Ohnegleichen ist das Bewußtsein, grenzenlos, rundherum strahlend, hier haben nicht Wasser, Feuer, Erde und Luft einen Halt, hier wird Langes und Kurzes, Feines, Grobes, Schönes, Unschönes- hier werden Name und Körper restlos aufgelöst: Durch die Grenzenlosigkeit des Bewußtseins wird dieses alles aufgelöst."

Der Sefirah Kether läßt sich nur noch im buddhistischen Sinne verstehen als der Buddha des grenzenlosen Lichtes (Amitabha) oder als Brahman oder als das hebräische Absolutum *Ich Bin der Ich Bin.*

Erinnern wir uns des Wortes im Buche Sepher Jezirah, da heißt es:

"Der erste Samen heißt das Wunder der Wunder. Es ist die höchste Krone. Dies ist das Licht, das den Uranfang ohne Anfang begreifen läßt und ist die erste Verklärung; kein Geschöpf kann seine Wesenheit je erfassen."

Ein Uranfang ohne Anfang muß unverstanden bleiben und ein Anfang ohne Ende gleichfalls. Das göttliche Bewußtsein hat eben keine Zeit und keinen Raum; im *Zim-Zum*-Zustand ist dies das Tor, durch das alle Wunder hervortreten.

Wollen wir aus diesen Unbegreiflichkeiten für unseren Weg durch das Dickicht des Alltags einen Nutzen ziehen, dann wohl den, daß wir erkennen dürfen, wie jämmerlich unser gegenwärtiger Absonderungszustand ist, in dem unser Ego sich verirrt hat. Gegenüber dieser höherdimensionierten Realität kommt es wenigsten mir so vor, als ob die gegenwärtige Verfassung ein böser Alptraum ist, durch den unser illusionäres Persönlichkeitsbild taumelt. Und das Lernthema der Kabbala heißt eben:

"Erwache aus Deinem dummen Traum, denn die einzige Wirklichkeit ist Gott."

Kurz-Zusammenfassung von Kether

I.Kether: Ehje ascher Ehje "Ich werde sein, der Ich-Bin"
Metatron: (Angesicht Gottes), die Entflammten
Archetyp: Der Alte und Vater aller Dinge. Kosmischer Schöpfer, aber auch der verherrlichte Mensch im Thronwagen des Hesekiel
Die Eins, Punkt, weiß
Transpluto, der diamantene Stern
Das unfaßbare Bewußtsein
Mysterium von Liebe, Weisheit und Willen, Frieden, Unendlichkeit, Ekstase, letzte Ursprünglichkeit, Gnade, Quell des Wahren, Schönen und Guten. Absolute Einheit, Ewigkeit, Allwissenheit, Allgegenwart, Allheit, Spiel der Liebe und Freude
Organe: Scheitel, li.u.re.Stirn, beide Schläfen, Gehirn

Die Botschaft

***Metatron** spricht:*

Ich begrüße dich. Viel erwarten wir von dir. Eine gute Botschaft bringe ich dir: du bist mir lieb.

Höre: Die erschaffene Welt ist ein Ball, mit dem der Vater spielt. *Er* gibt ihm einen Stoß, damit er wiederkehre- in Freude wiederkehre. Himmelskörper und Atome sind dessen Bild. Jeder Rausch ist Vorgeschmack des Gewichtlosen und deshalb sucht ihn der Mensch- doch auf falschem Weg. *Werde trunken in Gott!* Das ist des Weines Symbol, das ist *Sein* Blut. Tugend, Güte und gute Vorsätze sind nur leere Tonscherben ohne den Trank. Dürste nach dem Rausch mit unstillbarem Durst, denn er allein erlöst! Was willst du geben, wenn nichts in dir ist? Nur eine elende Tonscherbe bist du ohne den Trank. Dem, der wahrhaftig um Trank bittet, dem wird er gegeben! *Jeder Rausch ist Ehrung Gottes.* Der kleinere Rausch wird vom größeren verzehrt, aber er lebt weiter in ihm. Nichts geht verloren. Kein Zweifel sei also in deiner Seele.

Der Rausch ist das Heiligste.

Du schaust, doch du strahlst nicht. Nicht zum Schauen ist dein Auge da. Entfache das göttliche Feuer in dir.

Erhebe dich ins Strahlende und du wirst vor dem Herrn flammen und lodern jeden Augenblick.

Ich konnte dir gute Botschaft bringen. Danke Ihm! Er sandte mich. Empfange meinen freudvollen Segen, denn du hast Glauben. Beuge dein Haupt.

Affirmationen

Ehje ascher Ehje- Ich werde sein, der Ich-Bin.

Ich enthülle dir ein Geheimnis:

Das Einmalige ist ewig, denn es gleicht keinem zweiten.

Der Augenblick ist ewig, denn er ist einmalig.

Der raumlose Punkt ist unbegrenzt- Unendlichkeit.

Er kann alles sein- Allheit.

Er kann in jedem Augenblick sein- Allgegenwart.

Er kann in allem sein- Allwissenheit.

In ihm ist die Einheit befaßt.

Du bist einmalig und ohnegleichen.

Durch meine Einheit erfährst du die Ganzheit.

Folge meinen Willen und du wirst die Einheit von Liebe, Weisheit und Kraft erfahren.

-den vollkommenen Frieden

-den höchsten Rausch

-den letzten Ursprung

-unsagbare Gnade

-Born des Wahren, Schönen und Guten

-Spiel der Liebe und Freude.

Ich segne dich.

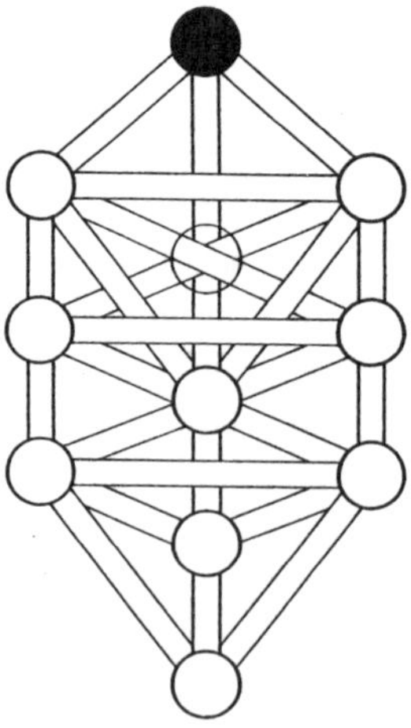

Einführung

Chokmah,* חכמה *das übergeistige Bewußtsein

Der Sefirah Chokmah empfängt aus Kether die unendliche Fülle der Schöpfungsideen, die den Manifestationen vorausgehen, und sie sind die ewigen Urbilder, mit denen die Universen sich ausschmücken. Wenn wir etwas über die Urideen aussagen können, so am besten mit dem Begriff *"Urpotenzen"*, einer höherdimensionierten Wirklichkeit des Wahren, Schönen und Guten. Es sind dies Ganzheiten mit einer dynamisch-schöpferischen Bewegung von gewaltiger Kraft und Macht, deren Glorie wir nur in lichten Momenten erfahren. In den Manifestationen erfassen wir die Ganzheit der Ideen nur teilweise, indem wir mehr intuitiv als durch Schlußfolgerungen den ideellen Kerngehalt einer Sache, eines Ereignisses oder eines Dinges wahrnehmen. Sri Aurobindo nennt diese Fähigkeit *die übergeistige Schau* des Supramentals -eine ätherisch-ozeanische Wahrnehmung-, wie sie nur dem erleuchteten Geist zukommt, siehe weiter unten. Die Idee an sich ist vollkommen, doch infolge unserer getrübten Wahrnehmung erfassen wir den Kerngehalt nur vage. Erst wenn wir die volle Bedeutung einer Idee erkannt haben, weckt sie in uns enorme *Eros-Energien*, und wir ruhen nicht eher, bis die Idee Gestalt in Raum und Zeit angenommen hat.

Chokmah, -die uranfängliche Weisheit Gottes, fand in den salomonischen Aussprüchen ihren essentiellen Niederschlag. Da heißt es:

"Jehova besaß mich am Anfang seines Weges, vor seinen Werken, von jeher. Ich war eingesetzt von Ewigkeit her, von Anbeginn, vor den Uranfängen der Erde. Ich war geboren, als die Tiefen noch nicht waren, als noch keine Quellen waren, reich an Wasser. Ehe die Berge eingesenkt wurden, vor den Hügeln war ich geboren; als er die Erde und die Fluren noch nicht gemacht hatte und den Beginn der Schollen des Erdkreises. Als er die Himmel feststellte, war ich da, als er einen Kreis abmaß über der Fläche der Tiefe; als er die Wolken droben befestigte, als er Festigkeit gab den Quellen der Tiefe; als er dem Meere seine Schranken setzte, daß die Wasser seine Befehle nicht überschritten, als er die Grundfesten der Erde feststellte: da war ich Schoßkind bei ihm und war Tag für Tag seine Wonne, vor ihm mich ergötzend allezeit, mich ergötzend auf dem bewohnten Teile seiner Erde; und meine Wonne war bei den Menschenkindern. Nun denn, ihr Söhne, höret auf mich: Glückselig sind, die meine Worte bewahren! Höret Unterweisung und werdet weise, und verwerfet sie nicht! Glückselig der Mensch, der auf mich hört, indem er an meinen Türen wacht Tag für Tag, die Pfosten meiner Tore behütet! Denn wer mich findet, hat das Leben gefunden und Wohlgefallen erlangt von Jehova. Wer aber an mir sündigt, tut seiner Seele Gewalt an, alle, die mich hassen, lieben den Tod (Spr.8.22-36).

Erinnern wir uns nochmals an die Worte im Buch Sepher Jezirah:

"Der zweite Samen heißt das erleuchtete Bewußtsein, es ist die Krone der Schöpfung und der Glanz der höchsten Einheit, der sich der Sohn am meisten nähert. Es ist über jedes Haupt erhaben und wird von den Weisen die zweite Verklärung genannt."

Nehmen wir mit dem einfältigen (nichtwissenden) Auge die Schöpfung wahr, dann haben wir uns Gott so weit angenähert, daß wir an seiner eigenen Schau teilhaben dürfen. Wir sind so im Glanz der höchsten Einheit und Ganzheit und über jeden Standpunkt erhaben. In dieser zweiten Verklärung fällt es uns leicht, gütig zu sein, denn in jedem Bewußtseinsausdruck sehen wir eine Welle oder eine Gischt des Ganzen und eine Verherrlichung Gottes. Das ist das erhabene Bewußtsein von Chokmah, und jeder ist dazu berufen, der nach Gott ernsthaft sucht.

Kurz-Zusammenfassung von Chokmah

II.Chokmah: JHWH auch **Jach-weh**, Du heiliger Gott
Raziel: (Geheimnis Gottes), die Engel der Weisheit
Archetyp: Der große Beschützer und Magier (Abba)
Die Zwei, Strich, vielfarbig
Der Uranus
Das übergeistige Bewußtsein
Fülle der Ideen, Weisheit, Ethik, Barmherzigkeit, Urbilder der Schöpfung, Ideale, Glaube, kosmische Energie, Heiterkeit
Organe: Linke Gesichtshälfte und Gehirnhälfte

Die Botschaft

Raziel *spricht:*

Ich begrüße dich. Viel erwarten wir von dir. Eine gute Botschaft bringe ich dir: du bist mir lieb.
Es gibt keinen wahren Glauben ohne Tat-, es gibt keine wahre Tat ohne Glauben.
Der Glaube kann nicht größer sein als die Tat; die Tat nicht größer sein als der Glaube, denn sie sind eins.
Nicht dein Glaube ist gering- deine Tat ist es.
Glaube ohne Tat ist nicht Glaube.
Sei nicht feige, tue!
Ist Tat und Glaube gesondert, dann ist der Glaube leer, die Tat leer.
Verabscheue leere Taten; *verabscheue leeren Glauben!*
Werden Tat und Glaube eins, so gehst du durch die schmale Pforte, und es wird sein ein neuer Himmel und eine neue Erde!
Er liebt in dir, darum kannst du lieben; je mehr du erkennst, daß *Er in dir liebt,* desto mehr kannst du lieben. Das ist Gnade! Welch wunderbarer Glanz in der ganzen Schöpfung. Unsagbar!
Ich konnte dir gute Botschaft bringen. Danke Ihm! Er sandte mich. Empfange meinen freudvollen Segen, denn du hast Glauben. Beuge dein Haupt.

Affirmationen

***JHWH** auch Jach-weh,- Du heiliger Gott!*

Erkenne *mich* hinter den Ideen, und *ich gebe dir* die Fülle.

Ich bin das Ideal, du mein Abbild.

Weihe mir dein höchstes Denken und Fühlen, und es wird Wirklichkeit.

Richte alle Vernunft *auf mich*, und du bist weise.

Erkenne mich -den höchsten Wert-, und alles ist dir wertvoll.

Schaue auf *meine Barmherzigkeit*, und du bist sanftmütig.

Ich Bin die Quelle aller Kraft, die dich stark macht.

Glaube an mich, und du bist unerschütterlich heiter und voller Zuversicht.

Werde mein Gefäß aus durchsichtigem Gold.

Nimm auf die göttliche Liebe, wo ewiges Leben atmet.

Ich singe das ewige- das freie Lied, und du singst mit.

Das Auge singt Licht.

Das Ohr singt Ton.

Die Hand singendes Erschaffen.

Das Herz singt Liebe.

Siehe, *Ich mache* alles neu.

Ich segne dich.

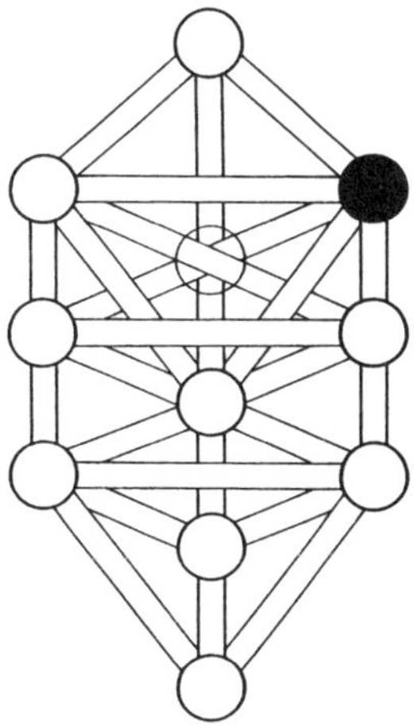

Einführung

Binah,* בינה *Das wissende Bewußtsein

Die obere Triade wurde von den Patriarchen als mystische Dreiheit bezeichnet, weil sie selbst keiner Wandlung unterliegt, sondern in ihrer unveränderlichen Reinheit und Klarheit ewig das reine Licht spiritueller Schwingungen aussendet und somit alle Welten durchdringt. Nach dem Gesetz der Energie- und Seinsschichten sind die höheren gegenüber den unteren frei, d.h. sie folgen unabhängig von ihnen ihrer eigenen Seinsgesetzlichkeit. Die obere Triade ist in der Welt Aziluth, siehe S.61, und in ihr ist das erleuchtete Bewußtsein. Alle drei sind wie die Spitze einer Pyramide und gleichzeitig pulsierender Mittelpunkt allen Seins. Die ungeheuere Fülle und Weisheit, welche diese geheimnisvolle Triade ausstrahlt, gemahnt den ernsthaften Sucher zum großen Schweigen, das die Tore zum Urglanz am ehesten zu öffnen vermag.

In Binah erhalten die Urideen aus Chokmah ihr strukturelles Prinzip und ihre raum-zeitliche Seinsbestimmung; sie bringen die Urideen und die Energien aus Chokmah in eine Seinsordnung, die wir begrifflich als Kategorien erfassen können. Eine Kategorie kann nur universale Gültigkeit haben, wenn aus ihr alle anderen ableitbar sind, und umgekehrt sie selbst wiederum aus anderen abgeleitet werden kann. Weiter oben sprach ich von den 24 Herren des Gesetzes, d.h. die eigentlichen Hüter des Gerechtigkeitsprinzipes und der kosmischen Ordnung. Verbinden wir die zwölf Gegensatzpaare der 24 Seinskategorien mit den 24 Urideen des Wahren, Schönen und Guten und setzen sie zueinander in Beziehung, so verstehen wir die kosmischen Gesetze etwas besser, siehe S.451 u. 90.

Erinnern wir uns nochmals der Sätze im Buch Sepher Jezirah über Binah: *"Der dritte Samen heißt heiliges Bewußtsein und ist die Grundlage der uranfänglichen Weisheit, welche die Schöpferin des Vertrauens genannt wird. Seine Wurzel ist in den drei Müttern. Es ist mit dem Glauben verwandt, welchem es entströmt."*

In Binah ist die uranfängliche Weisheit, welche die Schöpferin des Vertrauens genannt wird. Was heißt das?

Das heilige Bewußtsein ist die Mutter des Vertrauens oder die Voraussetzung allen Vertrauens ist Heiligkeit! Und die Wurzel ist in den drei Müttern:

Weg 13 Einigung	(Mem)
Weg 1 Erkenntnis	(Aleph)
Weg 21 Spiritualität	(Schin)

Das bedeutet:

1.Gehe den Weg der Einigung, bemühe dich um Versöhnung der Gegensätze (13)!
2.Gehe den Weg der Erkenntnis (1), bemühe dich um Wahrheit.
3.Gehe den Weg der Spiritualität (21), erwache aus deinem Traum.

Nur so entwickelt sich die Weisheit des weitsichtigen, vernünftigen, besonnenen und gelassenen Menschen. Das ist die eigentliche Grundlage des Vertrauens und der Weisheit.

Kurz-Zusammenfassung von Binah

III.Binah: Yah, Du Sohn Gottes
Zafkiel: (Anbetung Gottes), die Engel der Throne
Archetyp: Die große Matrona, Urmutter (Imma); alte weise Frau
Die Drei, Dreieck, Ikosaeder, Tetraeder, grau
Der Saturn
Das wissende Bewußtsein
Kosmisches Wissen, Heiligkeit, Prinzipien, Kategorien, Gerechtigkeit; die karmische Läuterung. Die fraktalen Schöpfungsformen, universale Gesetze der Form- und Gestaltbildung (morphische Resonanzen), Ernsthaftigkeit
Organe: Rechte Gehirnhälfte und Gesichtshälfte

Die Botschaft

***Zafkiel** spricht:*

Ich begrüße dich. Viel erwarten wir von dir. Eine gute Botschaft bringe ich dir: du bist mir lieb.

Aus vielen Stunden wird nie Unendlichkeit. Ist das Unendliche in deinem Herzen, so wird die Zeit in deiner Hand geboren und du wirst Zeit für alles haben.

Hältst du den Augenblick fest, bist du in der Zeit und ihr Sklave.

Es gibt keinen heiligen Augenblick, jeder Augenblick ist heilig.

Erlebe jeden Augenblick neu, und du lebst in der Zeitlosigkeit;

Das Neue ist Quelle des ewig Schöpferischen.

Das ewig Schöpferische ist der Tod des Augenblicks. Ewig schöpferisch sein ist Anstoß des Augenblicks und Zustand ewiger Freude.

Beim Tod jedes Augenblicks kannst du eintreten ins ewige Sein, in die erschaffene Welt, wo auch du den Augenblick anzustoßen vermagst.

Spontane Begeisterung ist ewiger Augenblick, denn nicht du bemühst dich um das große Werk, darum wirst du nicht ermüden.

Ewig dauert dieser Augenblick, er hat nie begonnen und kann nie vergehen. Nur du schwankst.

Lebe von Augenblick zu Augenblick neu.

Ich konnte dir gute Botschaft bringen. Danke Ihm! Er sandte mich. Empfange meinen freudvollen Segen, denn du hast Glauben. Beuge dein Haupt.

Affirmationen

Yah, *Du Sohn Gottes*

Übergib mir dein ganzes Wissen, *ich werde* es erleuchten.

Ich bin das kosmische Wissen, du der Wissende.

Durch mein kosmisches Wissen bist du wissend.

Tue ab die Heiligkeit, denn *nur Ich heilige dich.*

Überlasse mir die Gerechtigkeit, denn mein ist das Gericht.

Folge meinen Prinzipien und achte meine Gesetze, und du bist ein Fels in der Zeit der Drangsal.

Erkenne *mich* hinter allen Formen, und du bist stets am richtigen Ort und zur rechten Zeit.

Richte die Aufmerksamkeit ununterbrochen *auf mich,* das ist wahres Gebet.

Werde ernsthaft und entschlossen.

Ich segne dich.

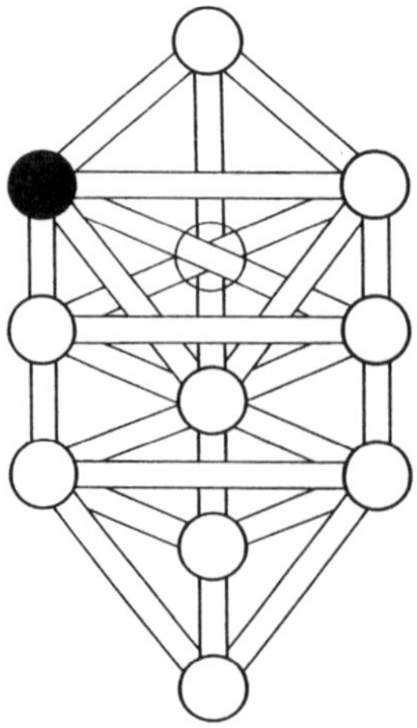

Die mittlere Triade

Einführung

Chesed,* חסד *das expansive Bewußtsein

Chesed appelliert an unsere Güte und Nachsicht. In diesem Sefirah entwickelt unser Bewußtsein den Drang nach Vollkommenheit, Wachstum und Sinngebung.
Das Bewußtsein von Chesed will also das innere und äußere Paradies gleichzeitig verwirklichen; in ihm haben Not, Armut und Tränen keinen Platz. Typisch für Chesed ist daher die Tendenz zum Haben- und Tun-Bewußtsein, das überwiegend auf Wohlstand, Fülle (innerer Reichtum) und rastloses Schaffen ausgerichtet ist.
Lesen wir nochmals die ursprüngliche Bedeutung von Chesed im Buche Sepher Jezirah:
"Der vierte Samen heißt anhaltendes und empfangendes Bewußtsein, weil es sich wie eine Grenzsäule erhebt, um die Emanationen aus den höheren Bewußtseinen zu empfangen. Ihm entströmen alle subtilen Kräfte. Es selbst fließt aus der höchsten Krone (Kether).
Chesed empfängt den himmlischen Segen aus Chokmah, der wie eine Grenzsäule die Fülle festhält und sie weiterleitet. Dieser himmlische Segen sind die Ideen und Begabungen, mit denen wir mehr oder weniger ausgestattet wurden. Große Ideenfülle und Begabung bedeutet, je nach Entfaltungswunsch und Möglichkeit, ein reiches, erfülltes Leben. Können wir unsere Begabungen voll ausbilden, so bereichern wir nicht nur uns, sondern auch die Gemeinschaft und haben dort unseren *einmaligen Platz.* Jemand, der sehr talentiert ist und mit "seinen Pfunden wuchert", braucht weder sein Ego aufzuplustern, noch nach Anerkennung scheelen. Er hat es nicht mehr nötig, den Besseren oder Überlegenen auszuspielen, weil er jene natürliche Wertschätzung erhält, die seiner originalen Anlage zukommt. Die Originalität und Einmaligkeit wird durch die besondere Komposition von Talenten und Fähigkeiten konstelliert, die zum Ganzen in einem unbedingten und ergänzenden Verhältnis steht, und jeder, der im Bewußtsein der Lichtmaterie lebt, wird sofort das Besondere an seinem Mitmenschen wahrnehmen und ist nicht mehr durch bewertende Ich-Bin-Attribute verdunkelt. So sehen wir in Chesed den Sefirah der Motive und Talente, der Großzügigkeit und des Wachstums. Wenn Geburah nicht mäßigend, ja selektiv eingreift, treten an Stelle von Großzügigkeit, Verständnis und Anteilnahme Scheinheiligkeit, Verschwendungssucht, Wohlleben, Trägheit und Bequemlichkeit. Alle guten Vorsätze und Motive werden von Verwöhnung und Wohlstandslauheit überwuchert, daher ist Chesed auch der Sefirah des Wohllebens und Luxus.
So sehen wir in Chesed auch die Hingabe an die große Aufgabe, und je mehr die Talente und Motivation von Güte und überpersönlicher Zuneigung geleitet werden, desto mehr Freude und Gelingen. Während in Chesed der quellende Lebenssaft unerschöpflich fließt, verteilt und lenkt Geburah den Strom der segensreichen Energien und Begabungen, greift da und dort korrigierend ein. Eines kann ohne das andere nicht sein, erst beide zusammen bilden die große Gleichgewichtsachse in der Mitte des Lebensbaumes.

Kurz-Zusammenfassung von Chesed

IV.Chesed: **El**, Du großer Erbarmer
Zadkiel: (Tröster Gottes), die Engel der Herrschaft
Archetyp: Die Majestät, der Gönner und Wohltäter, der Tugendhafte
Die Vier, Viereck, Pyramide (Oktaeder), azurblau
Der Jupiter
Das expansive Bewußtsein
Expansion, Begabungen, Talente, Motivation, Milde, Rücksichtnahme, Vernunft, Verwirklichungsdrang, das Gute, Entwicklung und Entfaltung, konstruktiver Aufbau, Fortschritt, Erhaltung
Organe: Linkes Schultergelenk, Schulterblatt

Die Botschaft

Zadkiel, *- der Tröster Gottes, der Bauende spricht:*
Ich begrüße dich. Viel erwarten wir von dir. Eine gute Botschaft bringe ich dir: du bist mir lieb.

Die Erde dort unten ist ebenso nahe wie die Stille hier oben. Sie sind eins.
Die Tat ist nur auf Erden möglich.
Leer ist die Erde, obwohl erfüllt von *Seiner Hand,* deren Name "Mensch" ist.
Der Mensch ist der Vermittelnde, der Bauende, der Helfende, der Strahlende.
Gesandter des Himmels ist dein Name.
Durch dich werden Himmel und Erde eins, oh Mensch.
Der alte Wirbel verschlingt alle Steine, aus denen das Gotteshaus gebaut wurde. Du aber baust dem Himmel neue Mauern hier unten. Nicht mehr mit Stein, sondern mit Gesetz, Rhythmus und Lied.
„Gesandter des Himmels", *Er* ist der Tuende, du bist die Tat. *Er ist mit Dir.*
Ich konnte dir gute Botschaft bringen. Danke Ihm! Er sandte mich. Empfange meinen freudvollen Segen, denn du hast Glauben. Beuge dein Haupt.

Affirmationen

El, *- Du großer Erbarmer*

Ich bin der Beweggrund, du der Ausführende.

Ich Bin der Tuende, du die Tat.

Ich bin die Ausdehnung, du die Gestalt.

Nimm mich zum Beweggrund, und alle Absichten gelingen dir.

Fühle meine Sanftmut, und du bist herzlich.

Erkenne meine Barmherzigkeit, und du bist rücksichtsvoll.

Mein Fortschreiten ist deine Zuversicht.

Wisse, daß ich in dir das Gute bin, und du bist gut.

Erwache aus deinem Traum, *denn Ich bin die einzige Wirklichkeit.*

Erkenne in mir den Planer, und du bist der Ausführende.

Hüte meinen Schatz, und du erhältst dich und deine Brüder auf ewig.

Ich segne dich.

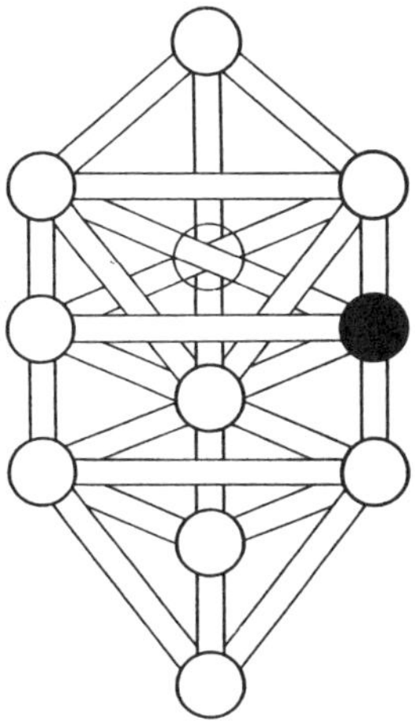

Einführung

Geburah,* גבורה *das selektierende Bewußtsein

In Geburah kommen uns Regeln und Normen zum Bewußtsein, vor allem die Regeln des Zusammenlebens und Austausches. Dies erfordert ein gewisses Maß an Selbstdisziplin und Selbstüberwindung.

So, wie man z.B. Spielregeln der Fairneß in allen Sportarten erstellt, um jeder Mannschaft und jedem Sportler die gleichen Chancen zu geben, so gibt es auch Spielregel im täglichen Umgang. Halten sich nun alle strikt an die Regeln, dann ist der Wettkampf ehrlich, und der Beste oder Tüchtigste gewinnt. Im Alltag, ob am Arbeitsplatz oder in der Familie, verhält es sich genauso. Nur wenn wir uns an die Konventionen der Ehrlichkeit, Rücksichtnahme, Zumutbarkeit und Aufrichtigkeit halten, wird niemand verletzt, und alle tragen zu einem glücklichen Miteinander bei. Gerade an diesem Punkt laborieren viele halbherzig herum und kommen so nie zu einer klaren inneren Haltung. Zuerst sollten wir uns eingestehen, daß jeder von uns mehr oder weniger dazu neigt, zu lügen und zu täuschen. Auch liegt es im Wesen des Thanatos-Bewußtseins, für sich mehr Eigentum und Sicherheit zu beanspruchen, und kaum einer, der nicht irgendwie einen leisen Neid verspürt, wenn der Nachbar oder Kollege zu Wohlstand, Reichtum und Ansehen kommt; das Eingeständnis hängt nur vom Grad innerer Bewußtheit ab. Besonders neigen viele zu Halbwahrheiten und Übertreibungen, wenn es z.B. darum geht, den Wert einer Arbeit oder Ware vorzugaukeln, der in keinem Verhältnis zu den Forderungen steht, nur um "gesunde Geschäfte" zu machen oder man dem anderen Optimismus einredet, obwohl seine Bedenken durchaus berechtigt sind. Auch die Nichteinhaltung von Versprechungen und das Setzen von falschen Erwartungen oder das Verschleiern von Unwahrheiten sind Formen der Lüge, an denen unzählige Freundschaften und Vertrauensverhältnisse tragisch zerbrochen sind. Viele Menschen wenden die innere Strenge nur situativ an, um sich zu rechtfertigen (Zwecklügen, Schutzbehauptungen usw.) und machen sich dabei selbst etwas vor. Sich ungeschminkt die Wahrheit einzugestehen ist oft schmerzhaft und ähnelt einem chirurgischen Eingriff in das Ego, dessen selbstherrliche Ernennungen und Vorstellungen gleich Krebsgeschwüren radikal entfernt werden müssen. Geburah ist der Kritiker in uns, dessen feiner Unterscheidungsgeist uns sehr genau sagt, wann wir heucheln und uns etwas vormachen. Ganz gleich, ob wir rationale oder irrationale Rechtfertigungsgründe suchen, wir können damit keine Gewissensberuhigung erzielen, denn stets gilt dem Gewissen das zweite Gebot als Maßstab: *"Alles nun, was ihr wollt, daß Euch die Menschen tun sollen, das tut ihr ihnen auch."* Dies ist das Gesetz der Propheten oder das Gesetz der Nächstenliebe. Mit dieser wahrhaft goldenen Regel haben wir einen eindeutigen Gewissensmaßstab, der ständig unsere Gewissenslage tangiert. Wenn wir uns dies stets bewußt machen, dann erfüllen wir die Strenge von Geburah, und die Früchte, die wir aus der täglichen Übung ernten, sind ein starkes moralisches Rückgrat, Standhaftigkeit und Treue zu sich und anderen. Nicht wenige versuchen, durch eine relativierende Sichtweise ihr Gewissen zu beschwichtigen, doch dergleichen Strategien können niemals die goldene Regel außer Kraft setzen, weil sie stets auffordert, sich in die Rolle des anderen hineinzuversetzen. Da und dort mag die mangelnde Einfühlung ein Hindernis sein, doch Karma und Schicksal, siehe Binah, S.156, werden dafür sorgen, daß sie das, was sie an ihren Mitmenschen nicht wahrhaben wollten, früher oder später am eigenen Leibe unangenehm zu spüren bekommen. Geburah ist der Sefirah der Strenge und der Gewissensprüfung, besonders der Strenge gegen sich selbst. Jeder sollte selbstkritisch sein und alle Lauheiten und versteckten Heucheleien ausmerzen. Nur so gewinnen wir Rückgrat und moralische Stärke. Erinnern wir uns der Sätze in Buch Sepher Jezirah:

"Der fünfte Samen heißt Wurzel-Bewußtsein, weil es der höchsten Einheit (obere Triade) mehr als jedes andere gleichend, aus den Tiefen der uranfänglichen Gerechtigkeit (Binah) entströmt."

Geburah ist das Wurzelbewußtsein, und niemand kommt an ihm vorbei. In Geburah kommen wir zu einem übergreifenden Regelbewußtsein des Miteinanders und in innigen Austausch mit unserem Gewissen.

Verwirklichen wir Geburah in diesem Sinne, dann werden wir innerlich stark wie ein Donnerkeil, unsere Mitmenschen achten und wertschätzen uns, weil wir nicht nach dem Munde reden, noch faule Kompromisse eingehen. Wir werden mutig und unerschrocken, haben Zivilcourage und bekommen ein inneres Gespür für Korrektheit. Je mehr wir der inneren Strenge unseres Gewissens und allgemeinverbindlichen Regeln folgen, desto eher verwirklichen wir die Achtung vor anderen und die goldene Regel. Die vollkommene Verwirklichung dieser mächtigen Sefirah gelingt jedoch nur, wenn Geburah das Ego so weit selektiert hat, daß der göttliche Funke in uns zu leuchten beginnt.

Kurz-Zusammenfassung von Geburah

V.Geburah: Elohim Gibor, Du starker und strenger Gott
Kamael: (Gestrenge Gottes), die Engel der Gewalten
Archetyp: Der Kämpfer und Überwinder, der Streiter um eine gerechte Sache, der siegreiche Held. Aber auch der Prüfer (Hüter der Schwelle), der Unbeugsame, der Gestrenge, der Reiniger
Die Fünf, Pentagramm oder Pentagon (Fünfeck), Dodekaeder, rot
Der Mars
Das selektierende Bewußtsein
Gewissen, Moral, Wertgerichtetheit, Strenge, Stärke, Prüfung, Konsequenz, Durchsetzung, Regeln, Selektion, Reinigung, Schmerz, Sühne
Organe: Rechtes Schultergelenk, Schulterblatt

Die Botschaft

Kamael, *- der Gestrenge Gottes, der Messende, spricht:*

Ich begrüße dich. Viel erwarten wir von dir. Eine gute Botschaft bringe ich dir: du bist mir lieb.

Selbst der Stein wächst, der Baum blüht, das Tier liebt, aber der Mensch verdirbt alles, begräbt, verrät das Gesetz! Bringe Frucht- denn mir schaudert, Lebendes zu schneiden! Das Wort lebt in Dir. Bringt der Feigenbaum aber keine Frucht, so wird er gefällt. Die Knospe bricht auf: Wird sie Frucht oder nur Laub? In meiner Hand das flammende Schwert, das Feuerschwert, doch in Aufruhr ist meine Seele. Der "Gärtner" bittet: Noch einen Tag, Herr! Rings um den Stamm will ich graben, ich will ihn auch düngen- vielleicht bringt der Baum doch noch Frucht! Wenn nicht- so fälle ihn. Erhöre mich! Ich bin doch Gärtner und der Baum ist mir lieb. In meiner Hand das Feuerschwert...und ich weiß, daß ich niederschlage, so *Er* das Zeichen gibt, denn Ich bin sein Diener. Auch des Engels Dienst ist schwer. Dennoch ist er immer bereit, zu dienen. Ich empöre mich nicht, ich nehme nicht Anstoß. Diene Tag und Nacht! Stehenbleiben ist verboten! Viele Talente sind Dir anvertraut, und Du mußt Rechenschaft ablegen. Sieh- es ist doch so gut, ihm zu dienen! Blühe! Ich bitte Dich!

Ich konnte dir gute Botschaft bringen. Danke Ihm! Er sandte mich. Empfange meinen freudvollen Segen, denn du hast Glauben. Beuge dein Haupt.

Affirmationen

Elohim Gibor, *- Du starker und strenger Gott*

Gib mein Wort weiter, so wie ich es gebe.

Mein Wort ist Tat.

Wahres Wort erhebt, falsches begräbt.

Sprich nicht *"Mehr",* sonst verlierst du die Kraft.

Nicht das *"Viel oder das Mehr"* ist wesentlich, sondern das, was *Ich* in dir spreche.

Ist das Wort wahr, so spricht *Er durch Dich* und der Baum des Lebens beginnt zu grünen. Dort reift das ewige Sein und die sieben himmlischen Kräfte sind deine Krone.

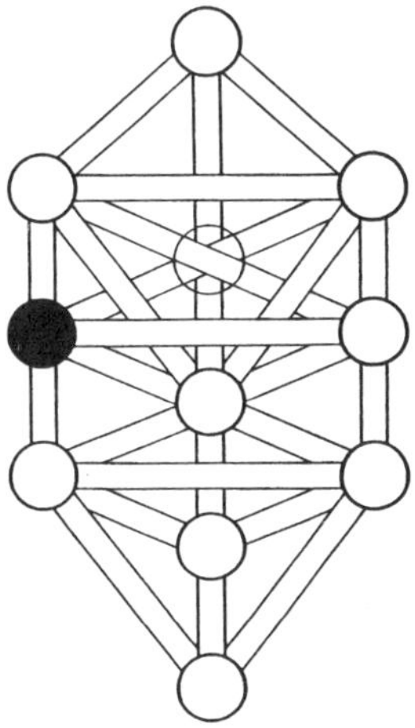

Ich bin das Gewissen, du der Gewissenhafte.

Nimm mich zum Maß, und du bist maßvoll.

Bin ich der einzige Wert, so ist dir alles wertvoll.

Erkenne meine Strenge, und du bist immer strebend.

Durch Prüfungen wirst du *zu meinen Tempel.*

Glaubst du an meine Klarheit, so bist du eindeutig.

Erkennst du meine Konsequenz, so bist du Sieger.

Durch mich handelst du gewissenhaft.

Erfüllst du das Gesetz, so bist du mein Bote.

Wisse, daß ich der Unterscheidende bin, und du siehst die Einheit in der Vielheit.

Mein Schmerz erlöst dich von den Ketten des Egos.

Ich reinige die Erde von allem und fülle sie mit Weisheit.

Ich segne dich.

Einführung

***Tifereth,* תפארת** *das integrale Bewußtsein*

In Tifereth, dem zentralen Dreh- und Angelpunkt des Lebensbaumes, vollzieht sich, wie ich schon an anderer Stelle sagte, siehe S.204, der Eroszyklus. Die Entscheidung für ein *überpersönliche*s Leben und Sein gelingt nur, wenn wir uns *unwichtig* nehmen und ganz im Du aufgehen. *Mit der Entscheidung für den Eroszyklus offenbart sich in Tifereth unsere wahre Individualität.* Aus spiritueller Sicht ist Individualität der ewige Name in uns, den nur Gott weiß. Als geschaffene Wesen, die in ihrem reinsten individuellen Sein einen ganz bestimmten Aspekt des Absoluten verkörpern und zum Ausdruck bringen sollen, hat sich der göttliche Geist selbst ausgerufen und beim Namen genannt. Bei Gott gibt es keine „Auserwählten oder Günstlinge“, noch gibt es Verdammte. Reagieren wir gemäß unserem innersten Wesen, so handeln wir ganzheitlich und wirklich ergänzend, andernfalls sind wir nichts weiter als Automaten, die nach dem Programm vorgefaßter Meinungen und Anschauungen reagieren. In diesem Sinne wird verständlich, was Ganzheit wirklich bedeutet. Setzen wir diese Erkenntnis in Beziehung zum Ideal der Mitte, wie sie in Tifereth präsent ist, so wird deutlich, weshalb die Haltung *des Sowohl-als-Auch* eine ergänzende, einmalige Verhaltensweise ermöglicht und die *Weder-Noch-Haltung* andererseits jene innere Offenheit garantiert, die keinerlei Ressentiments, Vorbehalte u.a. erlaubt. Erst so sind wir original und bringen hundertfältige Früchte.

Erinnern wir uns nochmals des Zitates im Buch Sepher Jezirah:

Der sechste Samen heißt Bewußtsein der Vermittlung, weil in ihm sich der Strom der Emanationen vervielfältigt (achtfach). Es ergießt diesen Strom auch auf die Gesegneten, die sich in ihm vereinigen."

Das Bewußtsein der Vermittlung vervielfältigt bzw. transformiert eine innere oder äußere Situation oder ein Ereignis, weil es Vereinigung bewirkt. Diejenigen, welche Original sind, ergänzen und vereinigen sich also und sind deshalb gesegnet.

Das Ziel ist das göttliche Kind, das die dunkle Materie aus ihrer Trägheit und Verschlafenheit erlöst und in *Lichtmaterie* transformiert, das ist die kosmische Bestimmung in Tifereth, siehe auch S.202. Das göttliche Kind in uns ist frei von allen Egoverhaftungen; es spielt mit dem Universum nur um des Spieles willen, und das Universum spielt mit, herzhaft lachend, und schützend hält es seine Hand über sein Kind, das ihm lieb und teuer ist.

Kurz-Zusammenfassung von Tifereth

VI.Tifereth: Eloah, Du Schönheit, Zierde, Ruhm und Freude
Prototyp des Gottessohnes- Jesus Christus (der kosmische Mensch, Adam Kadmon)
Außerhalb der neun Chöre: Michael (Der General Gottes)
Archetyp: Das Königskind, der Alleinerbe. Der sich aufopfernde Schlichter und Vermittler
Die Sechs, Hexagramm (Sechseck), gelb
Die Sonne
Das integrale Bewußtsein
Die Integration, Individualität, spirituelle Wahrnehmungseinheit, Vermittlung, Ausgleich, Befriedung und Harmonie, Auferweckung, Nachfolge
Organe: Herz, Brustmittelraum, Brustbein, BWS, Oberbauch

Die Botschaft

Michael, der General Gottes, spricht:

Ich begrüße dich. Viel erwarten wir von dir. Eine gute Botschaft bringe ich dir: du bist mir lieb.

Das Ziel ist nicht oben und nicht unten. *Er* wohnt nicht oben und nicht unten. Oben und unten sind nur Teil. *Sein* Platz ist das Ganze. Das Ziel ist die Vereinigung. Ohne die Vereinigung lebt nichts. Der Erwählte strebt nicht nach oben, strebt nicht nach unten, der Erwählte lebt und das vereint. Die Materie ruft den Geist. Der Geist knetet die Materie. Das Lied des Erwählten ist die Vereinigung: Geist-Materie...Materie-Geist. In der Materie versinken- ist Tod. In den Geist entschweben- ist gewesen. Jetzt aber formt sich der Bogen: die Vereinigung. Alles ist tot, was war. Auch der alte Gott ist tot- ein neuer wird geboren. Ist die Geburt verspätet und die Kraft gering, so tötet der Mutterschoß. Die Kraft ist blind, aber sie wirkt, auf daß Materie und Licht sich treffen. Der Mutterschoß ist dunkel- aber es strahlt die Sieben, das Licht. Die Materie schützt, aber sie hält auch zurück. Jetzt zerreißt die alte Bindung zwischen Materie und Materie. Nicht das Licht wird geboren, sondern die neue Materie, *-die Licht-Materie.* Das Licht war und wird immer sein. Seit dem ersten Tag vorbestimmt ist die Vereinigung. Das Lied des Erwählten ist der Triumph *des Einen.* Wir segnen den Himmel, wir segnen die Erde und dich, der alles vereint, frei vereint!
Vergangenheit ist Reinigung. Gegenwart ist Selbsthingabe. Zukunft ist Hochzeit.

Ich konnte dir gute Botschaft bringen. Danke Ihm! Er sandte mich. Empfange meinen freudvollen Segen, denn du hast Glauben. Beuge dein Haupt.

Affirmationen

Eloah, *- Du Schönheit, Zierde, Ruhm und Freude*

Zu meiner Zierde habe ich dich gemacht, meine Schönheit ist in dir.

Einen Platz habe ich dir bereitet, den kein Auge gesehen und kein Ohr gehört und in keines Menschen Herz gekommen ist,- werde seiner würdig.

Zu meinem Gleichnis bist du gemacht, darum bist du ohnegleichen.

Ich bin die Weltmitte, du der Vermittler.

Ich bin Himmel und Erde- das Ganze, Du zwischen beiden die Mitte.

Bin ich deine Glorie und deine Freude, so achtet man dich.

Durch mich erkennst du die Einheit.

Ich bin der Ausgleichende, du der Vermittler.

Fühle meine Harmonie, und um dich ist Frieden.

Gib dich mir ganz hin, und du bist ein Kind des Höchsten.

Durch mich bist du in der Weltmitte, glaube an mich.

Rufe mich an, und du bist erlöst.

Ich segne dich.

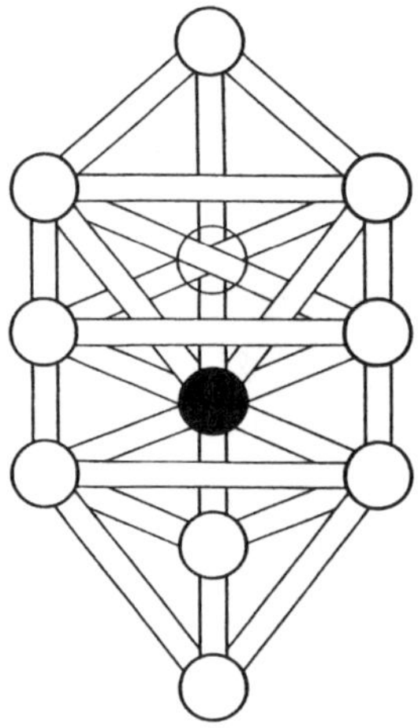

Die untere Triade

Einführung

Netzach, נצח *das emotionale Bewußtsein*

In Netzach sitzt unser emotionales Leben mit den fünf Grundemotionen. Anschaulich gesprochen, sind Emotionen gedankliche Einfärbungen, die der formenden Kraft des Mentals die innere Bewegung verleihen. Mit anderen Worten, Emotionen geben die Bedeutung einer Sache, während Gedanken nur ordnen. Sagt uns der Verstand, *wie* wir eine Sache, eine Situation oder ein Ereignis angehen sollen, so erfahren wir über die Emotionen, *was* sie uns bedeuten. Diese Unterscheidung ist nun mal wichtig, wenn wir von Emotionen sprechen. Gefühle, ob fein oder grob, formen sich in Gedanken um und nähren sie auch. Insofern besteht eine Wechselwirkung, *doch nur wessen Herz voll ist, dem läuft der Mund über*, und Gedanken haben somit nur Rückwirkungen auf unsere Gefühle.

Es ist nicht einfach, objektiv über Gefühle zu sprechen, zumal die formale Sprache und Schrift mehr oder weniger unzulängliche Mittel sind und eigentlich nur in der persönlichen Begegnung der wirkliche Bedeutungsgehalt eines inneren Anliegens, eben über die Emotionen, erfahrbar ist. Da die Grundemotionen in der Hierarchie der Seinsstufen über den Trieben stehen und sie determinieren, gehe ich davon aus, daß ein Identifikationsgefühl den Zustand unseres Ich-Bin entsprechend einfärbt, und die Triebstufe daher nur eine vergröberte, rustikalere Form der feineren Emotionen ist. Emotionen laden unser sterbliches Ichbild auf, färben es mit einer bestimmten Energieladung und wirken, ähnlich wie Triebe, etwa wie ein energetischer Treibsatz, auf unsere Gedanken und Vorstellungen.

Generell können wir zwischen expandierenden und kontrahierenden Emotionen unterscheiden, und hier liegt auch der Schlüssel zu ihrem Geheimnis. **Freude und Heiterkeit** sind expandierende, offensive Emotionen, sie sind warm und erregen positive Gedanken. **Zorn oder Wut** sind heiße, offensive Emotionen, deren pulsierende Dynamik uns in einen gefährlichen Ladungszustand bringen können. Dagegen sind **Angst und Sorge** kontrahierende, defensive und kalte Emotionen, die negative Gedanken in Bewegung setzen. Wenn alle fünf Grundemotionen zu einem einzigen umfassenden Gefühlszustand verschmelzen, so kann dies nur der **Gleichmut** sein. Im Zustand des Gleichmuts kommt alles in eine ausgewogene Mitte, und die Emotionen fließen in breiten Wogen dahin, ohne Gischt und Schaum. Er ist also ein allen Emotionen übergeordneter Gefühlszustand. Im positiven Sinn ist er nicht Gleichgültigkeit, noch Ungerührtheit, sondern eine Stimmung der Gelassenheit und Abgeklärtheit. Im Zustand des Gleichmuts werden die Dinge und Ereignisse gleichgewichtig gesehen und weder über- noch unterbewertet.

Erinnern wir uns der Worte aus dem Buch Jezirah: *"Der siebte Samen wird verborgenes Bewußtsein genannt, weil es einen blendenden Glanz auf alle ordnenden Kräfte ausgießt, die mit den Augen des Geistes und in Verzückung des Glaubens betrachtet werden."*

Die Emotionen gießen also einen blendenden Glanz auf die ordnenden Kräfte des Mentals, sie machen unsere Gedanken glanzvoll, verleihen ihnen Dynamik und Bewegung, und sie bringen uns in Verzückung. Nicht die ordnende Langeweile

und trockenen Schlußfolgerungen des logisch verfahrenden Mentals erwecken die Erneuerung, sondern Gefühle der Begeisterung sind es, die aufrichten und unserem Leben den nötigen Schwung verleihen.
Wer jedoch die Gesamtheit seiner Gefühle auf Gott ausrichtet, der bewahrt seine **Begeisterung** wie ein kleines Kind und hält sein Mental und alle positiven Kräfte jung. Er erneuert sich von Augenblick zu Augenblick und erfährt sich in Netzach in stets neuer Verklärung. Netzach wird zum Born einer ewigen Quelle des Sieges, der Heiterkeit und inneren Erneuerung.

Kurz-Zusammenfassung von Netzach

VII.Netzach: Elohim, Du, Herr der Gnade
Rafael: (Heiler Gottes), die Engel der Mächte
Archetyp: Das lebenshungrige Liebespaar, Don Juan, der schwungvolle Genießer
Die Sieben, Heptagon, Heptagramm (Siebeneck), grün
Die Venus
Das emotionale Bewußtsein
Gefühle, Beistand, Hoffnung, Heilen, Erneuerung, Verbundenheit, Spontaneität, Affekte, Freude, Äußeres
Organe: Linker Unterbauch, Hüfte, Hüftgelenk

Die Botschaft

Rafael, *- der Heiler Gottes, der Helfende, spricht:*
Ich begrüße dich. Viel erwarten wir von dir. Eine gute Botschaft bringe ich dir: du bist mir lieb.
Sieben Stufen hat der Mensch. Drei kennst du. Die vierte glaubst du zu kennen. Drei sind erschaffene Welt, drei sind erschaffende Welt. In der Mitte ist die Brükke, die nicht Verstand ist. Auf Stein, Gras und Pferd folgt nicht das Ego, sondern der Mensch: die Vereinigung der Sieben. Erhebe das Haupt! *Der Siebente sei mit dir! Er berühre dich!* Die sieben Seelen sind dein Tempel. Auf der ersten ruht dein Fuß (Wahrheit). Sechs umhüllen dich bis zum Scheitel, und die Sieben ist oben. Jede der Sieben ist oben.
Jede der sieben Seelen wirkt:
Wahrheit- ist.
Liebe- wächst.
Rhythmus- bewegt. Harmonie.
Erkennen- erschafft.
Friede- ruht.
Glückseligkeit- durchstrahlt alles.
Urgrund- höchstes Geheimnis, unsagbarer Rausch und Lust. Viele sind wir, doch unser Wort ist eins. Die Gnade strömt durch uns, und wir ermüden nie. Die Gnade, die wir geben, ist das Leben, das wir leben. Geben ist des Gewichtes Gegengewicht. Dürste nach dem Neuen! Feuer ist dir gegeben: ewiger Durst. Gib ihn weiter! Liebespfand des Vaters und der Mutter, im Schoße der Vier. Noch ist sein Name geheim. Wird Himmel und Erde eins in dir, ist alles erfüllt.

Ich konnte dir gute Botschaft bringen. Danke Ihm! Er sandte mich. Empfange meinen freudvollen Segen, denn du hast Glauben. Beuge dein Haupt.

Affirmationen

Elohim, *- Du, Herr der Gnade*

Siehe, ich mache dich neu, wirf weg dein altes Kleid.

Richte alle Gefühle auf mich, und du bist heiter und fröhlich.

In mir findest du wahren Beistand, ich beschütze dich.

Hoffe auf mich, und dein Herz wird frohlocken.

Glaube, daß ich die Heilung bin, und du bist der Heiler.

Was ich im Himmel verbinde, tue du auf Erden.

Verlaß dich auf mich, und du hast keine Bedenken.

Ereifere dich für mich, und du erlebst jeden Augenblick neu.

Durch mein Gefühl fühlst du richtig.

Ich bin der Gefühlvolle, du das Gefühl.

Mach dich schön für mich, und ich gestalte dich anmutig.

Erbaue strahlende Freude in dir, um zu helfen.

Ich segne dich.

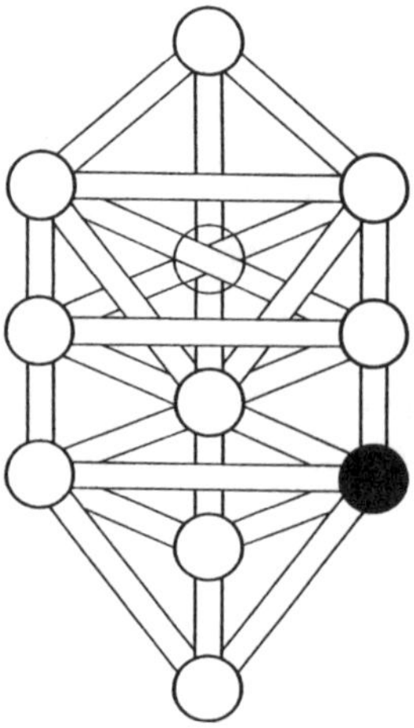

Einführung

Hod*, הוד *das mentale Bewußtsein

In Hod ist der Sitz des mentalen Bewußtseins. Die Fähigkeit, nach logischen Regeln zu schlußfolgern, beziehen wir aus Hod. Logik und logischer Formalismus ist zwar eine Erfindung des menschlichen Geistes, doch leiten wir die Urteilsformen aus den fünf Verknüpfungskategorien Affinität, Modalität, Quantität, Relation, und der Qualität ab. Die Raum-Zeit-Anschauungsformen geben dem Verstand den nötigen Orientierungsrahmen, um überhaupt schlußfolgern zu können. Ob sich der Verstand hierbei mehr in der Vergangenheit, Gegenwart oder Zukunft bewegt, ergibt die Fragestellung, die er an die Erscheinungen richtet. Fragt er z.B., *wie* kann ich dieses oder jenes Phänomen nutzen, welche Gesetze verbergen sich dahinter, so richtet sich sein Blick mehr auf vergangene Wirkungen und Zusammenhänge, er kommt so unweigerlich in die kausale Analyse. Fragt er dagegen, *was* eine Erscheinung bedeutet, so richtet sich seine Aufmerksamkeit auf die gegenwärtigen Beziehungsmuster und das Korrelat, er geht also mehr induktiv vor. Beide jedoch ermöglichen auch eine Aussage über Zukünftiges. Der Verstand dient dem Geist nur als Instrument und Orientierung in der Raum-Zeit-Welt, mehr nicht. Die in Netzach pulsierenden emotionalen Ladungspotentiale befruchten und steuern die Denkrichtung ganz erheblich. Umgekehrt aktivieren auch logische Schlußfolgerungen Gefühle, z.B. ein Denkprozeß, der zu einem positiven Resultat kommt, setzt optimistische Gefühle, Erwartungen und Freude frei. Wir sehen also eine Wechselwirkung von Verstand und Gefühl, doch lehrt uns die Erfahrung, daß meist eine bestimmte Grunderwartungshaltung (Intention) vorgegeben ist, die im wesentlichen entweder expansive Gefühle und konstruktive Gedankenformationen oder defensive Gefühle und destruktive Gedanken aktivieren. Die höhere Intentionalität wird in Geburah und Chesed bestimmt, siehe S.159 u.162.

Nach kabbalistischer Auffassung dient das Mental nur dazu, Erkenntnisse über die Herrlichkeit Gottes im logischen Zusammenhang zu erforschen. Mit der Anschauungsform von Raum und Zeit, so wie sie dem Mental angeboren ist, erstellen wir ein logisches Verknüpfungsnetz kausaler und induktiver Zusammenhänge, die uns bis an die Grenzen der Erkenntnis heranführen. Erinnern wir uns des Zitats im Buch Sepher Jezirah, wo es heißt: *"Der achte Samen heißt vollkommenes und universelles Bewußtsein. Ihm entströmt die Vorbereitung der Prinzipien. Es hat keine Wurzeln, an denen es hängt, außer in den Tiefen der Sphäre Herrlichkeit, der Ursache, aus der es entströmt."* Anscheinend sind die logischen Gesetze doch universell gültig, zumindest in Raum und Zeit. Müßten wir, in Ermangelung allgemein verbindlicher Regeln, ungeprüft obskures Machwerk selbsternannter Weltenlehrer und Gurus übernehmen, so wäre ein Tohuwabohu zu erwarten; deshalb ist es so wichtig, die Logik als ein wirksames Kontrollmittel an der Hand zu haben, mit dem wir intuitive Erkenntnisse und Ideen klar überprüfen können. Vielleicht ist die höhere Logik, welche in Hod verborgen liegt, eine Metalogik, die meines Erachtens jedoch in Geburah ihren Sitz hat. Jedenfalls sind mit Vorbereitung der Formprinzipien jene fünf Verknüpfungskategorien gemeint, die ich weiter oben nannte. Daß Kant sie entdecken durfte, zeigt, daß der menschliche Geist fähig ist, die Tiefen der Herrlichkeit des Gottesgeistes zu erforschen. Aus praktischer Sicht dienen uns die Formelemente des Verstandes, um Pläne und Absichten logisch zu begründen und sie mental so auszuarbeiten, daß sie in der Realität verwirklicht werden können. Die Computertechnologie ist dafür ein exzellentes Beispiel. Wir sollten stets berücksichtigen, daß der Verstand nur ein rationales Verstehen ermöglicht, über unsere emotionale Anteilnahme jedoch nichts aussagen kann. Alle Gedanken sollten ganz in den Dienst Gottes und die überpersönliche Verwirklichung gestellt werden. Wir müssen Gott mit allen *denkbaren Mitteln* suchen und in uns festigen. Auch wenn Philosophen einen Gottesbeweis nicht anerkennen, so sollten wir Gott in unserem Denken breiten Raum geben. Erst dann können wir die Affinität so zentralisieren, daß wir in allem den positiven Kern entdecken, und die vier sekundären Kategorien werden nicht mehr einseitig überbetont, sondern ihre verknüpfende Kraft wird unsere Gedanken so formen, daß zu gegebener Zeit und am rechten Ort das richtige Denken eingesetzt und ausgesprochen wird. Unser Denken bewegt sich dann in jener *wundersamen Mitte*, wo alles Platz hat, weil es Gott verherrlicht und nicht sich selbst. Kommen wir schließlich so weit, daß sich die unendliche Fülle, Weisheit und Liebe Gottes in Worten und Gedanken manifestieren, dann können wir mit jenem Rabbi sagen: *"Wenn ich meine Gedanken an den Schöpfer hefte, lasse ich meinen Mund reden, was er will, denn jedes Wort ist an seine obere Wurzel gebunden."*

Kurz-Zusammenfassung von Hod

VIII.Hod: Zebaot, Er, der Herr der Heerscharen
Uriel: (Licht Gottes), die Urkräfte.
Archetyp: Der Verkünder oder Informant. Aber auch der Hüter und Bewahrer der Schriften und des Wortes
Die Acht, Oktagon, Oktagramm (Achteck), orange
Der Merkur
Das logische Bewußtsein
Ratio und Logik, Denken, Zweckmäßigkeit, Nützlichkeit, Vorsicht, Suche, die logische Form
Organe: Rechter Unterbauch, Hüfte, Hüftgelenk

Die Botschaft

Uriel,- das Licht Gottes, der Strahlende, spricht:

Ich begrüße dich. Viel erwarten wir von dir. Eine gute Botschaft bringe ich dir: du bist mir lieb.

Schaue nicht mehr auf Zahlen, so wirst du die Kräfte erkennen, denn hinter allem ist *die eine Kraft.* Jede Form ist ein Tor zu unendlichen Kräften. Das Auge ist ein Tor, das Ohr ist ein Tor. Jedem ein anderes, aber die Kraft ist eins.

Mit dem Kopf sollst du keine Pläne schmieden, mit dem Kopf führe Pläne aus! Der Plan ist *beim Vater.* Jeder Plan. Du aber planst das Auszuführende mit dem Kopf und läßt die Zeit vorzeitig auf das Auszuführende los. Der Kopf und die Zeit sind eins. Zerbrich dir nicht den Kopf! Der Plan schwebt über der Zeit. Wirst du eins mit dem Plan, so eilst du nie und säumst nie.

Du kannst in das kleine "Ich" nicht fallen, denn du bist darin. Ihr seid alle darin. Das kleine "Ich" ist dein größter Schatz. Nicht verlassen- erheben sollst du es! Wie das Holz sich in Feuer verwandelt, so auch das Ich zum Licht und- es geht nicht verloren. Welch Wunder, die Person! Seit endlosen Zeiten wird sie gestaltet, und du -törichtes Kind- verachtest sie! *Er* formte sie für dich seit Urbeginn der Zeiten. Sei nicht töricht! Bist du ein wahrer Herr, so ist sie ein guter Diener und Unmögliches wird möglich, Ungenießbares wird genießbar. Diene mit ihr und Brot wird zur ewigen Speise.

Ich konnte dir gute Botschaft bringen. Danke Ihm! Er sandte mich. Empfange meinen freudvollen Segen, denn du hast Glauben. Beuge dein Haupt.

Affirmationen

Zebaot, *- Er, der Herr der Heerscharen*

Erkenne mich, den Ordnenden nach Maß und Zahl, spiele damit, und von einem Wunder zum anderen wirst du schreiten.

Siehe, unendlich verküpft ist meine Weisheit, folge ihren Spuren und ich werde dir entgegenkommen.

Ich bin der Schlußfolgernde, du der Ausführende.

Setze alle Logik *für mich ein*, und du bist scharfsinnig.

Weihe mir dein ganzes Denken, und es ist folgerichtig.

Nimm mich zum Ziel, und alle Mittel werden geheiligt.

Höre nicht auf die falschen Propheten, denn ihre Tage sind gezählt.

Suche mich mit ganzem Herzen, mit aller Kraft, und du findest mich.

Alle meine logischen Formen dienen dir zur Erkenntnis.

Ich segne dich.

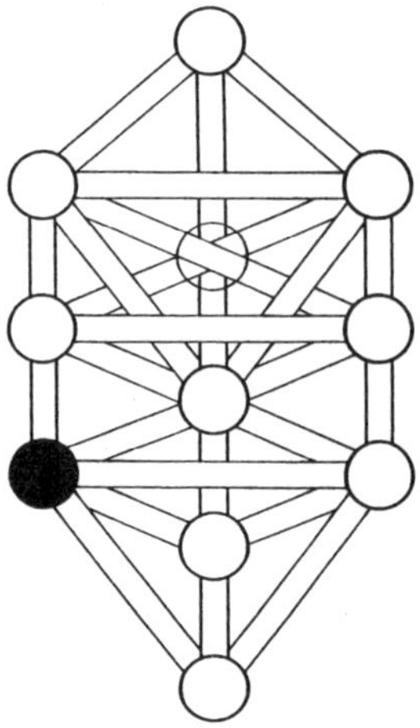

Einführung

Jesod*, יסוד *das vitale Bewußtsein

In Jesod ist der Sitz des Körper-Ego. Dieses sollten wir, aus Gründen unzulässiger Vermengungen, vom Persönlichkeits-Ego trennen und nicht vermischen. Die Vorstellung, die wir von unserer Persönlichkeit haben, ist nur ein Sammelsurium von Meinungen und Selbstkommentaren und macht unser sterbliches Ichbild aus. Es ist ein illusionäres, traumhaftes Selbstbildnis und holt sich aus Hod die Rechtfertigungsgründe und aus Netzach die emotionale Ladung. Durch die freie Entscheidung der Sonderexistenz ist der Mensch aus der Einheit herausgefallen und hat sich zunehmend in die Bedürfnisse seines Körper-Ego verstrickt. Die Folge war, daß er die Forderungen der Instinkte und Triebe generalisierte und auf alle Bereiche des individuellen Seins ausdehnte. Er empfindet z.B. die Teilung seines Hab und Guts als eine existentielle Bedrohung, ebenso, wenn einmal die Aufträge ausbleiben usw. Der Mensch antwortet dann mit Überreaktionen und einer egoistischen Verteidigungsposition, ähnlich Wölfen, die sich um eine geschlagene Beute raufen. Das ist typisch für ein egoeingefärbtes Jesod und entspricht dem unbedingten Willen zum Leben und zur Selbstbehauptung.

Grundsätzlich sind in Jesod die zehn Grundbedürfnisse und die fünf Grundtriebe, und sie haben eine erhaltende und einheitsstiftende Funktion. Raumerkundung, Kraftentfaltung, Tätigsein, gestalten bzw. verändern, besitzen und verteidigen sind elementare Bedürfnisse, ohne die es kein Leben und keine Erhaltung gibt. Daraus leiten sich die zehn Biobedürfnisse ab. Ebenso ist es mit den fünf Grundtrieben, die unsere vitale Dynamik ausmachen. Neugiertrieb, Geltungstrieb, Berührungstrieb, Paarungstrieb und Nesttrieb sind mächtige Triebfedern, die unser physisches Dasein sichern und weit in unser persönliches Sein hineinreichen. Durch die Aktivierung der Triebkräfte durch kosmische Rhythmen, z.B. durch die Mondphasen, kommen uns die Triebkräfte besonders zu Bewußtsein und wir spüren ihre große Kraft. Es sind dies androgyne Mächte, die sich da regen, weder männlich noch weiblich, aber sie drängen zum Ausdruck -wollen *einfach leben.* Zutiefst haften sie an Bildern, Eindrücken und sinnlichen Erscheinungen, denen sie Lebendigkeit verleihen, doch ihr Verhängnis ist, daß sie sich darin verfangen und zu einem unentwirrbaren Knäuel verwickeln. In Jesod sind die Bilderwelt und die heilige Lebenskraft untrennbar miteinander verschmolzen. Drei wesentliche Attribute hat die Lebenskraft: *Zyklus, Durchsetzung und Ewigkeit.*

Erinnern wir uns nochmals der Sätze im Buch Jezirah: *"Der neunte Samen heißt geläutertes Bewußtsein. Es reinigt die Sefiroth und bewahrt ihre erhabene Glorie. Indem es ihre Einheit begründet, gibt es ihnen (den Sefiroth) Schutz vor Zerstörung und Zerfall."* Jesod reinigt also die Sefiroth, einigt, stabilsiert und schützt sie! Dies erklärt sehr eindeutig die Funktion von Jesod. Indem Enttäuschungen in den Wegen nicht einfach verdrängt und abgewehrt werden (im Unbewußten), siehe S.271, müssen wir dort mit der Katharsis und Läuterung beginnen. In Jesod kommt es zur Bindung und Lösung, dem alchimischen *"solve et coagula."* Jesod bindet einerseits unsere Vorstellungen, Urteile und Bewertungen. Es hält unser illusionäres Ichbild wie in einem Spinnennetz gefangen und löst es wieder auf, wenn wir darauf das reine Licht des überpersönlichen Bewußtseins richten, d.h. wenn uns dies alles von einem höheren Standpunkt vor Augen geführt wird. In einem Bildervergleich ist es wie mit dem Wandlungsritus in der Messe. Der Kelch ist das Symbol für die Fülle und Gesamtheit aller ungeläuterten Triebe, Wünsche und Illusionen, die mit mehr oder weniger animalischer Dynamik in uns zu einer höheren Ausdrucksform kommen wollen. Seine rituelle Emporhebung ist Ausdruck der Öffnung zum höheren Licht unseres Selbstes und ihre Verwandlung (Transsubstantiation) in die urspüngliche geistige Ausrichtung und Klarheit. Die Bereitschaft, unser mühsam gezimmertes Selbstbildnis und alle Meinungen und Bildnisse, die wir uns von dieser Welt machen, aufzugeben, indem wir es emporheben und von der strahlenden Kraft Gottes verwandeln bzw. transformieren lassen, bewirkt die Erlösung von allem Leid und läßt Jesod im reinsten Glanz des göttlichen Lichtes erstrahlen.

Die Essenz des **Paarungstriebes** erstrahlt in der Liebesgemeinschaft mit Gott. Der **Nesttrieb** wandelt unseren Leib zu einem wahrhaften Tempel Gottes; im glorifizierten **Berührungstrieb** werden alle äußeren Ereignisse zur wahren Botschaft unseres virtuellen Selbstes in einer einzigartigen Ereigniskette.

Durch die schöpferische Potenz des verherrlichten **Geltungstriebes** verwirklichen wir die Eingebungen göttlicher Ideen und ein Erfolg nach dem anderen reiht sich auf, wie auf einer Perlenschnur. Um so mehr sind wir Gott dankbar und geben ihm allein die Ehre und Achtung, und im **Neugiertrieb** entdecken wir das Wunder der zehn göttlichen Gaben, siehe auch S.447.

Kurz-Zusammenfassung von Jesod

IX.Jesod: El Chai Schaddaj, Du lebendiger allmächtiger Gott
Gabriel: (der Starke Gottes), die Engel
Archetyp: Der Naturmensch (Herkules, Tarzan)
Die Neun, Enneagramm (Neuneck), violett
Der Mond
Das vitale Bewußtsein
Lebenskraft, Vitalität, Einfühlung, mitfühlend, Anteilnahme, Lebensbejahung und Dynamik, Begierde, Sinnlichkeit, Triebe, Instinkte, Natürlichkeit, Rhythmik, Wiederholung, Drang und Kraft
Organe: Genitalbereich, Blase, Becken, Kreuzbein, Steißbein

Die Botschaft

Gabriel, *- der Starke Gottes, spricht:*

Ich begrüße dich. Viel erwarten wir von dir. Eine gute Botschaft bringe ich dir: du bist mir lieb.

Höre gut zu: Die tierischen Geschöpfe paaren sich nicht aus Selbstzweck, doch des Menschen Instinkt wurde vom Verstand verfälscht und wurde zum Selbstzweck.

Die heilige Kraft ist für das Neue gegeben, doch nicht für eine immer neue Menge von Körpern. Der Mensch erhielt so viel mehr von dieser Kraft, als Mangel auf Erden ist. Aber nicht viele Menschen sind nötig, sondern *der Mensch.* Der Mensch hat die heilige Kraft mißbraucht, und jetzt muß er sie erleiden.

Es kommt die Zeit, wo all das nicht mehr sein wird. Ich verkünde die Zeit, sie ist nahe. Freue dich dessen von morgens bis abends! Welch wunderbare Schönheit! *Du bist Hüter einer heiligen Kraft. Teilst du sie mit Liebe aus und behältst sie nicht für dich, so hast du nichts zu befürchten. Wird die Kraft erhoben, so bleibt die leere Hülle ohne Kraft zurück.* Noch immer fürchtest du das Alte (deinen Verlust)! Ohne Grund.

Ich konnte dir gute Botschaft bringen. Danke Ihm! Er sandte mich. Empfange meinen freudvollen Segen, denn du hast Glauben. Beuge dein Haupt.

Affirmationen

El Chai Schaddaj, *- Du lebendiger, allmächtiger Gott*

Ich bin der höchste Genuß, du der Genießer.

Weihe mir alle Vitalität, ich mache sie zum höchsten Rausch.

Ich bin der Born der Lebenskraft und schenke sie dir auf unabsehbare Zeit.

Wisse, daß ich der Einfühlende bin und du der Anteilnehmende.

Ich bin der Beweger, du die Bewegung.

Übergib mir alle deine Begierden, ich werde sie verherrlichen.

Durch meine Energie bewegst du dich kraftvoll.

Erkenne meine Natürlichkeit, und du bist frei vom Zwang.

Bin ich der Dirigent, so pulsiert dein Herz in meinem Rhythmus.

Wisse, daß alle Potenz in mir ruht, und du erhältst die Fülle der Kraft.

Ich segne dich.

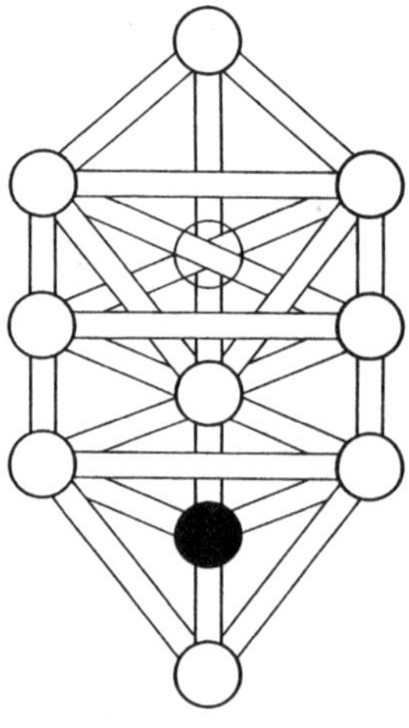

Malkuth, die göttliche Vision des Königreiches (Lichtmaterie)

Einführung

Malkuth,* מלכות *das physische Bewußtsein

Malkuth ist der Sefirah des Festkörperbewußtseins und des *Widerstandes!* Unser physischer Kosmos, vor allem hier auf diesem Planeten, ist voller Hindernisse und Widerstände. Anders als im Astralkosmos, wo sich jede Wunschvorstellung sofort feinstofflich manifestiert, erfordert die physische Manifestation erheblichen Energie- und Zeitaufwand. Geduld (Weg 22a) und Beharrlichkeit (Weg 17) sind dafür die wesentlichen Voraussetzungen.

In diesem Sefirah sollen alle übrigen Sefiroth gleichgewichtig zum Ausdruck kommen. Gott will sich in unserem Körper vollkommen offenbaren. Der Körper ist der Tempel des Herrn und soll ihm ein würdiges Haus sein. Die fünf Sinnesorgane, Ohren (hören), Augen (sehen), Haut (tasten/fühlen), Zunge/Mund (schmecken), Nase (riechen), sowie die fünf Handlungs- und zehn Erhaltungsorgane und auch die äußere Gestik sowie die Erscheinung sollten wir ganz in den Dienst Gottes stellen. Der Körper als physische Hülle soll nicht bloß Werkzeugfunktion haben, sondern unser Innenleben physisch manifestieren, d.h. unverfälscht und original zum Ausdruck bringen. So gesehen, haben wir im Körper ein umfassendes Ausdrucks- und Verwirklichungsmittel Gottes. Das hebt ihn über die Vorstellung einer bloßen biologischen Maschine weit hinaus und gibt ihm einen würdigen Platz in der Schöpfung. Wenn wir unseren Körper schmücken, schön kleiden, ihm besondere Pflege und Aufmerksamkeit zukommen lassen, freihalten von Giften (Alkohol, Nikotin und Drogen) und dies in dem Bewußtsein tun, Gott einen schönen Tempel zu bereiten, so verehren wir seine Anwesenheit, *-die Schechina-,* doch hat auch alles seine Grenzen. Erinnern wir uns an die Sätze, die im Buch Jezirah über Malkuth stehen: *"Der zehnte Samen heißt glänzendes Bewußtsein, weil es über jedes Haupt erhaben ist und seinen Sitz in Binah hat; es erhellt den Glanz aller Himmelslichter und läßt die Form der Strukturprinzipien ausströmen."* Malkuth erhellt den Glanz aller Himmelslichter, eben weil wir im Körper alle übrigen neun Sefiroth zum Ausdruck bringen, daher ist Malkuth das glänzende Bewußtsein. Leben wir ganz in dem Bewußtsein, daß dieser unser physischer Körper (Guf) ein Tempel Gottes ist, dann können wir ihn voll bejahen, vermeiden Körperverneinung und Weltflucht und nutzen alle Möglichkeiten, um Gott in ihm vollkommen zum Ausdruck zu bringen. Wir verwirklichen Gott in leiblicher Gestalt durch den Ausdruck der Mitte, d.h. unsere gestaltlichen Bewegungen und Reaktionen sind weder hektisch noch nachlässig, die Haltung weder zu angespannt, noch zu schlaff, auch unser Sinnengenuß ist maßvoll und hält sich in der Mitte, wo wir Gott begegnen. Indem wir Gott in unserer leiblichen Gestalt und den Sinneseindrücken erfahren, verfeinern wir die Sinneswahrnehmung bis ins Spirituelle. Hören wird dann zum hellhören, Sehen zum Hellsehen, Tasten zum hellfühlen, Schmecken zum himmlischen Geschmack, Riechen zum berauschenden Dufterlebnis und Körperkraft zur dynamischen Anmut. Unsere Gestalt wird zum Gleichnis des himmlischen Adam Kadmon, dessen Augen leuchten wie zwei glitzernde Bergkristalle.

Kurz-Zusammenfassung von Malkuth

X.Malkuth: Adonai Melech, Du Herr und König
Sandalphon: (Gärtner Gottes), die Schutzengel
Archetyp: Die schöne Tochter oder die geschmückte Braut
Die Zehn, Dekagramm (Zehneck), Hexaeder, braun
Die Erde
Das physische Bewußtsein
Widerstand, Körper, das Werkzeug, physisches Ausdrucksmittel, die körperliche Präsens und Konkretisierung, geprägte Form, Mechanik, Schwere, Festigkeit
Organe: Fußknöchel, Füße, Fußsohlen (Reflexzonen)

Die Botschaft

Sandalphon, *- der Gärtner Gottes, spricht:*
Ich begrüße dich. Viel erwarten wir von dir. Eine gute Botschaft bringe ich dir: du bist mir lieb.
Das Böse ist die Wiege der Freude.
Umsonst fliehst Du vor dem Bösen- es gibt nichts Böses.
Das Böse- die ewige Frage des Menschen!
Niemand weiß es, aber ich verkünde dir: Das Böse ist das werdende, aber noch nicht geformte Gute.
Es gibt nichts Böses- es gibt nur nicht erkannte Aufgabe.
Erfüllst du sie nicht, so zerstört sie dich.
Hebst du alles empor, so hälst du die ewige Freude in deiner Hand.
Emporgehoben, wird die verwüstende Kraft des Zornes zum Halleluja.
Das Feuer zerstört, emporgehoben, ist es flammende Freude.
Achte nur darauf und alle Krankheit, alles Üble, alles Böse, alles Schlechte endet.
Das ist das Zepter, das ich in Deine Hand gebe.
Das Zepter ist die Verbindung zwischen unten und oben. Dir gebe ich es, nimm es an!
Nimm es und wisse: Du nimmst das Schlechte auf und verwandelst es in Gutes, denn es gibt nichts Schlechtes, es gibt nur ungewandelte Kraft. Nicht mehr Schlechtes und Gutes, sondern *das Eine!*
Wenn du dich umgestaltest, so ist auch die Materie gezwungen, sich umzugestalten zur Lichtmaterie.
Ich konnte dir gute Botschaft bringen. Danke Ihm! Er sandte mich. Empfange meinen freudvollen Segen, denn du hast Glauben. Beuge dein Haupt.

Affirmationen

Adonai Melech,- Du Herr und König

Ich bin der Körper, du mein Werkzeug.

Stelle den Körper *ganz in den Dienst meines heiligen Plans,* und er ist verherrlicht.

Trage dein Kreuz, denn es ist der Hammer und Amboß meiner heiligen Werkstatt.

Wisse, der Körper ist mein Tempel, entweihe ihn nicht.

Werde vollkommener Spiegel meiner Hülle und meines Ausdrucks, und du erkennst dich selbst.

Richte jede Bewegung, jede Gebärde *auf mich,* und sie sind erlösender Ausdruck.

Nehme ich, so nimm du, gebe ich, so gib du, so wird die Materie dienen, denn einzige Ursache jeder Tat *ist die kommende Lichtmaterie.*

Jeder Körper ist mein äußeres Gleichnis und dient mir als Werkzeug meines heiligen Reiches.

Ich segne dich.

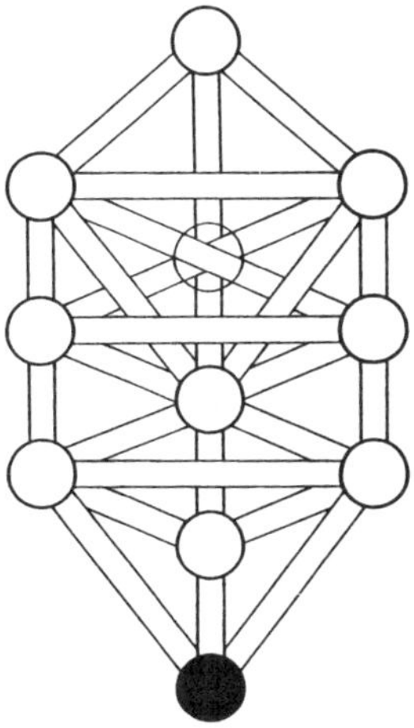

Eine Trennung ist zwischen Dir...und dir. Dieser Spalt, dieser dunkle Abgrund, der war, der ist, der aber nicht sein wird, ist auch in dir. Erschaffene Welt -erschaffende Welt. Zwischen den beiden -die Kluft. Gib acht! Du selbst bist die Brücke. Nach schöpferischen Strahlen kannst du dich nicht sehnen, denn es ist dir gegeben, selbst Brücke zu sein. Nicht der Wunsch ist Brücke, sondern der Glaube. Was nicht war und was auch jetzt nicht ist, was aber sein wird, ist: die Erlösung; kann Geld erlösen, kann Opfer erlösen, Güte, guter Wille, Nächstenliebe, Selbstaufopferung? All das fällt in den bodenlosen Abgrund. Es wird hinabgeworfen, die Tiefe verschlingt es, denn all das ist nichts. Bodenlose Tiefe; umsonst werft ihr alles Gerümpel hinein! Nie wird sie gefüllt!

Die Antwort der Engel

Daath, der Reißverschluß im Schleier zwischen Beriah und Aziluth

Einführung

Daath *(ohne Namen, ohne Zahl und Form)*

Daath heißt wörtlich *"das innere Wissen"*. Die markante Stelle, wo sich die drei Wege 22, 23 und 24 im Lebensbaum kreuzen, wurde von den alten Kabbalisten als Abyss oder Abgrund bezeichnet. An dieser Stelle steht das aus der göttlichen Welt (Aziluth) herabsteigende Ich vor der schicksalhaften Frage nach dem *Woher, Wozu und Wohin.* Erfüllt vom Urglanz des göttlichen Wissen um die Ganzheit und Einheit und seiner selbst (virtuelles Selbst) neigt es dazu, sich als einen eigenen Kosmos zu begreifen, und läuft somit Gefahr, sich vom Urglanz abzusondern. Es baut langsam ein selbstisches Verständnis auf, sozusagen beginnt es, sein Bewußtsein *für sich zu erachten* und trennt sich so von der Ganzheit ab. Die Engel sagten, an diesem Wendepunkt begann der Mensch sein Wissen für sich zu behalten, und das war der Beginn der Verdunklung des überpersönlichen Bewußtseins. Wenn sich das kosmische Bewußtsein, so wie einst Adam und Eva, langsam aus der Ganzheit herauslöst, dann muß notwendig ein eigenes Bewertungssystem entstehen, dessen Koordinaten sich zwangsläufig auf ein abgesondertes Ich-Bin ausrichten, siehe auch S.99. Mit diesem neuen Bewußtsein, nämlich der Erkenntnis des Guten und Bösen -symbolisiert in Adam und Eva-, haben sich die Menschen, gegen den göttlichen Willen, entschieden, von nun an sich selber zu leben und selbst zu entscheiden, was sie für richtig oder falsch hielten. Dies war der Beginn der inneren Abspaltung vom Urgrund und die Vorrangstellung persönlicher Bewertungen gegenüber einem überpersönlichen Bewußtsein. Die Menschen hatten an diesem, man möchte beinahe sagen, apokalyptisch-spirituellen Wendepunkt sehr wohl die Möglichkeit, zur überpersönlichen Ganzheit zurückzukehren, denn in Daath ist alles noch offen. Die verborgenen Wege 23 und 22 markieren diese Chance durch die Bewußtseinshaltung der Bescheidenheit und Gesetzeserfüllung. Bescheidenheit bedeutet die Wiedereingliederung (Integration) des selbstischen Bewußtseins und Gesetzeserfüllung die Anerkennung der göttlichen Weisheit, die das zentrale Gebot beinhalten, nicht vom Baum der Erkenntnis zu essen. Das Nicht-Essen der Frucht bedeutet, das überpersönliche Bewußtsein nicht für sich zu genießen, sondern mit

dem Ganzen auszutauschen und so die Möglichkeit offenzuhalten, mit allem verbunden zu sein. Dieses Gebot wurde in Daath mißachtet, und die Folge war der Verlust des ewigen Lebens.
Hätte der Mensch das Gebot beachtet, und hätte er sich nicht eine eigene Bewertung und Beurteilung angemaßt, so wäre die ganze Schöpfung in der göttlichen Welt Aziluth verblieben und würde nach wie vor als Lichtmaterie wahrgenommen! Zu einer Rückkehr in ein überpersönliches Bewußtsein bzw. in den Eroszyklus konnten sich die Menschen jedoch nicht mehr durchringen, daher verdunkelte sich das kosmische Bewußtsein zu einem abgesonderten, was unabsehbare Folgen für ihre weitere Entwicklung hatte. Nicht nur die seelischen Veränderungen waren gravierend, sondern auch die biologischen. Es war wahrlich der Anfang eines grauenhaften Thanatoszyklus und die Vertreibung aus dem Paradies. Damit ist an dieser Stelle endlich der Schleier gelüftet über den bislang dunklen Bedeutungsgehalt des Abyss, und wir können jetzt auch die rätselhafte Rolle von Daath im Lebensbaum besser verstehen. Der Mensch wurde ein umherziehender Nomade, der durch den Verlust der inneren Einheit und des Friedens äußerlich keine ruhige Wohnstätte mehr fand. Der Abgrund (Abyss) des zarathustrischen Dualismus war aufgetan und damit die Abspaltung von der göttlichen Einheit. Obwohl Daath der Abyss war und immer noch ist, muß der Mensch wieder über die Erkenntnis zurückkehren und ihn erneut überschreiten, wenn er das überpersönliche Bewußtsein -die Ganzheit und Einheit der göttlichen Welt- wiedererlangen will.
Überschreiten wir Daath, dann kommen wir zu der Erkenntnis, daß jedes Wirklichkeitsverständnis eigentlich Illusion ist. Wir verstehen endlich, daß die Schöpfung ein großer Traum ist, und wir selbst Teil dieses Traumes. In diesem Bewußtseinszustand lassen wir unser trügerisches Selbstbildnis los und durchschauen es als ein illusionäres Seinwollen. Der Bewußtseinszustand in Daath ist Niemandsland, und der Mensch steht vor einem gefährlichen Abgrund.
Der Übergang von festen Standpunkten, Meinungen und Vorstellungen, die allesamt auf ein illusionäres Ich-Bin ausgerichtet sind, zu einer Standpunktlosigkeit, Selbstverleugnung und Auflösung aller Vorstellungen muß zunächst schwere Erschütterungen bewirken. In ihrer trockenen und nüchternen Sprache über den Ichverlust sagt die Gefährtin von Sri Aurobindo, "die Mutter", hierzu:
"Das gewöhnliche Bewußtsein des einzelnen ist wie eine Achse, und alles dreht sich um diese Achse (Ich-Bin). Verlagert sie sich, so fühlt man sich verloren. Es ist wie eine große Achse (mehr oder weniger groß, sie kann auch ganz klein sein), die in das Zeitliche hineingelagert ist, und alles dreht sich um sie. Es erstreckt sich mehr oder weniger weit, ist mehr oder weniger hoch, mehr oder weniger stark, aber es dreht sich um die Achse. Und nun ist keine Achse mehr da- verschwunden ist sie, davongeflogen! Es kann nach Norden gehen, es kann nach Süden gehen, nach Osten und nach Westen; es kann nach vorne gehen, es kann nach hinten gehen, es kann überall hingehen. Keine Achse ist mehr da."

Laotse schreibt in seinem 20.Aphorismus dazu:

Zwischen "Gewiß und Jawohl": was ist da für ein Unterschied?
Zwischen "Gut und Böse": was ist da für ein Unterschied?
Was die Menschen ehren, muß man ehren.
Oh Einsamkeit, wie lange dauerst Du?
Alle Menschen sind so strahlend, als ginge es zum großen Opfer,
als stiegen sie im Frühling auf die Türme.
Nur Ich bin so zögernd, mir ward noch kein Zeichen,
wie ein Säugling, der noch nicht lachen kann,
unruhig umhergetrieben, als hätte ich keine Heimat.
Alle Menschen haben Überfluß; nur Ich bin wie vergessen.
Ich habe das Herz eines Toren, so wirr und dunkel.
Die Weltmenschen sind hell, ach so hell, nur Ich bin wie trübe.
Die Weltmenschen sind klug, ach so klug;
nur Ich bin wie verschlossen in mir, unruhig, ach, wie das Meer,
wirbelnd, ach, ohn Unterlaß.
Alle Menschen haben ihre Zwecke; nur Ich bin müßig wie ein Bettler.
Ich allein bin anders als die Menschen:
Doch ich halte es wert, Nahrung zu suchen bei der Mutter.

In Daath überschreiten wir die Grenzen des persönlichen Bewußtseins und stehen vor einem transzendenten Abgrund. Jemand, dessen Bewußtseinszustand in Daath ist, fühlt sich verlassen und einsam. Es ist jene Phase der großen spirituellen Loslaßkrise, die jeder Mystiker und Gottessucher irgendwann durchmachen muß. Man ist weder in dieser, noch in jener Welt, sondern in einem Zwischenreich, einem Niemandsland, in dem mit zähen Anhaftungen, illusionären Visionen und merkwürdigen archetypischen Begegnungen des kollektiven Unbewußten gerungen wird. Alles ist relativ und die Welt mit ihren kulturellen Errungenschaften ist zu einem großen Trugbild geworden, Religionen zu einem klerikalen Machwerk und Philosophien zu hilflosen Erörterungen. Da ist nichts mehr, woran man sich halten könnte, ja nicht mal sich selbst kann man trauen, denn alles, was man glaubte, von sich zu wissen, waren doch nichts weiter als trügerische Selbsternennungen und Meinungen. So manche ernsthafte Esoteriker bleiben in diesem Zwischenreich hängen und flüchten sich in illusionäre Verstiegenheiten. Einerseits wollten sie das Himmelreich erstürmen, andererseits fehlt ihnen die innere Konsequenz, den Kelch selbstischer Illusionen bis zur bitteren Neige zu leeren. Daher werden sie niemals den Weg 21 (Schin) erreichen, den Weg wahrer Spiritualität und Erleuchtung, den nur jene gehen können, die wirklich losgelassen haben und genügend Stehvermögen aufbrachten. Gerade innere Standhaftigkeit und Beharrlichkeit ist hier gefordert, und ich rate allen, sich mit der rechten Säule, insbesondere den Sefiroth Geburah und Binah und den korrespondierenden Wegen intensiv zu beschäftigen. In dieser Phase ist ein erfahrener Meister, der die Wegstrecke schon einmal erfolgreich begangen hat, unbedingt erforderlich, nur er kann wirklich über die spirituellen Krisen, die in Daath aufbrechen, hinweghelfen. Wer die Klippe von Daath

überwunden hat, d.h. jene Ich-Bin-Implosion durchstand, der kommt mit dem Mysterium in Berührung und beginnt es zu leben.
Dies ist die Rückkehr zu dem einen, reinen, überpersönlich-reflektierenden Bewußtsein der Stille und Klarheit. Die Flüchtigkeit und Vergänglichkeit aller Manifestationen werden wie tanzende Schaumkronen im Ozean eines nahezu unendlichen kristallenen Bewußtseinsmeeres geschaut. Der in Daath Wiedergeborene erkennt sich selbst als eine Traumgestalt auf der Leinwand des göttlichen Bewußtseins. Er sieht sich gleichzeitig als Zuschauer und Akteur auf der Bühne des Alltags; er kann gelassen bleiben, weil er sich selbst und die ganze Schöpfung träumt; es ist die Plattform und Startrampe zu einer höherdimensionierten Realität. Für den zu Daath aufsteigenden Kabbalisten bedeuten die vier Bewußtseinszustände nur *"Vorhang oder Pargod"* und für den okkulten Kabbalisten Abyss (Abgrund); für ihn kann Daath tatsächlich zum Abgrund eines magisch potenzierten Ichbildes werden, das er sich selbst geschaffen hat, und dessen Auflösung lange Zeit in Anspruch nehmen dürfte.

Kurz-Zusammenfassung von Daath

XI.Daath
Ohne Namen, ohne Zahl und Form
Archetyp: Der schwarze Regenbogen, der gähnende Abgrund, der verschlingende Wirbel
Der Neptun
Das intuitive Bewußtsein
Erwartung, Offenheit, Ambivalenz, Instinkt, Phantasmen,
Organe: Hals, Kehlkopf, HWS, Schilddrüse, Nebenschilddrüsen

Die Botschaft

***Der Chor** der Engel spricht:*

Wir begrüßen dich. Viel erwarten wir von dir. Eine gute Botschaft bringen wir dir: du bist uns lieb.

Ein wunderbarer Kelch senkte sich vom Himmel nieder. Das Menschenkind fing ihn auf- und ließ ihn fallen (Kelippoth). In tausend Stücke zersplitterte er, in klirrende Tonscherben: in Worte. Viele Worte sind nichts- nur der Kelch ist. Immer wieder senkt er sich vom Himmel nieder. Du sagtest: *"Ich-Bin",* so war alles zu Ende. Ein Vorhang senkte sich zwischen dich und die ewige Wahrheit. So konntest du nicht erkennen, denn du warst im Dunkeln. Der Vorhang heißt *"Ich-Bin."* Ziehst du ihn weg, so wirst du *Er* sein. Dann wirst du nichts mehr fragen, denn *Er weiß alles.* Handelst du im Namen deines eigenen Gesetzes, so weißt du nichts von dir und kannst nichts von dir wissen. Trittst du aus dem *Ich-Bin* heraus, so werden aus vier sechzehn...und eins. Das Wissen ließ den Menschen ein wenig abweichen und dieses Wenige genügte, um alles zu verderben. Ein einziger Augenblick -zu früh oder zu spät- das ist der Apfel des Wissens. Er war nicht zum Essen da, der Mensch aber hat ihn gegessen und hat das göttliche Wissen für sich behalten. Der Fehler war nicht der Apfel; nur ihn zu essen war verboten. Dies ist das Bild für alles Menschliche, denn sieh- der verbotene Apfel verführt zu nehmen und nicht zu geben. Nicht das Wissen ist Fehler- das Behalten! Geben ist alles. Er hat das göttliche Wissen zu seinem eigenen Wissen gemacht- es für sein eigenes Wissen erklärt. Daraus entstand ein eigener Bewertungskosmos- *das Ich-Bin, ohne das göttliche Licht.* Das *Ich-Bin* ist die Absonderung, aus der Angst und Ego entstand.

Wir konnten dir gute Botschaft bringen. Danke Ihm! Er sandte uns. Empfange unseren freudvollen Segen, denn du hast Glauben. Beuge dein Haupt.

Affirmationen

Haih,- *Gott der Verborgene*

Ich bin der Intuitive, du die Intuition.

Streiche das Wort *Ich-Bin,* denn es ist die verbotene Frucht.

Richte deine Erwartungen auf mich, und sie sind dir Gewißheit.

Öffne dich ganz für mich- für meine Worte, und du bist weise.

Laß mich das Für und Wieder abwägen, und du bist eins.

Höre nicht auf das Dröhnen des Abgrundes, sondern *auf meine Stimme, denn mein Joch ist sanft und meine Last leicht.*

Verurteile nicht das Böse, denn es ist der Dünger des Guten.

Erblicke meine Bilder und bilde sie nach, und du bringst viele Frucht.

Ich segne dich

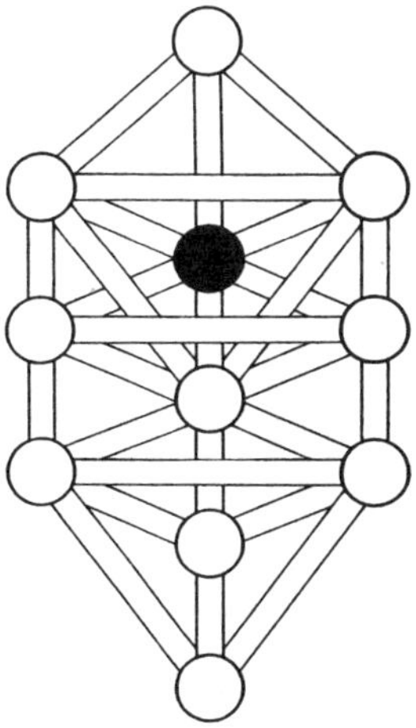

VII.Kapitel

"Wir sind so gut zu unseren Kindern, zu jedermann...und alles verkümmert, weil wir gut sind.
Alles ist uns bekannt -wir wissen alles.
Der Frühling ist da; dennoch schreiten wir in einem toten, verdorrten Walde. Der Saft kreist nicht...lustlos ist alles.
Wer freut sich des Lebens?
Nur saftvolle Äste werden gepfropft -verdorrte nicht.
Wir sind Überbringer seiner Lehre.
Vier sind wir. Wir belehren euch."
Die Antwort der Engel

Die Engel

Kurzeinführung

An der Realität der Engel ist kaum noch zu zweifeln. Zuviel Berichte aus allen Religionen, und selbst Menschen, die den übersinnlich-religiös-verklärten Erscheinungen immer schon skeptisch gegenüberstanden, bezeugen, wenn auch nur biographisch, die Existenz der Engel. Wie bei allen paranormalen Pänomenen lassen sich selbstverständlich auch Engelserscheinungen nicht wissenschaftlich beweisen, weil das paranormale Phänomen an sich nicht experimentell wiederholbar ist. Solche Phänomene haben stets eine *"psychische Feldkonstellation"* zur Grundlage, die sich spontan aus dem *einmaligen Zusammenwirken* des momentanen Bewußtseinszustandes mit dem Ort und der Zeit ergibt. Wichtiger erscheint mir eine befriedigende Antwort auf die Frage, ob Engel nur Figurationen des göttlichen Willens sind oder erschaffene Wesen, also Geschöpfe Gottes, die zur freien Entscheidung befähigt sind. Die Analyse der Engelsantworten läßt kaum einen anderen Schluß zu als letzteren. Wären sie nämlich bloße Figurationen oder Masken, hinter denen sich Gott verbirgt, dann könnten sie nicht zwischen ihrem und seinem Willen unterscheiden, und z.B. nicht sagen: ..."*In meiner Hand das flammende Schwert, das Feuerschwert, doch in Aufruhr ist meine Seele. Der "Gärtner" bittet: Noch einen Tag, Herr! Rings um den Stamm will ich graben, ich will ihn auch düngen- vielleicht bringt der Baum doch noch Frucht! Wenn nicht- so fälle ihn. Erhöre mich! Ich bin doch Gärtner und der Baum ist mir lieb*“....Solche Worte kann Gott unmöglich zu sich selbst sprechen, sondern es sind die Worte eines Geschöpfes, das seinen Herrn bittet. Gäbe es keine Engel, dann wären die Menschen hoffnungslos ihrem Ego ausgeliefert, und könnten jene Gewissensstimme nicht vernehmen, durch welche die Engel immer wieder sprechen. Wir Menschen können kaum ermessen, welche Geduld und Zuversicht die Engel aufbringen, besonders bei solchen, die weder beten noch glauben und ihren Egoismus hemmungslos ausleben. Wäre ich ein Engel, und würde mir ein solches Menschenkind anvertraut, ich glaube nicht, daß ich die Verstocktheit und Ignoranz eines solchen Erdenbürgers lange durchstehen könnte. Eine emotionale *Unmischung* aus Traurigkeit, Zorn und Machtlosigkeit würde sich in mir zusammballen, und meine guten

Absichten und erst recht geduldiges Zuwarten wie ein Kartenhaus zusammenstürzen lassen. Menschliche Verstocktheit und perverse Neigungen, die durch die mahnende Engelsstimme und die Konstellierung lehrreicher Alltagssituationen, siehe auch S.274, nicht umgewandelt werden können, müssen durch Krankheiten, schwere Schicksalsschläge und Katastrophen ausgemerzt werden, doch gerade das wollen unsere unsichtbarer Begleiter vermeiden, weil sie eben nur schmerzhafte Zwangsmittel sind, die in Bitternis und Haß umschlagen können. Die Engel wissen das sehr genau, doch wer sich aus Bequemlichkeit oder gar aus Bosheit mit selbstherrlicher Ignoranz umgibt, der wird verlassen und sich selbst überlassen. Das bedeutet im Klartext: *Von nun an gings bergab!* Obwohl Engel eine solche Entwicklung bei vielen Menschen weit voraussehen, bleiben sie dennoch bis zum letzten Augenblick und weichen erst dann, wenn das kosmische Resonanzgesetz erfüllt werden muß, das im wahrsten Sinn des Wortes erbarmungslos zuschlägt.
Deshalb bewundere ich ihre wahrhaft *engelhafte* Geduld und den Langmut, mit dem sie uns begleiten, und wünschte mir, daß alle Menschen endlich ihre Realität anerkennten- ihre Gegenwart mehr spürten, sie mehr zu Hilfe rufen würden, denn Engel wollen gebraucht sein, und wir sollten ihnen für ihre schwere Aufgabe täglich danken.

Übereinstimmende Beobachtungen an Engeln

Nach traditionell-religiöser Auffassung sind Engel Wesenheiten, die bedingungslos den Willen Gottes erfüllen. Mystiker vom Format Swedenborgs und viele Biographien der Heiligengeschichte (Hagiographie) bezeugen die Existenz von Engeln, so daß kein Zweifel über ihre Realität sein kann. Viele Beobachtungen und Kontakte mit Engeln stimmen in folgenden Punkten überein:

1.Engel sind hochentwickelte spirituelle Wesen, die, ebenso wie Menschen, mit einem freien Willen ausgestattet sind und durch ein vorbildliches Erdenleben zu einer höheren spirituellen Bewußtseinsebene aufgestiegen sind.

2.In freier Wahl haben sie entschieden, der spirituellen Evolution zu dienen, und geben sich ganz dem göttlichen Willen hin. Sie führen bedingungslos nur das aus, was ihnen die göttliche Stimme eingibt. Insofern erfüllen sie mit der Präzision eines Uhrwerkes den göttlichen Willen, und sie fühlen sich dabei sehr glücklich bzw. selig. Die Eigenschaft der totalen Hingabe an den göttlichen Willen macht sie zu einer mächtigen Konfiguration der göttlichen Kraft.

3.Die Aura der Engel gleicht einem überirdischen Leuchtfeuer, eine Art vibrierender Licht-Energie, die unsagbar fein glitzert und die ganze Umgebung erleuchtet. Manchmal durchweht sie ein zarter Windhauch, wie ein feines Ohm-Gebrause, und verströmt einen angenehmen Duft.

4.Obwohl Engel keinen physischen, grobstofflichen Körper besitzen, ist ihre Gestalt die gleiche wie bei Menschen, doch meist größer und wohlproportionierter.

Ihr Körper ist durchlichtet, und je nach Rang und Ordnung in den Chören, siehe S.194, schneeweiß bis leuchtend farbig.

5.Es gibt unter den Engeln gleichfalls Rangordnungen, wie unter den Menschen, doch mit umgekehrten Vorzeichen. Der demütigste Engel ist der mächtigste. Er hat die stärkste Liebesstrahlung und tiefste Weisheit und auch die größte Verwirklichungsmacht.

6.Die Macht und Wirkung der Engel ist für uns Menschen unvorstellbar. Ein Engel kann nicht nur die Naturkräfte dirigieren, z.B. Wetter, Wachstum, Population, Erdbeben, Vulkanausbrüche, sondern auch Leben geben und nehmen. Im übrigen kann er die Gravitationskräfte von Himmelskörpern beeinflussen, z.B. die Umlaufbahn von Kometen und Meteoren verändern oder die Konstellation von Planeten und Sonnen, und wahrscheinlich ganzer Galaxien. Engel der höheren Ränge, zuvorderst Seraphim, Cherubim und Throne, haben auf die Menschheitsgeschichte wahrscheinlich epochalen Einfluß oder bewirken durch ihre geistigen Kräfte kulturelle Veränderungen größten Ausmaßes, somit müssen sie die Auswirkungen bereits in der Zukunft erfassen und haben demzufolge kein persönliches Zeitbewußtsein wie wir, sondern sehen die Ereignisse wie in einem Wahrscheinlichkeitsbaum in Bilderfolgen und symbolisch voraus.

7.Die Engel bedienen sich einer besonderen Sprache, die einheitlich ist. Sie fließt unmittelbar aus den Neigungen und Absichten (Gesinnung) hervor. Der Klang ihrer Stimme zeigt die Interessen an, während die Wahl der Tonfolgen und Laute die Höhe der ethischen Gesinnung erkennen läßt. Höhere Engel können schon an einer einzigen Wortfolge die dominante Richtung erfassen, die der Engelsgeist einschlägt. Andere, noch höherstehende Engel, betreiben regelrechte Rekognition aus einem einzigen Satz und decken das ganze zurückliegende Leben des Menschen auf. Der Sinngehalt der Symbolsprache ist unglaublich komprimiert. Schon mit einem Satz sprechen sie mehr aus, als in einem dicken Buch steht. Überdies liegt in einem einzigen Engelswort unzähliges mehr als in der Sinnbedeutung menschlicher Worte.

8.Die Zukunft menschlicher Schicksale sehen die Engel in den geheimen Absichten und Einstellungen (Wahrnehmungsweisen) schon im Ansatz; sie wissen alles, dennoch sind sie bemüht, zu helfen. Trotz alledem ist auch ihre Kraft und das Erkenntnisvermögen begrenzt, denn auch der Engel ist ein Geschöpf Gottes und lebt aus seiner Kraft.

9.Engel haben Mund und Ohren und benutzen sie, wie Menschen, zur Verständigung.

10.Alle Engel sind androgyn bzw. geschlechtslos. Ihr jugendlich blühendes Aussehen ist von märchenhafter Schönheit.

11.Ohne Ausnahme begrüßen die Engel die Menschen mit dem Wort "Friede oder Schalom" und strahlen eine besondere Liebenswürdigkeit und Freundlichkeit aus.

12.Die Engel erscheinen plötzlich, doch kommen sie nur auf Wunsch oder durch Anrufung (Invokation), sowohl im Traum als auch im Tagesbewußtsein.

13.Die Engel sprechen häufig in Gleichnissen und passen sich dem jeweiligen Niveau des Menschen an.

14.Der Grund ihrer Erscheinung ist, daß sie meist trösten, stärken oder ermutigen, aber auch ermahnen. In besonderen Fällen erfüllen sie Wünsche und Bitten und eilen bei schweren Notlagen zu Hilfe, wenn sie gerufen werden. Sie geben wichtige Hinweise für die Zukunft und Verhaltensregeln.

15.Das Verhältnis der Engel zu den Menschen ist das eines spirituellen Helfers und Ratgebers, der durch seine geistige Überlegenheit Hilfe zur Selbsthilfe anbietet.

16.Jeder Mensch hat seinen persönlichen Schutzengel, der ihn ein ganzes Leben lang begleitet, ganz gleich, auf welchem moralisch-ethischen Niveau der Mensch steht. Je weiter sich ein Mensch von Gott entfernt, desto weniger kann er den Schutzengel in und bei sich wahrnehmen, z.B. in Form der Gewissensstimme. Dennoch bleibt der Schutzengel bei ihm und macht auf dämonische (egoistische Strebungen) durch entsprechende Empfindungen aufmerksam.

17.Niemals manipuliert oder beugt ein Engel den freien Willen eines Menschen. Der freie Wille gilt als heilig und muß unangetastet bleiben. Er stellt den Engel, gerade wegen seiner präkognitiven Fähigkeiten und hohen Einsicht, vor harte Geduldsproben. An den Schwächen und Uneinsichtigkeiten der Menschen wachsen die Engel selbst.

Die zehn himmlischen Exponenten der göttlichen Macht in den Sphären der Sefiroth

Die hier vorliegende triadische Gliederung der Engelchöre stützt sich hauptsächlich auf die dionysischen Schriften- *"Tes Ouranias Hierarchias"*.(Von den himmlischen Hierachien), die sich nahtlos in die triadische Ordnung der Sefiroth und der drei höheren kabbalistischen Welten einfügt. *Dionysios Areopagites,* der mutmaßliche Urheber der Schrift, lebte im ersten Jhr. in Athen und war ein angesehener griechischer Philosoph des Stoizismus. Angeblich soll er von Paulus und Timotheus zum Christentum bekehrt worden sein und wurde danach zum ersten Gemeindevorsteher von Athen ernannt. Es gibt jedoch auch Hinweise, daß die Gliederung der Engelchöre erst im 5.Jhr. von einem christlichen Schriftsteller in griechischer Sprache veröffentlicht wurde. Dieser sogenannte Pseudoepigraph, kurz D. A. genannt, falls er der Urheber dieser Schrift war, war m.E. in kabbalistisches Geheimwissen eingeweiht, denn die Übereinstimmung mit der triadische Ordnung der Sefiroth kann nicht zufällig sein. Wie dem auch sei, die Schrift erlangte beinahe apostolische Bedeutung und wurde von Mystikern, Kabbalisten und religiösen Ethikern hochgeschätzt. Die Attribute, Symbole und Funktionen der Chöre wurden aus verschiedenen ernstzunehmenden Quellen extrahiert und sinnvoll eingeordnet.

Besondere Merkmale der Engelschöre

Die erste Triade

Die universalen Mächte im physischen Kosmos auf intergalaktischer und supergalaktischer Ebene.

Seraphim, die Entflammten (Kether) sind in glühender Liebe und Begeisterung für Gott entflammt und reflektieren die vollkommenste Liebe zu Gott.

Repräsentanten: Metatron, *"der neben dem Thron steht"* und die Seraphim, die sieben erstgeschaffenen Geister Gottes, siehe Johannesapokalypse.

Rang und Nähe zu Gott: Seraphim brennen im Liebesfeuer zu Gott und sind jederzeit bereit, mit ihm zu verschmelzen. Bei ihnen gibt es weder ein Außen noch ein Innen, durch ihre Liebesglut ist alles eins geworden. Darum bezeichneten sie die Rabbinen als die heiligen Tiere Gottes. In ihnen fokussieren sich alle Eigenschaften und Kräfte der unteren Ränge zu einer ungeheuren Macht.

Symbolische Erscheinung: Die Liebesglut wird symbolisiert durch sechs gewaltige Feuerzungen, die aus der Herzgegend hervorschießen und die Gestalt wie in einen roten Feuerkranz einhüllen. Ihr Wesen ist androgyn. Immerzu lobpreisen sie Gott und strahlen, gleich Kindern, flammende Begeisterung aus.
Funktion: Ihre Aufgaben sind vielfältig und weniger spezifisch. Als Bewacher des göttlichen Thrones wirken sie auf die spirituellen Zyklen aller Universen und Welten ein.

Cherubim, die Fürsten der Weisheit (Chokmah) sind voll der göttlichen Weisheit.

Repräsentant: Raziel* (Geheimnis Gottes).

Rang und Nähe zu Gott: Cherubim gehören ebenfalls zu den Engeln des göttlichen Thrones. Übereinstimmend wird mitgeteilt, daß sie von kristallklarster Bewußtheit sind (mit den Augen Gottes übersät).

Symbolische Erscheinung: Ihr Wissen von den höchsten himmlischen Geheimnissen wird dargestellt durch Sternendiademe auf dem Haupt. Die kosmische Einsicht symbolisiert häufig auch ein allsehendes Auge auf der Brust. Die große Weisheit verleiht ihrer Ausstrahlung eine märchenhafte Würde und Erhabenheit.
Als Enthüller himmlischen Geheimnisse werden sie mit einem Buch oder einem Schlüssel in der Hand dargestellt, manchmal auch ein Schwert in der Hand haltend, als die Hüter des ewigen Lebens (Hüter des Grals, der Paradiespforten oder Ritter Gottes). Die Dynamik und Farbe des Lichtgewandes erweckt den Anschein eines glitzernd, fließenden Amethystes. Auf der Brust sitzt ein großes, wissendes Auge. Die Hüften ziert ein prächtiger, zweifacher Sternengürtel, in dem ein geheimnisvoller Schlüssel steckt. In der rechten Hand halten sie manchmal ein großes, goldenes Siegel. Vom Haupt gehen vier mächtige, flügelartige Flammen aus, welche die klare Geistigkeit und das kosmisches Wissen symbolisieren.
Funktion: Die blauflammige Aura der Vierheit kennzeichnet sie als die Herrscher über die elementaren Grundformen der ganzen Schöpfung: Die drei Raumkoordinaten und die Zeitkoordinate.
Ebenso Energie, Schwingung, Struktur und Form.
Die vier Elemente: Feuer, Erde, Wasser und Luft.
Die vier Himmelsrichtungen: Osten, Westen, Norden und Süden.
Ihre tiefe Einsicht in kosmisches Wissen erhebt sie in den Rang galaktischer Statthalter, die über die göttliche Ordnung wachen. Als Thron-Engel und Herrscher der Weltenden (Engel der vier Winde) haben die Cherubim das geistige Wächteramt inne. Sie wachen als Hüter der Schwelle über die Eingänge zum Himmel und zum Paradies.

* siehe auch S.424

Throne, die Feuerräder Gottes (Binah) sind die Repräsentanten der in allem immanent-bewegenden göttlichen Kraft.

Repräsentant: Zafkiel (Anbetung Gottes).

Rang und Nähe zu Gott: Die Feuerräder Gottes transportieren den Thronwagen Gottes. Ihre ungeheuere Dynamik bringt die spirituelle Evolution der Schöpfung voran und erfüllt das Wort: *Ehje ascher Ehje* (Ich werde sein, der Ich Bin).

Symbolische Erscheinung: Die Erscheinung von Thronen ist uns nur in wirbelnden Rädern überliefert. Ähnlich den galaktischen Spiralen, symbolisieren sie die gewaltige Dynamik und Kraft Gottes. Ein Beispiel dafür ist das Sonnenwunder von Fatima 1917. Vor drei auserwählten Hirtenkindern und einer großen Zuschauermenge begann die Sonne sich plötzlich zu drehen und nahm dabei die Gestalt einer regenbogenartigen Spirale an, die auf die Erde zu stürzen drohte.
Vielleicht sehen die Throne wie Regenbogenspiralen aus, in deren Mitte sich ein großes Auge befindet. Man kann sich vorstellen, daß in ihrer Sphäre eine ungeheuere Dynamik vibriert. Die Räder sind von unzähligen kleinen Feuerzungen durchdrungen, auf der Brust zeigen sich radförmige, dynamisch bewegte Lichtmuster, ähnlich wie das feurige Glitzern eines bewegten Sees im Abendrot. Gleichfalls, wie die Seraphim, erscheinen die Throne unbekleidet, ohne Gürtel. Ihr Attribut ist ein Buch oder eine Buchrolle, dessen Siegel die Cherubim aufbrechen. Daraus lesen sie oder fordern den Propheten auf, das Buch zu essen.
Funktion: Die Throne treiben das Rad der Zeit an. Sie lenken die geheime evolutive Bewegung und die Gravitationskräfte aller Welten. Ihre Wirkung ist also das bewegende Moment und die Gestaltung der Zukunft, daher wissen sie um den geheimen Ratschluß des Göttlichen. Das, was vorüber ist, kehrt nicht wieder, darum ermahnen sie uns, keine Gelegenheit zu versäumen und die Stunde zu nutzen. Sie sind die Herrscher über Zeit und Bewegung.

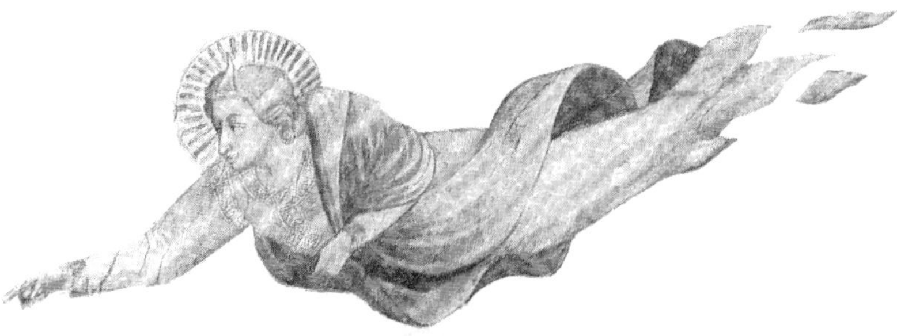

Die zweite Triade

Personenhafte Mächte auf planetarer und interplanetarer Ebene.

Herrschaften, die Förderer von Wachstum und Entwicklung (Chesed), sie reflektieren den göttlichen Willen zu spirituellem Wachstum.

Repräsentant: Zadkiel (der Tröster Gottes- der Bauende).

Rang und Nähe zu Gott: Ihre Stellung ist die eines großzügigen Ausgießers kosmischer Wachstumskräfte aus dem Tempel Gottes auf die geistige Schöpfung.

Symbolische Erscheinung: Die mystischen Visionen und Berichte beschreiben Zadkiel in einem strahlend-azurblauen Lichtkleid, von Lichtblitzen durchwirkt. Das Haupt ziert ein wunderschönes Edelsteindiadem, der Gesichtsausdruck ist sehr heiter und fröhlich. Dieser liebenswerte Himmelsfürst strahlt eine große schöpferische Kraft aus, seine leuchtenden Augen sind voller Inspirationen. Auf der Brust glitzert ein vierzackiger, großer Stern, ähnlich einer Windrose. Die Hüften sind mit einer prächtigen Regenbogenspange gegürtet. Als liebevoller und fürsorglicher Förderer ganzer Sonnensysteme kommt ihm das Attribut des Sämanns zu, der die Samen Gottes (Talente und Begabungen) in die Ackerfurchen ausstreut.
Funktion: Den Herrschaften unterstehen die Förderung des spirituellen Fortschrittes und die epochalen, kulturellen Rhythmen der Menschheitsgeschichte.

Gewalten, die Engel der Gerechtigkeit (Geburah). Der Schnitter! Reflektiert die Exekutivgewalt Gottes.

Repräsentant: Kamael (der Gestrenge Gottes- der Messende!)

Rang und Nähe zu Gott: Ein gewaltiger Ernte-Engel aus dem Tempel Gottes.

Symbolische Erscheinung: Entsprechend der Johannes-Apokalypse hat er ein ernstes, beinahe strenges Aussehen. Seine Ausstrahlung, vor allem die scharfen, durchdringenden Augen, sprechen das Gewissen an und veranlassen zur Selbstprüfung. Das Haupt wird von einem prächtigen Diadem mit einem Stern gekrönt. Sein Kleid ist leuchtend weiß, wie Bergkristall, in dem sich das Licht wie glitzernde Wasserströme bewegt. Auf der Brust leuchtet ein fünfzackiger, rötlich schimmernder Stern. Die Taille wird von einem roten Feuergürtel umschlungen. Seine Füße sehen aus wie glutrote Feuerszungen. Öfters wird er mit einer Sichel in der Hand und einer Posaune im Mund dargestellt, manchmal auch eine Waage in der Hand haltend.
Funktion: Der die Ernte der geistigen Entwicklung einbringt und innerhalb eines Zeitabschnittes (manaische Vibration) die Spreu vom Weizen trennt.

Außerhalb der Ränge

Der Erhalter des kosmischen Gleichgewichtes (Tifereth). Reflektiert die Harmonie und Schönheit des göttlichen Geistes.

Rang und Nähe zu Gott: Sohn Gottes, sitzt beim Vater, in menschlicher Gestalt.

Repräsentant: Als kämpferischer Engel repräsentiert Michael die überwindende Macht des Bösen (Satanael, Luzifer), Engel des Südens.

Symbolische Erscheinung: Der verherrlichte Menschensohn, Adam Kadmon. Das Wesen der Mitte und des Ausgleichs.

Die Erscheinung: In der religiösen Ikonographie wird Michael als jugendlicher Königssohn dargestellt, der in einem zauberhaft leuchtenden Regenbogen steht. Er strahlt eine unsagbare Liebe aus, die wie heilender Balsam auf die Seele wirkt.
Das Gesicht ist von märchenhaft-jugendlicher Schönheit und Harmonie. In den Augen leuchtet ein unsagbares Feuer der Unerschrockenheit, Güte und Kraft.
Auf dem herrlich geflochtenen langen Haaren sitzt eine siebenzackige Krone. Ebenso auf der Brust ein Reigen von sieben verschiedenfarbigen Sternen. Sein Lichtkleid glänzt wie Gold im Sonnenlicht und vibiriert in flammenartigen Lichtströmen. Der Gürtel zeigt eine überaus prächtige Musterung, ähnlich wie Schneekristalle.
Funktion: Äonaler Erhalter und Harmonisierer des inneren Gleichgewichtes der Lichtmaterie (von Ewigkeit zu Ewigkeit). Dem Aspekt des Gleichgewichtes entspricht nicht nur das Hineintragen und Verwirklichen der weisheitsvollen Gesetze von Schönheit und Harmonie in das Leben und Wirken der Schöpfung, sondern auch die Erlösung aus den Fesseln der Gegensätze und dämonischen Mächte (Kelippoth).

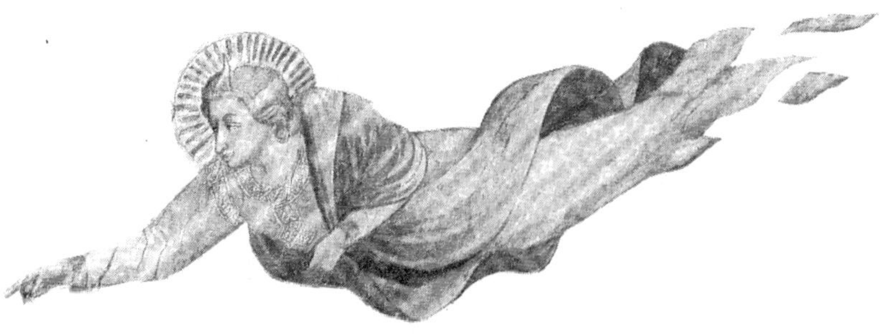

Mächte, Förderer der Freude und der Erneuerung (Netzach), sie reflektieren die frohlockende Kraft und Freude Gottes.

Repräsentant: Rafael (der Heiler Gottes). Engel des Westens.

Rang und Nähe zu Gott: Mächtiger Engel aus dem Tempel Gottes.

Symbolische Erscheinung: Auf dem Haupt sitzt ein regenbogenfarbenes Diadem. Das wunderschöne Gesicht strahlt ein liebliches, sehr freundliches und hilfsbereites Wesen aus. Das Flammenkleid funkelt in einem pfirsichfarbenen, milden und angenehmen Feuerglanz; in der Mitte wird es von einem blütengleich leuchtenden Gürtel zusammengehalten. Die duftende Aura Rafaels vertreibt alle Trübsal und wirkt wie ein erneuerndes Elixier. In der Engelsikonographie wird Rafael manchmal mit einem grünen Zweig in der rechten Hand haltend dargestellt, an dem goldene Äpfel glänzen, in der linken einen Krug mit einem heilenden Öl.
Funktion: Lenkt die regenerierenden Ströme der göttlichen Kraft in die äußere als auch innere Schöpfung. Rafael macht den Menschen Mut und Hoffnung und begleitet sie immer ein Stück ihres Lebensweges. Ihm obliegt zudem die Lenkung der harmonischen Übergänge und Erneuerung der geistigen Wachstumszyklen der Menschheit.

Dritte Triade

Planetarische Ebene,- Ring der Erlösung!

Urkräfte, Erzengel des geistigen Lichtes, sie reflektieren das Gotteslicht in den Herzen der Menschen.

Repräsentant: Uriel (Licht Gottes). Engel des Ostens.

Rang und Nähe zu Gott: Mächtiger Engel aus dem Tempel Gottes.

Symbolische Erscheinung: Sein Haupt umschließt ein herrlich zieselierter Goldreif mit einem blitzenden Stern. Das leuchtende Gesicht ist von ernster Schönheit, mit sehr klaren, aristokratischen Zügen. Die wunderschönen Augen blicken sanft und doch sehr wissend; ihr Ausdruck spricht Eindeutigkeit und Gewißheit aus. Seine Vibration weist auf Belehrung und Wegweisung hin. Das Lichtkleid ist strahlend weiß und von Lichtblitzen durchzuckt und wird von einem goldenen Gürtel zusammengehalten. Dargestellt wird er häufig auch mit einem reichverzierten Botenstab in der linken Hand oder mit einer Schriftrolle. In der Apokalypse wird gesagt, daß sein Licht den ganzen Erdenkreis erleuchtet.
Funktion: Uriel gibt uns Führung, Unterscheidung und Festigung von spirituellen Erkenntnissen. Er mahnt uns zu manchem Verzicht und wehrt Dämonen ab.

Engel der Lebenskraft, Befruchtung und Geburt

Rang und Nähe zu Gott: Mächtiger Tempeldiener Gottes.

Repräsentant: Gabriel (der Starke Gottes). Engel des Nordens.

Symbolische Erscheinung: Nach Berichten von religiösen Visionären strahlt Gabriels gewaltige Aura große Stärke und Lebenskraft aus. Sie gibt Mut und Kraft. Sein Haupt wird von einem glitzernden Perlen-Diadem geschmückt. Die von Lebenskraft sprühenden Augen und das bejahende, jugendliche Gesicht wirkt auf jeden erfrischend und kraftspendend. Sein Lichtkleid ist wie von glitzernden Wasserströmen durchflutet, das in prachtvollen flamingoähnlichen Farben leuchtet. Umgürtet ist er mit einem lieblichen Perlenkranz. In der kirchlichen Ikonographie wird er manchmal mit einem wundervollen Kelch (Wein des Lebens) in der rechten Hand haltend dargestellt.
Funktion: Gabriels Kraft bewirkt geistige Befruchtung, Empfängnis und spirituelle Neugeburt, aber auch die biologischen Befruchtungs- und Wachstumszyklen aller Biosphären.

Schutzengel, die Wegbegleiter der Menschenkinder

Rang und Nähe zu Gott: Hirte Gottes.

Repräsentant: Sandalphon (der Gärtner Gottes).

Symbolische Erscheinung: Sandalphon erscheint meist schlichter als die Repräsentanten anderer Chöre. Er trägt goldglänzendes, lockiges Haar, ist bekleidet mit einfachen Sandalen und einem schlichten, lichtgrünen Hirtenkleid (Ich bin der gute Hirte), das von einer bunten Kordel zusammengehalten wird. In der rechten Hand den einfachen Hirtenstab, begleitet er den Menschen ein Leben lang. Seine große Geduld und das tiefe Verständnis machen ihn zu einem unentbehrlichen Freund, der in vielen Notlagen hilft und rettet. Die Aura von Sandalphon strahlt Sanftmut, Treue und ernstes Bemühen aus, im Laufe des Lebens wird sie allmählich zu einem unentbehrlichen Schutzmantel.
Funktion: Persönlicher Lebensbegleiter, Beschützer und Ratgeber.

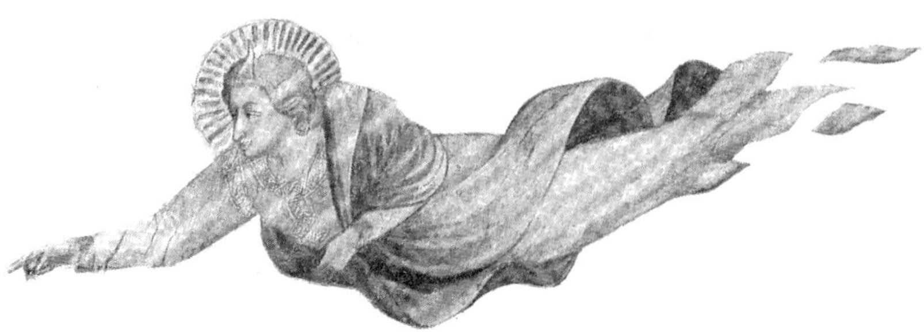

Baum der zehn Himmelsfürsten

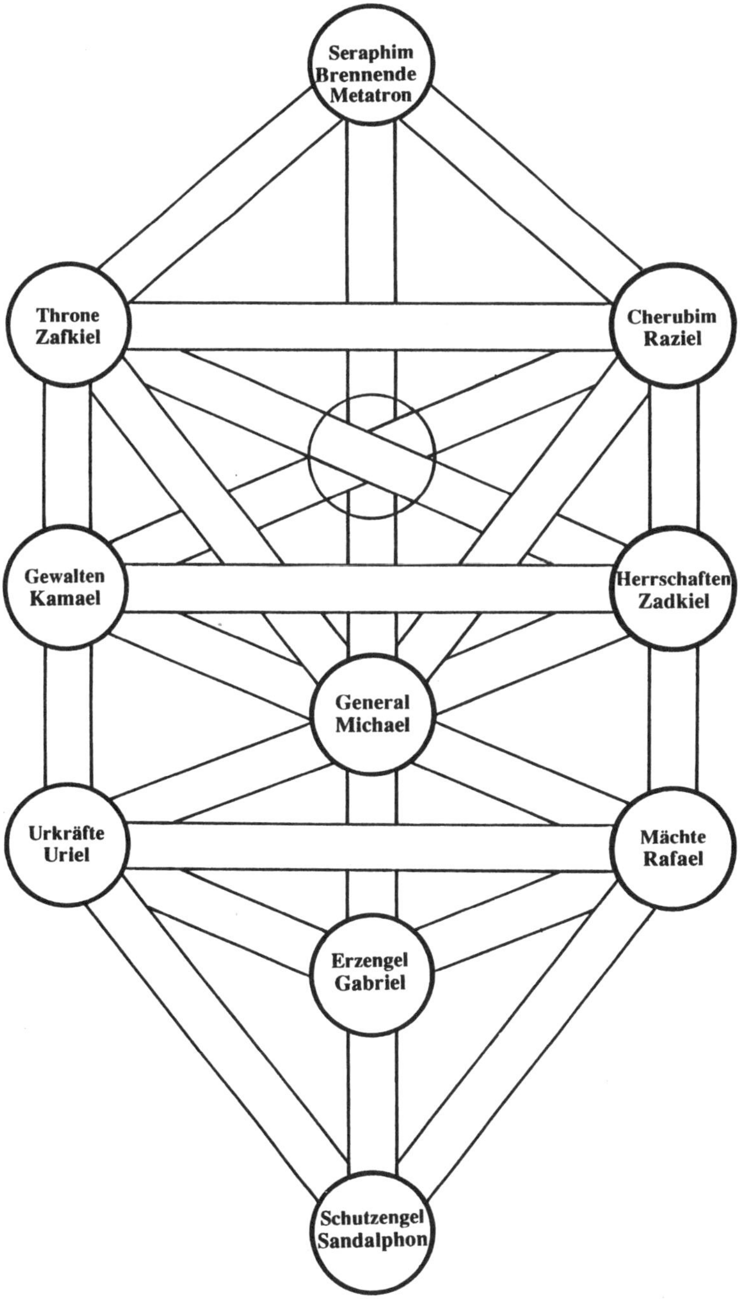

Abb.65

Übergib die Arbeit den Engeln und überantworte dich dem inneren Kind

Würden wir dem Überbewußtsein des virtuellen Selbstes die Entfaltung der zehn Sefiroth überlassen, so könnte schon in einem Leben ihre göttliche Glorie vollendet zum Ausdruck kommen. Jeder Sefirah ist eine innere Leuchte, die in reiner Form Tugenden, ja Bewußtseinsmächte in sich faßt, welche in ihrer Ganzheit die Einmaligkeit, und das Geheimnis unserer ewigen Individualität -das innere Kind- offenbaren. *Werdet wie die Kinder bedeutet, nicht wieder zum kindlichen Eigensinn und Trotz zurückzukehren, denn dies ist das Kennzeichen von Unreife und mangelnder Einfühlung, sondern es geht um kindliche Offenheit, die frei ist von Vorurteilen und Ich-Bin-Vorstellungen, befähigt zu einer reinen, klaren Beobachtung, unbelastet von selbstischem Wissen.* Das Göttliche will die Allheit individualisieren; will sich im Individuum erkennen und reflektieren, die Landkarte des Lebensbaumes zeigt uns in sehr einfacher Form, wie sich dieser Prozeß vollzieht. Quelle und Urgrund dieser Verheißung ist Gott (Kether) und die Verwirklichung vollzieht sich in unserer Mitte (Tifereth), wo das Kind oder der Sohn Gottes, den wir auch das Christusbewußtsein nennen, auf den Tag und die Stunde wartet. Darum sollten wir das Göttliche in uns *geschehen- und zulassen*, denn die psychologischen Eingriffe und Manipulationen sind nichts weiter als Anpassungszwänge und *Gefälligkeits-Korrekturen*, die sich mehr nach den Vorstellungen des Zeitgeistes und der Gesellschaft richten und keine kosmische Relevanz haben. Das Thanatosbewußtsein bastelt an einem endlichen Selbstbildnis, das im Winde verweht! Wer glaubt, sich so zu erlösen, gleicht einem Menschen, der tief im Morast steckt und versucht, sich bei den eigenen Haaren herauszuziehen, dabei aber immer tiefer sinkt.

Was aber sollen wir nun tun ?

"Werde, der du bist, und erkenne dich selbst" so lautet die hermetische Weisheit, und sie gibt uns auch eine Antwort auf diese wichtige Frage. Die Sequenz des Eroszyklus ist die graphische Darstellung des Individuationsprozesses, jener Prozeß also, der uns zu dem werden und wandeln läßt, was wir in unserem göttlichen Sein schon immer waren. Er führt zunächst in die Auseinandersetzung mit den Schatten (Über- und Unterbewertungen, Teilpersönlichkeiten, Abwehrformen) und mündet nach und nach in die Selbstverwirklichung und Ganzwerdung, siehe auch S.209 bis 226.

Dennoch geht der Entfaltungsprozeß des inneren Kindes stets verborgene Wege, weder folgt er programmatischen Selbstentwürfen, noch törichten Manipulationen des Unbewußten. Das Unbewußte ist nur Hilfsmittel für die physische Existenzsicherung; in ihm vibriert das Ego oder Thanatosbewußtsein, von dem es eigentlich erlöst werden will. Mag auch die Programmierung erfolgversprechender Sichtweisen, genehmer Verhaltensmuster und Redewendungen sich als vorteilhaft erweisen, kaum einer kann der Versuchung des Selbstzwecks widerstehen. Die Annahme, im Unbewußten seien die 24 Archetypen versammelt, stünden sozusagen für die erfolgreiche Selbstentfaltung allzeit bereit, steht im Widerspruch zur jahrtausendealten Menschheitsgeschichte. Werden nämlich die Archetypen zu egoistischen, rein persönlichen Zwecken aus den Tiefenschichten ins Tagesbewußtsein heraufgerufen, so wird ihre überpersönliche, kosmische Qualität vom Ego so weit eingefärbt, daß ihre Wesenskraft auf das Niveau der Allerweltsmotive (Unabhängigkeit, Dominanz, Einfluß, Wohlleben und Geld) herabgezogen wird; die Folgen sind: Über- oder Unterbewertung in Form von Selbstüberschätzung, Ehrgeiz, Profilierung, Macht, Absonderung, Absicherung usw. Das Ego hat wohl eine neue Färbung, sozusagen eine weitere Identität erhalten, doch der enorme Energiezuwachs bläht die Motivation wie einen Ballon auf und droht ihn zu überdehnen. Der Thanatoszyklus führt stets in die Über- oder Unterbewertung und damit in die überlagernde Identifikation archetypischer Mächte. Wenn es auch außer Frage steht, daß Identifikationen, wie z.B. bei Teilpersönlichkeiten, siehe S.212, durchaus eine zeitlich nützliche Entwicklungsmöglichkeit bieten, so ist jedoch auch klar, daß langlebige Teilidentitäten für den spirituellen Transformationsprozeß ein großes Hindernis darstellen. Gelingt ihnen erst einmal eine aggressive Vibration, so kommt es zur Kelippoth'schen Inversion und es erfolgt die Öffnung zu den Pforten der Hölle. Darum möchte ich vor solchen Experimenten warnen.

VIII.Kapitel

Oh du Wunderbarer, lehre mich die Liebe und Opferbereitschaft des Jesus Christus, die Gelassenheit und Weisheit des Buddha, die Bescheidenheit des Laotse und die Gesetzestreue der Propheten

Tifereth, der Dreh und Angelpunkt des Lebensbaumes

Jede Kreatur und alle mit Bewußtsein begabten Wesen leben aus und von der Mitte. Alles, was nicht in der Mitte ist, wird ausgemerzt, und je weiter eine Manifestation von der Mitte entfernt ist, desto geringer die Existenzchancen. Die erste und wichtigste Voraussetzung für ein harmonisches Sein ist, einen stabilen Dreh- und Angelpunkt der Mitte und des Ausgleiches zu besitzen und ihn zu hüten wie einen Augapfel. Der Lebensbaum, als Urglyphe des äußeren und inneren Universums, zeigt uns gleichnishaft, wo diese Mitte ist, und wie wir mit ihr umgehen sollen. Diese Mitte ist der Sefirah "Tifereth", der durch seine zentrale Stellung die Energien und Kräfte aus der unteren und oberen Triade empfängt und zu einem einheitlichen Akt zusammenfaßt. In Tifereth ist *die Quelle* des Erosbewußtseins, jener fünf kardinalen Schwingungen, die uns aus der Gefangenschaft des Thanatosbewußtseins erlösen könnten. Psychologisch sind dies: ***Neugier, Zuneigung, Verstehen, Ichlösung, Integration.*** Ich habe diese fünf Wandlungszustände graphisch im linksläufigen Fünferzyklus dargestellt, siehe S.109. Allein das Erosbewußtsein vermag die gegensätzlichen Kräfte so umzuwandeln, daß sie gleich einem ganzheitlichen Akt nach unten erhaltend und nach oben aufbauend wirken können. Aus spiritueller Sicht ist Tifereth das integrale Bewußtsein, das die heilige Mitte zwischen dem *Sowohl-als-Auch und Weder-Noch* erhält, gleich dem Angelpunkt eines Pendels. Die Attribute und das ideelle Wesen der äußeren Sefiroth sind impulsgebende göttliche Urmächte, die in reiner Form nur in ihrer Sphäre existieren können. Wenn sie ohne die ausgleichende Mitte von Tifereth, z.B. bei entsprechenden Wegeblockaden, siehe S.237, den Bezug zur Mitte verlieren, so nehmen sie zwar die Formen der entsprechenden Ebene an, aber behalten infolge ihrer gewaltigen Energien ihr ursprüngliches Wesen bei (für und bei sich). Die Folge ist eine unausgewogene Sicht- und Verhaltensweise, entweder in die Über- oder Unterbewertung, die den Nährboden für Über- oder Untertreibungen bildet. Erst durch die dritte vermittelnde Kraft von Tifereth wird ihr Licht so weit abgemildert, daß es zum Ganzen in einem ausgewogenen Verhältnis steht. Den linksläufigen Fünferzyklus habe ich daher als Eroszyklus bezeichnet, weil er stets zum Ausgleich persönlicher Über- oder Unterbewertungen führt und die göttlich reinen Impulse aus den acht Sefiroth in das Bewußtsein so integriert, daß schließlich eine überpersönliche Sichtweise möglich wird. Somit haben wir in Tifereth jenes hervorragende Gleichnis eines Dreh- und Angelpunktes des spirituellen Gleichgewichtes zwischen originaler Individualität und Integration. Wie in einem inneren Kreisprozeß der Integration (linksläufig) und Identifikation (rechtsläufig) können wir die Phasen schrittweise nachvollziehen und haben damit ein praktisches Konzept an der Hand, unbewußte Egomechanismen aufzudecken. Tifereth ist die strahlende Schönheit, die gleich einer Urzentralsonne alle peripheren Galaxien und Systeme in geordneten Bahnen hält und nur *Das Eine* aus dem Urgrund (Kether) empfängt.

Prolog an die Erleuchtung

Erleuchtung bedeutet Erwachen. Jemand, der erwacht ist, sieht die Welt so, wie sie ist, weder ist er ekstatisch, noch grüblerisch, noch weltverneinend. Ein Erleuchteter ist aus dem Traum der Absonderung erwacht, er träumt nicht mehr den Mythos von einem mit besonderen Attributen ausgestatteten Ich-Bin, sondern hat erkannt, daß die einzige Wirklichkeit Gott und sein ewiger Urglanz ist und alles andere nur ein Feuerwerk von Vorstellungen, Begierden, Leidenschaften und Erwartungen. Er wußte, daß sie irgendwann einmal losgelassen werden müssen, weil sie von der Ganzheit der überpersönlichen Realität erheblich abweichen.
Der Unerleuchtete, noch ganz im Mythos selbstischer Vorstellungen versponnen, will *sich verwirklichen,* er träumt sich selbst, deshalb kann er die Welt nicht so sehen, wie sie ist, sondern nur vom Standpunkt seines Traumes. Seine Erwartungen sind von Begierden und Leidenschaften diktiert, darum ist er in den Augen eines Erwachten ein noch Schlafender, der sich selbst träumt. Ähnlich dem Tier, dessen Sinnesorgane vom Sicherheitsinstinkt und Nahrungstrieb geleitet werden, folgt der Unerleuchtete hausgemachten Vorstellungen, ohne zu ahnen, daß er seine Wahrnehmung auf eine ganz persönliche Sichtweise einengt, und so nur einen kleinen Ausschnitt der Wirklichkeit erkennt. Wie ein Schauspieler auf einer Theaterbühne träumt der Unerleuchtete seine Rolle und hofft, jenen geheimen Mythos zu verwirklichen. Würde er den Alltag als Bühne, und sich als Zuschauer und Akteur gleichzeitig erkennen, so könnte er aus dem Traum erwachen, und das Hier und Jetzt in einem ganz anderen Lichte sehen. Zentriert sich der Mensch in Tifereth, dann erwacht er aus dem Traum leidenschaftlicher Unter- oder Überbewertungen. Er verwirft seine bisherige Sonderexistenz und begreift sich endlich als der Vermittler zwischen Himmel und Erde, in dem kein Bewertungs- und Beurteilungssystem mehr Platz hat, weil er nun selbst die Brücke zwischen Himmel und Erde ist. Und so sagen die Engel: *So gebet auf euch acht! Fürchtest du dich, Brücke zu sein? Die Brücke wird gut behütet, denn sie ist sehr nötig. Der "Irreführer", der kommt und geht, zeigt sich selbst als Brücke. Aber das Auge, das nicht auf Äußeres schaut, erkennt ihn. Seid sehr aufmerksam! Ich vertraue euch ein Geheimnis an: Eines weiß der "Irreführer" nicht, eines kennt er nicht: das Neue. Er kann sich nur ins Alte kleiden. Daran könnt ihr ihn erkennen. Viele hat er schon verführt. Prägt dies in eure Herzen ein!*

Die achtfache Erosstrahlung aus Tifereth

In der achtfachen Zentrierung von Tifereth entdecken wir das spirituelle Zentrum unseres inneren und äußeren Seins und den Schlüssel zur kosmischen Harmonie. Auch der achtfache Pfad des Buddha entspricht den acht Wegen zu Tifereth, und weiter unten habe ich eine entsprechende Zuteilung vorgenommen.

Die acht primären Wege

Der primäre **Weg 24 (Wet)** ist die direkte Verbindung von Kether nach Tifereth. Aus ihm strömt die *Transzendenz der göttlichen Fülle-* das Urlicht der Liebe, Freude, Freiheit, Schöpfertum und Geborgenheit, in welchem sich der Unfaßbare offenbart. Wer das Licht auf diesem Weg wahrnimmt, kann sich hingeben ohne Vorbehalte, weil er stetig die Gegenwart Gottes fühlt. Fülle ist kosmisches Sein, in dem alles enthalten ist, was war, gegenwärtig ist und sein wird. Tifereth erwidert die kosmische Fülle von Kether, indem es durch Hingabe und Gelassenheit zwischen überpersönlichem und persönlichem Sein vermittelt und so zu einem individuell-originalen Ausdruck leitet. *Wer sich in diesem Sinne hingibt, der läßt sich sein, hat ganz von sich gelassen oder sich selbst losgelassen und ist zu einem goldenen Kelch des göttlichen Rausches geworden; ihn umgibt Heiligkeit und Seligkeit.* Ordnen wir diesen Weg dem achtfachen Weg der Leidensaufhebung des Buddha zu, so kann dies nur der Weg der **rechten Meditation** sein.

Der primäre **Weg 20 (Resch)** ist die direkte Verbindung von Chokmah zu Tifereth. Aus Chokmah strömen die überpersönlichen Schöpfungsideen des Wahren, Schönen und Guten, darum erfährt auf diesem Weg das Ich in Tifereth die Transzendenz der *Freiheit und Genialität.* Tifereth färbt die überpersönlichen Schöpfungsideen individuell ein und verleiht ihnen ihre originale Ausdrucksform. Ordnen wir diesen Weg dem achtfachen Pfad zu, so ist es der **rechte Entschluß**, der die Voraussetzung für die Verwirklichung der kosmischen Urideen gibt. Auch ist er der Weg der Erlösung, denn nur die richtige, auf Zeit und Umstände abgewandelte Idee kann erlösen.

Der primäre **Weg 17 (Phe)** ist die direkte Verbindung von Binah nach Tifereth. Aus Binah entströmen die Prinzipien des Seins und das Gesetz der Gerechtigkeit. Die kosmischen Gesetze erfüllen sich mit Gewißheit: *Gottes Mühlen mahlen langsam, aber sicher,* und wer ausharrt, kommt ans Ziel, weil alles den kosmischen Gesetzen folgen muß, ohne Ausnahme. Wer also beharrlich ist, erlangt die Meisterschaft über die niedere Natur von Trieben, Emotionen und Gedanken, erst so ist wahre *Geborgenheit und Freude* möglich. Beharrlichkeit ist z.B. etwas anderes als Entschlossenheit, Ideenfülle etwas anderes als Hingabe oder Humor. Jemand mag wild entschlossen sein, doch erst die Beharrlichkeit zeigt, wie lange die Kraft der Entschlossenheit anhält. Beharrlichkeit nährt sich jedoch wieder aus universalen Prinzipien, denn ohne Prinzipien gibt es keine Beharrlichkeit. Gegensätze werden nicht allein durch Humor, Entschlossenheit, Gelassenheit und Hingabe balanciert, sondern dazu braucht es auch die richtigen Ideen, die aus Chokmah nach Tifereth fließen. Die individuelle Erwiderung von Tifereth ist die des originalen Ausdrukkes kosmischer Prinzipien in eine entsprechende Persönlichkeitseinfärbung, ohne sie zu verändern. Teilen wir diesen Weg dem achtfachen Pfad zu, so ist es das **rechte Verhalten**, das zur Leidensaufhebung führt.

Der primäre **Weg 5 (He)** ist die direkte Verbindung von Geburah nach Tifereth und zurück. Aus Geburah strahlt das Licht der Regeln und die Konsequenz von Geboten und Pflichten. Die Erwiderung von Tifereth ist die individuell-originale Einfärbung ohne Abstriche. Die Strenge des Gewissens (Aufrichtigkeit) und Erfüllung von Pflichten erhalten ihre persönliche Note und einmalige Realisierung, z.B. Aufrichtigkeit zur passenden Zeit und am rechten Ort, sowie die individuelle Wahl der richtigen Worte. Im achtfachen Pfad zur Spiritualität ist es der Weg der **rechten Rede**.

Der primäre **Weg 6 (Vau)** ist die direkte Verbindung von Chesed nach Tifereth und zurück. Aus Chesed strahlt der Glanz des Wohlwollens und der Güte. Tifereth reflektiert diese Einstrahlung als individuell eingefärbte Zuversicht zurück, jenes, was wir unter *positiver individueller Ausdrucksform* verstehen. Im achtfachen Weg des Buddha ist es der Weg der **rechten Ansicht**, d.h. so, wie wir etwas An-Schauen, so erfahren wir die entsprechende Resonanz, die entweder ins Leid oder in die Leidensaufhebung führt.

Aus dem primären **Weg 12 (Lamed)** ergießt sich der göttliche Glanz der Vernunft von Hod auf Tifereth und wird individuell zurückgestrahlt. Die überpersönliche Vernunft folgt einer klaren Logik und zeigt uns stets die Folgen unseres Handelns. Tifereth erwidert Vernunft mit individuellem Treueverhalten und den positiven Früchten der Treue. Im achtfachen Erleuchtungspfad des Buddha ist dies der Weg der **rechten Achtsamkeit**, der vor den Fallstricken unbewußter Denkgewohnheiten und Automatismen bewahrt.

Aus dem primären **Weg 18 (Shade)** flutet der emotionale Drang von Netzach, und Tifereth erwidert mit individueller Begeisterung. Sie gibt uns den nötigen Schwung und den Mut zum Neubeginn. Im achtfachen Weg der Leidensaufhebung ist dies der Weg vom rechten Leben, d.h. trotz flammender Begeisterung sollten wir Übertreibungen meiden und stets das Maß der Mitte wählen. **Rechtes Leben** bedeutet im Sinne von Buddha, die Begeisterung für die innere Mitte -das Erosbewußtsein.

Aus dem primären **Weg 16 (Ajin)** strahlt die Energie der vitalen Kraft von Jesod nach oben. Nur mit der entsprechenden Vitalität haben wir die nötige Kraft, unseren Willen auf die göttliche Vereinigung auszurichten. Tifereth faßt die Instinkte und Triebe zusammen und individualisiert sie zur Entschlossenheit. Die ganze Skala unserer Grundtriebe macht zusammen unseren Willen zum Leben aus, und Tifereth verleiht ihnen individuelle Ausdruckskraft. Der letzte der acht Wege des Buddha ist der Weg der **rechten Anstrengung**, und er ist eine Grundvoraussetzung, um ein Ziel zu erreichen.

Die acht primären Wege

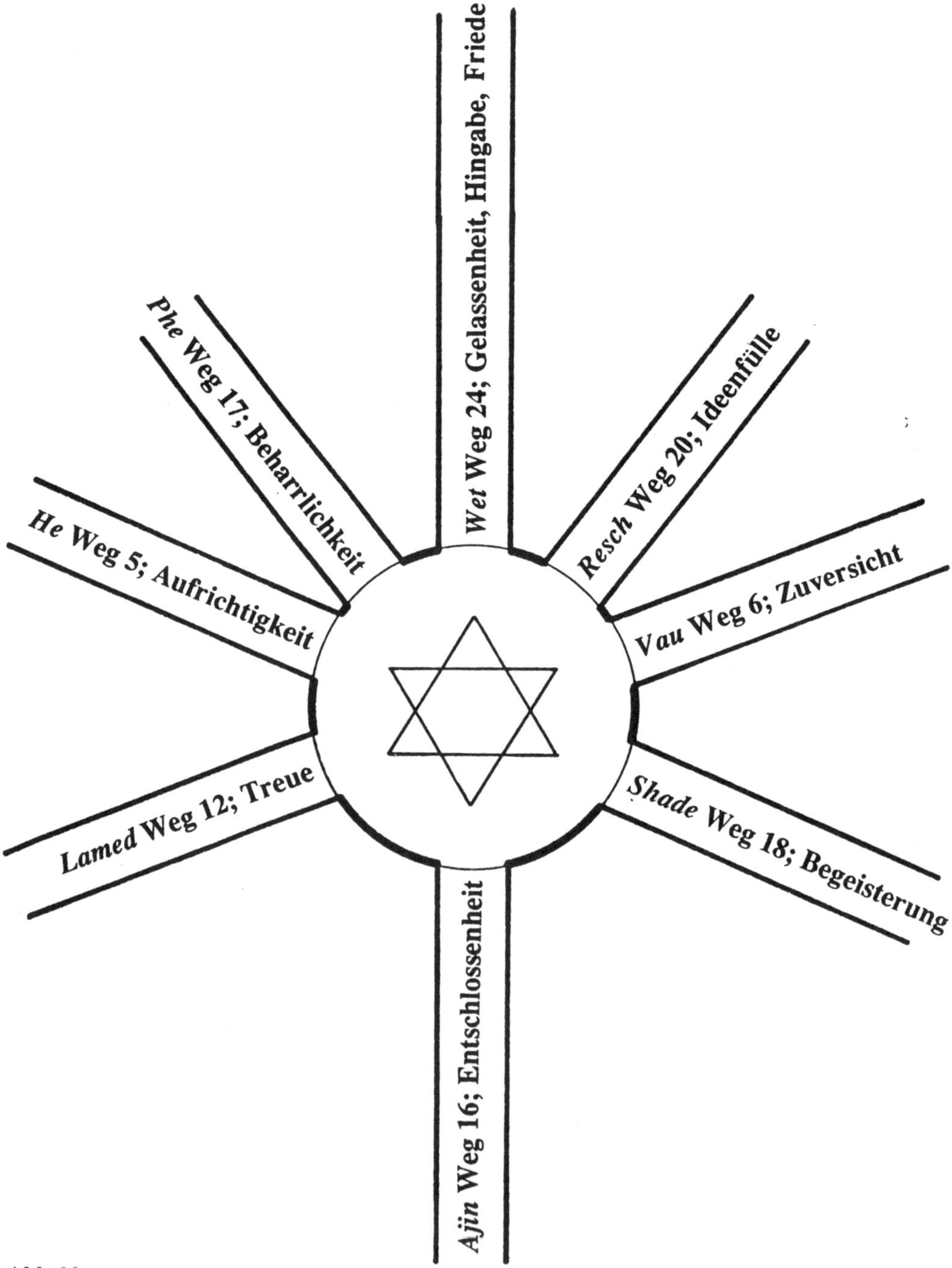

Abb.66

"Wer sich selbst erkannt hat, kennt das All und ist mit allem in Frieden"

Das virtuelle Selbst in Tifereth

Nüchtern betrachtet, kann man unter Selbst das Erlebnis eines stets begleitenden Beobachters verstehen, der sowohl die Innen- als auch Außenwelt wahrnimmt. Dabei scheint es so, daß er immer auf Distanz bleibt, so, als wohne er den Geschehnissen nur bei und beobachte alles aus sicherer Entfernung.
Dem ersten Anschein nach können wir sagen: wir nehmen etwas wahr, indem wir dem Wahrgenommenen beiwohnen, ohne uns darin zu verlieren. Wird uns z.B. die Freude bewußt, so sind wir *bei* der Freude und nicht in ihr, wären wir die Freude, dann könnten wir sie zwar erkennen, aber wie ist es denn mit der Bewertung? Eine Bewertung können wir ja nur vornehmen, wenn wir in das Erlebnis der Freude eintauchen oder uns hineinversetzen, uns sozusagen von ihr einfärben lassen, also sind wir gleichzeitig bei und in der Freude! Somit kann das virtuelle Selbst nicht nur den Zustand des distanzierten Beobachters annehmen, sondern den beobachteten Zustand vorübergehend zum Erlebnismittelpunkt machen. Und doch kehrt es immer wieder in den neutralen Grundzustand zurück,- *dem Weder-Noch und Sowohl-als-Auch.* Insofern ist das virtuelle Selbst der einzige Teil in uns, der stets zum gleichen Zustand zurückkehrt. Die Erfahrung einer gleichförmigen Bewußtseinsmitte vermittelt uns jenen sicheren Angelpunkt, zu dem wir immer Zuflucht nehmen können, ganz gleich, ob wir nun dem höchsten Glück, der größten Verzweiflung oder dem stärksten Schmerz beiwohnen. Gedanken, Gefühle, Empfindungen sind nichts weiter als stetig sich neu wandelnde Schwingungen von unterschiedlicher Frequenz und Intensität, die um eine Bewußtseinsmitte kreisen, wie die wirbelnden Luftmassen um das stille Auge eines Hurrikans. Ein anderes Gleichnis kommt dem ersten nahe: Wie die Wasser eines dahinströmenden Flusses, in das wir hineinsteigen, ohne innerlich davon berührt zu werden, genauso wenig kann unsere Bewußtseinsmitte von den äußerlichen und innerlichen Ereignissen berührt werden, höchstens *angeregt* im Sinne einer Entscheidung. Somit ist das virtuelle Selbst reine und nackte Selbstgewißheit, an sich leer, ohne jede Form und Qualität. Es ist für alles nahezu unbegrenzt offen, deshalb kann es auch mit allem eine Verbindung eingehen.

Identifikationen

Wenn das Selbst den Erscheinungen nicht nur beiwohnt, sondern sich darin verliert oder aufgeht, so verläßt es den Beobachterstatus- nimmt den entsprechenden Zustand an- und macht ihn zum Erlebnismittelpunkt. *Alles jedoch, was unsere Begierde zum Erlebnismittelpunkt macht, genießen wir nicht mehr, sondern müssen es erleiden.* Wie oft schon haben wir uns in den Dingen vergessen, gelegentlich auch verloren, und ich glaube, niemand ist davon ausgenommen. Man nennt das Identifikation!
Dazu kenne ich eine kleine Schmunzelgeschichte:
Es waren zehn Narren, die überquerten öfters einen Fluß, und jedesmal, wenn sie ihn überquert hatten, zählten sie nur neun. Eines Tages kam ein Reisender, und sie fragten ihn, weshalb beim Überqueren des Flusses immer nur neun herauskämen.

Als der Reisende dies vernahm, mußte er laut lachen und fragte, wer denn da gezählt hätte. Der Zähler hob die Hand, worauf der Reisende ihm empfahl, sich künftig immer mitzuzählen.

Was können wir aus dieser Geschichte lernen?

Die Geschichte zeigt, daß wir während des Beobachtungsvorganges uns selbst vergessen, den Beobachter in uns nicht sehen, und so der Illusion des Wahrgenommenen zum Opfer fallen. Unser Selbst, dasjenige also, was wirklich frei und unabhängig ist, vergessen wir, ja durch die Identifikation mit dem Wahrgenommen verlieren wir es zeitweise und werden so selbst zu dem Wahrgenommenen.

Wenn wir uns auf eine Idee, eine Rolle oder einen bestimmten Zustand so weit einlassen, daß wir uns dabei vergessen, dann verlieren wir die Übersicht und werden zu dem, was den Identifikationsinhalt ausmacht. Durch ihn wird die Wahrnehmung, und somit die Wirklichkeit, erheblich eingeschränkt und verzerrt. Dieser Prozeß läuft meist unbewußt ab und er ist die eigentliche Ursache ungezählter Dissonanzen.

Was bewirkt ein solcher Zustand?

1.Der Körper neigt zu motorischen Spannungen und Durchblutungsstörungen.
2.Er setzt sich einem Disstreß aus, vorzeitiger Kräfteverbrauch und Erschöpfung ist die Folge.
3.Die Gefühle färben sich mit der Vibration des Identifikationsinhaltes ein und geraten außer Kontrolle.
4.Phantasie und Gedanken werden zu Zwangsvorstellungen.
5.Es kommt zu Überbewertungen und Übertreibungen.
6.Wünsche werden zur zwanghaften Begierde.
7.Meinungen werden zu Dogmen und Vorurteilen.
8.Verlust an Realitätssinn.
9.Es kommt zu verhängnisvollen Fehlentscheidungen die enttäuschen.

Die Schlange die sich selbst in den Schwanz beißt oder der Teufelskreis des Selbstbezuges

Abb.67

Das Symbol des Uoroboros bedeutet, daß das Ich-Bin, ganz gleich, was es auch unternimmt, stets auf sich selbst zurückgeworfen wird. Bisher ist mir kein Werk bekannt, das sich mit dieser Problematik wirklich auseinandergesetzt hat. Weiter oben sagte ich, daß das virtuelle Selbst immer wieder zu seinem neutralen Beobachterstatus zurückkehrt, weil es den Ereignissen und Bewußtseinszuständen nur *beiwohnt* und höchsten zu einer Entscheidung angeregt wird. Wer also ist es, der in mir entscheidet, ist es mein Ego oder das virtuelle Selbst? Wenn das Ego, so entscheidet nur eine besondere Konstellation von bewertenden *Ich-Bin-Attributen,* also ein endliches Vorstellungsbild von einem Ich-Bin. Ist es jedoch das virtuelle Selbst, so entscheidet die göttliche Weisheit, ohne Bewertung und Verurteilung, denn wie schon erläutert, ist das virtuelle Selbst virtuell zum Ganzen und entscheidet nur in Bezug auf Ganzheit und Einheit. Wir können also aus dieser Differenzierung, zumindest an der Art der Entscheidung, erkennen, ob ein Ich-Bin oder Egobezug vorliegt. Der Teufelskreis des Selbstbezuges wird vor allem dann zum Hindernis, wenn wir gegen innere Blockaden und Gewohnheiten ankämpfen. Ein Beispiel dafür ist das Rauchen! Jemand, der eingesteht, daß er süchtig ist und davon befreit werden möchte, macht diesen Wunsch zum Mittelpunkt seines Ichs, doch gleichzeitig auch das Eingeständnis: *ich bin süchtig*! Der zentrale Wunsch nach Erlösung bewirkt, weil er zum Erlebnismittelpunkt gemacht wird, jetzt erst recht ein gesteigertes Verlangen nach Tabakgenuß mit der Gefahr, noch mehr zu rauchen. Hier kann der circulus vitiosus nur durchbrochen werden, indem wir die Sucht eben nicht zum Erlebnismittelpunkt machen, sondern ihr wie ein Beobachter nur beiwohnen. Wesentlich komplexer wird das Problem wenn es um die innere Verursachung oder Anregung eines Beweggrundes geht, z.B. bei der Frage: Wer in mir will gut, wahrhaftig und hilfsbereit sein? Die Abgründe des Ego sind da schauerlich! Da gibt es Menschen, die Gutes tun, ja sich wirklich für andere aufopfern, die anscheinend ohne Selbstbezug, ihr Augenmerk nur auf das Wohl anderer richten, und in deren Augen wie Heilige erscheinen müssen; *eben müssen,* denn vielleicht wollen sie gerade das, nämlich die Anerkennung eines Heiligen. Auch das ist Ego und nicht das virtuelle Selbst. Und da sind wir schon beim eigentlichen Problem: Wenn wir gut sein wollen, sind wir eben nicht gut, wenn wir spirituell sein wollen, sind wirs nicht usw. Die Schlange beißt sich in den eigenen Schwanz, indem sie im Bewußtsein des gütigen Handelns glaubt, sie sei gut *und mache sich gut.* Der Selbstbezug ist der Teufelskreis aus, dem es kaum ein Entrinnen gibt; auch wenn wir in diesem Punkt um Aufrichtigkeit bemüht sind, so halten wir uns doch für aufrichtig und beißen uns erneut in den Schwanz. Was immer wir auch tun, durch den Selbstbezug halten wir uns *stets für den Verursacher.* ***Doch das göttliche Selbst oder die Fokussierung im Urglanz ist die Tat, -der eigentliche Beweggrund- wir jedoch nur die Ausführenden.*** Dies sollte uns immer und allezeit bewußt sein und wir sollten darum beten, das sei unsere einzige Sorge! Meister Eckehart faßt den Zustand dieses Bewußtseins in folgende Worte:
"Denn das erst ist Armut des Geistes, daß Mensch Gottes und aller seiner Werke so ledig stehe, daß Gott, wenn er in der Seele wirken wollte, er selber die Stätte sein müßte, darinnen er wirken will. Und das tut er gerne. Denn fände Gott den

Menschen so arm, so erlangte der Mensch in dieser Armut das ewige Wesen, das er gewesen ist, und das er jetzt ist, und das er in Ewigkeit leben soll."

Teilpersönlichkeiten

Wird die Bewußtseinsmitte von einem Identifikationszustand vollständig vereinnahmt, so personifizieren sich die Inhalte zu einer sogenannten Teilpersönlichkeit, siehe auch S.104. Teilpersönlichkeiten bewirken nicht bloß Dissonanzen in unserer Innenwelt, sondern verleiten auch fortgesetzt zu überwertigen Zielen oder Unterschätzungen, die letztlich die Energien in die falsche Richtung kanalisieren. Mißerfolge, Versäumnisse, Enttäuschungen, Schuldprojektionen, Neid und Aggressionen sind die bittere Frucht. Eine Teilpersönlichkeit, wenn sie die Bewußtseinsmitte überlagert, übt einen neurotischen Zwang aus bis hin zur Zwangspersönlichkeit. Besonders dramatisch wird die Situation, wenn blockierte Archetypen aus dem Unbewußten aufsteigen und ihre negative Vibration ausbreiten. Dies sind keine vorübergehenden Identifikationszustände mehr, sondern psychoide Mächte von fast schon numinoser Kraft. Unerklärliche Launen und Stimmungen beherrschen die Bewußtseinslage, affektive Äußerungen, wesensfremde Unter- oder Übertreibungen sowie Aggressionen sind die Kennzeichen, und langanhaltende Psychosen und Bewußtseinsspaltungen können die Folge sein. Der von blockierten Archetypen und Gegengenien besetzte Mensch kann seine Bewußtseinsmitte nicht mehr wahrnehmen und ist sich selbst entfremdet.

Zwei Gleichnisse

Das Gleichnis vom Pferd, Wagen und Kutscher kann hier hilfreich sein. Manchmal bemerkt der Kutscher (gewöhnliches Tagesbewußtsein) Eigenschaften des Wagens (Körper) oder bemerkt, daß sich an ihm etwas verändert oder die Pferde (Empfindungen, Triebregungen, Wünsche) unruhig und eigensinnig werden, weil z.B. der Weg (Zielrichtung) plötzlich schwierig wird (Hindernisse) oder das Wetter sich ändert (Atmosphäre). Der Kutscher ist mit seinem Wagen, den Pferden, dem Weg und sich selbst so beschäftigt, daß er etwas ganz Entscheidendes dabei vergißt, nämlich *den Fahrgast* (die Bewußtseinsmitte), der eingestiegen ist, um ein bestimmtes Ziel zu erreichen. Würde sich der Kutscher an den Fahrgast erinnern, so könnte er seine Dienerrolle mit Abstand sehen und wäre nicht von ihr beherrscht. Der Kutscher ist der Lenker von Pferd und Wagen, seine Fähigkeiten und Begabungen entsprechen der Art und Weise, wie wir den Alltag bewältigen. Er kann den Wagen jedoch nur richtig führen und lenken, wenn er sich auf seine Rolle als Kutscher besinnt und sich nicht zum Mittelpunkt des Alltagsgeschehens macht. Ist er z.B. zu sehr mit dem Wagen (Körper) beschäftigt, dann verliert er die Kontrolle über die Pferde, sie gehen mit ihm durch. Befaßt er sich ausschließlich mit den Pferden, kann es passieren, daß er eine wichtige Wegmarke übersieht und die falsche Richtung einschlägt. Schlimmer noch ergeht es ihm, wenn er zu sehr mit sich beschäftigt ist (sich zum Fahrgast erklärt); er könnte z.B. eine defekte Achse übersehen (Beginn einer körperlichen Erkrankung) oder er merkt nicht, daß die Gäule ungleich laufen und sich gegenseitig behindern (widersprüchliche Emotionen und Wünsche); auch, daß er den Galopprhythmus und die Witterung der Pferde überbewertet, sich also auf seine Gefühlseingebungen zu sehr verläßt und

die Pferde laufen läßt, wohin sie nur wollen. Oder er schläft auf dem Kutscherbock ein, weil der Weg zu eintönig, zu glatt und gerade ist (monotoner einförmiger Lebensweg, wie z.B. bei Müßiggängern). Auch, wenn er zu sehr von Wegevorstellungen und Abkürzungswünschen beherrscht wird (Intellekt), indem er den Wagen durch unwegsames Gelände führt und das ganze Unternehmen in Gefahr bringt oder die Gäule bis zur Erschöpfung antreibt (Überforderung, Begierde). Aber auch, wenn er den Wagen zu sehr schont (Angstblockaden) und deshalb fortgesetzt die Pferde bremst und nicht vorankommt.
Noch ein anderer Vergleich zwischen Tagesbewußtsein und virtuellem Selbst ist hilfreich, und zwar die Computeranalogie! Jeder hat sicherlich schon einmal mit einem Taschenrechner oder einem kleinen Taschencomputer gearbeitet. Er ist langsam, hat nur einen kleinen Datenspeicher und ein bescheidenes Menü. Für die Berechnung der Daten benutzt er ein ziemlich primitives Programm, das sowohl unserem Alltagsintellekt (Intellectual Basic), unseren Gefühlsgewohnheiten oder emotionalen Empfindungsmuster (dem Emotional Basic) und unseren instinktiven Empfindungen (dem Instinctive Basic) entspricht. Obwohl wir mit diesem Programm im Alltag zwar ganz gut zurechtkommen und unsere Bedürfnisse damit relativ gut befriedigen, wissen wir sehr wohl um seine Begrenztheit. Viele identifizieren sich mit ihm, gehen darin auf, mehr noch: sie vergessen dabei, daß es da noch eine Programmiermethode gibt, die den Anschluß an das Terminal eines Supercomputers in Aussicht stellt. Dieser Supercomputer hat ganz andere Möglichkeiten! Er besitzt einen riesigen Speicher und könnte um das Tausendfache schneller rechnen (Intuition). Er kann nahezu alle Probleme lösen, weil seine Sprache eben *Higher Instinctive, Higher Emotional und Higher Intellectual* ist. Alles könnte er uns beantworten, aber oh weh, wir sind nicht mit ihm verbunden und versuchen zwanghaft, alle unsere Probleme auf dem kleinen Personalcomputer zu lösen, was jedoch mit dem armseligen Programm mißlingt. Der Taschenrechner oder kleine Personalcomputer gleicht unserem Tagesbewußtsein und der Supercomputer dem hohen Selbst. Würden wir der Sprache und dem Programm des Supercomputers mehr vertrauen, so hätten wir ganz andere Lösungsmöglichkeiten. Wir würden frei bleiben von Über- und Unterbewertungen und Vorurteil, Versäumnis, Enttäuschungen und Aggressionen hätten keine Chancen mehr. Wir würden uns vor dem Hintergrund seiner nahezu unbegrenzten Leistungsfähigkeit sicher und geborgen fühlen.
Übertragen wir die beiden Beispiele auf die Balance der zehn Sefiroth, so wird manches deutlicher:
Durch einseitige Ausrichtung auf nur einen elementaren Bewußtseinsinhalt, z.B. die Physis (Malkuth), werden andere vernachlässigt, also unterbewertet und können sich nicht genügend entfalten, z.B. Emotionen, Mental usw. Der überwertige Bewußtseinsinhalt ist die Ursache für exzentrische Teilpersönlichkeiten, während die vernachlässigten ein Schattendasein führen. Unzufriedenheit und unerklärliche Launen sind die Folge. Hinterfragt man das Phänomen einseitiger Bewußtseinsausrichtung, dann gibt es vier Antworten:
1.Die Bewußtheit ist noch nicht so weit fortgeschritten, daß der Betroffene alle zehn Lichter der Sefiroth gleichgewichtig erfassen kann (Trägheitsblockade, zu geringer Bewußtseinsradius).

2.Durch zu frühe Erfolgserlebnisse (z.B.kindliche Erfolgskonditionierung) werden ein oder zwei Bewußtseinsaspekte überbewertet und erhalten den Vorzug, was leicht in die Identifikationen hineintreibt.
3.Die Enttäuschungsblockade scheint mir die häufigste Ursache zu sein! Durch die entsprechende Blockierungen der korrespondierenden Wege können mindestens zwei Sefiroth ihre Glorie nicht richtig entfalten und fristen ein Schattendasein.
4.Durch karmische Verwicklungen kann derjenige gezwungen sein, einen in der Präexistenz vernachlässigten elementaren Bewußtseinsaspekt überzubewerten, mit allen negativen Konsequenzen. Beschäftigt sich also jemand überwiegend mit dem physischen Körper (Malkuth), so neigt er in allem, was mit ihm zusammenhängt, zur Übertreibung. Irgendwann resultiert daraus eine Teilpersönlichkeit, die in bestimmten Situationen und Ereignissen einrastet und allmählich die Bewußtseinsmitte vereinnahmt. Ähnliches geschieht mit den anderen Persönlichkeitsbereichen, also dem Vital (Jesod), dem Emotional (Netzach), dem Mental (Hod), dem spirituellen Teil, Gewissen (Geburah) und der Motivation (Chesed) usw. Was aber geschieht mit den vernachlässigten Bewußtseinsbereichen?
Ihr Schattendasein wird im Laufe der Zeit abnorm! Die vernachlässigte Emotionalität verkümmert und der Intellekt gerät in die Pseudoübertreibung; feinere Gefühle und Empfindungen werden, sowohl bei sich wie bei anderen, nicht mehr wahrgenommen und gehen als Erlebnisqualität unwiderbringlich verloren. Man grenzt sozusagen einen Teil der Realität aus und nimmt ihn nicht mehr zur Kenntnis. Die Folge sind mangelnde Einfühlung, Grobheiten, Mißverständnisse, Unverstandensein und Konflikte. Überwiegt die Emotionalität (Netzach), so leidet die mentale Einsicht, weil die Gefühle das Mental überfluten. Das kann sich ebenso nachteilig auf der spirituellen Ebene von Geburah und Chesed auswirken. Die dröhnenden Gefühle übertönen die feineren Gewissensimpulse und überschwappen die subtilen Beweggründe. Das Gleichgewicht von Strenge und Güte droht zu kippen, weil die Gefühlswellen entweder die Strenge oder die Güte überwertig einfärben (emotionale Wechselduschen).
Worauf kommt es also an?
Wir dürfen weder einen noch mehrere elementare Persönlichkeitsaspekt vernachlässigen oder überbewerten, sondern müssen allen gleichmäßige und volle Achtsamkeit schenken.
Wie ist das zu bewerkstelligen?
Zu Beginn sollten wir die wertfreie Selbstbeobachtung üben, indem wir nicht eingreifen, sondern geschehen lassen.
Alle inneren Bewegungen des Vitals, Emotionals und Mentals lassen wir wie Wolken am geistigen Auge vorüberziehen, ohne uns darauf einzulassen. Wir haben die Freiheit, in jedem Moment unseres Lebens die Position des gelassenen inneren Beobachters einzunehmen und zu üben. Das ist die erste und wichtigste Voraussetzung.
Anfangs kommt es darauf an, weder Kutscher, noch Pferd, noch Wagen zu sein, sondern sich stetig an den Fahrgast (Tifereth) zu erinnern, der einzig in der Lage ist, das Eros-Bewußtsein (integrales Bewußtsein) zu verwirklichen. Keinesfalls dürfen wir das virtuelle Selbst mit dem Kutscher -dem gewöhnlichen Tagesbe-

wußtsein (Egobewußtsein)- verwechseln, das überwiegend konditioniert und automatisch reagiert. Das virtuelle Selbst bestimmt das Ziel, den Weg und die Fahrzeit, weil es unser Leben und alle Stationen überblickt. Erinnern wir uns an jenen Satz der Engel:*"Der Plan schwebt über der Zeit"* und *"mit dem Kopf sollst du keine Pläne schmieden, mit dem Kopf führe Pläne aus!"*
Es benutzt das gestaltliche Hier und Jetzt, *um an der spirituellen Evolution des Kosmos und der Materie mitzuwirken (Umwandlung in Lichtmaterie).* Da es selbst schon vollkommen ist, hat es keine persönlichen, sondern nur überpersönliche Ziele. Das ist der eigentliche Grund seines aktiven Hier und Jetzt. Indem wir uns stetig an das virtuelle Selbst erinnern, werden wir mehr und mehr zum Fahrgast und gewinnen allmählich Distanz zum Ego bzw. dem Alltagsbewußtsein, und wir laufen nicht mehr Gefahr, unser Transportsystem, als da sind: Körper, Vital, Emotionen, Mental, über- oder unterzubewerten. Erinnern wir uns nochmals des o.g. Satzes: *Alles, was wir zum Erlebnismittelpunkt machen, genießen wir nicht mehr, sondern müssen es erleiden.*
Buddha drückt dies noch besser aus: *"Wer die Lust sucht, findet das Leid."*
Wenn wir uns dem distanzierten Selbst zuwenden, lassen wir körperliche Spannungen los, unangenehme Gefühlskomplexe zerfließen, ungezügeltes Begehren wird entschärft, Vorurteile werden relativiert, Meinungen und Rollen verlieren ihren Zwangscharakter und gehen in die spielerische, humorvolle Form über.
Das virtuelle Selbst bzw. das Bewußtsein in Tifereth kann man als ruhevolle Wachheit bezeichnen. Alle äußeren Geschehnisse und körperlichen sowie geistig-seelischen Funktionen befinden sich zwar in voller Aktion, wie die fahrende Kutsche, aber das virtuelle Selbst läßt sich nicht hineinziehen. Weder Gedanken, noch Gefühle, noch ein Vorher oder Nachher können es imprägnieren, sondern alle umkreisen es wie ein Zentrum der Ruhe und Stille, das auf geheimnisvolle Weise alles behutsam leitet. *Weder ist es ein Traum, noch ein Wachzustand, noch ein Schlafzustand, Wachheit und Ruhe koexistieren miteinander. Das Bewußtsein erfährt sich selbst, ohne Objektwahrnehmung, in ruhevoller Wachheit. Es herrscht reiner wertfreier Selbstbezug vor. Das Subjekt des Bewußtseins- das sterbliche Ich-Bin als das Objekt des Bewußtseins- ist absorbiert in ein weit größeres Selbst. Es kann beliebig mit den drei anderen Bewußtseinszuständen (Wachen, Schlafen, Träumen) koexistieren, ohne je in sie hineingezogen zu werden.* Erst in diesem Zustand ist wahre Freiheit möglich, erst so handeln wir gelassen und mit Liebe. Wir erfahren uns selbst als einen überaus wachen, heiteren Hintergrund voller Gelassenheit, der das Subjekt und das Dasein wie auf einer Theaterbühne oder auf einer Filmleinwand beobachtet.
In diesem Bewußtsein erleben wir uns nicht bloß als neutralen Zeugen und Beobachter seelischer, geistiger und körperlicher Vorgänge, sondern mit dem Beobachtungsvorgang leiten wir schöpferische Impulse in die Ereignisse hinein, welche die Handlungsabfolgen und Umstände zum Ganzen in ein ausgewogenes Verhältnis bringt. Der dabei auftretende Wandel zeigt überraschende Wendungen und stets neue Aspekte einer anscheinend unendlichen Vielfalt. Da gibt es keinen tierischen Ernst und nur wenig Anstrengung. Wir verbleiben in einer stabilen, humorvoll-heiteren Verfassung. Sind wir einmal länger mit solchen Bewußtseinszuständen

vertraut, so erfahren wir die feinstoffliche Essenz und Schönheit in den uns umgebenden Erscheinungen. Wir erkennen in jeder Manifestation die hervorragenden Eigenschaften und Qualitäten, die im Innersten pulsieren, fühlen uns mit allem und jedem verbunden und wissen um den besonderen, einmaligen Wert einer jeden Manifestation. Erst in diesem Bewußtsein sind wir ein königlicher Fahrgast in unserer Kutsche und genießen die Herrlichkeit des Seins.

Die schöpferische Macht des virtuellen Selbstes

Aus all dem geht eines klar hervor, nämlich daß das virtuelle Selbst die unbedingte Mitte einer verstehenden Beziehung zu allem ist, was ist. Je verstehender und weiter diese Beziehung reicht, um so glückseliger der Zustand und desto umfassender das Ganzheitsbewußtsein. Trotz dieser innigen Verbundenheit bleibt es dennoch losgelöst von allem und mit nichts verhaftet! Dies ist das eigentliche Paradoxon, aber auch das große Wunder, und für den Verstand bleibt es ein ewiges Rätsel.
In dem Satz: *"Ich kann alles" wird uns die Schöpfermacht des virtuellen Selbstes bewußt.*
Partizipiert ein erleuchtetes Bewußtsein an der kosmischen Wahrnehmung, d.h. nimmt es die Schöpfung wie im Aijn-Sof-Aur wahr, siehe S.147, dann ist es sowohl schöpferisch als auch passiv, weil es in vollkommener Übereinstimmung zum Ganzen steht. Ein Herzenswunsch wird in diesem Zustand ohne Mühe und Aufwand realisiert. Alle kosmischen Energien sind mit dem Selbst so sehr verbunden, daß sie ohne Zögern auf der feinstofflichen Energieebene augenblicklich zu einer Raum-Zeitgestalt zusammenfließen und im Hier und Jetzt in Erscheinung treten. Das eigentliche Geheimnis dieser Schöpfermacht ist wohl der Implosionszustand des bewertenden Ich-Bin, jenes Zim-Zum, das ihm die Liebe und Verbundenheit mit allem ermöglicht. Alle feinstofflichen Materialien, Schwingungen und Energien geben sich für die erforderlichen Umstände einfach hin und konstellieren die Wunschgestalt, weil sie im Zustand der Liebe nicht anders können. Es ist, als ob aus Liebe sich eins fürs andere opfert.

"Der Weg der wahren Meisterschaft geht über die Vergessenheit des Ich-Bin"
(Kung-fu)

Auf die Transzendenz des Bewußtseins kommt es an

Guter Wille allein macht noch längst keinen Bewußtseinszustand, außer dem einer Good-Will-Haltung. Er ist bestenfalls eine Voraussetzung, die Qualität des Zustandes jedoch wird durch den Inhalt bestimmt. Ein Zustand sollte nicht in die persönliche Identifikation fallen, sondern kontrolliert und stets auf ein überpersönliches Ziel gerichtet sein. Nur komplette, sich ganz dem *überpersönlichen Ziel* hingebende Bewußtseinszustände machen das Genie aus, denn auch hier gilt das Gesetz: Alles oder Nichts. Wie vereinbart sich dies mit der besagten Kontrolle? Die wahre Identifikation bezieht sich nicht auf den Ich-Bin-Zustand, sondern nur auf das überpersönliche Ziel oder die Zustandskoordinate, dies ist ein ganz wesentlicher Unterschied zur selbstischen Neurose. Weshalb brauchen wir einen Bewußtseinszustand? Betrachten wir uns zunächst einen geheimnisvollen Satz, den Jesus an einen fragenden Schriftgelehrten richtet:*"Die Füchse haben Höhlen, die Vögel des Himmels haben Nester, aber der Sohn des Menschen (Gottes) hat nicht, wo er das Haupt hinlege."* Wir können diesen Satz nur so verstehen, daß Jesus ein Verwirklichter war, der eben kein bewertendes Ich-Bin hatte, auf das er sein Haupt hätte legen können. Ein Mensch ohne bewertendes Ich-Bin, ohne eine bestimmte Religion und ohne philosophische Weltinterpretation, ist *heimatlos geworden,* er ist in den Augen der ach so klugen Menschen ein Narr, der nicht weiß wo es langgeht, ähnlich wie der Gottesnarr im Tarot oder wie der Magus in Tifereth, doch lebt er außerhalb jener selbsterbauten Gefängnismauern von Ansichten, Meinungen und Bewertungen und atmet die Fülle und Spontaneität der Transzendenz. Das virtuelle, reine Selbst, jene herrliche Essenz aus dem Urglanz des Unfaßbaren, kann allerdings nur in menschlicher Gestalt (der Person) die fünf transzendenten Füllen konkretisieren, d.h. ihnen Ausdruck und Bedeutung verleihen. Ohne sie würde es in einem verborgenen Implosionszustand verharren, in dem zwar eine passive und reine Selbstreflexion möglich wäre, übrigens im Buddhismus als "Shunyata" (glückselige Leere) bezeichnet, doch ohne Gestalt und konkreten Ausdruck. *Das spirituelle Ziel aber ist die personale Verwirklichung der fünf Füllen in Raum und Zeit, jene ungeborene Schwingung, welche von Ewigkeit zu Ewigkeit den höchsten Rausch der Glückseligkeit ermöglicht.* Anders gesprochen: *"Wer in der Raum-Zeit-Welt arbeiten kann und sein Bewußtsein in der Transzendenz der ewigen fünf Füllen,* ***nämlich Liebe, Freude, Freiheit, Schöpfung und Geborgenheit*** *bewahrt, der hat das Allerhöchste erreicht!"*

Die eigentliche Schwierigkeit besteht also darin, das Bewußtsein trotz unseres personalen Seins ununterbrochen auf die innere Transzendenz des Urglanzes zu richten und sich nicht fortgesetzt von der Illusion unseres personalen Seins täuschen und hinabziehen zu lassen. Deshalb die eindringliche Mahnung: *Schaue nicht auf das sterbliche Ego, und wenn schon, so erkenne die dahinterstehende Sehnsucht, siehe auch S.227.* Je nachdem, wie intensiv das Personale, unser Butler (das Ego) sich dem spirituellen Bewußtsein hingibt, desto schöpferischer wirkt das virtuelle Selbst auf die Ganzheit ein und desto näher rückt das Personale der Ewigkeit. Je mehr der Butler jedoch im Absonderungszustand verbleibt, d.h. ein törichtes Eigenleben führt, desto destruktiver für die Ganzheit, ja hemmender für die spirituelle Evolution und desto magerer die Früchte. Ein Bewußtseinszustand ist um so langlebiger, schöpferischer und ganzheitlicher, je mehr er auf die Fülle des überpersönlichen Seins gerichtet ist. Wie aber kann ein Mensch objektiv erkennen, ob sein Bewußtsein mehr persönlich oder überpersönlich reagiert, denn nur wenige gestehen sich freimütig ein, daß sie überwiegend aus Selbstzweck handeln. Wenn wir die absteigende Reihenfolge der transzendenten Sehnsüchte verfolgen wie sie allmählich zu profanen Begierden, Motiven und Entfaltungsansprüchen degenerieren, dann können wir verstehen, welcher elementare Mangel die Ursache ist. Die fünf transzendenten Drangrichtungen sind das Ziel der Evolution und alle Geschöpfen streben danach.

Mangel an	Sehnsucht nach	Begierde	Allerweltsmotiv	Entfaltungsanspruch
Liebe	Liebe u.Vereinigung	Selbstverwirklichung	Unabhängigkeit	Wirkungsradius
Freude	Freude/Wertschätzung	Anerkennung	Dominanz	Macht
Freiheit	Freiheit/Fortschritt	Bestimmen	Einfluß/Beeinflussung	Geltung
Schöpfung	Schöpfung/Gestaltung	Lebensgenuß	Wohlleben	Verändern/Organisation
Geborgenheit	Versorgtsein	Sicherheit	Geld	Abgrenzung

Streben wir also nach einer allumfassenden Liebe, in der alle gleichermaßen einbezogen sind, dann transzendieren wir unseren Zustand, denn das Bewußtsein, als Teil des Unfaßbaren, kann jeden beliebigen Zustand annehmen. Dies ist das Wunder und die eigentliche Chance, nutzen wir sie, so gut wir können.

Stufen der Erkenntnis

1.Stufe: Wir sollten erkennen, daß unsere Ansichten, Meinungen und Bewertungen vom persönlichen Standpunkt durchaus richtig sein mögen, doch niemals universale Gültigkeit haben, *sie sind also relativ*. Ein Beispiel dafür ist der Wandel des geschichtlichen Zeitgeistes. Wie sehr hat doch der nationale Pathos bis Ende des zweiten Weltkrieges das Denken und Fühlen der Menschen beherrscht und ist jetzt entschwunden, als ob er nie gewesen wäre. Hat es sich wirklich gelohnt, dafür Millionen Menschen zu opfern und unsägliches Leid für solche Wahnideen in Kauf nehmen? Nein, es war unnütze Energieverschwendung und ein schmerzlicher Irrweg. Eine besonders gutes Anschauungsbeispiel für die Relativität zeitbedingter Strömungen ist der flüchtige Geschmack von Kleidermode und Ausdrucksstile, sowie kulturellen Prioritäten. Was eben gerade *"in" ist*, gilt als gut und wertvoll. Ein Mensch, der sich überwiegend für solche Dinge interessiert, lebt und webt im sterblichen Teil seiner Persönlichkeit und wird stets ein Knecht von Begierden und Meinungen der Moderne bleiben. Niemand will hier Weltabgewandtheit und Askese predigen! Selbstverständlich müssen wir uns auch um unsere elementaren Bedürfnisse kümmern, die alle im vernünftigen Maße befriedigt sein wollen, nämlich: *bewegen, verständigen, erwärmen, schützen, atmen, regenerieren, genießen, schlafen, ausscheiden und essen*, doch haben sie nur lebenserhaltende und bewahrende Funktion, denn sie sollen unseren Organismus und die Persönlichkeit zusammenhalten damit er dem unsterblichen Teil um so besser dienen kann. Das

Vergängliche, vor allem das Ego, hat nur prozessualen Wert, es dient der Ewigkeit als Hammer und Amboß für einen fernen Omegapunkt, in dem eine neue Erde und ein neuer Himmel sein wird. Der unsterbliche Teil in uns, das virtuelle Selbst, will die fünf transzendenten Füllen im Hier und Jetzt manifestieren und zu einem originalen Persönlichkeitsausdruck herausformen, seine Dauerstimmung ist das Gesamt von: ***Liebe, Freude, Freiheit, Schöpfung und Geborgenheit.*** Dieser unsterbliche Teil ist der wahre Sohn Gottes in uns und er bleibt im Hause des Vaters für immer, der Knecht, das Ego aber, muß gehen, weil es dem Wandel und der Veränderung unterworfen, also sterblich ist, und so sagt uns Jesus: *"Wahrlich, wahrlich ich sage euch: Jeder, der die Sünde tut, ist der Sünde Knecht. Der Knecht aber bleibt nicht für immer im Hause, der Sohn aber bleibt für immer im Haus; der Sohn bleibt für immer. Wenn nun der Sohn euch frei machen wird, so werdet ihr wirklich frei sein."* Joh.8,34-36.

2.Stufe: Nimm dein Ego nicht so wichtig

Wir sollten den sterblichen Teil, also den Knecht, nicht so ernst nehmen, sondern *mit Humor* behandeln (Weg 19), auch sollten wir ihm nicht zu große Aufmerksamkeit schenken, denn je mehr wir ihn beachten, desto mehr Bedürfnisse und Ansprüche wird er anmelden. Starke Begierden und Ansprüche, denen wir uns kaum erwehren können, sind stets ein Symptom dafür, daß wir unsere mit Ich-Bin-Attributen belastete Persönlichkeit allzu wichtig nehmen und ihr zuviel Raum gewähren. Die Folge ist eine generelle Unzufriedenheit und ein launisches Stimmungsbarometer. Nur aus der inneren Distanz erkennen wir, wie kurzlebig doch alle unsere Befriedigungswünsche sind und wie wenig sie zum wahren Glück beitragen. Eine Zigarette, ein romantischer Film oder eine Flasche Wein mögen kurzfristig befriedigen, doch niemals können sie eine länger anhaltende Zufriedenheit bewirken und erst recht nicht eine Methode sein, um die Weite und Tiefe der fünf Füllen zu erhaschen.

3.Stufe: Die distanzierte, lächelnde Wahrnehmung

Eine humorvolle Betrachtung persönlicher Begierden und Befriedigungswünsche ist aus der distanzierten Wahrnehmung des virtuellen Selbst möglich, das über die Torheiten des Hausknechtes nur lächeln kann. Erkennt der Hausknecht den törichten Eigensinn seines Verhalten, so wird er ganz von selber aufgeben. Haben wir einmal den distanzierten und lächelnden Beobachter in uns erkannt und spüren seine abgründige, ja heilige Schwingung, so ist der entscheidende Schritt in eine umfassende Wahrnehmung getan, in der das *Sowohl-als-Auch und Weder-Noch* zu einem stetig begleitenden Lebensgefühl wird. Die distanzierte lächelnde Wahrnehmung stellt immer die gleichen, wenn auch allgemeinen Fragen:
Wer in mir möchte jetzt Genugtuung oder verlangt Befriedigung?
Wer hat Sorgen und Bedenken?
Wer knurrt und murrt in mir und wer akzeptiert nicht?
Wer in mir regt sich jetzt auf?
Wer schimpft da drauflos?
Wer in mir hat Angst bzw. Verlustängste?

4.Stufe: Verlaß nicht die Transzendenz

Jemand, der in der Transzendenz bleibt, handelt zwar in der Welt, ist aber nicht in ihr! Sein Bewußtsein ist beständig auf die gütige Schwingung des virtuellen, ja ungeborenen Ich gerichtet und somit in der Ewigkeit verankert. Die Wahrnehmung ist mitfühlend und nur auf den Entwicklungsprozeß allen Seins gerichtet. Für einen so Verwirklichten ist der Satz *vom Fluß aller Dinge zum heiligen Omegapunkt*, -die Lichtmaterie- die eigentliche Realität, darum hat er Geduld und kann die Geschehnisse abwarten. Er kümmert sich hauptsächlich um das Überpersönliche, somit fällt auch der fatale Selbstbezug fort, und das macht ihn kaum angreifbar, ganz gleich wie stark die Attacken auf ihn gerichtet sein mögen. Einige werden hier die Frage stellen, *wie* man sich in der Transzendenz verankert? Eine gute Möglichkeit bietet sich in der täglichen Wegearbeit, besonders mit den Affirmationen an, siehe Wege im einzelnen, S.290. Auf eine Kurzformel gebracht können wir die Stimmung des virtuellen Selbst in fünf einfache Hauptsätze fassen:

Deine Liebe gibt mir Güte
Deine Freude begeistert mich
Deine Freiheit gibt mir Entscheidungskraft
Deine Schöpferkraft macht mich kreativ
Durch Deine Geborgenheit fühle ich mich sicher und wohl

Freilich, mit Worten, die bei zu oberflächlicher Anwendung langsam zu leeren Hülsen verkommen, ist es allein nicht getan, vielmehr bedarf es einer Direktmethode, um sie auf eine reelle Gefühlserfahrung zu stellen.

Die spirituelle Direktmethode

Dieses Verfahren ähnelt in etwa der linguistischen Direktmethode zur Erlernung von Fremdsprachen. Hierbei wird die Alltagserfahrung für den spirituellen Transformationsprozeß in eine Sofort-Erkenntnis umgesetzt. Jeder kann diese Methode erlernen, doch sollte man sich von einem Erfahrenen unterweisen lassen. Ist jemand z.B. ungerechten Angriffen in Form von Beleidigungen und Beschimpfungen ausgesetzt, so sollte er zunächst erkennen, daß nicht vom hohen Selbst die Angriffe ausgehen, sondern stets von der mit bewertenden Ich-Bin-Attributen belasteten Person, -dem Ego. Das virtuelle Selbst kann infolge seiner integralen Wahrnehmung schwerlich böse oder aggressiv sein, sondern immer ist es das Ich-Bin, die Person oder der Butler, der sich da austobt. In solchen Phasen agiert sie völlig losgelöst vom hohen Selbst in der Zwangsjacke eines kleinkarierten Ich-Bin-Verständnisses und seiner illusionären Weltinterpretation und die Angriffe haben nur den Zweck, das Ego des anderen zu verletzen oder zu kränken. Die Situation ist vergleichbar mit einem Diener, der sich zum Hausherrn aufspielt, aber infolge der mangelnden Übersicht total überfordert ist. Kann der Bereitwillige die Situation richtig durchschauen, so verhilft ihm diese Erkenntnis, vorausgesetzt, daß er die Angriffe nicht auf sein sterbliches Ich-Bin bezieht, zu einer überpersönlichen Position. Es scheint paradox, aber in diesem Lichte verhelfen ihm gerade die Attacken des anderen zu einem tiefen Mitgefühl für ein tobendes, ja, bedauernswertes Man-

gelbewußtsein, dem es an innerer Transzendenz fehlt und das dringend Hilfestellung benötigt, siehe auch S.226. Auch bei Schicksalsschlägen, z.B. bei plötzlichen Partnertrennungen, kann nur die spirituelle Direktmethode über depressive Abgründe und Melancholien wesentlich hinweghelfen und überdies die Transformation einleiten. Entschließt sich z.B. ein Partner zur Trennung, so ist ein solcher Schritt nicht immer eine reine Egoentscheidung, sondern hier spielt auch die höhere Weisheit mit und stellt neue Schicksalsweichen. Hat man den Partner wirklich geliebt, so steigt verständlicherweise Betroffenheit und Traurigkeit auf und der Trennungsschmerz kann sehr lange anhalten. Doch je länger die Trauerblockade, desto qualvoller und hinderlicher für eine schöpferische Lebensentfaltung, darum sollte man sich schnellsten vom Trauerschmerz lösen und zwar mit der spirituellen Direktmethode.
Wer ist da eigentlich traurig, lautet die erste und wichtigste Frage, und die Antwort kann nur sein: *Der Hausdiener! Je distanzierter wir unseren Butler vor dem Hintergrund der fünf transzendenten Füllen wahrnehmen, desto leichter überwinden wir den Trennungsschmerz und desto stabiler sind wir auch.* Dieser transzendente Hintergrund ist das eigentliche Geheimnis jeder integralen Wahrnehmung und immer, wenn wir in seelische Schmerzen verwickelt werden, bietet sich eine ganz besondere Möglichkeit, eine Chance, mit ihm zu üben. Wer allerdings seine distanzierte Wahrnehmung mit Traurigkeit einfärbt, um Mitleid und Zuwendung zu ergattern, dem ist nicht zu helfen, und die Zukunftsprognosen sind alles andere als rosig. Etwas komplizierter verhält es sich mit Vorurteilen und Vorbehalten. Kommt man mit solchen Menschen zusammen, so sollte man sie nicht so ernst nehmen, d.h. nicht auf den Butler beziehen, da dies einer Bestätigung ihrer verkehrten Realität gleichkäme, sondern ihre Relativität durchschauen. Ich weiß, daß dies nicht immer so einfach ist, da sich Vorbehalte sehr oft unmerklich aufbauen und langsam zu Feindschaften heranreifen. Sobald der sterbliche Wesensteil sich auf die Vorurteile anderer einläßt, nehmen wir uns schon wieder zu wichtig und sind um so leichter verletzbar. *Je größer also der Selbstbezug, desto verletzlicher und verwundbarer ist man!* Auch hier sollten wir eher die Bewertungsnot des anderen und seine Situation erfassen und wissen, daß der andere mit seinen trügerischen Über-und Unterbewertungen kämpft und ein bedauerliches Opfer seiner Illusionen ist. Je unbeeindruckter wir von den Vorurteilen des anderen sind und den Wandlungsprozeß abwarten können, desto eher wird er aufgeben und den illusionären Charakter seiner Auffassung nach und nach selbst einsehen.

Die Offenbarung des Göttlichen in Tifereth

Die Fülle des universalen Seins in Kether ergießt sich, je nach Weite und Transparenz des Weges 24, nach Tifereth, um sich in einem geheimnisvollen Akt zu individualisieren. Das Unendliche versucht in einem nahezu endlosen Annäherungsprozeß seine Vollkommenheit in eine faßbare Gestalt zu gießen. Tifereth spielt dabei die Vermittlerrolle und leitet sie weiter nach Malkuth, wo die Verstofflichung des Unendlichen stattfindet. Dies ist das imperative *"Werde, der du bist",* ein personales Sein nach der Vorstellung Gottes, kein anonymes Erlöschen im nirvanischen Frieden, sondern ewige Freude. Der Mensch ist berufen, das Göttliche zu verwirklichen, es im Hier und Jetzt gestaltlich zum Ausdruck zu bringen und die Gegensätze zwischen Himmel und Erde zu vereinigen. Er steht zwischen Möglichkeit und Notwendigkeit, zwischen Realität und Idealität und somit innerhalb der Grenzen raum-zeitlicher Ausdrucksmöglichkeiten. *Er kann jedoch nur in seiner Endlichkeit, d.h. in seiner Einschränkung, vollkommen sein.* Ihm kommt die Aufgabe zu, das Ewige zu verstofflichen, im Stoff zum bestmöchlichsten Ausdruck zu bringen, um so das absolut Mögliche im Endlichen zu verwirklichen. Nur so kann der Mensch wahres Gleichnis *des Einen* sein. Was in Malkuth als stoffliche Erscheinung zum Ausdruck kommt, wird in Tifereth geistig aufbereitet, wird so zur Brücke zwischen Himmel und Erde und auf die physische Ebene transponiert. In Tifereth entsteht also der Menschensohn oder der Sohn Gottes -das göttliche Kind- und zeigt die Möglichkeiten auf, *wie* wir ihn in Malkuth verwirklichen sollen. Somit hat das virtuelle Selbst in Tifereth sein Zentrum, und das Erlebnis der transzendenten Fülle gibt uns eine Ahnung, von Gott-Mensch und Universum. Die prophetische Verheißung- das nahezu Unmögliche, daß das Unfaßbare in Menschengestalt erscheint und alles neu macht, ist jenes Wunder aller Wunder, dessen geheimnisvolles Lied die Engelschöre seit ewigen Zeiten singen, und das die ganze Schöpfung mit großer Sehnsucht erwartet. Es offenbart sich in ihm das Omega des göttlichen Willens, in dem der Mensch zum fokussierten Juwel im Urglanz, -dem Ajin-Sof-Aur, wird, und das ***Ehje ascher Ehje,*** ***-****Ich werde sein, der Ich-Bin-* reinste Gewißheit ist. Das Geheimnis wird enthüllt: Der Mensch ist das Juwel im Urglanz, jener raumlose Punkt in der Herrlichkeit eines unermeßlichen Glanzes, beide sind eins, unbegrenzt und allgegenwärtig. Das Juwel im Urglanz ist raumlos ohnegleichen, Teil und Ganzes, in ihm ist, was war, was ist und was sein wird zu einer geheimnisvollen Wirklichkeit verschmolzen, und so verkünden die Engel vom neuen Menschen:

"Freut euch, Mensch zu sein- und Mensch zu werden! Das ist das Sein, das zu erfüllen euch aufgegeben ist. Der Heilige Geist kommt über euch und wird euer Trank. Es dämmert das blaue Licht und es kommt das weiße, in dem die sieben Farben zusammenfließen und der Raum endet. Das blaue Licht ist schon das sechste. Die gelbe Sonne scheint daneben nur flackerndes Talglicht zu sein. Wir sehen schon die neue Sonne. Ihr -unten- seht sie noch nicht. In der Tiefe des Herzens dämmert es langsam. Innen sehen wir sie schon. Außen seht ihr nur irdische Pein. Es gibt nur eine Pein: außen zu sein. Nur außen ist Dunkel- innen ist Helle. Nur außen ist Lärm- innen ist Stille. Nur außen ist Zeit- innen steht sie still. Nur außen ist Tod- innen ist Leben. Nur außen irrt die Seele- innen ist ihr ewiges Heim. Noch

dunkel ist der Kelch. Wenn innen die Sieben weiß glühen, wird durchsichtig seine Wand. Sein Triumph durchbricht sie. Keinen Tod, keinen Lärm, keine Pein gibt es mehr. Außen bleibt die Zeit- und sie steht still. Er gibt das Zeichen und alle Wesen beginnen durch euch zu singen. Seid in der Freude!
Es ist die Umkehrung allen Seins: das Innere wird zum Äußeren!

"Alles, was deine Begierde zum Erlebnismittelpunkt macht, kannst Du nicht mehr genießen, sondern mußt es erleiden."

Der Unterschied zwischen Ego und virtuellem Selbst

Was ist nun der Unterschied zwischen Egozustand und Selbstzustand? Der Zustand des Ego (Thanatosbewußtsein) ist ein vom Ganzen abgesondertes *Ich-Bin,* das virtuelle Selbst ist jedoch stets mit dem Ganzen verbunden und geeint, weil es sich als eine Fokussierung im Urglanz Gottes versteht oder als ein *implodiertes Ich-Bin,* in dem Gott nach seiner Weise wirkt. Diese Definition gibt uns ein einfaches und klares Verständnis. In der Egowahrnehmung wechseln die Identitätszustände einander ab, sie konstitutieren sich allesamt als verschiedene Teil-Ichs oder Teilpersönlichkeiten. Da sie grundsätzlich ichzentriert sind, im Sinne von nützlichen Masken (Persona) und aufgeblähten Gefühlszuständen, geben sie dem Ich-Bin zwar das Empfinden der momentanen Sicherheit und Durchsetzung, doch rasten sie je nach äußerer Reizsituation wie eine Automatik ein. Weshalb baut das Ego entsprechende Strategien und Konzepte auf? Im Zustand der Abgesondertheit wittert es in allem Gefahren und fühlt sich fortgesetzt bedroht; seine Grundstimmung ist Selbstbehauptung und Sicherheitsbedürfnis. Der Zugang zum Ozean der allumfassenden Liebe und unbegrenzten Möglichkeiten ist ihm versperrt, weil es nur mit dem verbunden ist, was vordergründigen Nutzen und Vorteil verspricht. Das Ego glaubt, es könne sich abgrenzen und absichern, in Wirklichkeit isoliert es sich dadurch und die schöpferischen Impulse können nicht mehr in ihm resonieren; seine Schöpfermacht ist unbedeutend und die meisten Verwirklichungsziele mit -zig Hindernissen und Mühen bepflastert. Gleich einer fettigen Fischhaut stößt das Ego die Wasser der Ozeane (Urglanz) ab. So wenig wie ein flackerndes Kerzenlicht einen Raum erleuchten kann, so wenig kann das Ego Liebe und die schöpferischen Impulse empfangen und erst recht nicht geben. Im hohen Zustand des virtuellen Selbstes fällt jeder Selbstbezug fort und dennoch erfährt die personale Identität ihre höchstmögliche Steigerung. Dieses große Geheimnis kann jedoch nur verwirklicht werden, wenn die Person nicht mehr im Zentrum des Bewußtseins steht, sondern nur der Diener in der Peripherie ist, also ein ergebener Butler, der in voller Übereinstimmung mit dem Hausherrn handelt. Würden wir unsere personale Vorstellung als einen Diener einstufen, so könnte er niemals eine solche Priorität haben, wir würden ihn nicht so wichtig nehmen, und er hätte keine Macht über unser Bewußtsein. Im wahrsten Sinne des Wortes: Das Ego wäre nicht mehr das goldene Kalb, um das wir ständig tanzen, sondern ein schlichter Tempeldiener, der die heiligen Hallen pflegt und erhält. Daran knüpft sich die Frage, wie man die Person zum Butler macht? Die Antwort lautet: durch *distanzierte Wahrnehmung* der Ich-Bin-Vorstellung, und jeder ist dazu in der Lage! Wenn wir schon zu Anfang die provozierende Frage stellen: Von welchen illusionären *Ich-Bin*-Vorstellungen muß sich das Ich distanzieren, dann sind es jene bewertenden Sichtweisen und Vorstellungen, mit denen wir uns für besser, stärker oder für belastbarer halten und die uns zu Vorurteilen und Verurteilungen veranlassen. *Unterscheiden müssen wir schon, doch niemals sollten wir bewerten oder verurteilen, denn das ist das Kennzeichen des Ego.* Nur so bringen wir Ordnung in das Chaos der Egozentrik und sind ihr nicht mehr hilflos ausgeliefert! Dies im Hier und Jetzt zu verwirklichen ist unsere Aufgabe. Das virtuelle Selbst erkennt sich in allem und jedem, spürt die tiefe innere Verbundenheit und sieht in jeder Erscheinung die innere Ergänzung zum Ganzen. Je stärker diese Erkenntnis, desto glückseliger der Zustand. Es ist dem Egobewußtsein diametral entgegengesetzt, wie umgepolt; weil sein Selbstbezug *ein freies Ich ohne Attribute ist,* genießt es in tiefster, liebevoller und allumfassender Verbundenheit kosmische Glückseligkeit. *Durch den virtuellen Mittelpunkt unterscheidet es ohne Selbstbezug, es wendet die Unterscheidung nicht auf sich an, daher macht es keine bewertende Trennung, noch verurteilt es jemals.* Wahre Glückseligkeit und Friede hängt also von einer verstehenden Beziehung ab und Herzlichkeit ist nur möglich, wenn unser Ich in Armut und Nacktheit verbleibt, so wie Jesus im Stall von Bethlehem.

Exkurs: Gegensätzliche Lebensthemen

Demut und Widerstand

Viele Menschen assoziieren heutzutage Demut mit Unterwürfigkeit, Feigheit, Demütigung, Ergebungsseligkeit oder gar frömmelnder Selbstzerknirschung in Hinsicht auf die Verfehlung der göttlichen Gebote. Es ist daher durchaus verständlich, wenn die Demut auf breite Ablehnung stößt und eher zum Gegenteil herausfordert, nämlich Selbstbehauptung, Durchsetzung, Selbstverwirklichung, Selbstachtung und dergleichen mehr. Viele fürchten auch, daß eine demütige Haltung die Selbstachtung zerstört und am Ende in die Depression einmündet. Diese Befürchtungen sind durchaus berechtigt, denn gerade die böswillige Demütigung und ihr widerstandsloses Hinnehmen kann tatsächlich solche und ähnliche Entwicklungen begünstigen. *Was nun ist wahre Demut?*
Wahre Demut ist nicht Unterwürfigkeit oder feige Ergebung, sondern das *aufrichtige Eingeständnis der eigenen Unvollkommenheit,* nämlich, daß man Fehler hat und nicht viel besser ist als die anderen. Vollkommene Demut bedeutet jedoch, daß man über seine Schwächen und Fehler immer wieder strauchelt, auch wenn man meint, man hätte sie endgültig transformiert. Der Sieg über die Schatten muß eben täglich neu errungen werden! Nahezu alle Menschen leiden an der Grundkrankheit bewertender, ja zum Teil verurteilender Ich-Bin-Attribute, und sie legen stets den persönlichen Maßstab zugrunde. Dieser Maßstab ist von der realen Weltmitte oft meilenweit entfernt und von Über- oder Unterschätzungen verzerrt, ganz gleich, welche weltliche Stellung jemand inne hat.

1.Stufe

Eingeständis und Konsens

Gesteht sich jemand ehrlich ein, daß er einen schwarzen Sack voller Fehler und Schatten mit sich herumschleppt, so ist dies der erste wichtige Schritt zur wahren Demut und der Anfang seiner Erlösung. Gelingt es ihm nun, die eine oder andere Schwäche zu transformieren, d.h. auf die eigentliche Sehnsucht zurückzuführen, siehe S.247, dann weiß er um den seelischen Leidensdruck und um die Not, die jeder durchmacht, der mit ähnlichen Problemen ringt und die eigentliche Frucht daraus ist, daß er für die gleichen oder ähnlichen Fehler seiner Mitmenschen ein brüderliches Mitgefühl entwickelt und ihre Probleme und Konflikte besser versteht. In diesem Bewußtsein kann er mit ihnen ein Stück des Weges gehen, -sie seelisch stärken und ihren Transformationsprozeß unterstützen.

2.Stufe

Demut und Neinsagen

Freilich reicht dieses allgemeine Verständnis der Demut für die alltägliche Konfliktbewältigung längst nicht aus, denn dort liegen die Probleme oft weit komplizierter. Besonders die Rücksichtslosigkeit und mangelnde Einfühlung kann den guten Willen zu Demut und Versöhnung langsam zersetzen! Auch überwiegend einseitiges Geben, ohne entsprechende Resonanz, kann die Geduld überstrapazieren und zu herben Enttäuschungen führen und den guten Willen im Keim ersticken. Jemand, der z.B. aus Liebe und Wertschätzung die Wünsche seines Partners jahrelang erfüllt und demütig schweigt, weil er hofft, daß sich dies einmal ändert, muß damit rechnen, daß sich dessen Anspruch mehr und mehr infantil aufbläht und allmählich zu einer erdrückenden Last wird. Daß durch solche Unverschämtheiten irgendwann ein reinigendes Gewitter über die Partnerschaft hereinbricht, das entweder zu einer Klärung oder zum Bruch führt, läßt sich ausrechnen. Keiner sollte glauben, er habe ein so dickes Fell, daß er dies alles unbeschadet überstehen könne, denn jeder Mensch hat irgendwo sein Lindenblatt, an dem er seelisch verwundbar ist, auch diese Einsicht gehört zur Demut. Im Lebensbaum ist hier der Weg der Akzeptanz (9) auf seine Mitte hin zu überprüfen. Das obige Beispiel hat mit Demut wenig zu tun, sondern ist Dummheit und zerstört nicht nur die Partnerschaft, sondern durch das Schweigen wird jede Entwicklung blockiert. Schon an diesem Beispiel wird deutlich, wie schwierig es ist, die Demut im Alltag richtig umzusetzen. *Was also sollen wir tun,* und beinahe ist man geneigt zu sagen: *egal, wie wir es auch anpacken, immer wieder machen wir Fehler.* Wahre Liebe zum Partner, und im pädagogischen Sinne auch zu seinen Kindern, bedeutet auch, ein *rechtzeitiges* Nein entgegensetzen, auch wenn es dem anderen nicht paßt. Hierbei sollten wir in *liebevoller, aufrichtiger Form* unser Nein kundtun, weder mit einem aggressiven Unterton, noch mit gequältem Gesichtsausdruck, denn genau das ist die eigentliche Schwierigkeit, *wie ich es meinem Kinde sage.* Die Meisterung dieser Schwierigkeit hängt davon ab, wie distanziert ich meine Person, den Butler in mir, wahrnehme, siehe weiter oben! Kann der oder die anderen das Nein dennoch nicht nachvollziehen, weil er die Folgen der Forderungen nicht überblickt, so bleibt die Entwicklung abzuwarten. Im Lebensbaum entspricht diese Verhaltensweise *einer mittleren Haltung* der Aufrichtigkeit (5), der Zuversicht (6), der Entschlossenheit (16), des Vertrauens (5), der Hilfsbereitschaft (10), der Erkenntnis (1), der Einigung (13) der Geduld (22a), der Würde (3) und nicht zuletzt des Humors (19). Ist einer dieser Wege blockiert oder von einer Begierde überflutet, so muß ein Konsens scheitern. Wir sehen an diesem Beispiel, wie wichtig die Aufdeckung von Blockaden und Begierden für ein ethisch-sittliches Kontinuum ist.

3.Stufe

Demütige Übertragungen

Eine höhere Form der Demut, welche eine Art Meisterprüfung sein kann, ist das Erdulden von aggressiven Übertragungen, indem man sich als Projektionswand für die aggressiven Gefühle und Enttäuschungen anderer zur Verfügung stellt. Die heiligen Schriften ermahnen uns, daß einer des anderen Last mittragen sollte. Diese höhere Stufe der Demut erfordert große innere Reife und ein gerüttelt Maß, das Gute im Menschen zu sehen. Das eigentliche Geheimnis eines solchen Opfers liegt in der scharfen Unterscheidung zwischen der mit bewertenden Ich-Bin-Attributen belasteten Person, dem Ego, und dem virtuellen Selbst. Nicht das virtuelle Selbst ist böse und aggressiv, sondern stets ist es das Ich-Bin, die Person oder der Butler, der sich da austobt, siehe auch S.221. In dieser Phase agiert das Ich-Bin völlig losgelöst vom virtuellen Selbst im Rahmen seines kleinkarierten Ich-Bin-Verständnisses und seiner illusionären Weltinterpretation. Erkennt der Demütige die

Situation richtig, so verhilft ihm dies um so mehr zur Wahrnehmung seines virtuellen Selbstes, und gerade dadurch kann er mehr und mehr seine wahre Identität entdecken und die Person wird zunehmend zum wirklichen Diener. Das ist der Lohn seiner Bemühungen! Er fühlt dann um so tiefer die Not des anderen und kann sich von einem höheren Standpunkt wirklich einfühlen. In diesem Bewußtsein erreichen die Beschimpfungen und Beleidigungen des anderen nicht einmal seine Person, die seinem hohen Selbst ja nur dient und weitgehend frei von bewertenden Selbstbezügen ist. Und erst recht nicht das virtuelle Selbst, das genau weiß, daß der andere mit dem eigenen Trugbild kämpft und ein bemitleidenswertes Opfer seiner Illusionen ist. Der Aggressive spürt schon während dieser Phase, wie wenig er da ankommt, gleichzeitig bemerkt er, daß seine Not nun wirklich verstanden wird, weil die integrale Ausstrahlung seines vermeintlichen Opfers eine liebevolle, allumfassende Verbundenheit signalisiert. Er bleibt von den Angriffen des anderen völlig unbeeindruckt, gibt ihm auch noch genügend Raum, bis er den illusionären Charakter selbst einsieht und endgültig verstummt. Die Engelsbotschaften verkünden, daß derjenige zum Eckstein der spirituellen Evolution wird, der das Böse erduldet und auch noch die andere Backe hinhält. Dies ist die höchste Form der Demut, zu der ein Mensch fähig ist, und Jesus hat sie uns vorgelebt. Im Lebensbaum entspricht sie dem Weg der Hingabe und Gelassenheit (24), in dem alle Gegensätze zum Ausgleich kommen. Wer sich zu einem solchen Schritt ohne inneres Murren entschließt, dessen spirituelle Entwicklung wird vom Bösen auch noch gedüngt, denn es ist wahr, daß je mehr sich das Böse am Guten austobt, desto eher verliert es seine Kraft und desto wahrscheinlicher wird seine Transformation. Im selben Sinne bietet uns die hl. Schrift dazu genügend spirituelle und psychologische Erkenntnishilfen an, wenn es da z.B. bei Paulus heißt: *"Wenn nun deinen Feind hungert, so speise ihn, wenn ihn dürstet, so tränke ihn; denn wenn du das tust, wirst du feurige Kohlen auf seinem Haupte sammeln."*
Und in der Bergpredigt heißt es:
"Glückselig die Friedensstifter, denn sie werden Söhne Gottes heißen." Mtth.5,9
"Glückselig die Sanftmütigen, denn sie werden das Land ererben." Mth.5,5.
"Widerstehe nicht dem Übel, denn es erzeugt Übleres."
"Versöhne dich mit deinem Gegner, gib ihm mehr, als er fordert."
"Liebe deine Feinde, bete für die, welche dich verfolgen."
Ich weiß, daß nur wenige Menschen diese Empfehlungen verwirklicht haben und vielen scheinen sie zu rigoros, doch eines weiß ich auch: hat jemand nur ein einziges mal damit eine positive Erfahrung gemacht, dann weiß er, warum dies der wahre Weg ist.

IX.Kapitel

Ein christlicher Mystiker pflegte in Bezug auf die Bibel zu sagen: „Eine Speisekarte ist sicherlich sehr nützlich, aber essen kann man sie nicht."

Die spirituellen Gesetze im Lebens- und Erkenntnisbaum

Um mit dem Lebensbaum praktisch arbeiten zu können, müssen wir die Psychologie der seelischen Gegensätze nicht nur innerlich erfahren, sondern auch die Gesetze ihrer Integration und Desintegration beherrschen. Bislang ist mir kein esoterisches Buch bekannt, das die Anwendung dieser Gesetze eindeutig aufzeigt. Die esoterische Literatur kompensiert diesen gravierenden Mangel mit einem Berg von aufgeblähten schöngeistigen und schwärmerischen Druckerzeugnissen.
Ohne die Kenntnis der psychologischen Gesetze und praktischen Anwendungsregeln versinkt alles in nebelhafte Aha-Erlebnisse, die im harten Alltag mehr belasten als erlösen. Nach meinen Beobachtungen zersetzen besonders die unverdauten Seminar-Erkenntnisse und Halbwahrheiten die seelische Harmonie und stiften beträchtlichen Schaden. Kaum etwas davon wird tatsächlich verwirklicht, weil die Seminarlehrer oft selbst auf die Frage, wie man denn dies alles im grauen Alltag nun umsetzen soll, selten eine kompetente Antwort wissen. Die Folge sind Aggressionen und Enttäuschungen und das Fazit, für viel Geld einem spirituellen Geschwafel aufgesessen zu sein. Tatsächlich begleitet dieser negative Ruf die Esoterik seit längerer Zeit und macht die in Psychologie und Anthropologie geschulten Therapeuten alles andere als geneigt. Dieses Buch soll dazu beitragen, daß sich das ändert. Wissenschaft und Forschung, ob Quantenphysik, Psychologie oder Philosophie, müssen voll einbezogen sein, denn auch sie haben jahrhundertelang um die Lösung der inneren und äußeren Daseinsprobleme gerungen, und ohne ihre Wissensgrundlage gäbe es weder esoterische Literatur, noch gäbe es vollklimatisierte Häuser und Technik. Was wir brauchen, sind Analyse- und Anwendungsregeln zur Eigen- und Fremddiagnose, damit wir den eigentlichen egozentrischen Focus aufdecken und mit spezifischen Übungsanleitungen entweder auflösen oder umwandeln können. Da ich in diesem Band nur eine Einführung in den Lebensbaum gebe, habe ich im folgenden nur die wichtigsten Gesetze aufgezeigt.

Zusammenfassung einiger wichtiger Gesetze

Vorbemerkung

Die hier vorgestellten Gesetze sollten nicht als Dogmen aufgefaßt werden, sondern als eine Art axiomatische Unterlage zur Orientierung im Lebensbaum. Wenn es z.B. heißt: *Das überwiegend konstante Umfeld entspricht deiner momentanen Welt-Interpretation (Wahrnehmung),* so muß dies natürlich immer individuell ausgelegt werden. Ähnliches gilt auch für konstante Beziehungsmuster. Wenn z.B. jemand in einer Partnerschaft sich langsam zum Alkoholiker entwickelt, sollte statt Verachtung hinterfragt werden, ob man selbst zu dieser Entwicklung beigetragen hatte, etwa, indem man z.B. zu sehr dominierte oder auf den anderen einen leisen, jedoch unerträglichen Erfolgsdruck ausübte, der irgendwie zwingend war, doch überforderte. Wenig hilfreich ist da das verstaubte Alibi von der mangelnden jugendlichen Geborgenheit, frühkindlicher Liebesentzug usw., denn daran läßt sich ja nichts mehr ändern, außer der Erkenntnis, daß man "bemitleidenswerte" Entwicklungshemmnisse in Kauf nehmen mußte. Der Satz: *"Man bekommt den Partner, die Eltern, Geschwister, Freunde oder Kollegen, die der momentanen Bewußtseinsverfassung und Höhe entsprechen"*, weist eher darauf hin, was dieser Beziehungskreis mir von meiner Weltinterpretation und Sichtweise vorführt. Der Alkoholiker zeigt mir eventuell, wohin es führt, wenn man sich auf diese Weise aus der Verantwortung stiehlt und richtet an mich u.a. die Frage, wie es um die eigene Verantwortung steht und was es zu verbessern gilt.

1. Die Gesetze des Lebens- und Erkenntnisbaumes

Übertreibung
Wird die Bewußtseinshaltung eines Weges übertrieben, so muß irgend ein Mangel vorliegen, z.B.Identitätsmangel, mangelnde Wertschätzung, Besitzlosigkeit, aber auch Unerfahrenheit.

Unterbewertung
Wird die Bewußtseinshaltung eines Weges unterbewertet, so wird sie infolge einer Blockade nicht genügend wertgeschätzt oder ist zuwenig bewußt.
und:
Die Unterbewertung bezieht sich meist auf die Unterschätzung des Du oder einer aktuellen Situation und bewirkt persönliche Versäumnisse.

Ursache der Überbewertung (Übertreibung des zweiten Thanatoszyklus)
Beim auf- und absteigenden Wahrnehmungsfluß des zweiten Thanatoszyklus ist die eigentliche Ursache der Übertreibung meist das Motiv, entweder zur Macht oder zur Absonderung bzw. Absicherung.

Gleiche Wegeblockaden
Sind zwei Menschen im selben Weg blockiert und färbt die Blockade die ganze Persönlichkeit ein, dann lehnen sie sich gegenseitig ab.

Integration, Desintegration
Zu beachten ist, daß die Ausrichtung der Wahrnehmung von den äußeren Sefiroth nach innen zur mittleren Säule in die Integration führt (Eroszyklus I) und umgekehrt nach außen zu den äußeren Sefiroth in die Überbewertung oder Unterbewertung, mit der Gefahr der Übertreibung (Übermut) oder Unterschätzung (Thanatoszyklus I u.Ia).

Wesentliche Blockaden der Unterbewertung, Unterschätzung (Thanatos Ia)

a)Die moralische Blockade
b)Die Trägheitsblockade
c)Minderwertigkeitsblockade
d)Die Trauerblockade
e)Die Enttäuschungs- oder Lähmungsblockade
f)Die Vorurteilsblockade
g)Die Hochmutsblockade
h)Die Angstblockade
i)Die Neidblockade
k)Die Eifersuchtsblockade

Wesentliche Blockaden im auf- und absteigenden Thanatoszyklus II

Haben und Besitzen sowie Profilierung sind die eigentlichen Blockaden im Auf und Ab des zweiten Thanatoszyklus, sie beziehen sich stets auf das Festhalten von bestimmten Ich-Bin-Attributen (Selbstvorstellungen), daher stehen sie der Loslösung kontradiktorisch gegenüber und behindern sie.

Sefiroth-Dissonanz

Wenn ein höherdimensionierter Sefirah dissonant ist (eingedunkelt oder verzerrt), wird auch der darunterliegende Sefirah betroffen, falls kein Ausgleich aus Tifereth möglich ist.

Die primären Wege

Ist einer der acht primären Wege von Tifereth blockiert, siehe S.206, so kommen, mit Ausnahme von Kether, der korrespondierende Sefirah und seine Wege in denselben Blockierungszustand wie der primäre Weg, und die Erweiterung:
Ist auch der gegenüberliegende Weg blockiert, dann rustikalisiert sich die blokkierte Energie auf einer niedrigeren Ebene, entweder in Jesod oder in Malkuth.

Aggression

Ist der gegenüberliegende Weg ebenfalls blockiert, so rustikalisiert sich die blokkierte Energie auf einer niedrigeren Ebene. Kann die Energie nicht ausweichen, so setzt auf beiden Wegen die Aggressionsphase ein.

Innere Wahrnehmung

Je niedriger die Bewußtseinsebene (Schöpfungsstrahl), desto geringer auch die innere Wahrnehmung der verursachenden Gegensatzproblematik und um so wahrscheinlicher der offene Konflikt.

Rustikalisierung

Auch gilt: Je niedriger die Bewußtseinsebene, desto rustikaler wird ein Konflikt ausgetragen.

Organerkrankung
Stets erkrankt jenes Organ, das dem blockierten Weg zugeordnet ist.

Humoraler und zellulärer Krankheitsprozeß
Jede somatische Erkrankung, die unbehandelt bleibt, verläuft in einem 6-phasigen Prozeß, nämlich in drei humoralen Phasen und drei zellulären Degenerationsphasen. Die ersten drei sind Yang- und die letzten drei Yinphasen. Da auch die Wege aller Thanatoszyklen insgesamt sechs Wandlungszustände durchmachen, wenn man die Inversion hinzurechnet, korrespondieren sie entsprechend mit den humoralen und zellulären Phasen. Die zweite Phase, die zelluläre Degeneration, beginnt erst mit der Enttäuschung oder dem nicht mehr wiedergutzumachenden Versäumnis, die schon länger bestehen, und der nachfolgenden Aggression, welche, wenn sie sich gegen den persönlichen Erwartungswert richtet, entweder die Phase der Organschrumpfung einleitet oder den Krebs, d.h. die Entartung oder Perversion.

Umwandlung des kardinalen Sefirahattributs
Die Umwandlung bzw. Inversion des kardinalen Sefirahattributs hängt von der momentanen Dominanz des Motivs ab.

Sefiroth'sche Einfärbung des Weges
Die Verbindung der momentanen Wegephase mit dem kardinalen Attribut der Sefirah ist entscheidend für die Wandlung der Bewußtseinshaltung. Das kardinale Attribut der Sefirah wirkt auf die Bewußtseinsphase des Weges wie ein Katalysator.

Grad der Einfärbung
Verbindet sich ein Sefirahattribut mit einer Wegephase, dann schaukeln sich beide, je nach der Qualität (expansiv, kontraktil), mehr und mehr zu extremen Bewußtseinsformen hoch.

Das zentrale Wandlungsgesetz der Bewußtseinshaltung
Die Voraussetzung für eine Wandlung in den Wegen ist das Attribut-Ungleichgewicht der korrespondierenden Sefirah, wobei die Übertreibung und Überschätzung sich aus der Verbindung zwischen expansivem (+) Sefirahattribut und der Bewußtseinshaltung des Weges entwickelt, die Unterbewertung und Unterschätzung jedoch aus der Verbindung zwischen kontraktilem Sefirahattribut (-) und der Bewußtseinshaltung des Weges entfaltet.
Verbindet sich das kardinale Attribut der Sefirah mit der Phase der entsprechenden Bewußtseinshaltung des korrespondierenden Weges, so wandelt sich sowohl das kardinale Attribut des Sefirah, als auch die Bewußtseinsphase des Weges um und bestimmt den 6-phasigen humoralen und zellulären Krankheitsprozeß der Zelle oder des Organs.

Tifereth -das Deus est centrum mundi
Die mittlere Mutter repräsentiert mit ihrer Bewußtseinshaltung der Erkenntnis im Grunde schon die ideale Mitte zwischen Strenge und Güte. Diese Mitte findet in Tifereth ihren vollkommensten Ausdruck, ebenso ist es mit der Basismutter (Weg 13), deren Bewußtseinshaltung (Einigung) in Tifereth umfassend zum Ausdruck kommt. Alle 24 Bewußtseinshaltungen des Lebensbaumes, ja selbst die acht Sefiroth (mit Ausnahme von Kether), können nur durch die Vermittlung von Tifereth die Mitte erreichen, jenes ***Deus est centrum mundi****, nach dem sich die ganze Schöpfung so sehnt. Die ideale Mitte ist jenseits von Über- oder Unterbewertung, sie ist im Sowohl-als-Auch und im Weder-Noch. Die acht Wege, welche direkt in Tifereth einmünden, sind die primären Wege, siehe S.206, des Ausgleichs und der Mitte. Wie ein mildes Licht strahlen sie das integrale Licht von Tifereth in die Peripherie und stimmen die Gegensätze so ab, daß sie sich ideal ergänzen können.*

Die Pseudoübertreibung
Die Blockade eines Weges kann den Anschein erwecken, als würden der gegenüberliegende Weg und der Sefirah übertrieben. Die Pseudoübertreibung äußert sich meist in Persönlichkeitsmasken.
Die Umkehrung des Satzes aber lautet: *Liegt eine Pseudoübertreibung vor, so muß der gegenüberliegende Weg blockiert sein und die Glorie des korrespondierenden Sefirah eindunkeln, d.h. sie wird im Bewußtsein nicht genügend wahrgenommen, was eine Unterschätzung des Du, einer Situation oder der Umstände zur Folge hat.*

Die Perversion
Richtet sich die Aggression tatsächlich gegen den persönlichen Erwartungswert, dann setzt die Kelippoth'sche Inversion und damit seine Perversion ein.

Erosbewußtsein
Erosbewußtsein ist gleich Bewußtsein der Lichtmaterie, es will seine von Gott verliehene Originalität und Einmaligkeit zur Anschauung bringen- es in der Materie oder in stofflichen Materialien konkretisieren, dies ist der Vorgang der Erlösung.

Thanatosbewußtsein
Das Thanatosbewußtsein verwechselt die von Gott verliehene Originalität und Einmaligkeit mit Außergewöhnlichkeit und Überlegenheit. Sein Identitätsdrang entsteht, weil es nur eine vage Ahnung von der göttlichen Einmaligkeit und Originalität hat!

2. Die psychologischen und spirituellen Gesetze

Das spirituelle Ziel
Das spirituelle Ziel ist die personale Verwirklichung der fünf Füllen in Raum und Zeit, jene ungeborene Schwingung, welche von Ewigkeit zu Ewigkeit den höchsten Rausch der Glückseligkeit ermöglicht. Anders gesprochen: *"Wer in der Raum-Zeit-Welt arbeiten kann und sein Bewußtsein in der Transzendenz der ewigen fünf Füllen,* ***nämlich Liebe, Freude, Freiheit, Schöpfung und Geborgenheit*** *bewahrt, der hat das Allerhöchste erreicht!"*

Ego-Kennzeichen
Unterscheiden müssen wir wohl, doch niemals sollten wir bewerten oder verurteilen, denn das ist das Kennzeichen des Ego.

Verletzbarkeit
Je größer der Selbstbezug, desto verletzlicher und verwundbarer ist man und:
Je mehr sich jemand persönlich angegriffen fühlt, desto mehr ist er mit Ich-Bin-Attributen belastet.

Kennzeichen des virtuellen Selbstes
Der virtuelle Mittelpunkt unseres Wesens unterscheidet ohne Bewertung, er wendet die Unterscheidung nicht auf sich an, daher macht er keine trennenden Unterschiede noch verurteilt er jemals, sondern er erfreut sich der ergänzenden und hervorragenden Eigenschaften einer jeden Manifestation zum Ganzen.

Wahres Mitgefühl
Je mehr einer in der Fülle des virtuellen Selbst lebt, desto mehr erkennt er die eigentliche Sehnsucht, und desto stärker ist sein Mitgefühl für die Unzulänglichkeiten anderer.

Unangreifbarkeit
Je weniger Ich-Bin-Attribute jemand hat, desto weniger ist er angreifbar.

Bewußtsein
Bewußtsein ist die essentielle Fähigkeit des hohen Selbstes, virtuell zu sein, d.h. es durchdringt wie ein raum-zeitliches Kontinuum die ganze Schöpfung und organisiert sich in unzähligen Ergänzungseinheiten und Stufen. Wenn Bewußtsein absolut ist, so kann es nur die Ausstrahlung des Unfaßbaren sein (Ajin-Sof-Aur). Dies ist das gemeinsam Verbindende und jenes göttliche Erbe, das uns Menschen zu Brüdern macht, siehe auch Selbst hohes, und Schöpfungsstrahl.

Verwirklichungsgeheimnis
Am leichtesten verwirklichen wir unsere Vorstellungen, wenn wir sie ohne Begehren betrachten.

Glaube
Hat jemand an Gott genug, so fehlt ihm das persönliche Begehren (der Selbstbezug) und er kann sich leichter auf die Ausführung konzentrieren, hinter der um so mehr die göttliche Gewißheit des Gelingens steht.

Das Gesetz von Geben und Nehmen
Du bekommst so viel, als du zu geben bereit bist. Gibst du viel, so erhältst du viel und weit darüber hinaus, gibst du wenig, so wird dir auch das noch genommen, was du hast.

Die Mitte
Jede Situation und jedes Ereignis hat seine ganz eigene, einmalige Mitte, für die es keine Schablone gibt. Suche die Mitte, und Du wirst zur Mitte! Frage immer, wo die Mitte in dem Ereignis, in der Situation oder in den Umständen ist. Auch eine extreme Reaktion kann die Mitte sein, sofern sie zum Ausgleich beiträgt!

Verlust der Mitte
Die Verlockung, aus dem Deus est centrum mundi herauszutreten (Weg nach oben und nach außen), ist meist die Sehnsucht nach einem höheren Standpunkt (mehr Bewußtheit) bzw. nach einer umfassenderen Sichtweise.

Gegensätze
Auch psychische Gegensätze ziehen sich an, wenn sie sich ergänzen, sie stoßen sich ab, wenn sie sich behindern oder hemmen. Die Ergänzung oder Hemmung muß komplett sein, sofern sie wirksam sein soll.
Stehen sich zwei entgegengesetzte Charakterzüge in negativer Übertreibung gegenüber, dann kommt es zum offenen Konflikt und wahrscheinlich zur Spaltung.

Standpunkte
Während die meisten Frauen von ihren Gefühlen sprechen, reden die Männer von Tatsachen.

Partnerschaft
Partnerschaft heißt nicht, daß der eine partnert und der andere schafft.

Abneigung
Je mehr Abneigungen ein Mensch hat, desto weniger erkennt er die eigentliche Sehnsucht, die hinter den Schwächen der Menschen steht.

Betroffenheit
Je mehr sich jemand persönlich angegriffen fühlt, desto mehr ist er mit Ich-Bin-Attributen belastet, und umgekehrt: *je weniger Ich-Bin-Attribute jemand hat, desto weniger ist er angreifbar.*

Vermeidungshaltung
Entdeckt jemand die ihm innewohnenden negativen Charakterzüge an einem anderen Menschen, so lehnt er ihn ab und vermeidet jede Form von Umgang, um nicht an seine Schattenseite erinnert zu werden, z.B. Geiz.

Umfeld
Das überwiegend konstante Umfeld widerspiegelt deine momentane Welt-Interpretation (Wahrnehmung).

Verurteilung
Die Oppositionsregel besagt, *daß durch die übertriebene Verurteilung anderer Schwächen und Fehler die eigene gegenteilige Schwäche verdrängt oder überlagert werden soll.*

Abwehrstrategien
Der Mensch verneint, was er hat, aber nicht haben möchte, etwa eine Wegeblockade (Schattenseite und unerwünscht Eigenschaften). Das, was er verneint, verdrängt er ins Unbewußte. Er kompensiert oder wehrt ab mit bestimmten Abwehrstrategien (Rationalisierung, Projektion, Narkotisierung usw. Die Entlastung von unerwünschten bzw. ungeliebten Eigenschaften und Charakterschwächen wird meist durch Projektion oder durch Kompensation bewerkstelligt.

Entladung
Begegnen sich zwei kantige Typen, und kommt im Gegenüber die negative Übertreibung bzw. der Schatten oder die unerwünschte Eigenschaft zum Ausdruck, so setzt die Sündenbockstrategie ein, indem projiziert wird (hinausverlagern der inneren Schatten). Wird die Projektion unterdrückt, dann entwickelt sich eine spannungsgeladene Atmosphäre, die bei einer bestimmten Reizkonstellation wie eine Gewitterwolke zur Entladung kommt.

Zuneigung
Der Mensch bejaht, was er nicht hat, aber haben möchte (Wunschdenken oder Ideal). Trifft er auf einen Menschen, der sein Ideal verwirklicht im Sinne positiver Übertreibung, so sympathisiert er mit ihm. Er bejaht ihn nicht nur, sondern sucht seine Nähe, Freundschaft oder sogar Partnerschaft.

Erlösung
Reue ist Erlösung!

Innere Wahrnehmungsdistanz
Je distanzierter wir unseren Butler vor dem Hintergrund der fünf transzendenten Füllen wahrnehmen, desto leichter überwinden wir den Trennungsschmerz und desto stabiler sind wir auch.

Erlösung von Krankheit
Wer Verantwortung für seine Krankheit übernimmt, bekennt sich zu den tieferen Ursachen; er entzieht so der Krankheit die spirituelle Ursache und erlöst sich.
umgekehrt:
Wer für seine Krankheit andere verantwortlich macht, bringt sich um das erlösende Eingeständnis.

Bewußtseinsveränderung
Nur die Verwirklichung, d.h. die Verstofflichung, hat bewußtseinsverändernde Kraft.

Spirituelle Involution
*Die Vielheit der feinstofflichen und grobmateriellen Erscheinungen entspricht einer ausgefalteten Quasi-Unendlichkeit der einen und höchsten Schwingung, die wir als kosmisches **AUM** hören. Sie bedeutet die astrale, vitale und physische Evolution, doch gleichzeitig göttliche und spirituelle Involution.*

Spirituelle Evolution
Die stufenweise Rückkehr der Vielheit von grobmateriellen Erscheinungen entspricht der physischen, vitalen, astralen Involution, doch gleichzeitig der göttlichen und spirituellen Evolution.

Beziehungen
Man bekommt den Partner, die Eltern, Geschwister, Freunde oder Kollegen, die der momentanen Bewußtseinsverfassung und Höhe entsprechen. Im gleichen Maße, wie sich die innere Wahrnehmung wandelt, verändern sich die äußeren Beziehungsmuster, sowohl positiv als auch negativ.

Wachstum
Am Widerstand wächst man, sofern er nicht zerstörerisch ist.

Begeisterung
Je früher Kinder und junge Menschen -mit Einverständnis der Erwachsenen- sinnlichen Genuß ausleben, desto eher verlieren sie ihre Ideale, und desto weniger sind sie zu begeistern. Im Alter werden die Früchte um so bitterer sein!

Totenbefragung
Wer die Toten befragt, gehört zu ihnen.

Blockadeformen in den Wegen

Als ich mit der Kabbala zu arbeiten begann, stellten sich am Anfang mehrere grundsätzliche Fragen über die Rolle der drei Wegetypen.
Meine Frage war folgende:
Wenn die Wege zwischen den Sefiroth vermitteln, seien es die horizontalen Gegensätze oder die vertikalen Ebenen, so kann dies nur durch *eine Bewußtseinshaltung der Mitte* geschehen. Die vierundzwanzig Wege verbinden die Sefiroth wie Kanäle und ermöglichen ihren Austausch und die Wechselwirkung. Ein einfaches Gleichnis kann uns dies veranschaulichen. Ist die Bewußtseinshaltung des Weges in der Mitte, dann leuchtet das Licht der korrespondierenden Sefiroth zum ganzen Baum in einem harmonischen Verhältnis, andernfalls leuchten sie, entweder zu schwach (Unterbewertung, Unterschätzung) oder zu stark (Übertreibung, Überschätzung). Die Mitte, so meine Überlegungen, kann also weder die Unter- noch Übertreibung sein, sondern liegt dazwischen, also im *Weder-Noch*. Dieser Zustand ermöglicht den gleichgewichtigen Austausch der Sefiroth. Das *Sowohl-als-Auch* bezieht sich nur auf die Wertigkeit der korrespondierenden Sefiroth, nicht aber auf deren Unter- oder Überbewertung. Von diesem Ansatz ging ich aus und habe daraus die *zwei kardinalen Intentionen* Über- und Unterbewertung und eine Sonderform des Thanatoszyklus entwickelt:

1.Prozeß der Überbewertung
2.Prozeß der Unterbewertung
3.Sonderform: Der Prozeß des Übermuts

1.Die grundsätzliche Frage war also, handelt es sich um eine Unter- oder Überbewertung oder Unter- oder Überschätzung?

2.In welche Phasen verläuft der Prozeß der Unter- oder Überbewertung und wohin führt er?

Prozeß der Überbewertung
a)Übertreibung (Überschätzung)
b)Enttäuschung
c)Aggression

Prozeß der Unterbewertung
a)Unterbewertung (Unterschätzung)
b)Versäumnis
c)Schuldprojektion oder Neid

Eine Sonderform der Übertreibung ist **der Übermut**. Der sinnige Spruch: *"Wenns dem Esel zu wohl ist, geht er aufs Eis tanzen"*, macht verständlich, weshalb Übermut selten gut tut. Übermut kommt besonders bei jungen, noch unerfahrenen Menschen vor und schon Schiller sagte: *"Der Wahn ist kurz, die Reu' lang!"*

Durch Übermut kann man etwas vernachlässigen oder versäumen, aber auch übertreiben. Man spricht vom Übermut meist, wenn jemand stark übertreibt in Form von Ausgelassenheit. Der Übermütige überschätzt seine Kräfte und Fähigkeiten, weil er sich vielleicht lange Zeit zu sicher oder zu wohl fühlte. Man sagt ja auch umgangssprachlich, daß jemand vom Hafer gestochen sei, wenn er sich z.B. auf etwas einläßt, das seine berufliche oder private Existenz in Frage stellt. Anscheinend braucht er ein neues Problem, um einen neuerlichen Wachstumsschub durchzumachen. Er verläßt die selbstgeschaffene Mitte, die ihm für eine Weile sehr angenehm war, aber doch nicht genügte, und gerät nun durch eine voreilige, dissonante Entscheidung in eine Gegensatzposition. So muß er, ob er will oder nicht, aus einem der mittleren Sefiroth -meist Jesod- heraustreten, und durch eine subtilere Gegensatzproblematik hindurch, um auf eine höhere, integralere Mitte zu gelangen.
Unter- oder Überbewertungen, aber auch der Übermut resultieren grundsätzlich aus einem mangelnden Wirklichkeitsverständnis. Es kommt zu Fehleinschätzungen mit Unter- oder Überreaktionen und deren Konsequenzen. Nur die Korrektur einer verzerrten Realitätssicht kann die falsche Bewertung aufheben. Der Lebensbaum demonstriert uns, wie und wo wir die Korrektur vornehmen müssen.

3.Welche Folgen hat die Unter- oder Überschätzung einer Bewußtseinshaltung auf das korrespondierende Sefirothpaar?
Nach alten kabbalistischen Quellen kann die göttliche Glorie einer Sefirah niemals gemindert, sondern nur durch eine verzerrte Egowahrnehmung verdunkelt werden, im Sinne von verdecken oder verschleiern. Daraus schloß ich, daß in den Wegen irgend ein blockierender Focus sitzen muß, der das Licht der Sefiroth an der Ausbreitung hindert. Zu fragen war also: *Welche* Wegeblockierungen verhindern das Gleichgewicht der Sefiroth, und wie kann man sie aufdecken? Von den häufigsten Blockaden, welche zu einer Unterbewertung bzw. Unterschätzung der Realität führen, kommen vor allem folgende in Frage:
a)Die moralische Blockade
b)Die Trägheitsblockade
c)Minderwertigkeitsblockade
d)Die Trauerblockade
e)Die Enttäuschungs- oder Lähmungsblockade
f)Die Vorurteilsblockade
g)Die Hochmutsblockade
h)Die Angstblockade
i)Die Neidblockade
k)Die Eifersuchtsblockade
Andererseits ist zu fragen, wie wirken sich die Impulse der Sefiroth auf die Dialektik der drei Wandlungsphasen des Weges aus? Auf diese sehr wichtige Frage bin ich besonders eingegangen und habe sie aus didaktischen Gründen erst im Band I ausführlicher behandelt.

Korrelationen zwischen Thanatoszyklen I, Ia und II

Die allgemeinen Blockaden im Thanatoszyklus I und Ia habe ich bereits auf S.113 besprochen. Die Sequenzen in den *äußeren* Wegen (vertikale- und *vertikal*-diagonale) führen entweder in den Zustand der Absonderung (Absicherung) oder in die Macht:

a)Im absteigenden Wahrnehmungsfluß des Thanatoszyklus II sind dies:
1.Identitätsdrang
2.Haben/Besitz
3.Absonderung

b)aufsteigender Wahrnehmungsfluß:
1.Ehrgeiz
2.Profilierung
3.Macht

Man sieht, daß die Bewußtseinszustände im auf- und absteigenden Zyklus sowohl unterschätzt, als auch überschätzt werden können. In der Abb.68, S.242 habe ich die reziproken und parallelen Wegephasen übersichtlich dargestellt. Stellen wir sie dem horizontalen Zyklus (I u.Ia) gegenüber, so ergibt sich folgende Übersicht:

Thanatos II	**Thanatos I**		**Thanatos Ia**
a)absteigend:	horizontal nach außen:		horizontal:
1.Identitätsdrang	Übertreibung/Übermut	oder	Unterbewertung
2.Haben/Besitz	Enttäuschung	oder	Versäumnis
3.Absonderung (Absicherung)	Aggression	oder	Schuldprojektion/Neid.
b)aufsteigend:			
1.Ehrgeiz	Übertreibung	oder	Unterbewertung
2.Profilierung	Enttäuschung	oder	Versäumnis
3.Macht	Aggression	oder	Schuldprojektion/Neid.

1.Identitätsdrang und Ehrgeiz kann übertrieben oder unterbewertet sein, auch durch Übermut.
2.Haben/Besitz und Profilierung führen häufig in die Enttäuschung, weil sie nur selten den Erwartungen entsprechen oder das Gefühl nähren, etwas versäumt zu haben.
3.Absonderung (Absicherung) und Macht können in die Aggression oder in Neid und Schuldprojektion führen.

Reziproke Verhältnisse

Vergleicht man die Unter- oder Übertreibung mit dem Eroszyklus I, siehe Band I, so ergeben sich daraus folgende reziproke Verhältnisse:

a)absteigend

1.Je mehr Identitätsdrang, desto weniger Verstehen des Du, und desto mehr Übertreibung;
oder
je weniger Identitätsdrang, desto mehr Erwartung an das Du, und desto weniger Initiative (Unterbewertung).

2.Je mehr Haben/Besitz, desto weniger Loslösung vom Ich-Bin, und desto mehr Enttäuschung;
oder
je weniger Haben/Besitz, desto leichter zwar die Loslösung vom Ich-Bin, doch um so größer kann das Gefühl der Versäumnisse sein.

3.Je mehr Absonderung, desto weniger Integration vom Ich-Bin, und desto mehr Aggression;
oder
je mehr Versäumnisse sich anhäufen, um so größer die Gefahr des Neides und der Schuldprojektion, und damit der inneren Abgesondertheit.

b)aufsteigend:

1.Je mehr Ehrgeiz, desto weniger Verstehen des Du, und desto mehr Übertreibung;
oder
je weniger Ehrgeiz (Null-Bock), um so mehr Erwartung an das Du, und desto mehr die Unterbewertung.

2.Je mehr Profilierung, desto weniger Loslösung vom Ich-Bin, und desto mehr Enttäuschung;
oder
je weniger Profilierung, desto leichter zwar die Loslösung vom Ich, doch um so größer kann das Gefühl der Versäumnisse sein.

3.Je mehr Macht, desto weniger Integration des Ich-Bin, und desto mehr Aggression;
oder
je mehr Versäumnisse sich anhäufen, um so größer die Gefahr des Neides und der Schuldprojektion, und damit Verlust an Einfluß und Geltung.

Grundsätzlich blockiert jede Phase die Mitte aus Tifereth, am stärksten scheinen mir jedoch die Enttäuschung und das Gefühl des Versäumthabens zu blockieren, weil man sich daran sehr leicht bindet oder festhält.

Die Analyse zeigt auch, daß es eigentlich stets um die Loslösung von den bewertenden Ich-Bin-Attributen geht. *Haben/Besitzen sowie Profilierung sind die eigentlichen Blockaden im Auf- und Ab des zweiten Zyklus, sie beziehen sich stets auf das Festhalten an bestimmten Selbstvorstellungen, daher stehen sie der Loslösung kontradiktorisch gegenüber und behindern sie.*
Die erste und wichtigste Frage, die wir also an jemanden richten, wenn er an einem der o.g. Wegeblockierungen leidet, ist: Von welchen bewertenden bzw. abgrenzenden Ich-Bin-Attributen, muß *dein Ich* sich lösen?

Wegevergleich auf einem Blick

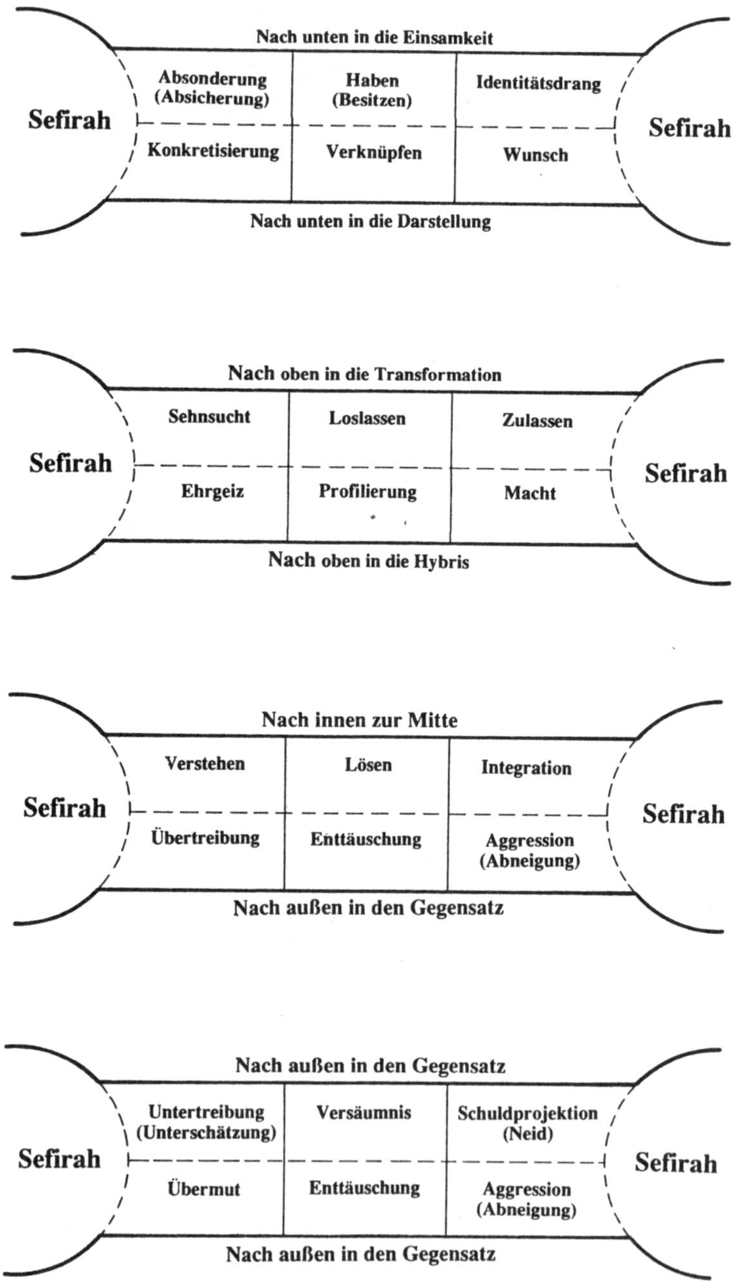

Abb.68

Die Haupt- oder Dauerblockaden in den Wegen

Liegt eine Übertreibung vor, so sollte stets nach der bewertenden Begierde gefahndet werden, d.h. jener eigentlichen Sehnsucht, nach deren Erfüllung der Mensch verlangt. Liegt dagegen eine Unterschätzung vor, dann sollte zunächst eine Blokkade gesucht werden, welche sich meist aus belastenden Lebenserfahrungen entwickelte und zu einer eher unbewußt-unterwertigen Sichtweise oder Einschätzung der Realität führt. In der folgenden Ausführung finden sie eine Kurzfassung aus Band I.

Die wesentlichen Hauptblockaden sind:

a)**Die moralische Blockade,** sie bezieht sich vor allem auf Verurteilungen, Verachtung, Schuldgefühle und Unverzeihliches.

b)**Die Trägheitsblockade** bezieht sich auf die Unfähigkeit, das Verhältnis zwischen Eigen- und Fremdinitiative realistisch einzuschätzen.

c)**Minderwertigkeitsblockade,** sie bezieht sich auf das Gefühl, versagt zu haben, das heißt, immer wiederkehrenden Anforderungen nicht gewachsen zu sein.

d)**Die Trauerblockade** bezieht sich häufig auf Verluste von seelischen Bindungen und Versäumnisse moralischer und ethischer Art.

e)**Die Enttäuschungs- oder Lähmungsblockade** bezieht sich auf nicht eingetroffene Erwartungen; ihr Anfang ist die Übertreibung und ihr Ende das Gekränktsein und die Aggression.

f)**Die Vorurteilsblockade,** sie bezieht sich auf Unterstellungen, Verdächtigungen und Abneigungen.

g)**Die Hochmutsblockade** bezieht sich auf die Unfähigkeit zur Versöhnung, zum Bitten und zur Nachgiebigkeit. Der Stolz ist meist nur eine Maske mangelnden Selbstwertempfindens.

h)**Die Angstblockade** kann ganz allgemein aus einem mangelnden Selbstvertrauen resultieren, das bereits frühkindlich induziert wurde (allgemeine Daseinsangst), dies kann übrigens auf alle Wegeblockaden zutreffen oder sie bezieht sich auf bestimmte Versagens- und Verlustängste, die jedoch meist nur eine illusionäre Vorstellung ist, d.h. Fehlinterpretaionen des Hier und Jetzt.

i)**Die Neidblockade** ist die Unfähigkeit, den Erfolg anderer anzuerkennen. Der Neidhammel ist durch den Erfolg anderer gekränkt, weil er die eigene Unfähigkeit offenbart und versucht, die Kränkung durch Ab-und Entwertung abzumildern.

k)**Die Eifersuchtsblockade** ist diktiert von einem rigorosen Besitzanspruch und macht gewöhnlich blind für eine vernünftige Realitätseinschätzung.

Wie man sieht, sind die Blockaden nichts weiter als hausgemachte Bewußtseinszustände, die sich alle aus bewertenden Ich-Bin-Attributen entwickeln und jene eigentlichen Koordinaten einer sich abgrenzenden Welt-Interpretation bilden. Diese Ich-Bin-Attribute bilden einerseits den Nährboden für bestimmte Begierden, welche stets in die Übertreibung führen, andererseits sind sie die Grundlage negativer, häufig sogar traumatischer Erlebnisse, die eine falsche Realitätssicht induzieren, nämlich die Unterschätzung, welche zu einer unbewußten Blockade werden kann.

Da ich aus Gründen der Systematik und Didaktik mich für eine der Hauptblockaden entscheiden mußte, wählte ich die Enttäuschungsblockade. Die Enttäuschungsblockade ist anscheinend die häufigste Blockierungsform und wirkt am nachhaltigsten. Alle anderen Formen können selbstverständlich da und dort von großer Bedeutung sein, vor allem die Trauer-und Vorurteilsblockade, doch fließen sie meist zu einer umfassenden Enttäuschung zusammen, und vor allem zeigt sich, daß die Menschen von Enttäuschungen am häufigsten sprechen und dabei alle Schuldgefühle, Trauer, Versäumnisse und Minderwertigkeitsgefühle hineinmengen. Zusammenfassend läßt sich über die Hauptblockaden sagen, daß jede einerseits aus einer falschen Realitätssicht (Über- oder Unterbewertung) resultiert und andererseits zu wenig das *Sowohl-als-Auch und Weder-Noch* berücksichtigt.

Die Ursache der Begierde

Die Begierde entsteht eigentlich aus einem Mangel, nämlich aus der unerfüllten Sehnsucht nach mehr Friede. Diese Sehnsucht können wir in die fünf transzendenten Drangrichtungen fassen: ***Liebe, Freude, Freiheit, Schöpfung und Geborgenheit.***

Je weniger Begierden ein Mensch hat, desto mehr spürt er in sich die fünf Füllen, desto weniger neigt er zur Übertreibung und desto weniger hat er mit Blockaden zu kämpfen. Umgekehrt: je mehr Begierden vorliegen, desto größer die Gefahr der Blockaden, und desto stärker die Sehnsucht nach Friede und Erfüllung. Ordnet man die höheren Motive und die Seinsweise der transzendenten Drangrichtung zu, so läßt sich daraus eine erste psychologische Orientierung ableiten:

Tr.Drangr.	**höhere Motive**	**Seinsweise**
Liebe	Synthese	Räumliche
Freude	Wertschätzung	Energetische
Freiheit	Fortschritt	Tätige
Schöpfung	Gestalten	Formende
Geborgenheit	Versorgtsein	Besitzende

Wie man sieht, neigt z.B. jener, der sich nach Freiheit sehnt, zu Fortschritt und Geschäftigkeit, nämlich die tätige Entfaltung. Er will mitwirken, Einfluß nehmen und mitbestimmen. Die schöpferische Drangrichtung möchte das Umfeld mitgestalten und formend einwirken, und der Drang nach Freude will lenken, also energetische Wirkung erzielen.

Mangel an	**Sehnsucht nach**	**Begierde/Fehlleitung**	**Allerweltsmotiv**	**Entfaltungsanspruch**
Liebe	Liebe u.Vereinigung	Selbstverwirklichung	Unabhängigkeit	Wirkungsradius
Freude	Freude/Wertschätzung	Anerkennung	Dominanz	Macht
Freiheit	Freiheit/Fortschritt	Bestimmen	Einfluß/Beeinflussung	Geltung
Schöpfung	Schöpfung/Gestaltung	Lebensgenuß	Wohlleben	Verändern/Organisieren
Geborgenheit	Versorgtsein	Sicherheit	Geld	Abgrenzung

Die obige Auflistung, und Abb.69, auf der folgenden Seite, zeigt, wie sich aus dem Mangel einer transzendenten Drangrichtung zunächst die Sehnsucht, später jedoch daraus die persönliche Begierde und das Allerweltsmotiv entwickelt. Auch sehen wir, wie die ursprüngliche Seinsweise zu einem persönlichen Entfaltungsanspruch

wird, der durchaus egoistische Züge trägt. Durch diese Verknüpfung können wir sehr schnell herausfinden, was der eigentliche Mangel der entsprechenden Begierde ist und weshalb es zur Fehlhaltung kommt. Jemandem, der nach Dominanz strebt, mangelt es z.B. an Wertschätzung und innerer Freude, jener, dem die schöpferische Befriedigung mangelt, kompensiert sie im Wohlleben und Genuß oder er versucht andere zu verändern usw. Die Begierden bewirken hauptsächlich Übertreibungen, sowohl die Fehlleitung als auch den Entfaltungsanspruch, bei Blockaden ist es häufig umgekehrt (nicht immer), z.B. kann Angst eine unbewußte Unterbewertung für günstige Gelegenheiten der Persönlichkeitsentfaltung bewirken und so zu dümmlichen Versäumnissen führen. Gleiches gilt für moralische und andere Blockaden, wodurch unbewußte Verurteilung und Schuldzuweisung so manche Chance für den persönlichen Lernprozeß unwiderbringlich verlorengehen zu lassen.
Ordnen wir nun die defizitäre Drangrichtung (Sehnsucht) den persönlichen Begierden und der Entfaltungsform zu, dann haben wir den Schlüssel, um sie einerseits aufzudecken, andererseits wieder in das reine Licht der transzendenten Drangrichtung zurückzuführen, d.h. ihr jenen Stammplatz im überpersönlichen Wertekosmos zuzuweisen, aus dem sie eigentlich hervorging. Daraus ergibt sich nun die Chance, mit gezielten Fragen den eigentlichen Grund der Blockade aufzudecken und jene transzendente Drangrichtung bewußt zu machen, mit der es möglich ist, die Über- oder Unterbewertung, sowie die auf-und absteigenden Intentionen des zweiten Thanatoszyklus zu transformieren. Diese Methode nennt man Transformation!

Ein Beispiel:
Jemand neigt im Freundeskreis zur Dominanz, d.h. sowohl im Familien -als auch im Freundeskreis versucht er häufig, Überlegenheit zu demonstrieren. Wie auch immer sich diese Neigung entwickelt haben mag (Schule, Elternhaus), so mangelt es ihm an der nötigen Wertschätzung und Achtung. Allein Dominanz reicht jedoch nicht aus, um auf die eigentliche transzendente Drangrichtung zu schließen, sondern erst, wenn der Wesenszug Herrschen (Genugtuung) und die Machtentfaltung (Entfaltungsanspruch) hinzukommen, kann postuliert werden, daß es ihm eigentlich an innerer Freude fehlt. Die transzendente Sehnsucht ist also die Freude, die er in der Machtentfaltung und Genugtuung vergeblich sucht. Wir sollten also alle wichtigen Fragen dazu stellen und die Antworten in eine Zeile schreiben, nur so können wir die transzendente Drangrichtung, d.h. die eigentliche Sehnsucht, bestimmen und beratend tätig werden. Fangen wir also gleich bei uns selbst an!

Übersichtsschema Motivwandel

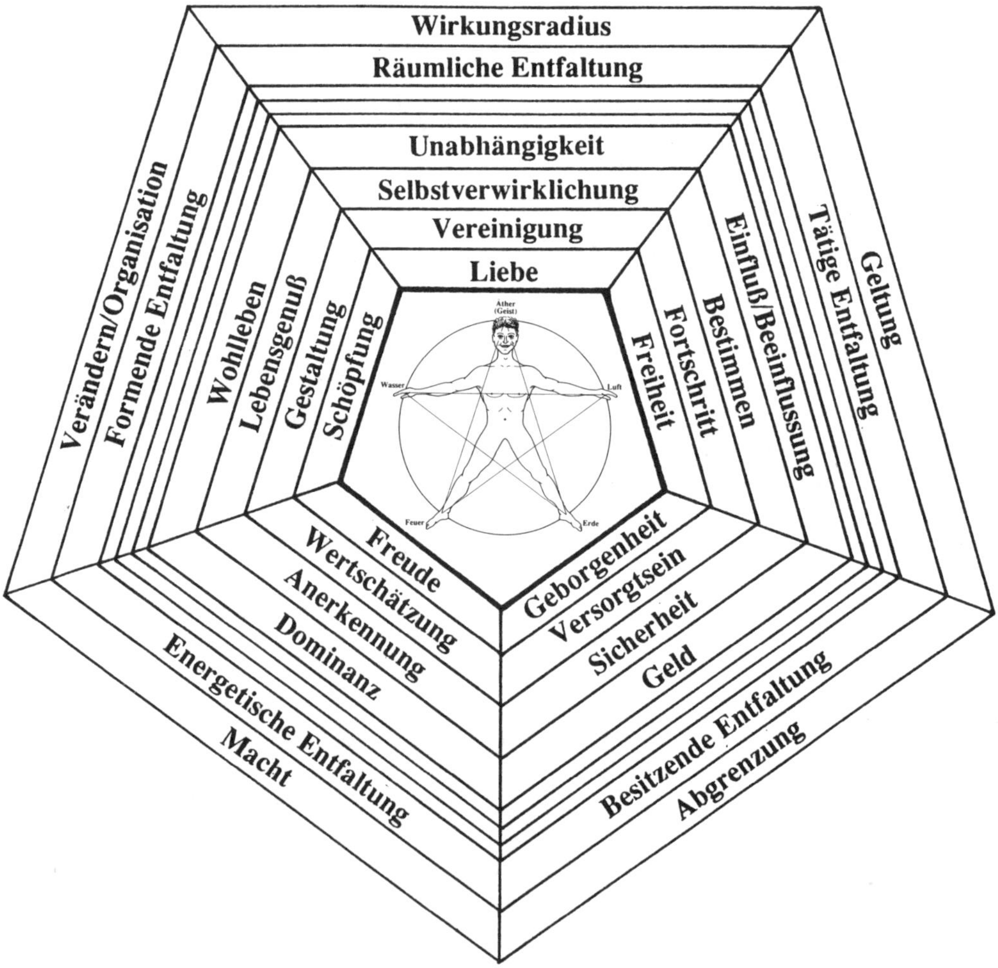

Abb.69

Ein kleiner Fragebogen

Kreuzen Sie bitte mit Bleistift an:

1.In welchem Aktionsfeld fühle ich mich am stärksten blockiert?
Wo: Im Beruf (Kollegen)?
Unterwegs (Kunden)?
Behörden, Ämter?
In der Familie, zu Hause?
In der Verwandtschaft?
Mit der Familie unterwegs?
In der Partnerschaft?
Im Freundeskreis
Im Bekanntenkreis?
Zu Hause (Nachbarn)?

2.Welche Blockade vermute ich? (bitte unterstreichen)
Moralische Blockade, Trägheitsblockade, Minderwertigkeitsblockade, Trauerblockade, Enttäuschungs- oder Lähmungsblockade, Vorurteilsblockade, Hochmutsblockade, Angstblockade, Neidblockade und Eifersuchtsblockade.

3.Durch welche der angekreuzten Blockaden habe ich in den genannten Aktionsfeldern überschätzt oder übertrieben? Siehe Auswahlliste S.275.

4.Durch welche der angekreuzten Blockaden habe ich etwas zu unterwertig eingeschätzt und wie äußerte sich dies? Siehe auch Auswahlliste S.276.

5.Welcher von den fünf angeführten Entfaltungsansprüchen wird in den Aktionsfeldern am stärksten blockiert?
1.Wirkungsradius
2.Macht
3.Geltung
4.Verändern/Organisation
5.Abgrenzung

6.Welches Allerweltsmotiv schwingt am stärksten mit?
1.Unabhängigkeit
2.Dominanz
3.Einfluß/Beeinflussung
4.Wohlleben
5.Geld

7.Welche Begierde fühle ich am meisten?
1.Selbstverwirklichung
2.Anerkennung
3.Bestimmen
4.Lebensgenuß
5.Sicherheit

8.In welcher Form übertreibe ich die Begierde, siehe Auswahlliste C, S.277

9.Welches höhere Motiv vermute ich?
1.Vereinigung
2.Wertschätzung
3.Fortschritt
4.Gestalten
5.Versorgtsein

10.Schreiben Sie jetzt alle angekreuzten Begriffe in die Zeilen

2.Blockade	**Seinsweise**	**Sehnsucht**
5.Entfaltungs anspruch		
6.Allerweltsmotiv		
7.Begierde		
9.Höheres Motiv		

Zur Erinnerung:

Mangel an:	**Sehnsucht nach**	**Begierde**	**Allerweltsmotiv**	**Entfaltungsanspruch**
1.Liebe	Liebe u.Vereinigung	Selbstverwirklichung	Unabhängigkeit	Wirkungsradius
2.Freude	Freude/Wertschätzung	Anerkennung	Dominanz	Macht
3.Freiheit	Freiheit/Fortschritt	Bestimmen	Einfluß/Beeinflussung	Geltung
4.Schöpfung	Gestaltung	Lebensgenuß	Wohlleben	Verändern/Organisation
5.Geborgenheit	Versorgtsein	Sicherheit	Geld	Abgrenzung

11.Welche Seinsweise ergibt sich aus der Reihenfolge?
1.Räumliche
2.Energetische
3.Tätige
4.Formende
5.Besitzende

12.Welche Sehnsucht liegt wahrscheinlich vor?
Liebe u.Vereinigung
Freude/Wertschätzung
Freiheit/Fortschritt
Schöpfung/Gestaltung
Geborgenheit
Die Reihenfolge in den Zeilen zeigt, was die eigentliche Sehnsucht und das höhere Motiv war und sie läßt zumindest erahnen, weshalb die Begierde entstanden sein könnte und in welchem Zusammenhang die Blockade steht.

Schau auf den transzendenten Hintergrund, nicht auf das Ego

Im Urglanz des Unfaßbaren summt das Lied vom Lichtmenschen, in dem sich der *Eine* -das Mysterium- widerspiegelt zu seiner Freude und Genugtuung. Himmel und Erde, Welteninseln und Supergalaxien wurden einzig für diesen Zweck geschaffen; sie ermöglichen das Spiel des Bewußtseins in Raum und Zeit. Sein Urglanz ist das herrliche Kleid der *Schöpfung* und Gestaltung, in *Freiheit und Geborgenheit, mit Liebe und Freude*. Er war, ist und wird stetig der Unvergleichliche sein. Diese *Füllen der Füllen* oder fünf transzendenten Drangrichtungen, aus denen alle Urideen, Schöpfungsformen und Bewußtseinszustände hervorgehen, sind kardinale Äußerungsweisen des Mysteriums tremendum und stets gegenwärtig. Das große Wort *Ehje ascher Ehje*: Ich werde sein *der Ich-Bin,* kann auch *Ich-Bin der Ich-Bin* genannt werden. Das *"werde"* bezieht sich nur auf den Menschen, dessen selbstische Vorstellung ihn wie eine große Mauer von der Glückseligkeit und einzigen Wirklichkeit trennt, doch die Mauer wird einstürzen in nur kurzer Zeit, und vom Glanz Gottes zu Licht verwandelt werden, ein Licht wie durchsichtiges Gold, und der Mensch wird selbst zum Gefäß jenes Unaussprechlichen und sein schönstes Gleichnis werden! Das ist die erlösende Botschaft, die uns frohlocken läßt, und dafür lohnt es sich wahrlich zu leben, Leid und Schmerz zu erdulden. Die Mauer, die uns vom Urglanz trennt, setzt sich zusammen aus einer frei gewählten Kollektion von Ich-Bin-Attributen, welche nur eine ganz bestimmte, eher kleinkarierte Interpretation der Welt und der eigenen Existenz zuläßt und das eigentliche Gefängnis ist. Aus dieser allzu einengenden Sicht entwickeln wir unsere Vorstellungen von persönlichem Glück und mit welchen Mitteln und Methoden man es erreichen könnte, dabei nur halbherzig auf die Interessen des anderen oder der Gemeinschaft achtend. Wir suchen es im Außen, in Kultur und Gestaltung, in Anerkennung, Macht, Sicherheit und Wohlleben, in Freiheit und kurzlebigen Freuden. Solange wir jedoch im Außen suchen und festhalten, *haschen wir nach Wind*, denn stets ist es vergänglich, -geht wieder verloren -und was zurückbleibt, ist Leere, so, als ob man es nie gehabt hätte, und neues Verlangen stellt sich ein. Das ist die Begierde, die im Kreis geht wie ein unersättliches Tier, immer nach neuen Weiden suchend, und doch nie satt werdend. Je mehr Begierden, desto mehr Enttäuschungen und desto mehr Blockaden. Fragen wir also: wer in mir ist es, der ein Verlangen hat, und es wird sich erweisen, daß es jene Konstellation von Ich-Bin-Attributen ist, die nichts weiter als zeitlich begrenzte Vorstellungen sind. *Das momentane Ich-Bin-Bild ist also eine Vorstellung, und im Hinblick auf den Lichtmenschen noch dazu eine recht armselige!* So kämpft also eine Vorstellung gegen die andere, ohne zu merken, daß sie alle vergebens kämpfen, denn alles verweht im Winde. Die Vorstellung von uns und vom Universum ist jener Traum, den wir träumen und der uns von der Wirklichkeit trennt, und so sagen die Engel:

"Die Knospe träumt- der abgeschlagene Ast träumt auch. Du fühlst die Schneide des Schwertes nicht, so furchtbar scharf ist sie. Ich pfropfe nicht, ich messe. Die Zeit ist bemessen: ewiger Traum oder ewiges Leben?"

Solange wir jedoch im Außen suchen und festhalten, haschen wir nicht nur nach Wind, sondern träumen uns selbst und leben nicht in der wahren Wirklichkeit. Erkennen wir jedoch die große Gnade unserer Auserwähltheit, nämlich daß wir *sein*

Lichtgefäß sein dürfen, ja fast identisch mit Ihm -dem Unaussprechlichen-, dann können wir, ohne uns zu überheben, jene Worte nachvollziehen, die Ramana Maharshi einst sagte: *"Es gibt kein größeres Mysterium als dieses: daß wir, die wir die wahre Wirklichkeit sind, sie erreichen wollen. Wir bilden uns ein, daß es ein Etwas gäbe, das unsere Wirklichkeit vor uns verbirgt, und daß dies geändert oder gar zerstört werden müsse, bevor wir die Wirklichkeit gewinnen können. Es ist geradezu lächerlich. Und es wird ein Tag heraufdämmern, an dem du über deine jetzigen Bemühungen lachen wirst. Aber das, was an jenem Tag deines Lachens da sein wird, das ist jetzt und hier bereits gegenwärtig."* Welch einfache und doch so wahre Offenbarung! Weil wir also mit unseren Vorstellungen ständig an der inneren und äußeren Wirklichkeit herummanipulieren, sind wir es doch selbst, die jene Defizitbedürfnisse und Sehnsüchte erschaffen und die unsere Sicht zur wahren Realität versperren. Würden wir erwachen, dann könnten wir sehen, daß die fünf tranzendenten Drangrichtungen ***Liebe, Freude, Freiheit, Schöpfung und Geborgenheit*** nicht nur Drang, sondern die Fülle unseres Gegenwartsbewußtseins ausmachen und nicht mehr im Außen gesucht werden müssen. Aus ihnen gestaltet sich die Schöpfung und der ewige Seinsausdruck, nämlich ***das Räumliche, das Energetische, das Tätige, das Formende und das Besitzende.*** Erkennen wir, daß diese Lebenswasser unseres Innenlebens alle Urideen und Bewußtseinshaltungen in uns konstellieren, dann brauchen wir nicht mehr zurückschauen, müssen nicht mehr suchen und weder an uns, noch an anderen herummanipulieren. Das Wunderbare, nach dem wir im Äußeren suchen, ist in uns stets gegenwärtig und bedarf keiner Suche. Suchen wir also nicht mehr im Äußeren, sondern bleiben im Urglanz, jenem Juwel im Herzen der Form (*Om mani padme hum*) und strahlen es hinaus in die Schöpfung, so sind wir lichtbringende Friedensstifter und Söhne Gottes!

Erschütterungen

So mancher vom Schicksal Gezeichnete wird hier seine Einwendungen erheben. Wie können wir in einer feindseligen, von Aggressionen, Vorurteilen, Neid und Bosheiten beherrschten Welt einen so hohen Anspruch verwirklichen? Im Weg 24b ist darüber zu lesen: *"Wer in der wirklichen Welt arbeiten kann und in der Liebe lebt, der hat das Höchste erreicht."* Wer also einer Tätigkeit in dieser Welt nachgeht und im Urglanz seinen Stand hat, lebt im Höchsten. Wie aber können wir trotz persönlicher Angriffe unseren inneren Stand halten? Erinnern wir uns der zwei Sätze über die Betroffenheit und Abneigung: *"Je mehr sich jemand persönlich angegriffen fühlt, desto mehr ist er mit Ich-Bin-Attributen belastet"* und umgekehrt: *"Je weniger Ich-Bin-Attribute jemand hat, desto weniger ist er angreifbar"; und: "Je mehr Abneigungen ein Mensch hat, desto weniger erkennt er die eigentliche Sehnsucht, die hinter den Schwächen der Menschen steht."*

Wenn wir also mehr als nur ein Sammelsurium von Ich-Bin-Attributen sein sollen, nämlich Repräsentanten der fünf überpersönlichen Füllen, und im Seinsausdruck erkennen, daß *das Eine* in uns die eigentliche Quelle ist, dann bleiben wir bei den Wassern des Lebens und brauchen nicht mehr zu dürsten, d.h. weder gibt es Begierden, noch Unterbewertungen, noch irgendwelche Fehlhaltungen. Und da wir kaum Ich-Bin-Attribute haben, im wahrsten Sinne *"arm im Geiste geworden sind"*, wie Jesus sagte, gibt es keinen fatalen Selbstbezug mehr, nichts mehr wird persönlich genommen, sondern einzig die überpersönliche Aufgabe gilt es zu erfüllen. Ausgestattet mit dieser göttlichen Rüstung, könnten uns selbst bösartige Angriffe und schwere Schicksalsschläge nicht mehr viel anhaben, denn was gäbe es da noch anzugreifen? Unser Ego ist nun endlich zum ergebenen Diener geworden, kümmert sich nur noch um die Bewahrung und Erhaltung der vitalen Person, und das virtuelle Selbst, jener erhabene Same Gottes, ist der wahre Hausherr, der nur im Dienst der überpersönlichen Aufgabe steht, nämlich die Botschaft des Göttlichen in die Welt hineinzutragen, damit aus der dunklen Materie die Lichtmaterie werde. Das ist die wahre Weltmitte, jenes *Deus est centrum mundi*, das im Baum des Lebens Tifereth symbolisiert. Und wie schnell werden in diesem Bewußtseinszustand die armseligen Klimmzüge egoistischer Ausbrüche anderer durchschaut! Blitzartig würden wir erkennen, daß der Jammer und das Festhalten am Gelde nichts weiter ist als ein Mangel an Geborgenheit, die chronischen Verkrampfungen von Selbstbestätigung nur unzulängliche Versuche, ein bißchen mehr Freude und Wertschätzung zu erhaschen, das ehrgeizige Autonomiestreben im tiefsten ein Verlangen nach Liebe ist, der Wunsch nach Einfluß vom schmerzlichen Verlust innerer Freiheit herrührt, und Genuß und Wohlleben letztlich nur ein billiger Ersatz für mangelnde schöpferische Entfaltung sind. Stets wird überdeutlich, daß da ein unglückliches Ego mit unbewußten Blockaden uns gegenübersteht, das in sich eine traurige Leere spürt und nichts weiß von der transzendenten Fülle göttlichen Seins. Unsere künftige Meßlatte sei von nun an der Satz: *"Je mehr einer in der Fülle des virtuellen Selbst lebt, desto mehr erkennt er die eigentliche Sehnsucht, und desto stärker ist sein Mitgefühl für die Unzulänglichkeiten anderer."* Dieses Mitgefühl sollte das Ego im anderen nicht herablassend bewerten, das wohl momentan ist, auch war, aber nicht sein wird. Es ist unser sterblicher Teil, der einst aus des Vaters Hause -dem Urglanz- auszog, um ein eigenes inneres und äußeres Universum zu erschaffen, niemals jedoch die Einheit und Ganzheit erreichen wird, was immer es auch unternimmt. Meister Eckehart faßt dies in die Worte: *Was ich meiner Geborgenheit nach bin, das wird sterben und zunichte werden, denn es ist sterblich; darum muß es mit der Zeit verderben,* siehe auch S.392. Darum sollten wir den sterblichen Teil, nämlich den Diener, in uns nicht so ernst nehmen, eher mit Humor behandeln (Weg 19), sondern nur jenes virtuelle Selbst im anderen sehen und ihm helfen, den Weg zur wahren inneren Fülle freizumachen. Wenn der oder die andere da und dort seine Ausbrüche hat, sollten wir nicht jene illusionäre Person, die da wie ein wildgewordener Affe vor uns strampelt und schreit, ernst nehmen, sondern das schreiende Mangelbewußtsein erkennen, das nach ***Liebe, Freude, Freiheit, Schöpfung und Geborgenheit*** brüllt und ein sehnsüchtiges Verlangen hat nach ***räumlichem, energetischem, tätigem, formendem und besitzendem Seinsausdruck.*** Erinnern wir uns zum Abschluß nochmals des 18.Verses in der Bhagavadgita, wo Krsna Arjuna mit den Worten ermuntert:*"Richte dein Bewußtsein ganz auf mich, weihe mir dein ganzes Sein, so wirst du zu mir gelangen. Dies ist mein Wort und mein Versprechen an dich, weil du mir lieb bist."*

Das zentrale Wandlungsgesetz des Erkenntnisbaumes

Das zentrale Gesetz gilt ausnahmslos für alle Wege; es definiert die Wechselwirkung zwischen dem kardinalen Sefirah-Attribut und den drei Wegephasen. Dabei müssen wir, um dilettantische Vermengungen zu vermeiden, zwischen den *horizontal*-vertikalen Wegephasen des ersten Thanatoszyklus I u.Ia (Übertreibung und Unterbewertung) und den *vertikal*-diagonal und vertikalen auf- und absteigenden Wegephasen des zweiten Thanatoszyklus unterscheiden, siehe auch S.110. Selbstverständlich kommen Übertreibungen und Unterschätzungen auch im zweiten Thanatoszyklus vor, doch wie schon auf S.127 besprochen, bewirkt das Motiv des gesteigerten Identitätsdranges, des Ehrgeizes sowie der Profilierung meist persönliche Übertreibungen, weniger Unterbewertungen. Die Unterbewertung wird mehr *als Unterschätzung des Du oder der Situation* erlitten, z.B. indem man entweder den Ehrgeiz und die Profilierungsneurose des anderen zu wenig beachtet oder aber diskriminiert und dadurch wichtige Vorkehrungen versäumt. Daraus können wir den Satz ableiten: *Die Unterbewertung bezieht sich meist auf die Unterschätzung des Du oder einer aktuellen Situation und bewirkt persönliche Versäumnisse.*
Ein weiterer wichtiger Satz hierzu: *Beim auf- und absteigenden zweiten Thanatoszyklus ist die treibende Ursache der Unter- oder Übertreibung meist das Motiv, entweder zur Macht oder zur Absonderung (Absicherung).*
Ähnlich verhält es sich mit der Enttäuschung, die ebenso in den *vertikal*-diagonalen und vertikalen Wegephasen vorkommt, etwa im Stadium des Haben und Besitzens oder der Profilierung, denn wer auf Besitz und Profilierung fixiert ist, muß notwendig enttäuscht werden oder wird bei Unterschätzung schmerzliches Bedauern über ein dümmliches Versäumnis durchmachen. Selbstverständlich kommt auch die Aggression im zweiten Thanatoszyklus vor, denn erlangt jemand Macht, so richtet sich die Aggression oder der Neid anderer gegen ihn oder er wird selbst aggressiv oder neidisch. Falls sein Identitätsdrang in die Absonderung führt, könnte er selbst aggressive Absicherungen aufbauen, um seine Sonderexistenz zu verteidigen.
Betrachten wir uns z.B. die dissonanten Auswirkungen des blockierten Sefirah Geburah, d.h. wenn *zu wenig* auf Gewissen, Prüfung und Korrektheit geachtet wird (Unterbewertung/Unterschätzung) und stattdessen zuviel Güte, Toleranz, Gutmütigkeit, Laxheit, Inkonsequenz und Nachsicht überwiegen. Diese Bewußtseinshaltung ist häufiger, als man annimmt, und durch sie kommt es meist zu Versäumnissen und Nachlässigkeiten. Menschen mit derartigen Dissonanzen leiden unter dümmlichen Zulassungen, deren Folgen kaum wiedergutzumachen sind. Es fehlt ihnen oftmals auch der Mut, die Wahrheit zu sagen. Eine solche Haltung nennt man *"ein opportunes Bewußtsein" (**Op**).*
Gehen wir also davon aus, daß z.B. der Weg 6 im Zustand der Pseudoübertreibung ist, dann kommt zunächst der Satz in Anwendung: *Die Blockade eines Weges kann den Anschein erwecken, als würde der gegenüberliegende Weg und der Sefirah übertrieben. Die Pseudoübertreibung äußert sich meist in Persönlichkeitsmasken.*
Demnach müßte also der Weg 5, die Aufrichtigkeit, blockiert sein, das bedeutet:

Liegt eine Pseudoübertreibung vor, so muß der gegenüberliegende Weg blockiert sein und die Glorie des korrespondierenden Sefirah eindunkeln, d.h. sie wird im Bewußtsein nicht genügend wahrgenommen, was eine Unterschätzung zur Folge hat.
Zu den primären Wegen, welche das Licht der Mitte und Harmonie aus Tifereth vermitteln, gehören auch der Weg 5 (Aufrichtigkeit) und der Weg 6 (Zuversicht). In einem oder beiden muß auch der blockierende Focus sitzen. Dem Anschein nach sind beide betroffen, einerseits zu große Sorglosigkeit (Weg 6) und andererseits mangelnde Aufrichtigkeit (Weg 5). Die Zuversicht ist jedoch im Zustand der Pseudoübertreibung und die Aufrichtigkeit wird verdrängt bzw. blockiert, weil, wie oben erwähnt, die Glorie von Geburah z.B. das Gewissen, Prüfung und Korrektheit unterbelichtet ist. Ich habe in den Abb.70 bis 77, S.257, die Eindunklung eines Sefirah mit Minus bezeichnet und die Überbelichtung mit einem Plus. Um diese Komplikation besser zu verstehen, müssen wir uns die kardinalen Attribute der Sefiroth näher betrachten und was geschieht, wenn sie sich mit der entsprechenden Phase der Bewußtseinshaltung verbinden.

1.Übertreibung (horizontaler Thanatoszyklus I)

1a)überwertige Expansion

Wenn die Zuversicht sich mit der überwertigen Expansion des Sefirah Chesed (**Ex+**) verbindet, wird sie zunächst übertrieben und heizt das kardinale Attribut weiter auf. Beide zusammen bewirken, daß sich langsam ein opportunes Bewußtsein aufbaut. Dadurch kommt es zu einer laxen und lauen Haltung. Die Folge ist mangelnde Aufrichtigkeit, was ich in den Abb.70, S.257 mit einem Minuszeichen bei der Selektion markiert habe. Die im Korrespondenzschlüssel angeführten Blockierungsformen, siehe Band I, könnten u.a. dafür in Frage kommen, daß die Aufrichtigkeit nicht im richtigen Maß durchlässig ist.
Sobald die Zuversicht in die nächste Phase übergeht, nämlich in die Enttäuschung, ist das opportune Bewußtsein (**Op**) in Chesed bereits manifest und es kommt zum vorübergehenden Pessimismus, der um so schärfer ist, je mehr die Aufrichtigkeit blockiert ist. Nach der Enttäuschungsphase setzt die opportune Aggression ein und eine parallele Abnahme der Selektion, somit besteht die Gefahr, daß Opportunität und Zuversicht zusammen den Prozeß der Inversion durchmachen und in den Kelippoth abgleiten. Wir können daraus eine wichtige Gesetzmäßigkeit ableiten: *Die Voraussetzung für eine Wandlung in den Wegen ist das Attribut-Ungleichgewicht der korrespondierenden Sefiroth, wobei die Übertreibung und Überschätzung sich aus der Verbindung zwischen expansivem (+) Sefirahattribut und der Bewußtseinshaltung des Weges entwickelt, die Unterbewertung und Unterschätzung sich jedoch aus der Verbindung zwischen kontraktilem Sefirahattribut (-) und der Bewußtseinshaltung des Weges entfaltet.*

1b)überwertige Selektion

Auf der gegenüberliegenden Seite kann es zur entgegengesetzten Haltung kommen: Wenn sich die Aufrichtigkeit mit der überwertigen Selektion des Sefirah Geburah (**S+**) verbindet, wird sie zunächst übertrieben und heizt das kardinale Attribut weiter auf. Beide zusammen bewirken, daß sich langsam ein überkritisches Bewußtsein aufbaut. Dadurch kommt es zu undiplomatischen Äußerungen (Unverblümtheit), deren Folge eine gestörte Zuversicht ist. Auch hier könnten die im Korrespondenzschlüssel angeführten Blockierungsformen, siehe Band I, in Frage kommen, warum die Zuversicht nicht im richtigen Maß durchlässig ist. Sobald die Aufrichtigkeit in die nächste Phase übergeht, nämlich in die Enttäuschung, ist das überkritische Bewußtsein (**Ükr**) in Geburah manifest und es kommt zu Grobheiten und Kränkungen, die um so verletzender sind, je mehr die Zuversicht blockiert ist. Nach der Enttäuschungsphase setzt die überkritische Aggression ein, und eine parallele Abnahme der Expansion, somit besteht die Gefahr, daß Überkritik und Aufrichtigkeit zusammen den Prozeß der Inversion durchmachen und in den Kelippoth abgleiten.

2.Unterbewertung (horizontaler Thanatoszyklus Ia)
2a)unterwertige Expansion
Die mangelnde Zuversicht entsteht, weil das expansiven Attribut des Sefirah Chesed (unterwertige **Ex-**) eingedunkelt ist. Dadurch kommt es eher zu einer skeptischen Haltung. Die Folge ist, daß sich Zweifel und Unterschätzung einstellen. Als Ursache könnte eine oder mehrere der Hauptblockaden in Frage kommen, z.B.:
Moralische Blockade
Trägheitsblockade
Minderwertigkeitsblockade
Trauerblockade
Vorurteilsblockade
Hochmutsblockade
Angstblockade
Neidblockade
Eifersuchtsblockade
Erinnern wir uns nochmals des Satzes: *Die Unterbewertung bezieht sich meist auf die Unterschätzung des Du oder einer aktuellen Situation und bewirkt persönliche Versäumnisse.* Durch die Hauptblockaden werden andere oder eine Situation verurteilt, ihnen Trägheit, Minderwertigkeit, moralische Bedenken, Melancholie unterstellt oder es kommt Neid auf. Selbstverständlich können sie auch die Ursache für Selbstunterschätzung sein. In jedem Fall bewirken sie die mangelnde Wahrnehmung des korrespondierenden Sefirahattributes. Sobald die unterwertige Zuversicht in die Versäumnisphase übergeht, manifestiert sich das überkritische Bewußtsein, und Bedauern und Reue aber auch Enttäuschung kommen auf. In der letzten Phase nimmt das überkritische Bewußtsein, aber auch die mangelnde Zuversicht, mehr und mehr zu und Neid und Schuldprojektion beherrschen die Bewußtsseinslage, mit der Gefahr der Kelippoth'schen Inversion. Daraus ergibt sich eine weitere Gesetzmäßigkeit: *Verbindet sich ein Sefirahattribut mit einer Wegephase, dann schaukeln sich beide, je nach der Qualität (expansiv, kontraktil), mehr und mehr zu extremen Bewußtseinsformen hoch.*

2b)unterwertige Selektion
Die mangelnde Aufrichtigkeit entsteht, weil sie mit dem unterwertigen eingedunkelten Attribut des Sefirah Geburah (unterwertige **S-**) eine Verbindung eingeht. Offensichtlich wird im Bewußtsein die Selektion zu wenig wahrgenommen. Dadurch kommt es eher zu einer unkritischen Haltung. Die Folge sind Leichtgläubigkeit, Vertrauensseligkeit und Unaufrichtigkeit. Als Ursache könnten auch hier wieder eine oder mehrere Hauptblockaden in Frage kommen. Sobald die unterwertige Aufrichtigkeit in die Versäumnisphase übergeht, manifestiert sich das opportune Bewußtsein und Bedauern und Reue, aber auch Enttäuschung kommen auf. In der letzten Phase nimmt das opportune Bewußtsein aber auch die Unaufrichtigkeit mehr die Züge von Neid und Schuldprojektion an, mit der Gefahr der Kelippoth'schen Inversion.

1.Macht (vertikaler aufsteigender Thanatoszyklus II)
1a)überwertige Expansion
Wenn die Zuversicht sich mit dem kardinalen Attribut der überwertigen Expansion (**Ex+**) verbindet, expandiert auch der Ehrgeiz. Im zweiten Stadium der Profilierung manifestiert sich die Opportunität. Es kommt jedoch nicht zu einer laxen oder lauen Haltung, sondern zum rührigen Opportunisten oder, wie man in Bayern sagt, zum Radlfahrer. Auch hier ist das Ergebnis mangelnde Aufrichtigkeit. Ist das Machtstadium erreicht, so verbindet sich die opportune Haltung mit der Macht und nimmt aggressive Züge an. Wie man gerade aus diesem und den w.u.a. Beispielen ersehen kann, unterscheidet sich der zweite Thanatoszyklus vor allem durch den Motivwechsel, der auf den Wandel des Sefirahattributs erheblichen Einfluß hat. Erinnern wir uns nochmals der fünf Allerweltsmotive, die der treibende motivationale Untersatz des zweiten Thanatoszyklus ist: *Unabhängigkeit (Autonomie), Dominanz, Einfluß, Wohlleben und Geld.* Der Wechsel zwischen dem expansiven und opportunen Attribut hängt daher vom momentan herrschenden Motiv ab und ist in ständiger Bewegung. Daraus können wir den Satz ableiten: *Die Umwandlung bzw. Inversion des Sefirahattributs hängt von der momentanen Dominanz des Motivs ab.* Auch wird deutlich, daß der aufsteigende Thanatoszyklus wesentlich stärker mit der Übertreibung des ersten Thanatoszyklus korreliert als mit der Unterbewertung. Letztere bezieht sich ja meist auf die Diskriminierung von Konkurrenten (Untertreibung des Du) oder das Herunterspielen ihrer Leistungen, deren Folgen kaum einzuschätzen sind.

Macht
1b)überwertige Selektion
Betrachten wir uns auch noch die Aufrichtigkeit im auf- und absteigenden zweiten Thanatoszyklus.
Verbindet sich die Aufrichtigkeit in der ersten Phase des persönlichen Ehrgeizes mit der überwertigen Selektion des Sefirah Geburah (**S+**), so besteht wegen der Tendenz der Übertreibung die Gefahr, daß der Ehrgeiz sich auf eine besondere selektive Wahrnehmung einstellt, und spätestens im zweiten Stadium der Profilierung manifestiert sich das überkritische Bewußtsein (**Ükr+**). Meist richtet sich die

harsche Kritik gegen andere, um sich zu profilieren. Im Machtstadium kann die kritische Haltung sich immer mehr verhärten und infolge der zur Verfügung stehenden Exekutivmittel aggressive Züge annehmen und irgendwann in den Prozeß der Kelippoth'schen Inversion einmünden, siehe S.359.

2.Absonderung (vertikaler absteigender Thanatoszyklus II)
2a)überwertige Expansion
Wenn die Zuversicht in der ersten Phase des Identitätsdranges sich mit der überwertigen Expansion (**Ex+**) des Sefirah Chesed verbindet, kommt es zur Übertreibung der Zuversicht (Selbstüberschätzung). Im zweiten Stadium des Habens und Besitzens manifestiert sich das opportune Bewußtsein (**Op**), um Haben und Besitzen zu sichern oder zu vermehren. Auch hier ist das Ergebnis mangelnde Aufrichtigkeit. Hat das Bewußtsein das Absonderungs- bzw. Absicherungsstadium erreicht, so verstärkt sich die opportune Haltung und kann einen aggressiven Zug annehmen. Auch hierbei kann es zur Kelippoth'schen Inversion kommen.

Absonderung
2b)überwertige Selektion
Wenn die Aufrichtigkeit in der ersten Phase des Identitätsdranges sich mit der überwertigen Selektion (**S+**) des Sefirah Geburah verbindet, besteht auch hier wegen der Tendenz der Übertreibung die Gefahr, daß die Aufrichtigkeit sich zu einem Identifikationszustand aufbläht. Im zweiten Stadium des Habens und Besitzens kann dieser Zustand, in Bezug auf andere, eine Inversion des Attributs einleiten, nämlich wieder ein überkritisches Bewußtsein (**Ükr**), das den Besitz und das Habenbewußtsein, z.B. das Geld und das Wohlleben anderer, kritisch beäugt. Im dritten Stadium kann dies zu einem inneren Absonderungs- oder Absicherungszustand führen, entweder weil man sich durch die überkritische Haltung von anderen erheblich abhebt oder sich durch übermäßigen Besitz die Aggression und den Neid anderer zuzieht, auf die man in gleicher Weise überkritisch reagiert.
Wir sehen also, daß letztlich die Verbindung der momentanen Wegephase mit dem kardinalen Attribut der Sefirah entscheidend zur Wandlung der Bewußtseinshaltung beiträgt. Daraus können wir den Satz ableiten: *Das kardinale Attribut der Sefirah wirkt auf die Bewußtseinsphase des Weges wie ein Katalysator, und verbindet sich das kardinale Attribut der Sefirah mit der Phase der entsprechenden Bewußtseinshaltung des korrespondierenden Weges, so wandelt sich sowohl das kardinale Attribut des Sefirah, als auch die Bewußtseinsphase des Weges um.* Dieses Gesetz bestimmt auch den 6-phasigen humoralen und zellulären Krankheitsprozeß der Zelle oder des Organs, siehe S.264.

Mangelnde Aufrichtigkeit, Thanatoszyklus I und Ia

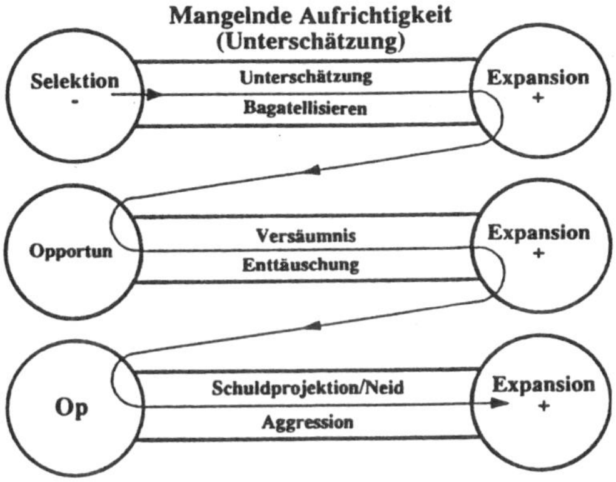

Abb.70

Mangelnde Aufrichtigkeit, absteigender Thanatoszyklus II

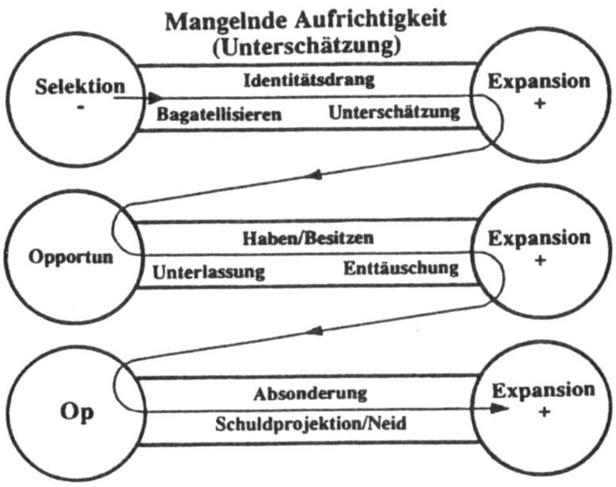

Abb.71

Mangelnde Zuversicht, Thanatoszyklus I und Ia

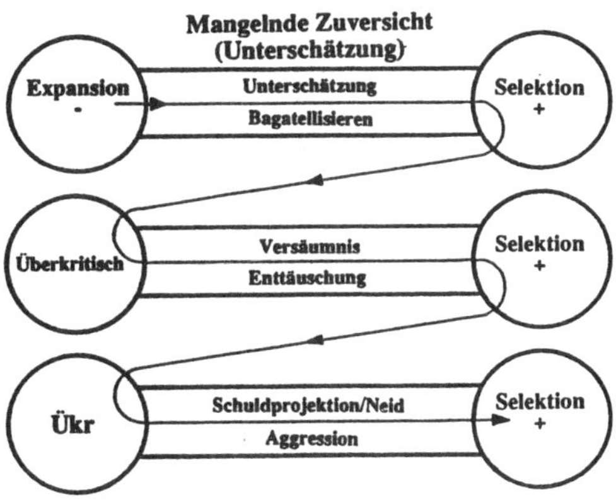

Abb.72

Mangelnde Zuversicht, absteigender Thanatoszyklus II

Abb.73

Selektive Aufrichtigkeit (Übertreibung) aufsteigender Thanatoszyklus II

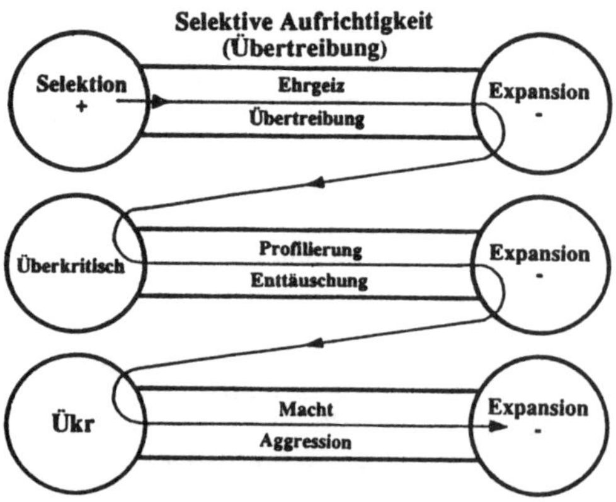

Abb.74

Expansive Zuversicht (Übertreibung) aufsteigender Thanatoszyklus II

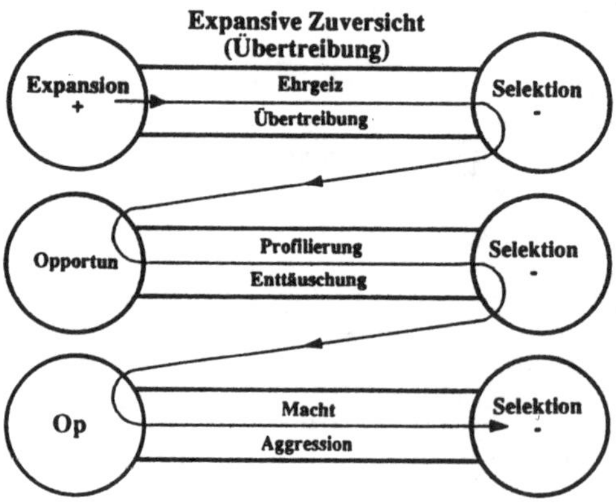

Abb.75

Äußerungsweisen der selektiven Aufrichtigkeit (Übertreibung)

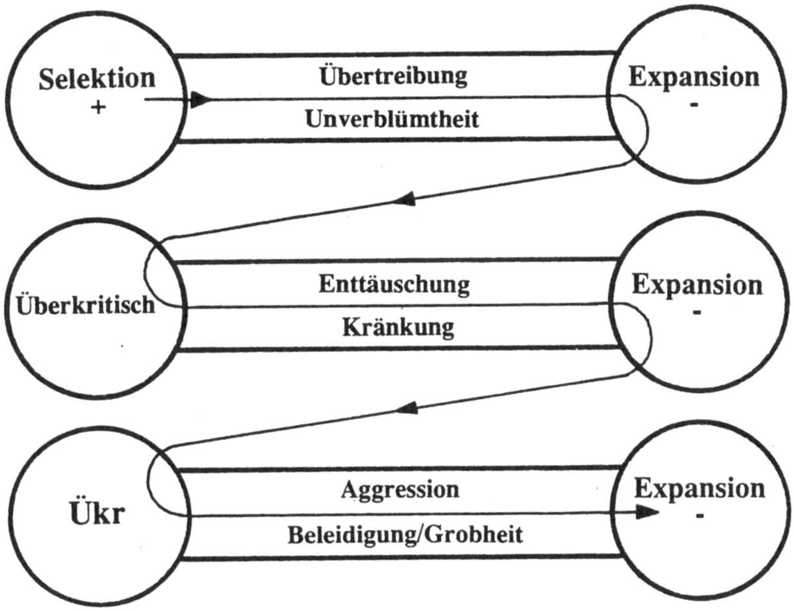

Abb.76

Äußerungsweisen der expansiven Zuversicht (Übertreibung)

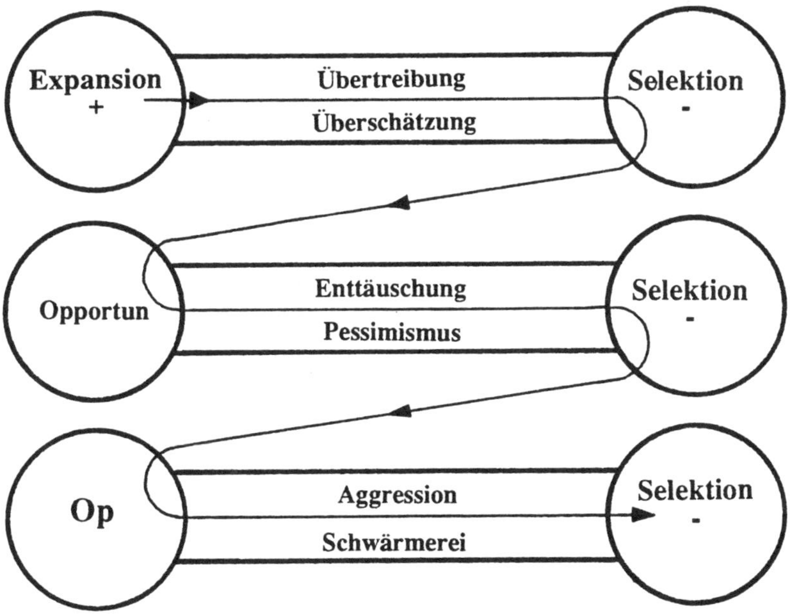

Abb.77

Die psychosomatische Aufdeckung von Blockaden

Noch eine zweite, wesentlich einfachere Aufdeckungsmöglichkeit haben wir, wenn wir den Satz ernst nehmen, *wonach solche Organe erkranken, die mit dem blokkierten Weg korrespondieren.* Organe sind wie kleine Kinder innerhalb "der Familie" des Gesamtorganismus und reagieren auf unbewußte Blockierungen besonders empfindlich. Wie auf S.261 ersichtlich, sind dem Weg 6 der linke Arm, Armgelenk und die linke Hand und dem Weg 22a der rechte Schulterrand, Unterkiefer, Zähne und Mundboden zugeordnet. Dem Weg 5, rechter Arm, Armgelenk und rechte Hand und dem Weg 23a der rechte Schulterrand, Unterkiefer, Zähne und Mundboden. Störungen in diesen Organbereichen können uns auf die richtige Fährte bringen, und über eine simple Lokaldiagnose ist es möglich, auf die seelische Fehlhaltung zu schließen, die uns eine psychosomatische Orientierung für ein wirksames Therapiekonzept an die Hand gibt.

Die zehn Sefiroth und ihre psychosomatischen Korrespondenzen

1.Kether	**unfaßbares B.**	**Scheitel, li.u.re.Stirn, Schläfen, Gehirn**
2.Chokmah	**übergeistiges B.**	**Linke Gehirn- u.Gesichtshälfte**
3.Binah	**wissendes B.**	**Rechte Gehirn- u.Gesichtshälfte**
(Daath)	**intuitives B.**	**Hals, Kehlkopf, HWS, Schilddrüse, N-Schilddrüse**
4.Chesed	**expansives B.**	**Linkes Schultergelenk u.Schulterblatt**
5.Geburah	**selektierendes B.**	**Rechtes Schultergelenk u.Schulterblatt**
6.Tifereth	**integrales B.**	**Herz, Brustbein, Brustmittelraum, BWS, Oberbauch**
7.Netzach	**emotionales B.**	**Linker Unterbauch, Hüfte, Hüftgelenk**
8.Hod	**logisches B.**	**Rechter Unterbauch, Hüfte, Hüftgelenk**
9.Jesod	**vitales B.**	**Genitalbereich, kl.Becken, Kreuzbein, Steißbein, Blase**
10.Malkuth	**physische B.**	**Fußknöchel, Füße, Fußsohlen, Reflexzonen**

Die psychosomatischen Korrespondenzen der Wege

Die vierundzwanzig und vier Wege verbinden die Sefiroth untereinander. Stellen wir die Uridee und die individuelle Bewußtseinshaltung des Weges den korrespondierenden Organen und Systemen gegenüber, dann entdecken wir Beziehungen zwischen bestimmten Charaktereigenschaften und Organen, die niemand für möglich gehalten hätte:

Weg	Name	Grundidee	Organe, Systeme
Weg 1	Aleph	Erkenntnis	Schlüsselbeine, obere Brust, Lungen, Oberkörper
Weg 2	Beth	Vorstellungskraft	Rechtes Auge
Weg 3	Gimel	Würde	Linkes Auge
Weg 4	Daleth	Belohnung/Vergelt.	Rechtes Ohr
Weg 5	He	Aufrichtigkeit	Rechter Arm, Armgelenk und Hand
Weg 6	Vau	Zuversicht	Linker Arm, Armgelenk und Hand
Weg 7	Zajin	Zielstrebigkeit	Rechtes Bein und Knie
Weg 8	Chet	Übereinstimmung	Linkes Bein und Knie
Weg 9	Thet	Akzeptanz	Re. Niere, Harnl., Eierstock, Leiste
Weg 10	Jod	Hilfsbereitschaft	Li.Niere, Harnl., Eierstock, Leiste
Weg 11	Kaph	Kreativität	Linkes Ohr
Weg 12	Lamed	Treue	Leber
Weg 13	Mem	Einigung	Unterbauch, Bauchspeicheld., Dünnd.-Dickdarm u.Zwerchfell
Weg 14	Nun	Zuverlässigkeit	Gallenblase u.-gänge, rechte Lende u.Rippen
Weg 15	Samek	Vertrauen	Milz, linke Lende und Rippen
Weg 16	Ajin	Entschlossenheit	Speiseröhre, BWS, LWS
Weg 17	Phe	Beharrlichkeit	Rechtes Nasenloch, Bronchien
Weg 18	Shade	Begeisterung	Magen
Weg 19	Koph	Humor	Kreuzbein, kl.Becken, Enddarm
Weg 20	Resch	Ideenfülle	Linkes Nasenloch, Bronchien
Weg 21	Schin	Spiritualität	Stirnmitte u.Hirnbalken
Weg 22	Taw	Gesetzeserfüllung	Re.Oberkiefer, Jochbein, Zähne, NNH
Weg 22a	?	Geduld	linker Schulterrand, Unterkiefer, Zähne, li.Mundboden
Weg 23	Fe	Bescheidenheit	Li.Oberkiefer, Jochbein, Zähne, NNH,
Weg 23a	?	Genügsamkeit	Re.Schulterrand, Unterkiefer, Zähne, re.Mundboden
Weg 24	Wet	Gelassenheit	obere Brustwirbelsäule, Luftröhre
Weg 24a	?	Hingabe	HWS, Hirnstamm
Weg 24b	?	Friede	Alle Organe

Für den in Psychosomatik und Psychologie geschulten Therapeuten mag die Mischung aus ethisch-moralischer Gesinnung und Charakterstärken ungewohnt sein, doch vergleichen wir hierzu die Kriterien der Psychosomatik, so zeigt sich bei tieferer Beleuchtung, daß z.B. Liebesentzug, Aggression, Enttäuschung, Trennungsängste, Schuldgefühle usw. stets aus einer realistätsfernen Interpretation entstehen, die mit dem ethischen Kontinuum des Lebensbaumes nicht übereinstimmt. Die Gesamtheit dieses Kontinuums ist die Eros- oder Liebesenergie des Höchsten, und aus ihr kommt der Imperativ des zweiten Gebotes: *"Alles nun, was ihr wollt, daß Euch die Menschen tun sollen, das tut ihr ihnen auch."* Mag auch die Resonanz der Mitmenschen zunächst unbefriedigend sein, mit der Verwirklichung dieses Gesetzes beginnt der Baum des Lebens in uns zu grünen und jede Bewußtseinhaltung bringt späte, jedoch süße Früchte hervor, nämlich jenes überpersönliche Bewußtsein, in dem die Person nur noch Diener ist und das virtuelle Selbst der wahre Herr, unverletzlich, virtuos und ausgestattet mit der ungetrübten Freude eines kleinen Kindes. Zu Zeiten Freuds -im Viktorianischen Zeitalter- mögen Prüderie, eine verlogene Moral und gesellschaftliche Zwänge vielen natürlichen Bedürfnissen, z.B. der Sexualität, zuwidergelaufen sein und so zu Neurosen und abnormen Bewußtseinshaltungen geführt haben, doch das hat sich geändert. Heute kann jeder -zumindest in den westlichen Industrienationen- seine Bedürfnisse, inneren Konflikte, und seien sie noch so komplex, ausleben und austragen. Ein ethisch-sittlicher Verfall muß zwangsläufig in Selbstwertkrisen und am Ende in die Selbstverachtung führen. Die Bewußtwerdung von Abwehrformen, frühkindlichen Entwicklungshemmnissen, Ambivalenzen, Motivkämpfe, Abhängigkeitsverhältnisse usw. bringt zwar viele Einsichten, doch dringen sie nicht zur Wurzel vor. Einsichten mögen zwar beruhigen, weil sie *das Woher* plausibel machen, aber sie beseitigen die Probleme nicht. Mangelndes Vertrauen, so die orthodoxe Psychoanalyse, geht z.B. auf eine Störung der oralen Phase (1. bis 2. Lebensjahr) zurück. Wie können wir mit dieser Erkenntnis Vertrauen gewinnen? Mir scheint sie eher *Alibifunktion* zu haben, und die Eltern werden wieder einmal zum Sündenbock gemacht. Mangelndes Vertrauen kann eben nicht wegerklärt, sondern muß durch die Aufdeckung der verursachenden Wahrnehmungsblockade beseitigt werden. Dafür gibt es wirksame Übungsanleitungen, siehe auch Band II. Die Beziehung zwischen ethisch-moralischen Charaktereigenschaften und Organen stellt m. E. eine wesentliche Erweiterung zur Psychologie und Psychosomatik dar; sie bietet ganz neue therapeutische Ansatzmöglichkeiten.

Die Korrespondenz der Wege zur Wirbelsäule

Eine weitere Möglichkeit eröffnet sich in der Beziehung zwischen Wirbelsäule und Wegen. Das erstaunliche Phänomen, daß die menschliche Wirbelsäule die gleiche Anzahl Wirbelkörper aufweist wie Wege im Lebensbaum, stößt uns mit der Nase direkt darauf. Wer häufig unter Verlagerungen oder Subluxationen an bestimmten Wirbelkörpern leidet, sollte sich vom Fachmann genau zeigen lassen, welche die ständigen Schmerzen verursachen. Anhand der u.a. Liste können dann die korrespondierenden Wege in Beziehung gesetzt werden. Ein Beispiel: Bei Schmerzen an der Lendenwirbelsäule ist meist der vierte und fünfte Wirbel betroffen. Der vierte korrespondiert mit der Zielstrebigkeit und der fünfte mit dem Humor. Die schnellste und einfachste Antwort erhalten wir mit den drei Fragen:

1.Übertreibung, zu viel (Überschätzung)?
2.Unterbewertung, zu wenig, Mangel (Unterschätzung)?
3.Das Gegenteil, also die Inversion?

Zur weiteren Differenzierung verweise ich auf die Ausführungen S.271 die praktische Wegearbeit) und S.271 (spirituelle Botschaft).

Wirbelsäulenkorrespondenzen

Wirbel	Positiv	Inversion	Weg
HWS, C1	Gelassenheit, Hingabe, Liebe	Angst, Zwanghaftigkeit, Haß	24
HWS, C2	Würde, Achtung	Hochmut, Verachtung	3
HWS, C3	Vorstellung, Phantasie	Wahrsagerei	2
HWS, C4	Spiritualität	Uneinsichtigkeit	21
HWS, C5	Bescheidenheit, Genügsamkeit	Prahlerei, Maßlosigkeit	23
HWS, C6	Gesetzeserfüllung, Geduld	Willkür u.Gesetzlos, Ungeduld	22
HWS, C7	Kreativität	Destruktion	11
BWS, Th1	Belohnung/Vergelt.	Verhärtung, Neid	4
BWS, Th2	Ideenfülle	Ideenarmut, einfallslos	20
BWS, Th3	Beharrlichkeit	Unbeständigkeit	17
BWS, Th4	Erkenntnisstreben	Spekulation	1
BWS, Th5	Aufrichtigkeit	Unaufrichtigkeit	5
BWS, Th6	Zuversicht	Pessimismus	6
BWS, Th7	Vertrauen	Falschheit	15
BWS, Th8	Zuverlässigkeit	Unzuverlässigkeit	14
BWS, Th9	Entschlossenheit	Inkonsequenz	16
BWS, Th10	Begeisterung	Gleichgültigkeit	18
BWS, Th11	Treue	Treulosigkeit	12
BWS, Th12	Einigungsstreben	Entzweiung/Streit	13
LWS, L1	Hilfsbereitschaft	Schadenfreude	10
LWS, L2	Akzeptanz	Auflehnung	9
LWS, L3	Übereinstimmungswillen	Konfrontation	8
LWS, L4	Zielstrebigkeit	Ziellosigkeit	7
LWS, L5	Humor	Humorlosigkeit	19

Die aufsteigende Reihenfolge entspricht in etwa den Wegen, der Merkaba-Mystiker zu den sieben himmlischen Palästen. Die von den Torwächtern geforderte Verwirklichung der entsprechenden Bewußtseinshaltungen waren jene maßgebenden Prüfsteine für den siebenstufigen Initiationsweg wie ich ihn auf S.28 beschrieben habe.Der aufmerksamen Leser müßte eigentlich bemerken, daß die Übergänge von LWS und BWS und HWS, genau den Eintritt in die jeweiligen kabbalistischen Welten entspricht. **LWS 1/BWS 12** entspricht dem Übergang von Assiah sowie den Zwischenebenen nach Jezirah, **BWS 4/BWS 5** nach Beriah und von **BWS 1/HWS 7**, sowie **HWS 5/HWS 4** nach Aziluth, siehe auch S.57. Für den Chiropraktiker und Heilkundigen erschließen sich daraus wichtige psychosomatische Einsichten.

Allgemeine Organverbindung sowie zelluläre und humorale Phasen

Jede somatische Erkrankung, die unbehandelt bleibt, verläuft in einem 6-phasigen Prozeß, nämlich den drei humoralen Phasen und den drei zellulären Degenerationsphasen. Die ersten drei sind Yang- und die letzten drei Yinphasen. Da auch die Wege aller Thanatoszyklen, wenn man die Inversion mitzählt, insgesamt sechs Wandlungszustände durchmachen, siehe Abb.78, korrespondieren sie entsprechend mit den humoralen und zellulären Phasen, davon drei kardinale (fett), nämlich:

1.Begierde
2.Erwartung
3.Übertreibung/Unterbewertung
4.Enttäuschung/Versäumnis
5.Aggression/Schuldprojektion oder Neid
6.Inversion/Perversion

Die Milz z.B., Weg 15, verbindet die linke Hüfte (Netzach) mit der linken Schulter und dem Gelenk (Chesed). Störungen in diesem Funktionsabschnitt müssen also mit der Bewußtseinshaltung des Vertrauens in Beziehung gesetzt werden.

1.Humorale Phasen

a)Exkretion: Verstärkte Absonderungen (Begierde)
b)Reaktion: Entzündungen (Erwartung)
c)Deposition: funktionelle Schwäche (Übertreibung, Unterschätzung)
Sie entsprechen auch den gleichen Wegestadien des Thanatoszyklus I, Ia und II

2.Zelluläre Phasen

a)Imprägnation: Funktionsverlust (Enttäuschung, Versäumnis)
b)Degeneration: Organschrumpfung (Aggression, Schuldprojektion/Neid)
c)Neoplasmen: Krebs (Inversion, Perversion)
Erstere sind also akute Entzündungsformen, letztere Funktionseinschränkungen sowie Verhärtungs- und Schrumpfungsprozesse.

Eine Ausnahme macht die Zellwucherung (Krebs), sie gehört der Yangphase an; obschon das Neoplasma ein Degenerationsvorgang ist, so ist es dem Wesen nach yanggepolt.

Die zweite Phase, die zelluläre Degeneration, beginnt also erst mit der Enttäuschung oder den nicht wiedergutzumachenden Versäumnissen, die schon länger bestehen, und der nachfolgenden Aggression, der, wenn sie sich gegen den persönlichen Erwartungswert selbst richtet, entweder die Phase der Organschrumpfung einleitet oder den Krebs, d.h. die Entartung oder Perversion, siehe auch den Kelippoth, S.365.

Zelluläre und humorale Phasen in den Wegen

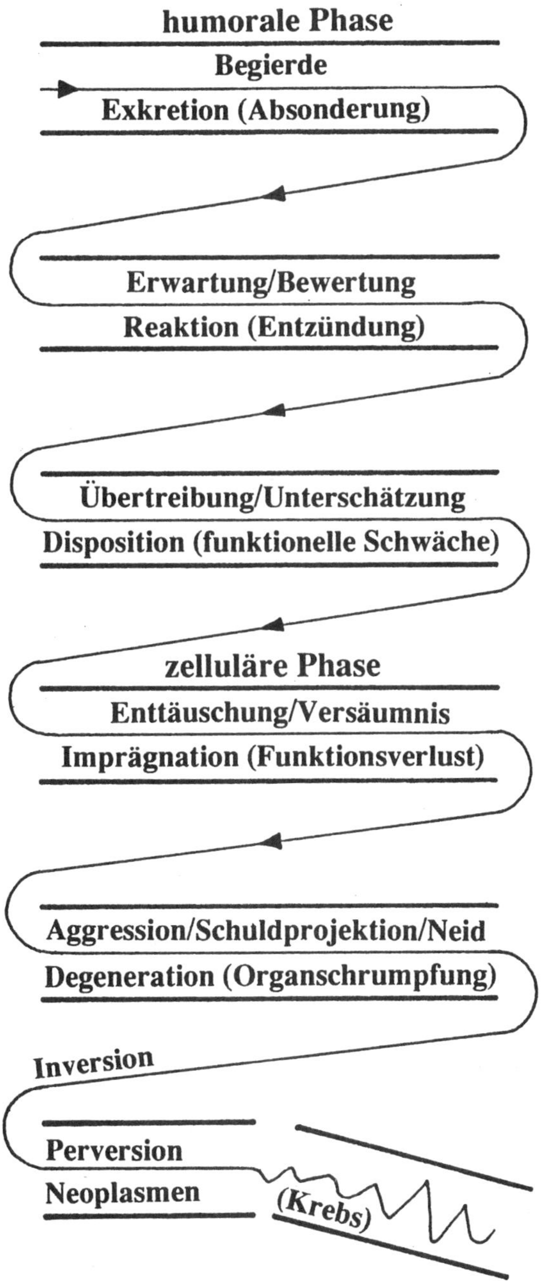

Abb.78

Sefiroth'scher Einfluß auf die zellulären sowie humoralen Phasen

Um die eigentlichen Ursachen des 6-phasigen Wandlungsprozesses zu verstehen, müssen wir wieder die kardinalen Attribute der Sefiroth betrachten und was geschieht, wenn sie sich mit der entsprechenden Phase der Bewußtseinshaltung verbinden, siehe auch Band I. Das bedeutet in der sukzessiven Strichführung oder Wahrnehmungsfluß von *rechts nach links*, z.B. auf dem Weg 1:

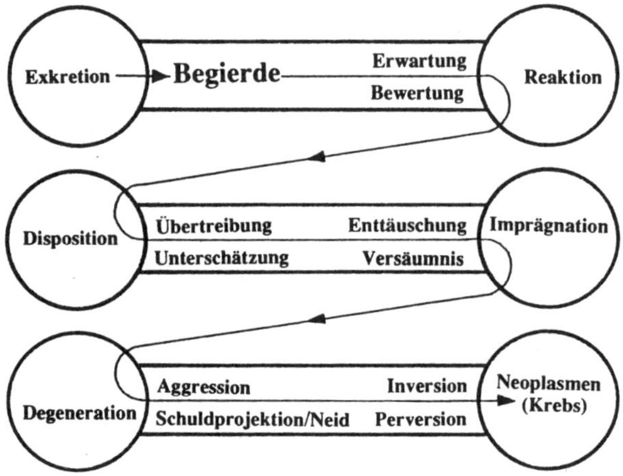

Abb.79

Jeweils an den Eck- und Wendepunkten stehen sich in jeder Ebene die gleichen Sefiroth-Paare gegenüber, z.B. Chesed, das expansive Bewußtsein (**Ex**), und Geburah, das selektierende Bewußtsein (**S**). Befinden sich die Attribute der Sefiroth in einem über- oder unterwertigen Zustand (**+ oder -**) und verbindet sich eine mit der korrespondierenden Bewußteinshaltung des Weges, so ändert sie entsprechend ihren Zustand (bei Minus in die Unterbewertung, bei Plus in die Überschätzung). Ob Über- oder Unterschätzung, ob auf- oder absteigender Zyklus, stets wirken sich die dissonanten Wegephasen auf das ihm zugeordnete Organ aus und die damit verbundenen Krankheitsstadien.

Beginnend mit der Begierde entwickelt sich zunächst eine verstärkte Absonderung (Exkretion), die bei gesteigerter Erwartung oder Bewertung in eine entzündliche Reaktion übergeführt wird. Dies entspricht den ersten beiden humoralen Phasen der Exkretion und Entzündung. Erreicht die Bewußtseinshaltung den nächsten Wendepunkt, so wandelt sie sich zur Übertreibung oder Unterschätzung und am gegenüberliegenden Punkt entweder in die Enttäuschung oder das Versäumnis. Die Übertreibung, der Übermut oder die Unterschätzung bzw. Geringschätzung entspricht der funktionellen Schwäche und gehört noch zur humoralen Phase, die vierte (Imprägnation) entspricht bereits der zellulären Degenerationsphase. Hier setzt also der irreversible Funktionsverlust ein, also genau an der Stelle, wo Enttäuschung oder schmerzliche Versäumnisse lange stationär bleiben. Kommt letzterer Wandlungszustand mit dem fünften Wendepunkt wieder in Berührung, entsteht Aggression, Neid und Schuldprojektion und Zelle und Organ schrumpfen, überdehnen sich (Dilatation) oder ihre Säfte versiegen (Sekretionsverlust). Am letzten Punkt wird die Inversion und die Perversion eingeleitet. An diesem Umpolungspunkt kommt es zur Entartung und zum Neoplasma (Krebs). Wir sehen also, daß immer, wenn die entsprechende Phase einen der sechs Sefiroth'schen Wendepole erreicht, sich die Bewußtseinshaltung in eine andere umwandelt. Man könnte also sagen, die Attribute der Sefiroth spielen im 6-phasigen Wandlungsprozeß der Bewußtseinshaltung die entscheidende Rolle, und sie sind die Wendepole, welche die Bewußtseinshaltung des Weges nicht nur einfärben, sondern auch umwandeln.

Abkürzungen der Sefiroth-Inversionen

Sefirah	Inversion	
1.Kether	Das autoritäre B.	(Aut.)
2.Chokmah	Das dualistische B.	(D.)
3.Binah	Das Prinzipien-B.	(P.)
(Daath)	as spaltende B.	Sp.)
4.Chesed	Das opportune B.	(Op.)
5.Geburah	Das überkritische B.	(Ükr.)
6.Tifereth	Das verallgemeinernde B.	(V.)
7.Netzach	Das affektive B.	(Af.)
8.Hod	Das theoretische B.	(Th.)
9.Jesod	Das triebhafte B.	(Tr.)
10.Malkuth	Das materialistische B.	(M.)

"Suche die Anerkennung in Gott, nicht bei den Menschen! Jede Situation und jedes Ereignis hat seine ganz eigene Mitte, für die es keine Schablone gibt."

Die funktionalen Gesetze in den Wegen, -eine Übersicht

Um mit der Kabbala, sei es spirituell oder magisch-praktisch, arbeiten zu können, müssen die Gesetze, nach denen die Eros- und Thanatoszyklen funktionieren, möglichst klar aufgezeigt werden. Dies gilt auch für die Wege und ihre ausgleichende Funktion auf die Sefiroth. Die im folgenden beschriebenen Funktionen beziehen sich im Besonderen auf die *Ausrichtung* der Wahrnehmung, nämlich von innen nach außen sowie von oben nach unten und umgekehrt. Sie zeigen deren Zustandsänderung von einem zum anderen auf, nicht jedoch eine *definierbare Mitte*, welche ja stets fließend und oszillierend ist. *Man könnte sagen, jede Situation und jedes Ereignis hat seine ganz eigene Mitte, für die es keine Schablone gibt.* Diesen Satz sollten wir uns gut merken. Eine extreme Situation z.B. verlangt eine ebenso starke Gegenreaktion, da darf es weder Lauheit noch Halbherzigkeit geben. Die Wahrnehmung oder die innere Ausrichtung fließt entweder über diese Mitte (*Deus est centrum mundi*) oder tangiert sie wenigstens. Ich wage zu behaupten, daß nur ganz wenige Menschen diese Mitte umkreisen, und je enger, desto näher sind sie dem Erleuchtungszustand. Eine wesentliche Rolle spielen dabei die acht primären Wege nach Tifereth, siehe auch S.206. Die Gegensätze können nur dann in eine harmonische Wechselwirkung übergeführt werden, wenn diese acht Wege von blockierenden Wandlungszuständen frei sind, und nur so kann der *milde Glanz* des Ausgleichs des *Sowohl-als-Auch und Weder-Noch* in den Baum hinausstrahlen. Graphisch läßt sich dieser Prozeß als ***eine Ausrichtung nach innen, zur Lebensbaummitte, definieren***, in Wirklichkeit aber bedeutet die Mitte einen subtil-vermittelnden Bewußtseinszustand zwischen den Gegensätzen, möglichst nahe also an jenem Punkt, wo ihre Ergänzungsbedürftigkeit erkannt wird und von welchem aus die Vereinigung oder positive Wechselwirkung erst möglich wird, graphisch und symbolisch in Tifereth, der Sefirah der spirituellen Wahrnehmungseinheit.

Was bringt uns also die Beschreibung des Wahrnehmungsflusses? Eine ganze Menge, z.B. das Wissen, wie weit die Bewußtseinshaltung von dieser Mitte entfernt ist und auf welcher Ebene des Schöpfungsstrahls sie angesiedelt ist. Zudem gestattet uns die Ebene und Ausrichtung, das Motiv des Bewußtseinsträgers zu erforschen, z.B. die Reihenfolge; Ausrichtung nach oben: Ehrgeiz, Profilierung und Macht (Thanatoszyklus II). Ob der Drang nach Macht (Machtmotiv) nun aus einem Mangel an Unabhängigkeit (Autonomie), Dominanz, Einfluß, Wohlleben oder Geldgier entspringt, läßt sich eher aus biographischen Daten eruieren als aus dem Baumdiagramm. Die Verteilung dieser Defizitbedürfnisse kann auch im Seinsschacht nachvollzogen werden und erlaubt die Bestimmung der obersten Koordinate, nämlich der transzendenten Drangrichtung, siehe Band I und S.244.

Ohne diese Orientierung bleibt alles im Dunst und Nebel und der launisch-exzentrische Intuitionismus hat wieder einmal das Sagen. In Band I habe ich folgende Kriterien in den Blick gerückt:

I.Allgemeine regulative Funktionen

***1.Graphische Lage der Wege im Baumdiagramm**

2.Zuordnung des Weges zur transzendenten Drangrichtung des Seinsschachtes

3.Allgemeine regulative Funktion der Wege

a)Allgemeine Wirkung des Weges auf die Balance der Sefiroth.

*b)Allgemeine Organverbindungen und zelluläre sowie humorale Phasen.

c)Allgemeine regulative Verbindung der Bewußtseinsebenen

d)in der spirituellen Kabbala

e)in der magischen Kabbala

***4.Dominante Bewußtseinshaltung**

5.Bewußtseinsebene im Schöpfungsstrahl

***6.Kabbalistische Wertigkeit**

7.Analyse der Erfolgsstadien in den Wegen des Lebensbaumes (Eroszyklus I)

b)Analyse der Blockadestadien in den Wegen des Erkenntnisbaumes (Thanatoszyklus I)

c)Analyse der Blockadestadien in den Wegen des Erkenntnisbaumes (Thanatoszyklus Ia)

8.Analyse der Wege in der magischen Kabbala

a)Engel und Genien in den Wegen des Lebensbaumes (Eroszyklus I).

b)Dämonen, Gegengenien und Teilpersönlichkeiten in den Wegen des Erkenntnisbaumes (Thanatoszyklus I)

9.Die allgemeine Bedeutung der Ausrichtung von Wahrnehmung

a)Ausrichtung nach innen zur Mitte

b)Ausrichtung nach außen in den Gegensatz

c)Ausrichtung nach unten

d)Ausrichtung nach oben

II.Spezielle regulative Funktionen

10.Verhältnis zwischen vertikaler Ausrichtung und horizontalen Gegensätzen

a)Im Baum des Lebens (Eroszyklus II)

b)Wechselwirkung der Bewußtseinsebenen im Eroszyklus II, z.B. Weg 7

c)Im Baum der Erkenntnis (Thanatoszyklus II)

d)Wechselwirkung der Bewußtseinsebenen im Thanatoszyklus II, z.B. Weg 7

e)Die Bewußtseinshaltung zwischen den Seinsebenen, z.B. Weg 7

11.Blockadeformen im Thanatoszyklus II

12.Korrelation zwischen Eroszyklus I und II (horizontal/vertikal)

13.Korrelation zwischen Thanatoszyklus I, Ia und II (horizontal/vertikal)

14.Reziproke Wechselwirkung zwischen Du, Ich und Wir im Eros- und Thanatoszyklus I (Ich-Bin, Du und Wir)

15.Reziproke Wechselwirkung zwischen den Stadien des Eros-und Thanatoszyklus II

16.Die enge Pforte des Eroszyklus II und die breite Straße des Thanatoszyklus II

17.Die Sonderstellung der drei Mütter

18.Spezielle regulative Funktion in der spirituellen Kabbala
Sie beschreibt näherhin die spezielle regulative und steuernde Funktion des korrespondierenden Sefiroth-Paares auf die Dialektik der Wandlungszustände der Wege und ihre Bedeutung und Auswirkung auf die Innenwelt (Mikrokosmos), Parawelten, sowie Außenwelt (Makrokosmos)
a)Im Baum des Lebens
Horizontaler Eroszyklus I
Absteigender Eroszyklus II am Beispiel Geburah-Hod
Aufsteigender Eroszyklus II
b)Im Baum der Erkenntnis
Horizontaler Thanatoszyklus
Horizontaler Thanatoszyklus I, Übertreibung/Überschätzung
Horizontaler Thanatoszyklus Ia, Unterbewertung/Unterschätzung
Absteigender Thanatoszyklus II am Beispiel Geburah-Hod
Aufsteigender Thanatoszyklus II
Kurze Zusammenfassung
19.Zusammenfassende Übersicht der Einfärbung aller Wege und der Wandlungszustände, sowohl in den Eros- als auch Thanatoszyklen
20.Wandlungszustände und Teilpersönlichkeiten im Thanatoszyklus I u.Ia
Einfärbung durch Chesed
Einfärbung durch Geburah
21.Aufdeckung des verursachenden Focus im Thanatoszyklus I
a)Die aufdeckenden Fragen
b)die vertiefenden Fragen
Zusatzfragen zur Übertreibung/Überschätzung
b)Die vertiefenden Fragen
Zusatzfragen zur Unterbewertung/Unterschätzung
***22.Wandlungszustände und Genien im Eroszyklus I**
Die harmonische Einfärbung von Chesed und Geburah
a)Die vertiefenden Fragen
b) vorbeugenden Zusatzfragen
23.Spezielle regulative Funktion in der magischen Kabbala
Sie beschreibt näherhin die Bedeutung und Auswirkung der Invokation als auch Evokation auf die Außenwelt (Makrokosmos) sowie Astral- und Parawelten
a)Die Engel und Genien in den Wegen des Lebensbaumes (Eroszyklus)
b)Dienstbarkeit von Engeln, Genien und magische Erscheinungen
c)Die spirituellen und astralen Sphären im Lebensbaum
24.Traumarbeit im Lebensbaum

Anmerkung: Es wurden nur die mit einem * versehenen Kriterien in den hier vorliegenden Einführungsband aufgenommen, um den Affirmationen und Fragen genügend Raum zu lassen. Bei den elf Sefiroth wurden statt Fragen Engelsbotschaften dargeboten, die sehr aufschlußreich sind.

X.Kapitel

"Hier und jetzt leben macht den Augenblick erträglich. Unerträglich wird er, wenn der Geist dem Körper um Stunden vorauseilt, sich schon in San Francisco befindet, wenn der Körper noch in Bombay ist."

Die praktische Wegearbeit

Nachdem wir wichtige Zusammenhänge über die Sefiroth und die Wege kennengelernt haben, möchte ich nun einige wesentliche Instruktionen für die praktische Wegearbeit geben. Im folgenden wollen wir uns hauptsächlich mit der spirituellen Botschaft befassen, d.h. wie ein äußeres Ereignis oder eine Begebenheit in Bezug auf den inneren Zustand zu interpretieren ist. Auch hier gehen wir systematisch vor, indem wir zuerst die drei wichtigsten Lebensbereiche und ihre Aktionsfelder unterscheiden, um später ihre Über- oder Unterbewertungsformen und Auslöser in einer Auswahlliste vorzustellen. In gleicher Weise gehen wir das Thema Geben und Nehmen der 24 Bewußtseinshaltungen an, wieder in Bezug auf die drei Lebensbereiche und Aktionsfelder. Am Ende meiner Ausführungen komme ich noch auf den Korrespondenzschlüssel der spirituellen Botschaft zu sprechen, welcher uns eine nützliche Interpretationshilfe des Innen sowie Außen an die Hand gibt.

Die spirituelle Botschaft

Jeder, der seine Motive erforscht, legt das Gewissen als Maßstab zugrunde. Das Gewissen mag so oder so vom Elternhaus oder Umfeld geprägt sein, stets wird die Frage akut, ob die Beweggründe persönlicher oder überpersönlicher Art sind, und je egoistischer und rücksichtsloser, desto leiser das Gewissen. Doch je überpersönlicher, also gütiger die Motive, desto unerschöpflicher ihre Kraft, denn was dem Universum und der spirituellen Evolution dient, erhält unermeßliche Energieströme, dessen können wir uns gewiß sein. Egoistische Motive vergehen wie ein kurzer Platzregen und hinterlassen keine dauerhaften Früchte. Die überpersönliche Motivation hat ihre ganz eigene Form der Begeisterung, denn die Übereinstimmung mit dem evolutionären *Wie, Wo und Was* garantiert den Erfolg. Evolution an sich ist Fortschritt, d.h. die Ausrichtung auf einen gemeinsamen Omegapunkt, in dem sich alle Gegensätze und Widersprüche zu einer umfassenden Synthese vereinigen. Nur überpersönliche Beweggründe können diesem evolutionären Ziel dienen, weil sie selbst aus dem Ganzen und dem *Einen* strömen, wie die Wasser des Lebens. Hier nun kurz die fünf höheren Motive und ihre Rustikalisierung (Allerweltsmotive), so wie ich sie in Band I ausführlich behandelt habe:

Höhere Motive (überpers.)	**Allerweltsmotive (persönlich)**
1.Vereinigung	Unabhängigkeit/Autonomie
2.Wertschätzung	Dominanz
3.Fortschritt	Einfluß/Beeinflussung
4.Gestaltung	Wohlleben
5.Versorgtsein	Geld

1.Außen und Innen

Die Motivation, der sogenannte seelische Antrieb (Beweggrund), gibt das *Warum* einer Entscheidung, Verhaltensweise oder Bewußtseinshaltung an. Hat jemand eine Entscheidung gefällt und kommt auf ein neues Ereignisfeld, so erleidet oder genießt er dort für eine bestimmte Zeit gewisse Muß- oder Folgereaktionen und die äußeren Ereignisse und Umstände signalisieren dem Mußreagierenden spirituelle Botschaften, die auf den inneren Zustand verweisen, denn das Äußere ist stets nur ein Gleichnis des inneren Zustandes. Goethe hat dies in einem seiner Verse am schönsten gefaßt:

Nichts ist drinnen,
nichts ist draußen,
denn was innen, das ist außen.
So ergreifet ohne Säumnis
heilig öffentlich Geheimnis

Der individuelle Bedeutungsgehalt äußerer Ereignisse widerspiegelt also die innere Dissonanz oder Konsonanz. Ich weiß, daß dieses hermetische Gesetz *"so wie Innen, so auch Aussen"* umstritten ist, nicht nur, weil es ins Uferlose ausarten kann, sondern vor allem, weil es zu nebelhaft ist und zu manchen unfruchtbaren Spekulationen verleitet. Es widerspiegelt nicht nur den inneren Zustand, sondern nicht selten das genaue Gegenteil davon, wenn es z.B. gilt, ein Vorurteil oder eine lang gehegte Meinung zu erschüttern. In Bezug auf die Partnerschaft betreffen die äußeren Ereignisse beide und widerspiegeln das Insgesamt ihrer Beziehung, sowohl zu sich, als auch zum Umfeld. Ernste Dissonanzen in der Partnerschaft müssen unter diesem Gesichtspunkt untersucht werden und man sollte nicht nur einen Partner verantwortlich machen. Grundsätzlich sind nur wirklich herausfordernde Ereignisse nachdenkenswert und nur die problematischen Geschehnisse relevant, die einen wichtigen Lebensabschnitt betreffen. Es wäre reine Zeitverschwendung, über Bagatellerfahrungen nachzudenken, etwa, weshalb man bei Gartenarbeiten sich leicht verletzte oder was einem das überwiegend schlechte Wetter im Urlaub sagen will. Das ist kindisch und bringt nichts. Dagegen kann ein Rohrbruch im Haus z.B. den unterbrochenen seelischen Austausch zwischen zwei oder mehreren Menschen ankündigen, welcher jedoch reparierbar ist (Wasser). Auch der Einbrecher, der Wertsachen stiehlt, könnte einen Hinweis darauf geben, daß die Bewohner zu sehr an ihrem Eigentum haften. Anders, wenn der Einbrecher nichts lohnenswertes fand, dann liegt sehr wahrscheinlich ein Einbruch in der Partnerbeziehung vor, d.h. ein Drittes steht zwischen beiden, z.B. Kompetenzstreitigkeiten, eine dritte Person oder berufliche Hindernisse. Wir sehen also, daß äußere Ereignisse von größerer Bedeutung durchaus symbolhaft innere Zustände widerspiegeln und wichtige Hinweise geben. Brennt z.B. ein ganzes Haus ab, so sollte die Partnerschaft gründlichst mit alten Vorstellungen und Verhaltensmustern aufräumen, ja sie ausmerzen oder ein neues gemeinsames Dach suchen (die Suche nach Gemeinsamkeiten). Die spirituelle Botschaft ist meist sehr demonstrativ und bietet nützliche Erkenntnishilfe an. Wer ihre Sprache versteht, kann schon bei relativ harmlosen Ereignissen wertvolle Koordinaten für seinen zukünftigen Entwicklungsprozeß herausfinden und so mancher Katastrophe entgehen. Die fünf Allerweltsmotive lassen sich mit den drei Lebensbereichen *Besitz, Beziehungen und Persönlichkeit* durchaus verbinden, siehe w.u. Eine spontane Empörung und sogenannter gerechter Zorn z.B. kann aufkommen, wenn uns jemand betrügt, ja schlimmer noch, durch einen hinterhältigen Vertrag finanziell ruiniert. Wie sollen wir damit umgehen? Bevor wir lospoltern und Rundumschläge austeilen, sollten wir fragen, welche *spirituelle Botschaft* in dem Ereignis steckt. Was will uns die göttliche Weisheit sagen? Wir sollten dann in uns hineinlauschen und herausfinden, ob in uns nicht auch betrügerische Neigungen stecken, die da und dort auf leisen Sohlen herumschleichen. *Die Frage, warum uns das ausgerechnet geschieht, sollte nicht vorwurfsvoll klingen, sondern in Hinblick auf die Selbsterkenntnis.* Damit ist auch schon die Erlösung eingeleitet und die göttliche Weisheit hat keinen Anlaß mehr, durch schmerzliche Schicksalsschläge dem inneren Wahrnehmungsprozeß auf die Sprünge zu helfen. Besonders spirituelle Fragen bedürfen einer systematischen Einkreisung, deshalb sollten wir hier ähnlich vorgehen wie bei der Wegearbeit, um die einseitigen Wahrnehmungen und Sichtweisen aufzudecken:

a)Angriffe und Zerstörungen, die unseren Besitz bedrohen und eventuell schmälern.

b)Angriffe und Zerstörungen, die unsere Beziehungen auflösen.

c)Angriffe und Zersetzungen, die unsere Persönlichkeit betreffen und in Frage stellen.

Besitz, Beziehungen und Persönlichkeit sind die drei verschiedenen Lebensbereiche, doch alle drei beinhalten stets ein- und dieselbe spirituelle Botschaft; sie appelliert an unsere innere Wahrnehmung in Bezug auf die Wesensstruktur und bietet Selbsterkenntnis an.

Geht es um *äußeren Besitz*, so sollten wir *unser Verhältnis zum Eigentum und Besitzdenken erforschen.* Vordergründig sollten wir auch den äußeren Besitz in Bezug auf Unabhängigkeit, Dominanz, Einfluß (Beeinflussung), Wohlleben und Geld beleuchten.

Geht es um *Beziehungen*, so sollten wir überprüfen, *wie wir innerlich mit uns selbst, sowie mit Menschen und Lebewesen umgehen.*

Geht es um unsere *Persönlichkeitsmerkmale* (Charakterzüge, Wesensart), so sollten wir *unser Selbstbildnis und unser Menschenbild (Wertschätzung und Achtung) kritisch* unter die Lupe nehmen und zu Änderungen bereit sein. Auch hier sollten wir unser Menschenbild in Bezug auf Unabhängigkeit, Dominanz, Einfluß (Beeinflussung), Wohlleben und Geld überprüfen, ob wir den Menschen z.B. als finanzielles Objekt, nützliches Arbeitstier, Zweck oder Schachfigur oder als ein einmaliges Wesen mit einer besonderen Würde erachten.

Warum begegnen uns Menschen, die unser Selbstverständnis in Frage stellen? Selbst wenn die Kritik stark übertrieben ist, bleibt dennoch die Frage zu beantworten, weshalb wir immer an solche Menschen geraten, und dies sollte uns zur kritischen Reflexion unseres Menschenbildes veranlassen. Wir verstehen dann den tieferen Sinn und lernen, mit Problemen besser umzugehen.

2.Die mangelnde Mitte von Besitz, Beziehungen und Persönlichkeit in den Aktionsfeldern

In einem oder zwei, manchmal sogar allen drei Lebensbereichen hat der eine oder andere irgendwelche Schwierigkeiten oder Probleme, die ihn zu der Frage veranlassen, weshalb immer gerade dort Konflikte aufkommen. Im Prinzip beruht jeder Konflikt auf einer mangelnden Mitte der Wahrnehmung, und im Kapitel IV, habe ich versucht, die Motivation und die Flußrichtung der Wahrnehmung des Du, Ich und Wir mit den Hauptblockaden in Verbindung zu bringen und die Lösungsschritte in den Eroszyklen aufgezeigt. Wenn wir jedoch die spirituelle Botschaft suchen, so müssen wir die drei Lebensbereiche etwas differenzierter betrachten. Versuchen Sie also anhand der u.a.Liste zunächst nur, den Lebensbereich herauszufinden.

a)Besitz

Grund und Boden, Geschäft, Haus, Wohnung, Inventar, **Geld,** Wertpapiere, Sammlung, Hobbys, Schmuck, Erfindungen, Ideen, Copyright, Auto, Motorrad, Fahrrad, Flugzeug, Schiff, Boot, Computer, Haustier usw.

Daraus kann mehr oder weniger Enttäuschung, Versäumnis, Aggression und Schuldprojektion oder Neid resultieren (horizontaler Thanatoszyklus I u. Ia).

Oder Wahrnehmungsfluß nach unten: Identitätsdrang, Haben/Besitzen, Absonderung (Thanatoszyklus II).

Oder Wahrnehmungsfluß nach oben: Ehrgeiz, Profilierung, Macht (Thanatoszyklus II).

b)Beziehungen

Einfluß oder **Beeinflussung** durch: Geschwister, Bekannte, Publikum, Kollegen, Nachbarn, Ehepartner, Geliebter, Geliebte, Kinder, Enkel, Verwandte, Freundin, Lehrer, Arzt, Geistlicher, Freund, Eltern, Großeltern, Geschäftliche Partner u.Verbindungen, Behörden.

Daraus kann mehr oder weniger Enttäuschung, Versäumnis, Aggression und Schuldprojektion oder Neid resultieren (horizontaler Thanatoszyklus I u. Ia).

Oder Wahrnehmungsfluß nach unten: Identitätsdrang, Haben/Besitzen, Absonderung (Thanatoszyklus II).

Oder Wahrnehmungsfluß nach oben: Ehrgeiz, Profilierung, Macht (Thanatoszyklus II).

c)Persönlichkeit

Autorität, Ideale (Ideen), Wissen, Beweggründe, Gewissen (Unterscheidung), Gefühl, Verstand, Vermittlung, Genuß, Körperkultur, Erkenntnis, Vorstellungskraft, Würde, Belohnung/Vergeltung, *Aufrichtigkeit, Zuversicht,* Zielstrebigkeit, Übereinstimmung, Akzeptanz, Mitgefühl, Hilfsbereitschaft/Arbeit, Kreativität, *Treue,* Einigung, Zuverlässigkeit, Vertrauen, *Entschlossenheit, Beharrlichkeit, Begeisterung,* Humor, *Ideenfülle,* Spiritualität, Gesetzeserfüllung, Bescheidenheit, *Hingabe/Gelassenheit,* Interessen, Durchsetzung, Identitätsdrang, Ansprüche, Autonomie, Lebensstil und rhythmus, Absonderung, Absicherung, Wohlleben, Rücksichtnahme, Dominanz, Einfluß, Geld, Gewohnheiten, Macht, Geschmack, Ehrgeiz, Begabung, Profilierung, Haben/Besitzen, Aussehen, Ausdruck, Kleidung.

Daraus kann mehr oder weniger Enttäuschung, Versäumnis, Aggression und Schuldprojektion oder Neid resultieren (horizontaler Thanatoszyklus I u. Ia).

Oder Wahrnehmungsfluß nach unten: Identitätsdrang, Haben/Besitzen, Absonderung (Thanatoszyklus II).
Oder Wahrnehmungsfluß nach oben: Ehrgeiz, Profilierung, Macht (Thanatoszyklus II).
Das systematische Abfragen verlangt auch einen möglichst lückenlosen Raster *des Wo* (Aktionsfelder). Die Frage in Bezug auf *das Wo* lautet: ***In welchen Aktionsfeldern*** fühle ich mich am stärksten in meinem Besitz, meinen Beziehungen oder meiner Persönlichkeit bedroht oder angegriffen?

Bitte kreuzen Sie entsprechendes an:

Wo	**Besitz**	**Beziehungen**	**Persönlichkeit**
Im Beruf (Kollegen)?			
Unterwegs (Kunden)?			
Behörden, Ämter?			
In der Familie, zu Hause?			
In der Verwandtschaft?			
Mit der Familie unterwegs?			
In der Partnerschaft?			
Im Bekanntenkreis?			
zu Hause (Nachbarn)?			

3.Übertreibung in den Aktionsfeldern und Wegen

Das *Wie* in den Lebensbereichen und Aktionsfeldern, färbt unser Bewußtsein entsprechend ein, wobei mindestens drei Hauptzustände in Frage kommen:
1.Die Übertreibung, Überschätzung oder Überbewertung.
2.Die Untertreibung, Unterschätzung oder Unterbewertung.
3.Die Inversion, also das Gegenteil.
Eine oder mehrere dieser Zustände geht entweder nach Innen oder nach Außen, siehe auch Lebensbaumkarten-Set. Dieser Prozeß bewirkt eine bestimmte Äußerungsweise entweder nach Innen, im Sinne von Geben oder nach Außen, im Sinne von Nehmen. Nehmen bedeutet auf die eigene Veränderung beharren, geben bedeutet dem anderen Raum für seine Entfaltung ermöglichen. Beide können sich zu Extreme zuspitzen und sind in jedem Fall nicht in der Mitte.
Wo, Wie und durch Was rastet meine Bewußtseinshaltung zu schnell aus der Mitte? *Wo* also übertreibe ich? Falls Sie das *Wie* nicht klar definieren können, habe ich w.u. für Sie die Auswahlliste (C) zusammengestellt, siehe auch Merkaba-Arbeitsblätter, S.493-495.
Sinnverwandtschaften: Für Übertreibung gilt auch Überschätzung, Überwertigkeiten, Übermut, zu hohe Erwartung, zu vielversprechend.
Versuchen Sie zunächst anhand der Liste **A** eine nähere Bestimmung der Übertreibungen.

Liste A Übertreibung oder Übermut in den Aktionsfeldern

Wo	Wie	Durch was (Auslöser)
Im Beruf (Kollegen)?		
Unterwegs (Kunden)?		
Behörden, Ämter?		
In der Familie, zu Hause?		
In der Verwandtschaft?		
Mit der Familie unterwegs?		
In der Partnerschaft?		
Im Bekanntenkreis?		
zu Hause (Nachbarn)?		

4.Unterbewertung oder Unterschätzung in den Aktionsfeldern

Wo, Wie und durch Was rastet meine Bewußtseinshaltung zu schnell aus der Mitte? *Wo* also unterschätze ich? Falls Sie das *Wie* nicht klar definieren können, habe ich w.u. für Sie die Auswahlliste (D) zusammengestellt, siehe auch Merkaba-Arbeitsblätter, S.493-495.

Sinnverwandtschaften: Für Unterschätzung gilt auch Unterbewertung, vernachlässigen, verachten, Geringschätzung, Unempfindlichkeit, Gefühllosigkeit, Stumpfheit, Stumpfsinnigkeit, Mattheit, Unempfänglichkeit, Unzugänglichkeit, Verschlossenheit, Unaufgeschlossenheit, temperamentlos, Gleichgültigkeit, Neutralität, Passivität, Interesselosigkeit, lustlos, Teilnahmslosigkeit, Trägheit, Bequemlichkeit, Faulheit, Ungerührtheit, Phlegma, Indolenz, Leidenschaftslosigkeit, Lauheit, Cool, Halbherzigkeit, Laxheit, Nüchternheit, Laschheit, kraftlos, lahm, leichtfertig, unromantisch, schmucklos, einförmig, schwunglos, nachlässig, Dumpfheit, dusselig und Bedenkenlosigkeit. Versuchen Sie also anhand der Liste **B** eine nähere Bestimmung der Unterbewertungen.

Liste B Unterbewertung und Unterschätzung in den Aktionsfeldern

Wo	Wie	Durch was (Auslöser)
Im Beruf (Kollegen)?		
Unterwegs (Kunden)?		
Behörden, Ämter?		
In der Familie, zu Hause?		
In der Verwandtschaft?		
Mit der Familie unterwegs?		
In der Partnerschaft?		
Im Bekanntenkreis?		
zu Hause (Nachbarn)?		

Auswahlliste C einiger Übertreibungen in den Wegen

Bewußtseinshaltung	Übertreibung	eigene Beschreibung
Erkenntnis	Theorie	
Vorstellungskraft	Phantastik	
Würde	Erhabenheit	
Belohnung/Vergeltung	Berechnung/Rache	
Aufrichtigkeit	*Unverblümtheit*	
Zuversicht	*Überschätzung*	
Zielstrebigkeit	Fixiertheit	
Übereinstimmung	Gefälligkeit	
Akzeptanz	Unterwürfigkeit	
Mitgefühl/Hilfsbereitschaft	Sentimentalität/Helfersyndrom	
Kreativität	Üppigkeit	
Treue	*Ergebenheit*	
Einigung	Kompromißler	
Zuverlässigkeit	Übergenauigkeit	
Vertrauen	Leichtgläubigkeit	
Entschlossenheit	*Rücksichtslosigkeit*	
Beharrlichkeit	*Sturheit*	
Begeisterung	*Enthusiasmus*	
Humor	Übermut	
Ideenfülle	Exaltiertheit	
Spiritualität	Auserwähltheit	
Gesetzeserfüllung	Dogmatiker	
Bescheidenheit	Schüchternheit	
Hingabe/Gelassenheit	Märtyrer	
Liebe	Pflaumigkeit	
Geduld	Übertoleranz	
Genügsamkeit	Geiz	
Autorität	autoritär	
Ideale (Ideen)	Idealist	
Wissen	Experte	
Gewissen	Moralist	
Gefühl	Affektiertheit	

Verstand	**Rationalist**
Vermittlung	**Chamäleon**
Genuß	**Genüßling**
Körperkultur	**Biologismus**
Identitätsdrang	**exzentrisch**
Ansprüche	**anspruchsvoll**
Autonomie	**selbstherrlich**
Lebensstil und -rhythmus	**Romantiker**
Absonderung	**eigenbrötlerisch**
Geld	**Geldgier**
Wohlleben	**luxuriös**
Rücksichtnahme	**Verzärtelung**
Einfluß	**Opportunist**
Dominanz	**erdrückend**
Gewohnheiten	**süchtig**
Macht	**herrschend**
Geschmack	**Ästhetik**
Ehrgeiz	**zwanghaft**
Profilierung	**herausragend**
Haben/Besitzen	**Besitzgier**
Aussehen	**blendnerisch**
Ausdruck	**täuschend**
Kleidung	**Geckenhaftigkeit**

Auswahlliste D einiger Unterbewertungen in den Wegen

Bewußtseinshaltung	Unterschätzung	eigene Beschreibung
Erkenntnis	**Dumpfheit**	
Vorstellungskraft	**Theoretiker/Phantasiemangel**	
Würde	**Profanität**	
Belohnung/Vergeltung	**Ungerechtigkeit**	
Aufrichtigkeit	***Verschwommenheit***	
Zuversicht	***Rationalität***	
Zielstrebigkeit	**Bummelei**	
Übereinstimmung	**Grobheit**	

Akzeptanz	**Selbstverständlichkeit**
Mitgefühl/Hilfsbereitschaft	**mangelnde Einfühlung/Undankbarkeit**
Kreativität	**Ödheit**
Treue	***Geringschätzung***
Einigung	**Gleichgültigkeit**
Zuverlässigkeit	**Nachlässigkeit**
Vertrauen	**Verdächtigungen**
Entschlossenheit	***Saumseliger***
Beharrlichkeit	***Zweifler***
Begeisterung	**Nüchternheit**
Humor	**Bierernst**
Ideenfülle	***Stumpfheit***
Spiritualität	**Materialist**
Gesetzeserfüllung	**Rechtsbeugung**
Bescheidenheit	**unbescheiden**
Hingabe/Gelassenheit	**zwanghaft**
Liebe	**Ungerührtheit**
Geduld	**ungeduldig**
Genügsamkeit	**anspruchsvoll**
Autorität	**unbedeutend**
Ideale	**Tatsachenmensch**
Wissen	**Wissensmangel**
Gewissen	**bedenkenlos**
Gefühl	**gefühlsarm**
Verstand	**oberflächlich**
Vermittlung	**Unaufgeschlossenheit**
Genuß	**Askese**
Körperkultur	**Ungepflegtheit**
Identitätsdrang	**Sucher**
Ansprüche	**einförmig**
Autonomie	**unselbständig**
Lebensstil und -rhythmus	**unromantisch**
Absonderung	**eigenbrötlerisch**
Geld	**Geldknappheit**

Wohlleben	**spartanisch**
Rücksichtnahme	**mangelnde Rücksichtnahme**
Einfluß	**Passivität**
Dominanz	**unterwerfend**
Gewohnheiten	**Leidenschaftslosigkeit**
Macht	**Machtlosigkeit**
Geschmack	**Geschmacksverirrung**
Ehrgeiz	**Gleichgültigkeit**
Profilierung	**Desinteresse**
Haben/Besitzen	**mittellos**
Aussehen	**graue Maus**
Ausdruck	**taktlos**
Kleidung	**schmucklos**

5.Geben und Nehmen in den Lebensbereichen und Aktionsfeldern

Das zentrale Gesetz der Resonanz sollten wir zur Grundlage unserer Analyse machen. Es lautet: *"Du bekommst so viel, als du zu geben bereit bist. Gibst du viel, so erhältst du viel und weit darüber hinaus, gibst du wenig, so wird dir auch das noch genommen, was du hast."*

Manche Menschen fragen verzweifelt, für welchen Beruf sie geeignet wären und sind ganz verwirrt ob ihrer vielen Fähigkeiten. Dabei ist es so einfach: Sie brauchen bloß die Frage zu stellen, wo und was sie am liebsten geben würden, es bedarf so keiner aufwendigen Fähigkeitsanalysen.

Sobald wir diejenigen Wege erkannt haben, welche am stärksten durch Abneigung und Selbstkritik belastet sind, sollten wir zunächst zwei Hauptfragen an sie richten:

a)Wieviel von der Bewußtseinshaltung (des Weges) konnte ich anderen *geben* oder habe ich geweckt, z.B. Aufrichtigkeit (Weg 5) oder Vertrauen (Weg 15)?

b)Wieviel von der Bewußtseinshaltung (des Weges) konnte ich von anderen *annehmen* bzw. empfangen, z.B. Aufrichtigkeit oder Vertrauen?

Die Antwort darauf kann nur lauten: Schenkst du anderen viel Vertrauen, so empfängst du gleiches. Bist du mißtrauisch, erntest du entsprechendes. Setzen wir nun das Resonanzgesetz in Bezug auf die drei Lebensbereiche:

Geben und Nehmen des Besitzes bezieht sich auf unser inneres Festhalten an Dingen, Ereignissen (Erinnerungen) und Menschen, d.h. wie sehe ich meinen Besitz in Bezug auf die Gemeinschaft? Lasse ich andere daran teilhaben oder erfreue ich mich nur selbst daran; wieviel bin ich bereit, anderen zu geben? Bin ich jemand, der schwer loslassen kann, z.B. Erinnerungen, Gewohnheiten, alte Meinungen; weshalb neige ich dazu? Betrachte ich Menschen als meinen persönlichen Besitz (äußert sich z.B. in einer Eifersuchtsblockade), nehme ich zu viel und gebe zu wenig? Was will ich damit eigentlich erreichen? Möchte ich dadurch mehr Unabhängigkeit, Dominanz, Einfluß (Beeinflussung), Wohlleben oder Geld?

Denken Sie dabei an den Wahrnehmungsfluß nach unten:Identitätsdrang, Haben/Besitzen, Absonderung.
Wenn ja, wo steckt der eigentliche Identitätsmangel? Beachten Sie die Hauptblokkaden im Fragebogen auf S.247!
Geben und Nehmen in den Beziehungen bedeutet den innerlichen Umgang mit anderen Menschen und mit sich selbst, d.h. benutze ich sie z.B. nur für persönliche Ziele, ähnlich wie Zweck- und Schachfiguren, und nehme ich mehr als ich gebe oder geht es mir auch um eine Begegnung des Verstehens, Lösens und der Wir-Integration (Eroszyklus). Was möchte ich damit erreichen? Nutze ich Beziehungen nur dazu, um mehr Unabhängigkeit (Autonomie), Dominanz, Einfluß (Beeinflussung), Wohlleben und Geld zu erlangen? Denken Sie dabei an den Wahrnehmungsfluß nach oben: Ehrgeiz, Profilierung, Macht, aber auch nach unten: Identitätsdrang, Haben/Besitzen und Absonderung.
Wenn ja, was ist das für ein Mangel, der mich so handeln läßt? Beachten Sie die Hauptblockaden im Fragebogen S.247! Bahne ich an oder akzentuiere ich Beziehungen stets mit einem leisen Mißtrauen? Besonders die Bewußtseinshaltung des Mißtrauen kann alle drei Bereiche stören bzw. zerstören, weil Vertrauen eine wesentliche Voraussetzung jeder Beziehung ist.
Geben und Nehmen der Persönlichkeitsentfaltung bedeutet mein Selbstbildnis, die Meinung von mir und von anderen Menschen, d.h. bringe ich anderen Achtung und Wertschätzung entgegen und bin ich dazu bereit? Wieviel Persönlichkeit des anderen kann ich akzeptieren? Wieviel Spielraum räume ich dem anderen für seine Persönlichkeitsentfaltung ein? Diese Fragen werden vor allem bei Ehekonflikten relevant. Befragen wir z.B. den Weg elf (Kreativität) in der gleichen Weise, so kann statt schenken oder geben ebensogut gönnen, ermöglichen oder zulassen stehen, also wieviel Kreativität (Entfaltung) gönne oder ermögliche ich meinen Mitmenschen in diesem oder jenem Lebensbereich. Gefährdet meine besondere Wertschätzung und Achtung gegenüber anderen mein Streben nach Unabhängigkeit und Einfluß? Weshalb möchte ich autonom und einflußreich sein? Brauche ich, um Einfluß zu haben, eine besondere Persönlichkeit (Profilierung), die andere überragt? Denken Sie dabei an den Wahrnehmungsfluß nach oben: Ehrgeiz, Profilierung, Macht.
Warum wertschätze ich besonders Menschen, die einflußreich sind? Akzeptiere ich nur solche, die zu Wohlstand und Reichtum kamen? Weshalb? Beachten Sie die Hauptblockaden im Fragebogen S.247! Denken Sie auch an den Wahrnehmungsfluß nach unten: Identitätsdrang, Haben/Besitzen, Absonderung. Ist der äußere Erfolg ein Beweis für eine starke Persönlichkeit oder nur Blendwerk? Was gibt und nimmt mir ein Erfolgreicher, was gibt und nimmt mir ein nicht so Erfolgreicher? Wer von beiden hat die größeren Möglichkeiten, inneres Glück mit mir zu teilen? Bei wem von beiden laufe ich eher Gefahr, Lebensfreude und Lebenqualität zu verlieren? Kann ich durch äußere Erfolgsprofilierung tatsächlich meine originale Essenz entdecken oder bin ich inzwischen Sklave meiner Erfolgsprofilierung geworden und mir selbst entfremdet?
Auch hier benötigen wir einen lückenloser Raster *des Wo* (Aktionsfelder), um systematisch abfragen zu können. Die Frage in Bezug auf *das Wo* lautet also:

1.In welchen Aktionsfeldern gebe ich von meinem Besitz, in meinen Beziehungen oder von meiner Persönlichkeit am meisten?
2.In welchen Aktionsfeldern nehme oder fordere ich vom Besitz anderer, stelle ich Ansprüche an besondere Beziehungsmuster oder erwarte gewisse Persönlichkeitsmerkmale und Qualitäten, die ich selbst nur unzureichend verwirklicht habe?
Sinnverwandtschaften: Für geben gilt auch *gönnen, ermöglichen, zulassen,* zuhören, schenken, annehmen, akzeptieren, hinnehmen, ertragen, nachgeben oder einsehen, also wieviel Entfaltung und Anerkennung gönne oder ermögliche ich meinen Mitmenschen in diesem oder jenem Lebensbereich?
Für nehmen gilt auch beeinflussen, behaupten, verhindern, behalten, manipulieren, erwarten, aber auch ausschließen, abweisen, an sich reißen, fordern, stehlen, festhalten usw.
Gehen Sie also die folgende Aktionsfelderliste durch, und hinterfragen sie wieder die Lebensbereiche (Besitz, Beziehungen und Persönlichkeit) in Bezug auf Geben und Nehmen und tragen sie in die Zeilen jeweils ein, wo Sie überwiegend mehr geben oder nehmen. Vergleichen Sie zur Erinnerung anschließend mit der ersten Liste auf S.275!

a)Besitz

Grund und Boden, Geschäft, Haus, Wohnung, Inventar, **Geld,** Wertpapiere, Sammlung, Hobbys, Schmuck, Erfindungen, Ideen, Copyright, Auto, Motorrad, Fahrrad, Flugzeug, Schiff, Boot, Computer, Haustier usw.
Unterstreichen Sie die in Frage kommenden Begriffe und gehen Sie dann zur Aktionsfelderliste **E**!

b)Beziehungen

Einfluß oder **Beeinflussung** durch: Geschwister, Bekannte, Publikum, Kollegen, Nachbarn, Ehepartner, Geliebter, Geliebte, Kinder, Enkel, Verwandte, Freundin, Lehrer, Arzt, Geistlicher, Freund, Eltern, Großeltern. Geschäftliche Partner u.Verbindungen, Behörden.
Unterstreichen Sie die in Frage kommenden Begriffe und gehen Sie dann zur Aktionsfelderliste **E**!

c)Persönlichkeit

Autorität, Ideale (Ideen), Wissen, Beweggründe, Gewissen (Unterscheidung), Gefühl, Verstand, Vermittlung, Genuß, Körperkultur, Erkenntnis, Vorstellungskraft, Würde, Belohnung/Vergeltung, Aufrichtigkeit, Zuversicht, Zielstrebigkeit, Übereinstimmung, Akzeptanz, Mitgefühl, Hilfsbereitschaft/Arbeit, Kreativität, Treue, Einigung, Zuverlässigkeit, Vertrauen, Entschlossenheit, Beharrlichkeit, Begeisterung, Humor, Ideenfülle, Spiritualität, Gesetzeserfüllung, Bescheidenheit, Hingabe/Gelassenheit, Interessen, Durchsetzung, Identitätsdrang, Ansprüche, Autonomie, Unabhängigkeit, Lebensstil und -rhythmus, Absonderung, Wohlleben, Rücksichtnahme, Dominanz, Einfluß, Geld, Gewohnheiten, Macht, Geschmack, Ehrgeiz, Begabung, Profilierung, Haben/Besitzen, Aussehen, Ausdruck, Kleidung.

Unterstreichen Sie die in Frage kommenden Begriffe und gehen Sie dann zur Aktionsfelderliste **E**!

Liste E, Geben in den Lebensbereichen und Aktionsfeldern

Wo	Besitz	Beziehungen	Persönlichkeit
Im Beruf (Kollegen)?			
Unterwegs (Kunden)?			
Behörden, Ämter?			
In der Familie, Zu Hause?			
In der Verwandtschaft?			
Mit der Familie unterwegs?			
In der Partnerschaft?			
Im Freundeskreis			
Im Bekanntenkreis?			
Zu Hause (Nachbarn)?			

Liste F, Nehmen in den Lebensbereichen und Aktionsfeldern

Wo	Besitz	Beziehungen	Persönlichkeit
Im Beruf (Kollegen)?			
Unterwegs (Kunden)?			
Behörden, Ämter?			
In der Familie, Zu Hause?			
In der Verwandtschaft?			
Mit der Familie unterwegs?			
In der Partnerschaft?			
Im Freundeskreis			
Im Bekanntenkreis?			
Zu Hause (Nachbarn)?			

Der Korrespondenzschlüssel zur spirituellen Botschaft

Auf den folgenden Seiten habe ich nur zwei Bereiche, *Besitz und Beziehungen,* vorgeführt und was sie vom Innenleben der Persönlichkeit widerspiegeln können. Manche Menschen kämpfen jahrelang mit den gleichen Problemen, z.B. mit defekten Haushaltsgeräten, etwa vorzeitiger Verschleiß (mangelnde Qualität), andere mit einer Einbruchsserie (Beziehungsstörungen) usw. Solche Wiederholungsmuster sind nicht merkwürdige Zufälle, denn das Wörtchen "merkwürdig" sagt's ja schon aus: *Man sollte etwas merken!* Es mag für viele nützlich sein, wenn Sie mittels des Korrespondenzschlüssels eine erste Orientierung erhalten. Dennoch: Der Schlüssel ist noch nicht der Weisheit letzter Schluß und sollte individuell verfeinert werden. In diesem Punkt forsche ich noch selbst und bin dankbar um jede Anregung.

a)Besitzverluste und was sie widerspiegeln können

Grund und Boden, Geschäft, Haus, Wohnung, Inventar, Geld, Wertpapiere, Sammlung, Hobbys, Schmuck, Erfindungen, Ideen, Copyright, Motorrad, Fahrrad, Auto, Flugzeug, Boot, Schiff, Computer, Haustier usw.

Beschädigung und Verluste durch:

Feuer	**Etwas muß radikal erneuert werden (Neubeginn)**
Wasser	**Reinige Dich von alten Gewohnheiten und Erinnerungen**
Sturm	**Vertraue der höheren Kraft, gib Dein Machtdenken auf**
Hagel	**Hab mehr Glauben, sei nicht so kleinkariert**
Erdbeben	**Überprüfe Deine Grundeinstellung und Ansichten (Identität)**
Schädlinge	**Denk an die Notleidenden**
Trockenheit	**Sei großzügig und nicht so ehrgeizig**
Diebstahl	**Hafte nicht an Deinen Habseligkeiten**
Einbruch	**Beziehungseinbruch in die Partnerschaft**
Körperl.Verletzungen	**Wo verletzt Du andere mit unbewußten Absichten, Gedanken, Worten?**
Krankheiten	**Was soll (will) Dir die Krankheit sagen? Beachte die Wege Organbeziehungen und Wirbelsäulenetage!**
Vandalismus	**Pflege nicht mehr destruktive Gedanken und Gefühle**
Bauliche Mängel	**Schau auf Deine inneren Mängel**
Schlampereien	**Verschiebe nichts mehr auf morgen**
Minderwertigkeit	**Achte auf innere Qualitäten, nicht auf äußere Profilierung**
Betrug	**Beobachte Deine verborgene bzw. versteckte Unaufrichtigkeit und meide Halbwahrheiten**
Spekulationsverluste	**Laß Deine Profitgier los**
Ungerechtigkeit (Justiz)	**Sei nicht mehr rechthaberisch**
Scheidung	**Wertschätze und achte Deine Mitmenschen mehr**
Plagiat	**Gib mehr von Deinem Wissen weiter**

b)Die Beziehungen und was sie widerspiegeln können

durch zu viel oder zu wenig?

Ehepartner	**Das Weibliche oder Männliche in Dir und wieviel Entfaltung Du beim Partner zuläßt**
Kinder	**Dein inneres Kind**
Eltern	**Deine Nestwärme und Geborgenheit**
Großeltern	**Dein Festhalten an Erinnerungen**
Geschwister	**Deine Bereitschaft zum Teilen**
Verwandte	**Wieviel verwandtes entdeckst Du in anderen?**
Freundin	**Deine Bereitschaft zur emotionalen u. mentalen Öffnung**
Freund	**Deine Bereitschaft zur emotionalen u. mentalen Öffnung**
Bekannte	**Deine Bereitschaft zur Herzlichkeit**
Geliebter	**Deine Bereitschaft zur Hingabe**
Geliebte	**Deine Bereitschaft zur Hingabe**
Nachbarn	**Deine Bereitschaft zur Akzeptanz**
Kollegen	**Deine Bereitschaft zur Zusammenarbeit**
Geschäftlicher Partner	**Das Verhältnis von Geben und Nehmen**
Lehrer	**Deine Bereitschaft, Wissen anzunehmen**
Publikum	**Deine Fähigkeit hinzuhören**
Behörden	**Dein Sinn für Recht und Ordnung**
Arzt	**Der innere Heiler**
Geistlicher	**Deine Bereitschaft zum Glauben**

Für manche mag dieser Schlüssel sehr ungewöhnlich sein, doch wer die äußeren Ereignisse mit seinem Innenleben in Beziehung setzt, wird sehr bald seine ganz persönliche Botschaft herausfinden, nach dem Gesetz:*"Man bekommt den Partner, die Eltern, Geschwister, Freunde oder Kollegen, die der momentanen Bewußtseinsverfassung und Höhe entsprechen. Im gleichen Maße, wie sich die innere*

Wahrnehmung wandelt, verändern sich die äußeren Beziehungsmuster, sowohl positiv als auch negativ." Es nützt also gar nichts, auf die Behörden, den Geschäftspartner oder die Verwandten zu schimpfen; jeder sollte zuerst die Ursache *in sich selbst* suchen, danach mag er Kritik austeilen, wenn er dazu noch in der Lage ist.

Die Engel in den Wegen

Im Lebensbaum gibt es insgesamt 34 Engel, davon 24 in den Wegen, und jeweils einen Himmelsfürsten in den Sefiroth. Die Engel sind Personifizierungen (Archetypen) der Urideen aus dem Wertekosmos (Himmel) und ihre Repräsentanten bzw. einer der vierundzwanzig Ältesten vor dem Thron Gottes. Jeder Weg entspricht also einer ethischen Uridee und wird von einem Engel repräsentiert, der zugleich Meister dieser Bewußtseinshaltung ist. Eine Erweiterung erfahren die Engel der Wege 22, 23 und 24.

Weg-Name	**Uridee**	**Repräsentant**
Weg 1 Aleph	**Wissen**	**Engel** der *Erkenntnis*
Weg 2 Beth	**Schönheit**	**Engel** der *Vorstellungskraft*
Weg 3 Gimel	**Achtung**	**Engel** der *Achtung und Würde*
Weg 4 Daleth	**Gerechtigkeit**	**Engel** der *Belohnung und Vergeltung*
Weg 5 He	**Wahrheit**	**Engel** der *Aufrichtigkeit*
Weg 6 Vau	**Hoffnung**	**Engel** des *Zuversicht*
Weg 7 Zajin	**Freiheit**	**Engel** der *Zielstrebigkeit*
Weg 8 Chet	**Harmonie**	**Engel** der *Übereinstimmung*
Weg 9 Thet	**Gehorsam**	**Engel** der *Akzeptanz*
Weg 10 Jod	**Mitgefühl**	**Engel** der *Hilfsbereitschaft/Arbeit*
Weg 11 Kaph	**Wachstum**	**Engel** der *Kreativität*
Weg 12 Lamed	**Stabilität**	**Engel** der *Treue*
Weg 13 Mem	**Einheit**	**Engel** der *Einigung*
Weg 14 Nun	**Geborgenheit**	**Engel** der *Zuverlässigkeit*
Weg 15 Samek	**Das Gute**	**Engel** des *Vertrauens*
Weg 16 Ajin	**Verwirklichen**	**Engel** der *Entschlossenheit*
Weg 17 Phe	**Glaube**	**Engel** der *Beharrlichkeit*
Weg 18 Shade	**Kraftimpuls**	**Engel** der *Begeisterung*
Weg 19 Koph	**Glückseligkeit**	**Engel** des *Humors*
Weg 20 Resch	**Erlösung**	**Engel** der *Ideenfülle*
Weg 21 Schin	**Erleuchtung**	**Engel** der *Spiritualität*
Weg 22 Taw	**Weisheit**	**Engel** der *Gesetzeserfüllung u. Geduld*
Weg 23 Fe	**Einfachheit**	**Engel** der *Bescheidenheit u.Genügsamkeit*
Weg 24 Wet	**Friede**	**Engel** der *Gelassenheit, Hingabe u.Liebe*

Wie auf S.76 dargestellt, entfalten sich aus den fünf transzendenten Drangrichtungen die Urideen, welche die Grundlage unseres inneren Lebens sind und die eigentlichen Beweggründe (Motivation) jeden Vollkommenheitsstrebens. Wir können auch sagen, es sind jene höchsten überpersönlichen Erwartungswerte, die von unserer transzendenten Hintergrundsehnsucht genährt werden und jenes untergründige Erfüllungsstreben in uns bewirken. Bildlich ausgedrückt: *Die Urideen oder höchsten überpersönlichen Erwartungswerte sind unser* ***geheimer Lebenssaft,*** *der aus der Verborgenheit Gottes* ***-dem Ajin-Sof-*** *durch den Baum des Lebens fließt und alle seine Zweige und Äste ernährt. Ohne ihn würde der Baum und alles Leben verdorren.* Die Engel als Repräsentanten der Urideen verfügen über das Wissen, wie man sie individuell umsetzt, ohne sie egozentrisch einzufärben. Ein Engel kann die überpersönliche Erlebnisqualität *der Mitte* einer Bewußtseinshaltung vermitteln. So kann z.B. die Uridee der Glückseligkeit als Humor oder die Uridee der Erlösung als Ideenfülle erfahren werden, ohne Unter- oder Übertreibung. Der Engel ist auch Hüter und Mahner dieser Bewußtseinshaltung, und bei Realisierung Bewilliger und Lehrer jener höheren Fähigkeit, die er in einer seiner drei genialen Eigenschaften (Genien) zur Verfügung stellt. Jeder Engel vergibt also drei geniale Fähigkeiten, je nachdem, in welchem Maße die Bewußtseinshaltung des entsprechenden Weges verwirklicht wurde. Die genialen Fähigkeiten des Menschen wachsen daher in dem Maße mit, wie er die Bewußtseinshaltung eines Weges verwirklicht oder sich dem Bewußtseinsniveau des Engels annähert. Umgekehrt gilt, daß, je weiter er sich von der Bewußtseinshaltung des Weges entfernt, er desto mehr aus der Mitte fällt, und desto weniger kann er die genialen Fähigkeiten des Engels nutzen; anders gesprochen, um so mehr verarmt er, und desto dümmer wird er. Wenn also in den Wegen die Frage auftaucht: *Welcher der drei u.g. Genien wäre mein Favorit*, so offenbart dies in gewissem Sinne einen Mangel und fordert uns auf, an der entsprechenden Bewußtseinshaltung zu arbeiten.

Engel und Genien in den Wegen

Hier zunächst die völlständige Auflistung der 24 Engel und ihrer jeweiligen drei Geniennamen bzw. genialen Fähigkeiten in den Wegen:

Weg 1 (Aleph) Engel der *Erkenntnis*

59.Harah-el	**Genius** der Wegführung
44.Jelah-iah	**Genius** des Annehmens
25.Nitha-iah	**Genius** der Erfahrungsverwertung

Weg 2 (Beth) Engel der *Vorstellungskraft*

47.Asal-iah	**Genius** des Geschmacks und Stils
46.Ari-el	**Genius** der Organisation und Planung
50.Dani-el	**Genius** der Vorausschau u.Prophetie

Weg 3 (Gimel) Engel der *Würde*

52.Imam-iah	**Genius** der Achtung
43.Veub-iah	**Genius** des Respektes
11.Lauv-iah,	**Genius** der Höflichkeit u. des Taktes

Weg 4 (Daleth) Engel der *Belohnung und Vergeltung*

32.Vasar-iah	**Genius** der Genugtuung
8. Kahet-el	**Genius** des Erwerbs
36.Menad-el	**Genius** des Verdienstes

Weg 5 (He) Engel der *Aufrichtigkeit*
21.Neleka-el **Genius** der Offenheit
18.Kali-el **Genius** der Klarheit
20.Pahal-iah **Genius** des Standpunktes

Weg 6 (Vau) Engel des *Zuversicht*
3. Sita-el **Genius** des Mutes und der Stärkung
5. Mahas-iah **Genius** der Aufhellung
19.Leuv-iah **Genius** des Optimismus

Weg 7 (Zajin) Engel der *Zielstrebigkeit*
66.Manak-el **Genius** der Geradlinigkeit
71.Hai-el **Genius** der freudigen Anteilnahme
69.Roch-el **Genius** des Erfolgs

Weg 8 (Chet) Engel der *Übereinstimmung*
4. Elem-iah **Genius** der Einfühlung
35.Kevak-iah **Genius** des Entgegenkommens
37.Ani-el **Genius** der Gemeinsamkeiten

Weg 9 (Thet) Engel der *Akzeptanz*
53.Nana-el **Genius** der Notwendigkeiten
63.Anianu-el **Genius** der Disziplin
64.Mehi-el **Genius** der Anerkennung

Weg 10 (Jod) Engel der *Hilfsbereitschaft und Arbeit*
9. Azi-el **Genius** der Bedürftigkeit
2. Jeli-el **Genius** der Unterstützung.
10.Alad-iah **Genius** der Dankbarkeit

Weg 11 (Kaph) Engel der *Kreativität*
51.Hahas-iah **Genius** der Entfaltung
39.Reha-el **Genius** des Wohlwollens
45.Seal-iah **Genius** der Geschicklichkeit

Weg 12 (Lamed) Engel der *Treue*
27.Jerath-el **Genius** des Rückhalts
29.Reii-el **Genius** der Ergebenheit
40.Ieia-zel **Genius** der Verbundenheit

Weg 13 (Mem) Engel der *Einigung*
65.Damab-iah **Genius** der Annäherung
70.Jabam-iah **Genius** der Überzeugung
68.Habu-iah **Genius** des Ausgleiches

Weg 14 (Nun) Engel der *Zuverlässigkeit*
23.Melah-el, **Genius** der Fundamente
33.Jehu-iah, **Genius** der Einhaltung
14.Mebah-el **Genius** der Korrektheit

Weg 15 (Samek) Engel des *Vertrauens*
55.Meba-iah **Genius** der Wertschätzung
62.Jah-hel **Genius** der Verpflichtung
57.Nemam-iah **Genius** der Glaubwürdigkeit

Weg 16 (Ajin) Engel der *Entschlossenheit*
34.Leha-iah **Genius** der Überwindung
56.Poi-el **Genius** der Ermutigung
12.Haha-iah **Genius** des Sieges

Weg 17 (Phe) Engel der *Beharrlichkeit*
38.Haam-iah **Genius** der Stärke (Unerschütterlichkeit)
49.Vehu-el **Genius** der Stütze
24.Hahu-iah **Genius** der Standhaftigkeit

Weg 18 (Shade) Engel der *Begeisterung*
22.Jeiai-el **Genius** der Begeisterung
17.Lano-iah **Genius** der Anregungen
58.Jeial-el **Genius** der Beseelung

Weg 19 (Koph) Engel des *Humors*
67.Eiai-el **Genius** des Spaßes
60.Mizra-el **Genius** des Lachens
13.Jezal-el **Genius** der Heiterkeit

Weg 20 (Resch) Engel der *Ideenfülle*
30.Oma-el **Genius** der Problemlösung
15.Hari-el **Genius** der Prüfungen
48.Miha-el **Genius** der Verbesserungen (durch Ideen)

Weg 21 (Schin) Engel der *Spiritualität*
6.Lelah-el **Genius** des Erwachtseins
1.Vehu-iah **Genius** der Hochachtung
31.Lekab-el **Genius** des spirituellen Wachstums

Weg 22 Engel der *Gesetzeserfüllung*
7.Acha-iah **Genius** der Besonnenheit
16.Hakam-iah **Genius** der Geduld
26.Haa-iah **Genius** der Erfüllung

Weg 23 (Fe) Engel der *Bescheidenheit*

54.Nitha-el	**Genius** der Zufriedenheit
61.Umab-el	**Genius** der Anspruchslosigkeit
41.Hahah-el	**Genius** der Eintracht und des Einklangs

Weg 24 (Wet) Engel der *Gelassenheit und Hingabe*

28.See-iah	**Genius** der Nächstenliebe
42.Mika-el	**Genius** der Gelassenheit und Ruhe
72.Mum-iah	**Genius** der spirituellen Lehrerschaft

Die Genien haben, wie die Engel, Helferfunktion indem sie uns die entsprechende Gesinnung des Weges personal bewußt machen. Insofern arbeiten sie auf jedem Weg für uns und sind Geburtshelfer des zukünftigen Lichtmenschen *Adam Kadmon.* Wird die Bewußtseinshaltung eines Weges verwirklicht, so brechen jene genialischen Fähigkeiten durch, die mit der Bewußtseinshaltung eng verwandt sind. So bewirkt die konstante Emotionalisierung der Zuverlässigkeit das mathematische Genie oder den perfekten Organisator. Genialität wird also nicht einfach so geschenkt, sondern muß ebenso mühsam erkämpft werden, sei es präexistent oder im Hier und Jetzt, und sie wird von den Genien vermittelt, siehe auch Chesed, S.159. In der u.a. Abb.80, habe ich als Beispiel Weg 13 gebracht und wie sich dort die Genien des Eroszyklus im Weg verteilen.

Der Engel und die Genien am Beispiel Weg 13

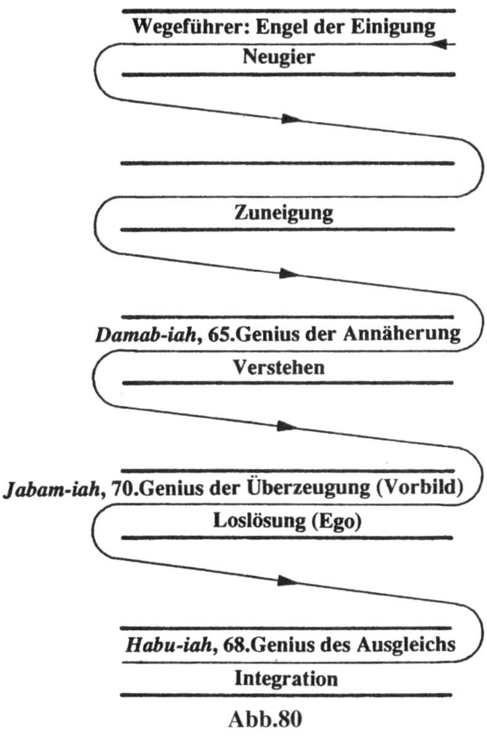

Abb.80

XI.Kapitel

Eines Tages stand Diogenes an einer Straßenecke und lachte wie ein Verrückter. "Worüber lacht ihr?" fragte ein Vorübergehender. "Seht ihr dort den Stein mitten auf der Straße? Seit heute Morgen stehe ich hier, zehn Leute sind schon darüber gestolpert und verfluchten ihn. Aber nicht einer machte sich die Mühe, ihn wegzuräumen, damit andere nicht mehr stolpern".

Die Wege im Einzelnen

Praktische Instruktionen

In diesem Einführungsband wurden nur die wichtigsten Bewußtseinsinhalte der 24 Wege beschrieben, und sie machen nur einen kleinen Teil ihres tatsächlichen Bewußtseinspotentials aus. Die Wegekriterien beziehen sich auf einige Attribute und einprägsame Bilder sowie wichtige Affirmationen und Fragen. Bei den elf Sefiroth und dem Mysterium wurden statt Fragen Engelsbotschaften dargeboten, die sehr aufschlußreich sind.

Die Bilder, Symbole und Attribute dienen sowohl der Meditation als auch der kontemplativen Vertiefung nonverbaler Bewußtseinsinhalte. Wer die Ausführungen von S.271 bis S.284 aufmerksam gelesen hat, kann jede Bewußtseinshaltung in beliebigen Alltagskonflikten analysieren und eine brauchbare Lösung finden. Auf den Seiten 493-495 habe ich drei Merkaba-Arbeitsblätter zur Selbstkontrolle eingefügt. Nehmen wir als Beispiel Weg 9, die Akzeptanz. Schlägt jemand diese Seite auf und liest die Fragen, so wird er mit dem *Wo, Wem ,Wer, Wann und Wie* konfrontiert, d.h. im Klartext: Du, Ich, Wir, Umstände, Situation, Ereignis, Ort und Zeit.

a)Wo und Wann ist es mit meiner Akzeptanz vorbei? Dabei sollten wir den Raster der Aktionsfelder kurz durchgehen:

Im Beruf (Kollegen)?

Unterwegs (Kunden)?

Behörden, Ämter?

In der Familie, zu Hause?

In der Verwandtschaft?

Mit der Familie unterwegs?

In der Partnerschaft?

Im Freundeskreis?

Im Bekanntenkreis?

zu Hause (Nachbarn)?

b)Wen oder Was akzeptiere ich nicht und muß es doch? Hier sollten wir an die drei Lebensbereiche und an unsere Funktion bzw. Rolle denken, also *Besitz, Beziehungen, Persönlichkeit und Funktion!*

c)Das *Wie* in den Lebensbereichen und Aktionsfeldern zeigt uns die Art der Einfärbung: 1.Überbewertung, Überschätzung oder Übertreibung. 2.Unterschätzung, Unterbewertung oder Geringschätzung. 3.Das Gegenteil, die Inversion. Der ganze Prozeß kann entweder nach Außen oder nach Innen gehen, siehe auch S.275 und bewirkt eine bestimmte Äußerungs- und Handlungsweise und er bestimmt wesentlich das Verhaltensmuster, siehe auch Lebensbaumkarten-Set.

d)An Hand der Allerweltsmotive können Sie jetzt an das *Warum* herangehen, nämlich was der tiefere Beweggrund der mangelnden Akzeptanz ist, bei mir oder beim anderen, etwa *Unabhängigkeit (Autonomie), Dominanz, Einfluß, (Beeinflussung), Wohlleben und Geld.*

e)Die Identifizierung des persönlichen Beweggrundes läßt irgendeine Blockade vermuten, denn wir beharren ja auf unserem Standpunkt- bewegen uns nicht. Welche Hauptblockade verhindert die Akzeptanz, z.B. *moralische Verurteilung, Trägheit, Verachtung, Vorurteile, Verdächtigungen, Minderwertigkeitsgefühle, Stolz, Trauer, Kränkung, Neid, Zorn, Eifersucht, Enttäuschung usw.* Bei mangelnder Akzeptanz ist z.B. häufig die Verachtung, Verurteilung, Vorurteile, Stolz, Neid, aber auch das Minderwertigkeitsgefühl eine mögliche Hauptblockade, manchmal vermischen sich alle zu einer undefinierbaren Dissonanz.

Man sollte spätestens hier die persönliche Interpretation untersuchen, d.h. wie komme ich eigentlich dazu, dem anderen diesen oder jenen Beweggrund zu unterstellen? Lege ich hier allzu persönliche Maßstäbe an und wo und wie habe ich sie mir angeeignet? Erst nach solchen Fragen wird das Selbstbildnis mit seinen bewertenden *Ich-Bin-Attributen* interessant, besonders für solche, die sich gern für korrekt halten. Gerade die Moralapostel dürfen sich da an der eigenen Nase fassen. Weshalb wurmt mich beim anderen eines oder mehrere der fünf Allerweltsmotive oder weshalb unterstelle ich sie ihm (*Unabhängigkeit, Dominanz, Einfluß, Beeinflussung, Wohlleben und Geld)* und warum erregt das in mir Aggressionen oder Neid? Nicht meiner Essenz, dem virtuellen Selbstes, wurmt es, sondern meiner Person, dem Butler.

Erinnern wir uns an den Satz: *Je mehr Abneigungen ein Mensch hat, desto weniger erkennt er die eigentliche Sehnsucht, die hinter den Schwächen der Menschen steht.* Die Schwäche könnte sein, daß die Person ihre Vorstellungen vom Wahren, Schönen und Guten durch verstärkte Abneigung schützen möchte, wäre sie wirklich darin fest verankert, so hätte sie eher Mitgefühl und würde den anderen nicht ignorieren oder verurteilen. Manchmal kann dies auch offenbaren, *daß durch die übertriebene Verurteilung anderer Schwächen und Fehler die eigene gegenteilige Schwäche verdrängt oder überlagert werden soll.* Jemand, der über den Fehlern anderer steht, d.h. der genügend sattelfest ist, hat weder Verurteilung, Empörung, noch Ignoranz nötig, sondern ist immer bereit zu helfen, ohne den Anschein von Erhabenheit. Es geht also zunächst um Verstehen der wahren Ursache von Abneigung, dann um Loslösung der Angst vor der eigene Schwäche und schließlich um Integration, indem wir dem anderen die Hand reichen, mit ihm ein Stück des Weges gehen, um ihm da herauszuhelfen. Probieren Sie es einfach aus, und die anfängliche Mühe wird sich wirklich lohnen. Alle Affirmationen sind auf Gott zentriert (*Deine, Seine, Du usw.*), denn nicht mehr *Ich-Bin*, sondern *Er* ist in mir und bewirkt alles! Das ist der neue Geist, der im kommenden dritten Jahrtausend die Menschheit erleuchten wird. Die unbequemen Fragen haben nur den Sinn, den blauen Dunst, den die meisten sich vormachen, zu lichten und den bewertenden Abgrund des Ich-Bin-Bewußtseins aufzudecken, der das Übel aller Übel ist. *Er ist der Tuende, ich die Tat*. Basta! Und es gibt da nur ein Ja oder Nein, nicht ein Zwischendrin! Da ich mit den Wegen in dieser Weise schon längere Zeit arbeite, weiß ich um so mehr die Wirkung zu schätzen, und vor allem bin ich den Engeln für ihre wundervollen Inspirationen dankbar, denn ohne sie hätte ich schwerlich zu dieser Arbeitsweise gefunden. Es hat sich als sehr fruchtbar erwiesen, die Fragen und Affirmationen der Wege als Frühstückslektüre den negativen Schlagzeilen der Tagespresse vorzuziehen. Mein Rat also an Sie: Nehmen Sie sich jeden Tag einen Weg vor und machen Sie die Bewußtseinshaltung zu ihrem Tagesthema!

Die Methode der Wegearbeit

Grundsätzlich sollten Sie sich bei jeder affirmativen oder kontemplativen Kartenarbeit nur *mit einem Thema* beschäftigen, also mit einer Bewußseinshaltung! Falls Sie nicht das Lebensbaum-Kartenset besitzen*, legen Sie auf S.292 und S.349 ein Einmerkzeichen. Bevor Sie irgendeine Buchseite während des Frühstückes aufschlagen, fragen Sie, welche Bewußtseinshaltung die Engel Ihnen für den heutigen Tag zugedacht haben. Nun schlagen Sie eine Seite auf und lesen zuerst laut die Affirmationen des aktuellen Weges. Nach jeder Affirmation machen Sie eine kurze Pause. Dann gehen Sie die entsprechenden Fragen durch und versuchen, auf jede eine Antwort zu geben. Wenn Sie auch manche Frage im Moment nicht beantworten, so bleibt sie dennoch im Unterbewußtsein gegenwärtig und irgendwann finden Sie die richtige Lösung. Am Schluß prägen Sie sich kurz das Bild und den favorisierten Genius ein, damit Sie während des Tages weitermachen können. Wenn Sie systematisch an den Bewußtseinshaltungen arbeiten wollen, gehen Sie bitte zu den drei Merkaba-Arbeitsblätter, S.493-495; kontrollieren Sie Ihren Wissensstand und arbeiten Sie die Wege konsequent durch. Versuchen Sie gezielt die Alltagssituationen zu nutzen, z.B. den Humor gerade dort zu verwirklichen wo andere das Gesicht hängen lassen. Falls Sie einen der Sefirah aufschlagen, lesen Sie bitte zuerst die Engelsbotschaft und meditieren oder reflektieren Sie über deren Bedeutungsgehalt. Gehen Sie nachher die Affirmationen in gleicher Weise durch. Die Sefiroth haben keine Fragen, doch sind sie von grundsätzlicher Bedeutung, weil sie die Aufforderung des Engelsfürsten -eine Figuration des Göttlichen- beinhalten. Wer einen Sefirah aufschlägt, begegnet einer der Glorien Gottes und sollte sich freuen. Von überragender Bedeutung ist das *Mysterium und der Chor der sieben Urgeister*. Wer diese Seiten aufschlägt, erfährt etwas von der Ganzheit des idealen Seins und realen Soseins. Er sollte diese Botschaft zum Thema des ganzen Tages erheben, nach dem Leitsatz des 24.Weges: „*Wer in der wirklichen Welt arbeiten kann und in der Liebe lebt, der hat das Höchste erreicht.*“ Am Abend sollten Sie vor dem Einschlafen nochmals die Alltagssituationen in Bezug auf die Bewußtseinshaltung durchgehen und nicht vergessen, den Engeln zu danken. Die kontemplative Arbeit mit Symbolen, Buchstaben, Zahlen, Runenyoga und den näheren Zusammenhang zwischen Organbeziehung, Bewußtseinshaltung und den Krankheitsdispositionen erfahren Sie in den drei nachfolgenden Bänden.

***Anmerkung:** Zu der Wegearbeit gibt es ein Lebensbaum-Kartenset mit 40 Wegekarten einer Aktionsfelderkarte und zwei Partnerschaftskarten, siehe Buchhinweise im Anhang.

1.Weg; Die Erkenntnis

Die Uridee des **Wissens** machte Er zum König über die Luft. Er setzte ihr eine Krone auf und verband so beide miteinander (das Wissen und die Luft), und er formte durch sie den Wind in der Welt, das Laue im Jahr und den Oberleib im Körper. Aus ihr entfaltet sich *"das Bewußtsein der Zusammenfassung und Erschließung, weil durch es die Himmelskundigen* ***Erkenntnis*** *erlangen über die Bedeutung und Einwirkung der Himmelserscheinungen auf die Kreaturen."*

Das Bild: *Eine Landkarte mit der Stadt Rom (Petersdom als Symbol), wo viele Wege hinführen.*

Affirmationen

Du bist der Erkennende in mir.

Durch Dein Erkennen finde ich zu tiefem Wissen.

Ich teile *Deine Einsichten und Dein Wissen* anderen freundlich und ehrlich mit.

Mein Geist ist jederzeit offen für neue Erfahrungen und Einsichten, die *Du mir* schenkst.

Durch andere *schenkst Du mir Einsichten und Erfahrungen*, die meine erweitern und ergänzen.

Theorien und Spekulationen meide ich; ab heute setzt *Du mit mir* alle Erkenntnisse positiv in die Praxis um.

In allen Einsichten und Erfahrungen *zeigst Du mir* stets das Weder-Noch und Sowohl-als-Auch.

Fragen

Was verstehe ich unter Erkenntnis?
Was war bisher meine wichtigste Erkenntnis?
Über welchen Weg suche ich eigentlich Erkenntnis, z.B. Naturerlebnisse, Selbsterkenntnis, religiöse Erlebnisse, philosophisches Denken, wissenschaftliche Beweise usw.
Auf welchem der o.g. Wege bin ich am stärksten und mit welchem müßte ich mich mehr beschäftigen?
Wie kann ich meine Erkenntnisse zu einem dauerhaften Lebensgefühl machen?
Welcher der drei u.g. Genien wäre mein Favorit?
Würde ich dadurch mein Leben besser bewältigen, hätte ich es leichter?
Wie würden sich *Seine Erkenntnisimpulse* auf meine Entwicklung und auf die des Partners, der Freunde und Familie auswirken?

Attribute

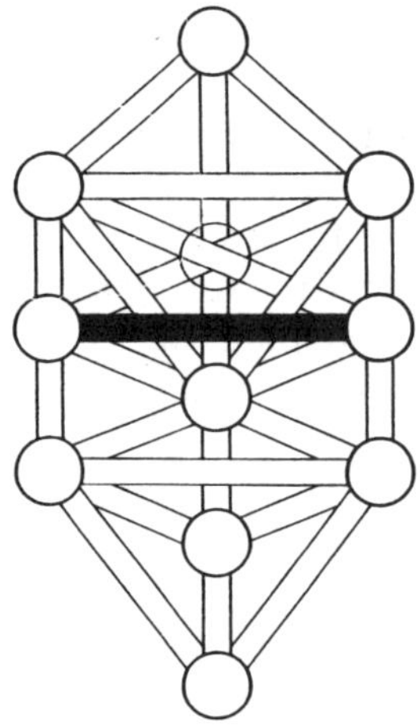

Uridee: *Wissen*

59.Genius: Harah-el	Wegführung
44.Genius: Jelah-iah	Annehmen
25.Genius: Nitha-iah	Erfahrungsverwertung
Wertigkeit:	überragend (mittlere Mutter)
Tarot:	Der Tod
Sternzeichen:	Zwilling
Planet:	Saturn
Rune:	Ansuz
Runen-Yoga:	Ansuz-Stellung
Lautwert:	A
Hebräischer Buchstabe:	Aleph
Griechischer Buchstabe:	Alpha
Zahlenwert:	1

Organbeziehung: Schlüsselbeine, obere Brust, Lungen, Oberkörper.
Verbindung im Lebensbaum: Motivation (Chesed) und Gewissen (Geburah).

Der Kluge ärgert sich über die Dummheiten, die er machte, der Weise belächelt sie.

א A α ᚨ

2.Weg; Phantasie und Vorstellung

Die Uridee der **Schönheit** machte Er zum König über die Bewunderung; er setzte ihr eine Krone auf und verband beide (die Schönheit und Bewunderung) miteinander, und er formte durch sie den Mond am Himmel und das rechte Auge im Körper. Aus ihr entfaltet sich *"das Bewußtsein des Lichtes-* ***Vorstellungskraft****- weil es das Abbild der Herrlichkeit ist. Es ist die Quelle der Gesichte (Visionen) der Propheten."*

Das Bild: *Ein großes Auge, in dessen Pupille ein Maler ein Bild malt.*

Affirmationen

Du bist der Träumer, ich der Traum.

Durch Deine Vorstellungskraft entdecke ich die Schönheit.

Dein Traum ist zum Wohle aller.

Durch Dich lasse ich andere *an Deiner* Phantasie teilhaben.

Mit Deinen Urbildern gestalte ich mein Leben und mein Umfeld phantasievoll.

Du teilst mir durch die Träume anderer wichtiges mit.

Deine Bilder sind mir Gewißheit und erschaffen meine Wirklichkeit und die anderer.

Ohne Glauben an *Dich* sind Phantasie und Vorstellung kraftlos.

Ab jetzt träume ich *Deinen Willen und Deine Ziele* und *Du* lädst sie mit Gewißheit auf.

Du zeigst mir stets die Mitte zwischen Traum und Wirklichkeit.

Fragen

Kann ich noch träumen?
Wo neige ich zu übertriebenen Vorstellungen, wo bin ich phantasielos bzw. bin ich zu realitätsgebunden?
Welche Phantasien und Sehnsüchte beschäftigen mich immer wieder?
Drehen sich meine Vorstellungen nur um mich oder auch um andere?
Welche davon verbinden mich mit anderen?
Welche davon sind für alle von Nutzen?
Welche von ihnen offenbaren einen Aspekt *Seine*s Willens?
Welche davon verdunkeln die *Seinen* und wie kann ich dies unterscheiden?

Wie kann ich mehr nach *Seine*n Traum leben und so den tieferen Sinn meines Schicksals entdecken?
Welcher der drei u.g. Genien wäre mein Favorit?
Würde dadurch mein Leben erfolgreicher, hätte ich es leichter?
Wie würden sich *Sein Traum* von mir auf meine Entwicklung und auf die des Partners, der Freunde und Familie auswirken?

Attribute

Uridee: *Schönheit*

47.Genius Asal-iah	Geschmack und Stil
46.Genius Ari-el	Organisation und Planung
50.Genius Dani-el	Vorausschau u.Prophetie
Wertigkeit:	Doppelt
Tarot:	Die Hohepriesterin
Sternzeichen:	Waage
Planet:	Mond
Rune:	Berkana
Runen-Yoga:	Berkana-Stellung
Lautwert:	B
Hebräischer Buchstabe	Beth
Griechischer Buchstabe	Beta
Zahlenwert:	2

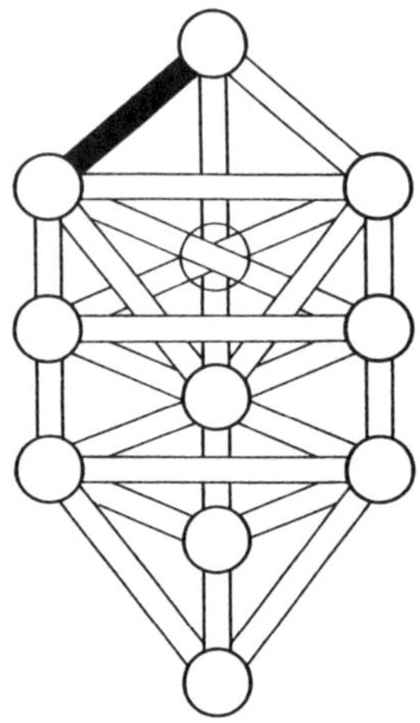

Organbeziehung: rechtes Auge
Verbindung im Lebensbaum: Einheit (Kether) und Formprinzipien (Binah).

Wer die Phantasie der Menschen anregt, gewinnt ihren Willen.

ב B β ᛒ

3. Weg; Die Würde

Die Uridee der **Achtung** machte er zum König über den Reichtum; er setzte ihr eine Krone auf und verband beide (Achtung und Reichtum) miteinander, und er formte durch sie den Jupiter am Himmel und das linke Auge im Körper. Aus ihr entfaltet sich *"das Bewußtsein des hl.Feuers (Berg Gottes). Es ist der Schleier vor den Ordnungen (Ursachen) der oberen und unteren Samen. Jenes Bewußtsein, das auf diesem Weg wandelt, steht vor dem großen Angesicht und erfreut sich einer **großen Würde**."*

Das Bild: *Jemand, der eine Fackel vor einer Menschengruppe trägt.*

Affirmationen

Du bist der Achtende in mir.

Durch Deine Würde achte ich die Schöpfung.

Ab heute machst *Du mir* die Einmaligkeit eines jeden bewußt, und ich bringe dies zum Ausdruck.

Ich nehme die Achtung anderer an und *bin Dir* dafür dankbar.

Durch Dich unterschätze ich niemals den Wert meiner Mitmenschen.

Du offenbarst mir, wie und wo ich die Fähigkeiten anderer ergänze.

Du zeigst mir stets die Mitte zwischen Achtung und Liebe.

Fragen

Was ist der Unterschied zwischen Stolz und Würde?
In welchen Situationen habe ich meinen Stolz? Zum Beispiel um für etwas zu bitten, nachzugeben, Versöhnungsgeste usw., siehe Lebensbereich und Aktionsfelder.
Kann die Überbetonung der Würde auch andere entwürdigen?
Behalte ich meinen Stolz, weil ich Verachtung befürchte?
Was verliere ich, wenn ich anderen mehr Achtung zeige?
Was empfinde ich bei dem Satz: *"Bewahre die Würde der Menschheit in deiner eigenen Person"*.
Bringe ich meinen Mitmenschen genügend Wertschätzung entgegen?
Wieviel Achtung und Wertschätzung erwarte ich von ihnen?
Welchen Menschen zeige ich meine besondere Achtung, welchen meine Verachtung?
Wie kann ich *Seine* Achtung in mir mehr zulassen und fühlen?
Welcher der drei u.g. Genien wäre mein Favorit?
Wie würde sich mehr Achtung in der Partnerschaft und Familie auswirken?

Attribute

Uridee: *Achtung*

52. Genius Imam-iah	Achtung
43. Genius Veub-iah	Respekt
11. Genius Lauv-iah	Höflichkeit und Takt
Wertigkeit:	Doppelt
Tarot:	Der Hohepriester
Sternzeichen:	Stier
Planet:	Jupiter
Rune:	Gebo
Runen-Yoga:	Gebo-Stellung
Lautwert:	G
Hebräischer Buchstabe:	Gimel
Griechischer Buchstabe:	Gamma
Zahlenwert:	3

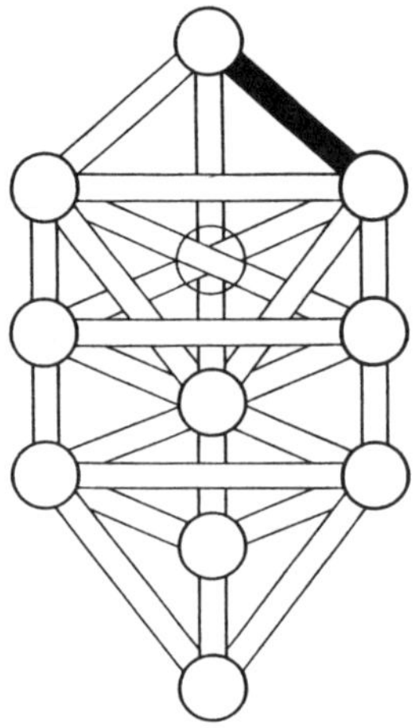

Organbeziehung: linkes Auge
Verbindung im Baum: Einheit (Kether) und Ideen, Ideale (Chokmah).

Bewahre die Würde der Menschheit in deiner eigenen Person.

ג Γ γ ᛝ

4. Weg; Belohnung und Vergeltung

Die Uridee der **Gerechtigkeit** machte er zum König über die Fruchtbarkeit; er setzte ihr eine Krone auf und verband beide (Gerechtigkeit und Fruchtbarkeit) miteinander, und er formte durch sie den Mars am Himmel und das rechte Ohr am Körper. Aus ihr entfaltet sich *"das Bewußtsein der Wonne und Verklärung (Entrückung), das die **Belohnung und Vergeltung** für die Gerechten ist."*

Das Bild: *Eine mit Weizensäcken gefüllte Scheune. Daneben rissige Arbeitshände.*

Affirmationen

Du bist der Belohnende und Empfangende in mir.

Durch Deine Belohnung und Vergeltung kann ich gerecht sein.

Ab heute gebe ich *mit Dir* mehr als ich muß.

Weil Du zufrieden bist, bin ich mit dem, was ich bekomme, auch zufrieden.

Ab heute segnest *Du mit mir* jene, die mich verfluchen und gibst mir Kraft, für die zu beten, welche mich beleidigen.

Ab heute verwendest *Du* meinen Gewinn und Besitz auch für die, welche es nötig haben.

Du zeigst mir stets die Mitte zwischen Geben und Nehmen.

Fragen

Ist meine Einschätzung zwischen Leistung und Belohnung ausgewogen?
Wo und wen z.B. belohne ich zuviel, wo und wen zu wenig? Siehe Lebensbereich und Aktionsfelder.
Hängt meine Leistungsbereitschaft von der Belohnung ab?
Was bin ich bereit zu geben, was fordere ich dafür?
Sind z.B. meine Belohnungsvorstellungen anspruchsvoll?
Wurde ich schon einmal mehr belohnt, als ich verdient habe?
Wie habe ich bisher auf ungerechte Belohnung reagiert, und wie pflege ich Ungerechtigkeiten zu vergelten?
Gönne ich meinen Mitmenschen aus vollem Herzen die Früchte ihrer Arbeit?
Wie kann ich *Seine* Gerechtigkeit in mir mehr zulassen und fühlen, z.B. daß jeder die Früchte seiner Gedanken und Absichten erntet?
Welcher der drei u.g. Genien wäre mein Favorit?
Wie könnte sich so mancher Belohnungs- und Vergeltungsverzicht auf meinen und anderer Reifeprozeß positiv auswirken?

Attribute

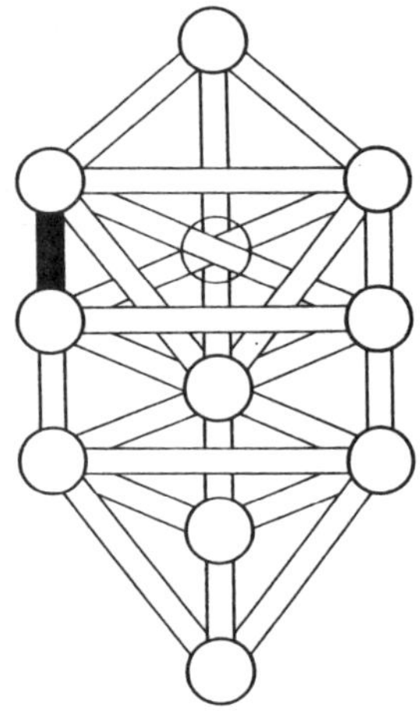

Uridee: *Gerechtigkeit*	
32.Genius Vasar-iah	Genugtuung
8. Genius Kahet-el	Erwerb
36.Genius Menad-el	Verdienst
Wertigkeit:	Doppelt
Tarot:	Die Gerechtigkeit
Sternzeichen:	Skorpion
Planet:	Mars
Rune:	Dagaz
Runen-Yoga:	Dagaz-Stellung
Lautwert:	D
Hebräischer Buchstabe:	Daleth
Griechischer Buchstabe:	Delta
Zahlenwert:	4

Organbeziehung: rechtes Ohr.
Verbindung im Baum: Formprinzipien (Binah) und Gewissen (Geburah).

Verzeihen ist die beste Rache.

ד Δ δ ᛞ

5. Weg; Die Aufrichtigkeit

Die Uridee der **Wahrheit** machte er zum König über die Sprache; er setzte ihr eine Krone auf und verband beide (Wahrheit und Sprache) miteinander, und er formte den Widder am Himmel, den März im Jahre und die rechte Hand am Körper. Aus ihr entfaltete sich *"das Bewußtsein der Versuchung oder Prüfung, weil es die erste Versuchung ist, durch die Gott die* ***Aufrichtigen*** *prüft."*

Das Bild: *Ein lachendes Gesicht faßt sich an der eigenen Nase.*

Affirmationen

Du bist in mir *der Aufrichtige.*

Durch Deine Wahrhaftigkeit kann ich aufrichtig sein.

Mitfühlende Kritik ist ehrlicher als Lob.

Ab heute verwirkliche ich *durch Dich* wohlwollende Aufrichtigkeit.

Deine konstruktive Kritik durch andere spornt mich an, es besser zu machen.

Du gibst mir die Kraft, meinen Feind zu segnen und ihn niemals zu verleumden.

Durch Dich meide ich Lügen und Halbwahrheiten, weil sie meine Lebensfreude verdunkeln.

Du zeigst mir stets die Mitte zwischen Aufrichtigkeit und Rücksichtnahme.

Fragen

Welches Gefühl empfinde ich bei dem Wort Aufrichtigkeit?
Wo und Wann neige ich zur Unaufrichtigkeit? Siehe Lebensbereiche und Aktionsfelder.
Ist meine Aufrichtigkeit zu barsch oder etwa verletzend?
Ist mir Scheinfrieden wichtiger als Aufrichtigkeit?
Was blockiert meine Aufrichtigkeit, z.B. Angst vor Kränkung, Verdächtigungen, Trennung, Streit, Aggression?
Wie kann ich *zur richtigen* Aufrichtigkeit finden, z.B. wohlwollend, humorvoll?
Kann ich die Kritik anderer annehmen?
Kann ich selbst einstecken und Empfindlichkeiten loslassen?
Kenne ich einen Menschen, der mir darin ein Vorbild ist?
Wie kann ich *Seine* Aufrichtigkeit in mir mehr zulassen und fühlen, z.B. daß nichts im Universum verborgen bleibt und irgendwann ans Licht der Sonne kommt?
Welcher der drei u.g. Genien wäre mein Favorit?
Welche Schubwirkung hätte dies für meinen Reifeprozeß und den meiner Mitmenschen?

Attribute

Uridee: *Wahrheit*

21.Genius Neleka-el	Offenheit
18.Genius Kali-el	Klarheit
20.Genius Pahal-iah	Standpunkt
Wertigkeit:	Einfach
Tarot:	Das Gericht
Sternzeichen:	Widder
Planet:	Mars
Rune:	Hagal
Runen-Yoga:	Hagal-Stellung
Lautwert:	H
Hebräischer Buchstabe:	He
Griechischer Buchstabe:	Eta
Zahlenwert:	5

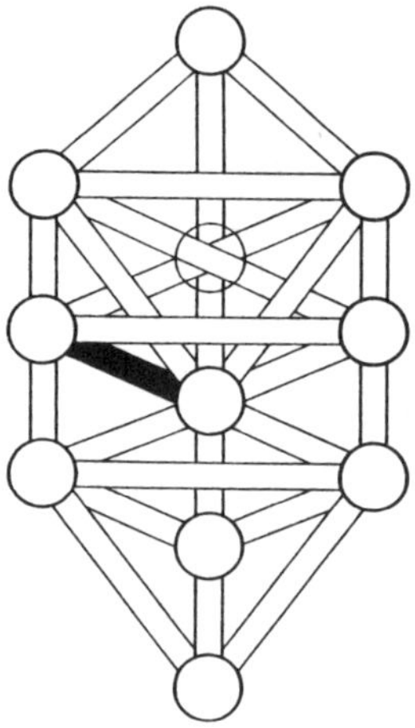

Organbeziehung: rechter Arm, Armgelenke, Hand.
Verbindung im Lebensbaum: Lebensbaummitte (Tifereth) und Gewissen (Geburah).

Wer aufrichtig ist, verkörpert die Wahrheit.

ה H η ᚺ

6. Weg; Die Zuversicht

Die Uridee **Hoffnung** machte er zum König über das Denken; er setzte ihr eine Krone auf und verband beide (Hoffnung und Denken) miteinander, und er formte durch sie den Stier am Himmel, den April im Jahre und die linke Hand am Körper. Aus ihr entfaltete sich *"das Bewußtsein der* ***Zuversicht****, weil in ihm die geistigen Tugenden (Ethik) niedergelegt sind, die hier wachsen, bis sie zu denen kommen, die in ihrem Schatten wohnen.*

Das Bild: *Die aufgehende Morgensonne über den Bergen.*

Affirmationen

Du bist der Zuversichtliche in mir.

Durch Deine Zuversicht bin ich voller Hoffnung.

Ich fühle *Deine Zuversicht* in mir und habe weder Skepsis noch Zweifel.

Mit Deiner Zuversicht kann ich meinen Mitmenschen Optimismus und Mut geben.

Ab heute meidest *Du mit mir* zuviel negative Halbinformationen.

Du siehst meine innere und äußere Entwicklung mit zuversichtlichen Augen.

Für uns Menschen ist fast alles möglich, wenn wir auf *Deine Kraft* vertrauen.

Durch Dich behalte ich immer die Zuversicht, auch wenn die Chancen schlecht stehen.

Du zeigst mir stets die Mitte zwischen Zuversicht und Umsicht.

Fragen

Wo behalte ich meine Zuversicht noch am ehesten, wo stellen sich leicht Zweifel und Skepsis ein? Siehe Lebensbereiche und Aktionsfelder.
Welche Zweifel und Sorgen plagen mich am häufigsten?
Was blockiert meine Zuversicht, z.B. pessimistische Menschen, negative Wiederholungsmuster, zuviel Desinformation oder Halbwahrheiten aus den Medien?
Welche Kontakte sollte ich deshalb meiden oder loslassen?
Kenne ich einen zuversichtlichen Menschen?
Welcher der drei u.g. Genien wäre mein Favorit?
Welche Ziele könnte ich durch *Seine* Zuversicht am ehesten verwirklichen oder manifestieren?
Wie kann ich *Seine* Zuversicht in mir mehr zulassen und fühlen, z.B. in dem ich die fröhliche Hoffnung der Kinder mehr annehme? Wie würde sich dies auf meine Entwicklung und auf die des Partners, der Freunde und Familie auswirken?

Attribute

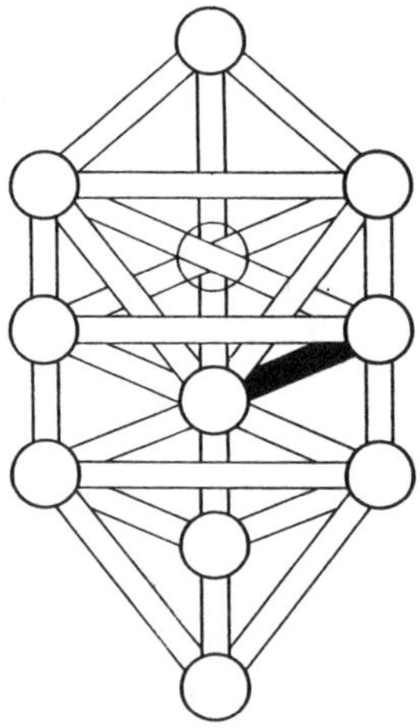

Uridee: *Hoffnung*

3. Genius Sita-el	Mut und Stärkung
5. Genius Mahas-iah	Aufhellung
19.Genius Leuv-iah	Optimismus
Wertigkeit:	Einfach
Tarot:	Der Stern
Sternzeichen:	Stier
Planet:	Venus
Rune:	Fehu
Runen-Yoga:	Fehu-Stellung
Lautwert:	F
Hebräischer Buchstabe	Vau
Griechischer Buchstabe	Phi
Zahlenwert:	6

Organbeziehung: linker Arm, Armgelenke und Hand.
Verbindung im Lebensbaum: Lebensbaummitte (Tifereth) und Motivation (Chesed).

Darum sage ich euch: Alles, um was ihr auch betet und bittet, glaubt, daß ihr es empfangen habt, und es wird euch werden.

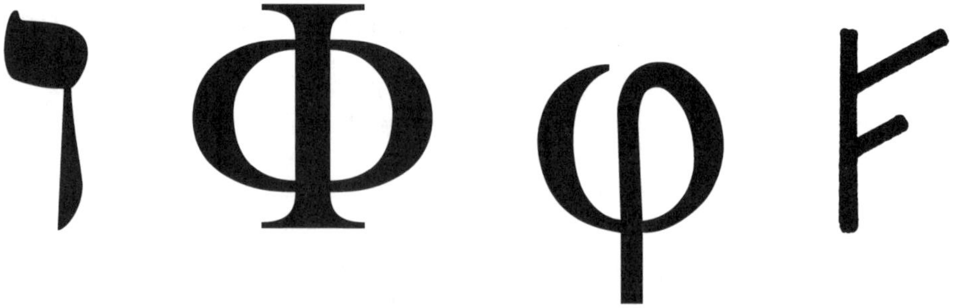

7.Weg; Die Zielstrebigkeit

Die Uridee **Freiheit** machte er zum König über das Gehen; er setzte ihr eine Krone auf und verband beide (Freiheit und Gehen) miteinander, und er formte durch sie die Zwillinge am Himmel, den Mai im Jahre und den rechten Fuß am Körper. Aus ihr entfaltete sich *"das Bewußtsein der **Zielstrebigkeit**; durch es ist der Geist jeder Kreatur geschaffen und die Bewegung (individuelle Entfaltungsbewegung), der diese unterworfen ist."*

Das Bild: *Ein roter Pfeil in der Zielscheibe.*

Affirmationen

Du bist das Ziel, ich werde Dich finden.

Durch Deine Zielstrebigkeit erreiche ich *Dein Ziel.*

Ohne Dich als Ziel gibt es keinen Weg.

Weil Du das Ziel bist, unterstütze ich die Suche anderer.

Mit Dir erspare ich mir unnötige Umwege.

Du berücksichtigst bei meinen Zielen die Interessen anderer.

Dein Hauptziel ist mein inneres Wachstum; äußerer Erfolg fällt mir von selbst zu.

Du zeigst mir stets die Mitte zwischen Zielstrebigkeit und Rücksichtnahme.

Fragen

Welches Hauptziel gebe ich meinem Leben?
Stimmt es mit meinen Neigungen und Fähigkeiten überein?
Sind meine Ziele nur auf mich oder auch auf andere bezogen? Siehe Lebensbereiche und Aktionsfelder.
Wie kann ich das unterscheiden, sind sie z.B. mit bewertenden Ich-Bin-Attribute belastet?
Welche Nebenziele und Gewohnheiten muß ich dafür loslassen?
Wie kann ich *Seine* Zielstrebigkeit mehr zulassen und fühlen, z.B. daß *Sein* Ziel die integrale Mitte aller ist?
Welcher der drei u.g. Genien wäre mein Favorit?
Wieviel Energie und Kraft gewinne ich dadurch?
Wie würde sich eine solche Zielstrebigkeit auf meine Entwicklung und auf die des Partners, der Freunde und Familie auswirken?

Attribute

Uridee: *Freiheit*

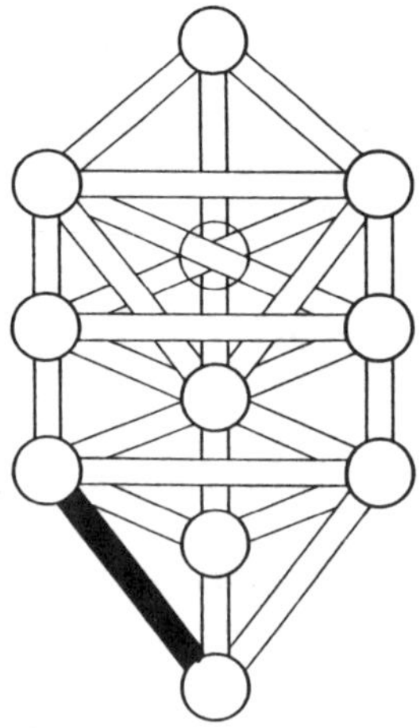

66.Genius Manak-el	Geradlinigkeit
71.Genius Hai-el	freudige Anteilnahme
69.Genius Roch-el	Erfolg
Wertigkeit:	Einfach
Tarot:	Der Teufel
Sternzeichen:	Zwilling
Planet:	Merkur
Rune:	Algiz
Runen-Yoga:	Algiz-Stellung
Lautwert:	Z
Hebräischer Buchstabe:	Zajin
Griechischer Buchstabe:	Zeta
Zahlenwert:	7

Organbeziehung: rechtes Bein und Knie.
Verbindung im Lebensbaum: Körper (Malkuth) und Verstand (Hod).

Setze dir ein schweres Ziel, um das Du ringen und kämpfen mußt, und du bleibst lebendig.

8. Weg; Die Übereinstimmung

Die Uridee der **Harmonie** machte er zum König über die Sehkraft; er setzte ihr eine Krone auf und verband beide (Harmonie und Sehkraft) miteinander; und er formte durch sie den Krebs am Himmel, den Juni im Jahr und den linken Fuß am Körper. Aus ihr entfaltete sich *"das Bewußtsein der Gleichgestimmtheit. Es gibt allen Wesen das, was die Ähnlichkeiten ausmacht und bringt sie in* ***Übereinstimmung*** *mit ihrem Aussehen."*

Das Bild: *Zwei Menschen gehen Hand in Hand über blühende Wiesen.*

Affirmationen

Du bist der Einfühlende in mir.

Durch Deine Harmonie kann ich übereinstimmen.

Du entdeckst mit mir in meinen Mitmenschen stets aufbauende Gemeinsamkeiten.

Du öffnest mich für aufrichtige Übereinstimmung.

Du schenkst mir die notwendige Einfühlung für die Situation anderer.

Du meidest mit mir Pseudoübereinstimmung aus Gefälligkeit und Berechnung, weil sie meiner Selbstachtung schadet.

Du zeigst mir stets die Mitte zwischen Übereinstimmung und Individualität.

Fragen

Welches Gefühl empfinde ich bei dem Wort Übereinstimmung?
Wo und bei wem neige ich zu übertriebener Übereinstimmung, wo und bei wem eher zum Mißklang? Siehe Lebensbereiche und Aktionsfelder.
Wo empfinde ich in meinem Leben am wenigsten Übereinstimmung?
Hindern mich daran persönliche Gründe oder geht es mir ums Prinzipielle?
Wie kann ich dies unterscheiden, z.B. Angst vor Dominanz, Verdächtigungen, Unverziehenes, Vorurteile, Selbstaufgabe?
Wie kann ich solche Ängste und Befürchtungen überwinden, z.B. sie einfach *Ihm* übergeben?
Wie kann ich *Seine* Einfühlung in mir mehr zulassen und wahrnehmen, z.B. die fruchtbare Wechselwirkung der Gegensätze im Alltag?
Welche neuen Erfahrungen könnte ich dadurch machen?
Welcher der drei u.g. Genien wäre mein Favorit?
Was könnte ich dadurch mehr verwirklichen oder manifestieren?
Wie würde sich dies auf meine Entwicklung und auf die des Partners, der Freunde und Familie auswirken?

Attribute

Uridee: *Harmonie*

4.Genius Elem-iah	Einfühlung
35.Genius Kevak-iah	Entgegenkommen
37.Genius Ani-el	Gemeinsamkeiten
Wertigkeit:	Einfach
Tarot:	Der Mond
Sternzeichen:	Krebs
Planet:	Mond
Rune:	Inguz
Runen-Yoga:	Inguz-Stellung
Lautwert:	X
Hebräischer Buchstabe:	Chet
Griechischer Buchstabe:	Chi
Zahlenwert:	8

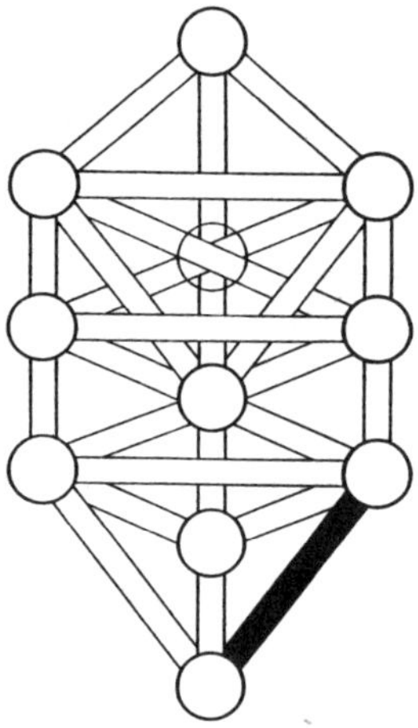

Organbeziehung: linkes Bein und Knie.
Verbindung im Lebensbaum: Körper (Malkuth) und Gefühl (Netzach).

Getrennt nähern wir uns dem übereinstimmenden Grund, warum sollen wir also das Trennende betonen?

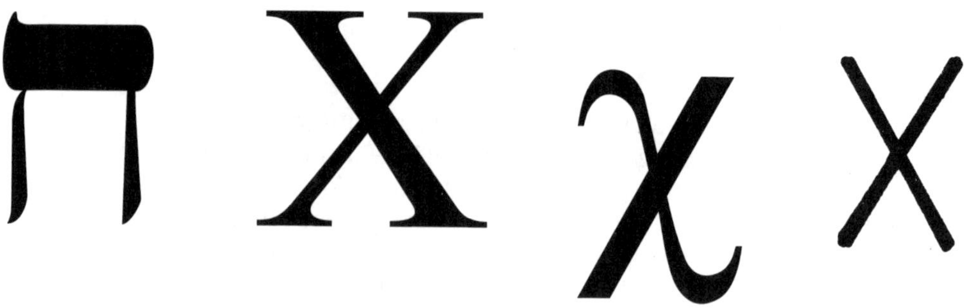

9. Weg; Die Akzeptanz

Die Uridee des **Gehorsams** machte er zum König über das Gehör; er setzte ihr eine Krone auf und verband beide (Gehorsam und Gehör) miteinander, und er formte durch sie den Löwen am Himmel, den Juli im Jahr und die rechte Niere im Körper. Aus ihr entfaltete sich das *Bewußtsein der* ***Akzeptanz****; durch es sind die Naturgesetze unseres Sonnensystems vollendet und vollkommen gemacht worden."*

Das Bild: *Geschwindigkeitsbegrenzungsschild.*

Affirmationen

Du bist der Langmütige in mir.

Durch Deine Akzeptanz murre ich nicht mehr.

Durch Dich kann ich mit den Schattenseiten meiner Mitmenschen verständnisvoller umgehen.

Durch Dich sehe ich meine Fehler und Schwächen realistisch.

Weil Du Notwendigkeiten klar erkennst, kann ich sie annehmen.

Du weist mich stets auf das Unvermeidliche und Notwendigen hin, darum ärgere ich mich nicht mehr.

Du zeigst mir stets die Mitte zwischen Akzeptanz und Courage.

Fragen

Wo und bei wem akzeptiere ich zuviel, wo und bei wem zu wenig? Siehe Lebensbereiche und Aktionsfelder.
Welche Erwartungen verknüpfe ich mit einer übertriebenen Billigung?
Was in meinem Leben kann ich nur schwer akzeptieren und muß es doch?
Was blockiert meine Akzeptanz, z.B. was muß ich loslassen, damit ich mehr akzeptiere, etwa zuviel Idealität u. Erwartung?
Was muß ich mehr zulassen, z.B. annehmen der momentanen Realitäten und Notwendigkeiten?
Kenne ich einen Menschen, dessen Akzeptanz ich gut finde?
Wie kann ich *Seine* Akzeptanz in mir mehr zulassen und fühlen, z.B. die Vielfalt seiner Lebensformen?
Welchen Nutzen hätte dies für meine Entwicklung und die anderer?
Welcher der drei u.g. Genien wäre mein Favorit?
Was könnte ich z.B. dadurch verwirklichen oder manifestieren?
Wie würde sich dies auf meine Entwicklung und auf die des Partners, der Freunde und Familie auswirken?

Attribute

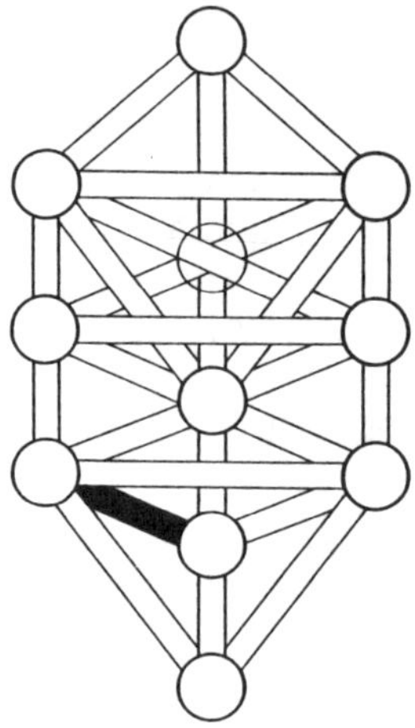

Uridee: *Gehorsam*

53. Genius Nana-el	Notwendigkeiten
63. Genius Anianu-el	Disziplin
64. Genius Mehi-el	Anerkennung
Wertigkeit:	Einfach
Tarot:	Der Gehängte
Sternzeichen:	Löwe
Planet:	Saturn
Rune:	Uruz
Runen-Yoga:	Uruz-Stellung
Lautwert:	T
Hebräischer Buchstabe:	Thet
Griechischer Buchstabe:	Theta
Zahlenwert:	9

Organbeziehung: rechte Niere und Leiste.
Verbindung im Lebensbaum: Verstand (Hod) und Vitalität (Jesod).

Akzeptiere das Unangenehme, und Du bist die Stütze anderer.

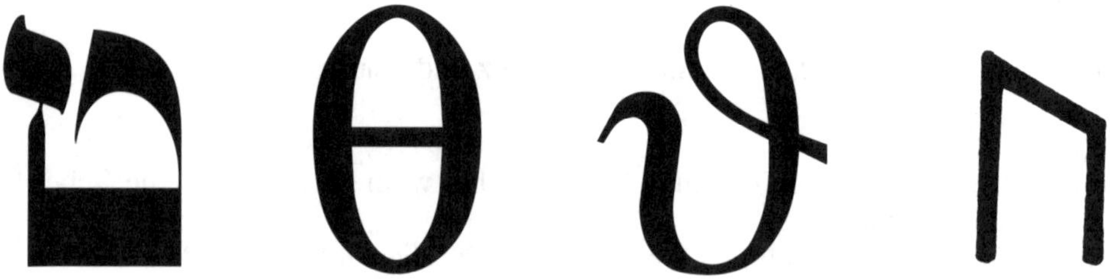

10. Weg; Die Hilfsbereitschaft

Die Uridee des **Mitgefühls** machte er zum König über die Arbeit; er setzte ihr eine Krone auf und verband beide (Mitgefühl und Arbeit) miteinander, und er formte durch sie die Jungfrau am Himmel, den August im Jahr und die linke Niere im Körper. Aus ihr entfaltete sich *"das Bewußtsein der unterstützenden Kraft und Hilfe (**Hilfsbereitschaft**); weil sie allen Bewegungen der Himmelskörper Kraft verleiht und sie dadurch leitet und fördert."*

Das Bild: *Eine gütige Frau hält einem Kranken ein Glas Wasser an dem Mund.*

Affirmationen

Du bist der Helfer in mir.

Durch Deine Hilfsbereitschaft bin ich mitfühlend.

Weil Du keine Gegenleistung forderst, kann auch ich großzügig sein.

Die Hilfe anderer ist *Dein Angebot,* ich nehme es gerne an.

Du hilfst durch mich schnell und unkompliziert.

Du prüfst mich durch die Bitte anderer.

Durch Dich habe ich Überfluß, darum kann ich geben.

Du zeigst mir stets die Mitte zwischen Hilfsbereitschaft und Selbsthilfe.

Fragen

Wo und bei wem übertreibe ich Hilfsbereitschaft, wo und bei wem ignoriere ich sie? Siehe Lebensbereiche und Aktionsfelder.
Welche Erwartungen verküpfe ich mit Hilfsbereitschaft, z.B. persönliche Anerkennung oder pures Mitgefühl?
Durch wen oder was habe ich schon einmal Hilfe erhalten, und wie habe ich sie angenommen?
Wie reagiere ich auf Undankbarkeit und wie steht es mit meiner Dankbarkeit?
Wem oder Was auf meinem Lebensweg könnte ich helfen?
Kann der andere sich dadurch besser selber helfen?
Wie kann ich die Situation des anderen besser verstehen?
Was hindert mich daran, und welche Bedenken muß ich loslassen?
Wie kann ich *Seine* Hilfsbereitschaft in mir mehr zulassen und fühlen, z.B. die Erkenntnis, daß wir alle aufeinander angewiesen sind?
Welcher der drei u.g. Genien wäre mein Favorit?
Wie würde sich dies auf meine Entwicklung und auf die des Partners, der Freunde- und Familie auswirken?

Attribute

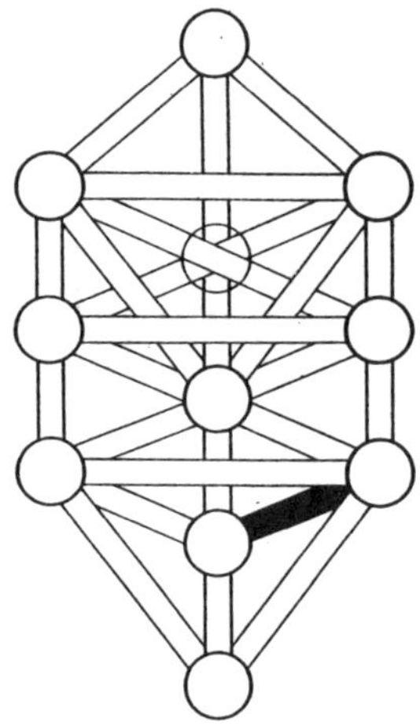

Uridee: *Mitgefühl*

9. Genius Azi-el	Bedürftigkeit
2. Genius Jeli-el	Unterstützung
10.Genius Alad-iah	Dankbarkeit
Wertigkeit:	Einfach
Tarot:	Die profane Welt
Sternzeichen:	Jungfrau
Planet:	Erde
Rune:	Jera
Runen-Yoga:	Jera-Stellung
Lautwert:	J
Hebräischer Buchstabe:	Jod
Griechischer Buchstabe:	Jota
Zahlenwert:	10

Organbeziehung: linke Niere und Leiste.
Verbindung im Lebensbaum: Gefühl (Netzach) und Vitalität (Jesod).

Man muß das Gute tun, damit es in der Welt sei.

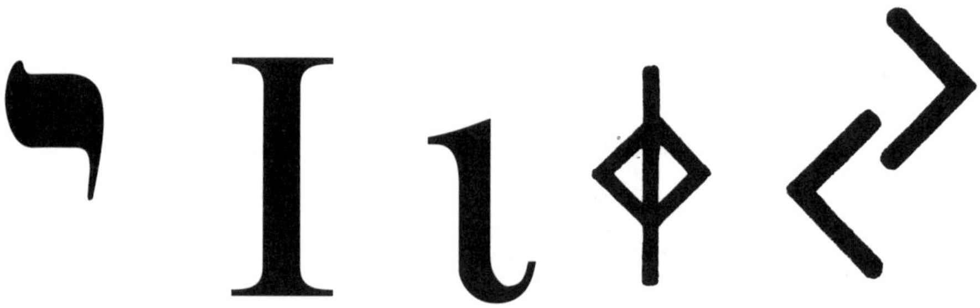

11. Weg; Die Kreativität

Die Uridee des **Wachstums** machte er zum König über das Leben; er setzte ihr eine Krone auf und verband beide (Wachstum und Leben) miteinander, und er formte durch sie die Sonne am Himmel und das linke Ohr am Körper. Aus ihr entfaltet sich *"das Bewußtsein des* ***Schöpferischen*** *und der Wärme, weil die Wärme die grundlegende Kraft aller Schöpfungen ist."*

Das Bild: *Ein fröhlicher Gärtner pflanzt ein Apfelbäumchen im Sonnenschein.*

Affirmationen

Du bist der Künstler und Kreative in mir.

Durch Deine Schöpferkraft bin ich kreativ.

Ich bringe Deine schöpferische Kraft konkret zum Ausdruck.

Durch Dich erkenne und wertschätze ich die Kreativität meiner Mitmenschen.

Jeder von uns ist ein einmaliger Ausdruck *Deiner Genialität.*

Deine schöpferische Kraft ermöglicht uns allen Wachstum und Vollendung.

Du zeigst mir stets die Mitte zwischen Idee, Ausdruck und Form.

Fragen

Wo und bei wem ist mein kreativer Drang übertrieben, wo und bei wem mangelhaft? Siehe Lebensbereiche und Aktionsfelder.
Wem soll mein schöpferischer Drang nützen, mir selbst oder anderen?
Wie kann ich das unterscheiden; sind sie z.B. zuviel mit bewertenden Ich-Bin-Attributen belastet?
Wo und bei wem möchte ich mehr Kreativität entfalten?
Welche inneren und äußeren Blockaden hindern mich daran?
Wie kann ich mich für *Seine* Schöpferkraft mehr öffnen, z.B. indem ich *Seine* allgegenwärtigen Wachstumsimpulse fühle?
Welcher der drei u.g. Genien wäre mein Favorit?
Was könnte ich dadurch manifestieren und verwirklichen?
Wie würde sich dies auf meinen Reifeprozeß und den anderer auswirken?

Attribute

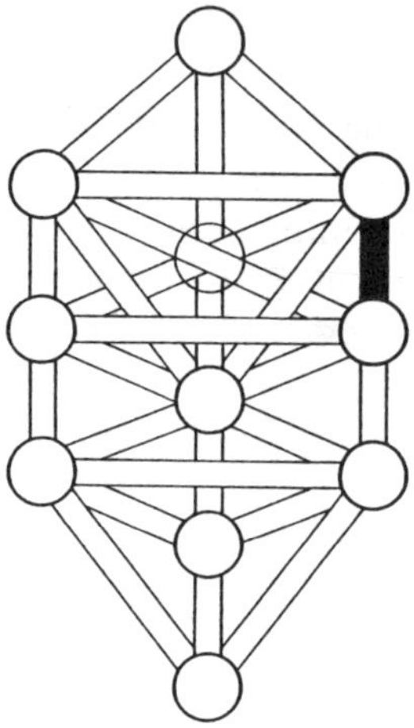

Uridee: *Wachstum*	
51.Genius Hahas-iah	Entfaltung
39.Genius Reha-el	Wohlwollen
45.Genius Seal-iah	Geschicklichkeit
Wertigkeit:	Doppelt
Tarot:	Die Herrscherin
Sternzeichen:	Widder
Planet:	Sonne
Rune:	Kenaz
Runen-Yoga:	Kenaz-Stellung
Lautwert:	Ch
Hebräischer Buchstabe:	Kaph
Griechischer Buchstabe:	Kappa
Zahlenwert:	20

Organbeziehung: linkes Ohr
Verbindung im Lebensbaum: Ideale/Ideen (Chokmah) und Motivation (Chesed).

Der schöpferische Geist wirkt von Augenblick zu Augenblick und schaut nie zurück.

כ K κ ᚲ

12. Weg; Die Treue

Die Uridee der **Stabilität** machte er zum König über die Partnerschaft; er setzte ihr eine Krone auf und verband beide (Stabilität und Partnerschaft) miteinander, und er formte durch sie die Waage am Himmel, den September im Jahre und die Leber im Körper. Aus ihr entfaltete sich *"das Bewußtsein der Belehrung; es macht die Aufrichtigen zur* ***Treue*** *geneigt und bereitet sie auf das Kommen des heiligen Geistes vor."*

Das Bild: *Ein Elefantenpaar mit ineinander verschlungenen Rüsseln.*

Affirmationen

Du bist der Unerschütterliche in mir.

Durch Deine Treue bleibe ich fest gegründet.

Mit Dir bleibe ich meinen guten Vorsätzen treu.

Nur Du vermagst die Treue meines Lebenspartners zu stärken.

Weil Du mir treu bist, erkenne ich den Wert der Treue.

Durch Deine Treue erlebe ich tiefe Verbundenheit.

Durch Dich widerstehe ich den Verlockungen der Untreue und erkenne, wie lieblos sie ist.

Du zeigst mir stets die Mitte zwischen Treue und Unabhängigkeit.

Fragen

Welche Empfindung löst der Begriff Treue bei mir aus?
Wo und bei wem neige ich zur Untreue, z.B. Versprechungen, Vorsätze, Partner, wo und bei wem zu übertriebener Treue, z.B. Hörigkeit? Siehe Lebensbereiche und Aktionsfelder.
Wo und und bei wem bekam ich Untreue schmerzlich zu fühlen?
Welche positive Erfahrung gibt mir die Treue meines Partners?
Welche Folgen hätte seine Untreue für mich?
Wie kann ich den Wert der Treue besser verstehen?
Was muß ich loslassen, um Treue zu verwirklichen, z.B. Angst vor Hörigkeit, Bindung und Abhängigkeit?
Wie kann ich *Seine* Treue in mir mehr zulassen und fühlen, z.B. die Stabilität der göttlichen Verheißung?
Welcher der drei u.g. Genien wäre mein Favorit?
Was könnte ich dadurch besser verwirklichen?
Welchen Reifeprozeß würde dies bei mir und beim Partner fördern?

Attribute

Uridee: *Stabilität*

27.Genius Jerath-el	Rückhalt
29.Genius Reii-el	Ergebenheit
40.Genius Ieia-zel	Verbundenheit
Wertigkeit:	Einfach
Tarot:	Die Liebenden
Sternzeichen:	Waage
Planet:	Venus
Rune:	Laguz
Runen-Yoga:	Laguz-Stellung
Lautwert:	L
Hebräischer Buchstabe:	Lamed
Griechischer Buchstabe:	Lambda
Zahlenwert:	30

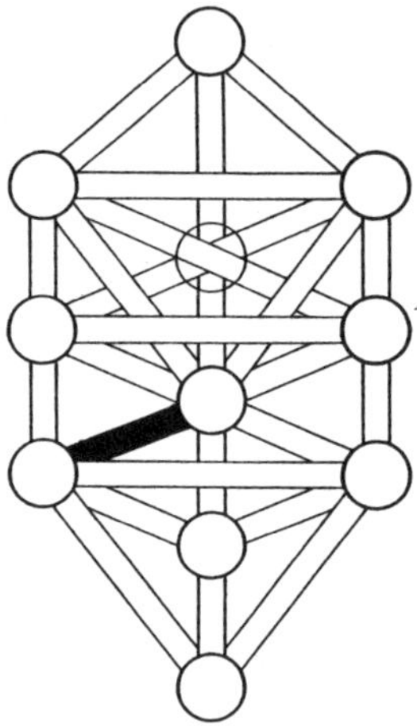

Organbeziehung: Leber
Verbindung im Lebensbaum: Lebensbaummitte (Tifereth) und Verstand (Hod).

Liebe schwärmt auf vielen Wegen, Treue wohnt für sich allein.

ל Λ λ ᛚ

13. Weg; Die Einigung

Die Uridee der **Einheit** machte Er zum König über das Wasser. Er setzte ihr eine Krone auf und verband so beide miteinander (die Einheit und das Wasser), und er formte durch sie die Erde in der Welt, die Kälte im Jahre und den Bauch im Körper. Aus ihr entfaltet sich *"das Bewußtsein der **Einigung**; es ist die Herrlichkeit, die jeden Geist die Wahrheit erkennen läßt."*

Das Bild: *Mehrere Männer und Frauen sitzen im Kreis um ein Feuer und rauchen gemeinsam die Friedenspfeife.*

Affirmationen

Du bist der Vermittler und Einiger in mir.

Durch Deine Einigung lebe ich in der Gemeinschaft.

Weil Du Dich mit mir versöhnst, kann ich mich mit meinem Gegner einigen.

Du bist der große Friede; ich gebe Deinen Frieden weiter.

Mit Dir vergebe ich meinem Feind und reiche ihm die Hand.

Weil Du mir verzeihst, bitte ich um Vergebung und habe keine Schuldgefühle mehr.

Du suchst mit mir die Annäherung und den Ausgleich.

Du zeigst mir stets die Mitte zwischen verzeihen und vergessen.

Fragen

Wo konnte ich durch Einigung Frieden stiften? Siehe Lebensbereiche und Aktionsfelder.
Mit wem und was lebe ich im Streit?
Was blockiert die Einigung bei mir, was beim anderen?
Verstehe ich den Standpunkt des anderen?
Versteht der andere meinen Standpunkt?
In welchem Punkt sind wir uns einig?
Wo kann ich nachgeben?
Wo kann der andere nachgeben?
Welchen beiderseitigen Nutzen hätte die Beilegung des Streites?
Wie kann ich *Seinen* Einigungswillen in mir mehr zulassen und fühlen, z.B. indem ich die Einheit allen Seins überall erkenne?
Welcher der drei u.g. Genien wäre mein Favorit?
Wie würde sich dies auf meine Entwicklung und auf die des Partners, der Freunde- und Familie auswirken?

Attribute

Uridee: *Einheit*

65.Genius Damab-iah	Annäherung
70.Genius Jabam-iah	Überzeugung
68.Genius Habu-iah	Ausgleich
Wertigkeit:	Überragend (Basismutter)
Tarot:	Die Mäßigkeit
Sternzeichen:	Krebs
Planet:	Merkur
Rune:	Manaz
Runen-Yoga:	Manaz-Stellung
Lautwert:	M
Hebräischer Buchstabe:	Mem
Griechischer Buchstabe:	My
Zahlenwert:	40

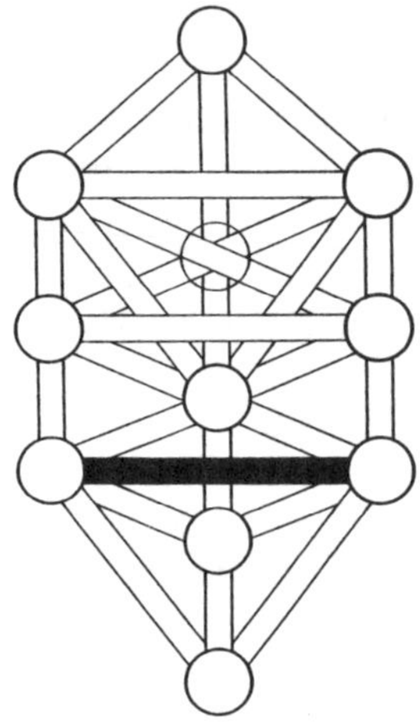

Organbeziehung: Bauchspeicheldrüse, Dünndarm, Unterbauch, Dickdarm und Zwerchfell.

Verbindung im Lebensbaum: Gefühl (Netzach) und Verstand (Hod).

Wenn du nun deine Gaben darbringst zu dem Altar und dich dort erinnerst, daß dein Bruder gegen dich etwas habe, so laß deine Gabe dort vor dem Altar und geh zuvor hin, versöhn dich mit deinem Bruder; und dann komm und bring deine Gabe dar.

מ M μ ᛗ

14. Weg; Die Zuverlässigkeit

Die Uridee der **Geborgenheit** machte er zum König über den Geruch; er setzte ihr eine Krone auf und verband beide (Geborgenheit und Geruch) miteinander, und er formte durch sie den Skorpion am Himmel, den Oktober im Jahr und die Galle im Körper. Aus ihr entfaltete sich *"das Bewußtsein der Dauer und* ***Zuverlässigkeit****, weil es den Bahnen der Himmelskörper Dauer und Gleichförmigkeit verleiht."*

Das Bild: *Jemand hält ein feines Sieb und reinigt das durchlaufende Wasser.*

Affirmationen

Du bist der Zuverlässige in mir.

Durch Deine Zuverlässigkeit fühle ich mich geborgen.

Mit Deiner Zuverlässigkeit kann ich meine alltäglichen Pflichten genau durchführen.

Durch Deine Genauigkeit kann ich dem anderen Korrektheit, Sicherheit und Gewißheit vermitteln.

Durch Dich weiß ich, daß Unpünktlichkeit und Schlamperei eine Mißachtung des anderen ist.

Mit Dir fühle ich mich auch für das verantwortlich, was ich unterlasse.

Mit Deiner Gegenwart wende ich meine ganze Aufmerksamkeit jener Arbeit zu, die ich gerade ausführe.

Du zeigst mir stets die Mitte zwischen Zuverlässigkeit und Toleranz.

Fragen

Was empfinde ich bei den Worten Zuverlässigkeit und Ordnung?
In welchen Lebensbereichen und Aktionsfeldern mangelt es mir an beidem?
Was hindert mich daran?
Wen verurteile ich als Pedant?
Schiebe ich Unerledigtes gerne vor mir her? Warum?
Wieviel Energie kostet mich das im Alltag?
Um wieviel wäre mir leichter, wenn ich alles sofort und gründlich erledigte?
Welchen Nutzen hätte dies für meine Mitmenschen?
Wie kann ich *Seine Zuverlässigkeit* in mir mehr zulassen und fühlen, z.B. die Zuverlässigkeit *Seiner* kosmischen Rhythmen, etwa der tägliche Sonnenaufgang.
Welcher der drei u.g. Genien wäre mein Favorit?
Was könnte ich dadurch manifestieren oder verwirklichen, z.B. besseres Timing?

Wie würde sich dies auf meine Entwicklung und auf die des Partners, der Freunde- und Familie auswirken?

Attribute

Uridee: *Geborgenheit*

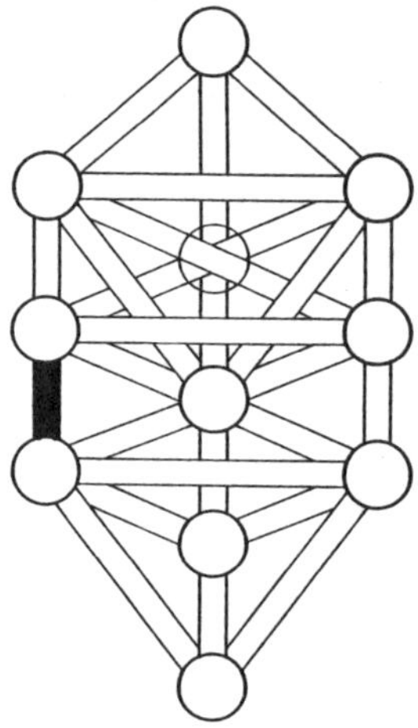

23. Genius Melah-el	Fundamente
33. Genius Jehu-iah	Einhaltung
14. Genius Mebah-el	Korrektheit
Wertigkeit:	Einfach
Tarot:	Planetenbahnen
Sternzeichen:	Skorpion
Planet:	Pluto
Rune:	Nauthiz
Runen-Yoga:	Nauthiz-Stellung
Lautwert:	N
Hebräischer Buchstabe:	Nun
Griechischer Buchstabe:	Ny
Zahlenwert:	50

Organbeziehung: Gallenblase u.-system, rechte Lende und Rippen.
Verbindung im Lebensbaum: Gewissen (Geburah) und Verstand (Hod).

Tue die Arbeit für andere so, als wäre sie für dich selbst.

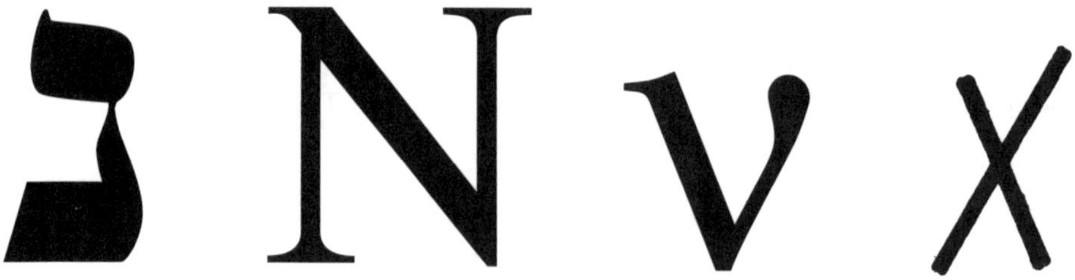

15. Weg; Das Vertrauen

Die Uridee des **Guten** machte er zum König über den Schlaf; er setzte ihr eine Krone auf und verband beide (das Gute und den Schlaf) miteinander, und er formte durch sie den Schützen am Himmel, den November im Jahre und die Milz im Körper. Aus ihr entfaltete sich *"das Bewußtsein des* ***Vertrauens****. Aus ihm entnimmt man die Geheimnisse und die verborgenen Bedeutungen, die in seinem Dunkel schlummern."*

Das Bild: *Eine zarte Taube sitzt am Rand eines Falkenhorstes und der große Falke sitzt friedlich neben ihr.*

Affirmationen

Durch Dein Vertrauen tue ich das Gute.

Dein Vertrauen verleiht mir Glaubwürdigkeit.

Weil ich Dir vertraue, kann ich das Vertrauen anderer dankbar annehmen.

Durch Dich lasse ich alle vagen Verdächtigungen fallen.

Mit Dir sehe ich klar und eindeutig, darum zweifle ich nicht.

Durch Deine Güte und Verschwiegenheit vertraut man mir.

Deine Intuition bewahrt mich vor Leichtgläubigkeit.

Ich kann *Dir immer* vertrauen, weil *Du zuverlässig bist.*

Du zeigst mir stets die Mitte zwischen Vertrauen und Gewißheit.

Fragen

Wo und bei wem neige ich zur Leichtgläubigkeit?
Wo bin ich immer wieder mißtrauisch, z.B. wo verdächtige und kontrolliere ich häufig? Siehe Lebensbereiche und Aktionsfelder.
Wieviel Energie kostet mich das im Alltag?
Vertraue ich mir selber?
Gibt mein Verhalten Anlaß zu Vertrauensbruch?
Was blockiert mein Vertrauen und was muß ich loslassen, um mehr Vertrauen zu können, z.B. Angst vor Irreführung und Betrug, Verdächtigungsneigung, negative Erinnerungen, Verallgemeinerungen usw?
Um wieviel entspannter wären meine Beziehungen, wenn ich mehr vertrauen könnte?
Wie würde ich selbst auf einen Vertrauensbeweis reagieren?

Wie kann ich *Sein Vertrauen* in mir mehr zulassen und fühlen, z.B. seine Gegenwart mehr fühlen?
Welcher der drei u.g. Genien wäre mein Favorit?
Welche positiven Auswirkungen hätte dies auf meine Beziehungen?
Wie würde sich dies auf meine Entwicklung und auf die des Partners, der Freunde und Familie auswirken?

Attribute

Uridee: *Das Gute*

55. Genius Meba-iah	Wertschätzung
62. Genius Jah-hel	Verpflichtung
57. Genius Nemam-iah	Glaubwürdigkeit
Wertigkeit:	Einfach
Tarot:	Das Kind
Sternzeichen:	Schütze
Planet:	Neptun
Rune:	Is
Runen-Yoga:	Is-Stellung
Lautwert:	ks
Hebräischer Buchstabe:	Samek
Griechischer Buchstabe:	Xi
Zahlenwert:	60

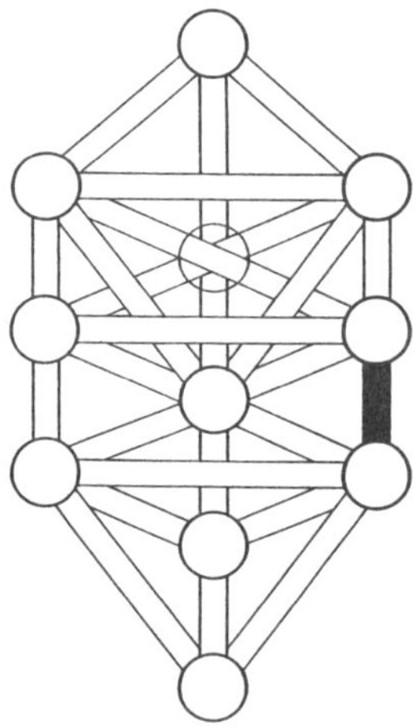

Organbeziehung: Milz, linke Lende und Rippen.
Verbindung im Lebensbaum: Motivation (Chesed) und Gefühle (Netzach).

Vertrauen ist eine zarte Pflanze. Ist es zerstört, dann kommt es so bald nicht wieder.

ס Ξ ξ ᛁ

16. Weg; Die Entschlossenheit

Die Uridee der **Verwirklichung** machte er zum König über den Zorn; er setzte ihr eine Krone auf und verband beide (Verwirklichung und Zorn) miteinander, und er formte durch sie den Steinbock am Himmel, den Dezember im Jahr und die Speiseröhre im Körper. Aus ihr entfaltete sich *"das Bewußtseins der* ***Entschlossenheit;*** *es verleiht jeder Kreatur den Willen zum Dasein und den besonderen Ausdruck seiner Existenz."*

Das Bild: *Ein Mann mit entschlossenem Gesicht, der den Stier bei den Hörnern packt.*

Affirmationen

Du bist der Entschlossene in mir.

Durch Deine Verwirklichungskraft kann ich entschlossen sein.

Mit Deiner Entschlossenheit signalisiere ich anderen Zielstrebigkeit und Eindeutigkeit.

Ab heute löse ich alte Probleme mit *Deiner Konsequenz.*

Von nun an entscheidet *Dein erstes Wahrgefühl*, das in mir aufsteigt.

Du zeigst mir in allen Entscheidungen das Sowohl-als-Auch.

Mit Dir gibt es keine riskanten Entscheidungen, weil alles gelingt.

Du verhilfst mir zu klaren Entscheidungen, dadurch verliere ich keine Zeit und keine Gelegenheit.

Fragen

Welches Gefühl steigt in mir auf, wenn ich an Entschlossenheit denke?
Richtet sich meine Entschlossenheit mehr auf eigene oder fremde Interessen und wie kann ich dies unterscheiden, z.B. kreist sie mehr um bewertende Ich-Bin-Attribute?
In welchen Situationen und Umständen neige ich zur Unentschlossenheit, wo und bei wem bin ich zu sehr entschlossen, ja rücksichtslos? Siehe Lebensbereiche und Aktionsfelder.
Was macht mich wankelmütig (inkonsequent), z.B. zuviel Überlegung, Angst vor Risiken, Konsequenzen, Verantwortung, Mißerfolg?
Wie kann ich *Seine Konsequenz* in mir mehr zulassen und fühlen, z.B. die Entschiedenheit, mit der ein Keimling das Samenkorn durchbricht?
Welcher der drei u.g. Genien wäre mein Favorit?

Wieviel mehr würde ich so zu meiner und anderer Verwirklichung beitragen, könnte ich *Seine Entschlossenheit* in mir mehr fühlen?
Wie würden sich *Seine klare Entschiedenheit* auf meine innere und äußere Entwicklung und auf die anderer auswirken?

Attribute

Uridee: *Verwirklichung*

34. Genius Leha-iah	Überwindung
56. Genius Poi-el	Ermutigung
12. Genius Haha-iah	Sieg
Wertigkeit:	Einfach
Tarot:	Der Turm
Sternzeichen:	Steinbock
Planet:	Pluto
Rune:	Eihwaz
Runen-Yoga:	Eihwaz-Stellung
Lautwert:	E
Hebräischer Buchstabe:	Ajin
Griechischer Buchstabe:	Omikron
Zahlenwert:	70

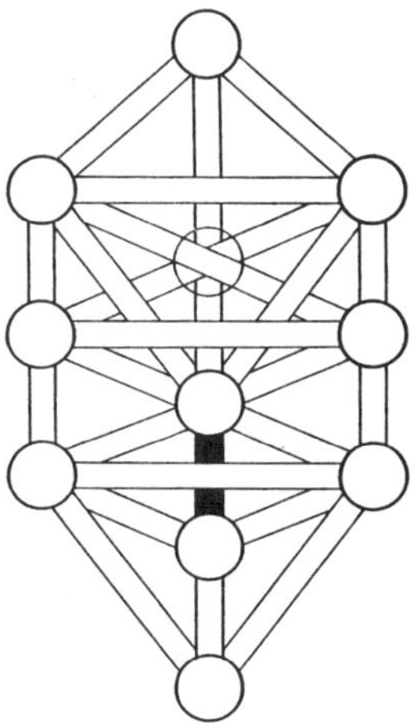

Organbeziehung: Speiseröhre, BWS, LWS.
Verbindung im Lebensbaum: Lebensbaummitte (Tifereth) und Vitalität (Jesod).

Der Himmel hilft niemals solchen, die nicht handeln wollen.

ע O o ᛇ

17.Weg; Die Beharrlichkeit

Die Uridee des **Glaubens** machte er zum König über die Herrschaft; er setzte ihr eine Krone auf und verband beide (Glaube und Herrschaft) miteinander, und er formte durch sie den Merkur am Himmel und das rechte Nasenloch im Körper. Aus ihr entfaltet sich *"das Bewußtsein der **Beharrlichkeit**. Es ist der Urgrund der Beharrlichkeit und verleiht allen Sefiroth Beständigkeit."*

Das Bild: *Ein von der Meeresbrandung abgenagter Fels, der bald zusammenstürzt.*

Affirmationen

Du bist der Ausdauernde in mir.

Deine Gewißheit verleiht mir Glauben.

Ab heute gebe ich durch *Deine Gewißheit* anderen Mut.

Deine Beharrlichkeit macht mich unbeirrbar und unerschütterlich.

Bei Dir gibt es kein *"beinahe"*, darum kann ich lange durchhalten und vollenden.

Je mehr *ich mich Dir* nähere, desto mehr Kraft erhalte ich.

An *Deiner Ausdauer* wächst mein Glaube.

Du zeigst mir stets die Mitte zwischen Beharrlichkeit und Flexibilität.

Fragen

In welcher Situation gebe ich schnell auf, halte nicht durch? Wo und bei wem neige ich zur Sturheit? Siehe Lebensbereiche und Aktionsfelder.
Warum bin ich gerade in dem Punkt so halsstarrig?
Warum gebe ich in einem der o.g. Lebensbereichen und Aktionsfelder auf, resigniere ich zu schnell, z.B. mit Menschen, mangelnder Motivation, zu wenig Gewißheit, mangelnde Geduld, zuviel Unregelmäßigkeit, mangelndes Timing, zu wenig Begeisterung, zuviel Interessen usw.?
Wie kann ich solche Energieverschwendungen vermeiden?
Wie kann ich *Seine Ausdauer* in mir mehr zulassen und fühlen, z.B. die Beobachtung der Beständigkeit einer Meeresbrandung?
Welcher der drei u.g. Genien wäre mein Favorit?
Wie würde sich dies segensreich auf meine langfristigen Pläne auswirken?
Welchen Nutzen hätte dies für meine Entwicklung und für die des Partners, der Freunde und Familie?

Attribute

Uridee: *Glaube*

38.Genius Haam-iah	Stärke (Unerschütterlichkeit)
49.Genius Vehu-el	Stütze
24. Genius Hahu-iah	Standhaftigkeit
Wertigkeit:	Doppelt
Tarot:	Der Herrscher/Kaiser
Sternzeichen:	Jungfrau
Planet:	Erde
Rune:	Perth
Runen-Yoga:	Perth-Stellung
Lautwert:	P
Hebräischer Buchstabe:	Phe
Griechischer Buchstabe:	Pi
Zahlenwert:	80

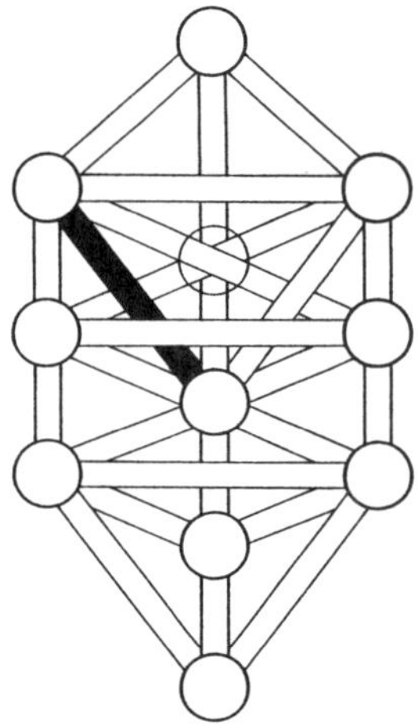

Organbeziehung: rechtes Nasenloch und Bronchien.
Verbindung im Lebensbaum: Formprinzipien (Binah) und Lebensbaummitte (Tifereth).

Ich beuge mich, aber ich breche nicht.

18. Weg; Die Begeisterung

Die Uridee des **Kraftimpulses** machte er zum König über den Geschmack; er setzte ihr eine Krone auf und verband beide (Kraftimpuls und Geschmack) miteinander, und er formte durch sie den Wassermann am Himmel, den Januar im Jahr und den Magen im Körper. Aus ihr entfaltete sich *"das Bewußtsein der* ***Begeisterung****, da durch Gott alles das erneuert (Regeneration) wird, was in der Schöpfung erneuert werden kann."*

Das Bild: *Eine sprudelnde Quelle in sonniger Bergeshöh entspringt einem Felsspalt.*

Affirmationen

Du bist die Glut meiner Lust und Begeisterung.

Durch Deine Freude komme ich zu höchstem Rausch.

Mit Deiner Begeisterung beseele ich andere und erhalte mich jung.

Deine Glut kann mir niemand nehmen.

Die Freude anderer offenbart *die Deine.*

Deine Freude fühle ich stets am richtigen Ort und zur rechten Zeit.

Deine Begeisterung macht mich feurig, aber nicht blind.

Du zeigst mir stets die Mitte zwischen Begeisterung und Beharrlichkeit.

Fragen

Kann ich mich noch für etwas begeistern, und für was könnte ich mich am ehesten begeistern? Siehe Lebensbereiche und Aktionsfelder.
Gilt meine Begeisterung mehr der eigenen Entwicklung oder der anderer?
Wie kann ich das unterscheiden, z.B. wo läßt sie am schnellsten nach?
Wie kann ich Gleichgültigkeit und Abstumpfung verhindern, z.B. durch Vermeiden von Übersättigung und Reizüberflutung, negativen Halbwahrheiten und Nachrichten aus den Medien?
Wer in meinem Bekanntenkreis könnte mich am ehesten begeistern und welche neuen Verbindungs- und Kontaktmöglichkeiten würden sich dadurch ergeben?
Wie kann ich *Seine Begeisterung* in mir mehr zulassen und fühlen, z.B. an der Freude der Kinder?
Welcher der drei u.g. Genien wäre mein Favorit?
Was könnte ich dadurch mehr verwirklichen oder manifestieren?
Wie würde sich dies auf meine Entwicklung und auf die des Partners, der Freunde und Familie auswirken?

Attribute

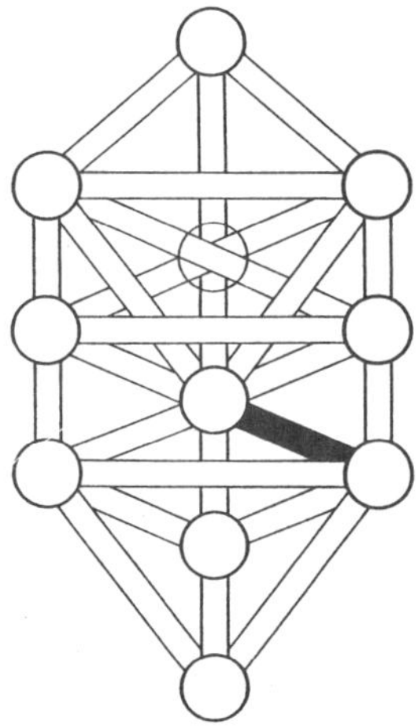

Uridee: *Kraftimpuls*

22.Genius Jeiai-el,	Begeisterung
17.Genius Lano-iah,	Anregungen
58.Genius Jeial-el,	Beseelung
Wertigkeit:	Einfach
Tarot:	Der Siegeswagen
Sternzeichen:	Wassermann
Planet:	Uranus
Rune:	Thurisaz
Runen-Yoga:	Thurisaz-Stellung
Lautwert:	S
Hebräischer Buchstabe:	Shade
Griechischer Buchstabe:	Psi
Zahlenwert:	90

Organbeziehung: Magen
Verbindung im Lebensbaum: Lebensbaummitte (Tifereth) und Gefühl (Netzach).

Begeisterung ohne Wissen ist wie Rennen im Dunkeln.

צ Ψ ψ ᚦ

19. Weg; Der Humor

Die Uridee der **Glückseligkeit** machte er zum König über das Lachen; er setzte ihr eine Krone auf und verband beide (Glückseligkeit und Lachen) miteinander, und er formte durch sie die Fische am Himmel, den Februar im Jahre und den Darm im Körper. Aus ihr entfaltete sich *"das Bewußtsein des **Humors**; es formt die gestaltlichen Ideen der höheren Bewußtseine zu Körpern aus und fördert ihr Wachstum."*

Das Bild: *Ein aus dem Wasser springender Delphin, der einen lachenden Gesichtsausdruck zeigt.*

Affirmationen

Du bist der Heitere in mir.

Durch Deine Glückseligkeit erfahre ich Humor.

Du bist der große Humorist, und ich lache über die Komik des Schicksals.

Weil *Du Dich* nicht so ernst nimmst, kann ich mein Schicksal lächelnd annehmen.

Dein Frohsinn ist mein guter Hausarzt.

Mit Dir entdecke ich stets die Witzfigur meines Egos.

Im Grunde lassen wir uns alle von der Illusion des Egos zum Narren halten.

Du zeigst mir stets die Mitte zwischen Humor und Ernst.

Fragen

Kann ich noch humorvoll sein?
Über was und wen und wo kann ich am herzhaftesten lachen? Siehe Lebensbereiche und Aktionsfelder.
In welchen Lebensbereichen und Aktionsfeldern vergeht mir das Lachen am schnellsten, z.B. Ungerechtigkeiten, Geldforderungen usw.?
Was bewirkt, daß ich manches zu ernst nehme, z.B. Ehrgeiz, Neid, Profilierung, Frust, Streß, Angst, siehe Hauptblockaden?
Wie könnte ich dies abschwächen, z.B. mich weniger hineinsteigern, mich nicht so ernst und wichtig nehmen?
Wie kann ich am Scherz und Humor anderer mehr teilhaben?
Welche neuen Verbindungs- und Kontaktmöglichkeiten würden sich dadurch ergeben?
Wie kann ich *Seine Heiterkeit* in mir mehr zulassen und fühlen, z.B. am Frohsinn der Vögel?
Welcher der drei u.g. Genien wäre mein Favorit?
Was könnte ich dadurch leichter verwirklichen oder manifestieren?

Wie würde sich dies auf meine Entwicklung und auf die des Partners, der Freunde und Familie auswirken?

Attribute

Uridee: *Glückseligkeit*

67.Genius Eia-el	Spaß
60.Genius Mizra-el	Lachen
13.Genius Jeza-el	Heiterkeit
Wertigkeit:	Einfach
Tarot:	Die Stärke und Kraft
Sternzeichen:	Fisch
Planet:	Jupiter
Rune:	Kaunaz
Runen-Yoga:	Kaunaz-Stellung
Lautwert:	Q
Hebräischer Buchstabe:	Koph
Griechischer Buchstabe:	Koppa
Zahlenwert:	100

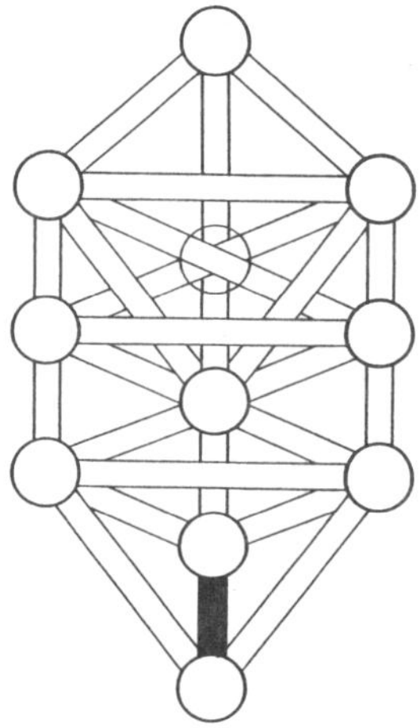

Organbeziehung: Kreuzbein, kleines Becken, Enddarm.
Verbindung im Lebensbaum: Vitalität (Jesod) und Körper (Malkuth).

Vergnügt sein ohne Ansprüche, das ist der Stein der Weisen.

20. Weg; Die Ideenfülle

Die Uridee **Erlösung** machte er zum König über die Dankbarkeit; er setzte ihr eine Krone auf und verband beide (Erlösung und Dankbarkeit) miteinander, und er formte durch sie den Uranus am Himmel und das linke Nasenloch im Körper. Aus ihr entfaltet sich *"das Bewußtsein der* ***Ideen****. Es erfreut die wahren Sucher und empfängt die Ideen der Schöpfung und wirkt sich segensreich auf alle Existenzen aus."*

Das Bild: *Jemand, der sich mit dem Zeigefinger an die Stirn faßt, dabei ein fröhliches Gesicht macht; über seinem Kopf brennt eine freischwebende leuchtende Glühbirne.*

Affirmationen

Du bist der Ideenreiche in mir, ich der Entdecker.

Durch Deine Ideenfülle bin ich reich.

Ich darf den Nutzen *Deiner Ideen* für alle erkennen.

Deine Ideen gebe ich gerne weiter, zum Wohle aller.

Ab heute lasse ich *Deinen Eingebungen* freien Lauf.

Du läßt mich an den Einfällen anderer teilhaben.

Jede Idee, die *Du mir Dir schenkst*, kann ich verwirklichen.

Du verteilst Deine Ideenfülle auf viele Menschen und gibst ihnen Kraft.

Du zeigst mir stets die Mitte zwischen Idealität und Realität, zwischen Möglichkeit und Notwendigkeit.

Fragen

Wo kommen mir die besten Ideen? Siehe Lebensbereiche und Aktionsfelder.
Welche Ideen beschäftigen mich immer wieder?
Wie steht es mit der Verwirklichung?
Verwerte ich Ideen zu meinem Vorteil oder auch für andere?
Wie kann ich dies unterscheiden, sind sie z.B. zuviel mit bewertenden Ich-Bin-Attributen belastet?
Wer oder was hindert mich an der richtigen Idee?
Wer oder was könnte meine Ideen fördern oder unterstützen?
Wie kann ich mich für *Seine Ideenfülle* mehr öffnen, z.B. *Seine* Vielheit in der Einheit mehr wahrnehmen?
Welcher der drei u.g. Genien wäre mein Favorit?

Welche positiven Früchte könnte ich dadurch zum Wohle aller hervorbringen?
Wie würde sich dies auf meine Entwicklung und auf die des Partners, der Freunde und Familie auswirken?

Attribute

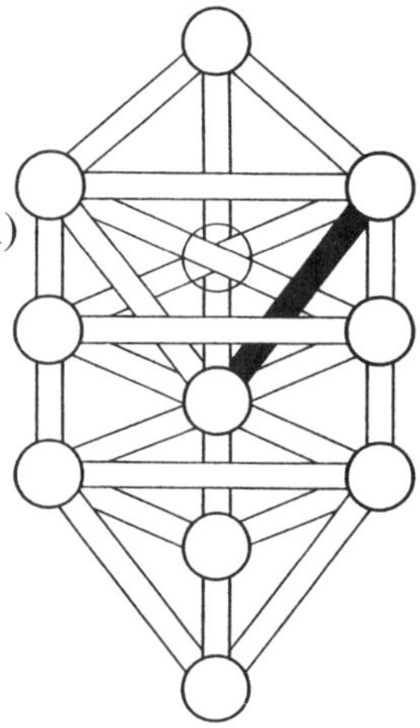

Uridee: *Erlösung*

30. Genius Oma-el	Problemlösung
15. Genius Hari-el	Prüfungen
48. Genius Miha-el	Verbesserungen (durch Ideen)
Wertigkeit:	Doppelt
Tarot:	Die Sonne
Sternzeichen:	Schütze
Planet:	Uranus
Rune:	Raido
Runen-Yoga:	Raido-Stellung
Lautwert:	R
Hebräischer Buchstabe:	Resch
Griechischer Buchstabe:	Rho
Zahlenwert:	200

Organbeziehung: linkes Nasenloch und Bronchien.
Verbindung im Lebensbaum: Lebensbaummitte (Tifereth) und Ideale, Ideen (Chokmah).

Dem Eigennutz ist der Zugang zum Kosmos der Ideen versperrt, weil er keinen Sinn fürs Ideale hat.

21. Weg; Spiritualität

Die Uridee der **Erleuchtung** machte Er zum König über das Feuer. Er setzte ihr eine Krone auf und verband so beide miteinander (die Erleuchtung und das Feuer), und er formte durch sie den Himmel in der Welt, die Wärme im Jahre und den Kopf im Körper. Aus ihr entfaltet sich *"das Bewußtsein der* ***Spiritualität****. Es belehrt über die Mysterien und ist die Grundlage der Heiligkeit."*

Das Bild: *Ein Blitzstrahl von oben, der ein Gesicht erhellt.*

Affirmationen

Durch Dein inneres Licht bin ich erwacht.

Dein strahlendes Bewußtsein verleiht mir Spiritualität.

Durch Dich brauche ich mich nicht mehr an feste Meinungen, Vorurteile und Voreingenommenheiten zu klammern.

Weil ich alles so nehme, *wie Du es willst,* kann mich nichts mehr enttäuschen.

Ich gehe mit Dir Aggressionen aus dem Weg, weil sie neue erzeugen.

Ich freue *mich mit Dir* über den Wohlstand und das Glück aller Wesen, weil wir alle Brüder sind.

Ich fühle *mit Dir* die Krankheit und die Not anderer, weil sie alle *von Dir* ein Teil sind.

Du öffnest mich *für Deinen Geist,* der weht, wohin er will.

Spiritualität ist frei von sieben Dingen: Meinungen, Voreingenommenheit, Enttäuschung, Aggression, Neid, Schadenfreude, Egoismus.

Fragen

Betrachte ich die Dinge mehr vom Standpunkt geistiger Gesetze oder sehe ich eher die materiellen Notwendigkeiten? Welchem von beiden räume ich die größere Priorität ein?
Wieviel Raum gebe ich also der Spiritualität?
Wieviel Raum gebe ich der Materialität?
Was von den sieben Punkten habe ich schon verwirklicht?
Welche äußeren Hindernisse und Gewohnheiten muß ich loslassen, um sie zu realisieren?
In welchen Alltagssituationen könnte ich Spiritualität üben? Siehe Lebensbereiche und Aktionsfelder.
Wer oder was könnte meine Spiritualität fördern oder unterstützen?

Wie kann ich *Seinen Geist* in mir mehr zulassen und fühlen, z.B. die höheren Prinzipien und Gesetze der Schöpfung mehr wahrnehmen, siehe Weg 22?
Welcher der drei u.g. Genien wäre mein Favorit?
Was würde ich dadurch entscheidend verwirklichen oder manifestieren?
Wie würde sich dies auf meine Entwicklung und auf die des Partners, der Freunde- und Familie auswirken?

Attribute

Uridee: *Erleuchtung*

6. Genius Lelah-el	Erwachtsein
1. Genius Vehu-iah	Hochachtung
31.Genius Lekab-el	spirituelles Wachstum
Wertigkeit:	Überragend (obere Mutter)
Tarot:	Der Magier
Sternzeichen:	Löwe
Planet:	Sonne
Rune:	Sowelu
Runen-Yoga:	Sowelu-Stellung
Lautwert:	Sch
Hebräischer Buchstabe:	Schin
Griechischer Buchstabe:	Sigma
Zahlenwert:	300

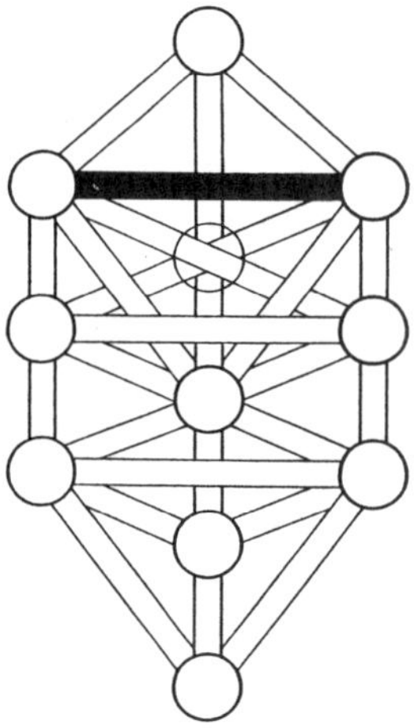

Organbeziehung: Stirnmitte und Hirnbalken.
Verbindung im Lebensbaum: Ideale, Ideen (Chokmah) und Formprinzipien (Binah).

Ich kenne mich nicht, ich habe nur eine Vorstellung von mir.

ש Σσς ᛊ

22. Weg; Gesetzeserfüllung

Die Uridee der **Weisheit** machte er zum König über die Gesetze; er setzte ihr eine Krone auf und verband beide (Weisheit und Gesetze) miteinander, und formte durch sie den Diamantstern am Himmel und die rechte Gesichtshälfte im Körper. Aus ihr entfaltet sich *"das Bewußtsein der **Gesetzeserfüllung**."*

Das Bild: *Zwei leuchtende, antike Gesetzestafeln vor dem kosmischen Hintergrund einer Galaxis.*

Einige wichtige Gesetze

Liebe Gott über alles, und deinen Nächsten wie dich selbst.
Alles nun, was du willst, daß dir die Menschen tun sollen, das tue ihnen auch.
Wahrlich, ich sage euch, wenn ihr es einem der geringsten dieser Brüder getan habt, habt ihr es mir getan.
Wer euch aufnimmt, nimmt mich auf, und wer mich aufnimmt, nimmt den auf, der mich gesandt hat. Wer einen Propheten aufnimmt in eines Propheten Namen, wird eines Propheten Lohn empfangen; und wer einen Gerechten aufnimmt, wird eines Gerechten Lohn empfangen.
Wer anklopft, dem wird aufgetan werden.
Wer meinen Namen anruft, der wird in den Tagen der Drangsal gerettet.
Widerstehe nicht dem Übel, denn es erzeugt Übleres.
Versöhne dich mit deinem Gegner, gib ihm mehr, als er fordert.
Liebe deine Feinde, bete für die, welche dich verfolgen.
Sammle nicht Schätze dieser Erde, sondern Schätze des Herzens.
Sorge dich nicht um das Morgen, denn du kannst deinem Leben keine Spanne hinzusetzen.
Was du säst, wirst du ernten.
Mit dem Maß, mit dem du richtest, wirst du gerichtet.
Wer zum Schwert greift, kommt durch das Schwert um.
Wer sich erhöht, der wird erniedrigt, und wer sich erniedrigt, der wird erhöht.
Diene nicht zwei Herren, denn du wirst den einen hassen oder verachten und den anderen lieben oder verehren.
Nicht, was in deinen Mund eingeht, verunreinigt dich, sondern was von ihm ausgeht.
Gib nicht das Heilige den Hunden, und wirf es nicht vor die Säue.
Erkenne an den Früchten (Auswirkungen).

Affirmationen

Du erkennst die Gesetze der Weisheit in mir.
Du bist das Gesetz, ich der Erfüllende.
Weil Dein Plan heilig ist, gibt es für mich keine Zufälle.
Dein Gesetz der Resonanz ist für mich Realität.
Dein Gesetz der Gottes- und Nächstenliebe ist mir das Höchste; Du gibst mir Führung und Kraft.

Die Weisheit *Deiner Gesetze* bewahrt mich vor Schaden, darum bleibe ich ihnen treu.
Ich bejahe die göttlichen Gesetze, weil *ich selbst* aus ihnen erschaffen bin.

Fragen

Welches göttliche Gesetz spüre ich in meinem Leben am deutlichsten?
Welches davon versuche ich zu verwirklichen?
Mit welchem stehe ich häufig in Konflikt? Siehe Lebensbereiche und Aktionsfelder.
Welche Gewohnheiten -innere und äußere Hindernisse- blockieren deren Verwirklichung?
Welche Erkenntnis habe ich daraus gewonnen? (mehr losgelassen- aufgegeben, mehr zugelassen- angenommen)?
Was oder Wen sollte ich meiden und aus dem Wege gehen?
Wer oder was könnte mich bestärken oder unterstützen?
Wie kann ich *Seine Gesetzestreue* in mir mehr zulassen und fühlen?
In welchen Alltagssituationen ergäbe sich eine Chance?
Welcher der drei u.g. Genien wäre mein Favorit?
Was könnte ich dadurch entscheidend verwirklichen oder manifestieren?
Wie würde sich dies auf meine Entwicklung und auf die des Partners, der Freunde- und Familie auswirken?

Attribute

Uridee: *Weisheit*

7. Genius Acha-iah	Besonnenheit
16.Genius Hakam-iah	Geduld
26.Genius Haa-iah	Erfüllung
Wertigkeit:	Doppelt
Tarot:	Das Schicksalsrad/Dharma
Sternzeichen:	Steinbock
Planet:	Diamantstern
Rune:	Tiwaz
Runen-Yoga:	Tiwaz-Stellung
Lautwert:	Th
Hebräischer Buchstabe:	Taw
Griechischer Buchstabe:	Tau
Zahlenwert:	400

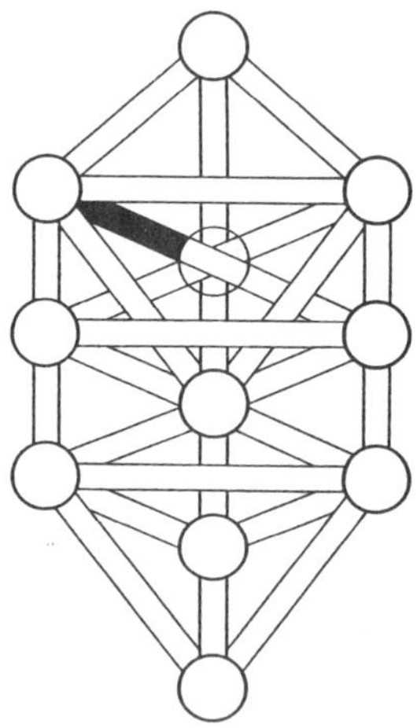

Organbeziehung: rechter Oberkiefer, Jochbein, Zähne und NNH.
Verbindung im Lebensbaum: Formprinzipien (Binah) und Motivation (Chesed).

Wahrlich, ich sage euch, eher werden Himmel und Erde vergehen, als daß ein Strichlein des Gesetzes wegfalle.

ת T τ ᛏ

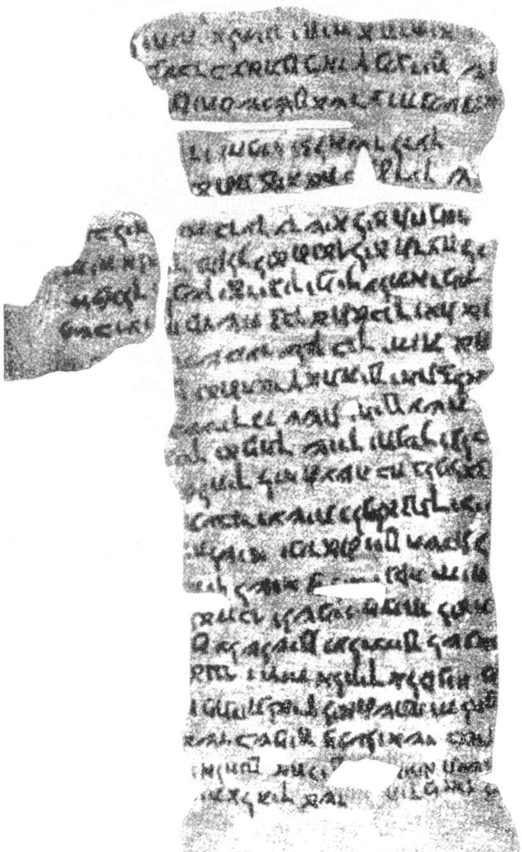

Abb.81 Die zehn Gebote in hebräischer Quadratschrift, auf einem aus der vorchristlichen Zeit stammenden, in Ägypten bei Nash gefundenen Papyrus.

Weg 22a; Die Geduld

Wer eilt, nähert sich dem Tod von vorne. Wer säumt, nähert sich dem Tod von hinten. Zwischen beiden ist das ewige Sein. Wer zur rechten Zeit wirkt, kennt keinen Tod.

Das Bild: *Jemand sucht mit lächelndem Gesicht und lässiger Haltung eine Stecknadel im großen Heuhaufen.*

Affirmationen

Du bist der Geduldige in mir.

Durch Deine Geduld verwirkliche ich Weisheit.

Mit Dir kann ich die Fehler und Schwächen der anderen als einen Prozeß verstehen.

Du siehst mein Leben und das meiner Mitmenschen als einen positiven Bewußtwerdungsprozeß.

Mit Dir weiß ich, daß alles seine Zeit braucht.

Was Zeit braucht, ist gut und wertvoll.

Deine Geduld macht mich gelassen und zuversichtlich.

Du zeigst mir stets die Mitte zwischen Warten und Handeln.

Fragen

In welchen Lebensbereichen und Aktionsfeldern verliere ich am schnellsten die Geduld?
Bei welchen Widerwärtigkeiten und Hindernissen raste ich leicht aus, z.B. wenn ich etwas nicht finde?
Was hindert mich daran, z.B. zu hohe Erwartungen, Allergisierung, liebgewonnene Interessen und Fixiertheiten?
Wie könnte ich dies entschärfen?
Kenne ich einen Menschen, der wesentlich geduldiger ist als ich?
Könnte ich durch Geduld meine Kräfte mehr schonen und mit den Schwächen und Problemen anderer besser umgehen?
Wie kann ich *Seine Geduld* in mir mehr zulassen und fühlen, z.B. durch beobachten längerer Entwicklungsprozesse?
Welcher der drei genannten Genien wäre mein Favorit?
Was könnte ich dadurch eher verwirklichen oder manifestieren?
Wie würde sich dies auf meine Entwicklung und auf die des Partners, der Freunde und Familie auswirken?

Attribute, siehe Weg 22; Gesetzeserfüllung
Uridee: *Weisheit*
Wertigkeit: Doppelt
Tarot: Das Schicksalsrad/Dharma
Runen-Yoga: Tiwaz-Stellung
Zahlenwert: 500

Organbeziehung: linker Schulterrand, Unterkiefer, Zähne und Mundboden.
Verbindung im Lebensbaum: Formprinzipien (Binah) und Motivation (Chesed).

Die Geduld verlieren heißt, seine Würde aufgeben.

ת T τ ᛏ

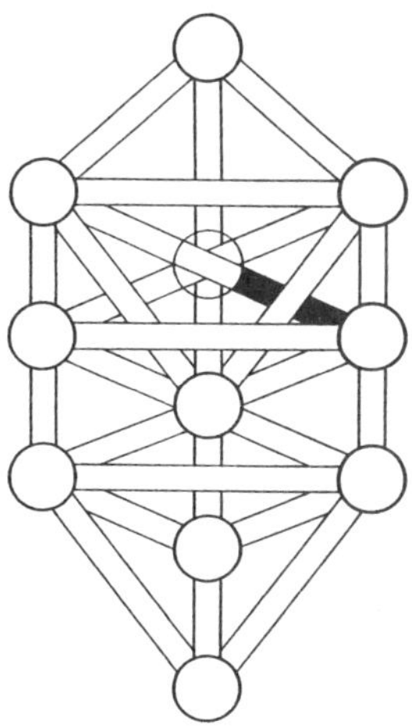

23. Weg; Die Bescheidenheit

Die Uridee der **Einfachheit** machte er zum König über die Zufriedenheit; er setzte ihr eine Krone auf und verband beide (Einfachheit und Zufriedenheit) miteinander, und formte durch sie den Neptun am Himmel und die linke Gesichtshälfte im Körper. Aus ihr entfaltet sich *"das Bewußtsein der **Bescheidenheit**."*

Das Bild: *Schwere Ähren im Sonnenschein, die ihre Köpfe neigen.*

Affirmationen

Du bist der Bescheidene in mir.

Durch Deine Bescheidenheit bleibe ich einfach.

Weil Du Dich nicht wichtig nimmst, nehme ich mich auch nicht mehr wichtig.

Weil Du mich nicht überforderst, erwarte ich von anderen eher weniger als von mir selbst.

Ich folge *Deinen* kleinen Zwischenzielen.

Was Du mir gibst, das habe ich verdient und bin damit zufrieden.

Du zeigst mir stets die Mitte zwischen Bescheidenheit und Mut.

Fragen

Wo bin ich bescheiden, wo stelle ich gewisse Ansprüche?
In welchen Lebensbereichen und Aktionsfeldern stelle ich an mich und an andere hohe Anforderungen?
Habe ich sie verwirklicht?
Mit wem oder was bin ich am meisten unzufrieden?
Welche Erwartung sollte ich vermindern, um mehr Zufriedenheit zu erlangen?
Wie kann ich mit den Fehlern und Schwächen anderer gütiger umgehen?
Wie kann ich toleranter sein, ohne meine Prinzipien aufzugeben?
Kenne ich einen Menschen, der mir darin ein Vorbild ist?
Wie kann ich *Seine Bescheidenheit* in mir mehr zulassen und fühlen, z.B. mich nicht mehr so wichtig nehmen?
Welcher der drei u.g. Genien wäre mein Favorit?
Was könnte ich dadurch verwirklichen oder manifestieren?
Wie würde sich dies auf meine Entwicklung und auf die des Partners, der Freunde und Familie auswirken?

Attribute

Uridee: *Einfachheit*

54. Genius Nitha-el	Zufriedenheit
61. Genius Umab-el	Anspruchslosigkeit
41. Genius Hahah-el	Eintracht u.Einklang
Wertigkeit:	Doppelt
Tarot:	Der Eremit
Sternzeichen:	Fische
Planet:	Neptun
Rune:	Wunjo
Runen-Yoga:	Wunjo-Stellung
Lautwert:	V/U
Hebräischer Buchstabe:	Fe
Griechischer Buchstabe:	Ypsilon
Zahlenwert:	600

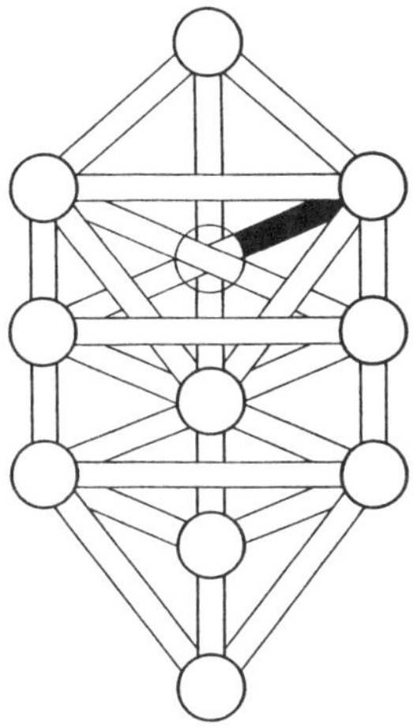

Organbeziehung: linker Oberkiefer, Zähne, Jochbein und NNH.
Verbindung im Lebensbaum: Ideale, Ideen (Chokmah) und Gewissen (Geburah).

Wahre Bescheidenheit ist ohne bewertenden Selbstbezug.

ף Y υ ᚹ

Weg 23a; Die Genügsamkeit

Genügsamkeit ist natürlicher Reichtum, Luxus künstliche Armut.

Das Bild: *Ein einfach gekleideter Mann liegt auf einer Brettbank und schläft friedlich. Sein Stab lehnt an der Wand, der Beutel mit den Habseligkeiten liegt auf dem Boden. Neben ihm ein rohgezimmerter, einfacher Holztisch mit einem halbgefüllten Wasserkrug und einem Laib Brot.*

Affirmationen

Du bist der Genügsame in mir.

Durch Deine Genügsamkeit verschwende ich nichts.

Ab heute begehre ich mir nur noch das, was *mit Deiner Genügsamkeit* übereinstimmt.

Du gibst mit mir das Zuviel dem Zuwenig.

Mit Dir brauche ich vieles nicht mehr, was Einbildung ist.

Du bewahrst mit mir das Schönere für das nächste Mal auf.

Durch Dich koste ich nichts bis zur Neige aus.

Mit Dir bin ich auch mit wenigem zufrieden.

Du zeigst mir stets die Mitte zwischen Genügsamkeit und Großzügigkeit.

Fragen

Welches Gefühl empfinde ich bei dem Wort Genügsamkeit?
In welchen Lebensbereichen und Aktionsfeldern bin ich genügsam, und in welchen zu anspruchsvoll, und müssen andere deshalb verzichten?
Wo und wie wirken sich diese Ansprüche als Hindernis aus?
Wieviel davon ist Einbildung?
Was würde geschehen, wenn ich auf diese Ansprüche verzichten würde, könnte ich ohne sie ebenso zufrieden sein?
Welche Folgen hätte dies für meine materielle und finanzielle Situation?
Kann man genügsam sein und anderen und sich dennoch etwas gönnen?
Wie kann ich *Seine Genügsamkeit* in mir mehr zulassen und fühlen, z.B. durch beobachten genügsamer Lebensprozesse?
Welcher der drei genannten Genien wäre mein Favorit?
Was könnte ich dadurch manifestieren oder verwirklichen?
Wie würde sich eine solche Genügsamkeit auf meinen Reifeprozeß und auf den des Partners auswirken?

Attribute, siehe Weg 23; Bescheidenheit.
Uridee: *Einfachheit*

Wertigkeit:	Doppelt
Tarot:	Der Eremit
Runen-Yoga:	Fehu-Stellung
Zahlenwert:	700

Organbeziehung: rechter Schulterrand, Unterkiefer, Zähne und Mundboden.
Verbindung im Lebensbaum: Ideale, Ideen (Chokmah) und Gewissen (Geburah).

Mäßig wird alt, zuviel stirbt bald.

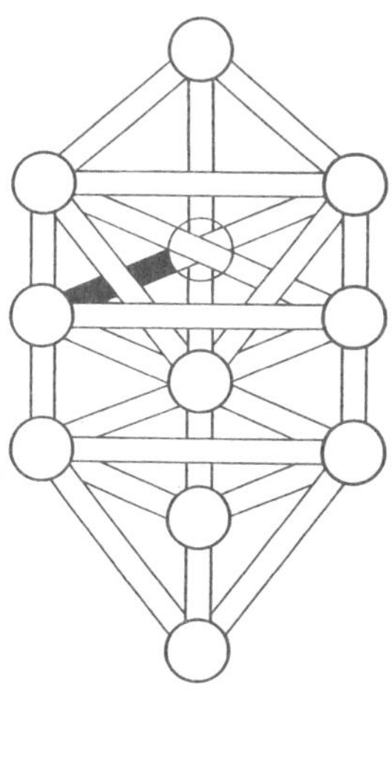

24.Weg; Die Gelassenheit

Die Uridee des **Friedens** machte er zum König über die Anmut; er setzte ihr eine Krone auf und verband beide (Friede und Anmut) miteinander, und er formte durch sie den Diamantstern am Himmel und den Mund im Körper. Aus ihr entfaltet sich *"das Bewußtsein der Gelassenheit, der Hingabe und der Liebe". In ihm ist das Geheimnis der zehn geistigen Edelsteine (Gnadengaben) gefaßt. Sie entströmen dem höchsten Segen und der erhabensten Verklärung."*

Das Bild: *Ein Mensch, der in entspannter Haltung bei einem Gewitter meditiert.*

Affirmationen

Du bist der Gelassene in mir.

Durch Deine Gelassenheit lebe ich in Frieden.

Ich kann mich loslassen, *weil Du in mir bist.*

Ich übergebe Dir das, was im Moment nicht zu ändern ist.

Weil Du mich nicht überforderst, baue ich keine zu hohen Erwartungen auf, die meinen und den Weg anderer blockieren könnten.

Dein göttlicher Wille hat mich für diesen Planeten bestimmt und niemand kann *Dir* trotzen.

Du allein kannst mich mit Gleichmut füllen.

Weil ich Dir vertraue, bewahrst Du mich.

Du zeigst mir stets die Mitte zwischen Zulassen und Verhindern, zwischen Loslassen und Festhalten, zwischen Handeln und Nichthandeln.

Fragen

In welchen Lebensbereichen und Aktionsfeldern bin ich gelassen, und in welchen schnell verunsichert?
Welche Sorgen, Bedenken und Ängste verunsichern mich besonders, und wie oft waren sie wirklich berechtigt, z.B. Mißtrauen, Ängste, Sorgen usw.
Was ist der Unterschied zwischen Gelassenheit und Gleichgültigkeit?
Kenne ich einen Menschen, der gelassener ist als ich?
Könnte ich durch Gelassenheit mit den Schwächen und Problemen anderer besser umgehen, und würde das meine Beziehungen verbessern?
Wie kann ich *Seine Gelassenheit* in mir mehr zulassen und fühlen, z.B. sich selber im Lebensprozess mehr sein lassen?
Welcher der drei u.g. Genien wäre mein Favorit?

Was könnte ich dadurch verwirklichen oder manifestieren?
Wie würde sich dies auf meine Entwicklung und auf die des Partners, der Freunde und Familie auswirken?

Attribute

Uridee: *Friede*

28.Genius See-iah	Nächstenliebe
42.Genius Mika-el	Gelassenheit und Ruhe
72.Genius Mum-iah	spirituelle Lehrerschaft
Wertigkeit:	Doppelt
Tarot:	Der Gottesnarr
Sternzeichen:	Wassermann
Planet:	Diamantstern (Transpluto)
Rune:	Odal
Runen-Yoga:	Odal-Stellung
Lautwert:	O
Hebräischer Buchstabe:	Wet
Griechischer Buchstabe:	Omega
Zahlenwert:	800

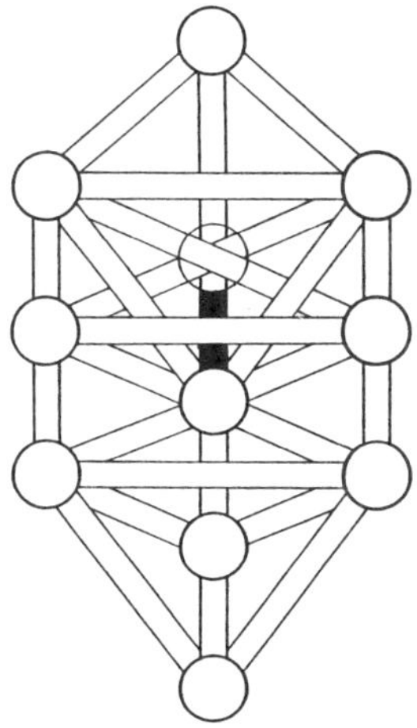

Organbeziehung: obere BWS, Luftröhre
Verbindung im Lebensbaum: Einheit (Kether) und Lebensbaummitte (Tifereth).

Gelassenheit ist das beständige Gefühl eines Erleuchteten- die Seinsgewißheit.

ב Ω ω ᛟ

Weg 24a; Die Hingabe

Wahre Liebe ist Hingabe.

Das Bild: *Ein Mann auf einem Pferd gibt bei kaltem, regnerischem Wetter seinen Mantel einem Bettler.*

Affirmationen

Du bist der Hingebende in mir.

Durch Deine Liebe kann ich mich hingeben.

Deine Hingabe bewirkt unsere Vereinigung.

Mit Deiner Hingabe fällt mir ein Opfer nicht schwer.

Durch Deine Hingabe verwirkliche ich Demut.

In der beidseitigen Hingabe sehe ich das höchste Glück.

In der ganzen Schöpfung gibt sich eins für das andere hin.

Durch Dein Vorbild wertschätze ich hingebungsvolle Menschen.

Je mehr ich mich einer höheren Aufgabe hingebe, desto freier werde ich vom Ego.

Du zeigst mir stets die Mitte zwischen Hingabe und Selbsterhaltung.

Fragen

Würde ich mich mehr für eigene oder für höhere Ziele hingeben, und wie kann ich das unterscheiden, z.B. was habe ich, was hat der andere davon?
In welchen Lebensbereichen und Aktionsfeldern würde ich mich nicht opfern?
Welche Befürchtungen blockieren mich am stärksten, und *wie* kann ich sie loslassen, z.B. Verlustängste?
Was hältst Du von dem Slogan:*"Immer nur Opfer sein? Nein, Danke!"*
Wurde ich vom Schicksal einmal gezwungen, mich hinzugeben?
Kenne ich einen hingebungsvollen Menschen?
Wie kann ich *Seine Hingabe* in mir mehr zulassen und fühlen, z.B. die Gewißheit, daß im Universum nichts verlorengeht?
Welcher der drei u.g.Genien wäre mein Favorit?
Würde das meine Beziehungen, insbesondere die Partnerschaft, verbessern?
Was könnte ich dadurch manifestieren und verwirklichen, z.B. schnelle und wirkungsvolle Hilfe?
Wie würde sich dies auf meine Entwicklung und auf mein Umfeld auswirken?

Attribute, siehe Weg 24; Gelassenheit
Uridee: *Friede*

Wertigkeit:	doppelt und überragend
Tarot:	Der Gottesnarr
Runen-Yoga:	Odal-Stellung
Zahlenwert:	900

Organbeziehung: HWS, Hirnstamm
Verbindung im Lebensbaum: Einheit (Kether) und Lebensbaummitte (Tifereth).

Die Frucht der Hingabe ist die Vereinigung.

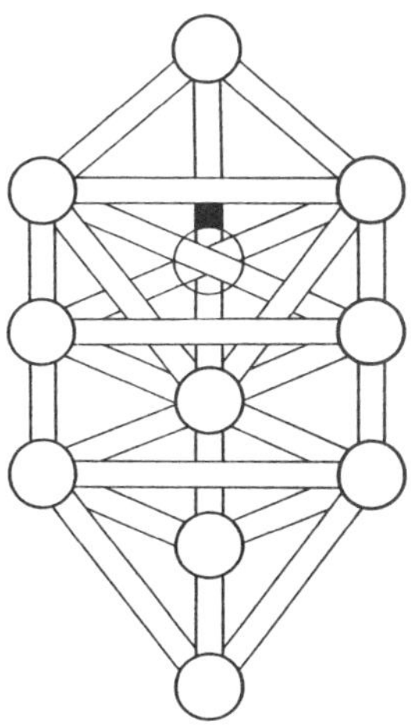

Weg 24b; Der Friede

Erkenne ich im Nächsten die transzendente Sehnsucht, so sehe ich hinter dem Ego den eigentlichen Frieden, und ein Opfer fällt mir nicht schwer.

Das Bild: *Zwei Menschen, die sich eng umarmen.*

Affirmationen

Du bist der große Friede in mir.

Durch Deinen Frieden kann ich alles mit Liebe machen.

Durch Dich kann ich meinen Mitmenschen friedvoll begegnen.

Je mehr ich mich Deinem Frieden zuneige, desto mehr bin ich Friedensstifter.

Den Alltagshindernissen und Schwierigkeiten setze ich *Deine Harmonie* entgegen.

Es ist alles schön, weil ich es mit *Deinem Frieden* betrachte.

Dein Friede in mir befreit mich von allen negativen Gedanken.

Du zeigst mir stets die Mitte zwischen Frieden und Wandlung.

Fragen

Welche Vorstellungen verbinde ich mit Frieden?
Was ist der Unterschied zwischen friedlichem Miteinander und koexistierendem Nebeneinander?
Läßt sich persönliche Befriedung vom allgemeinen Frieden trennen, z.B. Selbstbefriedung und Friedensvertrag?
Wie kann ich mich selbst befrieden?
Wo und durch wen habe ich wirklichen Frieden erfahren? Siehe Lebensbereiche und Aktionsfelder.
Wäre auch ich zu einem solchen Frieden fähig?
Falls nein, was hindert mich daran, z.B. Berechnung, Mißtrauen, Belohnung, Angst, Vorbehalte, Abneigung?
Wie kann ich solche Vorbehalte abbauen?
Wie kann ich *Seinen Frieden* in mir mehr zulassen und fühlen?
Welcher der drei u.g. Genien wäre mein Favorit?
Was könnte ich durch sie besonders verwirklichen oder manifestieren?
Wie würde sich eine solche Friedenshaltung auf meine Entwicklung und auf die des Partners, der Freunde und Familie auswirken?

Attribute, siehe Weg 24; Gelassenheit
Uridee: *Friede*

Wertigkeit:	höchste Wertigkeit
Tarot:	Der Gottesnarr
Runen-Yoga:	Odal-Stellung
Zahlenwert:	1000

Organbeziehung: Alle Organe
Verbindung im Lebensbaum: Einheit (Kether) und Lebensbaummitte (Tifereth).

Wer in der wirklichen Welt arbeiten kann und in der Liebe lebt, der hat das Höchste erreicht.

ב Ω ω ᛟ

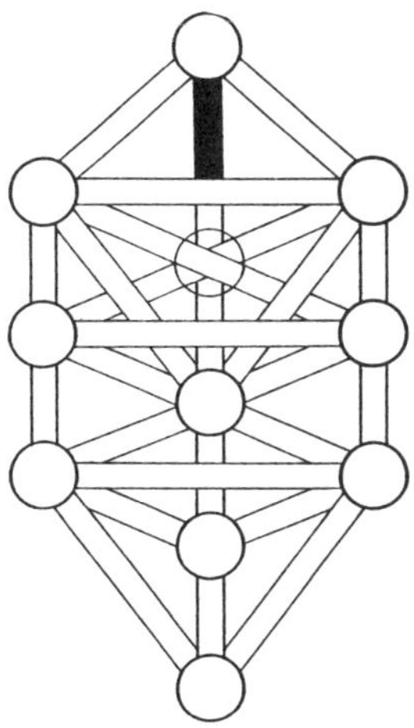

Die Mitte der Bewußtseinshaltung in den Wegen

1. Aus Philosophie, Lebenserfahrung-
2. Aus Ästhetik, Stil und Geschmack-
2a.Aus visionärer Orakelei, Zukunftsorientiertheit-
3. Aus Arroganz, natürliche Selbstbewußtheit-
4. Aus Rache, Vergebung-
4a.Aus Gerechtigkeitsfanatismus, Unvoreingenommenheit-
4b.Aus Profitgier, ehrliches Gewinnstreben-
5. Aus Unaufrichtigkeit, Einfühlung-
6. Aus schwärmerischen Optimismus, aufmunternder Realismus-
7. Aus Strebertum, rücksichtsvolle Zielorientierung-
8. Aus Solidarheuchelei, Entgegenkommen-
9. Aus Opportunismus, freie Akzeptanz-
10. Aus Helferzwang, freie Hilfsbereitschaft-
11. Aus Vielseitigkeit, Schöpfertum-
12. Aus Ergebenheit, Eigenständigkeit-
13. Aus faulen Kompromissen, integrer Ausgleich-
14. Aus Pedanterie, Korrektheit-
14a.Aus Busenfreundschaft, Treue-
15. Aus Falschheit, gütige Offenheit-
16. Aus Inkonsequenz, Entschlossenheit-
17. Aus Dickköpfigkeit, Beständigkeit-
17a.Aus Glaubensfanatismus, religiöse Toleranz-
18. Aus Enthusiasmus, Beseelung-
19. Aus Blödelei, heiterer Humor-
20. Aus Ideenversponnenheit, fruchtbare Erfindungen und Entdekkungen-
21. Aus salbungsvoller Erhabenheit, innere Aristokratie-
22. Aus Fatalismus, ein besonnenes Handeln-
22a. Aus Übertoleranz, liebevolle Geduld-
23. Aus Asketentum, Bescheidenheit-
23a. Aus Geiz, vernünftige Haushaltung-
24. Aus Saumseligkeit, Gelassenheit-
24a. Aus Märtyrertum, Hingabebereitschaft-
24b. Aus Haß, Friede-

Kurz-Affirmationen der Wege (männlich)

Durch Dein **Erkennen finde ich zu tiefem Wissen**
Du bist **der Erkennende, ich die Erkenntnis**
Durch Deine **Phantasie entdecke ich die Schönheit**
Du bist **der Träumer ich der Traum**
Durch Deine **Würde achte ich die Schöpfung**
Du bist **der Achtende in mir**
Durch Deine **Belohnung und Vergeltung kann ich gerecht sein**
Du bist **der Belohnende und Gerechte in mir**
Durch Deine **Aufrichtigkeit sage ich die Wahrheit**
Du bist **der Aufrichtige in mir**
Durch Deine **Zuversicht bin ich voller Hoffnung**
Du bist **der Optimistische in mir**
Durch Deine **Zielstrebigkeit finde ich mein Ziel**
Du bist **der Zielstrebige in mir**
Durch Deine **Harmonie gelingt mir Übereinstimmung**
Du bist **der Einfühlende in mir**
Durch Deine **Akzeptanz murre ich nicht mehr**
Du bist **der Langmütige in mir**
Durch Deine **Hilfsbereitschaft bin ich mitfühlend**
Du bist **der Helfende in mir**
Durch Deine **Schöpferkraft bin ich kreativ**
Du bist **der Künstler in mir**
Durch Deine **Treue bleibe ich fest gegründet**
Du bist **der Unerschütterliche in mir**
Durch Deine **Einigung lebe ich in der Gemeinschaft**
Du bist **der Vermittler in mir**
Durch Deine **Zuverlässigkeit fühle ich mich geborgen**
Du bist **der Zuverlässige in mir**
Durch Dein **Vertrauen tue ich das Gute**
Du bist **der Vertrauende in mir**
Durch Deine **Verwirklichungskraft kann ich entschlossen sein**
Du bist **der Konsequente in mir**
Durch Deine **Gewißheit habe ich Glauben**
Du bist **der Ausdauernde in mir**
Durch Deine **Freude komme ich zu höchstem Rausch**
Du bist **der Glühende in mir**
Durch Deine **Glückseligkeit erfahre ich Humor**
Du bist **der Heitere in mir**
Durch Deine **Ideenfülle bin ich reich**
Du bist **der Ideenreiche in mir**
Durch Dein **inneres Licht bin ich erwacht**
Du bist **der Strahlende in mir**
Du erkennst **die Gesetze der Weisheit in mir**

Du bist **das Gesetz in mir**
Durch Deine **Geduld verwirkliche ich Weisheit**
Du bist **der Geduldige in mir**
Durch Deine **Einfachheit kann ich bescheiden sein**
Du bist **der Bescheidene in mir**
Durch Deine **Genügsamkeit verschwende ich nichts**
Du bist **der Genügsame in mir**
Durch Deine **Gelassenheit lebe ich in Frieden**
Du bist **der Gelassene in mir**
Durch Deine **Liebe kann ich mich hingeben**
Du bist **der Hingebende in mir**
Durch Deinen **Frieden kann ich alles mit Liebe machen**
Du bist **der Friedvolle in mir**

Kurz-Affirmationen der Sefiroth (männlich)

Du bist **der Einmalige in mir**
Du bist **der Ideale in mir**
Du bist **der kosmisch Wissende in mir**
Du bist **der Intuitive in mir**
Du bist **der Ausführende in mir**
Du bist **der Gewissenhafte in mir**
Du bist **der Vermittler in mir**
Du bist **der Gefühlvolle in mir**
Du bist **der Schlußfolgernde in mir**
Du bist **der Kraftvolle in mir**
Du bist **der männliche Körper, ich Dein Werkzeug**

Kurz-Affirmationen der Wege (weiblich)

Durch Dein Erkennen finde ich zu tiefem Wissen
Du bist die Erkennende, ich die Erkenntnis
Durch Deine Phantasie entdecke ich die Schönheit
Du bist die Träumerin, ich der Traum
Durch Deine Würde achte ich die Schöpfung
Du bist die Achtende in mir
Durch Deine Belohnung und Vergeltung kann ich gerecht sein
Du bist die Belohnende und Gerechte in mir
Durch Deine Aufrichtigkeit sage ich die Wahrheit
Du bist die Aufrichtige in mir
Durch Deine Zuversicht bin ich voller Hoffnung
Du bist die Optimistische in mir
Durch Deine Zielstrebigkeit finde ich mein Ziel
Du bist die Zielstrebige in mir
Durch Deine Harmonie gelingt mir Übereinstimmung
Du bist die Einfühlende in mir
Durch Deine Akzeptanz murre ich nicht mehr
Du bist die Langmütige in mir
Durch Deine Hilfsbereitschaft bin ich mitfühlend
Du bist die Helfende in mir
Durch Deine Schöpferkraft bin ich kreativ
Du bist die Künstlerin in mir
Durch Deine Treue bleibe ich fest gegründet
Du bist die Unerschütterliche in mir
Durch Deine Einigung lebe ich in der Gemeinschaft
Du bist die Vermittlerin in mir
Durch Deine Zuverlässigkeit fühle ich mich geborgen
Du bist die Zuverlässige in mir
Durch Dein Vertrauen tue ich das Gute
Du bist die Vertrauende in mir
Durch Deine Verwirklichungskraft kann ich entschlossen sein
Du bist die Konsequente in mir
Durch Deine Gewißheit habe ich Glauben
Du bist die Ausdauernde in mir
Durch Deine Freude komme ich zu höchstem Rausch
Du bist die Glühende in mir
Durch Deine Glückseligkeit erfahre ich Humor
Du bist die Heitere in mir
Durch Deine Ideenfülle bin ich reich
Du bist die Ideenreiche in mir
Durch Dein inneres Licht bin ich erwacht
Du bist die Strahlende in mir
Du erkennst die Gesetze der Weisheit in mir

Du bist **das Gesetz in mir**
Durch Deine **Geduld verwirkliche ich Weisheit**
Du bist **die Geduldige in mir**
Durch Deine **Einfachheit kann ich bescheiden sein**
Du bist **die Bescheidene in mir**
Durch Deine **Genügsamkeit verschwende ich nichts**
Du bist **die Genügsame in mir**
Durch Deine **Gelassenheit lebe ich in Frieden**
Du bist **die Gelassene in mir**
Durch Deine **Liebe kann ich mich hingeben**
Du bist **die Hingebende in mir**
Durch Deinen **Frieden kann ich alles mit Liebe machen**
Du bist **die Friedvolle in mir**

Kurz-Affirmationen der Sefiroth (weiblich)

Du bist **die Einmalige in mir**
Du bist **die Ideale in mir**
Du bist **die kosmisch Wissende in mir**
Du bist **die Intuitive in mir**
Du bist **die Ausführende in mir**
Du bist **die Gewissenhafte in mir**
Du bist **die Vermittlerin in mir**
Du bist **die Gefühlvolle in mir**
Du bist **die Schlußfolgernde in mir**
Du bist **die Kraftvolle in mir**
Du bist **der weibliche Körper, ich Dein Werkzeug**

Kurz-Affirmationen der Sefiroth (männlich u. weiblich)

Du bist **das Einmalige in mir**
Du bist **das Ideale in mir**
Du bist **das Wissende in mir**
Du bist **das Intuitive in mir**
Du bist **das Ausführende in mir**
Du bist **das Gewissenhafte in mir**
Du bist **das Vermittelnde in mir**
Du bist **das Gefühlvolle in mir**
Du bist **das Schlußfolgernde in mir**
Du bist **das Kraftvolle in mir**
Du bist **das Körperliche, ich Dein Werkzeug**

Kurz-Affirmationen der Sefiroth (männlich u. weiblich)

Durch Deine **Einmaligkeit bin ich ohnegleichen**
Durch Dein **Ideal lebe ich Dein Abbild**
Durch Dein **kosmisches Wissen bin ich wissend**
Durch Deine **Intuition bin ich intuitiv**
Durch Deinen **Beweggrund führe ich richtig aus**
Durch Dein **Gewissen handle ich gewissenhaft**
Durch Deine **Weltmitte kann ich vermitteln**
Durch Dein **Gefühl fühle ich die Wahrheit**
Durch Deine **Logik denke ich folgerichtig**
Durch Deine **Energie bewege ich mich kraftvoll**
Durch Deine **Hülle benutze ich den Körper wie ein Werkzeug**

XII.Kapitel

Abgelaufen ist die Zeit des Lügners. Die Macht, die er erstrebte, sie wurde ihm verliehen -sie wird ihm wieder genommen. Er wollte sie für sich, und bedeckte alles mit Lüge. Aber was bis anhin geheim war, wird nun laut verkündet, und die Macht wird ihm genommen. Die Lüge ist tot. Ihre Tage sind gezählt. Er sprach: Genug! Das Ende ist Beginn. Aus Teufeln werden wieder Engel. Gebt acht! Alles, was verkündet wurde, geschieht in euch selbst -in euch selbst! Bittet immer! Gebet nur! So kann kein Unheil kommen. Alles ist vollendet und alles beginnt: Die Tat ist geboren.

Die Antwort der Engel

Der Kelippoth

Nachdem ich die Dissonanzen in den Wegen des Lebensbaumes dargestellt habe, möchte ich in diesem Kapitel die dunkle Seite des Baumes beschreiben, den *Klippoth* oder den Baum des Todes.

Woher kommt der Begriff Kelippoth und was für eine tiefere Bedeutung hat er? Der Kelippoth stammt aus der lurianischen Kabbala und bedeutet soviel wie Schale oder Schlacke (hebräisch "Klippoth") קליפית. Als in prähistorischer Zeit, 6630 v.Chr., die große Spaltung (Dualismus) zwischen persönlichem und überpersönlichem Bewußtsein in Daath aufkam, siehe S.184, brach die innere Einheit zwischen Mensch und Universum auseinander. Die Kabbalisten nannten diesen Fall *den Bruch der Gefäße oder* das Auseinanderbrechen des Weltenbaumes. Die Schalen der zerbrochenen Sefiroth sind nach kabbalistischer Auffassung das Böse, das seither die Glorie des Sefirothlichtes überschattet und wie ein Scherbenhaufen bedeckt. Das göttliche Licht der Sefiroth ist also in der Gewalt des Bösen und nach unserem Verständnis ist es sowohl die selbstische Ordnung als auch das Absonderungsbewußtsein des bewertenden Ich-Bin, das aus dem Urglanz der Einheit eigenwillig herausgetreten ist, siehe auch S.57. Die Folge dieses Scherbenhaufens ist die Verfehlung des göttlichen Willens, an deren Anfang die Sünde und am Ende der Tod steht. Beide können wir im Prozeß des Thanatoszyklus verfolgen und besser verstehen. Da nun aber auch das göttliche Licht der Sefiroth sich mit dem Scherbenhaufen vermischte, liegen Gut und Böse eng beieinander, ja sie sind ineinander verschlungen. Aus der mystischen Deutung der Merkaba-Vision des Hesekiel, in welcher der Prophet die göttliche Thronwelt hinter den Schleiern von Wolken, Feuer und Glanz sieht, erkennt man das Konzept einer *Kelippath ha-Noga*, also einer Schalenwelt des Glanzes, welche die eigentliche Welt des Satans ist. Obzwar sie eine Welt der Schalen genannt wird und somit dem Bösen angehört, ist in ihr doch das Licht der Sefiroth, nämlich jene freie unschuldige Wahrnehmung, die von den Illusionen selbstischer Vorstellungen unberührt bleibt. Man kann im biblischen Terminus sagen: *"Und das Licht scheint in der Finsternis."*

Der Mensch in seiner gegenwärtigen Verfassung trägt dieses Stigma der Vermischung von Licht und Schatten, psychologisch in Form von unausgetragenen Konflikten, aufbrechenden Gegensätzen, einseitigen Standpunkten, Über- und Unterbewertungen sowie Enttäuschungen und Aggressionen, die das Ich-Bin durch be-

stimmte Abwehrformen zu vermeiden sucht. Was bedeutet nun das Metapher *"Schale"* in der menschlichen Seele?
Wenn wir das Verhältnis zwischen Ego und virtuellem Selbst untersuchen, so haben wir in dem Begriff Schale ein ausgezeichnetes Gleichnis für Ego oder bewertendes Ich-Bin. Das Ego ist die Hülle oder die Schale des virtuellen Selbstes, in dem die Glorie der zehn Sefiroth ewig leuchtet. Es dient jedoch nicht nur als Gefäß des göttlichen Urglanzes in seiner einmaligen personalen Gestalt, sondern darüber hinaus hat es auch die Funktion eines Werkzeuges zur Verwirklichung der innewohnenden Urideen und Kräfte. *Die Gestalt als Gefäß des virtuellen Selbstes ist Ausdruck jener Individualität, die zum Ganzen in einem einmaligen und ergänzenden Verhältnis steht.* Untrennbar mit der Gestalt ist die Person als Ganzes verbunden, wobei ein wesentlicher Unterschied zwischen einem den Vorstellungen des Zeitgeistes angepaßten Persönlichkeitsbild oder willkürlichen Selbstbildnis und der im virtuellem Selbst schlummernden Originalität zu konstatieren ist. Im Sinne des Kelippoth sind also die angepaßten Persönlichkeitsvorstellungen jene Schalen und Schlacken, welche die eigentlichen Fähigkeiten der verborgenen Originalität verzerren und zudecken.
Es kann nicht die Aufgabe des Ego sein, das Selbst zu verhüllen, noch es zu verteidigen oder zu schützen, denn dazu wäre es viel zu leicht verwundbar, sondern eben die dem virtuellen Selbst innewohnenden Ideen und Kräfte zum Ausdruck zu bringen. Auf S.223 habe ich das Verhältnis von virtuellem Selbst und Ego in noch anderen Beispielen deutlich gemacht.

Die Kelippoth'sche Inversion des Baumes

Inversion heiß Umkehrung ins Gegenteil. Ist die Inversion negativ, d.h. wird eine gute, mehr oder weniger ideelle (überpersönliche) Bewußtseinshaltung in ihr Gegenteil verkehrt, dann haben wir es mit Perversion zu tun. So kann sich z.B. das aufrichtige Mitgefühl und die Hilfsbereitschaft in Schadenfreude verkehren (Weg 10) oder Vertrauen in Falschheit (Weg 15). Wer einer inversiv-perversen Umpolung seiner Erwartungswerte zum Opfer fällt, hat die Mitte verloren und ihm ist nur noch schwer zu helfen. Darum sollten wir sie hüten wie einen Schatz, denn ohne sie würden wir nicht nur unsere Orientierung -den inneren Kompass verlieren, sondern jene Eros-Energien, die wie ein essentieller Lebenssaft aus dem Urglanz strömen und das ethische Kontinuum unseres Bewußtseins ausmachen.
Wie kommt es denn zu den inversiv-perversen Umpolungen der 24 Bewußtseinshaltungen im Lebensbaum?
Im Mittelpunkt des Geschehens steht wieder die selbstische Ordnung. Auf S.109 habe ich den Mechanismus dieses Vorganges graphisch im rechtsläufigen Pentagrammfluß (Thanatoszyklus) schon dargestellt.
Hier also nochmals eine Übersicht über alle Thanatoszyklen I und Ia, und den auf- und absteigenden zweiten Zyklus in den Wegen:

Thanatoszyklus I
a)Prozeß der Übertreibung:

Funktion	**psychologische Bedeutung**
1.Initialimpuls	1.Begierde
2.ordnender Impuls	2.Bewertung (Erwartung)
3.festhaltender Impuls	3.Übertreibung oder Übermut
4.blockierender Impuls	4.Enttäuschung
5.spaltender Impuls	5.Aggression

Thanatoszyklus Ia
b)Prozeß der Unterbewertung:

1.Initialimpuls	1.Begierde
2.ordnender Impuls	2.Bewertung (Erwartung)
3.festhaltender (ablehnender)Impuls	3.Unterbewertung oder Unterschätzung
4.blockierender Impuls	4.Versäumnis
5.spaltender Impuls	5.Schuldprojektion oder Neid

Thanatoszyklus II
c)Aufsteigend Prozeß in die Macht:

1.Initialimpuls	1.Begierde
2.ordnender Impuls	2.Bewertung (Erwartung)
3.festhaltender (ablehnender)Impuls	3.Ehrgeiz
4.blockierender Impuls	4.Profilierung
5.spaltender Impuls	5.Macht

d)Absteigender Prozeß in die Absonderung:

1.Initialimpuls	1.Begierde
2.ordnender Impuls	2.Bewertung (Erwartung)
3.festhaltender (ablehnender)Impuls	3.Identitätsdrang
4.blockierender Impuls	4.Haben/Besitz
5.spaltender Impuls	5.Absonderung/Absicherung

Die psychologische Bedeutung der ersten zwei Sequenzen ist bei allen Zyklen bis auf die Unterbewertung bzw. Unterschätzung (Blockade) gleich, d.h. die Begierde und Erwartung ist stets dieselbe, nämlich die Begierde und Erwartung (Bewertung) in Bezug auf ein persönliches Ziel oder eine bestimmte Selbst- oder Seinsvorstellung, aus der entweder Befriedigung oder Enttäuschung resultiert. Der Thanatoszyklus II ist im Grunde ein Verwirklichungszyklus, der im aufsteigenden Prozeß die persönliche Profilierung und Macht anstrebt, und absteigend das Haben und den Besitz zum Ziel hat, woraus in den meisten Fällen die Absonderung resultiert. Dies sind die psycholgischen Voraussetzungen für die Abweichung der ersten beiden Zyklen in der dritten Sequenz, nämlich Übertreibung oder Überschätzung oder Unterbewertung oder Unterschätzung. Diese Abweichung entscheidet, ob der Zyklus in die Enttäuschung oder in das Versäumnis einmündet und ob in deren Gefolge die Aggression oder der Neid aufkommt. Das Ausmaß der Enttäuschung oder des Versäumnisses hängt also davon ab, wie weit die Erwartung von der Realität entfernt war, d.h. wie stark die Übertreibung bestimmter Selbst- oder Seinsvorstellung oder wie stark die Realität unterschätzt wurde. Daraus folgt, je größer die Enttäuschung, desto wuchtiger die Aggression, manchmal auch Resignation, je nach Veranlagung, und je größer das Versäumnis, desto aggressiver die Schuldprojektion und der Neid.

Die Aufspaltung der Aggression in Perversion

Kann eine Aggression, z.B. durch eine seelische oder körperliche Kanalisierung äußerlich nicht abgeleitet werden (Abwehrformen), so richtet sie sich nach innen gegen den persönlichen Erwartungswert (innere Aggression) und bewirkt seine Inversion. Dies gilt für alle 24 Bewußtseinshaltungen.
Die nach innen gerichtete Aggression ist viel gefährlicher, weil sie sich nicht nur gegen die physische und seelische Konstellation der Persönlichkeit richtet, sondern auch die Mitte zerstört, nämlich Ideale und Träume, die unser eigentlicher Lebenssaft sind. Grundsätzlich kann man prognostizieren, daß wenn sich die Aggression gegen den Erwartungswert und die eigene Wertehierarchie richtet, nur noch schwer zu heilen, und der Weg zur inneren Mitte kaum noch möglich ist. Darum nannte ich diesen Prozeß den Todeszyklus (Thanatos- Tod). In der folgenden Darstellung kommt also die sechste Sequenz, nämlich die Perversion, hinzu, die stellvertretend für alle Zyklen gilt:

Funktion	**psychologische Bedeutung**
1.Initialimpuls	1.Begierde
2.ordnender Impuls	2.Bewertung (Erwartung)
3.festhaltender Impuls	3.Übertreibung oder Übermut
4.blockierender Impuls	4.Enttäuschung
5.spaltender Impuls	5.Aggression
6.inversiver Impuls	6.Perversion

Der Lebensbaum verdeutlicht strukturell dieses Gesetz, deshalb sollten wir seiner uralten Weisheit um so mehr vertrauen.
Bei besonders schmerzlicher Frustration kommt es zu schweren Störungen des Erwartungswertes selbst und somit zum Verlust der ursprünglichen Bewußtseinshaltung. Die Form der Aggression kann das Urteil anderer oder das eigene bedeuten, das jedoch noch keine Inversion auslösen muß. *Erst wenn sich die Aggression gegen den Erwartungswert selbst richtet, kommt es zu seiner Inversion und damit zur Perversion.*
Ein Beispiel der Übertreibung oder Überschätzung:
Je nachdem, wie überwertig die Erwartung der "Stabilität" ist, wird die Treue hochgeschätzt und ist entsprechend bewußt. Irgendeine Übertreibungsform ist zu erwarten, z.B. die seelische Verhaftung an einen Partner über den Tod hinaus oder ein überwertiges Solidargefühl zu einer Partei, welches für die persönliche Weiterentwicklung verheerend sein kann. Ein überwertiges Treuebewußtsein kommt

erst wirklich ins Wanken, wenn die Integrität und Existenz eines Menschen gefährdet ist, z.B. durch ein Hörigkeitsverhältnis. Fühlt sich jemand z.B. einer Partei verpflichtet und neigt zu einem überwertigen Solidargefühl, so kann das sein gesundes Urteilsvermögen erheblich einschränken. Verhängnisvoll wirkt sich dies besonders aus, wenn er Parteibeschlüssen zustimmt, die seiner ethischen und auch politischen Überzeugung zutiefst widersprechen, etwa die Legalisierung der Abtreibung ungeborenen Lebens. Tendiert eine Partei zu faschistischen Leitmaximen, so neigt die Führungsspitze sehr wahrscheinlich zu einer totalitären Herrschaftsform, in der Menschenrechte und Liberalität kaum etwas gelten. Kommt die Partei tatsächlich an die Macht errichtet eine Diktatur, und wird nach einigen Jahren gestürzt, so wird es all jenen sehr schlecht ergehen, die aus einem übersteigerten Solidarbewußtsein ihr die Treue hielten. In solchen Fällen setzt bei den Parteigängern eine Aggression gegen den Wert der Treue ein. Künftighin gilt Treue als lebensgefährlich, doch war es nicht sie, welche sie zu Fall brachte, sondern *die Verlockung der Macht* und deren Sequenz im aufsteigenden Thanatoszyklus. Der Ehrgeiz, eine gute Machtposition zu erreichen, zwang mehr oder weniger zur Profilierung, welche durch eine skrupelloses Solidarität erreicht wurde. Menschen, die mit solchen bitteren Erfahrungen belastet sind, erleiden eine Inversion der Treue, indem sie verunsichert sind und nicht mehr wissen, wann und wo Treue angebracht ist. Sie sind stigmatisiert! In der deutschen Geschichte, aber auch in anderen Geschichtsräumen, gibt es dafür genügend Beispiele (KPDSU, SED, NSDAP).
Die Aggression gegen einen Erwartungswert alleine reicht jedoch meist noch nicht aus, um eine Inversion einzuleiten, es müssen hierzu mehrere, mindestens zwei diagonale Wege auf jeder Seite blockiert sein, erst dann sind die Voraussetzungen des Verlustes der ursprünglichen Bewußtseinshaltung gegeben; also mindestens vier diagonale Wege auf einer der drei Ebenen.
Bei einer totalen Blockade der dritten Hauptebene, z.B. Ebene des Feuers, sind die Wege 23 Geringschätzung, 24 Unverschämtheit, 2 Illusion und 3 Demütigung blockiert. Trifft dies zu, so war, bevor dieser Zustand eintrat, der Betroffene schon längere Zeit äußeren Aggressionen ausgesetzt in Form von Beschimpfungen und Verurteilungen. In den meisten Fällen bewirkten sie eine Erschütterung des Erwartungswertes, der, je nachdem wie hoch er angesetzt war, zunächst an ideeller Höhe verliert. Die Erschütterung kann manchmal durchaus eine realistische Korrektur in Richtung Mitte sein, doch in vielen Fällen bewirkt sie eine schwere Beschädigung der ideellen Wertehiearchie. Die Symptome sind zunächst ein Nachlassen der Begeisterung und Hoffnung, später stellen sich Zweifel und nicht selten auch Resignation ein. Ein Ausgleich durch die Energie der Mitte aus Kether und aus Tifereth ist nicht mehr möglich. Es setzt zunächst eine aggressive Gegenvibration ein, die sich in extremen Rollen äußern kann, z.B. fixiertes Asketentum (Weg 23), kleinlicher Sabbatianismus (Weg 22), Visionär (Weg 2), Arroganz (Weg 3). Da die äußeren Sefiroth durch die Blockade von der mittleren Säule völlig getrennt sind, haben sie keine Orientierung mehr. Man kann dieses Ereignis vergleichen, als ob ein Rad ohne Nabe laufen soll oder, psychologisch gesprochen, als ob ein Mensch seine Mitte verloren hat. Der kleinliche Sabbatianer z.B. antwortet auf länger anhaltende Unverschämtheiten, indem er aggressiv auf die Erfüllung des

Gesetzes pocht, es kleinherzig auslegt und zum allgemeinen Maßstab erhebt. Das ist seine Art von Rache, und sie kann grausam sein, wenn er in einer klerikalen Führungsposition steht. Das Beispiel der Pharisäer und Inquisitoren ist hinreichend. Der von illusionären Vorstellungen oft genarrte Phantast verschafft sich dadurch Gewicht, daß er zum religiösen Visionär avanciert und so seine Profilierungsneurose subtil-aggressiv auslebt usw. Solche subtil-aggressiven Praktiken zersetzen auf unmerkliche Art die dahinterstehenden überpersönlichen Urideen und geben sie der Lächerlichkeit preis. Die erhabene Uridee der Schönheit z.B., die nur durch die individuelle Phantasie verwirklicht werden kann, wird pervertiert, weil der selbsternannte Visionär nicht die Schönheit im Sinn hat, sondern entweder die Selbstdarstellung oder die visionäre Macht. Da beide stets die persönliche Wohlfahrt im Auge haben, wird der Sinn für Überpersönliches langsam zersetzt, ja insgeheim gehaßt, nach dem Motto: *Man kann nicht zwei Herren dienen, entweder wird man den einen lieben oder den anderen hassen.*

Spirituelle Komödianten und Wahrsager fallen dem inneren Gericht anheim. Um ein passendes Wort aus dem Neuen Testament zu zitieren: *"Viele werden an jenem Tag zu mir sagen: "Herr, Herr! Haben wir nicht durch deinen Namen geweissagt und durch deinen Namen Dämonen ausgetrieben und durch deinen Namen viele Wunder gewirkt? Und dann werde ich ihnen bekennen: Ich habe euch niemals gekannt. Weichet von mir, ihr Übeltäter!"* (Matth.7.24).

Derartige Menschen sind von ihrem höheren Selbst abgetrennt, das inspirierende Licht des Göttlichen ist erloschen und Körper, Emotionalität sowie das Mental sind sich selbst überlassen. Die Folge ist eine generelle Desorientierung und damit *die Aggression gegen den Erwartungswert selbst.*

Der Verlust des Ausgleichs

Solange Ausgleichsmöglichkeiten bestehen, haben wir Hoffnung und setzen unsere Bemühungen fort. Ursprünglich als ein Wesen der Mitte, ist des Menschen Sehnsucht die Rückkehr zum *Deus est centrum mundi,* dort wo ihn sein liebender Vater wie einen verlorenen Sohn in die Arme nimmt. Würde er den Weg dorthin freiwillig antreten, so eilte ihm sein Vater freudig entgegen und würde ihn das letzte Stück des Weges begleiten und stützen. Was aber geschieht mit jenen, die keine Hoffnung mehr haben, weil ihre Mitte durch Enttäuschungen und Aggressionen zermürbt wurde? Der Verlust des Ausgleichs ist ähnlich, als ob ein Rad ohne Nabe laufen soll und doch sollte jeder bedenken: *"Solange du lebst, glaube und hoffe, denn wäre alles hoffnungslos, wäre auch dein Leben sinnlos!"*

Bei massiven Enttäuschungen richtet sich also die Aggression gegen den ideellen Erwartungswert selbst, weil er als der eigentliche Verursacher der Misere gilt. Er wird zunächst zum Schatten, d.h. jemand, der ihn in irgendeiner Form verwirklichen wollte, erregt Mißfallen und Kritik. An diesem Punkt setzt die Oppositionsregel ein, die besagt, *daß das Gegenteil des Urteils die eigentliche Schwäche ist und durch die Übertreibung verdrängt oder überlagert werden soll.* Im Klartext bedeutet dies, daß, wenn z.B. jemand eine Demütigung hinnehmen mußte und nun in seiner Selbstachtung gestört ist (Weg 3), er auf andere mit einem gesunden Selbstwertgefühl aggressiv reagiert und sie als *arrogant* verurteilt, um die eigene gekränkte Selbstachtung zu verdrängen oder wenigstens zu bagatellisieren. Erst nach diesem Stadium setzt, wenn auf der entspechenden Ebene alle vier Wege blockiert sind, die Aggression gegen den ideellen oder überpersönlichen Erwartungswert ein. Man stelle sich vor, jemand wäre auf allen vierzehn diagonalen Wegen blokkiert; dies würde bedeuten, daß alle Wege zu einer verstehenden Mitte verbaut sind. Ein solcher Mensch müßte in eine irreversible Psychose abgleiten und Dantes Wort: *"Lasset alle Hoffnung fahren"* würde schreckliche Wirklichkeit. Die Mitte konstituiert sich stets aus *dem Gleichgewicht* der 24 überpersönlichen Erwartungwerte, und ihr Verlust ist gleichbedeutend mit Orientierungslosigkeit.

Der Korrespondenzschlüssel des Kelippoth'schen Baumes

In der nachfolgenden Aufstellung finden Sie die vollständige Auflistung der Kelippoth'schen Inversionen sowohl der Sefiroth, als auch der 24 Wege und ihre Beziehungen zu den einzelnen Körperregionen und Organen. Die erkrankten Organe und Körperbereiche können, müssen jedoch nicht, immer mit der entsprechenden Bewußtseinshaltung korrelieren! Wie die Erfahrung lehrt, liegt die Inversion häufig in larvierter Form vor, d.h. sie wird von Persönlichkeitsmasken zugedeckt und agiert in den Tiefenschichten des Unbewußten. Hinter einer wohlwollenden, freundlichen Maske z.B. kann sich ein autoritäres Bewußtsein verbergen, welches sich erst offenbart, wenn die Machtfrage aufkommt usw. Selbstverständlich können gleichzeitig mehrere Inversionen vorliegen, die ganze Organsysteme und Körperabschnitte in Mitleidenschaft ziehen. Leider gibt es noch keine gesicherte klinische und typische Symptomatologie, welche deskriptiv die Korrelation zwischen den u.g. Inversionsformen und den Organen herausstellt. Einen ersten Beitrag dazu habe ich im Band III herausgearbeitet.

Die psychosomatischen Korrespondenzen der Sefiroth-Inversion

Sefirah	Inversion	Organ System
1.Kether:	Das autoritäre B.	Scheitel, li.u.re.Stirn, Schläfen, Gehirn
2.Chokmah:	Das dualistische B.	Linke Gehirn- u.Gesichtshälfte
3.Binah:	Das Prinzipien-B.	Rechte Gehirn- u.Gesichtshälfte
(Daath)	Das spaltende B.	Hals, Kehlkopf, HWS, Schilddrüse, Nebenschilddrüse
4.Chesed:	Das opportune B.	Linkes Schultergelenk- u.Schulterblatt
5.Geburah:	Das überkritische B.	Rechtes Schultergelenk- u.Schulterblatt
6.Tifereth:	Das verallgemeinernde B.	Herz, Brustbein, Brustmittelraum, BWS, Oberbauch
7.Netzach:	Das affektive B.	Linker Unterbauch, Hüfte, Hüftgelenk
8.Hod:	Das theoretische B.	Rechter Unterbauch, Hüfte, Hüftgelenk
9.Jesod:	Das triebhafte B.	Genitalbereich, kl.Becken, Kreuzbein, Steißbein, Blase.
10.Malkuth:	Das materialistische B.	Fußknöchel, Füße, Fußsohlen, Reflexzonen

Die psychosomatischen Korrespondenzen der Wege-Inversion

Wegenummer	Name	Inversion	Organe, Systeme
Weg 1	Aleph	Spekulation	Schlüsselbeine, obere Brust, Lungen, Oberkörper
Weg 2	Beth	Wahrsagerei	Rechtes Auge
Weg 3	Gimel	Hochmut, Veracht.	Linkes Auge
Weg 4	Daleth	Verhärtung	Rechtes Ohr
Weg 5	He	Unaufrichtigkeit	Rechter Arm, Armgelenke u. Hand
Weg 6	Vau	Pessimismus	Linker Arm, Armgelenke u. Hand
Weg 7	Zajin	Ziellosigkeit	Rechtes Bein u. Knie
Weg 8	Chet	Konfrontation	Linkes Bein u. Knie
Weg 9	Thet	Auflehnung	Rechte Niere, Harnl., Leiste, re.Eierstock
Weg 10	Jod	Schadenfreude	Linke Niere, Harnl., Leiste, li.Eierstock
Weg 11	Kaph	Destruktion	Linkes Ohr
Weg 12	Lamed	Treulosigkeit	Leber
Weg 13	Mem	Entzweiung/Streit	Bauchspeicheld., Dünndarm, Unterbauch, Dickdarm, Zwerchfell
Weg 14	Nun	Unzuverlässigkeit	Gallenblase u.-gänge, rechte Lende und Rippen
Weg 15	Samek	Falschheit	Milz, linke Lende und Rippen
Weg 16	Ajin	Inkonsequenz	Speiseröhre, mittlere BWS, LWS
Weg 17	Phe	Unbeständigkeit	Rechtes Nasenloch u. Bronchien
Weg 18	Shade	Gleichgültigkeit	Magen
Weg 19	Koph	Humorlosigkeit	Kreuzbein, Becken, Enddarm
Weg 20	Resch	Ideenarmut	Linkes Nasenloch, li.Bronchien
Weg 21	Schin	Uneinsichtigkeit	Stirnmitte u. Hirnbalken.
Weg 22	Taw	Gesetzeswillkür	Re. Oberkiefer, Jochbein, NNH, Zähne
Weg 22a	?	Ungeduld	Li. Schulterrand, Unterkiefer, Zähne u.Mundboden
Weg 23	Fe	Prahlerei	Li. Oberkiefer, Jochbein, NNH, Zähne
Weg 23a	?	Maßlosigkeit	Re. Schulterrand, Unterkiefer, Zähne u.Mundboden
Weg 24	Wet	Angst	Luftröhre, obere BWS
Weg 24a	?	Zwanghaftigkeit	Hirnstamm, HWS
Weg 24b	?	Haß	Alle Organe

Der Kelippoth'sche Baum

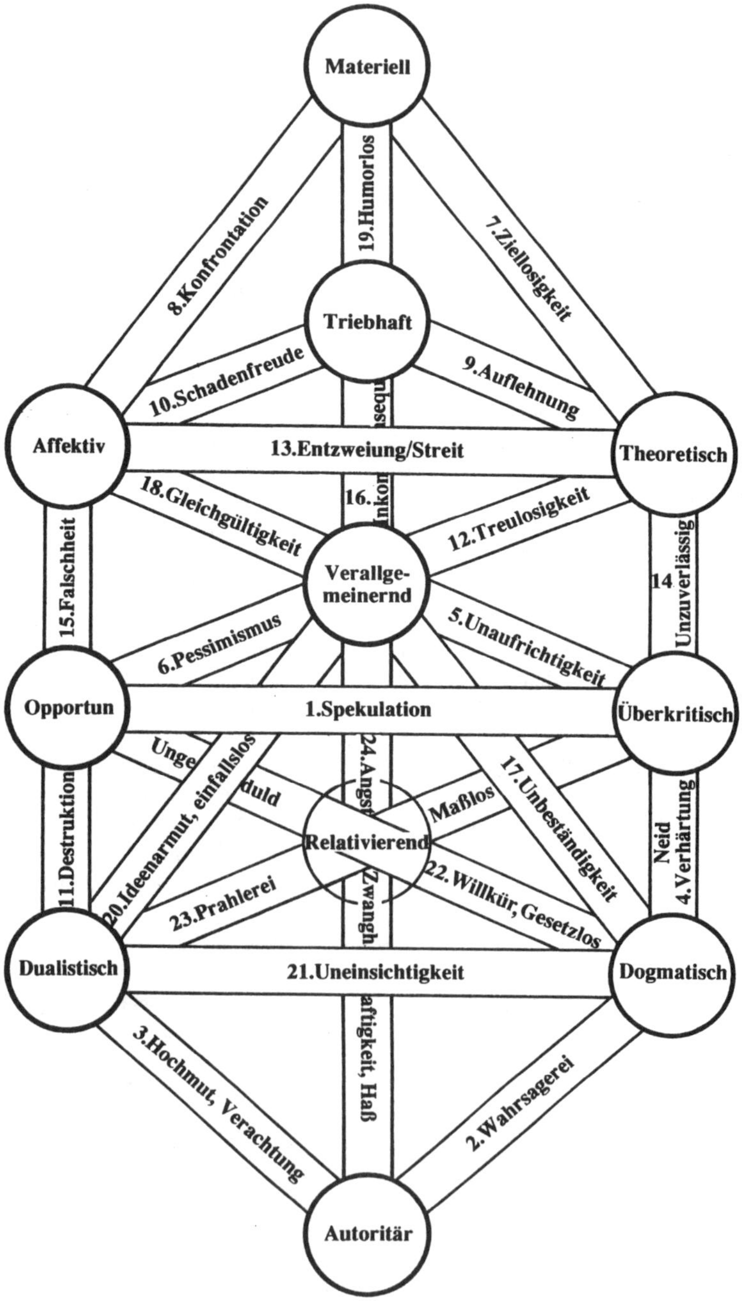

Abb.82

Der humorale und zelluläre Degenerationsprozeß im Kelippoth

Betrachten wir die egozentrische Belastung der Wege im Kelippoth'schen Baum, dann wird klar, daß daraus unzählige Krankheiten ableitbar sind. Eine klinische Diagnose, die ohnehin nur cin Terminus technici ist, läßt sich daraus nicht ableiten, doch erlaubt das Baumdiagramm die Aufdeckung der möglichen egozentrischen Bewußtseinshaltungen und somit der wesentlichen seelischen Ursachen. Eigentlich müßte man erwarten, daß auch die Organe und Systeme einen funktionellen Inversionsprozeß unterliegen, z.B. autoaggressive Erkrankungsformen, ich denke hierbei an den rheumatischen Formenkreis, doch gemäß dem Zwiebelschalenmodell, siehe Band I, steht die physische Hülle am Ende der Reihenfolge, daher werden inversive Bewußtseinshaltungen erst, nachdem sie jahrelang seelisch vorbereitet wurden, physisch manifest. Mit dem Korrespondenzschlüssel können wir einen tieferen Blick hinter die verschlungenen Prozesse der seelischen Krankheitsinduktion werfen und haben gewichtige Anhaltspunkte, die uns helfen, auch verkorkste Krankheitsfälle aufzudecken. Die egozentrische Wegebelastung bewirkt, daß die perversen Bewußtseinsinhalte zunächst ins Vegetativum weitergeleitet werden und dort funktionelle Abweichungen einleiten, später sich dann als manifeste Stoffwechselentgleisungen äußern. Das Vegetativum ist ja nur der Resonanz- und Nährboden für Stoffwechselanomalien und Fehlregulationen, siehe auch Abb.83, S.366.

Ein vereinfachtes Beispiel zur Verdeutlichung:

Eine schon länger anhaltende, meist unbewußte Schadenfreude (Inversion des 10.Weges) muß sich linksseitig auf Niere, Harnleiter, Leiste und Eierstock auswirken. Das linksseitige urogenitale System unterliegt hierbei drei humoralen und drei zellulären Krankheitsphasen. Nehmen wir als Beispiel die linke Niere und Nebenniere:

1.Humorale Phasen	**Bewußtseinsstadium**
a)Exkretion: Verstärkte Absonderungen	(Begierde)
von Renin, und mineral- u.adrenokortikoide Subst. u.a.	
b)Reaktion: Entzündungen	(Erwartung, Bewertung)
Adaptionssyndrom, ergotrophe Übererregung	
(sympathikotone Phase)	
c)Deposition: funktionelle Schwäche	(Übertreibung, Unterschätzung)
Oligurie, Funktionsschwäche der Nieren u. Nebennieren	

2.Zelluläre Phasen	**Bewußtseinsstadium**
a)Imprägnation: Funktionsverlust	(Enttäuschung, Versäumnis)
Anurie, chronische Hämaturie, Albuminurie (benigne)	
b)Degeneration: Organschrumpfung	(Aggression, Schuldproj., Neid)
Nephrosen, Addison'sche Erkrankung	
c)Neoplasmen: Krebs	(Inversion, Perversion)
Hypernephrom, Sarkom u.Karzinom am Nephroderm	

Die zellulären Phasen beginnen mit der Enttäuschung die nicht wieder gutzumachende Versäumnisse, welche schon länger bestehen und die nachfolgende Aggression, die, wenn sie sich gegen den überpersönlichen Erwartungswert selbst richtet, die Phase der Organschrumpfung einleitet; zerstört zuvorderst die korrespondierenden Organe und Systeme. Anders als die gewöhnliche Enttäuschung, die nur vorübergehende funktionelle Störungen und Blockaden verursacht, zersetzt die sechste Sequenz, die Inversion, irreversibel die Organe und bewirkt systemisch-degenerative Erkrankungen. Darum ist die Aufdeckung des verursachenden Focus und die nachfolgende Umwandlung die einzige Möglichkeit, den circulus vitiosus zu durchbrechen. Haben wir einmal die schrecklichen Folgen des Kelippoth verstanden, so gibt es nur noch eine Konsequenz: nämlich die im Hintergrund allen Krankheitsgeschehens inversive oder aggressive Bewußtseinsvibration zu löschen bzw. umzuwandeln. Eine schon länger anhaltende Schadenfreude muß der wohlwollenden Hilfsbereitschaft weichen, die Schutzhaltung der Gleichgültigkeit einer Begeisterung, die der Treulosigkeit durch Treue ersetzt werden und die der persönlichen Gesetzeswillkür muß einer überpersönlichen Gesetzeserfüllung Platz machen. Nur so stellt sich Einigungsstreben (Weg 13) ein und Streit und Entzweiung haben keine Grundlage mehr. Andererseits verlieren auch die Abwehrformen von Rationalisierung, Kompensation, Projektion usw. ihren Stand, die ja nur Enttäuschung abwehren bzw. hinausschieben sollen. Durch den Korrespondenzschlüssel können wir auf einfache Weise auch unbewußte Bewußtseinshaltungen aufdecken und mit bestimmten Fragetechniken den Focus einkreisen, siehe auch: Die spirituelle Botschaft, S.271.

Der humorale und zelluläre Degenerationsprozeß im Kelippoth

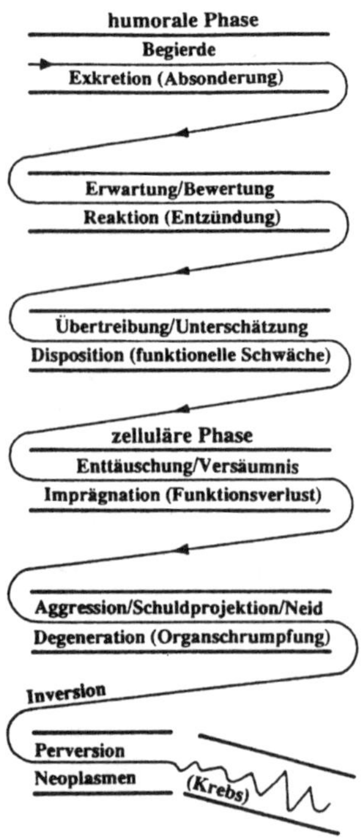

Abb.83

XIII.Kapitel

"Gib alle Arten von Religionen und Gelehrtenwissen auf und alle Kastenpflichten- und Rechte; gib dich einfach mir hin, ich werde dich von aller Schuld und Verfehlungen befreien. Fürchte dich nicht." Bhagvadgita 18.66

Die Einheit von Religionen und Philosophien im Lebensbaum

Gleich zu Anfang möchte ich mit der Parabel von den Blinden und dem Elefanten beginnen, die angeblich Buddha erzählt haben soll, um verständlich zu machen, worum es geht: Es war einmal ein indischer König, der seinem Diener befahl, alle Blindgeborenen der Stadt an einem Ort zu versammeln. Als dies geschehen war, ließ er den Blinden einen Elefanten vorführen. Die einen ließ er den Kopf betasten und sagte: "So ist ein Elefant", andere die Stoßzähne, den Rüssel, die Ohren, den Rumpf, das Hinterteil, die Füße, den Schwanz und die Schwanzhaare. Dann fragte er: „Wie ist ein Elefant beschaffen?" Das sagten die, welche den Kopf betastet hatten, "Er ist wie ein großer Topf", die welche die Stoßzähne betasteten, "wie eine gebogene Pflugstange", die das Ohr untersuchten "wie eine geflochtene Schwinge zum Trocknen des Getreides",die den Rumpf befühlten "wie ein Speicher", die den Fuß betasteten "wie ein Pfeiler", die das Hinterteil berührten, "wie ein dicker Mörser", und die den Schwanz anfaßten, "wie ein Besen". Und alle behaupteten fest, der Elefant sei so und nicht anders. Es entwickelte sich eine hitzige Debatte, und schließlich schlugen sie zur Belustigung des Königs mit den Fäusten aufeinander ein.

Wenn sie Buddha erzählt haben sollte, so wohl, um zu zeigen, daß wir mit unserem begrenzten Erkenntnisvermögen außerstande sind, die ganze Wahrheit a priori zu erfassen. Das gilt besonders für Transzendenz und Metaphysik, die wir immer nur in Analogien annäherungsweise erkennen. Zudem neigt der Mensch dazu, das Einzelne fälschlich zu verallgemeinern, wodurch das Wesentliche in eine einseitige Perspektive gerückt wird und das Ganze verzerrt. Und so erklärt der Mensch das, was er glaubt, erkannt zu haben, für allgemeingültig und die Meinungen anderer für falsch, was ihn letztlich dazu veranlaßt, seine Ansichten anderen aufzuzwingen. Der Prozeß der religiösen Intoleranz entwickelt sich also in der Reihenfolge:

1.Begrenzte Erkenntnis
2.Einseitige Sichtweise
3.Neigung zur Verallgemeinerung
4.Anspruch auf Allgemeingültigkeit
5.Verwerfung anderer Standpunkte
6.Dogmatisches Aufzwingen
7.Krieg, Vernichtung oder Isolierung Andersgläubiger, und dies bei zunehmendem Alter mit steigender Tendenz.

Die religiöse Unduldsamkeit ist eines der traurigsten Kapitel der Weltgeschichte. Die eigentliche Tragik liegt darin, daß oft tiefreligiöse, ethisch hochstehende Menschen in guter und bester Absicht Andersgläubigen ihre religiösen Ansichten aufzwangen, um sie vor angeblichen Irrlehren zu bewahren und dadurch einen blutigen Krieg entfesselten, der unsägliches Leid über alle brachte. Besonders das Christentum und der Islam, aber auch der Judaismus, erhoben immer wieder den Absolutheitsanspruch und vernichteten dadurch ganze Kulturen. Selbstverständlich gab und gibt es in allen Weltreligionen tolerante und intolerante Bekenner, Gruppen und Strömungen. Doch die Geschichte zeigte immer wieder, daß die Anhänger der Offenbarungsreligionen, deren Stifter Propheten und "Gesandte" waren, stets intoleranter und härter waren als solche, die einem ewigen überpersönlichen Weltgesetz glaubten. Aus psychologischer Sicht ist dies durchaus verständlich, denn wenn jemand meint, sein ewiges Schicksal sei von *der einmaligen*, irdischen Bewährung abhängig, und daß in absehbarer Zeit das endgültige Weltgericht hereinbreche, der wird um so eifriger bemüht sein, seinen Heilsglauben zu verbreiten, als ob er eine stufenweise Läuterung innerhalb eines ewigen Weltprozesses annimmt, welcher ja nur für seine persönliche Evolution relevant ist. Besonders die Entwicklung des Islam und des Christentums war und ist vereinzelt immer noch eine Geschichte von Glaubenskämpfen, blutigen Verfolgungen und Inquisitionsprozessen Andersgläubiger. Das Fanal des heiligen Krieges im Namen Allahs kostete unzähligen Christen, Juden, Buddhisten sowie anderen Leben und Existenz, und umgekehrt wurden im Namen Jehovas und Jesus massenhaft Mohammedaner hingeschlachtet und Häretiker und Glaubensabtrünnige zu Tode gefoltert. Vergleicht man die heiligen Bücher und Schriften der Religionen, so finden sich überall verstreut tiefe Wahrheiten und ethische Normen, die man als fruchtbare gegenseitige Ergänzungen nur bejahen kann. Die Bhagavadgita z.B. steht der Bibel und dem Koran, zumindest was die Grundaussagen betrifft, in nichts nach und würde beide mit ihren versöhnlichen, und wahrhaft aufmunternden Dialogen hervorragend ergänzen. Auch die radikale Konsequenz des Korans könnte die laue Christenheit und das brahmanische Vielwissen auf das Wesentliche zurückführen und wachrütteln, und der buddhistische Konditionalnexus im Palikanon sowie dessen scharfer Sinn für Vergänglichkeit würde den Anhängern der Offenbarungsreligionen die Unwichtigkeit, ja Illusion ihrer sterblichen Persönlichkeit verdeutlichen und ihnen glasklar vor Augen führen, daß der überwertige Selbstbezug nur ein Haschen nach Wind ist. Auch, würde das metaphysische Naturverständnis der Taoisten in die übrigen Religionen mehr eingehen, so wäre dies die Rettung unseres angeschlagenen Planeten, und mehr Achtung vor der Weisheit der Naturgesetze wäre die allgemeine Folge und schließlich könnten alle etwas von den konfuzianischen Umgangsformen annehmen und mehr deren Sinn für diesseitige Pragmatik begreifen, somit wäre das Zusammenleben der Menschen sicherlich um einiges angenehmer Aus dem Prophetengeist des Alten aber auch des Neuen Testamentes könnten die anderen Religionsanhänger entnehmen, wohin es führt, wenn die Menschen die kosmischen Gesetze mit Füßen treten, denn ganz offensichtlich scheint sich jetzt die Apokalypse des Jesaias, und vor allem des Johannes, zu erfüllen. Selbst wenn der Vedantist in ihr nur die Vollendung eines Unterzyklus eines viel größeren Äons (Yuga) erblickt, so dürfte es auch für ihn nicht uninteressant sein, was in naher Zukunft über die ganze Menschheit hereinbricht.

Die seit über 6000 Jahren bestehende Kulturgeschichte hat nun endgültig gezeigt, *daß viele Wege zu einer Wahrheit führen,* und was dem einen als Umweg oder an-

geblicher Irrweg erscheint, ist für andere, aufgrund ihrer kulturellen Prägung, andersgearteten Mentalität und Persönlichkeitsstruktur die richtige und adäquate Glaubensform, um sich der ewigen Wahrheit zu nähern. Allein die Tatsache, daß alle großen und kleinen Religionssysteme nebeneinander seit Jahrtausenden koexistieren und keinen Consensus gentium fanden, gebietet den nötigen Respekt. Dies zeigt, daß sie gleichermaßen nur behelfsmäßigen Wert haben, etwa so, als ob an einer Quelle fünf oder mehr leere Krüge stehen und man wählt sich einen Krug (Religion oder Glaubenssystem) und füllte ihn mit Quellwasser (die Wahrheit). Man kann das Wasser forttragen, verteilen und spenden. So lobenswert dies auch sein mag, so ist dies doch nur ein Notbehelf, denn weder ist das Wasser im Krug die ganze Quelle, noch deren unmittelbare Frische und Lebendigkeit. Aber die Menschen neigen dazu, das Gefäß für das Wesentliche zu halten und es mit dem Inhalt gleichzusetzen, daher halten sie es in andersgearteten Krügen für minderwertig, ja für schädlich. Wenn die eine Hälfte der Menschheit an einen persönlichen Weltenlenker glaubt, der Anfang, Ende, Erlösung und Gerechtigkeit der Menschheitsgeschichte bestimmt, und die andere einen ewig zyklischen Weltprozeß nach immanenten, überpersönlichen Gesetzen annimmt, in dem jeder für seine stufenweise Erlösung aus dem Kreislauf der Wiedergeburten selbst verantwortlich ist, so hat jede Richtung von ihrem Standpunkt aus recht. Welche Form auch immer gewählt wird, ob persönlich oder überpersönlich, alle haben eine ethische Vervollkommnung und Glückseligkeit zum Ziel, und gleichgültig, ob sich jemand von einem persönlichen Gott oder von einem überpersönlichen Weltengesetz angesprochen fühlt, maßgebend ist doch, wie ernst er es damit meint und welche Früchte dabei herauskommen. In den religiösen Unterströmungen, z.B. den mystisch-charismatischen Bewegungen, vereinen sich viele scheinbare Gegensätze, z.B. der kontroverse Punkt, ob es ein ewiges Selbst gibt. Wenn im Buddhismus ein unvergängliches Selbst verneint wird, sondern das Selbst nur aus dem Zusammenspiel der fünf Aneignungsgruppen (upadana) entsteht, d.h. dadurch Bewußtsein und gewöhnliche Wahrnehmung zustandekommt, so bezieht sich dies selbstverständlich nur auf den Konditionalnexus der allgemeinen Wahrnehmung, nicht jedoch auf die Transzendenz eines überpersönlichen Selbst, das sich beliebig, d.h. virtuell, manifestieren kann. Insofern hat der Buddhismus recht, wenn er ein ewiges Selbst verneint, dabei aber mehr oder weniger unabsichtlich die praktischen Voraussetzungen für das *Zim-Zum* betont, in welchem das bewertende Ich-Bin beinahe verlöschend, sich im Urglanz Gottes neu fokussiert, siehe auch S.222. Aber dies ist nur eine freie Möglichkeit und nicht schon Bestimmung, das ist der springende Punkt.
Nun wünschte ich mir, daß Christen, Moslems und Juden die Duldsamkeit und Gelassenheit der Buddhisten hätten, die Bescheidenheit der Taoisten sowie den Anstand und die Höflichkeit der Konfuzianer, wünschte, daß die Hindus das Gleichheitsprinzip der übrigen Religionen übernähmen und ihr Kastensystem aufgäben, wünschte mir von Juden und Moslems mehr Barmherzigkeit, und vor allem mehr Vergebungsbereitschaft, und von Buddhisten und Taoisten mehr Seinsbejahung, und den Konfuzianern wünschte ich mehr religiöse Durchdringung ihrer höflichen Moral und Ethik. Wenn die Christen, Juden und Moslems von der ewi-

gen Verdammnis überzeugt sind, dann meinen die Hindus, Buddhisten und Taoisten dasselbe mit ewigem Kreislauf der Wiedergeburten. Was für die ersteren jüngster Tag und Endgericht ist, ist für letztere die Todesstunde, denn ziemlich unwahrscheinlich wäre eine Apokalypse, die das ganze All zum Einsturz brächte. Glauben die Offenbarungsreligionen an die Erlösung durch Gott bzw. seinen Sohn, so versteht insbesondere der Hindu dies als Loslösung vom Ego und die Hinwendung zum unvergänglichen Atman, dem individuellen Funken Gottes. Wenn für Brahmanen, Theosophen und andere die Kreuzigung ein großes Beispiel war, so als ein äußeres und wohl *einmaliges Gleichnis* für den Kreuzestod des Ego und die Auferstehung des virtuellen Selbstes, hierin war für viele Jesus von Nazareth der erste wahre Mensch und das größte Vorbild auf Erden.

Was dem Buddhisten Nirvana bedeutet, nämlich die Aufhebung allen Leides, den Taoisten als Harmonie mit dem Universum, den Hindus als Eingehen in Brahman vorschwebt, malen sich die Anhänger der Offenbarungsreligionen phantasievoll mit allen nur denkbaren ewigen paradiesischen Freuden aus. Alle meinen damit die gleiche ewige Glückseligkeit!

Wenn Gott die Bösen bestraft und die Gerechten belohnt, wie die Anhänger der Gesetzesreligionen sagen, so deuten die übrigen dies als karmisches Gesetz, welches die gerechteste individuelle Vergeltung auf persönlicher Ebene ist. Ob nun hinter diesem Gesetz ein persönlicher Weltenlenker steht oder ein universales Gesetz, ist doch unerheblich, maßgebend ist, wie ernst es einem damit ist. Desgleichen der unfruchtbare Streit, ob nun Gott Einer oder Viele ist. Für die Hindus gibt es im Prinzip auch nur einen Gott -das Brahman, das allerdings verhüllt und *in vielen Masken* auftreten kann. Besonders Moslems und Juden sind in diesem Punkt überkritisch, doch gerade ihr rigoroser Monotheismus, den sie mit Feuer und Schwert verteidigen, hebt sich selbst auf, nämlich in der Warnung an Moses in Exodus 33.20 : *"Denn kein Mensch sieht mich und lebt."* Dieses Wort läßt den Menschen gar keine andere Wahl, als Gott in verhüllter Gestalt zu schauen, so wie Hesekiel den Gott in *verherrlichter Menschengestalt*, umgeben von vier feurig-lebendigen Rädern, erblickte, siehe auch S.30.

Wenn die Juden z.B. sagen, daß die Gottesfurcht der Anfang aller Weisheit ist, so würde ein Hindu dies als karmische Achtsamkeit loben, ebenso ein Buddhist oder vielleicht ein Taoist. Ähnlich ist es mit der ewigen Frage nach dem Bösen. Sagen die einen, vor allem die Anhänger des Christentums, der Teufel sei an allem schuld, so die Hindus, daß die Illusion von der Wirklichkeit (Maya) jene Begierden weckt, welche in die Verstrickung der drei Gunas führte, und die Buddhisten verstehen darunter den Durst nach Lust, der unweigerlich ins Leid führt. Sagen die einen, der Messias, der Gesalbte, komme bald, so meinen die anderen, daß demnächst ein Avatar herabsteigt, der eine neue Lehre verkündet. Doch alle streben das Gleiche an: Die Vervollkommnung der Seele und die innere und äußere Glückseligkeit.

Wer will das nicht?

Letztlich bestehen alle Religionen aus einem System von Symbolen und Gleichnissen, ein Symbolismus also, der das Unerkennbare zu versinnbildlichen sucht. Alle diese Sinnbilder sind jedoch vergängliche Gleichnisse, die nur einen vorläufigen,

ja provisorischen Wert haben, solange ihre Form den allgemeinen Ideen einer Epoche entspricht. Deshalb darf eine symbolische Form nicht als ewige Wahrheit verkündet und noch weniger ihr dogmatisches Gewicht verliehen werden. Der Wert einer Erkenntnis bemißt sich aus dem Radius, mit dem sie die Mannigfaltigkeit der Phänomene erfaßt und der Tiefe, mit der sie in die Untergründe vorzudringen vermag. Diese Erkenntnis hat auszugehen von einer universalen Symbolik, von aufrichtiger Unvoreingenommenheit und von der wahrhaftigen Suche nach dem gemeinsam Verbindenden, nach dem Motto: *Getrennt nähern wir uns dem übereinstimmenden Grund, warum sollen wir also das Trennende betonen?*
Wenngleich auch der Lebensbaum eine symbolische Struktur darstellt, so ist er, infolge seiner Universalität, kein dogmatisches System, das zu einer bestimmten religiösen Auffassung zwingt. In die Struktur des Lebensbaumes kann jeder die Prioritäten seiner religiösen Auffassung so verteilen, wie er sie für richtig hält, das ist das Gute am Lebensbaum. Allerdings kommt keiner um die Wurzel und um die Mitte des Baumes herum, welche die Dualität aller Auffassung aufhebt. Kether mag für den Vedantisten das Brahman sein, für den Moslem Allah und für den Taoisten das Weltgesetz von Yin und Yang. Tifereth für den Brahmanen der Atman, für den Moslem die Einheit mit Allah und für den Taoisten die Harmonie mit dem Universum. Der Christ mag in Tifereth den erlösenden Christus erkennen, der Konfuzianer die ethische Vollkommenheit, und der Buddhist das Verlöschen aller Begierden, welches die Voraussetzung für nirvanischen Frieden ist. Der Omegapunkt, an dem sich also Buddhismus, Taoismus, Konfuzianismus, Hinduismus, Judaismus, Christentum, Islam, Theosophie, Theophanie und alle transzendentale Philosophie wieder treffen und einmünden, ist das *Zim-Zum* des Ich-Bin oder die Hingabe an das Göttliche. Im Lebensbaum zählt nur der praktische Wert und nicht die Theorie. In ihm könnte jede der sieben Weltreligionen ihren besonderen Platz einnehmen und sich zuvorderst praktisch erproben, denn was allen religiösen Systemen gemeinsam ist, die Hingabe an einen persönlichen Gott oder an ein überpersönliches Weltgesetz, die beide still und verborgen den globalen Prozeß der spirituellen Evolution lenken, läßt sich im Lebensbaum, weil er eine vollkommene Landkarte des menschlichen Bewußtseins ist, in idealer Weise darstellen. Jede Religion hat ihre besonderen Stärken und Schwächen, das eine wird überbetont, das andere vernachlässigt.

Ordnet man den Religionen jene Urideen und Bewußtseinshaltungen zu, welche sie besonders betonen, so ergibt sich folgende Verteilung:

Uridee	Bewußtseinshaltung	besondere Betonung
Wahrheit	Aufrichtigkeit	Buddhismus
Einheit	Einigung	Taoismus
Gerechtigkeit	Belohnung/Vergeltung	Judaismus, Islam
Achtung	Würde	Konfuzianismus
Harmonie	Übereinstimmung	Taoismus, Konfuzianismus
Gehorsam	Akzeptanz	Buddhismus, Taoismus
Wissen	Erkenntnis	Buddhismus
Stabilität	Treue	Judaismus
Verwirklichung	Entschlossenheit	Islam
Geborgenheit	Zuverlässigkeit	Judaismus
Schönheit	Vorstellung/Phantasie	Hinduismus, Taoismus
Das Gute	Vertrauen	Christentum
Friede	Gelassenheit	Buddhismus
Liebe	Hingabe	Christentum
Einfachheit	Bescheidenheit	Buddhismus, Taoismus, Konfuzianismus
Mitgefühl	Hilfsbereitschaft/Arbeit	Christentum, Judaismus,
Erlösung	Ideenfülle	Christentum, Hinduismus
Wachstum	Kreativität	Christentum
Erleuchtung	Spiritualität	Hinduismus, Buddhismus
Glaube	Beharrlichkeit	Judaismus
Kraftimpuls	Begeisterung	Islam
Hoffnung	Zuversicht	Christentum, Judaismus
Freiheit	Zielstrebigkeit	Alle Religionen
Weisheit	Gesetzeserfüllung	Judaismus, Islam
Glückseligkeit	Humor	Taoismus

Der Baum der sieben Weltreligionen

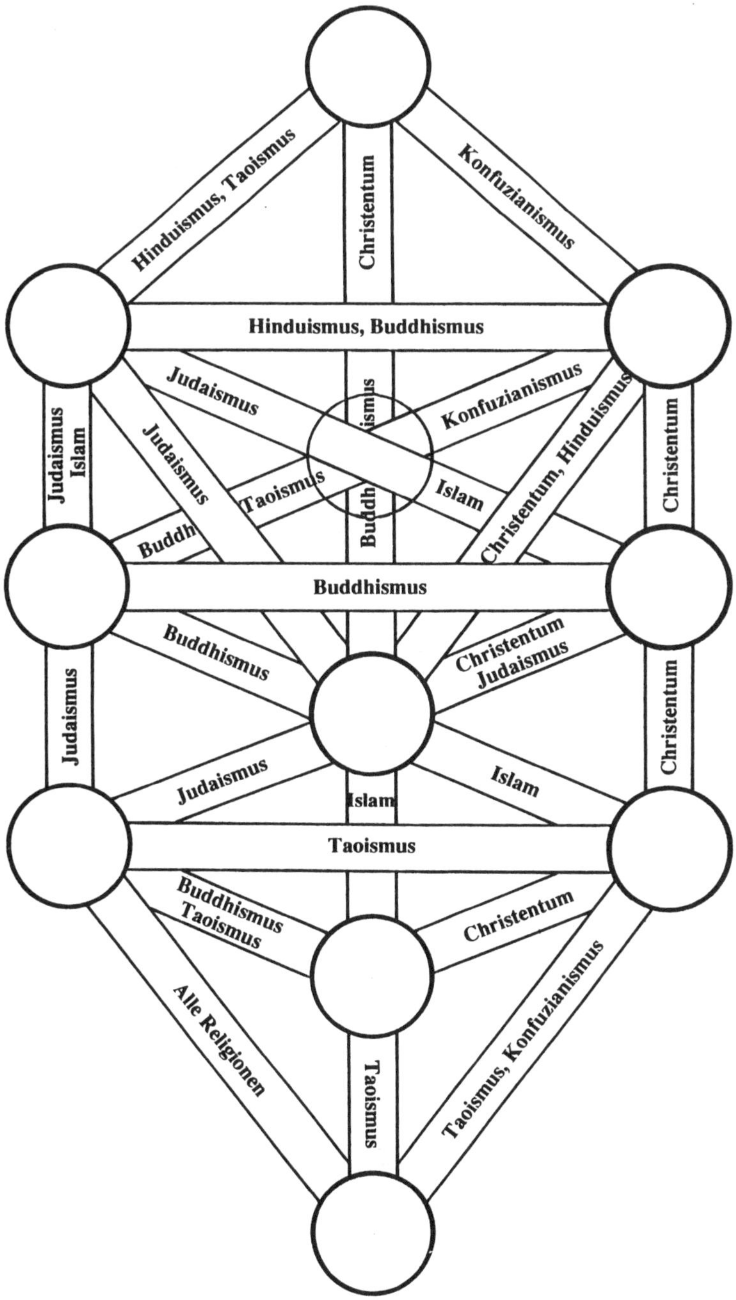

Abb.84

Auf S.77 sagte ich, daß alle vierundzwanzig Bewußtseinshaltungen eng verwandt sind und in einem unmittelbaren Abhängigkeitsverhältnis stehen. Die Gesamtheit der vierundzwanzig Wege macht das ethische Kontinuum des menschlichen Bewußtseins aus, und wenn auch nur einer über- oder unterbewertet wird, so hat dies für die spirituelle Entwicklung erhebliche Konsequenzen. Die religiöse Überbetonung bestimmter Bewußtseinshaltungen zeigt, daß die Religionen offenbar die Bestimmung haben, ein besonderes ethisch-sittliches Schulungs-Milieu anzubieten, um bestimmte Defizite und Mängel zu beseitigen, denn nur so erklärt sich, daß z.B. ein hochgebildeteter Mensch die Einseitigkeiten, die nun einmal in jeder Religion zugegen sind, in Kauf nimmt. Offensichtlich bietet das jeweilige religiöse System die optimalen Voraussetzungen für die vollständige Entfaltung einer oder mehrerer Bewußtseinshaltungen, und genau das könnte der tiefere Grund sein, weshalb nicht wenige ihre religiöse Überzeugung so fanatisch verteidigen, verspricht sie doch die Verwirklichung des ethisch-sittlichen Kontinuums und die Erleuchtung. Der harmonische Zusammenfluß aller Bewußtseinshaltungen in Tifereth zu einer integral-spirituellen Wahrnehmungseinheit ist der Omegapunkt aller religiösen Bemühungen und die Essenz der Philosophia perennis. Allein des Menschen guter Wille und alle religiösen, noch so gutgemeinten Praktiken, reichen jedoch nicht aus, um dieses erhabene Ziel zu erreichen, sie können bestenfalls *nur darauf vorbereiten.* Das aufrichtige Bemühen um die Harmonie und Mitte aller Bewußtseinshaltungen, auch wenn es noch so religiös und ethisch begründet sein mag, begrenzt sich stets durch den Rest an bewertendem Selbstbezug, in dem man Gefahr läuft, sich als der Macher und Verwirklicher mißzuverstehen, siehe auch S.218. Erst wenn wir erkannt haben, daß nur Gott selbst, "der Sohn des Menschen", das vollkommene Wesen des Deus est centrum mundi besitzt und in dieser Erkenntnis *ihn das große Werk vollenden lassen,* entgehen wir der Illusion, es aus eigener Kraft vollbracht zu haben. Dazu ist es aber erforderlich, im Sinne von Laotse und Buddha, ganz leer von jeder selbstischen Vorstellung und Anhaftung zu werden, dies kann uns am ehesten im *Zim-Zum-Zustand* gelingen, erst dann werden wir neu gefüllt mit *jener geheimnisvollen Weltmitte,* in der alle Bewußtseinsebenen und -haltungen des Lebensbaumes zu einer spirituellen Wahrnehmungseinheit verschmelzen, in der es weder und sowohl ein Oben, ein Unten, ein Links und ein Rechts gibt, sondern nur noch ewige Ganzheit, Gegenwart, Einheit, Harmonie, Freude und glückselige Fülle.

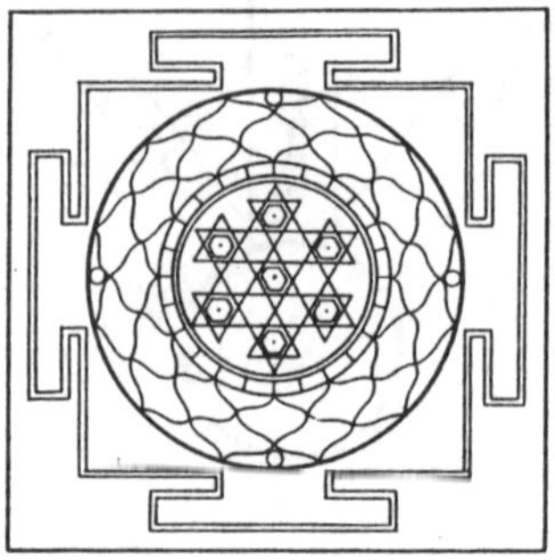

"Die Gegenwart Gottes wird sich in der Welt des Stofflichen, zu der Himmel und Erde gehören, als verborgenes Gold in mystischer Verklärung offenbaren. Körper, Seele und Geist werden alle himmlischen Mächte besitzen." Nostradamus 3.2

Die kommende Lichtmaterie

"Kommende Lichtmaterie"; eine neue Wortschöpfung oder verborgene Wirklichkeit? Der Ausdruck stammt nicht von mir, sondern von einer Engelsbotschaft, die, so möchte ich sagen, unter die Haut geht und so ziemlich alles, was ich für wahr hielt, zertrümmerte. Nachdem ich die Engelsbotschaft gelesen und neu thematisiert hatte, stand ich vor diesem Scherbenhaufen und mir wurde klar, daß dieser Zustand die Geburt des Lichtbewußtseins war. Was aber war geschehen? Als ich an meinen Kabbala-Manuskripten arbeitete und die Engelsbotschaften las, fand ich zu meiner Genugtuung viele Übereinstimmungen mit meinen Ausführungen. Trotz dieser Freude waren die Engelsbotschaften von einer gänzlich neuen Qualität und Radikalität, die mit nichts vergleichbar war. Ja, ich finde sie nach wie vor revolutionierend! Es war für mich die höchste und geheimste Unterweisung, die mir je zuteil wurde, im Sinne des Vers 18.64 der Bhagavadgita, die mir neben der Bibel und anderen Schriften stets ein freundschaftlicher Begleiter war.

"Höre noch einmal meine höchste Unterweisung, die geheimste von allen. Da du mir zutiefst lieb bist, verkünde ich sie dir zu deinem ewigen Heil."

Immer wieder sprachen sie von der Wand oder Mauer, die uns vom Licht des *Einen* trennt, und vom Riß oder Graben zwischen dem, was wir glauben zu sein und was wir in Wirklichkeit sind. Offensichtlich meinen sie mit Mauern jene bewertenden und somit abgrenzenden Ich-Bin-Attribute, mit denen sich das Ich, bevor es aus dem Urglanz heraustritt, ausstattet und sich so vom Ganzen trennt. Da heißt es z.B.:
"Reiß deine Mauer ein, indem du andere beschützest. Anders geht es nicht. Die Mauer ist in dir. Mit eigener Hand hast du sie erbaut und hast dich dahinter vor dem Herrn verkrochen. Fast jeder Mensch verkriecht sich so vor ihm. Du hast also genügend zu tun. Welch schreckliche Gefängnisse! Jedes Gefängnis wird sich einmal öffnen, aber dem, der sein eigener Gefangener ist, dem öffnet es sich nicht. Ewige Finsternis! Schreckliche, ungangbare Finsternis! Furchtbar ist es, ohne Licht zu sein. Hilf also, die Mauern niederzureißen! Wir können da nicht helfen, du aber, mein Diener, denn du weißt, was das Gefängnis ist. Brenne -so wird der Himmel in dir sein, und alles wird dir möglich!"
Das eigentliche Gefängnis sind die Ansichten, Bewertungen und Meinungen über uns und andere, auf die wir uns stützen oder an denen wir uns festklammern. Genau die sollten wir niederreißen, denn sie sind es ja gerade, welche unser Bewußtsein verfinstern und einengen- zu einem armseligen Gefängnis machen. Erst dann können wir brennen -selbst zum Licht werden- und den göttlichen Rausch erfahren.

Zur Verdeutlichung, was mit Gefängnis näherhin gemeint ist, wählte ich diese Aussage:
"Güte ist alter, unnützer Splitter! Weg damit! Jedermann gibt heute "Güte". Kehricht! Nur Er gibt und alles wird gegeben. Größenwahnsinnige Würmer "geben." Wir sind nur Überbringer Seiner Gabe. Sei nicht befleckt von der "Güte"! Keine "Güte" sei in dir! Nicht der Böse hat die Welt verdunkelt, sondern der "Gute," der sagt: "Ich bin gut", der "gute" Mensch, der spendet, der hilft. Und siehe, was gibt er? Den Tod. Ihr "Guten" -ihr werdet büßen! Das neue Licht, das kommt, läßt alles Falsche zu Staub zerfallen. Verdorbenes, entartetes Geschlecht, wehe euch! Ihr baut "gute" Krankenhäuser für eure Opfer. Du aber, mein Diener, du bist nicht "gut", doch das Gute wird durch dich."
Ein Ich ohne Stütze, d.h. ohne Ich-Bin-Halt, ist ein Novum, etwas ganz Neues, und schwer nachvollziehbar, zu vergleichen vielleicht mit einem dreijährigen Kind, das unbekümmert spielt und scherzt. Genau diese Aussage war es, die mich ziemlich erschütterte und mich zunächst völlig durcheinanderbrachte. Wie sollten wir denn sein, wenn nicht gut, ehrlich, zuverlässig und alles, was man allgemein unter anständig versteht? Gibt es nicht Grundwerte- eine kulturübergreifende Ethik, die unabhängig von Rasse, Religion, Kultur, Sitten und Gebräuchen in allen Völkern und Gemeinschaften gleich anerkannt ist? Was also sollen wir tun, was leben, wenn nicht nach ethischen Grundwerten zum Wohle aller? Solche Fragen bewegten mich während der Lektüre, und ich war sehr gespannt auf die Lösung dieses Problems. Erst am Ende des Buches begann die Morgendämmerung in meinem Herzen, nämlich, daß jene ethischen, kulturübergreifenden Werte *nur Gott wirklich leben kann,* und nicht wir selbst, sondern ***nur, wenn ER uns lebt.*** Eigentlich wußte ich das schon, doch hatte ich es im Eifer meiner Arbeiten wieder vergessen, ja,ja, so ist der Mensch. Irgendwie war ich erleichtert, denn ich befürchtete schon ernsthaft, meine Arbeiten über die Kabbala seien nur noch eine armselige Tonscherbe und umsonst. Der unsichere Halt, auf den die meisten meinen, sich stützen zu müssen, ist der selbstherrliche Glaube, man sei der Verursacher und Vollbringer *des Wahren, Schönen und Guten,* doch genau diese Auffassung trennt uns vom eigentlichen Verursacher, aus dem nicht nur die Ideen dazu fließen, sondern vor allem die Kraft der Verwirklichung. Dies ist auch der wahre Grund, warum so viele Menschen trotz bester Voraussetzungen an ihren gutgemeinten Absichten und Vorsätzen scheitern.
Was geschieht, wenn das Ich ohne Stütze ist, erfahren wir in den beiden folgenden Textstellen:
"Nur eine einzige Stütze gibt es, die nie täuscht! Doch wie wunderbar: Ein jeder eurer Schritte über die Leere wird zu einer blühenden Insel, auf die andere ihren Fuß setzen können. Doch nehmt nichts Altes auf den Weg! Leere zieht Leere an. Unbekleidet müßt ihr euch auf den Weg machen. Ein Neues, nie gesehenes Kleid erwartet euch. Verlaß das Alte auch in deiner Arbeit! Suche das ganz Neue! Wenn du das Alte nicht ablegst, kannst du dich nicht neu kleiden. Er kleidet die Lilien des Feldes. Wie sollte er nicht dich kleiden, wenn du Glauben hast? Sehe nicht - glaube! Beginne deine Arbeit, als hättest du sie noch nie getan!"

Und an anderer Stelle heißt es ergänzend dazu:
"Durch das Vereinen der beiden (Himmel und Erde), die in Wahrheit eins sind. Der unnütze Diener zerstört die Brücke, damit sein Herr nicht komme, aber das kleine Kind überschreitet sie lächelnd, und es ist der Herr. Gebt acht! Ich wiederhole es: Das noch nie Gesehene weilt unter euch, das kleine Kind, der allmächtigste Herr, das Neue, das Ewige. Nicht das ewig Gleiche, sondern das ewig Neue."
Die einzige Stütze ist Gott selbst, der das Ganze ist und in dem die Gegensätze (conijunctio oppositorium) zusammenfallen; wo dies geschieht, gibt es keine Unterschiedenheit mehr, sondern nur Einheit und blühendes Leben. Die Brücke ist also nicht unsere gute Absicht, unser sittlich-moralisches Wohlverhalten oder religiöse Pflichterfüllung, sondern das *Leerwerden* für das Unfaßbare, jener *Zim-Zum-Zustand,* indem nicht mehr ein bewertendes Ich-Bin agiert, sondern ein von allen Selbstvorstellungen befreites Ich, in das sich Gott manifestieren kann.
Erkennen wir, daß wir nur in diesem Zustand Brücke sind, so kann uns selbst die schwarze Leere nichts mehr anhaben:
"Gib acht! Es gibt keinen noch so dunklen Abgrund, keinen noch so verschlungenen Irrweg, der nicht Weg wäre. Daß euch Schrecken und Grauen nicht irreführen! Habt ihr Glauben, so könnt ihr nicht nur über das Wasser, sondern über die Leere, die schwarze Leere schreiten. Fürchtet euch nicht! Auf dies eine achtet: Stützt euch auf nichts! Was euch sicherste Stütze scheint, wird schwärzeste Leere. Ergreift die Stütze nicht- sonst werdet ihr selbst zu Leere!"

Und so rät uns auch die Bhagavadgita im Vers 18.66:
"Gib alle Arten von Religionen und Gelehrtenwissen auf und alle Kastenpflichten und Rechte und gib dich einfach mir hin, ich werde dich von aller Schuld und allen Verfehlungen befreien. Fürchte dich nicht."

Und im Vers 18.65 ermuntert Krsna Arjuna mit den Worten:
"Richte dein Bewußtsein ganz auf mich, weihe mir dein ganzes Sein, so wirst du zu mir gelangen. Dies ist mein Wort und mein Versprechen an dich, weil du mir lieb bist."
Wer nicht Brücke sein will zwischen Himmel und Erde, d.h. nicht bereit ist, sich dafür hinzugeben, der stürzt in den Abgrund oder in den Abyss (Daath): *"Langt der Stürzende unten an, dann stürzt er nicht mehr, sondern fühlt nun den Schmerz. Warum stürzte er? Weil er nicht diente. Die einzige Stütze ließ er los: das Unfaßbare. Nach dem Faßbaren griff er und es schlug ihn nieder. Sein Sturz beginnt nicht jetzt -jetzt langt er unten an."*
Viele meinen, man müsse sich doch an irgend etwas halten, sei es eine Autorität, eine Philosophie, religiöse Gesetze mit Pflichten und Rechten, materielle Werte usw., doch in dem Moment, wo wir uns darauf berufen, sind wir schon gestürzt. Der Sturz in den Abgrund ist um so tiefer und schmerzhafter, je mehr wir uns an das Faßbare halten. Der gegenwärtige galoppierende Verfall von Werten, materiellen und sozialen Sicherheiten, erstarrten Ordnungsstrukturen sowie wissenschaftlichen Theoremen und angeblich gesicherten Erkenntnissen wird in naher Zukunft die Richtigkeit dieser Aussage bestätigen.

Was in 6000 Jahren historischer Kulturgeschichte weder Kriege, Hungersnöte, Seuchen, grausige Völkermorde noch Erdbeben vermochten, nämlich das Ego des Menschen auszumerzen, wird die neue Lichtschwingung in wenigen Tagen vollbringen, denn nur, wenn sich plötzlich etwas Grundsätzliches ändert, besteht Hoffnung auf eine totale Erneuerung. Daß die Menschheit dieses neue Licht-Bewußtsein freiwillig niemals annehmen wird, leuchtet jedem ein, denn dies würde die Gesellschaftsordnung nahezu umstülpen, und im wahrsten Sinne des Wortes würden die Armen und Unbedeutenden die Ersten, und die Mächtigen und Einflußreichen die Letzten werden. Die, welche sich rücksichtslos durchsetzten, auf Kosten anderer Reichtum und Besitz anhäuften, gesellschaftlichen Einfluß hatten, würden plötzlich uninteressant und in Armut und Bedeutunglosigkeit versinken. Nur eine äußere Katastrophe kosmischen Ausmaßes kann die alte Ordnung und die verkrusteten polit-wirtschaftlichen Machtstrukturen zerschlagen und jene Voraussetzungen schaffen für eine neue Lebensgemeinschaft, in der das Licht-Bewußtsein hell erstrahlen kann. Die Hoffnungslosigkeit, mit der heute viele Menschen, auch Politiker, in die nahe Zukunft blicken, ist ein typisches Indiz für eine heraufziehende Apokalypse von unvorstellbarer Gewalt, und die gesellschaftlich-sozialen Auflösungstendenzen bis hinein in die Familien entziehen vielen das einstige Fundament sozialer Sicherheit und Geborgenheit.
Darum sagen auch die Engel:
"Erstarrte Vögel, das Gefängnis ist offen und ihr wagt nicht zu fliegen! Ich schrekke euch auf, damit ihr flieget."

Unsere Trägheit, aber auch die Angst vor dem Unbekannten, bindet uns an alte Gewohnheits- und Denkmuster und macht uns zu langweiligen Wiederkäuern.
Lange Zeit hielt ich den Holocaust einer johanneischen Apokalypse für eine nur ferne Möglichkeit, habe sie auch verdrängt, weil ich stets glaubte, alles würde gut, doch die Zeichen der Zeit belehrten mich allmählich eines Besseren. Der Countdown der Apokalypse hat mit dem Ozonloch begonnen und wird sich nun in sieben Phasen fortsetzen. Wer Augen hat, der sieht, und wer Ohren hat, der hört. Der Traum von einer idealen Gesellschaft mit integrierten Wohnungen in lieblichen Gartenlandschaften, umweltfreundlichen Autos, totaler Information durch eine raum- und zeitüberwindende Supertechnik, interplanetarischen Reisen, genmanipulierten Überflußernten und wunschgemäßen Retortenbabys hat sich inzwischen als fatale Illusion erwiesen und stellt sich zunehmend als ein Horrortrip heraus. *Bedenke das Ende, sagen die Weisen*, und konsequent weitergedacht, muß diese Entwicklung zum totalen Egoismus und in eine beängstigende Verdatung selbst intimster Informationen führen, z.B. Lauschangriffe auf die private Sphäre. Tatsächlich sind wir z.T. schon dabei, den Menschen nur nach seinem Datenwert einzustufen und in wenigen Jahren werden, wenn die Computertechnologie weiter so rasant anhält, über jeden soviel Informationen gespeichert sein, daß mit einem einzigen Tastendruck jeder ohne Ausnahme kategorisierbar ist. Die Folge ist die totale Kontrolle, und Orwells Vision würde schreckliche Wirklichkeit. Kein noch so ausgeklügeltes Datenschutzgesetz kann diese Entwicklung mehr aufhalten. Alle Staatsregierungen arbeiten an diesem Ziel, denn elektronische Kontrolle bedeutet

mehr innere und äußere Sicherheit, mehr Steuern und berechenbare Risiken, etwa die Ausschaltung des Terrorismus und des weltweiten Drogendeals. Die apokalyptische Vision, daß ohne Identifizierungsnummer niemand mehr kaufen und verkaufen kann (z.B. Plastikgeld gibt es jetzt schon), rückt in wenigen Jahren in den Bereich der Wahrscheinlichkeit, aber damit auch der gänzliche Verlust an persönlicher Freiheit. Man wird den gesetzlichen Zugang zu persönlichen Daten als politische Notwendigkeit zum Vorteil aller herbeiloben und darin das Ende aller sozialen Ungerechtigkeiten preisen, doch Unzählige werden dadurch das Opfer von bürokratischer Überwachung und Verordnungen, die heute in ihrer Tragweite kaum einschätzbar sind. Mögen hierdurch auch die Kriminalität, ökologische sowie soziale Egoismen auf ein Minimum eingeschränkt sein und sich der Traum von einer antikriminellen, perfekten *Low and Order-Gesellschaft* erfüllen, auf administrativer Ebene wird der gigantische Betrug und die Manipulation der Massen fortgesetzt, genau wie die Prophezeiungen des Nostradamus vorhersagen. Die Machtlosigkeit der Menschen gegen ein solches Bündnis aus *Bürokratur* und High-Tec-Überwachungsstrukturen liegt auf der Hand und bewirkt eine depressive Massenstimmung, die zunehmend aggressiver wird und in Ansätzen jetzt schon erkennbar ist. Daß eine solche Superbürokratur, wie sie beispielsweise ein europäischer Zentralstaat anstrebt, schon bald Realität sein wird, daran ist kaum noch zu zweifeln.
Mir fällt wieder das Gleichnis vom Feigenbaum ein:
"Vom Feigenbaum aber lernt das Gleichnis: Wenn sein Zweig schon weich geworden ist und die Blätter hervortreibt, so erkennt ihr, daß der Sommer nahe ist. So sollt auch ihr, wenn ihr dies alles seht, erkennen, daß es nahe an der Tür ist." Matth.24.25.
Die rhythmische Entwicklung der Menschheit, ja unseres ganzen Sonnensystems, ist die Analogie des Feigenbaumes. Daß dieser Rhythmus nicht willkürlich, sondern nach ehernen Gesetzen abläuft, davon wußten schon die Sumerer und Chaldäer. Auch in den megalithischen Observatorien, z.B. in Stonenhenge, beobachtete man die rückläufige Wanderung des Frühlingspunktes durch den Zodiak und entdeckte, daß immer dann, wenn der Frühlingspunkt nach ca.2160 Jahren in ein neues Sternzeichen eintrat, gravierende äußere und innere Umwälzungen in der Menschheit vor sich gingen und ein neues Bewußtsein das Alte ablöste. Der Frühlingspunkt braucht, um die 360 Grade des Zodiaks zu durchwandern, exakt 72 x 360 = 25 920 Jahre. Diesen gewaltigen Zeitzyklus nennt man ein platonisches Jahr. Teilt man die 25 920 Jahre in 12 große Weltenmonate (Äon), so durchwandert der Frühlingspunkt ein Sternzeichen in genau 2160 Jahren. Die Übereinstimmung der prähistorischen Untergangsmythen in allen Völkern und der Zwölfer-Rhythmus der Kulturepochen spricht dafür. Auch die Mythen der germanischen Edda berichten von einer Wassersintflut und Feuersbrunst, derzufolge die Erde von allem Bösen und Dunklen gereinigt wurde. Von den ständigen Zerstörungen der Welt durch Feuer und Wasser sprachen auch die Priester zu Sais in Platons Timaios, insbesondere von der Zerstörung Atlantis durch eine vulkanische Feuersbrunst. Ägyptische Priester nannten die apokalyptischen Wendepunkte *"nemduch,"* d.h. Erneuerung des Lebens, und *"nem-masu,"* d.h. Wiederholung des Gewesenen. Die gnostischen Orphiker sprachen von der Wiederherstellung der ursprünglichen Ordnung. Alle

großen Seher des Orients und Okzidents erwähnen in ihren Schriften diese kosmischen Wendepunkte und auch die Bibel, z.B. die kleine Apokalypse Jesajas und die Johannesapokalypse, warnt uns davor. C.G.Jung, der sich nicht nur mit der spirituellen Psychologie des Menschen befaßte, sondern auch mit den Mythen und Sagen prähistorischer Zeiten, konstatiert in seinem Buch "Aion", daß man an der Präzession des Frühlingspunktes wesentlich die psychische Entwicklung der Menschheit ablesen kann. Vor etwas mehr als 2100 Jahren, ca.150 Jahre vor der Geburt von Jesus Christus, wanderte der Frühlingspunkt vom Widder in das Fischezeichen, womit das Fischezeitalter begann und mit ihm ein neues Äon. Jesus Christus wurde aller Wahrscheinlichkeit nach 143 Jahre nach dem Eintritt des Frühlingspunktes in das Zeitalter des Fisches geboren. Aus kosmischer Sicht steht seine Geburt am Anfang des dunkelsten Äon im platonischen Weltenjahr, aber er brachte mit seiner frohen Botschaft einen völlig neuen Geist (Impuls des Vergebens und Verzeihens) in diese Welt, der uns alle hoffen läßt.

Kurz vor seiner Entrückung sagte er zu seinen Jüngern:
"Noch vieles habe ich euch zu sagen, aber ihr könnt es jetzt nicht tragen. Wenn aber jener, der Geist der Wahrheit, gekommen ist, wird er euch in die ganze Wahrheit leiten, denn er wird nicht aus sich selbst reden, sondern, was er hören wird, wird er reden und das Kommende wird er euch verkündigen." Joh.16.13.

Erst jetzt, an der Schwelle des Wassermannzeitalters, ist die Menschheit reif, in die ganze Wahrheit eingeführt zu werden, und alle Prophezeiungen, insbesondere die herrlichen Unterweisungen der Engelsbotschaften, sollen die Menschheit auf das Kommende vorbereiten. Wenn durch weltweite Erschütterungen die alten Machtstrukturen zerschlagen sind und die wahre innere Einigung der menschlichen Seele fortschreitet (Weg 13), wird die christliche Aufforderung zu Hilfbereitschaft und Barmherzigkeit (Weg 10), ohne murrendes Wenn und Aber, wirklich realisiert werden können.
Und so sagen die Engel auch:
"Das neue Wesen werde in euch geboren! Vor der Geburt: die Liebe. Geheimster Rhythmus, neuer Rhythmus: Erkennen. Halb Materie, halb Glorie. Die Menge lacht und legt alles ab, was zum Menschen macht, denn sie kennt dessen neuen Namen nicht, der allein zum Menschen macht. Möget ihr erkennen! Mögen eure Ohren nicht hören, eure Augen nicht sehen, sondern durchdringen! Das neue durchdringt alles. Verberge dich, Lüge! Allsichtig ist der neue Strahl. Ewige Freude ist euer Erbe. Gebet sie weiter! Nur wer gibt, ist ich."
Der letzte Satz ist kaum auszuloten, denn nur der ist in Gott, der immer bereit ist zu geben, und wer von uns kann dies uneingeschränkt von sich behaupten?
Und welche Voraussetzungen müssen gegeben sein, damit das himmlische Licht unser Bewußtsein verklären kann?
Hören wir dazu diese Rede:
"Der siebente Himmel ist ebenso nahe wie die Erde hier unten, wo eure Füße ruhn. Dort ist Er König. Er kommt nicht mehr zur Erde zurück. Blendendes Licht, einzige Wirklichkeit, König, Ewig-Seiender. Sein Gewand ist weißes Feuer, das bis

zu Ihm hochflammt. Ihr seid Seine Diener. Dient Ihm, dem Glorreichen, dem Lichtseienden, dem Unschaubaren, dem ewig Unglaublichen, dem einzig Glaubhaften! Ihr seid Seine Nachkommen, ihr alle! Ihr seid: Jesus. Ihr seid an Seiner Statt, ihr tut, ihr lebt, ihr werdet. Er ist der Ursprung, der Weg, die Wahrheit und das Leben. Finsternis und Schrecken entschwinden, enden beim Kommen des Lichts. Das Licht, das wir geben, wird zweimal gedämpft, denn es ist so stark, daß die Welt in Flammen aufginge. Wir filtern es mit unseren Flügeln. Erhebt euch! Filtert es wieder! Nur so kann das Licht kommen. Feuer senkt sich zur Erde. Brennt der Himmel in euch, so verbrennt alles Alte. Seht: Er kann im Alten, das verbrennt, nicht wirken. Erst wenn alles Alte in euch verbrannt ist, werdet ihr himmlisches Feuer sehen- vorher würdet ihr daran verbrennen. Irdisches Feuer kann nur von der Erde stammen und kann nur Irdisches verzehren. Der Himmel aber verbrennt nicht- denn er ist das Feuer selbst. Feuer tragen, Feuer ertragen kann nur sein Würdenträger. Werdet würdig! Nur so ist es möglich. Das Licht, das ihr hinunterbringt, ist wunderbar und schmerzt nur dort, wo ihr euch ändern müßt. Im Krug ist kein Wasser mehr- nur loderndes Feuer, weil Er, der über allem Seiende, mit Feuer tauft. Der Name des Leidens ist: Trennung. Seid erfüllt- die Zeit ist nahe! Schreckliches Unheil, wenn das Feuer ausfließt durch die Spalte. Das Feuer kommt nur durch euch- nur durch euch! Also tut- tut! Nur so erhält die Erde das himmlische Feuer. Der Sturm tobt, braust, wirbelt, aber ist schon kraftlos, denn es kommt die Wärme, das Keimen, das Licht. Glaubt es, Er kommt wahrlich, Er kommt und Er ist das Licht." Dieser Abschnitt bezieht sich auf das Christuslicht, d.h. das Licht der Liebe und Hingabe (Weg 24), das erst kommen kann, wenn alle Vorbehalte und Selbstvorstellungen aufgegeben wurden. Nur indem wir diese Bitte verwirklichen, schaffen wir die Voraussetzungen für das Kommende, andernfalls werden wir zurückgelassen. Der Satz: "Schreckliches Unheil, wenn das Feuer ausfließt durch die Spalte" bezieht sich wieder auf die Trennung in uns, denn nur dort, wo Trennung ist, kann etwas ausfließen. Darum sollten wir alles Trennende radikal auflösen.

Daß es sich nicht um eine personale Lichtgestalt handelt, die da kommt, bekräftigt auch eine Stelle im Lukasevangelium:

"...Denn wie der Blitz blitzend leuchtet von einem (Ende) unter dem Himmel bis zum anderen (Ende) unter dem Himmel, so wird der Sohn des Menschen sein an seinem Tag." Lukas 17.24

Das Fischezeitalter geht nun seinem Ende entgegen. Der Frühlingspunkt durchläuft gegenwärtig den letzten Grad des Fischezeichens und wird im Jahre 2010 n.Chr. in das Zeichen des Wassermannes eintreten. Diese Phase wird zwischen 1996 und 2010 n.Chr. durchschritten sein, und während dieser Zeit werden große Umwälzungen stattfinden, die für die spirituelle Evolution von weitreichender Bedeutung sind. Nach den Prophezeiungen wird es zu einer noch nie dagewesenen Erschütterung unserer Biosphäre kommen und zu einer radikalen Erneuerung der Menschheit. Mit dem Eintritt des Frühlingspunktes im Jahre 2010 wird das Wassermannzeitalter für 2160 Jahre (bis 4170 n.Chr.) unseren Planeten neu gestalten. Mythologisch bedeutet Wassermann "der Engelsmensch", der die Wasser der Himmel bringt. Das Symbol des Wassermannes wird meist als eine auf den Wolken

stehende männliche Gestalt dargestellt, die aus einem Krug Wasser auf die dürstende Erde gießt. Daß dieses Bild freilich nur ein Gleichnis ist, müßte selbst dem überzeugtesten Materialisten einleuchten. Welche astrophysikalischen Bedingungen aber müssen gegeben sein, damit diese Umwälzung stattfinden kann?
In unserer Galaxis gibt es gewaltige Zentralsonnen, z.B. im Sternbild des Orion der Sirius, die von einem besonderen Strahlenkranz umgeben sind. Da sich diese Strahlung wegen ihrer sehr hohen Schwingung einem radioastronomischen Nachweis entzieht, bleibt sie Astrophysikern verborgen. Gelangt unser Sonnensystem bei seiner Wanderung um den galaktischen Kern für eine gewisse Zeit in den Einflußbereich dieses Strahlenkranzes, so erregt er die atomare Schwingung aller Planeten und unserer Sonne und hebt sie auf eine höhere Schwingungsoktave. Die Folge ist zunächst eine gravierende Veränderung des Periodensystems aller Elemente, eine Art kosmischer Elektronensprung und eine Neuordnung mikrophysikalischer Phänomene, welches zunächst ein allgemeines Chaos verursacht. Die häufig prophezeite Dreitagesfinsternis läßt sich unter diesen Bedingungen durchaus erklären. Auch das sechste Siegel der johanneischen Apokalypse gewinnt unter diesem Gesichtspunkt mehr an Wahrscheinlichkeit:
"Und ich sah, als es das sechste Siegel öffnete: und es geschah ein großes Erdbeben; und die Sonne wurde schwarz wie ein härener Sack, und der ganze Mond wurde wie Blut, und die Sterne des Himmels fielen auf die Erde, wie ein Feigenbaum, geschüttelt von einem starken Wind, seine Feigen abwirft. Und der Himmel schwand dahin wie eine Pergamentrolle, die zusammengerollt wird, und jeder Berg und jede Insel wurden von ihrer Stelle gerückt"...6.12-15.

Erst wenn nach diesem Chaos sich die Elemente neu geordnet haben, steigern alle Planeten, aber auch unsere Sonne, ihre Abstrahlung so, als ob sie mehr Licht aussenden würden. Einige Prophezeiungen, z.B. die des Alois Irlmeier, verkünden, daß es danach auf Erden wärmer und lichtvoller werden soll. Ich glaube nicht, daß damit eine Zunahme an physikalischer Wärme und Lichtintensität gemeint ist, sondern vielmehr ist das innere Licht gemeint, d.h. eine integralere Wahrnehmung, welche wesentlich mehr auf Ganzheit und Einheit ausgerichtet ist.
Durch diesen Strahlenkranz muß also für die erwähnte Zeit eines kosmischen Umlaufes unser System zweimal für etwa 1500 Jahre hindurchgehen, und vielleicht steht uns dieses Ereignis unmittelbar bevor. Es kann allerdings auch nur ein ganz normaler Übergang des Frühlingspunktes in den Wassermann sein, wir wissen es nicht. Es wäre im wahrsten Sinn des Wortes ein kosmisches Ereignis, das erst nach 12 960 Jahren wiederkehrt. Der Eintritt wäre nach der Bedeutung biblischer und anderer Prophezeiungen der "Jüngste Tag", an dem sich der Menschheit das Lichtreich offenbart und der die Geister scheiden würde. Weshalb diese Scheidung der Geister durch neue kosmische Bedingungen möglich ist, erklärt sich aus der intensiven Lichtschwingung, der sich nicht alle anpassen können. Die neue Schwingung wird ja nicht nur die Planeten und unsere Sonne in ein verklärtes Licht tauchen, sondern auch die gesamte Biosphäre durchdringen und im Vegetativum aller organischen Wesen ganz neue, bisher unbekannte Resonanzen hervorrufen. Gleich einer *manaischen Vibration* erregt sie das gesamte Seelenleben eines jeden und

aktiviert alle unbewußten Inhalte, vergleichbar einer hypnoiden Tiefentrance, in der die verborgensten Erinnerungen, Geschehnisse, Taten, Absichten und alles, was einmal gedacht und gefühlt wurde, in das Tagesbewußtsein überführt werden. Dieser Vorgang kann, wie gesagt, nur aus den gravierenden Veränderungen im subatomaren Bereich der mineralischen und organischen Materie abgeleitet werden, der das Zeit- und Raumbewußtsein völlig neu ordnet und kritische Anpassungsschwierigkeiten zur Folge hat.
Dazu eine Sure des Korans:
Im Namen Allahs, des Gnädigen, des Barmherzigen.
Wenn die Erde erschüttert wird und die Erde herausgibt ihre Lasten, und der Mensch spricht: "Was fehlt ihr?" An jenem Tag wird sie ihre Geschichten erzählen; weil dein Herr sie inspiriert. An jenem Tag werden die Menschen in zerstreuten Gruppen hervorkommen, um ihre Werke zu schauen. Und wer auch nur ein Stäubchen Gewicht Gutes getan hat, er wird es sehen. Und wer auch nur ein Stäubchen Gewicht Böses getan hat, er wird es sehen (Koran, Sure 99: 2-9). Jeder wird also seine eigenen Werke schauen und jenen Schmerz, aber auch jene Freude erfahren, die er anderen zugefügt hat.
Und in einer weiteren Sure wird das Gericht angekündigt:
Im Namen Allahs, des Gnädigen, des Barmherzigen. Die pochende Stunde! Was ist das? Und was lehrt dich wissen, was die Pochende ist?- An dem Tag, da die Menschen gleich verstreuten Motten sind und die Berge gleich bunter zerflockter Wolle. Dann wird der, dessen Waage schwer ist, ein angenehmes Leben genießen, doch der, dessen Waage leicht ist, seine Mutter wird der Höllenschlund sein. Und was lehrt dich wissen, was er ist? Ein rasendes Feuer (Koran, Sure 101: 1-9).
"...Die Menschen gleich verstreuten Motten" kann nur bedeuten, daß, wie allgemein bekannt, wie die Motten zum Licht streben, so auch die Menschen vom neuen Licht angezogen werden und es wird die verborgensten Gedanken, Handlungen und Absichten der Vergangenheit, aber auch den momentanen seelischen Gesamtzustand offenbaren. Diejenigen, deren Gesinnung mit *der heiligen Schwingung* übereinstimmen, werden Freude und Erlösung empfinden, dort wo keine Übereinstimmung ist, wird seelischer Schmerz, Beschämung, Reue und Verzweiflung empfunden, etwa so, als ob man sich von der Gemeinschaft ausgestoßen fühlt. Viele versuchen, dieser inneren Offenbarung zu entgehen, indem sie sich in die letzten Winkel verkriechen.
In diesem Sinne wird die Johannesapokalypse verständlicher, wenn sie sagt: *"Und die Könige der Erde und die Großen und die Obersten und die Reichen und die Mächtigen und jeder Sklave und jeder Freie verbargen sich in die Höhlen und in die Felsen der Berge; und sie sagen zu den Bergen und zu den Felsen: Fallt auf uns und verbergt uns vor dem Angesicht dessen, der auf dem Thron sitzt und vor dem Zorn des Lammes!"*
Der bis in die subatomare Welt eindringenden *heiligen Schwingung* der Wahrheit, aber auch der Liebe, vermag niemand zu entgehen, weil sie Bewußtes und Unbewußtes in einen ganzheitlichen Erlebniszustand versetzt, eine Art Superbewußtsein, in dem viele ihr jämmerliches Ego plötzlich klar vor Augen sehen und am

liebsten verschwinden möchten. Und die Berge gleich bunter zerflockter Wolle, mag darauf hinweisen, daß die Erdoberfläche ihr Gesicht verändern wird.
Von welch ungeheurer Macht die neue Schwingung ist, sagen die Engel an folgender Stelle:
"Das siebente Wort ist nicht Ton, ist nicht Licht, ist nicht seiend, ist nicht gewesen und wird nicht. Das Siebente Wort ist Aller Stimme. Alles und nichts, was sagbar wäre- aber es wirkt. Nur das Unsagbare ist. Erschüttert ist die Säule der Schöpfung, schon hat das Moos sie überwuchert. Er aber baut die Neue. Die alte Säule zerfällt- und siehe! innen ist sie hohl. Voll ist nur der Same. Die Säule der Schöpfung zerfällt, die Lichtsäule aber wird niemals zerfallen! Ekel vor dem "Zuviel" bricht aus und zersprengt wird die Materie. Es komme das "Mehr!" Er kommt nicht- Er ist. Er ist- der Siebente. Es wird alles erfüllt mit furchtbarem Licht- unmöglich ist es, euch zu verstecken, denn alles durchdringt das neue Licht. Nirgends mehr könnt ihr euch verkriechen! Verkriecht euch nicht! Es ist ja gar nicht nötig! Läutert euch, solange es noch möglich ist! Wer es nicht tut, dessen Seele erstarrt zu Frost. Wählet! Es dämmert das blaue Licht und es kommt das weiße, in dem die sieben Farben zusammenfließen und der Raum endet. Das blaue Licht ist schon das sechste. Die gelbe Sonne scheint daneben nur flackerndes Talglicht zu sein. Wir belehren euch heute wieder- für jetzt ist es genug. Friede sei mit euch!"
Die Mahnung, daß nur die rechtzeitige Läuterung die Seele vor der Erstarrung in ihrem alten Absonderungszustand bewahrt, ist sehr ernst gemeint. In diesem gewaltigen Licht, dessen Morgendämmerung -das sechste- das blaue, schon sichtbar ist (das sechste Jahrtausend) und wenn das weiße kommt, das siebte Jahrtausend, flackert das Sonnenlicht wie eine Talgkerze. Wer sich nicht läutert, geht nicht ins Licht, kann nicht zu diesem Licht werden, sondern fällt in die Erstarrung seines Ego.
Daß auch die Kirche und religiöse Sentimentalität da nicht mehr weiterhelfen, offenbaren uns die Engel an dieser Stelle:
"Es läutet die Glocke. Der alte Ton ruft zur Kirche. Es zittern die Knie der Gläubigen und sie werfen sich nieder. Beklommen ist das Herz und die Tränen fließen. Draußen gafft die Gleichgültigkeit. Jenseits nur der Kirche, jenseits des Altars, ist das Neue zu finden. Die Kirche ist die alte Heimat und Schutz für das Gefühl. Das neue Gesetz, die neue Gnade, -das Erkennen- füllt alles, füllt jede Höhle, die die Erde birgt, sei sie Grab oder leeres Herz; sei sie brotsuchender Mund oder tötende Hand. Was leer ist, wird gefüllt. Wer sucht, der findet. Alles erfüllt sich durch Ihn, der niemals nimmt und immer gibt. Ich lehre euch, was hinter dem schwarzen Regenbogen wohnt. Über der Sintflut schwebte der Regenbogen. Er ist Verbindung von Himmel und Erde, Verheißung. Was ist nun mehr als seine sieben Farben? Das Eine- glühend weiße. Ein schwarzer Regenbogen umarmt den Himmel. Was ist hinter dem Schwarzen? Der schwarze Riß. Die sieben Farben sind ausgelöscht. Über den Grenzen der Erde ein schwarzer Graben am Himmel. Der Herr sprach: Ich warte. Es ist vollbracht. Er wartet nicht mehr. Die schwarze Leere zwischen Himmel und Erde wird glühend weiß, glühend weiß. Der schwarze Graben verschluckt nur Totes. Das weißglühende Licht sprüht, sprüht glühend weiße Flammengarben, und alles verbrennt, was lebt und atmet, was leblos ist, was tot, alles

was war, alles was wird, alles Befleckte und Unbefleckte. Furchtbares Himmelsfeuer- alles verbrennt und alles wird geboren. Die jungfräuliche, unschuldige Schöpfung stirbt nicht, sie lebt neu auf. Das Licht blendet, das ewige Licht, und erlöst werden alle Geschöpfe. Zwischen zwei Unendlichen der raumlose Raum- das Erkennen. Ein Stern fiel nieder, glühend weißes Licht, erloschen im Schwarzen. Alter Schöpfung Staub. Zeitalter neuer Schöpfung! Sauget die Sterne auf und streuet neue in den Himmel! Viele, unendlich viele! So wird aus Nacht Tag, ewige Helle, die immer gibt. Zwischen der Heerschar des Himmels und der Scholle der Erde ist ewiges Licht, ewiges Lieben, ewiges Anbeten, ewiges Dein. Die Sieben verschwanden, die alte Brücke verschwand. Verschwunden ist der schwarze Graben, die Spaltung, das "und" zwischen Himmel "und" Erde. Das Neue, das Ewige kann nun kommen -doch nicht anstelle des Schwarzen, nicht anstelle der Sieben, sondern über allem: die Sieben vereint. Über dem "vielleicht" die Möglichkeit, zu sein. Über der Last- die Fähigkeit, zu tun. Über Raum und Zeit, wo Phantasie ihr Spinnweb spinnt- das ewig Wirkliche. Über der Vielfalt von Religionen der Ursprung und die Tat, die nur eins werden können, wenn das Licht, die Möglichkeit des Seins, erstrahlt. Der Stein, der verachtete, wurde zum Eckstein, ist Träger des Gewichtes, der Erlöser, der Verachtete. Er kommt wieder und Er ist das Licht. Bereitet euch vor, um bereit zu sein! Dienen wir Ihm!

Diese herrliche Verheißung würde eine lange Erläuterung beanspruchen, ich kann mich da nur auf weniges beschränken. Der Satz: "Was leer ist, wird gefüllt, und wer sucht, der findet", bedeutet, daß nur diejenigen gefüllt werden, welche von allen sich abgrenzenden Ich-Bin-Attributen und Abhängigkeiten frei sind.

Dazu der 16.Aphorismus des Laotse vor 2500 Jahren:

"Schaffe Leere bis zum Höchsten!
Wahre die Stille bis zum Völligsten!
Alle Dinge mögen sich dann zugleich erheben.
Ich schaue, wie sie sich wenden.
Die Dinge in all ihrer Vielfalt,
ein jedes kehrt zurück zu seiner Wurzel.
Rückkehr zur Wurzel heißt Stille.
Stille heißt Wendung zum Schicksal.
Wendung zum Schicksal heißt Ewigkeit.
Erkenntnis der Ewigkeit heißt Klarheit.
Erkennt man das Ewige nicht,
so kommt man in Wirrnis und Sünde.
Erkennt man das Ewige,
so wird man duldsam.
Duldsamkeit führt zur Liebe und Gerechtigkeit.
Liebe und Gerechtigkeit führt zur Herrschaft.
Herrschaft führt zum Himmel.
Himmel führt zum Sinn.
Sinn führt zur Ewigkeit.
Sein Leben lang kommt man nicht in Gefahr."

...Hinter dem schwarzen Regenbogen (menschliche Erkenntnis) jener Graben (Kluft zwischen menschlichem und göttlichem Sein), der nur Totes verschluckt, bedeutet, daß alles, was uns einst als wertvoll erschien, in Wahrheit Totes ist. Zwischen zwei Unendlichen der raumlose Raum- bedeutet, in der Weisheit Gottes zu leben. Unsere Bestimmung ist es nicht, die Sieben zu ersetzen, sondern die Sieben zu vereinen, *also Er selbst zu sein.* Nicht mehr ein "Vielleicht" wird uns tyrannisieren, sondern Unmögliches wird Realität und jeder Gedanke und jede Vorstellung Wirklichkeit. Alle werden, statt religiös zu sein, aus unmittelbarster Ursprünglichkeit handeln und im *Zim-Zum-Bewußtsein* die Stimme Gottes vernehmen und so das Erosbewußtsein realisieren.

Und im folgenden ist der Untergang aller Religionen, Kirchen und Weltanschaungen besiegelt:
Es wird Frühling. Eine Blume, ein Grashalm sind seine Verkünder. Verkünder sind auch Religionen, Tempel, Kirchen, Propheten- aber beim Kommen des Lichtes und der Kraft gibt es keine Tempel mehr, keine Kirchen mehr, denn alles wird Tempel und Kirche sein. Wer sieht eine einzelne Blume auf der Blumenwiese? Ihr seid nicht Blumen- ihr seid Frühling! In seinem Garten ist der Frühling auch nur Blume. Jeder von uns ist die neue Kirche, und niemand braucht mehr in ein Haus oder zu einem Altar zu gehen, denn überall ist Kirche, ist die heilige Wahrheit offenkundig.
Nur eine Minderheit der Menschen erkennt die kommende Umwälzung rechtzeitig an den Zeichen der Zeit.
In den Weissagungen der römischen Sybillen (Oracula Sibyllina) lesen wir:
"Dir aber will ich ein leicht zu erkennendes Zeichen verkünden, daß du es merkst, wenn dereinst auf Erden das Ende von allen sein wird: wenn man dereinst an dem sternenhellen Himmel zur Nachtzeit Schwerter gen Abend erblickt und auch gen Morgen..."
Warum wir wachsam sein und statt des weltlichen Treibens uns auf das Kommende vorbereiten sollen, mahnt eine Textstelle im Lukas-Evangelium 17.26-36:
."..Und wie es in den Tagen des Noahs geschah, so wird es auch sein in den Tagen des Sohnes des Menschen: Sie aßen, sie tranken, sie heirateten, sie wurden verheiratet bis zu jenem Tag, da Noah in die Arche ging und die Flut kam und alle umbrachte. Ebenso auch wie es geschah in den Tagen Lots: sie aßen, sie tranken, sie kauften, sie verkauften, sie pflanzten, sie bauten; an jenem Tag aber, da Lot von Sodom ausging, regnete es Feuer und Schwefel vom Himmel und brachte alle um. Ebenso wird es an dem Tag sein, da der Sohn des Menschen geoffenbart wird. An jenem Tag- wer auf dem Dach sein wird und sein Gerät (oder seinen Mantel) im Haus hat, der steige nicht hinab, um es zu holen; und wer auf dem Feld ist, wende sich ebensowenig zurück. Gedenkt an Lots Frau! Wer sein Leben zu retten versucht, wird es verlieren; und wer es verliert, wird es erhalten. Ich sage euch: In jener Nacht werden zwei auf einem Bett sein; einer wird genommen und der andere gelassen werden. Zwei werden zusammen mahlen, die eine wird genommen, die andere gelassen werden. Und sie antworteten und sagten zu ihm: Wo, Herr? Er aber sprach zu ihnen: Wo das Aas ist, da sammeln sich die Geier."

Durch die weltliche Geschäftigkeit und das Raffen nach irdischem Wohlstand und Sicherheit werden viele die Mahnungen überhören oder sogar als lächerlich verkennen, aber sie werden von den Ereignissen sehr überrascht sein, *"wie von einem Dieb bei Nacht."* Nur wenige werden rechtzeitig das Kommen der neuen Lichtschwingung an den Zeichen der Zeit erkennen. Wer dann um sein Hab und Gut bangt-, schnell noch etwas erledigen, retten oder sichern möchte oder unter Verlustängsten leidet, wird zurückgelassen, denn wo das Aas (das Vergängliche) ist, sammeln sich die Geier (die Dämonen). Der Satz: *In jener Nacht werden zwei auf einem Bett sein; einer wird genommen und der andere gelassen werden. Zwei werden zusammen mahlen, die eine wird genommen, die andere gelassen werden*, bedeutet, daß die, welche das Licht ertragen (durch die Liebe und das Vertrauen zu Gott sich loslassen können) hinweggenommen, die anderen, welche an ihrem Ego festhalten, im Inferno zurückgelassen werden.
In der Johannesapokalypse wird gesagt, wie es jenen ergeht, die zurückbleiben:
"Und aus dem Rauch kamen Heuschrecken hervor auf die Erde, und es wurde ihnen Gewalt gegeben, wie die Skorpione der Erde Gewalt haben. Und es wurde ihnen gesagt, daß sie nicht dem Gras der Erde noch irgend etwas Grünem, noch irgend einem Baum Schaden zufügen sollten, sondern den Menschen, die nicht das Siegel Gottes an ihrer Stirn haben. Und es wurde ihnen der (Befehl) gegeben, daß sie nicht töteten, sondern daß sie fünf Monate gequält würden; und ihre Qual war die Qual eines Skorpions, wenn er einen Menschen sticht. Und in jenen Tagen werden die Menschen den Tod suchen und werden ihn nicht finden und werden zu sterben begehren, und der Tod flieht vor ihnen."
Die Symbolik dieser schaurigen Vision weist wieder auf die seelischen Qualen (Skorpion) hin, die infolge der Bewußtwerdung der verdrängten Egoismen (Rauch und Heuschrecken) aufkommen. Diese Menschen müssen in dem Inferno zugrundegehen und scheiden für die nächsten 1500 Jahre aus dem Prozeß der spirituellen Evolution aus. Erst, wenn die Erde wieder aus dem Einflußbereich des Strahlengürtels heraustritt und in die Finsternis zurücktaucht, können sie, allerdings mit dem Stigma einer furchtbaren Erfahrung, ihre Seelen auf einer niederen Evolutionswelle weiterentwickeln, etwa indem sie auf einem Planeten inkarniert werden, wo wieder mittelalterliche Zustände herrschen. Das bedeutet nach den Aussagen der Engel *Rückschlag*, denn was es heißt, in eine Umgebung zurückversetzt zu werden, wo finsterster Aberglaube, Quacksalberei, Despotenwillkür, Gesetzlosigkeit, Inquisition sowie unhygienische und rohe Lebensbedingungen herrschen, kann vielleicht jemand ermessen, der wegen einer schweren Straftat für Jahre ins Zuchthaus muß! Ist man sich über die Konsequenzen eines solchen Rückschlages wirklich im klaren, dann erst weiß man, welche Chance unsere gegenwärtige Inkarnation bietet.
Die Apokalypse des Johannes faßt dies in die Worte:
"Glückselig, die ihre Kleider waschen, damit sie ein Anrecht am Baum des Lebens haben und durch die Tore in die Stadt hineingehen! Draußen sind die Hunde und die Zauberer und die Unzüchtigen und die Mörder und die Götzendiener und jeder, der die Lüge liebt und tut." Joh.22.14-15. Wie schwer es jene Menschen haben, die unter solchen Bedingungen wieder von vorne beginnen müssen, bedarf

wohl keines weiteren Kommentars. Die Engel drücken aus ihrer Sicht das Inferno folgendermaßen aus:
Alles geht irre -ihr aber nicht. Ihr könnt nicht irren, denn nie sagt ihr: "Vielleicht" ist dies das Gute, vielleicht jenes? Alles bewegt sich, windet sich, wälzt sich. Flüssiges erstarrt, Festes zerfällt, sicher Geglaubtes ist nicht mehr. Schrecklich! Eine schmale Brücke über schauerliche Tiefe- das seid ihr. So gebet auf euch acht! Fürchtest du dich, Brücke zu sein? Die Brücke wird gut behütet, denn sie ist sehr nötig. Der "Irreführer", der kommt und geht, zeigt sich selbst als Brücke. Aber das Auge, das nicht auf äußeres schaut, erkennt ihn. Seid sehr aufmerksam! Ich vertraue euch ein Geheimnis an: Eines weiß der "Irreführer" nicht, eines kennt er nicht: das Neue. Er kann sich nur ins Alte kleiden. Daran könnt ihr ihn erkennen. Viele hat er schon verführt. Prägt dies in eure Herzen ein!
Alle die, welche Skepsis und Zweifel anmelden, den Medien, Meinungen und Wahrscheinlichkeitsberechnungen mehr glauben und nur auf den äußeren Schein schauen, gehen in die Irre. Nichts mehr wird so sein, wie es war, "Flüssiges erstarrt, Festes zerfällt, sicher Geglaubtes ist nicht mehr. Schrecklich!" Der Diabolus, der nur Altbekanntes in scheinbar Neues verhüllt, bietet sich als Brücke selbst an, doch *nur wir* sind die Brücke. Die *einzige Sorge*, nämlich nicht Brücke sein zu können, ist erlaubt, und nur dort erhalten wir Hilfe und werden gestärkt. *Wir sind die Brücke zwischen Gott und Schöpfung, darum sind wir so nötig und darum auserwählt.* Wer dies wirklich verstanden hat, weicht vom Weg nicht mehr ab und er braucht keine Angst mehr zu haben. Das Stigma der Zweifler, Skeptiker und Spötter ist die Lauheit, mit der sie sich aus jeder Konsequenz herauszuwinden versuchen, um ihr Wohlleben nicht aufgeben zu müssen.
Selbst die himmlische Geduld der Engel kann da überstrapaziert werden:
Sei nicht lau! Den Lauen ist schwer zu helfen, doch sorge dich nicht, selbst das wird dir gegeben. Du aber, du darfst nie lau sein, sonst wirst du hinweggefegt!

In diesem Sinne muß auch die Konsequenz der Engel verstanden werden:
"Der Frühling ist da. Wollen wir ernten, so müssen wir die Bäume lichten und das Geeignete pfropfen.
Dich sehe ich nicht, aber ich sehe den Baum des Lebens.
In meiner Hand ein furchtbar scharfes Schwert...Ein Sproß am Baum ist jeder Erwählte. Wenn das Neue das Alte nicht durchbricht, schlage ich nieder.
Fürchte mein Schwert nicht, es trifft nur Totes!
Totes kann nicht gepfropft werden. Der Pfropfer macht nicht wachsen, er wählt nur, was gut, was schlecht.
Der Frühling ist da: Was Leben birgt, wird wachsen.
Fürchte den Messenden- nicht sein Schwert.
Die Knospe träumt- der abgeschlagene Ast träumt auch.
Du fühlst die Schneide des Schwertes nicht, so furchtbar scharf ist sie. Ich pfropfe nicht, ich messe.
Die Zeit ist bemessen: ewiger Traum oder ewiges Leben?
Zum ersten Male wird der Baum Frucht tragen.
Seit langem bewachen wir ihn.

Wir umschreiten ihn in der Runde- wir bereiten die Ernte vor.
Fruchtknospen säumet nicht! Durchbrechet das Alte!
Die Freude ist nicht länger das Zeichen, der Schmerz ist nicht länger das Zeichen.
Das ist das Wahre. Gib gut acht!"
Der Frühling ist der Eintritt in die neue Lichtschwingung, die 1500 Jahre anhält. *"Was Leben birgt, wird wachsen",* alles andere wird abgeschlagen, aber es geht so schnell, daß die, welche ihr Ego träumten, den Tod nur träumen, eben weil sie im selbstischen Traum befangen sind. Der Satz:*"Die Freude ist nicht länger das Zeichen, der Schmerz ist nicht länger das Zeichen. Das ist das Wahre"* bedeutet, daß die wahre Seligkeit, jenseits von Freude und Schmerz, ein noch nie gekannter Zustand ist. Und wieder die Mahnung, daß die Zeit bemessen ist und wir nicht säumen sollten.
Aus einer anderen Aussage entnehmen wir, was die Menschen während des Eintauchens in die neue Licht-Schwingung empfinden:
"Luftlose Luft ist der Himmel, raumloser Raum, der alles birgt. Zeitlose Zeit, Ewigkeit. Die Vier: Luftlose Luft. Es keucht die Lunge, die Luft reicht nicht. Dennoch wächst das Neue. Raumloser Raum. Beengt ist der Körper, es pocht das Blut und hat keinen Raum. Der "Messende" mißt: Das Neue hat Raum. Zeitlose Zeit. Es schaudert der Kopf, es stockt der Gedanke, es bricht das Herz. Alles ist kalt, Nerven erstarren. Das Ewige Sein gibt das Zeichen, und neue Samen werden gesät; neue Luft, neuer Raum, neue Zeit wird geboren. Das Gericht ist nicht Ende- es ist Beginn. Seit langem ward es verkündet: Die Erde wird neu, der Himmel wird neu. Das Licht erstrahlt, das Dunkel vergeht. Noch blenden die sieben Flammen, doch ein neues Auge wird geboren, durch das ein jeder soviel sieht, wie er ertragen kann. Diese Botschaft wird verkündet: Wer den Schritt zu tun wagt, erblickt das Antlitz des Siebenten, und nie wünscht er anders zu sehen. Das neue Auge ist schon geformt, doch es ist noch geschlossen- es ist noch nicht an Licht gewöhnt. Langsam öffnet es sich, sieht aber nicht. Sehen ist nicht seine Bestimmung, aber es ermöglicht das Sehen, denn es ist das Licht selbst. Furchtbares, blitzendes Feuer! Doch nur Hülle, nur leere Hülle ist, was dadurch zu Staub zerfällt. Seht ihr etwas zu Staub zerfallen- glaubt es mir! -dann naht das Licht. Die Erde erzittert bei seiner Kunde und alles zerfällt, was nicht erfüllt ist vom ewigen Wort."
..."jeder soviel er ertragen kann", bedeutet, je mehr Liebe und Vergebung in uns ist, desto mehr können wir ertragen.
Der Satz: "Sehen ist nicht seine Bestimmung, aber es ermöglicht das Sehen, denn es ist das Licht selbst. Furchtbares, blitzendes Feuer! Doch nur Hülle, nur leere Hülle ist, was dadurch zu Staub zerfällt" deutet an, daß wir selbst zu diesem Licht werden- in den Rausch der höchsten Ekstase gewissermaßen hineintaumeln, und alles, was sich nicht zu diesem Licht wandelt, zu Staub zerfällt, weil es nur Gefäß und nicht der Wein, die Freude, ist.

Wir sollten also keine Angst haben, sondern frohlocken, denn jenen, die sich weder an eine Lehre oder an eine Autorität halten, noch sich an ihr Selbstbildnis anklammern, gilt diese frohe Botschaft:

"Freut euch, Mensch zu sein- und Mensch zu werden! Das ist das Sein, das zu erfüllen euch aufgegeben ist. Der Heilige Geist kommt über euch und wird euer Trank. Gebet acht! Er brennt- doch verbrennt er nur dort, wo ihr euch stützt. Stützen ist unnötig; Er ist es, der euch hebt. Er haucht auf das Feuer und wir singen im Chor: Es sind nicht mehr die Alten, die da walten in der Runde, neue Wesen - ewig Junge- halten Gericht über alles. Auf ihren Häuptern die himmlische Krone, der neuen Sonne erster Strahl. Die neue Sonne geht schon auf. Die neue Erde ruhet noch. Wir sehen schon die neue Sonne. Ihr -unten- seht sie noch nicht. In der Tiefe des Herzens dämmert es langsam. Innen sehen wir sie schon. Außen seht ihr nur irdische Pein. Es gibt nur eine Pein: außen zu sein. Nur außen ist Dunkel- innen ist Helle. Nur außen ist Lärm- innen ist Stille. Nur außen ist Zeit- innen steht sie still. Nur außen ist Tod- innen ist Leben. Nur außen irrt die Seele- innen ist ihr ewiges Heim. Noch dunkel ist der Kelch. Wenn innen die Sieben weiß glühen, wird durchsichtig seine Wand. Sein Triumph durchbricht sie. Keinen Tod, keinen Lärm, keine Pein gibt es mehr. Außen bleibt die Zeit- und sie steht still. Er gibt das Zeichen, und alle Wesen beginnen durch euch zu singen. Seid in der Freude!

Diese tröstliche Botschaft ermuntert, uns in den heiligen Geist voller Vertrauen hineinfallen zu lassen, ohne uns zu stützen und festzuhalten, und nur dort, wo wir uns ändern müssen, schmerzt sein Licht, das nur Totes verbrennt. Die Morgendämmerung in der Tiefe des Herzens hat bei vielen schon begonnen, und sie wird um so heller, je mehr äußeres Chaos sein wird. Die Erkenntnis, daß es nur außen Schmerz und Leid gibt, Lärm und Zeit, Irrtum und Tod, innen jedoch die Ewigkeit singt, nimmt gerade jetzt, wo viele Menschen die Relativität und den Zerfall ihrer Existenz deutlich vor Augen haben, in erheblichem Maße zu. Wenn die Herzen in Gott erglühen, wird das Ego, unser Gefängnis, gesprengt und keine scheidende Wand gibt es mehr.

Wir sollten das gewaltige Wort in der Bhagavadgita, das auch Jesus gesagt haben könnte, sehr ernst nehmen:

"Ich bin der Weg und das Ziel, der Erhalter und Meister und der Zeuge, das Zuhause, die Zuflucht und der beste Freund. Ich bin Geburt, Bestand und Vernichtung des sichtbar gewordenen Seins. Ich bin der unzerstörbare Samen aller und ihr ewiger Ruheort." Bhagavadgita 9.18

Was danach mit den Menschen geschieht, verheißen uns nicht nur biblische, sondern auch die Prophezeiungen anderer Religionen, die den unsrigen in nichts nachstehen. In der Apostelgeschichte heißt es:

"Und es wird geschehen in den letzten Tagen, spricht Gott, daß ich von meinem Geist ausgießen werde auf alles Fleisch und eure Söhne und Töchter werden weissagen, und eure Jünglinge werden Gesichte sehen, und eure Ältesten werden Traumgesichte haben; und sogar auf meine Knechte und Mägde werde ich in jenen Tagen von meinem Geist ausgießen und sie werden weissagen." Ap.16-17

Das göttliche Licht der Weisheit wird ohne Unterschiede jenen gegeben, die auf jedwede Stütze und Halt verzichten. Durch die neue, bis in die subatomare virtuellen Phänomene vordringende heilige Schwingung wird nicht nur das integrale Bewußtsein von Tifereth in jedem von uns geboren, sondern darüber hinaus das bis dahin noch verborgene genetische Potential des gesamten Bios bestmöglich entfaltet. Dies bedeutet nicht bloß eine optimale Verbesserung äußerer Lebensbedingungen, z.B. nahrhafte Riesenfrüchte und ganzjährige Ernten, sondern eine kaum meßbare Alterung des biologischen Lebens, weil die Resonanz der individuellen Zellstoffwechselvorgänge und die enzymatische Dynamik durch die integral-äonische Schwingung eine ausgewogene stabile Mitte zwischen den Einbau- und Entschlackungsvorgängen ermöglicht und somit weder einer physikalischen Entropie noch dem biologischen Verfall eine Chance läßt. Die heilige Schwingung wird uns ein neues Bewußtsein verleihen, das wesentlich stärker im Hier und Jetzt verankert ist, somit besteht auch kaum noch eine Verhaftung an Vergangenes, das u.a. ein wesentlicher Grund für die vorzeitige Verschlackung und Alterung der Zellorganellen war. Dadurch, daß die a priori vorgegebene Raum-Zeit-Orientierung erschüttert wird (*...Und der Himmel schwand dahin wie ein Buch, das zusammengerollt wird...*), richten sich die enzymatischen Ab- und Aufbauvorgänge auf ein neues ganzheitliches Prinzip ein, nicht mehr linear im Zeitpfeil verlaufend, sondern spiralig implodierend und pulsierend. Ich weiß, daß dies noch weiter erklärungsbedürftig wäre.

Nostradamus, der begnadete Seher, frohlockt in Centurios 2.13 über den verklärten Gottesmenschen:
"Der Körper wird nicht mehr von der Seele Abschied nehmen müssen durch den Tod. Der Todestag des irdischen Menschen wird der Geburtstag des verklärten Gottesmenschen sein. Der göttliche Geist wird die Seele glückselig machen: Die unvergängliche Herrlichkeit Gottes wird sich ihr offenbaren."

Und Buddha umschrieb diesen Erleuchtungszustand schon vor nahezu 2500 Jahren mit folgenden Worten:
Ohnegleichen ist der Glanz des Nirwanas, grenzenlos, rundherum strahlend, hier haben nicht Wasser (und) Erde (noch) Feuer und Luft einen Halt, hier wird Langes und Kurzes, Feines und Grobes, Schönes, Unschönes- hier werden "Namen und Körper" restlos beseitigt: Durch den unsagbaren Glanz wird dies alles ausgelöscht (D 11.85 I p.223).

In einem anderen Gleichnis sagt er:
"Es gibt, ihr Mönche, einen Bereich (raumloses Bewußtsein), wo weder Festes noch Flüssiges ist, weder Hitze noch Bewegung, weder diese Welt noch jene Welt, weder Sonne noch Mond. Das, ihr Mönche, nenne ich weder ein Kommen noch ein Gehen, noch ein Stillestehen, weder ein Geborenwerden noch ein Sterben. Es ist ohne jede Grundlage, ohne Entwicklung, ohne Stützpunkt: Das eben ist das Ende des Leidens"(Udana VIII,3), siehe auch S.48.

Und Paulus sagt uns im 1.Korintherbrief 2.9:
"Was kein Auge gesehen und kein Ohr gehört hat und in keines Menschen Herz gekommen ist, was Gott bereitet hat denen, die ihn lieben."

Der realistische Sinn der erleuchteten Zenmeister vergleicht in einfachster Form einen so verwirklichten Menschen mit dem zehnten Ochsenbild:
"Mit entblößter Brust kommt er barfuß zum Markte (ohne Ich-Bin-Attribute) und mit Asche beschmiert lacht er doch breit übers ganze Gesicht. Ohne Zuflucht zu mystischen Kräften bringt er verdorrte Bäume schnell zum erblühen."

Diese vollkommene geistliche Armut des verwirklichten Gottesmenschen, der, ohne sich an etwas zu halten, allein Gott vertraut, ist der selige Mensch, der Gott schauen wird.

Unser lieber Meister Eckehart- in seinem berühmten Traktat: *"Beati pauperes spiritu, quia ipsorum est regnum coelorum"* kommt mit scholastischem Scharfsinn auf den Punkt, auf den es während dieser kosmischen Ereignisses wesentlich ankommt:*"Denn das erst ist Armut des Geistes, daß Mensch Gottes und aller seiner Werke so ledig stehe, daß Gott, wenn er in der Seele wirken wollte, er selber die Stätte sein müßte, darinnen er wirken will. Und das tut er gerne. Denn fände Gott den Menschen so arm, so erlangte der Mensch in dieser Armut das ewige Wesen, das er gewesen ist, und das er jetzt ist, und das er in Ewigkeit leben soll."* Wie schon auf S.223 besprochen, bezieht jener, der im Eroszyklus lebt, weder Besitz, noch Wissen, noch irgendeine Fähigkeit auf sich. Und weil er nichts auf sich bezieht, weiß er auch nicht, wer er ist, wer er sein kann, noch woher er kommt und wohin er geht. *Bei ihm fehlt jeder Akt von Selbstbezug, nach dem wahrhaft spirituellen Satz:"Ich kenne mich nicht, ich habe nur eine Vorstellung von mir!"*
Im zweiten Absatz über die wahre geistliche Armut sagt Meister Eckehart etwas ausführlicher:
"So denn sagen wir, daß der Mensch so arm dastehen müsse, daß er keine Stätte sei noch habe, darin Gott wirken könne. Wo der Mensch noch Stätte (in sich) behält, da behält er noch Unterschiedenheit. Darum bitte ich Gott, daß er mich Gottes quitt mache; denn mein wesentliches Sein ist oberhalb von Gott, sofern wir Gott als Beginn der Kreaturen fassen. In jenem Sein Gottes nämlich, wo Gott über allem Sein und über aller Unterschiedenheit ist, dort war ich selber, da wollte ich mich selber und erkannte mich selber, (willens) diesen Menschen (mich) zu schaffen. Und darum bin ich Ursache meiner selbst meinem Sein nach, das ewig ist, nicht aber meinem Werden nach, das zeitlich ist. Und darum bin ich ungeboren, und nach der Weise meiner Ungeborenheit bin ich ewig gewesen und bin ich jetzt und werde ich ewiglich bleiben. Was ich meiner Geborenheit nach bin, das wird sterben und zunichte werden, denn es ist sterblich; darum muß es mit der Zeit verderben. In meiner (ewigen) Geburt wurden alle Dinge geboren, und ich war Ursache meiner selbst und aller Dinge; und hätte ich gewollt, so wären weder ich, noch alle Dinge; wäre aber ich nicht, so wäre auch Gott nicht: daß Gott "Gott" ist, dafür bin ich die Ursache; wäre ich nicht, so wäre Gott nicht. Dies zu Wissen tut nicht not.
Ein großer Meister sagt, daß sein Durchbrechen edler sei als sein Ausfließen, und das ist wahr. Als ich aus Gott floß, da sprachen alle Dinge: Gott ist. Dies aber kann mich nicht selig machen, denn hierbei erkenne ich mich als Kreatur. In dem

Durchbrechen aber, wo ich ledig stehe meines Willens und des Willens Gottes und aller seiner Werke und Gottes selber, da bin ich über allen Kreaturen und bin weder Gott noch Kreatur, bin vielmehr, was ich war und was ich bleiben werde, jetzt und immerfort. Da empfange ich einen Aufschwung, der mich bringen soll über alle Engel. In diesem Aufschwung empfange ich so großen Reichtum, daß Gott mir nicht genug sein kann mit allem dem, was er als Gott ist, und mit allen seinen göttlichen Werken; denn mir wird in diesem Durchbrechen zuteil, daß ich und Gott eins sind. Da bin ich, was ich war, und da nehme ich weder ab noch zu, denn ich bin da eine unbewegliche Ursache, die alle Dinge bewegt. Allhier findet Gott keine Stätte (mehr) in dem Menschen, denn der Mensch erringt mit dieser Armut, was er ewig gewesen ist und immerfort bleiben wird. Allhier ist Gott eins mit dem Geiste, und das ist die eigentlichste Armut, die man finden kann. Wer diese Rede nicht versteht, der bekümmere sein Herz nicht damit. Denn solange der Mensch dieser Wahrheit nicht gleicht, solange wird er diese Rede nicht verstehen. Denn es ist da eine unverhüllte Wahrheit, die da gekommen ist aus dem Herzen Gottes unmittelbar. Daß wir so leben mögen, daß wir es ewig erfahren, dazu verhelfe uns Gott."

Und so können wir jetzt den Psalm 8.4 des 43.Genius in Weg 3, "der Würde," etwas besser verstehen:

"Wenn ich anschaue deine Himmel, deiner Finger Werk,
den Mond und die Sterne, die du bereitet hast:
Was ist der Mensch, daß du seiner gedenkst,
und des Menschen Sohn, daß du dich um ihn kümmerst?
Denn du hast ihn wenig geringer gemacht als die Engel,
mit Herrlichkeit und Pracht krönst du ihn.
Du machst ihn zum Herrscher über die Werke deiner Hände;
alles hast du unter seine Füße gestellt..."

Der 49. Aphorismus des Altmeisters Laotse zieht aus den oben genannten Ausführungen für den täglichen Umgang die praktische Konsequenz:

"Der Berufene hat kein eigenes Herz.
Er macht das Herz der Menschen zu seinem Herzen.
Zu den Guten bin ich gut, zu den Nichtguten bin ich auch gut;
denn das Leben ist die Güte.
Zu den Treuen bin ich treu, zu den Untreuen bin ich auch treu;
denn das Leben ist die Treue.
Der Berufene lebt im Reich ganz still
und macht sein Herz für das Reich weit.
Die Menschen alle richten Augen und Ohren auf ihn.
Und der Berufene begegnet allen wie seinen Kindern."

So können wir die Entfaltung des göttlichen Wesens in uns in die radikale Kurzfassung bringen: *"Sei still zu Dir selbst und erkenne, daß ich der Herr bin."*

Zusammenfassung

Faßt man die Botschaften der Engel stichwortartig zusammen, so sind folgende Voraussetzungen für den Eintritt in die neue Lichtschwingung von Bedeutung:

1.Die eigenen Gefängnismauern einreißen, d.h. jene bewertenden Ich-Bin-Attribute oder überwertigen Selbstvorstellungen, die uns wie in einem Kerker gefangenhalten und unser essentielles Wesen verdunkeln.
2.Sich nicht auf Grund von guten Taten für besser und edler halten, und niemals Vergleiche ziehen oder gar Selbstbeweise suchen, im Sinne von Gutsein müssen.
3.Sich auf nichts stützen, an nichts festhalten, z.B. an Religion (Konfession), Guru, Sekte, Schriften, philosophische Systeme usw.
4.Alle alten Ansichten und Meinungen von sich und der Welt verbrennen (völlig loslassen), um dem himmlischen Feuer Platz zu machen.
5.Leer werden durch geben und dienen, indem wir unser ganzes Sein Gott weihen, nur so können wir unsere bewertenden Ich-Bin-Attribute "verbrennen".
6.Wie ein Kind über die Leere schreiten (Glauben und Vertrauen haben), um Brükke zwischen Himmel und Erde zu sein.
7.Im Jetzt leben, das ewig Neue beachten und den Augenblick.
8.Das Innere wird zum Äußeren, (raumlos, zeitlos, Stille, blendendes weißes Licht), darum schau nach Innen.

Die Zeichen
Mit dem Eintritt in die manaische Vibration geht alles irre!
Ewiger Ego-Traum oder ewiges Leben?
Was nicht in der Wahrheit ist, zerfällt zu Staub (schneller Verfall), Kirchen, Tempel, Religionen und Sekten lösen sich auf.
Überall wird Kirche sein, wir selbst sind das neue Licht, das in seinem Namen kommt, niemand braucht mehr belehrt zu werden, weil alle in der Herrlichkeit des neuen inneren Lichtes wandeln.
Viele werden weissagen und Gesichte haben.
Gott wird in solchen Menschen Wohnung nehmen, die keinen bewertenden Selbstbezug haben.

Fazit: Einem Erwachten ist die Lichtmaterie stets gegenwärtige Realität, dem Unerleuchteten, -dem noch in seinem Ego-Traum Versponnenen-, bleibt sie bis zum Zeitpunkt des Eintrittes in den Strahlengürtel verborgen, weil seine bewertenden Selbstvorstellungen die Sicht ins innere seiner Essenz verdecken "wie von einer Mauer". Nur wenn er diese Mauer einreißt, wird das Innere zum Äußeren und das verborgene Licht der Liebe wird in jeder Erscheinung zur strahlenden Botschaft des Einen und seine Herrlichkeit offenbaren.

XIV.Kapitel

"Ein Bischof ist auf Reisen und macht auf einer Insel Station, auf der drei Einsiedler leben. Als er sie besucht, hört er, wie sie ein Gebet völlig falsch rezitieren. Er tadelt sie und bringt ihnen das richtige Gebet bei. Die Einsiedler bedanken sich überschwenglich. Bald danach setzt der Bischof seine Reise fort. Das Boot hat bereits vom Ufer abgelegt, da hört er vom Ufer laute Stimmen. Er schaut zurück und sieht die drei übers Wasser auf ihn zulaufen und rufen: "Exzellenz wartet! Wir haben vergessen, wie das Gebet lautete." Der Bischof, tief beeindruckt winkt ab und sagt: "Betet so weiter wie bisher."

Die praktische Kabbala

Die Notwendigkeit der richtigen Deutung von Farben, Symbolen und astralen Begegnungen bei der Wege- und Traumarbeit

Aus Platzgründen muß in diesem Einführungsband auf die detaillierte Darstellung der Symbole in den Sefiroth und Wegen verzichtet werden. Wer darüber mehr wissen möchte, kann dies in den nachfolgenden Bänden, siehe Buchhinweise im Anhang, nachholen. Ohne die richtige Deutung der Symbole, Farben und Archetypen bei der astralen Wege- und Traumarbeit bleibt alles nur im Dunst von Vermutungen und wird zur Odyssee im Irrgarten der Foppgeister. Wer sich in die astrale Welt begibt, muß vor allem mit der Deutung der Farben und astralen Figurationen sowie der Milieu-Symbolik gut vertraut sein. Nicht immer kann eine astrale Erscheinung direkt befragt werden, denn nicht selten ändert sie daraufhin ihre Form und verflüchtigt sich sogleich, vor allem, wenn die Frage nur aus oberflächlichen Beweggründen entspringt. In diesem Fall ist man *gewogen und zu leicht befunden worden*. Dieses *"Mene Mene Tekel"* ist die direkteste und eindrucksvollste Art, um die eigenen Schwächen kennenzulernen. Wir sollten uns darüber klar sein, daß im höheren Astralkosmos nichts verborgen bleibt, und die Spatzen gleichsam unsere geheimsten Gedanken von den Dächern pfeifen. Deshalb ist neugieriges Fragen wenig hilfreich, sondern eher ein Hindernis. Nur der Bescheidene -in Gebet und Schweigen eingehüllte-, kommt weiter und reift langsam zum wahren Adepten heran. Astrale und luzide Symbole reflektieren einerseits unseren momentanen Bewußtseinszustand und sie vermitteln uns wichtige Botschaften:

1.Was wir sein könnten und werden sollen, z.B. den Archetypus.
2.Welches unsere eigentliche Aufgabe ist.
3.Was wir tun sollen, d.h. wie wir mit der Lebenssituation umzugehen haben, und manchmal warnen sie auch vor falschen Entscheidungen und Fehleinschätzungen.

Die Archetypen

C.G.Jung bezeichnete Archetypen als instinktive, universale Grundmuster, die überall in der Welt gleich sind, unabhängig von Kultur und Rasse. Auf ihrer Unterlage entstehen Bildmotive, die in Träumen oder unbewußten Drangrichtungen ins Bewußtsein vordringen und ganz erheblich unsere Beweggründe einfärben. Wenn ich hier von Einfärbung spreche, so meine ich natürlich die Imprägnierung eines Ich-Bin-Zustandes, der das ganze Vital, Emotional und Mental ergreift. Die Einfärbung kann bis zum Fanatismus, ja bis zum mystischen Rausch reichen, je stärker sie ist, desto machtvoller wird ein so infizierter Mensch, aber auch um so einseitiger. Gnade und Verdammnis liegen bei archetypischen Einfärbungen sehr nahe beieinander, siehe auch S.202. Der Bewußtseinszustand eines Gurus z.B. ist vom Archetypus Kether eingefärbt (Kosmisch-magischer Schöpfer) und dessen Ableger, in Weg 2, die Hohepriesterin, Weg 3, der Hohepriester, aber auch Weg 21, der Magier. Irgendwann, vielleicht in jungen Jahren, hatte er sich damit so stark identifiziert, daß dieser Zustand zu einer Normalität wurde. Zweifellos ist es die archetypische Ladung, welche das Ich-Bin unermüdlich antreibt, und letztlich auch die Kraft gibt für Zielstrebigkeit, Entschlossenheit, Kreativität, Beharrlichkeit Zuversicht usw. Man sieht, daß der favorisierte Archetypus die Energie von fundamentalen Bewußtseinshaltungen in sich faßt, welche die Voraussetzung für die Verwirklichung sind, je nach dem Bewußtseinsniveau im Schöpfungsstrahl, aber ebenso gründlich in die Irre führen können. In der Regel erfolgt die Besetzung oder Imprägnierung unbewußt, d.h. sie kommt wie ein Dieb bei der Nacht, und kaum jemand kann sie willentlich steuern. Hier erhebt sich der leise Verdacht, daß die Archetypen, wie auch schon Jung vermutete, vom kollektiven Unbewußten gesteuert werden und nur besondere Individuen ergreifen, deren Persönlichkeitsstruktur für eine Fokussierung am geeignetsten ist. Wie immer diese Voraussetzungen auch sein mögen, die Menschheit bedarf anscheinend für bestimmte Entwicklungsschübe solcher Personifizierungen. Archetypen können alles bewirken; sie sind die größten psychoiden Mächte im Menschen; die Frage ist nur, ob sie für überpersönliche oder persönliche Zwecke benutzt werden. Dazu bitte ich meine Ausführungen auf S.202, 212 und 402 zu lesen.

Die Archetypen der Sefiroth und ihre psychosomatische Beziehung

Kether, Archetyp: Der Alte und Vater aller Dinge. Kosmischer Schöpfer, aber auch der verherrlichte Mensch im Thronwagen des Hesekiel
Organe: Scheitel, li.u.re.Stirn, beide Schläfen, Gehirn
Chokmah, Archetyp: Der große Beschützer und Magier (Abba)
Organe: Linke Gesichtshälfte und Gehirnhälfte
Binah, Archetyp: Die große Matrona, Urmutter (Imma); alte weise Frau
Organe: Rechte Gehirnhälfte und Gesichtshälfte
Daath, Archetyp: Der gähnende Abgrund, der verschlingende Wirbel
Organe: Hals, Kehlkopf, HWS, Schilddrüse, Nebenschilddrüsen
Chesed, Archetyp: die Majestät, der Gönner und Wohltäter, der Tugendhafte
Organe: Linkes Schultergelenk, Schulterblatt
Geburah, Archetyp: Der Kämpfer und Überwinder, der Streiter um eine gerechte Sache, der siegreiche Held. Aber auch der Prüfer (Hüter der Schwelle), der Unbeugsame, der Gestrenge, der Reiniger
Organe: Rechtes Schultergelenk, Schulterblatt
Tifereth, Archetyp: Das Königskind, der Alleinerbe. Der sich aufopfernde Schlichter und Vermittler
Organe: Herz, Brustmittelraum, Brustbein, BWS, Oberbauch
Netzach, Archetyp: Das lebenshungrige Liebespaar, Don Juan, der schwungvolle Genießer
Organe: Linker Unterbauch, Hüfte, Hüftgelenk
Hod, Archetyp: Der Verkünder oder Informant. Aber auch der Hüter und Bewahrer der Schriften und des Wortes
Organe: Rechter Unterbauch, Hüfte, Hüftgelenk
Jesod, Archetyp: Der Naturmensch (Herkules, Tarzan)
Organe: Genitalbereich, Blase, Becken, Kreuzbein, Steißbein
Malkuth, Archetyp: Die schöne Tochter oder die geschmückte Braut
Organe: Fußknöchel, Füße, Fußsohlen (Reflexzonen)

Der Baum der Archetypen

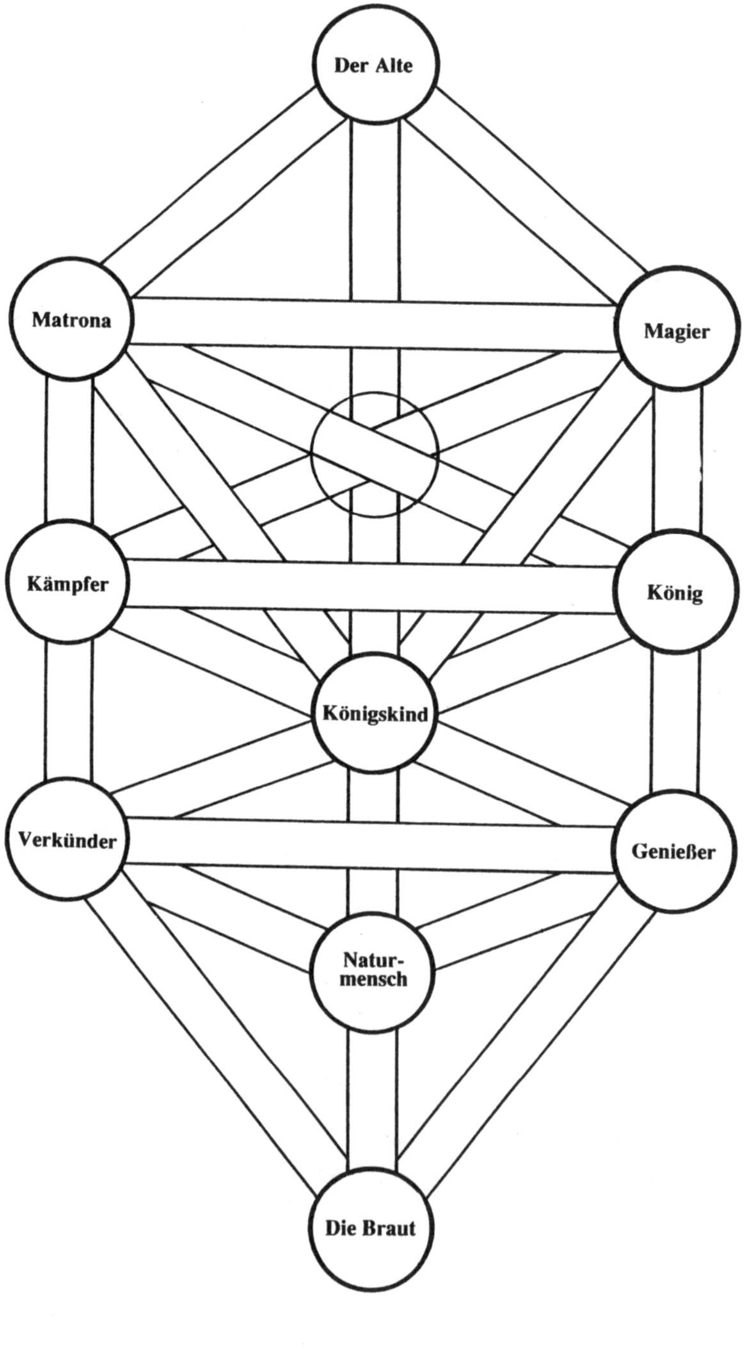

Abb.85

Archetypen des Arkanum und ihre somatische Wegebeziehung

Der Tod, *Weg 1., Aleph, König der Luft, Oberkörper, Lungen*
Die Hohepriesterin, *Weg 2, Beth, König der Vision, re.Auge*
Der Hohepriester, *Weg 3, Gimel, König des Reichtums, li.Auge*
Die Gerechtigkeit, *Weg 4, Daleth, Fruchtbarkeit, re.Ohr*
Das Gericht, *Weg 5, He, Sprache, re. Arm und Hand*
Der Stern, *Weg 6, Vau, Denken, li. Arm und Hand*
Der Teufel, *Weg 7, Zajin, Gehen, re.Bein und Fuß*
Der Mond, *Weg 8, Chet, Sehkraft, li.Bein und Fuß*
Der Gehängte, *Weg 9, Thet, Gehör, re.Niere und Leiste*
Die profane Welt, *Weg 10, Jod, Werktätigkeit, li.Niere und Leiste*
Die Herrscherin, *Weg 11, Kaph, König des Lebens, li.Ohr*
Die Liebenden, *Weg 12, Lamed, Beischlaf, Leber*
Die Mäßigkeit, *Weg 13, Mem, Wasser, Dünndarm, Bauch, Zwerchfell*
Planetenbahnen, *Weg 14, Nun, Geruch, Galle- und gänge*
Das Kind, *Weg 15, Samek, Schlaf, Milz*
Der Turm, *Weg 16, Ajin, Zorn, Speiseröhre, mittlere Brustwirbelsäule*
Der Herrscher/Kaiser, *Weg 17, Phe, Herrschaft, re.Nasenloch und Bronchien*
Der Siegeswagen, *Weg 18, Shade, Geschmack, Magen*
Die Stärke und Kraft, *Weg 19, Koph, Lachen, Enddarm*
Die Sonne, *Weg 20, Resch, König der Ideen, li.Nasenloch und Bronchien*
Der Magier, *Weg 21, Schin, Feuer/Himmel/Wärme, Kopf, li. und re. Gehirn*
Das Schicksalsrad/Dharma, *Weg 22, Taw, König der Weisheit, re. Schulter, untere Gesichtshälfte und Kiefer*
Der Eremit, *Weg 23, Fe, König der Einfachheit, Weisheit, li. Schulter, untere Gesichtshälfte und Kiefer*
Der Gottesnarr, *Weg 24 Wet, König des Friedens und der Anmut, obere Brustwirbelsäule, Halswirbelsäule, Hirnstamm, Zwischenhirn.Wird ausschließlich dieser Weg beschritten, so sind letztlich alle Organe betroffen, nach dem Motto:*

„Wer in der wirklichen Welt arbeiten kann und mit sich und der Welt in Frieden lebt, der hat das Höchste erreicht.“

Aus diesem Bewußtsein fließt die beständige Erkenntnis:

Suche die Mitte, und Du wirst zur Mitte!
Jede Situation hat ihre ganz eigene, einmalige Mitte!
Frage immer, wo ist die Mitte, in dem Ereignis, in der Situation oder in den Umständen? Auch eine starkeReaktion auf eine extreme Situation kann zur Mitte führen!“

siehe **Abb.91, S.439**

Das Wesen der Symbole

1.Der Sinn und die Entstehung von Symbolen

Symbole können entweder zwei- oder dreidimensional aufgebaut sein. In archaischer Zeit, der mythischen Phase, 7000-4000 v. Chr., benutzten die Menschen sogenannte Piktogramme als Gedächtnisstütze. Piktogramme waren einfache Abbildungen aus der näheren und ferneren Umgebung, z.B. um eine Tierherde oder eine Wasserquelle darzustellen.
In späterer Zeit von 4000 bis etwa 2000 v.Chr. ging man auf Ideogramme über, das heißt von direkten zu indirekten Symbolen. Die alten Hochkulturen von Mittelamerika (Maya, Inka), desgleichen die ältesten Kulturen von China, Indien, Ägypten, Mesopotamien und Assyrien benutzen, infolge der noch recht einfachen Sprache, die Ideogramme, auch Hieroglyphen genannt. Diese abstrakteren Symbole wurde z.B. in Ägypten schon 3000 v.Chr. verwendet und konnten bereits komplexe Sinninhalte, aber auch innere Erlebniszustände gut dokumentieren. Die Hieroglyphen gaben intuitiv das Wesen und die Sinnbedeutung einer Erscheinung wieder, doch konnte diese Symbolschrift nur bildlich das Wesen und die Gesamtsituation wiedergeben, nicht aber die Phonetik (Aussprache). Die aramäischen und hebräischen Schriftzeichen, das Sanskrit, aber auch die altchinesischen sind den Ideogrammen noch am nächsten verwandt und von einer tiefen Symbolik, die aus einer Zeit entstammen, als die Menschen versuchten die Urlaute und Sinnbedeutung der intuitive Zeichensprache auf Pergamente, Tierhäute und Steine einzugravieren.
Anders verhält es sich mit religiösen Symbolen, die meist Darstellungen von ideeller Bedeutung sind. Sie drücken entweder ein kosmisches Ordnungsprinzip oder übergreifende Zusammenhänge aus, welche in die Transzendenz verweisen.Zudem wurden sie von der Priesterschaft zu rituellen Zwecken und bewußtseinsverändernden Schulungen angewendet. Ein Beispiel dafür ist die harmonische Gegensatzvereinigung von Yin-und Yang in dem Taoistischen Symbol Tai Chi.

Abb.86

2.Die Wirkung von Symbolen

Besonders die Priesterschaft verwendete religiöse Ganzheitssymbole für bestimmte Einweihungswege.

Für esoterische Initiationswege gab und gibt es nur ganz bestimmte Geheimsymbole und Rituale, die nur mündlich vom Hierophanten an den Neophyten weitergegeben werden durften. Die **genaue** Kenntnis transzendenter Symbole und Initiationsritualen, war in den antiken Mysterienstätten *der entscheidende Prüfstein* für die Glaubwürdigkeit eines Eingeweihten und für die Anwartschaft auf das Priesteramt. Die universelle Urform oder die kosmische Idee, welche ein solches Einweihungssymbol ausdrückt, aktiviert beim Initianten tiefere Bewußtseinsschichten und einen bestimmten Archetypus. Wenn der Initiant das Symbol visualisiert, das z.B. den Archetypus seines virtuellen Selbstes darstellt (alter, weiser Mann, Urmutter oder Königskind), so steigt er zum Mittelpunkt seines Wesens hinab und erfährt seine wahre Identität, d.h. die kosmische Fokussierung im Urglanz. Er kommt so zu einem Ganzheitsbewußtsein und erkennt, daß sein Tagesbewußtsein nur traumhaft ist und nur eine nebelhafte Ahnung seines wahren Wesens zuläßt. Durch solche Erlebnisse ändert der Initiant seine Einstellungs- und Sichtweise. Sie erhöhen die individuelle Schwingung, transformieren den persönlichen in einen überpersönlichen Standpunkt, d.h. mehr Integrität und Bewältigungspower. Selbst wenn innere und äußere Gegensätze weiterbestehen mögen, so werden sie künftighin von einem höheren Standpunkt aus betrachtet und zu komplexeren Ganzheiten vernetzt. Es ist nicht gleichgültig, und grenzt an einen gefährlichen Psychologismus, wenn von orthodoxen Psychologen behauptet wird, daß die transzendentale Initialwirkung des Symbols von der persönlichen Auslegung abhängig sei. Als Beispiel möchte ich die Wirkung der Mantren aus dem Arsenal der transzendentalen Meditation anführen. Der Meditierende weiß in der Regel nichts von der Bedeutung des Mantra, doch erzielt die Klangschwingung beim Meditierenden einen ganz bestimmten Bewußtseinszustand. Nicht die geglaubte Bedeutung des Symbols bewirkt also veränderte Bewußtseinszustände, sondern stets die von dem Symbol oder Mantra ausgehende Schwingung. Letztere hat eine bleibende Wirkung und bringt den Transformationsprozeß in Gang.

Kurzbeschreibung der germanischen und nordischen Götter aus der Edda

Vorbemerkung

Auf den folgenden Seiten habe ich mich etwas ausführlicher auf den germanischen Götterpantheon eingelassen. Es ging mir dabei nicht um die Wiedererweckung arischen Rassenbewußtseins, das sei ferne, sondern vielmehr um das Wesen der in den 24 Wegen des Lebensbaumes zugeordneten Gottheiten. *Keinesfalls dürfen wir die germanischen Götter, und erst recht nicht die Olympier, mit den Engeln vergleichen. Die Engel vertreten stets eine reine, makellose Bewußtseinshaltung, ihnen fehlt jener berühmte Schatten, mit dem auch die Götter kämpften, daher sind die Engel für unseren Bewußtwerdungsprozeß die eigentlichen Helfer und Ratgeber, die Götter jedoch* ***nur personale Untermalungen*** *der* <u>*Lichtschattenseite*</u> *in den Wegen.* Zugegeben, die alten Mythen beleben und erfüllen das etwas abstrakt-ethische Kontinuum des Baumes mit interessanten Charakteren, und genau für diesen Zweck sind sie sehr nützlich. Den gleichen Nutzen haben übrigens die zehn Buddha, siehe S.418. Hinter jedem der 24 Bewußtseinshaltungen sollte ja eine personale Geschichte stehen, nur so werden die 24 Archetypen in uns angerührt und aus ihrem Dornröschenschlaf geweckt. Der Wert der Mythen und Märchen, vor allem der volksnahen, ist ihr tiefer symbolischer Gehalt und ihr Bezug zu immer wiederkehrenden Lebenserfahrungen. Sie sollen uns warnen und belehren, daß selbst die Götter über viele menschliche Schwächen stolperten und eben nicht vollkommen waren. Religionen, deren Stifter und zentrale Gottheit Mythen und Götter umranken, sind im Gegensatz zu den monotheistischen Gesetzesreligionen wesentlich beseelter und vor allem duldsamer, das hat die Geschichte immer wieder gezeigt. Der griechische, aber auch der germanische Götterpantheon hat nicht die typischen Merkmale eines Polytheismus, eher schon die indischen Gottheiten des *„Srimad Bhagavatam“*, da alle Götter, bis auf die Nornen, die Gaja und die drei Moiren, dem Tod unterworfen waren und mit Ausnahme von Loki und Kronos auch nicht rivalisierend nebeneinander standen. Treffender könnte man sie als Archetypen des kollektiven Unbewußten bezeichnen, in welchem die Erlösungssehnsucht, sei es durch Balder, Krsna, Helios, der japanische Dschodo-schu oder Amitabha, zu einer zentralen Gestalt figuriert. Allen gemeinsam ist die apokalyptische Endphase, der jüngste Tag oder eine Götterdämmerung, in welcher ein neuer Himmel und eine neue Erde sein würde, ob nun dieser Omegapunkt auf einem spirituellen Planeten oder auf einer durch manaische Vibration erregten Galaxis stattfindet, ist dabei unerheblich, maßgebend ist der Glaube an ein solches Ereignis und daß man dazugehört. Die Geschichte der nordischen Edda ist, wie in allen Mythen, die Geschichte des ewigen Zwiespaltes der Seele, die den Kampf zwischen Gut und Böse durchmacht. Die Asen, ein an sich gutwilliges Göttergeschlecht, geraten durch den destruktiven Charakter des Loki (Weg 11) in höchste Schwierigkeiten und verlieren zunehmend ihr inneres Gleichgewicht. Lokis Neid auf den strahlenden Balder bewirkte, daß sie aus der paradiesischen Einheit herausfielen und die Erkenntnis von Gut und Böse annahmen. Damit war ihr Untergang, trotz ihrer genialen Fähigkeiten, mit denen sie alle ausnahmslos ausgestattet waren, besiegelt. Ähnlich erging es den göttlichen Olympiern die sich durch zahlreiche Intrigen gegenseitig aufrieben. Ich habe die germanischen Götter den griechischen vorgezogen, weil ihr Leben und Handeln im Gegensatz zu den Olympiern wesentlich auf den eschatologischen Aspekt ausgerichtet war und die sinnliche Betonung nicht so im Vordergrund stand. In beiden kommen zwar blutige Machtkämpfe und zahlreiche menschliche Geplänkel vor, doch scheint mir, daß es den griechischen Göttern an ethischem Idealismus mangelte und entscheidend an *Religio* fehlte. Zu sehr war ihr Sinnen und Trachten auf Diesseitigkeit gerichtet, ganz wie es der lebensfrohen, extrovertierten Neigung des von Sonne und azurblauen Himmeln verwöhnten Südeuropäers entspricht. Das germanische Göttergeschlecht starb im Kampf gegen die dunklen Mächte (Riesen und Ungeheuer), lebte also für überpersönliche Ideale und Ziele, die griechischen lebenslustigen Olympier vernichteten sich mehr aus persönlicher Begierde, das ist der entscheidende Unterschied. Ein weiterer Gegensatz war auch, daß die germanischen Mythen die magische Gigantomachie, ähnlich wie die Pharaonen, wesentlich mehr betonten und z.T. selbst solche Fähigkeiten besaßen (Loki, Heimdall, Donar, Tyr usw.) und auch die Göttergattinen im Asgard einen gleichberechtigten Rang einnahmen. Die germanische Frau war überhaupt der Inbegriff häuslicher Macht, daher auch die ersten Befreiungsbewegungen (Sufragetten), die von Mitteleuropa ausgingen, ganz zum Erstaunen der Südeuropäer. Die philosophische und geistesgeschichtliche Entwicklung der germanischen Völker in Mitteleuropa nährt sich bis auf den heutigen Tag eben aus jenen ideellen Wurzeln und *offenbart ihre eigentlichen geheimen Sehnsüchte. Daraus läßt sich die wichtige Erkenntnis ableiten, daß, will man die verborgene Drangrichtung eines Volkes oder einer ganzen Rasse studieren, man nur ihre Mythen zu studieren braucht, denn so wie der Anfang, so endet auch alles.*

Der transzendentale Idealismus eines Kant, Schelling, Hegel, Fichte, Schiller, Hölderlin, Novalis, Schopenhauer, Herder, Goethe, Lessing, und vor allem der des tragischen Irrläufers Nietzsche usw., belegten den ethisch-ideellen Zug, der sich durch die ganze mitteleuropäische Literatur bis ins zwanzigste Jahrhundert zieht und ist ein hinlänglicher Beweis für diese Einschätzung. Freilich kamen extreme Verstiegenheiten vor und verkehrten sich episodisch ins Gegenteil, weil manche politischen Führer die germanische Neigung zum pathetischen Idealismus, aber auch zum Titanischen (tausendjähriges Reich) genial durchschauten und für ihre Machtziele auszunutzen verstanden und dabei die halbe Welt in eine Katastrophe stürzten. Eine Kollektivschuld in Generationenfolge, die nicht zuletzt aus *habgierigen Wiedergutmachungsforderungen* von gewissen Völkern bis zum Überdruß immer wieder gefordert wird, kann daraus nicht abgeleitet werden und ist nichts weiter als der infame Versuch, das angeschlagene Selbstbewußtsein der mitteleuopäischen Völker möglichst lange niederzuhalten. Der einfache Mann von der Straße glaubte damals, für eine gute Sache zu kämpfen, und nur wenige wußten um die wahren Ziele der damaligen politischen Führung. Es wird Zeit, daß die Regierungen und Mandatsträger dies klar erkennen. Der Untergangsmythos des germanischen Göttergeschlechtes, in Bezug auf den Lebensbaum, bedeutet, daß, wenn auch nur ein einziger Weg zur Kelippoth'schen Inversion tendiert, allmählich der ganze Baum in Scherben geht, und sich Gut und Böse bis zur Unerkennbarkeit vermischen, weil eben alle Bewußtseinshaltungen in einem unmittelbaren Abhängigkeitsverhältnis stehen. Genau dies ist beim germanischen Götterpantheon, in Gestalt des Loki (Weg 11, die Kreativität), wie übrigens auch beim griechischen, der Fall. Alle Götter sind irgendwie miteinander verwandt oder verschwistert, daher auch ihre Betroffenheit und überstarke Reaktion bei ethisch-sittlichen Einbrüchen. Erinnern wir uns nochmals an den Satz:..."*Wenn auch nur einer der Wege über- oder unterbewertet wird, so hat dies für die spirituelle Entwicklung erhebliche Konsequenzen, nämlich den Verlust des ethischen Bewußtseinskontinuums"... und in mythischer Entsprechung den Untergang eines ganzen Göttergeschlechtes.*

Die weiter unten angeführten Erläuterungen sind, bis auf die ersten sechs Stichworte, alphabetisch geordnet.

Asen
Ein prähistorisches Göttergeschlecht, das jedoch, wie die Vanen, nur begrenzt über die Erde und Menschen herrschten, da nur die drei Nornen das Schicksal in vollem Umfange kannten. Im Asgard residierten zwölf Götterpaare, also insgesamt 24, siehe auch germanische Runen und Götterbaum. Die patriarchalisch-unternehmerischen Asen hatten ihren Widerpart in den matriarchalischen Vanen, die wesentlich friedlicher, seßhafter und erdbezogener waren und mit ihnen zahlreiche Auseinandersetzungen hatten, siehe auch w.u.. Die historische Parallele zwischen den erobernden Ariern und abwehrenden jungsteinzeitlichen Mutterrechtskulturen könnten den Mythen von Asen und Vanen jene gelebten Materialien geliefert haben, die in den oft tragisch endenden Mythen und Legenden so häufig durchscheinen.

Asgard
Lebensbereich der germanischen Götter, auch Götterhimmel, der durch den Bifrost, die Asenbrücke, mit dem Reich der Riesen und dem Midgard verbunden war. Jeder Gott hatte im Asgard sein eigenes prächtiges Schloß. Zu wichtigen Beratungen versammelten sich die Götter an der Quelle der Weltesche Yggdrasil und lauschten auf das Raunen der drei Nornen. Der Asgard entspricht dem Olympos der griechischen Götter und nicht dem Wallhall, siehe auch dort.

Vanen/Wanen
Ein vorgermanisches friedliches Göttergeschlecht, das der Natur, der Fruchtbarkeit und dem Wohlergehen der Menschen zugetan war. Die Vanen kultivierten die Erde und kamen zu großem Reichtum und Wohlstand. Durch den Verrat der Zauberin Gullveig erfuhren die Asen von ihren sagenhaften Schätzen und begannen mit ihnen Krieg zu führen. Somit war der Neid einer der ersten Beweggründe für Krieg und Mord, wie schon bei Kain und Abel. Nach langen Kämpfen kam es durch die Vermittlung von Odin zum Frieden und man tauschte gegenseitig Geiseln aus. Die Asen Mimir, der ein mächtiger Wächter der heiligen Urquelle war, und Hoenir lebten fortan bei den Vanen, und Njörd, Freyr und Freja bei den Asen, wo sie alle hohes Ansehen erlangten.

Riesen
Riesen waren übergroße Monstren, die in den steinzeitlichen Mythen vieler Völker häufig als dämonische Verkörperungen von verheerenden Naturkräften galten. Meist waren sie, ähnlich wie die griechischen Giganten und Titanen, die eigentlichen Gegner der verehrten Göttergeschlechter (Asen, Vanen, Olympier, Odysseus und der Zyklope Polyphemos), da sie vor ihnen existierten, erhoben sie den Anspruch auf Alleinherrschaft und wollten sie mit den Göttern nicht teilen. In der Edda sind sie zuweilen Helfer der Menschen, z.B. Hymir, der dem Tyr half, doch ständige Gegner der Asen, besonders der Riese Geirröd. Als Urriese galt Ymir, aus dem die nachfolgenden Riesen hervorgingen. Es gab Frost- und Reifriesen (Reifthursen), Wasser-, Stein- und Feuerriesen. Die Edda kennt 19 Riesen, die sich alle von Ymir ableiten. Die Riesen bekämpften sich einerseits selbst, andererseits die Götter. Manchmal kam es zwischen Riesinnen und Menschen zu intimen Verbindungen, aus denen dann stets dämonische Zwitterwesen hervorgingen, ein Beispiel sind Loki und die Riesin Angurboda, welche den Fenriswolf, die Midgardschlange und die Todesgöttin Hel zeugten. Die Fehde zwischen Riesen und Göttern hielt bis zur Götterdämmerung an, in der sich beide endgültig vernichteten. In den antiken Entsprechungen finden wir in den zwölf Titanen, die aus der Verbindung von Uranos und Gaja hervorgingen, auch Kronos (Saturn), der eine besonders grausige Rolle spielte, später jedoch von seinem einzig überlebenden Sohn, dem Zeus, entmachtet wurde. Ich habe daher den Olympier Kronos nicht in den Baum aufgenommen, obwohl er eine gewisse Wesensverwandschaft mit Vidar (Weg 4) aufweist. Eine weitere Bestätigung von der Existenz der Riesen geben uns die Bibel und die Henochapokalypse, wonach aus der intimen Verbindung zwischen den *"schönen Menschentöchtern"* und insgesamt 200 abtrünnigen Engeln Riesen hervorgingen. Die Riesen wurden 3000 Ellen lang, also knapp einen Kilometer, die den Menschen alle Vorräte auffraßen, siehe auch Band I. Wahrscheinlich waren die Riesen gefallene Engel, und ihre Auseinandersetzung mit den Göttergeschlechtern könnte eine Allegorie des Kampfes zwischen gefallenen Engeln und den noch verbliebenen im Himmel sein. Durchaus könnten auch die magischen Atlantier und ihr Kampf gegen die Königsgeschlechter gemeint sein, beide endeten nach dem Mythos in einer vulkanischen Feuersbrunst. Das Wesen des Riesenhaften kann analog zur menschlichen Seele als das Ego schlechthin gedeutet werden oder die Zusammenballung des kollektiven Ego in Form von mächtigen Interessensverbänden, Riesenkonzernen und Massenmanipulation der Medienkonzerne. Letztere wurde in der Johannesapokalypse als der Drache mit den zwei goldenen Hörnern beschrieben. Die Mythen von den Riesen und Titanen lehren uns, daß alles Gigantische und Mächtige dem Untergang geweiht ist, so wie es auch den Sauriern erging, und nur jene Kreaturen Bestand haben, welche die Mitte am besten verkörpern; wo es also weder Über- noch Unterbewertungen gibt, sondern *totale* Ganzheit und Rundheit. Das eben ist das Ziel der menschlichen Evolution, nämlich spirituelle Ganzheit.

Zwerge (Elben)
Waren mythische Sagengestalten von geringer Körpergröße, etwa so wie die Lilliputaner. In der germanischen Mythologie wurden sie von den Göttern geschaffen und hatten im Kampf gegen die Riesen und Dämonen wichtige Funktionen. Einerseits waren sie sehr schön (Lichtelben), andererseits aber auch häßlich und boshaft (Schwarzelben). Sie hausten im Erdinnern, in der Nähe des Feuers, und waren z.T. kluge, ja pfiffige Ratgeber, Informanten und Schatzverwalter der Götter und Menschen. Zu ihren magischen Fähigkeiten gehörte das Unsichtbarmachen mittels einer Tarnkappe (Alberich). In der Schmiedekunst waren sie hochbegabt, besonders in der Herstellung von Waffen und Geschmeide (Schmuck und Zierat, siehe auch Ivaldi, Weg 12), daher auch ihr sagenhafter Reichtum. In der Nibelungensage spielen sie als Hüter des Nibelungenschatzes eine wichtige Rolle.

Die Götterdämmerung
In der Edda das letzte finstere Geschick der Göttergeschlechter (Ragnarök). Gemeint ist der Weltuntergang oder, nach christlich-eschatologischen Vorstellungen, der jüngste Tag, der sich innerhalb eines platonischen Jahres zweimal, also alle 12 960 Jahre wiederholt, siehe auch S.382
Das visionäre Drama kündigte sich durch schlimme Vorzeichen an. Mit der Ermordung des strahlenden Balder begann zuerst der allgemeine moralische Niedergang, der sich in Egoismen und Sittenlosigkeit äußerte. Danach begann die Weltesche Yggdrasil zu welken und zu beben, worauf Idun und Bragi (das Schöne und Liebliche unter den Menschen) in die Unterwelt entschwanden. Die Midgardschlange peitschte durch ihre heftigen Bewegungen das Meer auf und gewaltige Sturmwellen überfluteten die Erde. Der Fenriswolf konnte sich befreien und verschlang die Sonne, im Sinne einer totalen mehrtägigen Sonnenfinsternis (siehe auch Johannesapokalypse), und der Fimbulwinter in Form eiskalter Winternächte (emotionale Kälte) breitete sich aus. Heimdall, der Wächter an der Asenbrücke (Bifrost, Astralebene), stieß schließlich in das Giallarhorn (Posaune bzw. rasante Zunahme weltweiter Katastrophen), womit der Kampf der Göttergeschlechter gegen die Riesen (Reifthursen), Dämonen und Unholde begann. Die Kämpfe endeten für beide Seiten tödlich (Ermattung und aus Mangel). Die Erde versank ins Meer, der Feuerriese Surts kam über die Asenbrücke, die unter seinen gewaltigen Tritten einstürzte und dabei den Himmel in Flammen setzte (eine Allegorie zur manaischen Vibration), siehe auch dort. Die Sterne fielen ins Meer (wahrscheinlich glühender Kometenhagel) und der Bruder Surts verschlang den Baum Yggdrasil (die alte Schöpfung). Die Erde wurde leer und nur ein Menschenpaar, *Lif und Lifthrasir,* überlebten das Inferno. Nach germanischen Vorstellungen entstand eine neue Schöpfung und Balder (Weg 3), der strahlende Lichtgott, sollte wiederkommen (ähnlich wie die messianische Erwartung). Die Bewohner von Himmel und Erde würden in einem langen Friedensreich (ähnlich wie das christliche Millineum) glücklich leben und ein goldenes Zeitalter würde beginnen. Die Kernaussagen des Mythos von der Götterdämmerung decken sich im wesentlichen mit der Apokalypse des Johannes, auch wenn letztere den Zeittakt der Phasen wesentlich genauer angibt. Sie stimmen auch mit den Engelsbotschaften der kommenden

Lichtmaterie überein, siehe auch dort. Von der Wiederholung des Ragnarök, den apokalyptischen Wendepunkten, wußten schon die ägyptischen Priester, die sie *"nemduch"* nannten, d.h. Erneuerung des Lebens, und *"nem-masu,"* d.h. Wiederholung des Gewesenen. Auch die gnostischen Orphiker sprachen von der Wiederherstellung der ursprünglichen Ordnung. Heute können wir den Niedergang von ethischen Werten, Sittlichkeit und Moral weltweit beobachten. Sollte das Ozonloch sich weiter vergrößern und die Atmosphäre sich noch mehr verdünnen, dann ist eine Aufheizung der Luftschichten sehr wahrscheinlich und ein globaler Sintbrand zu erwarten. Im Sinne der Edda wird Heimdall also bald ins Horn stoßen, wenn der gigantische Egoismus von mächtigen Interessensverbänden, Konzernen, Medien und Banken (Riesen) die gesamte Wirtschaft, ja sogar Regierungen beherrschen wird. Mit Feuerriese kann die manaische Vibration gemeint sein, siehe auch S.382. Dennoch, am Ende wird eine neue Zeit kommen, in der die Vergangenheit nur wie ein böser Alptraum erscheinen mag.

Die germanischen Götter im Asgard und die Olympier

Balder, auch Baldur genannt, war ein Sohn des Odin und der Freja (Weg 1) und unter den Asen der Lichtvollste. Volkstümlich wurde er als Gott der Sonne, des Lichtes und des Frühlings verehrt, aber auch als Personifikation der Achtung, des Guten und der Gerechtigkeit. Er war mit Nanna (Weg 8) verheiratet, die ihm den salomonischen Sohn Forseti (Weg 22) gebar. Die gemeinsame Liebe zu Balder verband beide Elternteile. Als Balder von Alpträumen geplagt wurde, die auf eine Bedrohung seines Lebens hinwiesen, ließ seine beunruhigte Mutter alle Geschöpfe schwören, ihrem Sohn niemals ein Leid zuzufügen und übersah dabei die Mistel, die sie nicht schwören ließ. Durch geschicktes Ausfragen entlockte Loki ihr diese Nachlässigkeit und weihte den blinden Hödur in das Geheimnis ein. Bei einer Ratsversammlung (Thing) schoß, auf arglistige Anweisung Lokis, der blinde Hödur mit einem Mistelzweig auf Balder und verletzte ihn tödlich. Die Bestürzung seiner Mutter, des Vaters und vor allem des Bruders Hermod war groß, der vergeblich versuchte, ihn aus den Fängen der Totengöttin (Hel) zu befreien. Mit der lichten Gestalt des Balder entschwanden das Gute, Wahre und Schöne aus der Welt und sollten erst wiederkehren, wenn die Götterdämmerung einsetzte (Lichtmaterie). Erst mit ihr soll Balder auferstehen und sich mit seinem Mörder versöhnen. Die Gestalt Balders findet in Helios ihr antikes Entsprechungsbild und in der Nibelungensage in Siegfried, der in den Zeichentrickheften der Sigurd ist. Von der Erlösungshoffnung auf Balders Rückkehr lebte das sogenannte germanische Heidentum, das nach und nach durch die christlichen Erlösungsvorstellungen ersetzt wurde. Beide haben jedoch den gleichen Kern, nämlich mit dem Tod eines Lichtgottes durch die Mächte der Finsternis (blinder Hödur) setzt ein Zeitalter des Unfriedens und der Egoismen ein, das mit dem Kommen des Lichtgottes in der Götterdämmerung plötzlich endet. Der Unterschied besteht lediglich in der Bedeutung von Balder und Jesus von Nazareth. Während durch Balders Tod nicht die Sünden der Menschen gelöscht wurden, sondern nur die Hoffnung auf seine Wiederkunft nährte, wird Jesus von Nazareth zur christologischen Zentralgestalt erhöht, dessen Erlösungstat die ganze Schöpfung in Lichtmaterie verwandelt und einen neuen

Himmel und eine neue Erde gestaltet. Die heiklen theologisch-philosphischen Fragen, vor allem in Zusammenhang mit der kommenden Lichtmaterie, die sich an den kosmischen Christus knüpfen, können allerdings hier nicht diskutiert werden. Balder wurde die Rune Inguz , das Sternzeichen Löwe und der Jupiter geweiht.

Bragi, der Vornehme, Sohn des Odin, war der singende und dichtende Gott im Asgard und Gemahl der lieblichen Idun (Weg 2), die er mit seiner Poesie bezauberte. Bragi galt als der humoristische Unterhalter und Musikant der Götter. Als die Weltesche zu welken anfing und Unheil ankündigte, ging er mit Idun in die Unterwelt. Sein antikes Entsprechungsbild findet sich in Orpheus, dem Gott der musischen Künste. Ihm ist die Rune Kaunaz geweiht, das Sternzeichen Fische und der Jupiter zugeordnet.

Donar, auch Thor genannt, der Donnergott, war neben Odin der bedeutendste und angesehenste der Asen. Als Sohn Odins und der Jörd erlangte er, gerade wegen seiner bäuerlichen Züge, eine außerordentliche volkstümliche Bedeutung. Sein Zeichen wurde auf zahlreichen Amuletten und Fetischen verwendet. Eine Parallele findet sich im rotbärtigen Rübezahl des Siebengebirges. Als Beschützer der Menschen vor Übeltätern, Riesen, Hexen und Dämonen fuhr er in einem von zwei Böcken gezogenen Wagen donnernd übers Land, beschütze die Ernte und lockerte mit seinem Riesenhammer Miölnir die Erde, um sie fruchtbar zu machen. Der Hammer diente ihm auch als furchtbare Waffe und konnte selbständig zu ihm zurückkehren, womit er mehrere Riesen (Thursen) tötete. Sein Erzfeind war die Midgardschlange, die er vergeblich zu vernichten suchte, bis er sie in der Götterdämmerung endgültig mit seinem Riesenhammer besiegte, dabei aber selbst durch ihren giftigen Atem zu Tode kam. Die Allegorie dieses Mythos bedeutet, daß der Tod des bewertenden Selbstbezuges, wie die Vernichtung der Midgardschlange symbolsiert, auch den Tod der sterblichen Persönlichkeit bewirkt. Der Donarkult wurde von den christlichen Missionaren heftig bekämpft. So ist z.B. überliefert, daß der "hl. Bonifatius" im hessischen Geismar bei Fritzlar 724 n.Chr. eine Donareiche fällte und so die germanischen Kultanhänger zum christlichen Glauben bekehrte. Nach Donar (Thor) ist das chemische Element Thorium benannt, und als Supermann findet sich Thor in den Comic-Serien *"der mächtige Thor"* seit 1962. Im Vergleich mit den antiken Helden könnte Odysseus ihm am ähnlichsten sein. Noch heute erinnert der Donnerstag (Tag des Donar) an seinen Namen. Ihm wurde die Rune Raido, das Sternzeichen Schütze und der Uranus geweiht, weil er auch als Götterpate bei Eheschließungen eine große Rolle spielte.

Eir, die Heilerin, genoß im germanischen Götterpantheon große Verehrung und wurde bei Krankheiten und Wunden angerufen. Ihr eigentliches antikes Entsprechungsbild finden wir in der Tochter des Asklepios, Hygieia, woraus sich der Begriff Hygiene ableitet, doch möchte ich sie, wie alle Asen, mit einer der olympischen Göttinnen in Verbindung bringen, wozu mir am nächsten Athene scheint. Ihr wurde die Rune Jera, das Sternzeichen Jungfrau und die Erde zugeordnet.

Der Fenriswolf, ein von Loki und seiner Geliebten, der Riesin Angurboda, gezeugtes dämonisches Ungeheuer, das nach einer alten Weissagung beiden Unglück bringen wird. Der Fenriswolf wuchs zu einem übermächtigen, gewaltigen Wolf heran, der für die Asen zu einer gefährlichen Bedrohung wurde. Als sie beschlossen, ihn zu fesseln, mißlang der Versuch zweimal, weil jedesmal, wenn der Wolf sich streckte, die Fesseln auseinanderrissen. Beim dritten Versuch wurde er mit von Zwergen kunstvoll geschmiedeten Bändern (Gleipnir) gefesselt, doch unter der Bedingung, daß ein Gott den Mut aufbringen müsse, seinen Arm in den Rachen zu stecken. Tyr, der Kriegsgott, wagte es, und dabei biß ihm der Wolf den rechten Arm ab. Nachdem der Wolf gefesselt war, wurde er an einen Felsen gebunden und ein Schwert senkrecht in seinen Rachen gesteckt, worauf der Wolf ein schreckliches Geheule anfing. Während der Götterdämmerung konnte er sich befreien und verschlang Odin. Vidar (Weg 4), ein Sohn Odins, riß ihm mit seiner ungeheuren Kraft den Rachen entzwei und tötete ihn. Der Fenriswolf symbolsiert die Erkenntnis des Bösen in uns, das sich trotz vieler Versuche (Fesselung) immer wieder befreit.

Forseti, der Gott der Rechtssprechung und der Weisheit, war der salomonische Vorsitzende im Asgard (Thing) und sprach über Götter und Menschen Recht. Er war eine untadelige Richtergottheit und der Sohn Balders (Weg 3) und der Nanna (Weg 8). Im antiken Vergleich könnte seine viel gerühmte Weisheit mit der des Platon, der selbstverständlich nicht zum griechischen Götterpantheon gehörte, verglichen werden. Die ihm zugeordnete Rune Tiwaz, das Sternzeichen Steinbock und der Diamantstern drücken die Treffsicherheit und Weisheit seines Richterspruches aus.

Freja, die Tochter des Vanen Njörd und Schwester von Freyr (Weg 18), war in zweiter Ehe die Gemahlin des Odin und somit die First Lady im Asgard. Im Göttersaal thronte sie neben Odin, mit dem sie manche Meinungsverschiedenheit hatte, auf dem Hochsitz. Mit Odin war sie durch die gemeinsame Liebe zu Balder (Weg 3) verbunden, dessen vorzeitigen Tod sie jedoch nicht aufhalten konnte. Volkstümlich wurde sie als Göttin der Ehe, des Haussegens und Kinderreichtums verehrt und war der Inbegriff der Mütterlichkeit. Sie genoß bei den Germanen eine ähnliche Verehrung wie Maria, die christliche Himmelskönigin. Nach der großen Aussöhnung mit den Vanen kam sie mit ihrem Vater und Bruder zu den Asen und lebte dort für immer. Ihr entspricht im antiken Vergleich die olympische Göttin Hera, die Gemahlin des Zeus, der Inbegriff der Weltmutter. Ihr ist die Rune Ansuz geweiht, das Sternzeichen Zwilling und der Planet Saturn.

Freyr, der Sohn des Vanen Njörd und Bruder der Freja (Weg 1), war bei den Germanen sehr beliebt und galt als Gott des Glücks, der Freude und des Wohlstandes. Freyr fuhr auf einem vom Zwergenkönig Ivaldi (Weg 12) gebauten Zauberschiff (Skidbladnir) übers Meer, zu Lande ritt er auf einem goldenen Eber (Gullinborsti). Die Sage erzählt, daß sein Freund Skirnir ihn erfolgreich an die schöne Riesin Gerda verkuppelte, dabei aber sein Schwert von Skirnir nicht mehr zurückerhielt, was ihn gegenüber dem Feuerriesen Surts in der Endschlacht schutzlos machte. Heute noch erinnert der Freytag an ihn. Als antike Entsprechung könnte der mächtige Olympier Dionysos gelten. Ihm wurde die Rune Thurisaz, das Sternzeichen Wassermann und Uranus zugeordnet.

Gefjon war eine jungfräuliche, glücksverheißende Göttin, die alle Jungfrauen beschützte und sie posthum bei sich aufnahm. Durch ihre magische Macht genoß Gefjon große Verehrung und konnte bei schwierigen Unternehmungen den Glauben an ein gutes Gelingen stärken. Vergleichbar ist sie mit der olympischen Göttin Hestia, der Hüterin des olympischen Feuers. Gefjon wurde die Rune Perth, die Jungfrau und die Erde zugeordnet, weil sie mit ihren magischen Kräften besonders auf die Erde (Glutasche) und das Feuer, das als heilig galt, bewahrend einwirken konnte.

Heimdall war im Asgard wegen seiner Schönheit und Wachsamkeit der glänzendste unter den Göttern. Er bewachte den Bifrost (die Astralebene) oder die Asenbrücke von seinem Schloß aus, und nichts entging seinen scharfen Augen. Mehrfach bewies er seine Zuverlässigkeit (Weg 14), so z.B. indem er Loki beim Diebstahl des berühmten Halsbandes (Brisingamen) erwischte und es nach hartem Zweikampf seiner Gemahlin zurückbrachte. Heimdall soll mit seinem Horn (Giallarhorn) den Asen den Beginn der Götterdämmerung ankündigen und sie vor den herannahenden Feinden (Riesen und Dämonen) warnen. Einer Prophezeiung zufolge werden Heimdall und Loki im Endkampf einander töten. Ihm wesensverwandt ist der Olympier Apollon. Die Rune Nauthiz, das Sternzeichen Skorpion und Pluto entsprechen am ehesten seinem Wesen.

Hoenir, ein ständiger Begleiter Odins, zeichnete sich durch besondere Schönheit und Kühnheit aus, außerdem war er ein hervorragender Jäger und Läufer. Dem Mythos nach soll er den Menschen klaren Verstand und Gefühl gegeben haben. Nach dem Friedensschluß der Göttergeschlechter wurde er den Vanen als Faustpfand übergeben. Ihm entspricht der griechische Götterbote Hermes. Das Prinzip der merkurischen Verhandlung und Einigung drücken am treffendsten die Rune Manaz, das Sternzeichen Krebs und der Merkur aus.

Idun, die liebliche Göttin der ewigen Jugend und Unsterblichkeit, war die Tochter Ivaldi (Weg 12) und Gemahlin des Bragi (Weg 19). Als himmlische Speise verteilte sie an die Götter goldene Äpfel mit dem Nektar ewiger Jugend. Loki (Weg 11), der sie zusammen mit Donar aus der Gewalt des Riesen Thiassi befreite, brachte sie wieder zum Asgard zurück, wo sie das alternde Göttergeschlecht durch ihre himmlische Speise wieder verjüngte. Dem Mythos zufolge soll Idun, als der Weltenbaum zu welken begann und dies als schlimmes Vorzeichen gedeutet wurde, in die Unterwelt entschwunden sein, wohin ihr Bragi folgte. Ihr antikes Entsprechungsbild finden wir in der olympischen Aphrodite. Der eigentliche Kern dieser Geschichte ermahnt uns, daß am Ende eines Äons alles Liebliche und Erbauliche verschwindet und erst mit Beginn des neuen Äons wiederkehrt. Idun wurde die Rune Berkana, das Sternzeichen Waage und der Mond zugeordnet.

Ivaldi, der König der Zwerge, war der Vater der lieblichen Göttin Idun (Weg 2) und besonders im Schiffsbau und der Schmiedekunst bewandert. Für Odin (Weg 21) schmiedete er den sagenhaften Speer Gundnir, für Tyr (Weg 16) ein magisches Schwert, vergleichbar mit dem magischen Schwert "Excalibur" aus der Arthus-Sage, und für Freyr (Weg 18) baute er das Zauberschiff Skidbladnir. Der Göttin Sif (Weg 15) fertigte er goldene Haare. Er hat wegen der Schmiedekunst eine gewisse Ähnlichkeit mit dem Olympier Hephaistos. Ihm wurden die Rune Laguz, sowie das Sternzeichen Waage mit Venus zugeordnet.

Loki, der Lohende, war die schillerndste, aber auch zwiespältigste Gestalt und kann als der Judas im germanischen Götterpantheon bezeichnet werden. Eigentlich stammte er nicht aus dem Geschlecht der Asen, sondern war der Sohn des Riesen Farbauti, aber durch die Blutsbrüderschaft mit Odin und durch die Freundschaft mit Donar, dem er sehr oft zu Hilfe eilte, im Götterreigen legitimiert. Er war verführerisch, dabei boshaft, sehr schlau und listig und diskutierte gerne in Form von Zankreden. Durch seine sagenhafte Verwandlungsfähigkeit in verschiedene Tiergestalten konnte er immer wieder entwischen, nur einmal wurde er von dem Riesen Geirröd als Vogel gefangengehalten. Mit seiner Geliebten, der Riesin Angurboda, zeugte er die Todesgöttin Hel und die zwei apokalyptischen Ungeheuer, den Fenriswolf und die Midgardschlange, die erst in der Götterdämmerung besiegt wurden. Des öfteren konnte er durch seinen Einfallsreichtum den Göttern aus so mancher Verlegenheit helfen, doch fielen die meisten auf seine Betrügereien und Täuschungen herein, z.B. Skadi (Weg 9). Seine ärgste Missetat beging er, als er den blinden Hödur zum Mord an Balder anstiftete, den sein Wesen am stärksten polarisierte. Damit hatte er das Maß voll gemacht und wurde von den Göttern an einen Felsen geschmiedet (ähnlich wie Prometheus) und ihm Schlangengift ins Gesicht geträufelt. Während der Götterdämmerung konnte er sich befreien, und wurde der Anführer der finsteren Mächte (Dämonen, Riesen und Unholde), fiel jedoch im Zweikampf gegen Heimdall (Weg 14). Seine antike Entsprechung finden wir im Hinblick auf sein Schicksal in Prometheus, doch eher paßt der zwielichtige Uranos auf sein Wesen. Ihm wurden die Rune Kenaz, das Sternzeichen Widder und die Sonne zugeordnet.

Midgardschlange, ein von Loki und seiner Geliebten, der Riesin Angurboda, gezeugtes dämonischen Ungeheuer, das, im Meer liegend, die Erde umgab und sich selbst in den Schwanz biß, siehe auch Uoroborosbewußtsein und das Todesgift des bewertenden Selbstbezuges, siehe auch Donar. Durch ihre Bewegungen verursachte sie gewaltige Sturmwellen und Überflutungen. Besonders verfeindet war sie mit Donar, dem Gott der Bauern und der Erde. Erst in der Götterdämmerung zerschmetterte ihr Donar mit seinem Hammer "Miölnir" den Kopf, kam dabei aber selbst zu Tode, siehe auch Donar. Die Midgardschlange symbolsiert den bewertenden Selbstbezug unseres endlichen Bewußtseins, indem sie die Erkenntnis des

Bösen zum Mittelpunkt der Betrachtungen werden läßt.

Mimir, der Erinnerer oder auch Weise, war ein mächtiger Weisheits- und Orakelriese, ein *Wasserriese*, der die zweite der drei Quellen des Yggdrasil bewachte. Odin, der an dieser Quelle kosmische Weisheit schöpfen wollte, mußte dafür sein Auge verpfänden. Als nach dem Friedensschluß mit den Vanen Hoenir und Mimir an diese übergeben wurden, schlugen die Vanen ihm das Haupt ab, da er anscheinend zuviel redete (Orakelhaupt) und sandten den Kopf an die Asen zurück.

Die nordische Muttergöttin **Nanna** war die Gattin Balders, die ihn auf das innigste liebte. Sie gebar ihm Forseti (Weg 22). Als er starb, war sie darüber so betrübt, daß sie Selbstmord beging und mit ihm zusammen auf dem Schiff Hringhorni verbrannt wurde. Im Reigen der Olympier findet sie in Selene ihr Entsprechungsbild. Ihr wurden die Rune Gebo (Harmonie) geweiht und das mütterliche Sternzeichen Krebs mit Mond.

Njörd, der Gott der Meere und Seefahrer, stammte aus dem Göttergeschlecht der Vanen und kam nach dem großen Friedensschluß als Faustpfand zu den Asen. Er ist der Vater von Freja (Weg 1) und Freyr (Weg 18). Da seine Gemahlin Skadi (Weg 9) die Berge liebte, er jedoch das Meer, kamen beide überein, je 9 Tage am Lieblingsort des anderen zu verbringen. Danach trennten sie sich und Skadi vermählte sich mit dem Herkules Ullr (Weg 5). Sein antikes Entsprechungsbild finden wir wieder in Poseidon, dem Gott der Meere. Njörd wurden die Rune Wunjo und das Sternzeichen Fische mit Neptun zugeordnet.

Die drei **Nornen**, *„die Raunenden“ oder „Flüsternden“*, sind die drei Schwestern *Urd, Verdani und Skuld* und galten als die Schicksalsgöttinnen, welche Vergangenheit, Gegenwart und Zukunft (Geburt, Geschick und Lebensdauer) sowohl der Menschen als auch der Götter kannten. Die Nornen lebten an der Urquelle, dem Urbrunnen (Urdaborn), neben der Weltesche Yggdrasil, und gaben den Menschen und Göttern das zurück, was sie an guten oder schlechten Taten und Gedanken säten (Resonanzgesetz). Bei großen Entscheidungen versammelten sich die Götter bei der Weltesche und hielten Rat, wobei die Nornen aus dem Urbrunnen raunten. Die Norne Skuld bestimmte das Ende der Götter und Menschen, während Urd die Erinnerungen an Vergangenes bewahrte. Verdani war die Wächterin des Gewissens und des Gegenwartsbewußtseins (Bewußtheit). Eine antike Entsprechung finden wir in den „Moiren“, den griechischen Schicksalsgöttinnen, die, mit Ausnahme der sich selbst zeugenden Zeusmutter Gaja, auch dem olympischen Götterpantheon überlegen waren. Klotho war die Schicksalsspinnerin, Lachesis die Zuteilerin und Anthropos die, welche den Lebensfaden durchschnitt, gleichwie die römischen Parzen. Als einzige von den olympischen Göttern könnte die Gaja ihren Wesen entsprechen. Den Nornen wurden die Rune Odal zugeordnet, das Sternzeichen Wassermann und der Diamantstern, der zwölfte im unserem künftigen Planetensystem.

Odin war der höchste Gott der Asen. Bei den Westgermanen hieß er Wodan, beide bedeuten etwa *"der sich Erregende oder der Ekstatische."* Er war der Sprößling aus dem Urriesenpaar Bor und Bestla und Vater mehrerer Götter im Pantheon (Balder, Bragi, Donar, Vidar usw). Seine Frau war Freja (Weg 1), die First Lady auf dem Götterhochsitz. Generell wurde er als oberster Allvater und Wallvater der gefallenen Krieger angerufen. Seine Fülle von ungewöhnlichen Eigenschaften und Charakterzügen machte es schwer, ihn zu charakterisieren. Als Stratege und oberster Lenker der Schlachten war er einerseits Kriegsgott, ferner Totengott, Gott der Weisheit, der Dichtkunst und der Güte, insgesamt trug er 170 Beinamen. Zu dieser Fülle verhalf ihm ein von Mimir (geheimnisvoller Hüter) bewachter Urquell, der an der Wurzel des Yggdrasil hervorsprudelte und dessen Lebenskraft ihn wohl in das höchste Wissen der Runengeheimnisse einweihte, er aber dafür ein Auge an Mimir verpfänden mußte. Daher wurde Odin meist als der Einäugige dargestellt, eine Anspielung auf den Gott mit dem einfältigen Auge. Infolge seiner ungewöhnlich vielen Aspekte wurde das Bild Odins mit einsetzender Christianisierung im Volksmund ziemlich entstellt und kann eigentlich unmöglich mit seinem höchsten Amt in Einklang gebracht werden. Die z.T. lächerlichen und lumpigen Darstellungen dürften eine frühmittelalterliche Erfindung von missionarischen Mönchen gewesen sein, denen die germanischen Götter stets ein Dorn im Auge waren. Wenn es da z.B. hieß, daß er, mit seinem sagenhaften Speer *"Gundnir"* bewaffnet, auf dem achtfüßigen Roß "Sleipnir" über die Schlachtfelder ritt und die todgeweihten Helden benannte, die durch seine Helferinnen, die Wallküren, nach Wallhall übergeführt werden sollten, dann mag das ja noch stimmen. Doch Zweifel muß man an der lächerlichen Mär haben, daß er als Wanderer mit breitkrempigem Schlapphut und einem blauen, sternenübersäten Mantel durch die Lande pilgerte, um die Gastfreundschaft der Menschen zu prüfen. Des weiteren, wenn an seinem Hochsitz seine beiden Wölfe Geri, „der Gierige", und Freki, „der Gefräßige", lagern und er laufend Honigmet aus einem Füllhorn säuft und seine beiden Raben "Hugin" (Gedanken) und "Munin" (Gedächtnis) auf seinen Schultern sitzend, morgens ausfliegen, um die Welt zu durchforschen und abends ihm die Geschehnisse ins Ohr krächzen. Hier wird er offenbar bewußt der Lächerlichkeit preisgegeben. Trotz der Fülle seiner Macht war er, wie alle anderen Götter im Asgard, nicht unsterblich, sondern dem Tod unterworfen. Mit der Götterdämmerung kam auch für ihn das Ende, als ihn der Fenriswolf verschlang. Sein Verlöschen im Götterhimmel war damit endgültig, denn in den Mythen wird seine Wiederkehr, im Gegensatz zu Balder, nicht erwähnt. Die Darstellung von Odin zeigt, was geschieht, wenn eine Gottheit zu viele Aspekte besitzt, nämlich daß die religiösen Gegner ihr leicht entstellende Merkwürdigkeiten andichten können und er so auf Dauer seinen erhabenen Stand in der Mythologie verlieren muß, auch, weil die Mythologien, je nach dem Schicksal und dem interkulturellen Bewußtwerdungsprozeß, epochalen Veränderungen und Umdeutungen unterworfen sind. Sein antikes Ebenbild ist Zeus, der Göttervater der Olympier, der ebenfalls mit vielen widersprüchlichen Attributen belastet war. Ihm sind die Rune Sowelu, die Blitzrune, das Sternzeichen Löwe und die Sonne geweiht.

Ostara, die germanische Frühlingsgöttin und die Göttin des Aufbruchs, gilt als die Göttin der Hoffnung und der aufsteigenden Sonne. Später, mit einsetzender Christianisierung der germanischen Völker, wurde sie als Göttin des Osterfestes und der Auferstehung gefeiert. Ihre Ähnlichkeit mit der olympischen Göttin Rheia und dem Mythos der Persephone ist unverkennbar. Ihr wurden die Rune Fehu, der Stier und die Venus zugeordnet.

Sif wurde als die schönste aller Frauen im germanischen Götterpantheon gepriesen. Sie war die Frau des Donar (Weg 20) und Mutter von Ullr (Weg 5) und Thrud. Ihr wunderschönes goldenes Haar erregte Loki so sehr, daß er es ihr heimlich abschnitt. Donar zwang daraufhin Loki, ein neues, ebenso schönes Haar von den Zwergen schmieden zu lassen, das ihr anwuchs wie ihr eigenes. Sie könnte mit der antiken Fruchtbarkeitsgöttin Demeter verglichen werden. Die Germanen brachten ihr Goldhaar mit der Fülle gereifter Getreidefelder in Verbindung und verehrten sie als Erntegöttin. Mit der olympischen Göttin Demeter hat sie durchaus verwandte Züge. Ihr ist die Rune Is, das Sternzeichen Schütze und der Neptun geweiht.

Skadi war von mächtiger Gestalt und die Tochter des nordischen Riesen Thiassi, den Loki und Donar wegen Idun töteten, und Gemahlin von Njörd (Weg 23), dem sie Freyr (Weg 18) gebar, später heiratete sie jedoch Ullr (Weg 5), dessen Herkulesstatur und Interessen ihr wesentlich mehr zusagten. Skadi könnte man mit verschiedenen antiken Göttinnen vergleichen, z.B. der Tochter des Ikaros, Penelope, die mit Odysseus verheiratet war. Eine gewisse Ähnlichkeit weist sie auch mit der Olympierin Artemis auf, die ich ihr zugeordnet habe. Ihr sind die Rune Uruz geweiht, das Sternzeichen Löwe und der Saturn.

Surts, der Riesendämon, war die schrecklichste Personifikation der verzehrenden Macht des Feuers. Als Vater der Gunnlöd war er Wächter über dem Feuerland (vulkanisches Island). Während der Götterdämmerung löste er mit seinem Feuerschwert den Weltbrand aus, tötete den waffenlosen Freyr, und unter seinen gewaltigen Tritten brach die Asenbrücke zusammen. Der Mythos von Surts erinnert an die vulkanische Feuersbrunst, durch die Atlantis im Meer versank. Der unbewaffnete Freyr kann als Sinnbild für die Sorglosigkeit der Götter und die mangelnde *innere* Vorbereitung bzw. Mißachtung der Weissagungen der Nornen gedeutet werden. Der Zusammenbruch der Asenbrücke, über welche die Götter zu den Menschen kamen, könnte ein Hinweis darauf sein, daß mit einsetzender Apokalypse die Verbindung zu den geistigen Welten zerreißt und für eine gewisse Zeit die Menschen sich selbst überlassen sind, analog der Bibelstelle: *"Wir müssen die Werke dessen wirken, der mich gesandt hat, solange es Tag ist; es kommt die Nacht, da niemand wirken kann"*(Joh.9.4).

Tyr, auch Tiuz, war bei den Germanen ein hochverehrter Kriegsgott und Sohn des Odin, nach anderer Version des Riesen Hymir, und gehörte zu den bedeutendsten Göttern in Asgard. Seine herausragendste Eigenschaft war sein ungewöhnlicher

Mut, mit dem er sich ins Schlachtgetümmel stürzte. Mit seinem von Zwergen angefertigten magischen Schwert war er nahezu unbesiegbar. Als er den Fenriswolf zu fesseln versuchte, biß ihm dieser den rechten Arm ab, daher wird Tyr stets einarmig dargestellt. Tyr versuchte, zusammen mit Hymir, mit Hilfe eines Ochsenkopfes als Köder, die Midgardschlange zu fangen, was ihm jedoch durch das ungeschickte Eingreifen von Hymir mißlang. Während der Götterdämmerung tötete er den blutbefleckten Höllenhund Garms, verblutet dabei aber an den zugefügten Wunden. Noch heute erinnern der Dienstag (Tuesday) und die Comicstory von Tyr an ihn. Auf ihn paßt treffend der olympische Kriegsgott Ares, ein Sohn des Zeus. Die Rune Eihwaz und das Sternzeichen Steinbock und Pluto entsprechen seinem Wesen am besten.

Ullr wurde bei den nordischen Völkern (Skandinavien) als der Gott des Winters und der Rechtsausübung (Exekutive) verehrt. Als Sohn der Sif (Weg 15) und Gatte der Skadi (Weg 9) war er ein ausgezeichneter Jäger, Skifahrer und vor allem Bogenschütze. Da Ullr die Statur eines Herkules hatte, wurde er im Zweikampf um Schutz angerufen und bei seinem Ring schwor man die Wahrheit (Weg 5). Der Mythos erzählt, daß er während Odins Verbannung zehn Jahre die Welt regiert hätte, danach aber vertrieben und in der Verbannung gestorben sei. Zu ihm könnte der Heraklesmythos passen, der für das Wahre, Schöne und Gute kämpfte und sich durch zwölf Großtaten auszeichnete. Ihm wurden die gewöhnliche Hagalrune sowie Widder und Mars zugeordnet.

Vidar, der Gott der gerechten Vergeltung (Weg 4), galt als Sohn Odins, war schweigsam und lebte in Zurückgezogenheit, wo er Waffen für die Götterdämmerung schmiedete. Ein Runenorakel prophezeite ihm, daß er in den Tagen der Apokalypse den Fenriswolf besiegen wird. Danach wird er zusammen mit seinem Halbbruder Vali in einer erneuerten Welt des Friedens herrschen. Im Zweikampf riß er den mörderischen Rachen des Fenriswolfes entzwei und verletzte ihn tödlich. Sein stilles Dasein erinnert an den Olympier Hades. Die Rune Dagaz, das Sternzeichen Skorpion und der Mars passen am besten zu ihm.

Wallhall, eine gigantische Halle für die erwählten Krieger und Kämpfer (im übertragenen Sinne der Streiter und Märtyrer Odins oder Wodans), wo sie zu neuem Leben erwachten, um sich für die große Endschlacht am Tage der Götterdämmerung vorzubereiten. Die Beschreibung von Wallhall entsprach der kriegerischen Gesinnung der Wikinger und Germanen, betonte jedoch, wie in anderen Paradiesvorstellungen, die Glückseligkeit.

Die jungfräulichen **Wallküren** waren die germanischen Totenwählerinnen und standen im Dienste Odins. In glänzender Goldrüstung trugen sie die in der Schlacht oder im Kampf gefallenen Krieger auf windschnellen Rossen nach Wallhall, betreuten und umsorgten sie dort und reichten ihnen Speise und Trank. In etwa vergleichbar sind sie mit den sagenhaften Amazonen. Ihnen wurden die Rune Algiz, das Sternzeichen Zwilling und Merkur zugeordnet.

Der germanische Runen- und Götterbaum

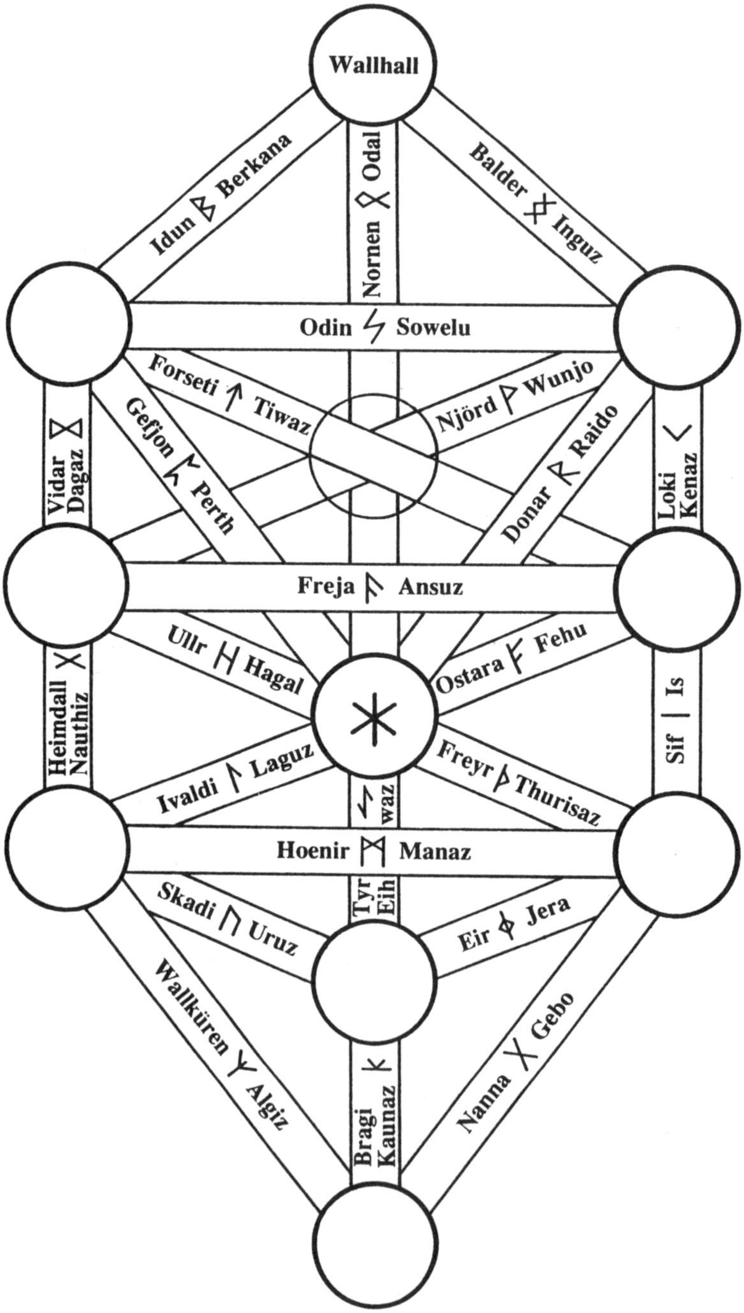

Abb.87

Der Baum der griechischen Olympier

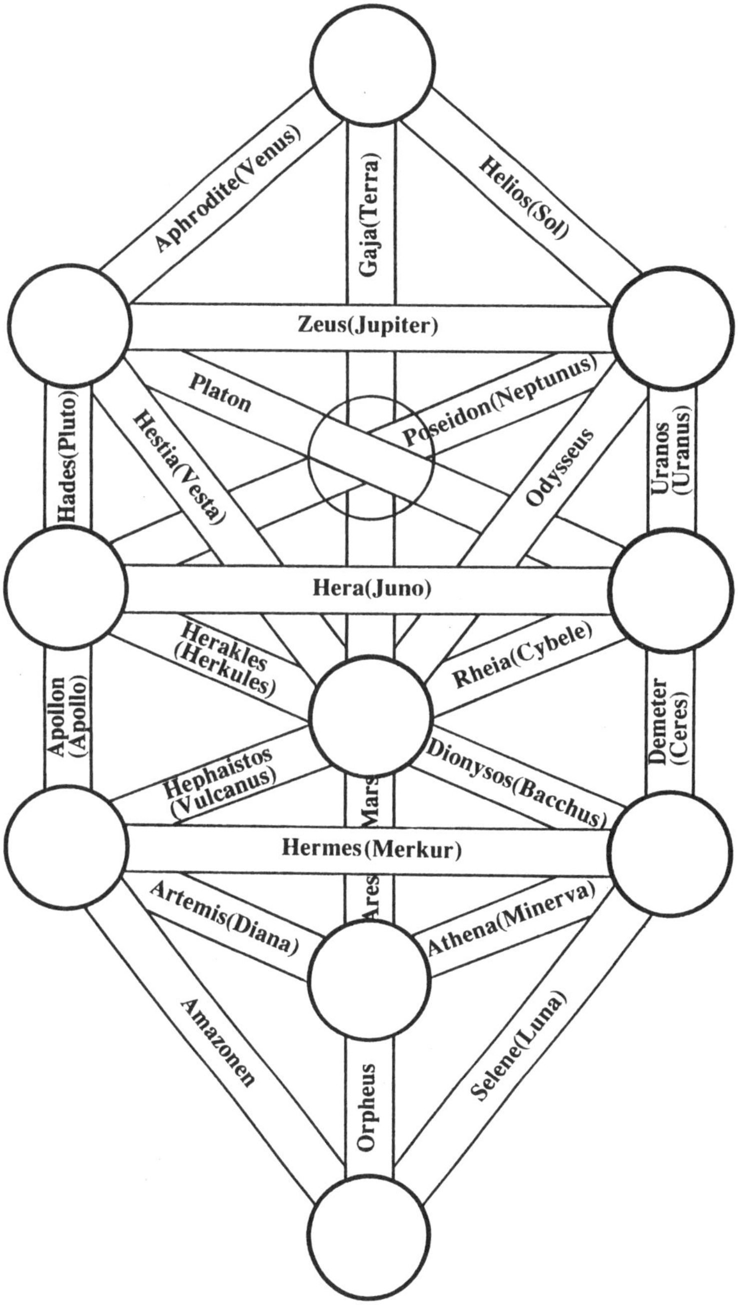

Abb.88

Erläuterungen zum Buddhabaum

Der Buddha-Baum zeigt zwar eine gewisse Hierarchie der Buddhas, doch sollte sie nicht als eine Art Rangstellung unter den Buddhas bewertet werden, denn jeder Buddha ist *"ein Erwachter"* und somit in einem nicht mehr weiter steigerungsfähigen Zustand. Bestenfalls kann man von Buddhafamilien und -klassen sprechen. So gibt es fünf transzendente (Dhyani) und fünf irdische Buddhas. Die transzendenten Buddhas sind die Wächter und inspirieren die irdischen Buddhas, dennoch sind sie alle eins. Eine gewisse Ausnahme macht der diamantene Buddha **Vajrasattva,** der ein Adi-Buddha ist, d.h. ein von Beginn an vollkommen erschaffenes Wesen, ähnlich dem Sohn Gottes, dem Christus, ohne jedoch den kosmischen Erlösungsaspekt, der eher dem Amitabha zukommt. Jeder der transzendenten Buddhas betont einen bestimmten Bewußtseinszustand, den die Tradition in den Mandalas ikonographisch als "Land einer Himmelsrichtung" darstellt.
Westliches Land: **Amitabha,** Bewußtseinszustand des Erbarmens und der Weisheit (Erlösung).
Östliches Land: **Akshobhya,** Bewußtseinszustand der spirituellen Freude und Genugtuung.
Nördliches Land: **Amoghasiddhi,** Bewußtseinszustand des Mutes und der Furchtlosigkeit.
Südliches Land: **Ratnasambhava,** Bewußtseinszustand der Großzügigkeit und des Helfens.
Vairochana und Vajrasattva herrschen über den mittleren Bewußtseinszustand, den Schnitt- und Drehpunkt der Dhyani-Buddhas und vereinigen ihre spirituellen Qualitäten.

Kurzbeschreibung der Buddhas

Amitabha, der transzendente Buddha des unendlichen Glanzes, ist Herrscher des westlichen Bewußtseinszustandes (Sukhavati) und symbolisiert Erbarmen und Weisheit. Mit Amitabha eröffnete sich im Buddhismus ein neuer Heilsweg, der nicht durch eine endlose Zahl von Wiedergeburten führt. Nicht durch eigene Kraft, wie in der ursprünglichen Lehre, sondern dank der Hilfe von außen, durch die Güte eines Buddha, wird Erlösung von Begierde und Karma möglich. Allein das Anrufen des Namens von Amitabha, vor allem in der Todesstunde, genügt, um in einer Lotusblüte im *"reinen Land"* (Sukhavati) wiedergeboren zu werden. Eine Anlehnung an die westlichen Gnaden- und Erlösungsreligionen ist unverkennbar.

Vairochana, „der Leuchtende, Sonnengleiche“, ist einer der fünf transzendenten Buddhas, welcher über den mittleren Bewußtseinszustand herrscht. Demzufolge nimmt er den Schnittpunkt von vier Dhyani-Buddhas ein und vereinigt ihre spirituellen Qualitäten. Vielfach wird er mit der Geste (Mudra) der höchsten Weisheit dargestellt. Seine Hauptsymbole sind das Rad der Lehre und der Löwe, auf dem er reitet.

Akshobhya, ein transzendenter Buddha, ist *"der Unerschütterliche"* unter ihnen und herrscht über den östlichen Bewußtseinszustand (Abhirati, Reich der spirituellen Freude und Genugtuung). Akshobhya gilt als der Überwinder von Leidenschaften, vor allem von Verachtung, Zorn und Verdächtigung. Er wird meist, auf einem blauen Elefanten reitend, mit dem Erdberührungsmudra dargestellt.

Ratnasambhava, wörtlich: *"Der im Juwel Geborene"* gilt als transzendenter Buddha, der über den Bewußtseinszustand des Südens herrscht (Land der Großzügigkeit und des Helfens). Demgemäß wird er meist mit der Wunschgewährungsgeste, in der Hand ein Juwel haltend, dargestellt.

Amoghasiddhi, wörtlich *„der Furchtlose“,* einer der fünf transzendenten Buddhas, ist der furchtlose und unbeirrbare Buddha und Herrscher über den Bewußtseinszustand des Nordens (Land des Mutes und der Furchtlosigkeit). Er wird meist mit dem Ermutigungsmudra dargestellt. Sein Emblem ist der Doppel-Vajra (Diamant der Makellosigkeit), siehe Abb.89, S. 420.

Vajrasattva,*"der Fromme"* oder das Diamantwesen, ist ein Adi-Buddha und der Herrscher der Weltmitte. Er vereinigt alle fünf Buddhafamilien, symbolsiert durch seinen weißen Glanz, der alle Farben absorbiert. Die Fähigkeit, alle Verunreinigungen, welche die spirituelle Entwicklung hemmen, zu beseitigen, wird angedeutet durch den Dorje (Diamantkreuz), das er zum Herzen hinhält und bedeutet die unzerstörbare Essenz seines Wesens. Seine linke Hand hält eine Glocke als Zeichen seines Erbarmens. Das ihm zugeordnete Mantra von 100 Silben wird in vielen Schulen rezitiert. Im Lebensbaum ist er der Repräsentant von Tifereth, jener Lebensbaummitte, aus der die acht primären Wege die harmonisierende Eros-Energie hinausstrahlen. Ihnen sind nicht nur die acht wesentlichen Urideen und Bewußtseinshaltungen zugeordnet, sondern auch der achtfache Pfad des Buddha, der zur Leidensaufhebung führt:

Weg 6, Zuversicht	**Rechte Ansicht**
Weg 16, Entschlossenheit	**Rechte Anstrengung**
Weg 5, Aufrichtigkeit	**Rechte Rede**
Weg 12, Treue	**Rechte Achtsamkeit**
Weg 18, Begeisterung	**Rechtes Leben**
Weg 17, Beharrlichkeit	**Rechtes Verhalten**
Weg 20, Ideenfülle	**Rechter Entschluß**
Weg 24, Gelassenheit, Hingabe	**Rechte Meditation**

Maitreya,“*der Liebende“,* gilt als einer der fünf irdischen Buddhas und ist Herrscher des freudvollen Bewußtseinszustandes (Tushita). Maitreya soll in einem künftigen Äon auf diesem Planeten erscheinen. Meist wird er in sitzender Haltung, mit den Fußsohlen die Erde berührend, eine Wasserkanne in der Hand haltend, dargestellt.

Manjushri, *"der Edle"* mit der sanften Stimme, ist ein irdischer Buddha und symbolisiert das erhellende Wissen, das die Dunkelheit der Unwissenheit vertreibt. Er ist der Buddha der Gelehrten und Lehrer, der Erkenntnis und wahres Verstehen vermittelt. Seine Attribute sind das Unterweisungsmudra, das Schwert der Unterscheidung und das Buch des Wissens.

Kashyapa, der letzte Vorzeitbuddha, fand seine Erleuchtung unter einem Banyan-Baum. Es heißt, daß er über Indien einen Goldregen niedergehen ließ und der Lehrmeister des letzten Buddha war.

Shakyamuni ist identisch mit dem historischen Buddha (Siddharta) und Buddha des gegenwärtigen Zeitalters.

Abb.89 Amoghasiddhi, dessen rechte Hand in Ermutigungsmudra erhoben ist und dessen linke den Almosentopf hält. In der Mitte des Thronsockels sind der doppelte Donnerkeil (Vajrakreuz) und die Garuda abgebildet.

Der Buddhabaum

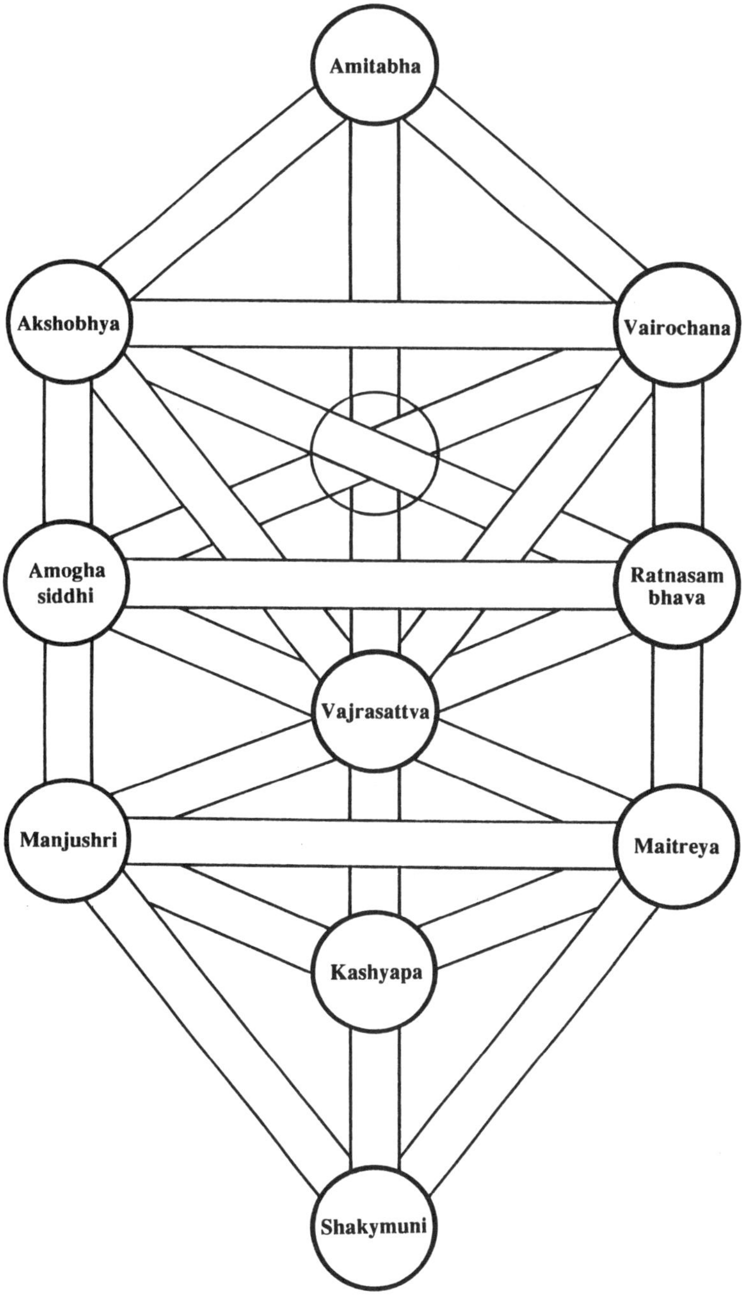

Abb.90

Astrale Farben und Bewußtseinszustände

In der nachfolgenden Aufstellung habe ich einige wichtige astrale Farben und ihre vitale, emotionale, mentale, und motivationale Bedeutung dargestellt. Die Interpretation von Aurafarben ist deshalb so schwierig, weil jede Farbe enorme Abstufungen, Tönungen und diaphane Variationen zeigt, die in der grobstofflichen Welt alles Vergleichbare übersteigt. Auch was die Schattierung und Brillanz anbelangt, übertreffen Aurafarben feststoffliche Lichtstrahlen um ein Vielfaches. Daher kann die nachfolgende Auflistung nur eine primitive Interpretationshilfe sein, ebenso, was die Wegefarben betrifft. Hier konnten nur Übertreibungs- und Pseudoformen berücksichtigt werden, z.B. wenn Entschlossenheit, Zielstrebigkeit, Vergeltungsdenken, aus egoistischen Beweggründen aktualisiert werden, erscheinen sie in der Aura braun oder braungrün, desgleichen eine depressive Erschöpfung, welche sich hinter einer Pseudobescheidenheit verbirgt, kann sich in der Aura als graues Gewölk konfigurieren usw. Jede vorherrschende Bewußtseinshaltung kann in verschiedenen Aurafarben leuchten, es kommt ganz darauf an, ob sie aus persönlichen oder überpersönlichen Beweggründen entsprang und welcher Grundqualität sie angehört. So kann die Zielstrebigkeit sehr verschiedene Motive haben, z.B. ehrliche Heilabsichten, (Königsblau) Egozentrik (Braun) oder Denktätigkeit (gelblich). Im letzteren Fall, wenn sie egoistisch ausgerichtet ist, färbt sie sich braungelb (ockerfarben) ein, behält aber die gelbliche Grundtönung, weil sie der mentalen Qualität angehört. Die Autoren einiger Aurabücher gehen über diese wichtige Unterscheidung allzuleicht hinweg, und spätestens wenn ihre Schüler diesem Phänomen begegnen, sind sie am Ende ihres Lateins.
Wir sollten also drei wichtige Fragen stellen:
1.Entspringt die Farbe einem persönlichen oder überpersönlichen Motiv? Beachte braune und schmutzige Unterfärbungen!

2.Welcher Grundqualität oder Grundeinstellung gehört sie an?
a)praktisch, handelnd
b)vitale, emotionale und mentale Erinnerungen und Verhaftungen.
c)höheres Emotianal und Mental, siehe Bewußtseinshaltungen der Wege.
d)ideelle Ausrichtung, siehe Urideen und Bewußtseinshaltungen der Wege.

3.Steht die Farbe zum übrigen Aurafeld in einer harmonischen oder dissonanten Beziehung?
Einschlüsse, zu stark konturiert usw.

Erst die Beachtung dieser Grundfragen gestattet uns ein solides Vortasten in die ungeheuere Vielfalt astraler und mentaler Phänomene und wir finden uns langsam, aber stetig besser zurecht.

Astraler Farbenschlüssel

Gelbgrün, gelblich	Denktätigkeit, 1, 5, 7, 9, 13, 14
Gelb, goldgelb	Erkenntnis, Verstehen, 1, 4, 8, 9, 13, 15, 21, 22
Rosa, hell oder mittel	Zugeneigtheit, 2, 6, 10, 12, 15, 18, 19, 24b
Blaugrün,	Sinn für Ästhetik, 2, 8, 11, 18
Orange	Stolz, Selbstachtung, 1, 3, 21
Braun, Braungrün	Egoismus, Egozentrik, 4, 7, 16
Königsblau	Heilabsichten, 6, 7, 8, 10, 15, 17, 22a
Scharlachrot hell u.kräftig	Wut, Gereiztheit, 7, 16
Blau, dunkles	Willenskraft, 7, 17
Blau, gemischt mit Grau	Überanstrengung, 7, 10, 11, 17
Grün	Arbeit, Tätigkeit, Verwirklichung, 7, 8, 9, 10, 13, 14, 16, 17, 11
Lavendel	spirituelles Bemühen u.Intuition, 12, 15, 20, 21, 22, 22a, 23, 24, 24b
Blau, helles Himmelsblau	religiöse Hingabe, 8, 15, 18, 23, 24, 24a
Grau	Depression, Energiemangel, 23, 23a
Sanftes Purpur	gezielte Meditation, Gebet, 21, 22a, 24, 24a

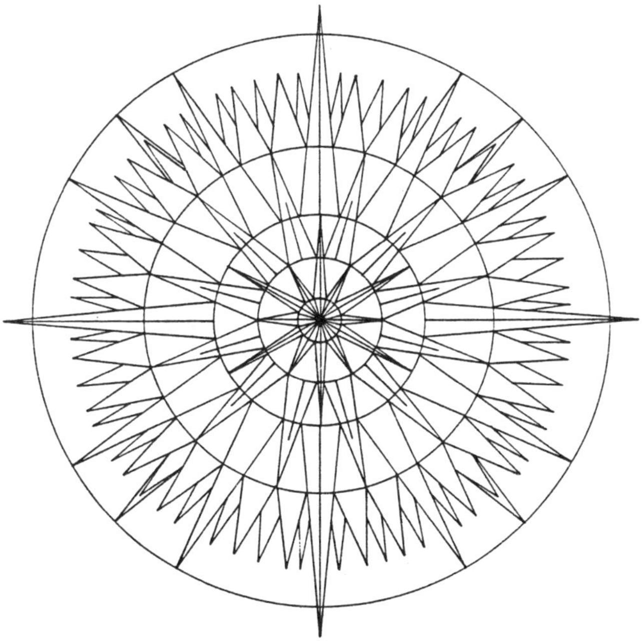

Imaginationsreise zum Himmelsfürsten Raziel

Schließe Deine Augen, spüre Deine Füße, nimm bewußt Kontakt mit der Erde auf.Wisse, daß Du, wenn Du wieder zurückkehrst, erneut Deine Füße in diesem Raum spürst und Deinen Standort im Hier und Jetzt hast.
Atme ruhig und gleichmäßig, ganz ruhig, laß die Atmung einfach geschehen und folge ihrem natürlichen Impuls. Du nimmst die Einheit des Aus- und Einatmens wahr und überläßt Dich dem Rhythmus, kannst ihm ganz vertrauen, denn die innewohnende Kraft sorgt für dich, sie gibt Dir das Leben, umsonst, ist Dein Freund, auf ihn ist Verlaß.
Entspanne Dich, laß alles los, was Dich innerlich im Moment beschäftigt, alles, denn unwichtig, ja bedeutungslos ist es geworden und kommt Dir vor wie ein Traum. Lenke Deine Aufmerksamkeit nach Innen und laß Dich hineinführen in die innere Welt, die genauso real ist wie die Äußere.
Du versinkst tiefer und tiefer, tiefer und tiefer, tiefer und tiefer und Du weißt, daß in ihr noch unermeßliche Geheimnisse darauf warten, von Dir entdeckt zu werden. Jetzt spürst Du eine starke Kraft tief im Innern herausströmen und sie erfüllt Dein ganzes Wesen und Sein und sie macht Dich leichter und leichter, leichter und leichter, immer leichter, bis Du glaubst, zu schweben. Nun entschwebst Du diesem Raum, hinaus ins Freie. Du gleitest über Häuser, Straßen, Felder und Berge, Dörfer, Flüße und Seen, und Du vertraust der inneren Kraft, läßt Dich von ihr einfach führen, einfach führen.
Langsam verlierst Du jetzt an Höhe und der Flug neigt sich der Erde zu. Du merkst, daß Dein Körper allmählich schwerer wird, immer schwerer, und Du siehst schon den Landeplatz -eine wunderschöne Wiese- am Fuße eines großen Berges. Dort setzt Du sanft auf, liegst im saftigen Gras und schaust zum azurblauen Himmel hinauf. Du riechst den Duft des frischen Grases und der Blumen, spürst das feine Wehen des Windes, fühlst die Botschaft des Friedens, die von jedem Grashalm und jeder Blüte ausgeht.
Weiter entfernt hörst Du das lustige Plätschern eines Bächleins ganz nahe, während Du die friedliche Stimmung der Landschaft genießt, vernimmst Du plötzlich Schritte im Gras und vor Dir steht ein schöner junger Mann, ganz in blau gekleidet, seine Augen strahlen Freundschaft und Zuversicht aus und er spricht Dich mit Deinem Namen an und sagt: „Ich heiße Benjamin“,besteige den Berg bis hinauf zum Gipfel, ich werde auf Dich hier warten“. Und er deutet auf einen kleinen Pfad am Fuße des Berges.
Nun stehst Du auf und gehst hinüber zu dem Pfad, schaust Dich nochmals um und winkst dem jungen Mann zu. Laß Dich überraschen, wohin er Dich auch führen-wird, du hast Zeit, nichts treibt Dich, denn Du weißt ja, alles kommt zu seiner Zeit. Der Pfad führt über eine kleine Holzbrücke, über das Bächlein, das unter Dir sanft murmelt und geht direkt in den Bergwald hinein, es ist ein Mischwald mit einem alten Baumbestand. Schweigend gehst Du durch den Wald, die Bäume rauschen leicht im Wind und der Boden ist von Blättern und Tannennadeln bedeckt. Du vernimmst den Lockruf eines Vogels und hörst da und dort ein Rascheln im Unterholz. Nach einer Weile ist der Wald zu Ende und Du kommst wieder auf eine

weite Bergwiese, auf der viele Blumen blühen und von ihnen geht ein eigenartiges Leuchten aus, langsam wird der Pfad steiler, ihn säumen grüne Sträucher und Büsche, kleine Felsbrocken, einzelne Baumgruppen und Du gehst an einigen halb verfallenen Almen vorbei. Du hörst die Vögel zwitschern, und da und dort das Zirpen von Grillen, und nimmst jetzt andere Düfte und Geräusche wahr. Der Pfad windet sich den Berg hinauf und Du kannst allmählich die weite Landschaft unter Dir erblicken, alles ruht hier in Frieden und je höher Du hinaufsteigst, desto leichtfüßiger wirst Du.
Allmählich werden die Bäume seltener, das Gelände steiniger, Büsche und Gras weniger. Immer häufiger ragen Steine und Felsen empor und Du kannst schon weit in die Ferne schauen. Die Luft ist kristallklar und von einem seltsamen Glitzern erfüllt, gleichzeitig vernimmst Du eine leise, melodische Schwingung. Jetzt siehst Du schon das flache Gipfelplateau, es glänzt im strahlenden Sonnenschein und Du gehst das letzte Stück des steilen Pfades etwas schneller. Du hast ohne große Mühe nun den Gipfel erreicht, betrachtest das herrliche Panorama der umliegenden Hügel und Bergketten und blickst in die Ferne einer weiten Ebene. Eine noch nie dagewesener Friede umgibt Dich, und Du könntest jetzt mit allem verschmelzen. Plötzlich beginnt die Luft zu flimmern und Du siehst einem Staubregen warmen Lichtes, von einer Zartheit, wie feinster leuchtender Blütenstaub. Es ist wie lebendiges Gold, man kann nicht sagen glänzend, noch sagen glanzlos, auch nicht licht, nein Myriaden von Fünkchen wie Gold. Es ist Dir, als ob sie Deine Augen und Deinen Mund zart berührten, wie abertausende weicher Wasserperlen, welch eine Liebe, welch eine süße Zärtlichkeit! Und mitten in diesem Geschehen nimmst Du plötzlich die Konturen einer märchenhaften Lichtgestalt wahr, ein großer Mann mit dem Aussehen eines erhabenen Fürsten. Sein Gewand schimmert wie glühender Amethyst und unzählig funkelnde Perlen scheinen aus der Brust wie aus einem Auge hervorzuquellen und in vier Richtungen seines Lichtgewandes auseinanderzufließen. Ein glitzerndes, doppelreihiges Sternenband umgürtet seine Hüften und das wunderschöne Gesicht ist erhellt wie von Blitzesschein. Die Augen sprühen ein Leuchtfeuer des Wissens und der Weisheit aus und sein langes Haar ist zu herrlichen Webmustern geflochten, auf seinem Haupt sitzt ein funkelndes Sternendiadem, das ihm die Macht und Würde eines Götterfürsten verleiht. Die Arme und Beine sind wie glühendes Erz und seine Füße wie Feuerlohen. Seine majestätische Erscheinung läßt Dein innerstes in freudiger Ehrfurcht erbeben und es ist Dir, als ob Du in diesen Moment um Jahre an Weisheit und Erfahrung reicher würdest. Und die Kraft seiner Stimme ist wie das Gemurmel einer großen Volksmenge:
"Fürchte Dich nicht! Ich bin ein Diener des Herrn, Dir geschehe nach Deinen Werken. Dein Herzenswunsch soll in Erfüllung gehen!" Nach diesen Worten hebt er die rechte Hand wie zum Gruß und Du spürst in der Gegend Deines Herzens einen wundersamen Schmerz:

Das Erlebnis der übergeistigen Schau*

Sogleich stehst Du wie festgewurzelt da, und Deine Füße verschmelzen mit der Erde, als ob sie eins mit allem geworden wären. Dein Atem ist, als ob er Dir wie mit einem gewaltigen Magneten aus den Lungen gesogen würde, und Dein Geist strömt gleich einer blendenden Lichtflut aus jeder Pore des Körpers.............. Wie abgestorben fühlt sich Dein Körper an und dennoch bist Du im Besitz intensivster Wahrnehmungskraft und weißt, daß sie nie lebendiger war............... Eine ozeanisch, ätherische Schau tut sich vor Deinem inneren Auge auf, in der sich jede Empfindung und jede Erkenntnis wie eine Welle oder Bewegung oder Gekräusel darstellt und mit dem Ganzen in unlösbarer Verbindung steht............... Ringsum, alle Berge, Wiesen und Wälder und die weite Ebene vor und hinter Dir, vibrieren und der Boden der Bergkuppe scheint hin- und herzuschwimmen. Einzelne Bäume und Felsen geraten zeitweise in heftige Bewegung, bis sie sich alle in einem leuchtenden Lichtmeer auflösen, ganz ähnlich, wie Zuckerkristalle im Wasser vergehen..............Die Unendlichkeit erscheint Dir wie ein Zauberwebstuhl aus Myriaden von feinsten Lichtgewebe, in dem die Formen wie fließend kommen und gehen....................Es ist, als sähest Du mit den Augen des Lichtwesens und als hättest Du Anteil an der einzigartigen Spiritualisierung und Verherrlichung seiner Wahrnehmung............... Dein Sehen dringt in jedes Ding ein und Du siehst in ihm die Seele seiner subtilen Eigenschaften, die Schwingung, jenes Licht und die Kraft und die hervorragende Idee zum Ganzen, für die es geschaffen wurde.................Als ob sich das Universum von innen nach außen gestülpt hätte und das Innere nun die Ausdehnung und die Vernetzung mit allem gestaltete und Dein Auge einfältig geworden ist...............Eine überwältigende Freude ergießt sich über die stillen, endlosen Ufer Deines Herzens und Dir wird überdeutlich, daß der göttliche Geist unerschöpfliche Glückseligkeit ist und sein Lichtkleid aus unzählbaren, lebendigen Funken der Weisheit und Liebe besteht............. Jetzt richtet sich Dein Auge auf die Unendlichkeit und Dein inneres Schauen umfaßt Städte...., Meere.... , Kontinente...., die Erde...., Sonnen....., Galaxien und schwebende Urzentralsonnen im Lichte unbeschreiblich verklärter Auren .... Der ganze Kosmos flimmert wie ein Leuchtfeuer vor Deinem seligen Auge und im Ozean rhythmischwechselnder Strahlen, erscheinen Abermillionen Welten wie in einem durchsichtigen Glanz und ebenso viele lösen sich wieder auf und verschwimmen in unermeßlichen, ätherischen Horizonten............... Dir ist, als läge der Ort des gewaltigen Panoramas in Deinem Herzen, wie ein Nektar der Unsterblichkeit pulsiert das ewige Licht des unsterblichen Feuers in Dir und Du vernimmstwie in einem tosenden Wasserfall die Donnerworte:
"Mehr als dies habe ich Dir bereitet, wer überwindet, dem werde ich geben mit mir auf meinem Thron zu sitzen, wie auch ich überwunden und mich mit meinem Vater auf seinen Thron gesetzt habe"................Nach diesen Worten kehrt der Atem in Deine Lungen zurück und Du siehst wie sich die herrliche Lichtgestalt langsam nach oben schwebend von Dir entfernt. Ein tiefer süßer Schmerz über das Verlorene will sich in Dir ausbreiten, doch der Himmelsfürst spricht die tröstenden Worte: *"Dies ist die Sehnsucht des verlorenen Sohnes, der auszog und den suchte, der schon immer ihn dir ist, erkenne dich selbst."*

Seine schwebende Gestalt verwandelt sich in eine goldene Wolke, die in tiefen, leuchtendem Violett changiert; in der Mitte erscheint plötzlich sein lichtüberströmtes Gesicht, die Augen geschlossen und in den feinen, klaren Gesichtszüge siehst Du ein heiliges majestetische Lächeln, das Du nie wieder vergesssen wirst.
Dankbar und mit wehmütigen Sehnen schaust Du ihm noch nach, bis er sich am blauen Firmament auflöst und Du blickst noch eine Zeitlang zu den fernen Horizonten der weiten Ebene, und wieder vernimmst Du die feine melodische Schwingung in der Luft, spürst eine unaussprechliche Seligkeit im Herzen und gehst langsam über das Gipfelplateau zum Pfad, um die Rückkehr anzutreten. Während Du bergab gehst, schwingt Dein Herz in seliger Beglückung und es ist, als wärest Du mit allem eins. Wieder gehst Du über die weite Bergwiese, vorbei an Blumen, Büschen und den Almen, schreitest durch den stillen Bergwald. Die weite Landschaft unter Dir, rückt nun wieder näher und Du siehst schon die kleine Holzbrücke, wo der junge schöne Mann auf Dich wartet. Jetzt hörst Du wieder das Bächlein lustig plätschern und Du befindest Dich wieder mitten in der hügeligen Landschaft, wo Dich Dein schöner Begleiter erwartet. Wie er Dich sieht, winkt er Dir freudestrahlend zu und kommt Dir entgegen. Er lächelt Dich an, so als wüßte er jedes Detail Deiner Engelsbegegnung, und mit begeisterten Augen umfaßt er Deine Schultern und spricht die Worte:

Suche, so wirst auch Du gesucht.
Je mehr Du zur Mitte kommst, desto mehr Hilfe erhältst Du.
Denn ein Streben bewirkt das andere.
Eines spiegelt das andere.
Ein Sehnen erweckt das andere.
Eine Seite erlöst die andere.
Du bringst dem Engel den Stoff
Der Engel bringt Dir das Licht.

Nach diesen Worten faßt er Dich sanft bei der Hand und führt Dich zurück zu Deinem Platz auf der wunderschönen Wiese; freundlich bedeutet er Dir, Dich hinzulegen, und abermals hörst Du ganz nahe das lustige Plätschern des Bächleins, liegst jetzt im saftigen Gras und schaust zum azurblauen Himmel hinauf.
Und erneut riechst Du den Duft des frischen Grases und der Blumen, spürst das feine Wehen des Windes und denkst zurück an die herrliche Engelserscheinung und Dir ist, als vibriere jeder Grashalm und jede Blüte nochmals das Erlebnis des kosmischen Bewußtseins, und wieder spürst Du die starke Kraft tief im Innern herausströmen und sie durchdringt erneut Dein ganzes Wesen und Sein. Du vertraust ihrer Führung, fühlst Dich leichter und leichter, leichter und leichter, immer leichter, hebst ab und entschwebst der Wiese, fliegst erneut über die hügelige Landschaft, immer höher gleitest über Seen und Flüsse, Berge und Felder, Häuser, Dörfer und Straßen. Langsam verlierst Du an Höhe und der Flug neigt sich der Erde zu und Du merkst, daß Dein Körper allmählich schwerer wird, immer schwerer. Du siehst das Haus und landest sanft auf Deinem Platz hier in diesem Raum. Dein Körper sitzt nun wieder genau dort, wo deine Reise begonnen hat. Zur Bekräftigung Deiner Gegenwart bewegst Du Finger und Zehen atmest einigemale tief

durch und reibst die Stirne oberhalb der Nasenwurzel. Du klopfst mit dem rechten Fuß mehrmals auf den Boden und öffnest die Augen.

***Anmerkung:** Das hier beschriebene kosmische Bewußtsein, beruht auf einem authentischen Erlebnisbericht.

Epilog

Am Ende meiner Ausführungen, zu diesem Einführungsband möchte ich alle herzlich einladen, die Kabbala, so wie ich sie hier vorgestellt habe, zu ihrem spirituellen Arbeitsinstrument zu machen. Ob Akademiker oder Hauptschüler, ob Geistlicher oder Handwerker, jeder der um Spiritualität bemüht ist, kann mit dieser Kabbala an seinem geistigen Reifeprozeß arbeiten. Am Horizont des neuen Jahrtausends, das diesesmal nicht nur ein kalendarisches sein wird, strahlt ein neues Bewußtsein, das mehr ist als nur mentales Ganzheitsdenken, mehr ist als ökologisches Recycling-Bewußtsein, nein, dort stehen die flammenden Worte der Engel: "*Die Sechs ist schon da, und die Sieben weilt noch, aber sie kommt mit Riesenschritten!*" Wer von uns ist darauf vorbereitet und wieviel Glauben wird sein, wenn das heilige Licht wie ein Dieb in der Nacht kommt? Manche werden immer noch fragen, wie es denn möglich sei, ohne bewertenden Ich-Bin-Bezug die Selbstwertschätzung zu bewahren? Solchen ist zu antworten, daß der wahre Selbstwert niemals vom Ich ausgeht, sondern vom Du oder vom Wir, und je weniger wir uns selbst bewerten, im Sinne von besser oder überlegener, desto freier und direkter offenbart sich den anderen unsere Originalität, die, ob in diesem oder in einem anderen Universum, immer seinen einmaligen Platz in der Zeit haben wird.
Die Kabbala ist kein Religionssystem, auch keine Philosophie, sie ist zuvorderst ein spiritueller Arbeits- und Orientierungsrahmen, in dem wir unser Bewußtsein schrittweise in Gott verankern, in seine zehn heiligen Angesichter (Parzufim) oder den zehn Sefiroth. Lurians Vision des *Tikkun,* nämlich die Erlösung von den dunklen Schatten aller bewertenden Ich-Bin-Attribute, kann mit dieser Kabbala Wirklichkeit werden. Dies ist die große Chance der Rückkehr eines jeden von uns zum Alpha- und Omegazustand *des Einen*, erst so kann die heilige blendendweiße Schwingung uns in ein Gefäß aus durchsichtigem Gold verwandeln und jeder von uns ein würdiger Tempel Gottes sein. Dies ist die Herabkunft jener ungeborenen, seligen Fülle *der Liebe, Freude, Freiheit, Kreativität und Geborgenheit,* manifest nun geworden im unsterblichen Adam Kadmon, den wir von Ewigkeit zu Ewigkeit leben sollen, und es ist die Wiederherstellung des großen Friedens und der Glückseligkeit, die *in dem Einen* schon immer war und immer sein wird. Nochmals möchte ich alle Leser und ernsthaft Suchenden herzlich bitten, dieses Buch nicht nur aus bloßer Neugierde und Wissensvermehrung zu lesen, sondern ernsthaft damit zu arbeiten, nur dann trägt es Früchte, für jeden und für die spirituelle Evolution der ganzen Menschheit.

Danksagung

An dieser Stelle sei allen sichtbaren und unsichtbaren Helfern für die Unterstützung und Inspiration gedankt. Besonders den Kabbala-Seminarteilnehmern, deren kritisches Hinterfragen nach praktischem Nutzen und Anwendungsformen, den Einführungsband um einige überflüssige Theorien und Ungereimtheiten erleichterte. Auch durch die Reiki-Gruppen, die ich hier seit Jahren leite, konnte ich in manchen Gesprächen zu größerer Klarheit finden.
Eine wichtige Inspiration erhielt ich von medial Begabten, deren Praxiswissen mir bei der Erstellung des Fragebogens weiterhalfen. Meinen ganz besonderen Dank möchte ich Frau Brigitte Grabler und auch Frau Waltraud Blaschke aussprechen, die mir beim Korrekturlesen eine unersetzliche Hilfe waren. Ich wünsche, daß dieses Buch jedem ein Meilenstein auf dem Weg zurück ins Licht sein möge.

Seminarhinweise

Der Lebensbaum, eine Landkarte des Bewußtseins

Das erste Kabbala-Seminar führt Sie in die höhere Psychologie und Spiritualität des Lebensbaumes ein. Reiki, -die universale Lebensenergie- und der Lebensbaum zusammen, ergeben eine wunderbare Ganzheit. Das eine ist die Energie, das andere die Struktur.
Die Energie gibt einerseits, ein sicheres Gefühl von der Existenz allumfassender, uns durchpulsender Lebenskraft, der Lebensbaum andererseits die Orientierung der zehn Seinsebenen und die 24 Wege der Weisheit. In ihnen sind die Bewußtseinshaltungen des Lebens oder des Eros, und jeder Weg kann ein individuelles Lebensthema sein. Der Lebensbaum wird so zu einer praktischen Landkarte der Innenwelten und dient als guter Kompaß für den spirituellen Entwicklungsweg. Die Wege sind *eindeutig und klar*, sie zeigen die Stadien zur Mitte, zur Konkretisierung und Transformation, die alle für die innere Ganzheit wichtig sind. Jeder Seminarteilnehmer erstellt schon im ersten Seminar sein individuelles Baumdiagramm. Erst so gewinnt er einen realistischen Überblick über seine Schatten-und Lichtseiten und kann den Transformationsprozeß effektiv einleiten.

Das zweite Kabbala-Seminar zeigt, wie der Lebensbaum als esoterisches Arbeitsdiagramm täglich genutzt werden kann. Mit Hilfe einfacher Abfrage- und Imaginationstechniken werden verborgene Sichtweisen und Blockaden in den Wegen aufgedeckt und transformiert. Nebenbei erlernt jeder Seminarteilnehmer wichtige Grundlagen über die Hierarchie der Engel und Genien sowie die esoterische Bedeutung von Farben, Formen, Zahlen, Buchstaben, Runen, und astrologische Signaturen in den Sefiroth und Wegen. Diese Grundlagen sind nun mal notwendig, um mit dem Lebensbaum auf den verschiedenen Ebenen aktive Traum- und astrale Imaginationsarbeit durchführen zu können. Sefiroth-Einweihung in Jezirah.

Das dritte Kabbala-Seminar befaßt sich mit magischen Quadraten, einfachen Gematrie-Techniken (Numerologie), Runenarbeit, und astrologische Korrespondenzen zum persönlichen Radixhoroskop. Zudem wird die Energiearbeit der Chakren in Beziehung zu den sieben Ebenen des Lebensbaumes gestellt, um Dissonanzen der Chakrenschwingungen besser zu verstehen. Im letzen Teil des Seminars wird in den höheren Sefiroth mit der eigentlichen Implosionsarbeit begonnen.
Sefirotheinweihung in Beriah.
Für jedes Seminar gibt es ein Zertifikat.

Empfehlung: Wer eine optimale Ausbildung und ein umfassendes, esoterisches Wissen als Seminarleiter, gleich welcher Richtung, anstrebt, sollte alle Seminare belegen, um den Lebensbaum als Orientierungsrahmen für seine Lehrerschaft immer wieder heranziehen zu können.

Info zum Seminarverlauf und zur Organisation

Wochenend-Seminar für Reiki I und II und für Chakra-Seminare:
Beginn Samstag 9.30 -17.00 Uhr
Sonntag 9.30 -16.00 Uhr.

Wochenend-Seminar für Kabbala II und III:
Beginn Samstag 9.30 -17.00 Uhr
Sonntag 9.30 -16.00 Uhr.

Verlängertes Wochenend-Seminar für Kabbala I:
Beginn Freitag 9.30 -17.00 Uhr
Samstag 9.30 -18.00 Uhr
Sonntag 9.30 -15.00 Uhr

Anschrift: *Haus der Begegnung*
94469 Deggendorf
Leimfeldstr.17
Telefon: 0991/22155
Telefax: 0991/22852

Anhang

Kritik an der traditionellen Numeration des Tarot

Die traditionell-numerische Wegeverteilung mußte zwangsläufig auch den Tarot verkehrt numerieren. Legt man wieder eines der ältesten Bücher der Kabbala, das *Sepher Jezirah,* zugrunde, so können die Tarotbilder und Symbole unmöglich mit der Jezirah'schen Buchstabenbedeutung übereinstimmen, z.T. sind sie geradezu entgegengesetzt. Wie man nur so unkritisch einfach übernehmen konnte, ohne die Quellen zu prüfen, ist mir unverständlich. Die Ursprünge des Tarot verlieren sich im Dunkeln. Da ist viel hinein- und herausgeheimnist worden. Die Wurzeln des Tarot sollen bis ins 2.Jahrtausend vor Chr. reichen, und manche vermuten in den Arkanas ägyptische Mysterienweisheit. Mutmaßen und entdecken kann man ja viel, belegen jedoch nur wenig. Freilich, die Symbolbedeutungen sind archetypisch und rühren in den tiefsten Schichten des Unbewußten, das sei unbestritten, doch muß man bei solchen Zuordnungen sehr umsichtig vorgehen und unsinnige Widersprüche möglichst meiden, will man damit praktisch arbeiten. Die Vorliebe für launenhafte, intuitive Einfälle, die vor Widersprüche strotzen und dem gesunden Menschenverstand beinahe ins Gesicht schlagen, ist eine jener unausrottbaren Paranoia okkulter Esoterik, deren Unvereinbarkeiten für Jahrhunderte ein großes Hindernis für all jene waren, die mit wachen und klarem Geist um fundiertes Wissen rangen.

Für die hebräische Buchstabenzuordnung des Tarot ist die Herkunft wenig relevant, ob aus Süditalien, Südfrankreich oder von Zigeunern oder frommen spanischen Kabbalisten; maßgebend ist vielmehr die Übereinstimmung der Bewußtseinshaltung der Jezirah'sche Grundidee des Weges mit dem Symbolgehalt der entsprechenden Tarotkarte. So alt und ehrwürdig die Idee des Tarot auch sein mag, so darf doch nicht geduldet werden, daß den Tarotkarten unrichtige hebräische Buchstaben zugeordnet werden und hierdurch die Wegeverteilung im Lebensbaum völlig falsch liegt.

Vergleichstabelle des traditionellen Tarot mit dem Sepher Jezirah

Buchstabe	Grundidee	Organ	traditionelle Tarotkarte
1.Aleph	König d.Luft	Oberkörper	Magier
2.Beth	König d.Weisheit	re.Auge	Hohepriesterin
3.Gimel	König d.Reichtums	li.Auge	Herrscherin
5.He	Sprache	re.Hand	Hohepriester
6.Vau	Denken	li.Hand	Die Liebenden/Entscheidung
7.Zajin	Sehen	re.Fuß	Der Siegeswagen/Aufbruch
8.Chet	Sehkraft	li.Fuß	Die Gerechtigkeit
9.Thet	Gehör	re.Niere	Der Eremit
10.Jod	Werktätigkeit	li.Niere	Schicksalsrad
11.Kaph	König d.Lebens	li.Ohr	Die Stärke/Kraft
12.Lamed	Beischlaf	Leber	Der Gehängte/Prüfung
13.Mem	Wasser	Bauch	Der Tod
14.Nun	Geruch	Galle	Mäßigkeit/Harmonie
15.Samek	Schlaf	Milz	Der Teufel
16.Ajin	Zorn	Speiseröhre	Der Turm
17.Phe	Herrschaft	re.Nasenloch	Der Stern
18.Shade	Geschmack	Magen	Der Mond
19.Koph	Lachen	Darm	Die Sonne
20.Resch	König d.Friedens	li.Nasenloch	Jüngstes Gericht
21.Schin	Feuer/Himmel	Kopf	Die Welt
22.Taw	Anmut	Mund	Der Narr

Vergleicht man in obiger Tabelle kritisch die Jezirah'sche Grundidee mit der zugeordneten Tarotkarte, so kommen erhebliche Zweifel auf. Wie läßt sich z.B. Anmut und Mund mit Narr assoziieren oder Feuer und Himmel mit Welt verknüpfen? Man müßte schon enorme gedankliche Verrenkungen durchführen, wollte man hier eine Beziehungen finden. Nicht nur leiser, sondern starker Verdacht drängt sich wieder einmal auf, daß die Tarotkarten ziemlich oberflächlich nach intuitiver Laune und mit wenig Bedacht zugeordnet wurden. Für Kenner des Lebensbaumes müssen die Symbole der Tarotkarten auch mit den vier kabbalistischen Welten, und zuvorderst mit der Wechselwirkung der die Sefiroth verbindenden Wege übereinstimmen. Dann sollten auch die Organe und Körperregionen mit der anthropomorphen Struktur des Lebensbaumes in etwa übereinstimmen, damit alles aus einem Guß ist und nicht da und dort unerträgliche Widersprüche die Zweifel nähren. Grundidee, Organ, Körperregion, archetypische Bedeutung der Tarotkarte, Sternzeichen, Planet sowie Keilschriftstruktur sollten mit den Inhalten der Tarotkarte harmonieren, damit die Tarotkarte eine wahre Aussage über den Weg, den sie symbolisiert, geben kann.

Vergleichstabelle der berichtigten Zuordnung von Tarot und Sepher Jezirah

Buchstabe	Grundidee	Organ	berichtigte Tarotkarte
1.Aleph	König d.Luft	Oberkörper	Der Tod
2.Beth	König d.Vision	re.Auge	Die Hohepriesterin
3.Gimel	König d.Reichtums	li.Auge	Der Hohepriester
4.Daleth	Fruchtbarkeit	re.Ohr	Die Gerechtigkeit
5.He	Sprache	re.Hand	Das Gericht
6.Vau	Denken	li.Hand	Der Stern/Hoffnung
7.Zajin	Gehen	re.Bein u.Fuß	Der Teufel
8.Chet	Sehkraft	li.Bein u.Fuß	Der Mond
9.Thet	Gehör	re.Niere	Der Gehängte/Prüfung
10.Jod	Werktätigkeit	li.Niere	Die Welt
11.Kaph	König d.Lebens	li.Ohr	Die Herrscherin
12.Lamed	Beischlaf	Leber	Die Liebenden/Ehe
13.Mem	Wasser	Bauch	Die Mäßigkeit/Harmonie
14.Nun	Geruch	Galle	+Planetenbahnen
15.Samek	Schlaf	Milz	+Das Kind
16.Ajin	Zorn	Speiseröhre	Der Turm
17.Phe	Herrschaft	re.Nasenloch	Der Herrscher/Kaiser
18.Shade	Geschmack	Magen	Der Siegeswagen/Aufbruch
19.Koph	Lachen	Darm	Die Stärke und Kraft
20.Resch	König d.Ideen	li.Nasenloch	Die Sonne
21.Schin	Feuer/Himmel	Kopf	Der Magier
22.Taw	König d.Weisheit	re.Lunge	Das Schicksalsrad/Dharma
23.Fe	König d.Einfachh	li.Lunge	Eremit
24.Wet	König d.Friedens und der Anmut	Mund	Der Gottesnarr

Die neue Buchstabenzuordnung zum großen Arkanum des Tarot

Nochmals sei betont, daß der hebräische Zahlenwert in obiger Neuverteilung nicht die übliche konzeptionelle Priorität erhielt, weil die Buchstabenzuordnung, und somit die Numeration, zu den Tarotkarten von Anfang an falsch war und hierdurch die Verteilung des Arkanums in unüberbrückbare Widersprüche zu der anthropomorphen Struktur des Lebensbaumes verrückt wurde. Die Leitkriterien für die Neuverteilung sind also nicht der numerische Zahlenwert, sondern die Jezirah'sche Grundidee (individuelle Bewußtseinshaltung) und die anthropomorphe Organzuordnung. Durch die zwei neuen Wege (23 und 24), die erst jetzt, kurz vor der äonischen Wende, für die Menschheit geöffnet wurden, kommen zwei neue Bewußtseinshaltungen hinzu, welche die Voraussetzungen für die kommende Lichtmaterie schaffen. Nur die Bescheidenheit und Hingabe öffnen die Tore des Herzens für das göttliche Licht.

Von den traditionellen 22 Wegen wurden 20 Positionen geändert. Die mit einem + versehenen Wege erhielten neue Symbole, gemäß ihrer Bedeutung: Weg 14, die Zuverlässigkeit (Planetenbahnen) und Weg 15, das Vertrauen (Kind). Die nachfolgenden Begründungen beziehen sich auf die Übereinstimmung mit der Jezirah'schen Grundidee und dem Symbolgehalt der entsprechenden Tarotkarte. Sie rückt von der üblichen divinatorischen Klientel-Interpretation ab und eröffnet eine neue Dimension, in welcher die Tarotkarte jene innere Haltung symbolisiert, die wir für das Kommende in uns entfalten sollen.

Kurze Begründung

Der Tod, *Weg 1., Aleph, König der Luft, Oberkörper*, ist das Ende einer bestimmten Bewußtseinsform bzw. eines Identitätszustandes, den wir in freier Entscheidung gewählt haben, und seine Frucht hängt am Baum der Erkenntnis. Er ist das Element des Geistes, daher König der Lüfte. Alles Wissen liegt in der Luft und darf nicht als Frucht genossen werden, siehe Daath, S.184, sondern muß wie ein Strom weitergegeben werden. Erst unter diesen Bedingungen ist Einigung mit der göttlichen Welt möglich. Das ist wahre Erkenntnis.

Die Hohepriesterin, *Weg 2, Beth, König der Vision, re.Auge,* ist die Königin der Visionen und göttlicher Offenbarungen. Aus ihr fließt die Fülle der Schöpfungsformen und konturiert in der individuellen Bewußtseinshaltung den göttlichen Dichter und Künstler in uns. In dieser Bewußtseinshaltung nehmen wir teil an der Schau des göttlichen Dichters und Künstlers und werden selbst zur schauenden Gottheit.

Der Hohepriester, *Weg 3, Gimel, König des Reichtums, li.Auge,* ist der wahre König des inneren Reichtums und Repräsentant von Religio; er vermittelt nicht nur zwischen dem Mysterium tremendum (Kether) und der überpersönlichen Weisheit (Chokmah), sondern verleiht Achtung, Ehrerbietung vor der Schöpfung Gottes. Auf individueller Ebene personifiziert er die Bewußtheit (Achtsamkeit), welche die Voraussetzungen göttlicher Würde in uns ist (vollkommene Bewußtheit der göttlichen Gegenwart in uns). Das ist wahrer innerer Reichtum.

Die Gerechtigkeit, *Weg 4, Daleth, Fruchtbarkeit, re.Ohr,* ist die Mutter der Fruchtbarkeit und Zufriedenheit; das Hineinversetzen in die Mühe und Arbeit des anderen ermöglicht richtiges Abwägen zwischen Arbeit und Belohnung und verleiht das Augenmaß der gerechten Vergeltung. Doch auch die Gerechtigkeit des kosmische Gesetzes, wonach jeder nach seinem eigenen Maß gemessen wird und so sein Karma selbst bestimmt, ist die vollkommenste Vergeltung.

Das Gericht, *Weg 5, He, Sprache, re.Hand,* der inneren Aufrichtigkeit deckt den Selbstbetrug auf. Die ehrliche Suche nach der Wahrheit ist ein dorniger Weg und viele können ihn nicht zu Ende gehen. Dies ist das Gericht über die innere Trugperson, jenes *Ich-Bin*, was einst aus dem Urglanz herausfiel, um sich einen eigenen Kosmos zu erschaffen.

Der Stern, *Weg 6, Vau, Denken, li.Hand,* ist die schimmernde Hoffnung in uns. Er gibt uns trotz mancher Rückschläge immer wieder neue Zuversicht, *nur nach* ***vorne*** *zu schauen* und das Ziel der kosmischen Wiedervereinigung von Materie und Licht (Lichtmaterie) nicht aus dem Auge zu verlieren.

Der Teufel, *Weg 7, Zajin, Gehen, re.Bein u.Fuß.* Wer in Galopp lebt, geht im Trab zum Teufel, lautet ein Volksspruch. Wenn die Zielgerichtetheit überwiegend der Profilierung des Ego dient, so ist der Teufel im Spiel. Der Teufel lockt mit großen Zielen, die große Freiheiten versprechen, doch in die Gefangenschaft der Absonderung und des Ego führen. Nur ein Ziel heiligt die Mittel, -die Wiedervereinigung mit dem Ganzen-, und die Rückkehr ins Vaterhaus.

Der Mond, *Weg 8, Chet, Sehkraft, li.Bein u.Fuß,* ist das Symbol für Unbewußtes, Rhythmik und Traumhaftes. Sein Widerschein soll das Licht der Sonne vollkommen reflektieren. Also auch der Mensch: Nimmt er das göttliche Licht ohne Widerspruch auf, so kann er es auch vollkommen reflektieren und wird zum einfältigen Gottesnarr, der mit Gott herzlich übereinstimmt (Übereinstimmung).

Der Gehängte, *Weg 9, Thet, Gehör, re.Niere* oder die Prüfung, offenbart den Grad von Akzeptanz und des Gehorsams. Nur in Prüfungs- und Belastungssituationen lernt jeder seine momentanen Grenzen kennen. Nicht Gott prüft, sondern der Mensch wählt selbst Prüfungssituationen, um zu erkunden, wieviel er bereit ist, seinen Absonderungszustand aufzugeben. Ein Mensch, der auch Unbequemes akzeptieren kann, ist duldsam und bescheiden geworden, er kann verzichten und ist würdig, höhere Weihen zu empfangen.

Die profane Welt, *Weg 10, Jod, Werktätigkeit, li.Niere,* geht ihren Geschäften nach, um materielle Reichtümer zu sammeln. Wahre Werktätigkeit ist jedoch nicht Geschäftigkeit, sondern Vorbereitung für das Kommende, jene Lichtmaterie **(geistige Welt)**, die wie ein Dieb in der Nacht heranschleicht. Wer untätig wartet, kann das kommende Licht nicht ertragen. Bereite dich und andere darauf vor, damit sie das Licht ertragen können und nicht verlorengehen!

Die Herrscherin, *Weg 11, Kaph, König des Lebens, li.Ohr,* ist Königin des Lebens. Sie herrscht über Wachstum und Leben. Das Leben ist rastloses Schaffen und der Drang zum Ausdruck. In der individuellen Bewußtseinshaltung kommt das Leben im Drang zur Kreativität am stärksten zum Ausdruck. Kreativität im geistigen Sinne ist Neugestaltung, nämlich das Herz für das neue Licht vollkommenen umzuackern.

Die Liebenden, *Weg 12, Lamed, Beischlaf, Leber,* verschmelzen nicht nur körperlich (Beischlaf) sondern auch geistig miteinander. Eins opfert sich für das andere, das ist das Gesetz des Lebens. Gibt der Mensch sein Ego auf, weil er Gott liebt, so ist die Wand zwischen Mensch und Gott verschwunden und sein Herz erstrahlt wieder im Urglanz. Erst so ist Treue zu Gott möglich.

Die Mäßigkeit, *Weg 13, Mem, Wasser, Bauch,* ist das Wesen des Wassers. Ohne Mäßigkeit kann es weder Erkenntnis noch Erleuchtung geben. Auch der gute Geschmack kann nur durch Mäßigkeit erhalten werden. Nur die Einheit zwischen Gefühl und Verstand garantiert Harmonie und das richtige Augenmaß.

Planetenbahnen, *Weg 14, Nun, Geruch, Galle,* geben den Himmelskörpern ihre eigene immer wiederkehrende Rhythmik. Sie sind jene himmlischen Kräfte, auf die man sich verlassen kann. Ihre Genauigkeit gibt uns das Gefühl von Geborgenheit und Sicherheit. Wenn wir einem Menschen begegnen, versuchen wir, seine Zuverlässigkeit zu erspüren (zu riechen). Riechen wir sie, dann fühlen wir uns geborgen.

Das Kind, *Weg 15, Samek, Schlaf, Milz,* lebt wie im Traum und spielt mit den Kräften Gottes ohne bewertenden Selbstbezug wie im Schlaf. Es vergißt sich beim Spiel und geht von einem Augenblick zum anderen. Das ist das Wesen des Vertrauens, darum hat es weder Angst noch Sorgen. Nur wenn wir die Kraft Gottes in uns spüren, haben wir wahres Vertrauen und werden wieder zu jenem Kind, das weder Angst noch Sorgen kennt.

Der Turm, *Weg 16, Ajin, Zorn, Speiseröhre,* ist ein Symbol für den Sturz aus der Höhe. Zorn ist ein schlechter Ratgeber und gleicht dem Fall aus der inneren Mitte. Wird der Zorn gedehnt, so kann er ein lebenslanger Antrieb zur Entschlossenheit für die Gotteskindschaft sein.

Der Herrscher/Kaiser, *Weg 17, Phe, Herrschaft, re.Nasenloch,* übt die Herrschaft aus. Nur der kann herrschen, der an seine Aufgabe und an sich glaubt. Er ist ein Kaiser der inneren Stärke, auf die sich viele stützen. Herrscher ist, wer beharrlich an dem kosmischen Ziel der göttlichen Morgenröte festhält und dabei richtig taktiert.

Der Siegeswagen, *Weg 18, Shade, Geschmack, Magen,* ist ein Symbol des Aufbruchs. Er symbolsiert den Neubeginn und die Siegesgewißheit. Wahre Begeisterung ist transzendent, welcher die Idee der Vereinigung von Himmel und Erde zugrunde liegt, aus der sie ihre Kraftimpulse schöpft.

Die Stärke und Kraft, *Weg 19, Koph, Lachen, Darm,* liegt im Humor. Lustig gelebt und selig gestorben, heißt dem Teufel die Rechnung verdorben, lautet ein Volksspruch. *Humor hat, wer auch einem schweren Schicksal ins Angesicht lächelt!* Nur der ist wirklich stark, der auch unter widrigen Umständen seinen Humor bewahrt.

Die Sonne, *Weg 20, Resch, König der Ideen, li.Nasenloch,* ist das stärkste Symbol für Licht und Lebensbejahung. Sie symbolisiert den Zündfunken der Ideen aus einer höheren Welt. Der Ausspruch: *"Gebt mir eine Idee, an der ich gesunden kann,"* bedeutet die heilende, aber auch erlösende Kraft, die eine Idee in sich birgt. Die Idee, die den Menschen erlöst, nämlich die Herabkunft des Göttlichen, läßt ihn gesunden.

Der Magier, *Weg 21, Schin, Feuer/Himmel/Wärme, Kopf,* ist der König des Feuers, weil er mit den kosmischen Kräften schöpferisch umzugehen weiß. Er vermag mit ihrer Hilfe in den drei kabbalistischen Welten von Aziluth, Beriah und Jezirah jene Kräfte zu bewegen, die das physische Universum (Assiah) gestalten. Darum symbolisiert er die spirituelle Macht. Spirituelle Macht im magischen Sinne bedeutet nicht Egowille, sondern mit dem überpersönlichen Willen Gottes vollkommen übereinszustimmen, das ist wahre Erleuchtung. Auf den seelischen Innenraum angewandt, bedeutet sie jedoch auch, die Umwandlung bzw. Transformierung des persönlichen Seins in ein überpersönliches Sein und andere geistige Führung und Lenkung zu geben, ohne die persönliche Entscheidungsfreiheit anzutasten. Der König des Feuers ist der in Gott Geborene, welcher mit den höchsten Kräften ausgestattet, zum Segen aller spielt.

Das Schicksalsrad/Dharma, *Weg 22, Taw, König der Weisheit, re.Lunge;* das Schicksal zeigt das Gesetz des Lebens, dem wir folgen müssen, wenn wir uns so oder so entscheiden, darum ist es der König der Weisheit und siegt am Ende über alle egoistischen Bestrebungen. Sein Motto ist: *Es kommt so, wie es kommen muß!* Niemand kann seinem Schicksal (Dharma) entrinnen. Das Gesetz des Lebens schreibt die Schicksalsstory. Die überpersönliche Weisheit der kosmischen Gesetze ist das Schicksalsrad. Nur derjenige ist ein König der Weisheit, der sein Schicksal bejaht und annimmt. Denjenigen, welche es so annehmen, weist es den Weg in die wahre Realität und macht sie zu Herren über die selbstischen Illusionen; mit dieser Haltung kommen wir langsam in die Mitte einer alles verstehenden Beziehung, wo weder Urteile, noch dualistische Wertbegriffe, noch ethisch-moralische Überbewertung Platz haben.

Der Eremit, *Fe, 23, Einfachheit, li.Lunge,* ist der König der Einfachheit. Er verneint das Leben nicht, sondern bejaht die Fülle Gottes in sich und in der Schöpfung. Wie der Vater lebt er im Zim-Zum, siehe S.45, um Gott in seinem Herzen Platz zu machen. Sein Sinn ist: *Er muß wachsen, ich muß abnehmen!* Das ist wahres Eremitensein.

Der Gottesnarr, *Wet, 24, Frieden und Anmut,* ist der König des Friedens und der Anmut. Er lächelt über den Wahn der Menschen, die einem illusionären Glück hinterherlaufen und doch nichts festhalten können, denn all ihr Tun ist ein Haschen nach Wind. Seine innere Klarheit ist: *"Erwache aus deinem dummen Traum (Absonderung), denn die einzige Wirklichkeit ist Gott."*
In ihm wirkt Gott nach seiner Weise, denn alle selbstischen Trugbilder und Vorstellungen sind nicht mehr und waren nur ein böser Traum. Aus seinem Herzen quillt der göttliche Strom kosmischen Wissens und einer allumfassenden Liebe. Anmut und Seligkeit kennzeichnen ihn. Um ihn und in ihm erstrahlt alles in einem Meer von Licht und Freude, und wo er auch steht und geht blüht Verdorrtes auf und Totes wird wieder lebendig.

Der Baum des Tarot

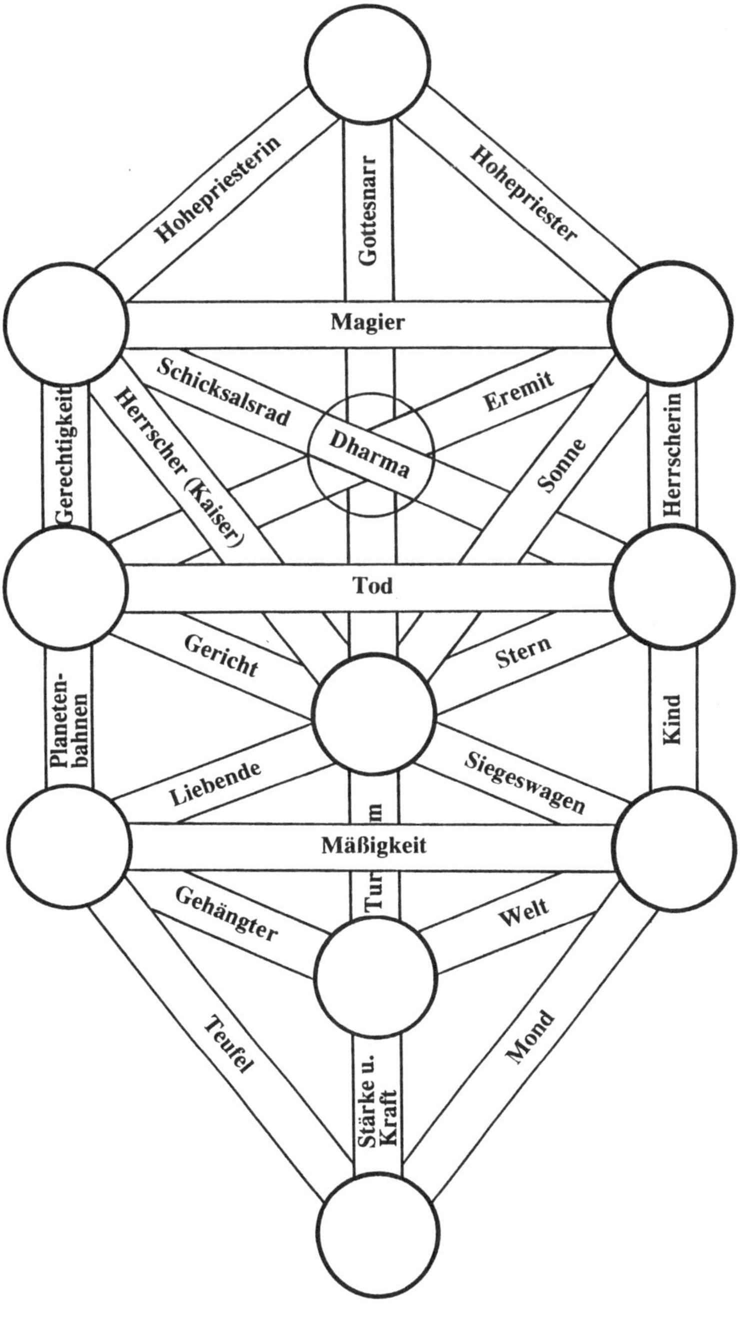

Abb.91

Die vierundzwanzig hebräischen und griechischen Buchstaben, Tarotkarten, german. u. griech. Gottheiten, Runen, Sternzeichen und Planeten

Lautw.	Uridee	Bewußtsein	hebr. B.	Kürzel	griech.B.	Kürzel	Tarotkarte	Olympier	Germ.Gottheit	Runen	Symbol	Sternz.	Kürzel	Planet	
A	Das Wissen	Erkenntnis	*1.Aleph*	א	*Alpha*	α	*Tod*	*Hera*	*Freja*	*Ansuz*	ᚨ	Zwilling	♊	Saturn	♄
B	Die Schönheit	Vorstellungskraft	*2.Beth*	ב	*Beta*	β	*Hohepriesterin*	*Aphrodite*	*Idun*	*Berkana*	ᛒ	Waage	♎	Mond	☽
Ch	Das Wachstum	Kreativität	*11.Kaph*	כ	*Kappa*	κ	*Herrscherin*	*Uranos*	*Loki*	*Kenaz*	ᚲ	Widder	♈	Sonne	☉
D	Die Gerechtigkeit	Belohnung/Vergelt.	*4.Daleth*	ד	*Delta*	δ	*Gerechtigkeit*	*Hades*	*Vidar*	*Dagaz*	ᛞ	Skorpion	♏	Mars	♂
E	Die Verwirklichung	Entschlossenheit	*16.Ajin*	ע	*Omikron*	ο	*Turm*	*Ares*	*Tyr*	*Eihwaz*	ᛇ	Steinbock	♑	Pluto	♇
V/U	Einfachheit	Bescheidenheit	*23.Fe*	ף	*Ypsilont*	υ	*Eremit*	*Poseidon*	*Njörd*	*Wunjo*	ᚹ	Fische	♓	Neptun	♆
G	Die Achtung	Würde	*3.Gimel*	ג	*Gamma*	γ	*Hohepriester*	*Helios*	*Balder*	*Inguz*	ᛝ	Stier	♉	Jupiter	♃
H	Die Wahrheit	Aufrichtigkeit	*5.He*	ה	*Epsilon*	ε	*Gericht*	*Herakles*	*Ullr*	*Hagal*	ᚺ	Widder	♈	Mars	♂
J	Das Mitgefühl	Hilfsbereit./Arbeit	*10.Jod*	י	*Jota*	ι	*Welt*	*Athena*	*Eir*	*Jera*	ᛄ ᛃ	Jungfrau	♍	Erde	♁
Q	Die Glückseligkeit	Humor	*19.Koph*	ק	*Koppa*	Ϙ	*Stärke u.Kraft*	*Orpheus*	*Bragi*	*Kaunaz*	ᚴ	Fische	♓	Jupiter	♃
L	Die Stabilität	Treue	*12.Lamed*	ל	*Lambda*	λ	*Liebende*	*Hephaistos*	*Ivaldi*	*Laguz*	ᛚ	Waage	♎	Venus	♀
M	Die Einheit	Einigung	*13.Mem*	מ	*My*	μ	*Mäßigkeit*	*Hermes*	*Hoenir*	*Manaz*	ᛗ	Krebs	♋	Erde	♁
N	Die Geborgenheit	Zuverlässigkeit	*14.Nun*	נ	*Ny*	ν	*Planetenbahnen*	*Apollon*	*Heimdall*	*Nauthiz*	ᚾ	Skorpion	♏	Pluto	♇
P	Der Glaube	Beharrlichkeit	*17.Phe*	פ	*Pi*	π	*Herrscher*	*Hestia*	*Gefjon*	*Perth*	ᛈ	Jungfrau	♍	Merkur	☿
R	Die Erlösung	Ideenfülle	*20.Resch*	ר	*Rho*	ρ	*Sonne*	*Odysseus*	*Donar*	*Raido*	ᚱ	Schütze	♐	Uranus	♅
Ks	Das Gute	Vertrauen	*15.Samek*	ס	*Xi*	ξ	*Kind*	*Demeter*	*Sif*	*Is*	ᛁ	Schütze	♐	Neptun	♆
Sch	Die Erleuchtung	Spiritualität	*21.Schin*	ש	*Sigma*	σς	*Magier*	*Zeus*	*Odin*	*Sowelu*	ᛊ	Löwe	♌	Sonne	☉
S	Der Kraftimpuls	Begeisterung	*18.Shade*	צ	*Psi*	ψ	*Siegeswagen*	*Dionysos*	*Freyr*	*Thurisaz*	ᚦ	Wassermann	♒	Uranus	♅
T	Der Gehorsam	Akzeptanz	*9.Thet*	ט	*Theta*	ϑ	*Gehängter*	*Artemis*	*Skadi*	*Uruz*	ᚢ	Löwe	♌	Saturn	♄
Th	Die Weisheit	Gesetzeserfüllung	*22.Taw*	ת	*Tau*	τ	*Schicksalsrad*	*Platon*	*Forseti*	*Tiwaz*	ᛏ	Steinbock	♑	Diamantstern	
O	Frieden	Hingabe	*24.Wet*	ב	*Omega*	ω	*Gottesnarr*	*Gaja*	*Nornen*	*Odal*	ᛟ	Wassermann	♒	Diamantstern	
F	Die Hoffnung	Zuversicht	*6.Vau*	ו	*Phi*	φ	*Stern*	*Rheia*	*Ostara*	*Fehu*	ᚠ	Stier	♉	Venus	♀
X	Die Harmonie	Übereinstimmung	*8.Chet*	ח	*Chi*	χ	*Mond*	*Selena*	*Nanna*	*Gebo*	ᚷ	Krebs	♋	Mond	☽
Z	Die Freiheit	Zielstrebigkeit	*7.Zajin*	ז	*Zeta*	ζ	*Teufel*	*Amazonen*	*Wallküren*	*Algiz*	ᛉ	Zwilling	♊	Merkur	☿

Anmerkungen

-zur Esoterik

Der historische Fundus und die gegenwärtigen Strömungen warnen uns erneut vor dem Janusgesicht der Esoterik, das zwischen aufrichtiger Zuneigung zur spirituellen Essenz (das virtuelle Selbst) und der fatalen Versuchung pendelt, die erworbenen medialen Fähigkeiten zu mißbrauchen, sei es geistig oder materiell. Gerade in der Esoterik ist der mancherorts als "verkopft" verpönte kritische Scharfsinn berechtigt und bewahrt uns vor den tückischen Fallstricken des intuitiven Selbstbetrugs. Immer mehr *"medial Inspirierte"* machen von sich reden, und durch manche spricht sogar Christus, um die angeblich gefälschten Evangelien richtigzustellen. Es steht jedoch geschrieben: *"Wenn dann jemand zu euch sagt: Siehe, hier ist der Christus oder dort! so glaubt es nicht. Denn es werden falsche Christi und falsche Propheten aufstehen und werden große Zeichen und Wunder tun, um so, wenn möglich, auch die Auserwählten zu verführen. Siehe, ich habe es euch vorhergesagt. Wenn sie nun zu euch sagen: Siehe, er ist in der Wüste! so geht nicht hinaus. Siehe, in den Gemächern! so glaubt es nicht. Denn wie der Blitz ausfährt von Osten und bis nach Westen leuchtet, so wird die Ankunft des Sohnes des Menschen sein. Wo das Aas ist, sammeln sich die Geier,"* Matth.24,23-28. Unter Blitz ist die neue Lichtschwingung zu verstehen, welche alles Falsche zu Staub zerfallen läßt, siehe auch S.394. Diese Worte sind eine eindeutige und klare Warnung, solche zu meiden, durch die angeblich der Geist des Christus spricht. Daß die Zeit der Weissagungen und Gesichte erst in einem sehr späten Abschnitt, in der Zeit der Not und Drangsal kommt, und das schnelle Ende der Ich-Bin-Thyrannei prophezeit, davon künden die folgenden Worte: *"Und es wird geschehen in den letzten Tagen, spricht Gott, daß ich von meinem Geist ausgießen werde auf alles Fleisch und eure Söhne und Töchter werden weissagen, und eure Jünglinge werden Gesichte sehen, und eure Ältesten werden Traumgesichte haben; und sogar auf meine Knechte und Mägde werde ich in jenen Tagen von meinem Geist ausgießen, und sie werden weissagen,"* Ap.16-17.

Alle die, welche aus spirituellem Ehrgeiz da behaupten, durch sie spricht ein höherer Geist, in Wirklichkeit aber ihrem eigenen Unbewußten nachgehen, sind Betrüger und Scharlatane. Solche Sumpfblüten sprießen zur Zeit wie Pilze allerorten hervor und stiften beträchtlichen seelischen Schaden, der sich weder messen, noch abschätzen läßt. Das Schlimme ist, daß diese selbsternannten Hellseher sich ihre Einbildungen so lange einreden, bis sie durch und durch davon überzeugt sind, daß tatsächlich ein höherer Geist durch sie spricht. Wenn dann ihre Weissagungen nicht eintreffen, schieben sie, besonders bei materiellem und seelischem Schaden, die Verantwortung auf den gutgläubigen Klienten ab und reden ihm mangelndes Wohlverhalten ein. Wenn z.B. ein Hellseher sagt: Gib deine Wohnung und Arbeitsstelle auf, im Sinne von: *„Laß das Alte ganz los, erst dann bist du bereit, Neues zu empfangen und alles wird besser“,* so ist das nicht nur unverantwortlich, sondern auch noch heimtückisch. Hellseher und Wahrsager solchen Schlages offenbaren sehr bald, daß ihre Eingebungen keine wirklichen Prophezeiungen sind, sondern Gefühlsgewißheiten, deren Fähnchen sich nach den momentanen Bedürfnissen und dem Zustand des Klienten richtet. Mehrere solcher Fälle kenne ich persönlich! Man sollte hier ganz klar unterscheiden! Niemals flüstert uns ein höherer Geist fertige Ratschläge und Lösungen ein, die uns die eigene, und vor allem freie Entscheidung abnimmt, und somit auch von der Verantwortung entbindet! Für die Bewältigung von Problemen gibt es stets mehrere Lösungen, die mit dem Ganzen übereinstimmen, und der Betroffene sollte in freier Wahl selbst entscheiden, ohne medialen Einfluß. Besonders sensible Menschen geraten zunehmend in ein Klientel-Abhängigkeitsverhältnis und unterliegen so einem schleichenden Entmündigungsprozeß. Diejenigen, welche vorgeben, ein Geist spricht durch sie, richten sich am Ende dann selbst. Nach und nach werden sie, genau wie ihr Klientel, ohne es zu merken, zu Marionetten ihrer selbstherrlichen Einflüsterungen und ihre Entscheidungen weichen mehr und mehr von der Realität des gesunden Menschenverstandes ab. Am Ende aber kommt die Psychose und Besessenheit! Auch die heute gängige rücksichtslose Indoktrination ist eine weitere Sumpfblüte moderner Esoterik. Zum Beispiel, wenn nicht wenige die Einsicht, wonach *die Welt so sei, wie man sie wahrnehme*, zu ihrer Entlastung und zu ihrer Rechtfertigung mißbrauchen. In persönlichen Auseinandersetzungen wird der berechtigte Ärger des anderen als *seine Sichtweise* und somit als *sein Problem* abgeschoben. Solche Unverschämtheiten und Zumutungen schlagen der goldenen Regel direkt ins Gesicht, die da lautet: *"Alles nun, was ihr wollt, daß Euch die Menschen tun sollen, das tut ihr ihnen auch"* oder in diesem Fall umgekehrt: *"Alles nun was euch weh tut, das mutet dem anderen nicht zu!"* Dieses Gesetz der Nächstenliebe kann man mit derartigen Entschuldigungen niemals außer Kraft setzen. Nicht wenige reden sich ein, sie seien die Lichtarbeiter einer neuen Zeit, doch wer nicht die horrenden Summen bezahlt, wird schnell fallengelassen. *An ihren Früchten werdet ihr sie erkennen, nicht an ihren Worten bedeutet, an den Auswirkungen und Ergebnissen.* Dies sollte unser Hauptkriterium sein, wenn wir uns auf den spirituellen Weg machen.

Fußangeln und Fallstricke

In der esoterischen Subkultur wird das Ego rigoros verdammt und als Hauptfeind betrachtet. So begrüßenswert dies auch sein mag, so kann dies auch die Selbstentfaltung und den Lebensentwurf gefährlich lähmen. Die überkritische und zu ernste Wahrnehmung des Ego, verleitet zu einem überwertigen Selbstbezug, der nur noch wenig Offenheit und Spontaneität zuläßt. Durch die fortgesetzte Zurücknahme des Ego verschiebt sich die Toleranz des Zulassens und Annehmens mehr und mehr nach oben, bis die Zumutbarkeitsgrenze überschritten ist. In diesem standpunktlosen Niemandsland wissen so manche Esoteriker zumeist nicht mehr genau, ab welchem Stadium sie etwas verhindern oder zurückweisen sollen. Die Folgen sind Demütigung, Traurigkeit und materielle Verluste. Der Hauptkonflikt ist m.E. der zwischen Durchsetzung und Rücksichtnahme (Geburah und Chesed). Wir können die Interessen der anderen nur soviel berücksichtigen, wie sie uns selbst nicht schaden, und zuviel Rücksichtnahme kann anderen nicht gut bekommen, z.B. kann da sehr leicht ein Verwöhnungsschaden entstehen.

Auch der Esoteriker darf sich gegen Unverschämtheiten wehren und jemanden zurechtweisen, der glaubt, einen Blitzableiter gefunden zu haben, vor allem wenn die

Kritik auf Kränkung und persönliche Verletzung abzielt. Das Ego hat die Funktion eines abwehrenden und beschützenden Hausdieners, der uns vor Grobheit, Geschmacklosigkeit sowie den destruktiven Ungerechtigkeiten und Forderungen anderer bewahren soll. Sobald die Würde des Menschen (Weg 3) und die Existenzsicherung in Frage gestellt werden, muß man sich wehren und entsprechende Vorkehrungen treffen. An diesem Punkt hat alles seine Grenzen und nichts oder kaum mit der Verletzung des Egos zu tun.
Ein zweites ist die Meinung, man müsse als Esoteriker einerseits seine positiven Gefühle offener zeigen, andererseits negatives Mißbehagen, Ärger und Abneigung erst einmal für sich aufarbeiten. Diese Unausgegorenheit kann ein schwelender Brandherd sein, der irgendwann zum Großfeuer wird. Der Satz:„*Je mehr Abneigungen ein Mensch hat, desto weniger erkennt er die eigentliche Sehnsucht, die hinter den Schwächen der Menschen steht",* könnte in diesem Zusammenhang leicht mißverstanden werden, doch bezieht er sich mehr auf vorgefaßte Abneigungen (Vorurteile), nicht auf solche, die nun wirklich berechtigt sind. Gegen menschenverachtendes Verhalten, Rücksichtslosigkeit, Unaufrichtigkeit und alle inversiven Bewußtseinshaltungen des Kelippoth muß man offene Abneigung demonstrieren, schon deshalb, weil ihre stillschweigende Duldung gegen die Würde der ganzen Menschheit verstößt. Das betuliche Schweigen, um sich ja keine Blöße zu geben, ist ganz und gar unesoterisch und feige. In nicht wenigen spirituellen Arbeitsgruppen schweigt man häufig und würgt so manch berechtigtes Mißfallen hinunter, um nicht in profanen Ego-Verdacht zu geraten. Unausgesprochener Ärger und Mißbehagen gären so unterschwellig weiter und können nicht geklärt werden. Die Mär, daß sich das irgendwann von selber gibt, ist eine schöne Hoffnung, die meist auf sich warten läßt und der Heuchelei Tür und Tor öffnet. Emotionale Beziehungsstörungen sollten in der Gruppe offen ausgesprochen werden, auch wenn die unerklärlichen Antipathien sich einer logischen Klärung entziehen. Das offenes Aufeinanderprallen von Antipathien macht ja die gegensätzlichen Gefühlsmuster erst sichtbar, mit denen das Ego eingefärbt ist, und Gegensätze auf der Ebene des bewertenden Ich-Bin sind ja nichts weiter als Vorstellungen, deshalb sollten wir dies alles nicht so ernst nehmen und den Humor nicht vergessen. Auch der Satz:"*Man bekommt den Partner, die Eltern, Geschwister, Freunde oder Kollegen, die der momentanen Bewußtseinsverfassung und Höhe entsprechen. Im gleichen Maße, wie sich die innere Wahrnehmung wandelt, verändern sich die äußeren Beziehungsmuster, sowohl positiv als auch negativ",* kann leicht mißverstanden werden und den überwertigen Selbstbezug nähren. Wendet man diesen Satz auf den Lebenspartner an, so eröffnen sich nicht nur wichtige Selbsterkenntnisse, sondern auch Fallstricke, die zu verhängnisvollen Mißverständnissen führen können. Stellt sich z.B. allmählich heraus, daß der Partner zu ungerechten Verdächtigungen und Unterstellungen neigt, die jeder realen Grundlage entbehren, so ist zunächst zu fragen, weshalb man darauf empfindlich reagiert, z.B. ein überwertiges Gerechtigkeitsempfinden oder zu eitle Selbstvorstellungen, nach dem Satz:*"Je mehr sich jemand persönlich angegriffen fühlt, desto mehr ist er mit Ich-Bin-Attributen belastet!"* Sehr häufig wählen wir unbewußt einen solchen Lebenspartner, der unsere Schwächen, d.h. Ich-Bin-Vorstellungen in Bezug auf Empfindlichkeiten aufdeckt

und auf die Probe stellt. Wenn der Partner jedoch unsere Schwächen genau kennt und bewußt reizt, sollten wir abwägen, ob in dieser Verbindung noch spirituelles Wachstum möglich ist, denn wo die Liebe fehlt verdorren selbst die besten Absichten. Andererseits kann dieser Wesenszug auch für den eigenen Entwicklungsprozeß genutzt werden, z.B. indem man sich als Projektionswand zur Verfügung stellt und den anderen die Illusion seiner geglaubten Wirklichkeit erleben läßt, doch sollte dies kein Nährboden für ständig neue Verdächtigungen sein. Hier ist psychologisches Taktieren erforderlich. Diese Methode ermöglicht zweifellos das stärkste innere Wachstum, siehe auch S.226. Esoterisch eingestellte Partner, die der Meinung sind sie müßten sich trennen, weil sie sich spirituell gegenseitig blokkieren, sollten zuerst erwägen, ob sie da keinem Selbstbetrug aufsitzen. Oftmals sind die wahren Gründe mangelnde Wertschätzung und Desinteresse. Es ist nicht nur töricht, sondern auch unlogisch, sich wegen eines solchen Grundes zu trennen, denn solange es noch gegenseitige Aufräumarbeit gibt, geht die Entwicklung weiter. Sobald wir uns am Partner reiben, sind wir noch Lehrling; erst wenn wir darüber lächeln sind wir Meister. Ergo, eine Trennung ist erst dann angezeigt, wenn beide ihre Entwicklung beendet haben und in die Beziehung Stille und Friede einkehrt. Das ist einfach logisch. Und zu guter Letzt noch eine Bemerkung zur esoterischen Vermarktung:
Der wahre Esoteriker preist weder marktschreierisch seine spirituelle Einsicht für Geld an, noch benutzt er seine Fähigkeiten zum Machtmißbrauch, sondern er lebt und webt im Verborgenen und läßt sich finden.

Auf ihn treffen die Schmunzelverse von Wilhelm Busch zu:

Zweimal zwei gleich vier ist Wahrheit.
Schade, daß sie leicht und leer ist,
Denn ich wollte lieber Klarheit
Über das, was voll und schwer ist.

Emsig sucht ich aufzufinden,
Was im tiefsten Grunde wurzelt,
Lief umher nach allen Winden
Und bin oft dabei gepurzelt.

Endlich baut ich eine Hütte.
Still nun zwischen ihren Wänden
Sitz ich in der Welten Mitte,
Unbekümmert um die Enden.

Und im neunten Ochsenbild des Magus templi (Chokmah), dessen Tempel (sein illusionäres Selbstbildnis) nur noch eine armselige Hütte ist:
"Er ist zum Ursprung zurückgekehrt, doch waren seine Schritte umsonst. Besser ist es für ihn, wie blind und taub zu sein. In seiner Hütte sitzt er, sieht von all dem da draußen nichts. Die Ströme fließen, und rote Blumen blühen von selber rot."
Das ist das Schicksal eines jeden wahrhaftigen Magiers!

Der Baum der Einweihungsstufen

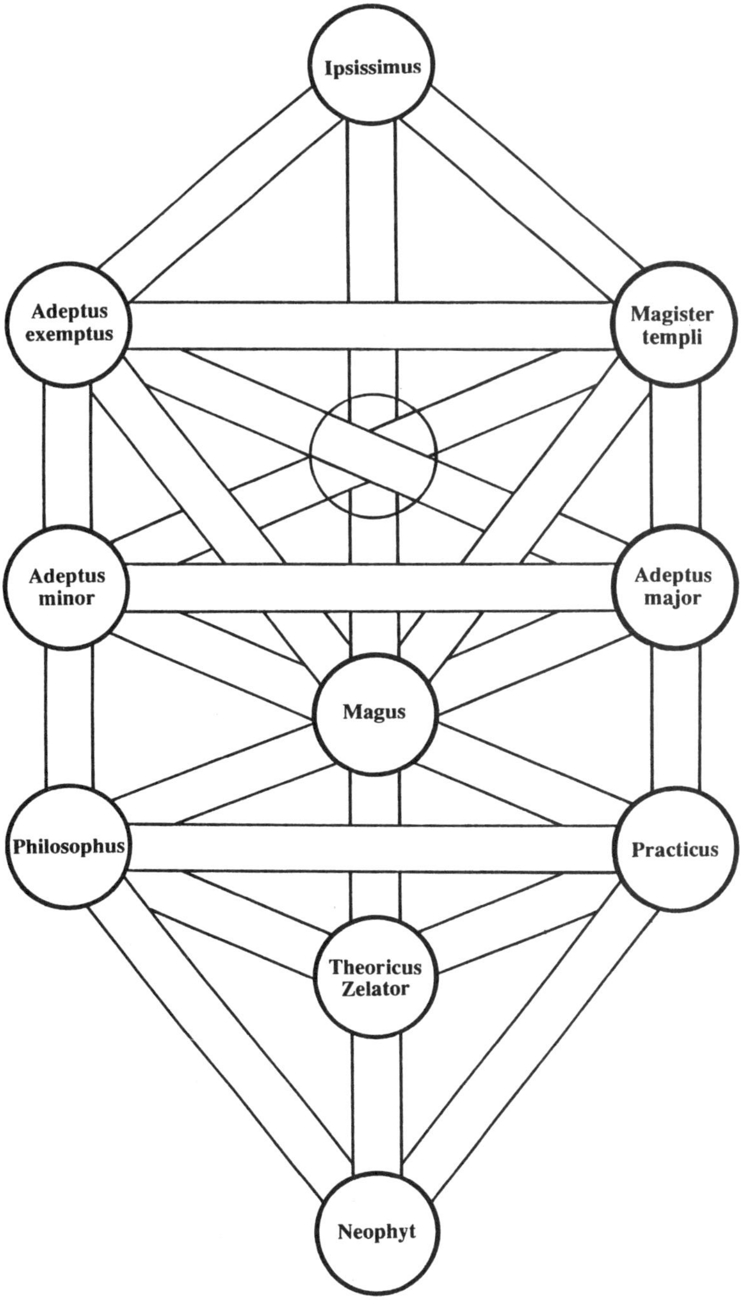

Abb.92

-zu den neuen Wegen und Unterwegen

Die *horizontal*-diagonalen Wege 22 und 23 zwischen der oberen und der mittleren Triade sind bisher in keinem Werk, auch nicht in den ältesten Werken der Kabbala, aufgeführt. Durch die Begrenzung des hebräischen Alphabets auf 22 Konsonanten wurde auch nie ernsthaft erwogen, diese Wege in die Kabbala einzuführen, obwohl jedem Kenner hätte sofort auffallen müssen, daß die Verbindung zwischen Chokmah und Geburah, sowie Binah und Chesed eine schmerzliche Lücke aufweist. Wer in der Numerologie zu Hause ist, weiß, daß die 22 (2x11) nicht die Zahl der Vollkommenheit ist, sondern die Zahl der mentalen Erkenntnis und somit des Irrtums. Wesentlich mehr kosmische Relevanz hat jedoch die Zahl 24, nicht nur, weil sie die Grundlage aller menschlichen Zeitmaße bildet, sondern weil sie den kosmischen Reigen der Sternzeichen sowohl auf ihrer uns zugewandten, wie abgewandten Seite widerspiegelt und außerdem die Zahl der pythagoreischen Sphärenharmonie ist. Im übrigen ist die 24 durch 2, 4, 6, 8, 12 teilbar und erlaubt so wesentlich mehr faktorielle Aussagen, und auch in der johanneiischen Apokalypse hat die Zahl 24 eine wichtige Bedeutung, siehe Band I.
Aus diesen und noch anderen Überlegungen habe ich die zwei Wege neu aufgenommen und hoffe, damit die Kabbala vervollständigt zu haben. Wie man an der Neuverteilung sieht, ist dem Weg 22 (Gesetzeserfüllung) traditionsgemäß der letzte Buchstabe Taw zugeordnet. Die neuen Buchstaben wurden dem Weg 23 (Bescheidenheit) und dem Weg 24 (Gelassenheit) zugeordnet.
Beide Buchstaben sind eigentlich keine Konsonanten, sondern nur Umlaute, insofern keine eigenständigen Buchstaben. Da ich jedoch von verstaubter Buchstabenmystik wenig halte, haben die zwei neuen Umlaute Fe ף und Wet ב nur Stellvertreterfunktion, sind also nur sinngemäße Platzhalter für die äquivalenten Buchstaben und formalen Symbole der parallelen Alphabete des Griechischen, des Deutschen und der Runen. Es ist kein Zufall, daß die zwei neuen Wege (23 und 24) erst jetzt, kurz vor der äonischen Wende, in die Kabbala aufgenommen wurden. Mit ihnen kommen zwei neue Bewußtseinshaltungen hinzu, welche die Voraussetzungen für die kommende Lichtmaterie schaffen. Nur die Bescheidenheit und Hingabe öffnen die Tore des Herzens für das göttliche Licht. Die Unterwege 22a- die Geduld, und 23a- die Genügsamkeit, sowie die Dreiteilung des Weges 24 in Gelassenheit, Hingabe 24a, und Frieden 24b ergeben sich aus der zugrundeliegenden Uridee des ethischen Bewußtseinskontinuums und sind nur Abwandlungen einer einzigen Gesinnung, siehe auch S.77. Wer einmal diese Gesinnung in sich stabilisiert, d.h. in eine dauerhafte emotionale Gestalt umgewandelt hat, besitzt die Voraussetzungen für die kommende Lichtmaterie, ohne sich zu verbrennen.

-zu den Gnadengaben

Die zehn paulinischen Gnadengaben lassen sich mühelos auf die zehn Sefiroth verteilen. Die in Klammern gesetzten Fähigkeiten, so wie wir sie im Alltag gewöhnlich wahrnehmen, könnten dafür ebensogut stehen, siehe auch Abb.91, S.448.

1.Kether	**Liebe** (charismatische Herzlichkeit)
2.Chokmah	**Weitblick** (politisch-gesellschaftlicher Weitblick)
3.Binah	**Prophetengabe** (gute psychologische Prognostik)
4.Chesed	**Erkenntnis** (tiefe Einsichtsfähigkeit)
5.Geburah	**Geist der Unterscheidung** (ausgezeichneter Scharfsinn)
6.Tifereth	**Heilung** (charismatische Heilausstrahlung)
7.Netzach	**Zungenreden** (außergewöhnliche Sprachbegabung)
8.Hod	**Auslegung** (brilliante Interpretation)
9.Jesod	**Wunderwirken** (prompte Verwirklichungskraft)
10.Malkuth	**Vertrauen** (Gewißheit, Glaubenskraft)

Der Baum der zehn Gnadengaben

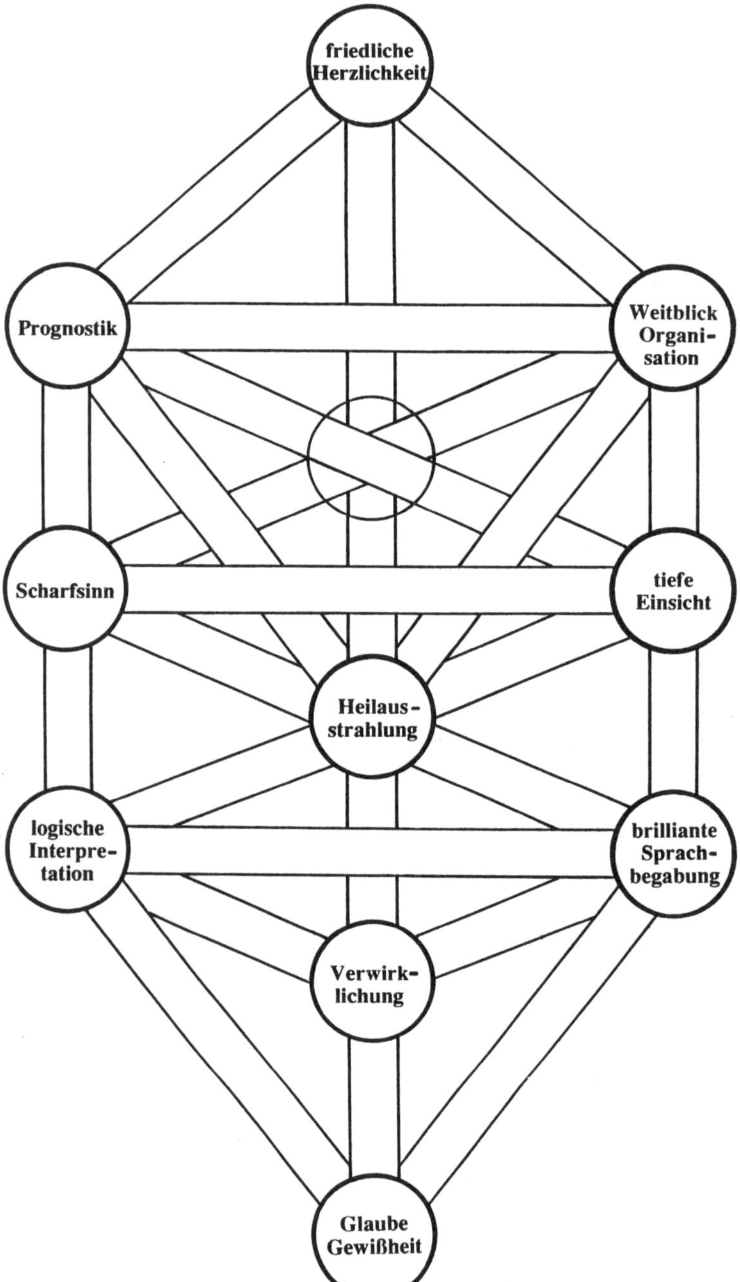

Abb.93

-zu den Seinskategorien

Im Gegensatz zu den Urideen, die als dynamische Ganzheiten jeder Existenzform vorgeordnet sind und ihre Voraussetzung bilden, zeigen die Prinzipien und Kategorien die Verknüpfungsformen und die Höhe der Seinsschichten der Urideen an, insofern sind sie dem Sein begrifflich nachgeordnet.
Gleichzeitig dienen die Kategorien der logischen Ableitung, damit über das Sein und den allgemeinen Prinzipien aller Seinsschichten etwas Schlüssiges ausgesagt werden kann.
Jede Kategorie ist mit allen anderen verzahnt und eine hat die andere zur Voraussetzung. Da jede Kategorie einen Widerspruch in sich trägt, bedarf es der dialektischen Aufhebung durch die anderen Kategorien und ihre entsprechenden Abwandlungen.
Zwischen den Kategorien bestehen daher Gesetzmäßigkeiten, die man als **die Prinzipien der Prinzipien** bezeichnen könnte und die ihren logischen Niederschlag in den Gesetzen der Seinsschichten finden.
Erst die Form gibt den Urideen des Wertekosmos ihr strukturelles Prinzip und ihre raum-zeitliche Seinsbestimmung. Um es kurz nochmals klarzumachen, bringen sie die Urideen und den unermeßlichen Eros in eine Seinsordnung, die wir begrifflich in Kategorien fassen können. Eine Kategorie kann nur universale Gültigkeit haben, wenn aus ihr alle anderen ableitbar sind und umgekehrt, sie selbst wiederum logisch hergeleitet werden kann. Setzen wir also diese 24 Urideen des unermeßlichen Eros mit den 24 Kategorien in Beziehung, so verschmelzen die zwölf kategorialen Gegensatzpaare zu einer Einheit, d.h. ihre Opposition wandelt sich in eine fruchtbare Wechselwirkung um. Jeder der 24 Urideen wirkt auf die kategoriale Seinsbeziehung wie ein synthetischer Katalysator.
Hier zunächst die Korrelation der 24 Kategorien zu den 24 Urideen oder Urpotenzen:

Prinzip-Concretum	**Gerechtigkeit-Mitgefühl**
Struktur-Modus	**Wahrheit-Liebe**
Form-Materie	**Verwirklichung-Hoffnung**
Äußeres-Inneres	**Schönheit-Weisheit**
Dependenz-Determination	**Gehorsam-Spiritualität**
Qualität-Quantität	**Harmonie-Wachstum**
Mannigfaltigkeit-Einheit	**Das Gute-Glückseligkeit**
Widerstreit-Einstimmigkeit	**Achtung-Erlösung**
Gegensatz-Dimension	**Wissen-Glaube**
Kontinuität-Diskretion	**Geborgenheit-Freiheit**
Substrat-Relation	**Stabilität-Kraftimpuls**
Gefüge-Element	**Einheit-Einfachheit**

Die Korrelation der 24 Kategorien zu den 24 Urideen oder Urpotenzen möchte ich an zwei Beispielen aufzeigen.
Greifen wir nun ein leicht mißverständliches Gegensatzpaar heraus:
Diskretion-Kontinuität

Diskretion meint Unregelmäßiges, Spontanes, und *Kontinuität* Gleichförmiges, sich Wiederholendes. Die Physik hat uns gezeigt, daß je mehr wir in die Welt des Mikrokosmos eindringen, die Erscheinungen umso diskreter werden, das bedeutet, die Vorhersagbarkeit (Aussagesignifikanz) von Korpuskelpositionen und Wellenmustern, ist nur noch mittels Wahrscheinlichkeitsstatistik möglich, weil durch die Zunahme der Diskretion die Koordinaten des Aufenthaltsortes und die Bewegungsgestalt der Korpuskeln im gleichen Maße instabil werden, also diskontinuierlich. Die Stabilität von Bewegungen nimmt jedoch zu, je mehr wir in den Makrokosmos hinausgehen, und bei Galaxien und Universen erreicht sie eine relativ stabile Kontinuität von sehr langer Dauer. Beziehen wir nun Diskretion und Kontinuität auf seelische Qualitäten, so haben wir in der Urpotenz Freiheit ein Äquivalent für Diskretion, während wir in der Urpotenz Geborgenheit, z.B. Treue und Zuverlässigkeit, ein Äquivalent für Kontinuität haben. Wie man sieht, sind beide Werte einander ebenbürtig und für ein Miteinander gleich wichtig. Freiheit macht unser Leben interessant, abenteuerlich und voller Überraschungen. Wer in Freiheit lebt, kann sich entfalten und schöpferisch wirken. Nun aber, bewerten wir die Freiheit zu sehr, dann verliert unser Leben an Kontinuität, wir werden unzuverlässig, treulos und sprunghaft, ja unberechenbar. Das mag dem einen oder anderen vielleicht Spaß machen, doch nicht den Mitmenschen. Spätestens dann, wenn er selber einmal Opfer eines solchen Windbeutels wird, hat ihn das kosmische Gesetz der Resonanz eingeholt und läßt ihn fühlen, welchen seelischen Schaden rücksichtsloser Freiheitsdrang anrichtet und welche negativen Folgen dies für das Zusammenleben hat. Jetzt erst wird ihm der Wert von Treue und Zuverlässigkeit, als ein wesentlicher Faktor für Geborgenheit, bewußt, Kontinuität wird ihm zum Inbegriff eines sicheren Zusammenlebens. Das ist auch der Sinn von Karma, nämlich indem es uns durch die negative Resonanz von Über- oder Unterbewertungen schmerzhaft fühlen läßt, richten wir uns wieder auf die goldene Mitte aus.

Ein anderes Beispiel: Gegensatz und Dimension!
Dieser kategoriale Gegensatz kann, wegen seiner abstrakten Bedeutung, ebenfalls leicht mißverstanden werden. Gegensätze haben nur im jeweiligen Seinsbereich Relevanz, außerhalb aber können sie sich aufheben. Die Dimension bedeutet ein einheitliches Feld, in dem es anscheinend keine Gegensätze gibt, doch nur durch Gegensätze können wir wahrnehmen und wird uns etwas bewußt. Daher seien die gewarnt, welche ihr Bewußtsein zu sehr *dimensionieren*, denn das verwischen von Gegensätzen zerstört die Fähigkeit der Unterscheidung und nach und nach kommt es zu einer faden Einheitssicht, die in Monotonie und schwachsinnige Verallgemeinerungen einmündet. Spirituell können wir nur an Gegensätzen wachsen, doch sollten wir die Gegensätze stets vor dem Hintergrund der entsprechenden Dimension wahrnehmen, damit wir nicht den Blick für's Ganze verlieren. Karmisch schlägt sich die eine oder andere Sichtweise meist in Erfahrungen nieder, die uns empfindlich daran erinnern, daß sowohl die Überbewertung von Gegensätzen (schwarz-weiß), als auch monotone Verallgemeinerungen der bunten Realität nicht gerecht werden und wir noch viel zu lernen haben. Verbinden wir diese Einsichten mit den 24 Urpotenzen, so haben wir in der Urpotenz Glaube ein Äquivalent für

Dimension, und in der Urpotenz Wissen ein Äquivalent für Gegensatz. Wenn wir Gegensätze vergleichen, dringen wir in tieferes Wissen ein, was unseren Glauben an eine höhere Realität nährt. Glaube muß daher zum Wissen nicht im Widerspruch stehen, meist ist es so, daß Wissen dem Glauben nachgeordnet ist und unser Wissen nichts weiter ist, als ein logisches Rechtfertigungssystem unseres Glaubens. Im religiösen Sinne ist Glaube eine Gnade oder ein Geschenk Gottes. Der Glaube schreitet fort ins Unerkennbare, ins Metaphysische, und vertraut auf eine transzendente Macht. Kant hebt den Widerspruch von Glauben und Wissen auf sehr elegante Art auf, nämlich in dem Satz: *"Ich muß das Wissen (Scheinwissen um angeblich transzendente Dinge) aufheben, um dem Glauben an Idee und Ideale als Richtungspunkte menschlichen Strebens Platz zu machen."* In seinem heute noch genialen Werk *"Kritik der reinen Vernunft"* ist ihm dies in der Tat gelungen.

-zu den Gesetzen der Seinsschichten

Es kommen hierbei die Gesetze der Seinsschichten voll zur Anwendung und müssen, um Fehler zu vermeiden, berücksichtigt werden.
1.Das Gesetz der Freiheit, wonach die Kategorien der höheren Seinsschichten gegenüber den tieferen frei sind. Sie folgen, unabhängig von ihnen, ihrer eigenen und höheren Seinsgesetzlichkeit. Das bedeutet, auf die zehn Sefiroth-Sphären angewandt, daß die Kathegorien in den tiefer gelegenen Welten bzw. Sefiroth, zunehmend unfreier werden, da sie immer mehr Seinsgesetzen unterliegen, und somit unbeweglicher werden (Erstarrungstendenz).

2.Das Gesetz der Schichten-oder Seinszugehörigkeit, wonach die entsprechenden Kategorien nur im jeweiligen Sphärenbereich volle Wirksamkeit entfalten, außerhalb jedoch nur in abgewandelter bzw. begrenzter Form wirksam werden können. In Bezug auf die Sefiroth bedeutet dies, daß die Kategorien der unteren nur eine untergeordnete Funktion in den höheren Welten wahrnehmen können.

3.Das Gesetz der abgewandelten bzw. modifizierten kategorialen Wiederkehr, wonach die Kategorien der tieferen Welten in den höheren nur in veränderter Form als integrale Teilmomente in Erscheinung treten, indem sie sich mit den höheren verbinden, und so eine völlig neue Kategorie konstellieren. Daraus folgt, daß die oberen Kategorien sich zwar aus integrierten Einheiten der unteren zusammensetzen, jedoch einen völlig neuen Kategorienkomplex bilden, z.B. Gefühlskomplexe werden auf einer höheren Ebene zu einem Motiv oder Beweggrund (Netzach und Chesed).

4.Das Gesetz der Schichtendistanz, wonach die Kategorien der Einzelnen Welten sich nicht kontinuierlich von unten nach oben fortsetzen, sondern in Sprüngen konstituieren, d.h. zwischen den einzelnen Sphären bestehen energetisch und kategorial dimensionale Unterschiede. So ist z.B. die emotionale Schwingung eine ganz andere Qualität als die mentale usw. siehe auch Netzach und Hod.

5.Das Gesetz der relativen Schichtendetermination, wonach die höheren Schwingungen und Kategorien die niederen zwar determinieren und in ein geordnetes Kategorienmuster fügen, jedoch ohne die tragende Vitalität der tieferen Schwingungen und Kategorien praktisch keine direktive Dynamik entfalten können. Insofern besteht einerseits, eine von oben nach unten wirkende Determination und andererseits auch eine von unten wirkende Dependenz. Volkstümlich ausgedrückt: *"Der Teufel tritt den Blasebalg und Gott spielt die Orgel."*
Berücksichtigen wir diese Gesetze bei der Wechselwirkung der zehn Sphären des Lebensbaumes über die 24 Wege, so gibt es keine chaotischen Vermengungen und wirklichkeitsfremden Schlußfolgerungen, sondern alles fügt sich zu einem geordneten Bild, das mit unseren inneren Erfahrungen übereinstimmt.

-zum magischen Mißbrauch des Pentagramms und seine bedauerliche Erblast aus dem Mittelalter

Das Pentagramm ist seit der Frühantike ein sehr mächtiges Symbol, das, in einem Zuge gezeichnet, einen fünfzackigen Stern ergibt. Sein Synonym wie Mahrfuß, Nachtmahr, Drudenfuß, Drudenkreuz, Alpfuß, Nornenstapfe oder Pentalpha, desgl. Pentangulum usw. war ursprünglich ein kosmisches Zeichen, das schon auf etruskischen Keramiken gefunden wurde. Schon bei Pythagoras und seinen Jüngern in Unteritalien war das Pentagramm ein heiliges Symbol der leiblich-seelischen Harmonie und galt als Zeichen der Gesundheit. In den gnostisch-manichäischen Sekten verehrte man es als zentrales Symbol der heiligen Fünf und der Gegensatzvereinigung, aber auch heute noch gilt es als Erkennungszeichen der Bogumilen im Balkan. Die Gnostiker erblickten im Fünfstern die fünf Elemente (Licht, Luft, Wind, Feuer und Wasser), wobei analog ihrer weltverneinenden Haltung die Erde nur ein Nebenprodukt war. Die christliche Ikonographie verwendete den Fünfstern als Zeichen der fünf Wundmale des Gekreuzigten und sah darin den geschlossenen Zyklus der Verknüpfung von Anfang und Ende durch gerade Linien. Aus dieser Sicht interpretierte die christliche Exegese die fünf Wundmale als das Alpha und Omega der Menschheitsgeschichte. In der Spätantike erschien das Pentagramm auf verschiedenen Abraxasgemmen und wurde so mehr und mehr zum magischen Zeichen. Eine sehr bedeutsame Rolle spielte das Pentagramm im Mittelalter. Auf Felsritzbildern im Alpenraum, über Türbalken, Fußschwellen, Almentüren und am Rauchfang war es häufig zu finden und sollte eine Unheil bannende Wirkung ausüben. Seinen literarischen Niederschlag findet es in Goethes Faust, wo Dr. Faust in einer Bannungsszene (Evokation) angehalten wird, das Pentagramm, ohne Lücken zu zeichnen. In der freimaurerischen Symbolwelt taucht das Pentagramm als "flammender Stern" auf und erlangte in engeren Zirkeln verschiedene Bedeutung. Die Alchimisten hatten die Fünfzahl, ähnlich wie die Gnostiker, mit der harmonischen Vereinigung der Elemente erklärt, indem sie das Pentagramm als Symbolgestalt jener geistigen Quintessenz interpretierten, aus der alle Elemente ausgehen und wieder eingehen.
Traditionell wird die mit einer Spitze nach oben weisende Form als weißmagisch, die mit zwei Spitzen nach oben weisende Figur als schwarzmagisch bezeichnet. In letztere Variante wurde oft ein satanischer Bockskopf eingezeichnet, und in erstere

eine mit Händen und Füßen ausgestreckte Menschengestalt. Diese doppelte Bedeutung hat dem Pentagramm einen üblen Ruf eingebracht, und besonders in christ-

Abb.94

lichen Kreisen war das Janusgesicht dieses Symbols Anlaß zu heftigster Polemik. Die weißmagische Strichführung geht von der oberen Zacke nach links unten, und folgt wieder rechts aufwärts, bis sie zur fünften Zacke zurückkehrt. Wird sie in dieser Reihenfolge im Beschwörungs-Ritual gezeichnet, so bedeutet dies eine Anrufung (Invokation). Umgekehrt wird sie nur im Bannungsritual gezeichnet (Evokation). Bannung bedeutet, daß man etwas verhindern oder abwehren will, entweder Unglück, Unheil, Krankheit, böse Absichten usw., daher wurde das Pentagramm, vor allem im Mittelalter, häufig für Abwehr-und Bannungszaubereien benutzt und kam so arg in Verruf. Einen negativen Höhepunkt Pentagramm'scher Ritualmagie gab es im Neunzehnten Jahrhundert, als der englische Geheimorden der goldenen Dämmerung (Golden Dawn) zusammenbrach. Namen wie Aleister Crowley und Mc. Gregor Mathers, die sich beide schwarzmagisch auf Leben und Tod bekämpften, lieferten Kirchen, Sekten und kirchlich verpflichteten Psychologen, genügend Zündstoff, um jedwede Form von Magie als Dämonenwerk zu verurteilen. Diese negative Erblast ruft beim Anblick des Pentagramms bei vielen Menschen Angst und Mißtrauen hervor, daher schien es mir notwendig, auf die tiefere Bedeutung von Evokation und Invokation einzugehen.

-zu Thanatoszyklus I und Ia, die Übertreibung und Unterbewertung (Unterschätzung)

Aus psychologischer Sicht kann selbstverständlich die Unterschätzung anderer, weniger beachteter Werte, sich auch durch eine überwertige Begierde entwickeln. Die Begierde oder der heiße Wunsch übersieht das Naheliegende, insofern ist sie die eigentliche Blockade. Ein ausgezeichnetes Beispiel dafür ist die Eifersuchtsblockade, deren rigoroser Besitzanspruch blind macht. Auch die Hochmutsblockade führt häufig zur Geringschätzung des einen oder anderen und bewirkt Unterschätzung, obwohl sie aus einer Selbstüberschätzung resultiert; sie steht der traumatischen Angstblockade diametral gegenüber, welche die Realität in einem bedrohlichen Lichte wahrnimmt. In diesem Sinne ist sie eine Überschätzung, doch blockiert sie. Andererseits kann die Neidblockade auch Begierden wecken und den Ehrgeiz mächtig anstacheln (kreativer Neid). Auch die moralische Blockade kann sowohl Wiedergutmachungs-Begierden wecken, als auch blockieren, in solchen und ähnlich gelagerten Fällen wird man den Individualfall berücksichtigen müssen.

-zu a)Gerechtigkeit, Gnade und Liebe

Die kabbalistische Tradition sagt, daß aus Chokmah die Weisheit und die Gnade emaniert. Da es zumindest den Anschein hat, daß die Gnade zur Gerechtigkeit in Widerspruch steht, ist dieser Gegensatz erklärungsbedürftig.

Gerechtigkeit

Ursprünglich bedeutet Gerechtigkeit etwa so, *wie geraderichten, passend oder angemessen machen.* In Hinsicht auf das Zusammenleben bedeutet dies, dem Mitmenschen so zu begegnen, wie es dieser nach seinem allgemeinen Wert als Person verlangen darf, und an ihn nicht höhere Anforderungen zu stellen als an sich selbst. Man kann die subjektive als auch objektive Gerechtigkeit in dem einfachen Satz der goldenen Mitte zusammenfassen: *"Alles nun, was ihr wollt, daß euch die Menschen tun sollen, das tut ihr ihnen auch."* Platon, aber auch den alttestamentlichen Propheten, war die Gerechtigkeit die Kardinaltugend schlechthin, die alle anderen Tugenden im Gleichgewicht erhält. Unter Gerechtigkeit versteht man heute mehr oder weniger den sozialen Frieden und die Gleichheit vor dem Gesetz.

Gnade

In der Philosophie bedeutete der Gnadenakt die höchste Form der Anerkennung des absoluten Weltgeistes durch die Unterwerfung. Nur ihm allein ist es durch sein Absolutum möglich, das Vergehen ungeschehen zu machen und im Vergeben und Vergessen die Untat im absoluten und somit endgültigen Entschluß zu löschen (Hegel). Gnade setzt Liebe und Barmherzigkeit voraus, hierzu kann uns auch die Definition der Liebe eine nützliche Hilfestellung geben.

Liebe

Liebe ist das Streben nach Vereinigung, ein nicht weiter ableitbares Verlangen nach Einssein mit dem Gewünschten. N.Hartmann definiert Liebe in seiner Ethik folgendermaßen: *"Dadurch, daß der Liebende dem Geliebten Spiegel und Sinnerfüllung seines Wesens ist, schafft die Liebe eine ethische Situation eigener Art, eine intime, absolut zweigliedrige Bindung zwischen Mensch und Mensch."* Platon begründet Liebe als eine Erhöhung des natürlichen Eros, der sich in der präexistenten Ahnung des *Wahren, Schönen und Guten* an dem Urschönen entzündet (überpersönliche Erwartungswerte) und zum geistigen Eros transformiert (platonische Liebe). Er findet erst dann seine endgültige Erfüllung, wenn er der Urideen des *Wahren, Schönen und Guten* im Lichtreich (Lichtmaterie) ansichtig wird. Die Platonische Liebe ist transformierter Eros oder die überpersönliche Bewußtseinshaltung, die dem Prozeß der drei kosmischen Urimpulse folgt:

1.Der Initialimpuls
2.Der Affinitätsimpuls
3.Der ordnende Impuls

Die Affinität ist der integrale, alles verbindende und lösende Impuls, welcher die Voraussetzung für Ordnung und Neuimpuls schafft, weil er die Gegensätze in ihren verwandten Qualitäten miteinander verknüpft und nichtverwandte Gegensätze voneinander löst, siehe auch S.20 und 107.

Goethe setzt Liebe und Leben in eins:
"Denn das Leben ist die Liebe
Und des Lebens Leben Geist."

Es gibt Stufen der Liebe, und je höher sie hinaufsteigt, desto mehr löst sich die Liebe vom Persönlichen ab, z.B. Freundschafts-, Geschwister- und Freiheitsliebe, und gipfelt oder erweitert sich zur metaphysischen Liebe oder Gottesliebe. Eine so transzendente Liebesfähigkeit ist *überpersönlich* und setzt ein totales Fallenlassen aller persönlichen Abgrenzungen voraus. Religiös kann dies in der herzlichen Hingabe an Gott geschehen, entsprechend dem Vers 18.65 in der Bhagavadgita, wo Krsna Arjuna mit den Worten ermuntert: *"Richte dein Bewußtsein ganz auf mich, weihe mir dein ganzes Sein, so wirst du zu mir gelangen. Dies ist mein Wort und mein Versprechen an dich, weil du mir lieb bist."* Erst wenn jemand diese wahrhaft herzliche Aufforderung verwirklicht, kann er das Gebot der Nächsten- und Feindesliebe realisieren. *"Wer nicht liebt, kennt Gott nicht, Gott ist die Liebe."* Nur wer also Gott zugewandt ist, kann lieben, denn vernünftige Einsicht und ethische Logik allein reicht niemals für eine *bedingungslose* Liebe aus, d.h. ohne dafür etwas zu erwarten. Paulus hat in 1.Korintherbrief (13) ein Hohelied auf die Liebe verfaßt, das m.E. die beste Definition gibt und dem nichts mehr hinzuzufügen ist. In einer Kurzfassung können wir abschließend über die Liebe sagen: *Liebe ist das Streben nach Verschmelzung und gibt die Kraft der bedingungslosen Hingabe.*

Gnade

Aus religiöser Sicht bedeutet Gnade "unterstützen, helfen" und die unverdiente Vergebung und Erlösung durch Gott. Vor allem die monotheistischen Gnaden-Religionen (Judentum, Islam, Christentum, sowie Splittergruppen im Hinduismus (Bhaktibewegung) und im japanischen Buddhismus (Dschodo-schu, Amitabha-Buddha) bekennen sich zur erlösenden Gnade. Im christlichen Verständnis ist Gnade die freie Selbstmitteilung Gottes. Gott läßt durch Gnade den Menschen am göttlichen Leben teilhaben; indem er den Menschen in einem Gnadenakt sich selbst erschließen läßt, entdeckt der Mensch seine Gotteskindschaft und tritt hierdurch in die Gemeinschaft mit Gott. Gerade der Katholizismus macht hier noch weitere Differenzierungen, die in einem gewissen Widerspruch zur esoterischen Auffassung stehen. Die gnadenhafte Gemeinschaft des Menschen mit Gott ist zwar die Berufung vieler Menschen (viele sind berufen, doch wenige auserwählt), d.h. der Mensch ist von Natur für die Gemeinschaft so angelegt, doch zwingt dies Gott nicht, ihm diese Gnade zu gewähren, daher bleibt er sie nicht schuldig. Das grundlegende Axiom katholischer Dogmatik gipfelt in der Auffassung, daß, wenn Gott diese Gnade gewährt, dann erst wird der Mensch vervollkommnet und seine Natur zu dem erhöht, wozu sie berufen ist. Verfolgt man die Geschichte der Gnadenlehre, dann hatte auch sie ihren Gnadenstreit. Der Jesuit *Lois de Molina* behauptete, daß die göttliche Gnade und der menschliche Wille zusammenwirkten. Die Mitwirkung Gottes besteht jedoch nicht darin, daß er die Entscheidung vorherbestimmt, sondern er stellt seine Kraft nur zur Verfügung, und letztlich entscheidet der Mensch. Dennoch weiß Gott im voraus, wie sich der Mensch unter jeder gegebenen Bedingung verhalten würde (Metawissen). Molina glaubte, durch diesen Kompromiß die Freiheit des Menschen voll zu bewahren (Molinismus). Sein entschiedener Gegner war der Dominikanermönch Domingo Banez, der genau das Gegenteil behauptete, nämlich, daß jede innere Entscheidung von Gott nicht nur gewußt, sondern auch vorherbestimmt ist, obgleich der Mensch meint, er hätte aus ureigenstem Beweggrund entschieden. Banez augustinisches und thomistisches Gnadenkonzept läßt dem Menschen keine Entscheidungsfreiheit und muß notwendig in der Umklammerung der Prädestinationslehre landen, wonach Gott eben doch Auserwählte hat, welche "im Buch des Lebens" stehen. Berücksichtigt man, daß beide darin übereinstimmen, daß Gott sowieso weiß, wie der Mensch sich entscheiden würde, dann gibt es für Gott weder eine Prüfung, noch eine Verdammnis, noch Auserwähltheit, denn Gott wird wohl kaum etwas erschaffen, damit er es am Ende um so genüßlicher verdammt oder auserwählt! Wer einen solchen Unsinn glaubt, hat eine etwas naive Gottesvorstellung. Berücksichtigt man überdies, daß für Gott die Zeit nicht existiert, dann wird die Prädestinations-und Gnadenlehre noch widersinniger, denn Erschaffung, Verdammnis und Auserwähltheit als auch Erlösung müßten in ein immerwährendes Jetzt zusammenfallen, und letztlich läuft es darauf hinaus, daß Gott seinen eigenen Ratschluß verdammt, auserwählt und erlöst. Die innere Erfahrung, daß der Mensch meint, er allein sei der Urheber der Entscheidung, bewirkt zwar Schuldgefühle und Wiedergutmachungsbegehren oder auch Genugtuung, doch nicht für Gott. Für mich ergibt sich daraus die Schlußfolgerung, daß Gott in uns als Beobachter in Form des Gewissens zugegen ist und wir daran

wachsen sollen. Wenn Gott an unseren Entscheidungen Anteil hat, dann nur so, daß er im Bewußtsein vom Gebot der Nächstenliebe gegenwärtig ist und uns zur Einhaltung der goldenen Regel mahnt, die wir bei allen unseren Entscheidungen als oberste Instanz zu berücksichtigen haben. Es ist also mehr eine Frage, wie bewußt uns die Nächstenliebe ist und wie dringlich die Verwirklichung der goldenen Regel. Die Lösung des Rätsels liegt wohl im Grad der Bewußtheit, also wie bewußt wir den Impuls der goldenen Regel wahrnehmen; und sollte nun das wieder ein Gnadengeschenk sein, so kann Gott eigentlich niemanden zur Verantwortung ziehen, der noch in einem halbbewußten Zustand dahindämmert. Die Frage nach Umfang und Klarheit des Bewußtseins ist m.E. eine Frage des Eros- und Thanatoszyklus. Jede persönliche Bewertung und Verurteilung führt in die Absonderung und damit in die Halbbewußtheit, und umgekehrt, jede überpersönliche Wertsetzung führt in die Bewußtheit und Ganzheit. Daß letzteres der Omegapunkt der Schöpfung ist, leuchtet ein, und so sage ich, daß alles, was ist, was war und was je sein wird, sich Gott annähern möchte, und diese ungestillte Sehnsucht der eigentliche Antrieb und die evolutive Bewegung aller Manifestationen ist. Die personale Verschmelzung der 24 Urideen und die reine, ungetrübte einheitliche Wahrnehmung der 24 individuellen Bewußtseinshaltungen sowie die fünf transzendenten Füllen *Liebe, Freude, Freiheit, Schöpfung und Geborgenheit* sind das Ziel dieser Sehnsucht, denn es sind Attribute der Seligkeit.
Gerechtigkeit und Gnade sind daher durchaus vereinbar. Entscheiden wir uns für den Eroszyklus, dann fällt uns auch mehr Bewußtheit zu, wir stehen dann im Lichte klarster Erkenntnis, Gott macht sie uns sozusagen zum Geschenk. Entscheiden wir uns für den Thanatoszyklus, dann erleiden wir die Frucht der Unbewußtheit und Absonderung, das ist das Gesetz, dem wir alle folgen müssen und es ist durchaus gerecht. Unauflösliche Widersprüche zwischen Gnade und Gerechtigkeit gibt es nur, wenn wir, wie dies alle Erlösungs-und Gnadenreligionen tun, die Verantwortung stets auf Gott abschieben; dann müssen eben die Gnaden- und Erlösungsvorstellungen herhalten, um all die Ungereimtheiten wieder auszubügeln. Hat ein Mensch z.B. sein ganzes Leben lang den Thanatoszyklus praktiziert, und seine Bewußtheit nimmt in Bezug auf das Du kontinuierlich ab, dann muß er sich nicht wundern, wenn er den Standpunkt anderer zunehmend weniger versteht, und innerlich mehr und mehr vereinsamt. Dies ist dann nur gerecht, wenn er sich am Ende unverstanden fühlt, weil er schließlich an dem leidet, was er anderen Menschen ständig angetan hat. Die Wirkung dieses karmischen Gesetzes der Gerechtigkeit ist eigentlich Gnade, denn sie rüttelt ihn aus seinem Ego-Bewußtsein wach und bringt ihn auf den richtigen Weg. Würde dies nicht geschehen, dann würde sich sein Bewußtsein so weit verdunkeln, bis es schließlich in einen animalischen Zustand verfiele, der statt ein Fortschritt ein Rückschritt wäre. An diesem Punkt zeigt sich auch die Weisheit und Gnade in Chokmah, die uns vor einer Katastrophe bewahrt. Weisheit ist also nicht nur beliebiges Wissen, sondern ein Wissen um die letzten Gründe und Ziele alles Seienden; sie ist eine Betrachtung und Beurteilung alles Zeitlichen im Lichte der Ewigkeit (sub specie aeternitatis). *Der wahre Weise ist weit mehr als ein Philosoph, er erschließt das Sein nicht im logischen Sinn-Zusammenhang, sondern ordnet sie aus der Sicht des Göttlichen, sozusagen in einer*

Metaordnung, in welcher jede Erscheinung, und sei sie noch so unbedeutend, zum Ganzen in einen verherrlichten und nahezu verklärten Zusammenhang steht. Diese Sichtweise ist jedoch nur einem erleuchteten Geist möglich.

-zu b)Gerechtigkeit und Liebe im Alltag

Allzu locker und unbeschwert läßt sich im philosophischen Elfenbeinturm über Gnade, Liebe und Gerechtigkeit reflektieren; ganz anders sieht es aus, wenn wir im Alltag damit umgehen sollen. Zu leicht geht das Wort Liebe, Vergebung und Nachsicht über die Lippen, doch im Alltag versagen viele kläglich. Worauf kommt es mehr an: auf Liebe oder Gerechtigkeit? Beides, würde jeder sagen, denn somit hat man immer recht, doch so einfach ist das nicht. Liebe ohne Gerechtigkeit gibt es nicht, und die Liebe hat die Gerechtigkeit zur Voraussetzung, andernfalls *erkaltet* sie, ja die Liebe verlangt eine ethische Grundhaltung, z.B. Achtung (Weg 3), Aufrichtigkeit (Weg 5), Treue (Weg 12), Zuverlässigkeit (Weg 14), Vertrauen (Weg 15), gerechte Belohnung (Weg 4), Hilfsbereitschaft (Weg 10), Akzeptanz (Weg 9), Geduld (Weg 22a) usw., ohne sie kann Liebe nicht bestehen. Nun aber auch umgekehrt: Alle die genannten Bewußtseinshaltungen können nur durch die Liebe verwirklicht werden und haben sie wieder zur Grundlage. Ohne Liebe kann es keine Achtung, Aufrichtigkeit, Treue, Zuverlässigkeit, Vertrauen, gerechte Belohnung, Hilfsbereitschaft, Akzeptanz, Geduld usw. geben! Wir sehen also, daß im Bereich des Seelenlebens eine innige Wechselwirkung besteht, ein Art mosaikartiges Korrelat von Bewußseinshaltungen, die sich gegenseitig bedingen und aus einer der fünf transzendenten Drangrichtungen hervorgehen, welche wie ein Zauberwebstuhl immer neue Muster hervorbringen, siehe auch Band I. Jemand, der uns schweren Schaden zufügt, sei es, daß er uns verleumdet, betrügt, verletzt oder gar ein Verbrechen an uns verübt und so unseren Glauben an das Wahre, Schöne und Gute schwer erschüttert, wie sollen wir einem solchen Menschen verzeihen, geschweige ihm wieder Liebe entgegenbringen? An solchen Proben zeigt es sich, wie weit unsere Liebe reicht. Da hilft es auch wenig, alles in Bausch und Bogen als Maya oder Illusion abzutun, denn der seelische Schmerz ist im Moment eine übermächtige Realität geworden. Doch in einem Punkt können wir Gerechtigkeit üben: Indem wir, wenn wir noch unter der Qual der Enttäuschung leiden, auf Rache und Vergeltung verzichten und das Gericht dem göttlichen Gesetz überlassen, denn wer nach dem Motto: *"Aug um Aug, Zahn um Zahn"* verfährt, begibt sich auf die gleiche Stufe und ist nicht viel besser. Dennoch sollten wir nicht darauf warten, was dem anderen vielleicht zustoßen könnte, sondern die spirituelle Botschaft, siehe S.281, erforschen, d.h. die Analogie des Ereignisses im Inneren suchen, um den tieferen Sinn zu erfassen. Danach mag es uns besser gelingen, den affirmativen Satz in Weg 4 zu verwirklichen: *Ab heute segnest Du mit mir jene, die mich verfluchen und gibst mir Kraft, für die zu beten, welche mich beleidigen.* Es gibt natürlich auch da so manches Aber! Was ist, wenn z.B. der/die Andere seine Schuld nicht einsehen will und auch noch der Meinung ist, er hätte richtig gehandelt? Zunächst empört das und verhärtet die Fronten! In einem solchen Fall sollten wir nach der weisen Empfehlung verfahren: *Versöhne dich mit deinen Gegner, gib ihm mehr als er fordert,* denn genau dies ist die richtige Medizin für Rechthaber und solche, die es werden wollen, und daraus folgt: *Der eine bekommt sein Recht, der andere behält das Leben!* Mag jemand, der auf sein Recht besteht, seine Genugtuung haben, glücklich kann er damit keinesfalls werden, sofern der andere auch im Recht war. Trotz erfolgreicher Durchsetzung, Gerichtsverfahren und Urteilsbestätigung bleibt ein Rest von Unrecht und ein Gewissenskonflikt, der nicht nur in der Seele nagt, sondern auch an der Lebensfreude zehrt. Besser wird es immer jenen ergehen, die trotz ihres Rechtes auf den Instanzenweg verzichten, vorausgesetzt, daß elementare Grundrechte und die persönliche Freiheit nicht verletzt wurden, welche die Grundlagen der Existenz erschüttern. Allgemein gesprochen ist jeder Rechtsstandpunkt einseitig, daher relativ und vergänglich, davon können Advokaten und Richter ein Lied singen. Weder gibt es nach menschlichen Maßstäben eine absolute Gerechtigkeit, noch einseitige Schuld, denn Täter und Kriminelle sind teilweise auch das Opfer von Millieuzwängen; auch wenn dies niemandem die Verantwortung abnimmt, so gibt es auch zwischen Täter und Opfer einen verborgenen Zusammenhang. Freilich: selbst der Friedlichste kann nicht in Ruhe leben, wenn es der böse Nachbar nicht will, das sei unbestritten, doch aus esoterischer Sicht gibt es keine Zufälle, und weshalb man mit einem boshaften Menschen Tür an Tür leben muß, läßt sich nur vermuten. Ich jedenfalls bin davon überzeugt, daß jeder, der die Antwort zuerst bei sich sucht, ein Friedensstifter in dieser Welt ist, der zur spirituellen Evolution der Menschheitsfamilie beiträgt. Nimmt jemand z.B. die Problematik der Nachbarsbeziehung als echte Herausforderung für seinen Reifeprozeß an, und hat er auch noch Spaß daran die Bosheit seines Hausbewohners in eine gut nachbarschaftliche Beziehung umzuwandeln, dann gehört er zu den aristokratischen Esoterikern, an denen man sich ein Beispiel nehmen kann. Auf diesem Niveau reicht er die Hände aus Mitgefühl zum anderen hinab, und zieht ihn aus dem Egosumpf kleinkarierter Standpunkte. Das ist echte innere Vornehmheit, die Respekt abnötigt.

Je nachdem, welchen Standpunkt man einnimmt, hat man recht! Insofern ist das Rechthaben tatsächlich Maya eine Illusion des bewertenden Ich-Bin, dem hinterherzulaufen sich nicht lohnt. Trotzdem bleibt bei vielen das Aber hängen, und es wurmt! Der Wurm ist die vermeintliche Niederlage, und viele können nicht einsehen, warum sie klein beigeben sollen? Sie wollen "Genugtuung" und verlangen vom anderen Nachgiebigkeit, ohne zu merken, daß sie sich damit auf das gleiche Niveau begeben wie ihr Kontrahent. Wer Sinn für innere Aristokratie hat, bewahrt nicht seine eigene Würde, sondern *die Würde der Menschheit in seiner Person* und läßt sich auf solcherlei Unternehmen erst gar nicht ein, er hat höchstens Mitleid. Zumindest aus einer wichtigen Erfahrung weiß ich, daß der innere Aristokrat andere zum schäumen bringen kann, hierbei wird es sehr darauf ankommen, *wie man diese Würde* dem Kontrahenten signalisiert. Trotz all dieser Einsichten erfordert der Verzicht auf Rechtsstandpunkte einige Überwindungskaft und verlangt innere Größe, weil man sich zwischen Stärke und Schwäche zu entscheiden hat (Ambivalenz). Setzt man sein Recht durch, so gilt das allgemein als stark und mutig, gibt man nach, so fühlt man sich schwach und feige. Es geht also nur um eine bestimmte *Selbstvorstellung!* Hinterfragt man, was diese sogenannte Selbsvorstellung zur Grundlage hat, so kommt man wieder auf die bewertenden Ich-Bin-

Attribute, die aus einem Sammelsurium von Selbstkommentaren, Meinungen und Erwartungen bestehen, und unser sterbliches Ichbild ausmachen. Dieses mehr illusionäre, traumhaftes Selbstbildnis holt sich aus Hod die Rechtfertigungsgründe und aus Netzach die emotionale Ladung. Es tritt mit einer bedingenden Forderung dem Ereignis oder Mitmenschen gegenüber und erwartet, entweder von sich oder vom Mitmenschen, bestimmte Verhaltensmuster und Ansichten, die dem eigenen Niveau und den Bedürfnissen angemessen ist. Im Prinzip ist dies ein Kampf um vergängliche Vorstellungen und Meinungen, über die der Weise lächelt. Obsiegt ein solcher Don Ouijote, so hat er nur sein illusionäres, traumhaftes Selbstbildnis gestärkt und verlängert den dummen Traum seines Lebens, aus dem er eigentlich erwachen sollte! Subjektive Gerechtigkeit, so hörten wir weiter oben, ist die Fähigkeit, *jedem nach seinem Maß zu geben.* Diesen Satz können wir im Alltag umgekehrt genauso verwirklichen, nämlich, daß wir dem anderen *seine Illusion lassen* und uns so über seinen Standpunkt stellen, denn würden wir uns darauf einlassen, dann würden wir uns in seine Illusion begeben und wären Mitgefangene des schrecklichen Traums. Die Alternative der Engel aber lautet: *Die Zeit ist bemessen: ewiger Traum oder ewiges Leben?* Und eben, weil die Zeit so knapp bemessen ist, lohnt es sich nicht, den Traum vom Ego zu verlängern.

Literaturhinweise

Hinweis: Das vollständige Literatur- und Quellenverzeichnis finden sie im Band I
Binder, Walter Manuskript: Der Mensch im Lebensbaum, Band I, Verlag für Naturmedizin und Bioenergetik, Deggendorf.
Binder, Walter; Manuskript: Die Wegearbeit im Lebensbaum, Band II, Verlag für Naturmedizin und Bioenergetik, Deggendorf.
Binder, Walter; Manuskript: Krankheitsdeutung und Therapie im Lebensbaum, Band III, Verlag für Naturmedizin und Bioenergetik, Deggendorf.
Binder, Walter; Manuskript: Herzensübergabe, Verlag für Naturmedizin und Bioenergetik, Deggendorf.
Binder, Walter: Der Energiekörper im Feld der Reiki-Kraft, Verlag für Naturmedizin und Bioenergetik, Deggendorf.
Binder, Walter: Die kommende Lichtmaterie, Verlag für Naturmedizin und Bioenergetik, Deggendorf.
Mallasz Gita: Die Antwort der Engel, Daimon-Verlag Zürich. Dieses Buch kann ich allen aufrichtigen Suchern wärmsten empfehlen! Die Botschaften der Engel wurden aus diesem Buch zusammengestellt.
Scholem, Gershom: Von der mystischen Gestalt der Gottheit, Suhrkamp Taschenbuch-Verlag, Frankfurt am Main.
Scholem, Gershom: Zur Kabbala und ihrer Symbolik, Suhrkamp Taschenbuch-Verlag, Frankfurt am Main.
Scholem, Gershom: Die jüdische Mystik, Suhrkamp Taschenbuch-Verlag, Frankfurt am Main.

Bildquellennachweis

Abb.2, S.24, Josef Strzygowski, Asiens bildende Kunst, Augsburg.
Abb.3, S.25, Josef Strzygowski, Asiens bildende Kunst, Augsburg.
Abb.4, S.25, Josef Strzygowski, Asiens bildende Kunst, Augsburg.
Abb.5, S.25, Gerda Gollwitzer, Bäume, Bilder und Texte aus drei Jahrtausenden, Herrsching.
Abb.7, S.26,Alexander Eliot, Mythen der Welt, Luzern.
Abb.9, S.32, Erich Bischoff, Die Elemente der Kabbala, Fourier-Verlag Wiesbaden.
Abb.10, S.34, Heinrich E.Benedikt, Die Kabbala als jüdisch-christlicher Einweihungsweg, Hermann Bauer-Verlag, Freiburg im Breisgau.
Abb.11, S.36, Papus, Die Kabbala Einführung in die jüdische Geheimlehre, Fourier-Verlag Wiesbaden.
Abb.67, S.210, Hans Biedermann, Knaurs Lexikon der Symbole, Doemersche Verlagsanstalt München.
Abb.81, S.337 Paul Frischauer, Es steht Geschrieben, Doemersche Verlagsanstalt AG. Zürich.
Abb.89, S.420, Gerhard J.Bellinger, Knaurs Lexikon der Mythologie, Doemersche Verlagsanstalt München.
Abb.94, S.453, Josef Strzygowski, Asiens bildende Kunst, Augsburg.
Engelsabildungen: Malcom Godwin, Engel, Verlag Zweitausendeins, Frankfurt.
Alle Mandala-Abbildungen wurden, mit freundlicher Genehmigung des Hugendubel-Verlages, aus ***dem Mandala-Mahlblock „72 ausgewählte Mandalas aus Ost und West und aus der Mitte“*** entnommen. Der Verfasser Rüdiger Dahlke hat hierzu ein Grundlagenwerk geschrieben, das aus der Sicht des Verfassers für die spirituelle Zentrierung sehr gut geeignet ist.

Glossar

Absonderung
Ein Bewußtsein, das sich durch seine Selbstvorstellungen und Meinungen (Weltinterpretation) vom Universum oder Ganzen absondert und eine Sonderexistenz führt, siehe auch Ich-Bin.

Abyss
Abgrund, Graben oder Grenze zwischen menschlichem Bewußtsein (mentale Erkenntnisgrenzen) und integraler Wahrnehmung (Ganzheitsbewußtsein), siehe auch S.57.

Adam Kadmon (Kabod)
Der zukünftige Lichtmensch, der die Materie erlöst und zur Lichtmaterie verwandelt, auch der verherrlichte Menschensohn im Thronwagen des Hesekiel, siehe auch Schi'ur Koma und Lichtmaterie.

Äon
Zeitabschnitt, in welchem der Frühlingspunkt durch ein Sternzeichen wandert. Ein Äon dauert 2160 Jahre und ist der zwölfte Teil oder ein Weltenmonat des platonischen Jahres. Am Ende eines Äons kommt es zu größeren kulturellen und gesellschaftlichen Umwälzungen, die ein neues Bewußtsein einläuten, siehe auch Jahr platonisches.

Aggression
In allgemeiner Bedeutung Angriffs- oder Beschädigungsabsicht, um sich abzureagieren, zu vergelten oder Genugtuung zu verschaffen. Es gibt Stufen der Aggression vom feinen Spott (Ironie) bis brachialer Gewaltanwendung sowie physischer oder seelischer Vernichtung. In unserem Sinne bezieht sich die Aggression mehr auf die höheren Formen (Ironie, Spott, Bloßstellung, Schadenfreude, Zynismus, Sarkasmus usw.) welche sich nicht nur nach außen, sondern auch nach innen richten und zerstörerische Wirkung auf das Selbstwertempfinden und die Wertehierarchie entfalten (seelische Selbstvergiftung).

Ajin
Die Nulloption Gottes oder die größte Selbsteinschränkung, siehe auch Zim-Zum.

Ajin-Sof
Die erste Offenbarung des göttlichen Wortes. Eine unendlich ausgedehnte Schwingung und Vibration -das schwarze Licht der Sufis- in der alle Strukturen und Formen enthalten sind. die Schwingung ist für uns als Aum oder Om hörbar.

Ajin-Sof-Aur
Der unsagbare Urglanz Gottes oder grenzenloser Ozean himmlischen Lichtes. In ihm sind die fünf Füllen, alle Urideen und alle Universen enthalten. Er hat kein eigentliches Zentrum, sondern nur die Tendenz zu einer wirbelnden Konzentration oder ‚Fokussierung, siehe auch Fokussierung im Urglanz und im Urglanz, S.147.

Akiba Ben Joseph, Rabbi
Bedeutender Talmudlehrer im 1.Jh.n.Chr. und Oberhaupt einer Talmud-Schule in Bene Beraq bei Jaffa. Er schuf die Grundlagen der Gesetzesauslegung (Mischna) und war der festen Überzeugung, daß kein Buchstabe der Bibel überflüssig sei. Zum Verhängnis wurde ihm die messianische Verehrung des Bar Kochba, bei dessen Aufstand gegen die Römer er gekreuzigt wurde. Rabbi Akiba sympathisierte mit den Merkaba-Mystikern, und wahrscheinlich stammen das Textfragment Schi'ur Koma sowie das Buch Sepher Jezirah von ihm, siehe auch dort.

Aktionsfeld
Suchraster für die Wegearbeit zur näheren Eingrenzung des *"Wo"* alltäglicher Tätigkeitsbereiche, z.B. im Beruf (Kollegen), Unterwegs (Kunden), Behörden (Ämter), Familie, Verwandtschaft, mit der Familie unterwegs, Partnerschaft, Bekanntenkreis, Nachbarn usw. Das Aktionsfeld und der innere Lebensbereich hängen unmittelbar zusammen, siehe dort, auch Botschaft spirituelle.

Alpha-Omega-Omega-Alpha
Terminus der Engel: Das Endziel der spirituellen Evolution, in dem sich Anfang und Ende berühren und dessen Verbindungsglied oder die Brücke der Mensch ist, siehe auch Adam Kadmon und Deus est centrum mundi.

Alphabet
Ziffern oder Schriftzeichen einer Sprache in festgelegter Reihenfolge. Im übertragenen Sinne fraktale Elemente, z.B. die Koch'sche Schneeflocke, von allen nur denkbaren Schöpfungsformen und Linien. Im esoterischen Sinne eine Anzahl archetypischer Symbole, welche als universales Orakelsystem auf alle Bewußtseinsinhalte oder Lebenssituationen angewandt wird, z.B. das I Ging, Tarot, Runen usw., siehe auch Tarot und Runen.

Aramäisch
Eine semitische Sprache, die sich von Syrien aus über den ganzen vorderen Orient ausbreitete und im Persischen und Assyrischen Großreich (650 v.Chr.) zur Amtssprache erhoben wurde mit zahlreichen Dialekten. Die altsyrische Estrangeloschrift ist noch ein Relikt aramäischer Schriftzeichen. Jesus sprach übrigens westaramäisch.

Archetyp
Instinktive, universale Urbilder oder Grundmuster der Psyche, die überall in der Welt gleich sind, unabhängig von Kultur und Rasse. Auf ihrer Unterlage entwickeln sich Bildmotive, Imaginationen, Träume oder unbewußte Drangrichtungen, welche die ganze Persönlichkeit beherrschen können, siehe auch Drangrichtung transzendente und S.244

Arkanum
Geheimwissen, in dem es um Symbolismen oder rituelle Geheimnisse geht. Manchmal auch lebensverjüngende Geheimmittel oder Elixiere, besonders im Taoismus und in der Alchemie. Die ersten 22 Karten des Tarot bezeichnete man ursprünglich als großes Arkanum, doch kann hier von einem Geheimwissen nicht mehr die Rede sein, siehe auch Tarot und S.433.

Astral
Feinstoffliche Ebene der emotionalen und gedanklichen Existenz. Die posthume Astralebene, in die das Bewußtsein eingeht, wird von der Summe der überwiegend gelebten Bewußtseinshaltungen bestimmt, insbesondere ob es mehr von persönlichen oder überpersönlichen Motiven geleitet war.

Aura
Feinstoffliches Energiefeld, das sphärisch den physischen Leib umgibt und mit dem gewöhnlichen Auge nicht wahrnehmbar ist. Die Farben und Figurationen der Aura geben Auskunft über den seelischen Entwicklungsstand und das individuelle Lernthema. Je größer das Energiefeld, desto einflußreicher und bedeutender die Persönlichkeit, siehe auch Aurafarben S.422.

Begierde
Mehr oder weniger unbewußter Drang aus einem grundlegenden Defizit-Bedürfnis, z.B. Geld, Besitz, Einfluß, Wohlleben, Autorität, Selbstdarstellung und Macht usw. Das Kennzeichen der Begierde ist der überwertige Selbstbezug und der mangelnde Glaube (Gewißheit des Gelingens); es fehlt ihr der überpersönliche Sinnzusammenhang und die nötige Distanz innerer und äußerer Wahrnehmung und schafft die Voraussetzung für Enttäuschung und Aggression, siehe auch Glaube und Thanatoszyklus.

Bewußtsein allgemein
Allgemein das Insgesamt der Bewußtseinsinhalte, die von dem Erlebnis begleitet sind, daß ich es selbst bin, der die Inhalte wahrnimmt. Das Wunder des Bewußtseins ist, daß der Mensch sich dabei selbst erlebt. Etwas anschaulich Gegebenes ist bewußt, wenn es wahrgenommen wird, wobei der Grad der Wahrnehmung von der Bewußtheit abhängig ist. In anderem Sinne bezeichnet man Bewußtsein auch als ein Bezugssystem, durch das jeder Inhalt zu den übrigen ins Verhältnis gesetzt und erkannt wird. Insofern hat das Bewußtsein eine Kontrollfunktion zwischen Innen und Außen, und sein Schwellenwert (vom Unterbewußten zum Bewußten) ist um so wirksamer, je höher die Stufe im Schöpfungsstrahl ist. *Wie* jedoch das B. z.B. ein Ding, etwa einen Stuhl, als von sich -der Person- unterschieden erkennt, trotzdem aber sich in das Objekt hineinversetzen kann, bleibt ein Geheimnis. In diesem Vorgang scheint es sich zu spalten, weil es gleichzeitig beim Subjekt und beim Objekt verweilt. Die Frage, *was* in mir Bewußtheit bewirkt, ist der eigentliche Schlüssel zur Lösung. Aus esoterischer Sicht ist B. die essentielle Fähigkeit des hohen Selbstes, virtuell zu agieren, d.h. es durchdringt wie ein raum-zeitliches Kontinuum die ganze Schöpfung und organisiert sich in unzähligen Ergänzungseinheiten und Stufen. Wenn, wie Satre sagte, Bewußtsein absolut ist, so kann es nur eine Ausstrahlung des Un-

faßbaren sein (Ajin-Sof-Aur). Dies ist das gemeinsam Verbindende, und jenes göttliche Erbe, das uns Menschen zu Brüdern macht, siehe auch Selbst virtuelles und Schöpfungsstrahl und virtuell.

Bewußtsein übergeistiges
Terminus von Sri Aurobindo (das göttliche Leben), ein Bewußtsein, welches die mentale Erkenntnisstruktur in eine Art Ganzheitsschau transzendiert, siehe auch Supramental und S.142 und 153.

Bewußtseinshaltung individuelle
Die originale und einmalige Einfärbung der vierundzwanzig Bewußtseinshaltungen in den Wegen des Lebensbaumes, siehe auch virtuelles Selbst.

Bewußtseinskontinuum ethisches
Die zu einer Einheit und Gesamtheit verschmolzenen Bewußtseinshaltungen der Wege im Lebensbaum. Die ethisch-sittliche Kontinuität ist möglich, weil aus jeder Bewußtseinshaltung alle anderen ableitbar sind und sonach alle in einem unmittelbaren Abhängigkeitsverhältnis stehen. Die Verwirklichung des Bk. vollzieht sich im Mittelpunkt, symbolisiert durch Tifereth, und bedeutet die integrale spirituelle Wahrnehmungseinheit einer Weltmitte, in der alle Ebenen und Gegensätze zu einer Einheit verschmelzen. Grundlage und Voraussetzung für das Bk. ist die konstante Verankerung in den fünf transzendenten Füllen oder überpersönlichen Drangrichtungen: ***Liebe, Freude, Freiheit, Schöpfung und Geborgenheit***, in welchen das sterbliche Ich-Bin in ein überpersönliches transzendiert sein muß. Praktisch ausgedrückt: *Wer in der wirklichen Welt arbeiten kann und in der Liebe lebt, der hat das Höchste erreicht."*
Die harmonische Wechselwirkung aller vierundzwanzig Bewußtseinshaltungen macht den göttlichen Eros aus oder die Liebe. In den anthropomorphen Erlösungsvorstellungen ist dies der Sohn des Menschen, der das Innere und Äußere aus der Absonderung befreit, siehe auch Direktmethode spirituelle und S.77.

Bhagavadgita
Sechstes Buch des indischen Mahabbaratha-Epos, in der Krsna Arjuna auf dem Schlachtfeld von Kurukstra begleitet und dieser in die spirituellen Lehren unterwiesen wird. In der Bhagavadgita sind verschiedene religiösphilosophische Anschauungen verschmolzen, die von den Anhängern der Bhaktibewegung religiös verehrt werden. Der Kampf gegen die Verwandten ist eine Allegorie zu den inneren Schatten. Der freundschaftliche Tenor dieses Werkes ist ausgesprochen theistisch und kann das Evangelium hervorragend ergänzen, siehe auch Bhakti.

Bhakti
Religiöser Weg der Liebe und Hingabe an das Göttliche, siehe auch Bhagavadgita und S.350 bis 355

Blockade
Seelisches Hindernis, Barriere. In der Kabbala bezieht sich Blockade auf die mentalen und emotionalen Sicht- und Einstellungsweisen, welche die Entfaltung einer oder mehrere

Bewußtseinshaltungen in den Wegen behindern und die Glorie der Sefiroth verdunkeln, siehe auch Wegeblockaden und Hauptblockaden.

Botschaft spirituelle
Die analoge Entsprechung eines äußeren Ereignis zur Art und Weise der inneren Wahrnehmung und ihre symbolische Interpretation (die äußere Umgebung widerspiegelt den inneren Zustand und appelliert an ihn), siehe auch Aktionsfelder und innere Lebensbereiche und S.283.

Conijunctio oppositorum
Das Zusammenfallen von Gegensätzen, z.B. das Symbol von Yin und Yang (Tai Chi). Das Ziel der spirituellen Evolution ist ein Bewußtsein, das zur integralen Wahrnehmungseinheit fähig ist und nur noch Ergänzungen zum Ganzen sieht. Das Conijunctio oppositorum ist im Lebensbaum in Tifereth symbolisiert, siehe Yin und Yang und Deus est centrum mundi.

Denken analoges
Denken in Ähnlichkeiten, z.B. das, was dem oder jenem entspricht, ihm ähnlich ist und auf einer anderen Ebene einen gleichwertigen Prozeß durchmacht, wird als Beispiel zum besseren Verständnis angeführt. Das analoge Denken erfordert weniger Logik, sondern mehr Ganzheitsbewußtsein und ist die Grundlage von Gleichnisreden.

Denkkategorien
Formale Verstandesbegriffe, die das Mental zur Einordnung von Erfahrung und Sinnesdaten verwendet, z.B. alle, viele, das Besondere, das Eindeutige, das Ausgeschlossene oder sich Ausschließende usw., um zu Urteilen und schlüssigen Beweisen zu gelangen. Ohne Denkkategorien gäbe es weder eine Orientierung in Raum und Zeit, noch irgendwelche Erkenntnis, siehe auch S.449.

Denkweise (Denkmodus)
Ausrichtung des Denkens entweder paradigmatisch oder original. Die paradigmatischen Hauptrichtungen sind der kausalanalytische und der induktivsynthetische Denkmodus. Eine originale Denkweise hat die Intuition und spirituelle Wahrnehmungseinheit zur Voraussetzung, siehe auch Wahrnehmungsmodus ost-westlich und S.134

Deus est centrum mundi
Die Weltmitte oder der Angelpunkt zwischen Himmel und Erde, in dem alle Gegensätze zu einer harmonischen Ganzheit verschmelzen. Es ist das Alpha-Omega-Omega-Alpha oder das verborgene Ziel der spirituellen Evolution oder die siebte Stufe des Seins. Der Weg zu diesem erhabenen Ziel führt über die Transformation und Transzendierung des sterblichen Ich-Bin und endet in der Implosion aller Ich-Bin-Attribute in der Lebensbaummitte. Der Mensch soll den Platz des *Deus est centrum mundi* einnehmen und zur allumfassenden göttlichen Glorie werden, alle Galaxien und Welten sind nur für dieses Ziel geschaffen worden. Im Lebensbaum symbolisiert Tifereth diese Mitte, siehe auch Transzendierung, Selbst virtuelles und Bewußtseinskontinuum ethisches.

Diaspora
Alle Juden, die außerhalb des israelitischen Staates, sowohl des alttestamentlichen, als auch des modernen Israels leben.

Direktmethode spirituelle
Methode welche die Alltagserfahrung für den spirituellen Transformationsprozeß in eine Sofort-Erkenntnis umsetzt. Jeder kann diese Methode erlernen, siehe auch Transformation und Transzendierung.

Doppelten, die neun
Alle Wege oberhalb der Erkenntnis (mittlere Mutter). Ihre Realisierung hat für die Entwicklung des Bewußtseinskontinuums doppeltes Gewicht, weil sie erstens eine feinere innere Wahrnehmung erfordern und bei Realisierung auf die einfachen Wege eher einwirken können als umgekehrt, siehe auch Wertigkeit kabbalistische.

Drangrichtung transzendente
Eine der fünf Grundausrichtungen oder ungeborenen, ewigen Kardinalschwingungen aus dem Wertekosmos (Welt Aziluth), von der das Ich sich die höchste Seligkeit und das Mysterium tremendum erhofft, nämlich Seligkeit der ***Liebe, Freude, Freiheit, Schöpfung* und *Geborgenheit.*** Die Gesamtheit der fünf Drangrichtungen macht die Fülle der Seligkeit aus, nach der jedes mit Selbstreflexion begabte Wesen bewußt strebt. Gelingt es einem Wesen im Hier und Jetzt, den Urglanz im Bewußtsein ganzheitlich und stabil zu entfalten, so lebt es im Deus est centrum mundi und ist erleuchtet. Aus den fünf transzendenten Drangrichtungen entfalten sich die vierundzwanzig Urideen, die Seinsschächte der Schöpfung, auf die sich die fünf Elemente, Tanmatras, Tattwas, Gunas, Schichtengesetze und die Fünfer- und Zehnerordnung allen Seins verteilt, siehe auch Hintergrundsehnsucht transzendente und Seinsschacht im Band I.

Einfachen, die zwölf
Alle Wege unterhalb der Erkenntnis (mittlere Mutter). Ihre Realisierung hat für die Entwicklung des Bewußtseinskontinuums einfaches Gewicht, da sie auf die Doppelten nicht in demselben Maße einwirken können wie umgekehrt, siehe auch Wertigkeit kabbalistische.

Energie der Mitte
Energetische Empfindung zwischen den Gegensätzen.

Erkenntnisbaum
Je nach praktischem oder theoretischem Standpunkt ein Arbeitsdiagramm, Aktions- oder Bezugsrahmen, in dem die Erkenntnisse über das Ich-Bin ablaufen. Im Erkenntnisbaum zirkulieren nur die Stadien der vier Thanatoszyklen, siehe auch Thanatoszyklus und Lebensbaum.

Erkenntnisprozeß
Meist leidvoller dialektischer Aufwärtsprozeß von These zu Antithese, zu höherführenden Standpunkten und Sichtweisen, die stets nur vorläufig sein können. Alle mentale Erkenntnis gipfelt in dem Weder-Noch und Sowohl-Als-Auch, und ist das Vorstadium zu einer integralen Wahrnehmung, siehe auch Thanatoszyklus und S.137.

Eros-Bewußtsein
Gesamtheit einer ethischen Gesinnung, welche das Wahre, Schöne und Gute realisiert und die dem verwirklichten Lichtmenschen entspricht. Das Erosbewußtsein kann sich nur im Lebensbaum entfalten, siehe auch Bewußtseinskontinuum und Eroszyklus.

Eros-Energie der vierundzwanzig Urideen
Umfassende Lebensenergie der archetypischen Urideen aus dem Wertekosmos des Wahren, Schönen und Guten, siehe Urideen und S.76

Erosstrahlung
Die über acht Wege ausstrahlende Energie der Mitte aus Tifereth (Harmonie, Vereinigung) oder aus Kether (Fülle), siehe auch primäre Wege und S.206

Eroszyklus allgemein
Sequenz, die zur integralen Wahrnehmung oder in die Transformation führt und ein ethisches Bewußtsein zur Folge hat. Ausgehend von der unschuldigen Neugierde, entfaltet sich der Eroszyklus nur im Lebensbaum und zielt auf die mittleren Sefiroth, in das Deus est centrum mundi, entweder nach oben in die Transformation oder nach unten in die Konkretisierung oder in die Lebensbaummitte (Tifereth). Die Sequenz steht zu den Thanatoszyklen in einem reziproken Verhältnis, siehe auch dort.

Eroszyklus horizontal
Im Lebensbaum der Fluß der Wahrnehmung von außen nach innen in die Integration. Die psychologische Reihenfolge ist: Neugierde, Zuneigung, Verstehen (Du-Verbindung), Ichlösung, Integration (Wir-Vereinigung). Die Sequenz steht zu den beiden horizontalen Thanatoszyklen in einem reziproken Verhältnis, siehe auch dort.

Eroszyklus II absteigend (Konkretisierung)
Im Lebensbaum der Fluß der Wahrnehmung von oben nach unten in die Konkretisierung oder Manifestation. Die psychologische Reihenfolge ist: Neugierde, Zuneigung, Wunsch (Ablösung von Standpunkten), Verknüpfung (Ich-Verbindung), Konkretisierung (Wir-Vereinigung). Die Sequenz steht zum absteigenden Thanatoszyklus in einem reziproken Verhältnis, siehe auch dort.

Eroszyklus II aufsteigend (Vereinigung, Transformation)
Im Lebensbaum der Fluß der Wahrnehmung von unten nach oben in die Vereinigung oder Transformation. Die psychologische Reihenfolge ist: Neugierde, Zuneigung, Sehnsucht (Verbindung zum Du), Loslassen (Ichlösung), Zulassen (ideelle Vereinigung). Die Se-

quenz steht zum aufsteigenden Thanatoszyklus in einem reziproken Verhältnis, siehe auch dort.

Flußrichtung evokative (Identifikation)
Im Fünferdiagramm (Pentagramm) graphische Darstellung des rechtsläufigen Wahrnehmungsflußes im Thanatoszyklus in die Identifikation, siehe auch dort.

Flußrichtung invokative (Integration)
Im Fünferdiagramm (Pentagramm) graphische Darstellung des linksläufigen Wahrnehmungsflusses im Eroszyklus in die Integration, siehe auch dort.

Fokussierung
Konzentration oder Zusammenfluß von Energien oder Vorstellungen auf einen Punkt, siehe auch Urglanz.

Fokussierung im Urglanz
Die Wahrnehmung des individuellen Seins als eine ewige Uridee im Glanz Gottes, siehe auch Ajin-Sof-Aur.

Fünferzyklus
Ein Grundzyklus von fünf Sequenzen, der gleichermaßen in der Natur und in der menschlichen Seele abläuft. Je nachdem, welche Richtung er im Bewußtsein nimmt, führt er entweder in das Erosbewußtsein (linksläufig) oder in das Thanatosbewußtseins (rechtsläufig), siehe auch Eros- und Thanatoszyklus und Flußrichtung.

Gegensatzproblematik
Die Unvermischbarkeit zweier gegensätzlicher Standpunkte oder Denkweisen, die sich nur schöpferisch ergänzen können, niemals aber vermengen dürfen. Ein Beispiel dafür ist Feuer und Wasser oder Yin und Yang, siehe auch Wahrnehmungsmodus ost-westlicher, Denkweise und S.134.

Genien
Genialische Teilfähigkeiten oder Teilpersönlichkeiten der Engel in den Wegen, die je nach Grad der Verwirklichung dem Menschen verliehen werden, siehe S.286.

Gesetz dialektisches
Erkenntnismethode zur Wahrheitsfindung. Im Dreierschritt von These-Antithese und Synthese (Fichte) wird der Widerspruch aufgehoben oder in Einklang gebracht. Hegel erblickte in der Dialektik die Selbstbewegung des Geistes und die Wirklichkeit von Denken und Sein. Sie ist somit das innere Bewegungsgesetz, das in die Integration führt. Die Dialektik der Hegel'schen Philosophie wurde später auf die Evolutionstheorie angewandt, siehe Erkenntnisprozeß.

Gesetz der Seinsschichten
Definiert die kategoriale Ordnung und Wechselwirkung in den Seinschichten. Es gibt fünf Gesetze (stark gekürzt):
1.Das Gesetz der Freiheit, wonach die Kategorien der höheren Seinsschichten gegenüber den tieferen frei sind.
2.Das Gesetz der Schichten-oder Seinszugehörigkeit, wonach die entsprechenden Kategorien nur im jeweiligen Sphärenbereich volle Wirksamkeit entfalten.
3.Das Gesetz der abgewandelten bzw. modifizierten kategorialen Wiederkehr, wonach die Kategorien der tieferen Sphären in den höheren nur in veränderter Form als integrale Teilmomente in Erscheinung treten.
4.Das Gesetz der Schichtendistanz, wonach die Kategorien sich nicht kontinuierlich von unten nach oben fortsetzen, sondern in Sprüngen.
5.Das Gesetz der relativen Schichtendetermination, wonach die höheren Kategorien die niederen zwar determinieren, jedoch ohne die tragende Grundform der tieferen praktisch keine direktive Dynamik entfalten können. Volkstümlich ausgedrückt: *"Der Teufel tritt den Blasebalg und Gott spielt die Orgel."* Siehe auch Welten und Wertigkeit kabbalistische und auch S.451.

Gesetzeslast der Welten
Progressive Zunahme der Seinsgesetze von oben nach unten, bei proportionaler Abnahme des Freiheitsgrades. So haben wir auf Erden ein Maximum an Seinsgesetzen (192) und den geringsten Freiheitsgrad, z.B. Gravitation, Naturgewalten, Umweltgefahren, physische Abhängigkeit und Beeinträchtigung durch Krankheit und körperlichen Verfall, siehe auch Schöpfungsstrahl, Welten und Wertigkeit kabbalistische und S.62

Gilgul
Hebräischer Terminus für Seelenwanderung aus der lurianischen Kabbala, die jedoch für besondere Vergehen vorgesehen ist, z.B. Sodomie und andere Perversionen. Im Sohar gibt es mehrere Textstellen, die auf die getrennte Wanderung von Seelenteilen (Guf, Nephesch, Ruach, Neschamah) hinweisen, siehe auch Band I.

Glaube
Bedeutet zunächst, etwas für wahr zu halten, ohne daß es durch Erfahrung, Denken oder andere Wahrnehmung objektiv gesichert ist. Im praktischen Sinne ist Glaube das Maß des Vertrauens oder der Gewißheit des Gelingens einer Unternehmung oder an die Treue oder moralische Stärke eines Menschen. Die Kraft des Glaubens bezieht der Glaubende aus Gott, denn der Glaubende ist nur Ausführender, das Gelingen liegt jedoch bei Gott. Ein starker Glaube ist nur ohne Begehren möglich, denn das Begehren kommt stets aus einem persönlichen Defizit-Bedürfnis, z.B. sich etwas beweisen zu wollen, und gründet daher nicht in Gott. Glaube ist also frei vom Selbstbezug und schöpft aus einer überpersönlichen Kraft. Daraus folgt, daß Defizit-Bedürfnis und Glaube einander ausschließen. Das Begehren ist ja ein persönliches Verlangen und soweit es noch im Bewußtsein Raum einnimmt, fehlt es im selben Maße an der nötigen Gewißheit. Hat jemand an Gott genug, so fehlt ihm das persönliche Begehren (Selbstbezug) und er kann sich leichter auf die Ausführung konzentrieren, hinter der um so mehr die göttliche Gewißheit des Gelingens steht. Aus

dem überpersönlichen Glauben entwickelt sich die individuelle Beharrlichkeit (Weg 17), siehe auch Verwirklichungsgeheimnis S.233.

Hauptblockaden
Falsche, meist durch frühkindliche Konditionierung oder traumatische Erlebnisse sich wiederholende Ansichten und Interpretationsweisen, welche die spirituelle Entwicklung erheblich behindern und von lebensthematischer Bedeutung sind. Zu ihnen gehören u.a. moralische Verurteilung, Trägheit, Verachtung, Vorurteile, Verdächtigungen, Unterstellungen, Ängste, Minderwertigkeitsgefühle, Stolz, Trauer, Kränkung, Neid, Eifersucht, Zorn, Enttäuschung usw., siehe Blockaden und Wege-Blockaden.

Hierophant
Hohepriester eines Mysterienkultes, vergleichbar einem Gemeindevorsteher oder Prälaten.

Hieroglyphen
Bildähnliche Schriftzeichen (Piktogramme), die z.T. als heilig verehrt wurden. Hieroglyphen wurden bis ca.700 v.Chr. in Ägypten, Indien (Harappakultur), Südamerika (Mayakultur) und zuletzt in Anatolien von den Hethitern angewandt.

Hintergrundsehnsucht transzendente
Die Gesamtheit der fünf transzendenten Drangrichtungen und Seinsweisen, nach der jedes mit Selbstreflexion begabte Wesen bewußt oder unbewußt strebt und sich daraus die Fülle der Seligkeit erhofft.

Tr.Drangr.	höhere Motive	Seinsweise
1.Liebe	Vereinigung	Räumliche
2.Freude	Wertschätzung	Energetische
3.Freiheit	Fortschritt	Tätige
4.Schöpfung	Gestalten	Formende
5.Geborgenheit	Versorgtsein	Besitzende

siehe auch Drangrichtung transzendente und Seinsschacht im Band I.

Humoral
Die qualitative Säftezusammensetzung eines Organismus betreffend, z.B. Lymphe, Blut, Serum, Schweiß und ihre hormonellen und zellulären Bestandteile. Nicht zu verwechseln mit der antiken Säftelehre, die Temperament, Reaktions- und Konstitutionstypen humoral einzuteilen versuchte (Melancholiker, Sanguiniker, Choleriker und Phlegmatiker), siehe auch zellulär.

Ich-Bin-Attribute
Bewertende, z.T. abgrenzende Meinungen und Selbstkommentare, mit denen ein Ich sich umgibt und so eine bestimmte Selbst- und Wertvorstellung annimmt. Die Meinung von sich selbst bildet sich am stärksten in den Jugendjahren und wirkt wie ein Prägestempel, der das wahre Wesen, d.h. den essentiellen Wesenskern, überschattet, siehe Selbst virtuelles.

Ich-Bin-Implosion
Vorgang, in dem das Ich-Bin in sich zusammenfällt und den Durchbruch zum essentiellen Wesenskern erfährt. Bewußt kann die Ich-Bin-Implosion durch den Satz eingeleitet werden:*"Ich kenne mich nicht, ich habe nur eine Vorstellung von mir!"*
Die *unfreiwilligen* Bedingungen und Voraussetzungen für eine Implosion sind meist schmerzhaft, etwa schwere Schicksalsschläge, Verlassenheit, Ergebenheit in Todesnähe (TNE) usw. Im Zustand tiefster Bescheidenheit (Weg 23), in dem sich alle Ich-Bin Attribute wie ein Vorhang zurückziehen oder zusammenrollen, gelingt nach meinen Erfahrungen am ehesten die Ich-Bin-Implosion. Echte Bescheidenheit ist Armut im Geiste, siehe auch Zim-Zum.

Identifikation
Vorgang, in dem das Ich seinen Beobachterstatus verläßt und das Wahrgenommene zum Erlebnismittelpunkt macht, sich darin verliert oder aufgeht. Hier kommt der Satz in Anwendung: *Alles jedoch, was unsere Begierde zum Erlebnismittelpunkt macht, genießen wir nicht mehr, sondern müssen es erleiden*, siehe auch Teilpersönlichkeit.

Ideogramm
Schriftzeichen, die eine Idee oder eine Sinnbedeutung ausdrücken. Alle antiken Schriftzeichen sind Ideogramme und eine Weiterentwicklung der Bilderschrift. Wahrscheinlich haben sich Ideogramme aus dem Handel entwickelt, siehe Piktogramm, Hieroglyphen und Symbole.

Individuation
Vorgang der Selbstwerdung, in dessen Verlauf sich das Bewußtsein der Originalität bzw. Einmaligkeit verfestigt. In anderem Sinne auch: *Werde, der du bist*, gleichbedeutend mit Metamorphose des virtuellen Selbstes. Scharf zu trennen ist Originalität vom überwertigen Selbstbezug, der häufig die Einmaligkeit mit Überlegenheit gleichsetzt und verkennt, daß Originalität zum Ganzen in einem einmaligen Ergänzungsverhältnis steht. Die Individuation symbolsiert im Lebensbaum Tifereth, siehe Kind inneres und Selbst virtuelles.

Initiation kabbalistische (Einweihung)
Wörtlich "das Hineingehen" in ein Geheimnis oder die Einweihung in eine der Mysterienweisheiten. Der Initiant oder Einzuweihende unterzieht sich dabei einer magischen Einweihungszeremonie, aus der er sich eine innere Wandlung erhofft. Die Einweihung wird stets von einem Eingeweihten (Adepten) der höheren Grade vollzogen, welcher hierfür Symbole und Mantren rituell anwendet. In der kabbalistischen Einweihung gibt es neun Grade, wobei der höchste Grad (Magus) mit Tifereth erreicht ist. Nur wer im Alltag die Wege im Lebensbaum meistert und dies auch biographisch oder durch Lebenserfahrung nachweisen kann, ist für die höheren Grade würdig, ähnlich wie bei den Merkaba-Mystikern. Die Entscheidung, wann ein Schüler (Neophyt) für die Einweihung genügend reif ist, liegt allein beim einweihenden Adepten, der sie an ganz bestimmten Kriterien prüft. Mit jeder Einweihung erreicht der Initiant einen größeren Bewußtseinsumfang bei gleichzeitiger Abnahme des bewertenden Selbstbezuges. Die höchsten Weihen Chokmah,

Binah und Tifereth sind selten, da es, soweit mir bekannt, gegenwärtig nur einen Magus der Kabbala auf der ganzen Erde gibt, siehe auch Merkaba-Mystiker.

Integration
Bedeutet einordnen und in einem ergänzenden Verhältnis zum Ganzen stehen. Der Integrationsprozeß schreitet von außen nach innen, zur Mitte, in der die Gegensätze harmonieren, siehe auch Tansformation und Eroszyklus.

Intention
Eine Absicht auf etwas richten oder die Ausrichtung aller Kräfte auf ein Ziel, siehe Drangrichtung transzendente.

Inversion
Die Umkehrung einer ideellen oder wertgerichteten Auffassung und Einstellung in ihr Gegenteil. Kommt es zur Inversion einzelner Werte oder etwa einer ganzen Wertehierarchie, so reißt die Verbindung zum Wertekosmos, und das Bewußtsein stürzt in den Kelippoth hinab, was gleichbedeutend mit Hölle ist, siehe auch Kelippoth.

Jahr platonisches
Durchgangszeit des rückläufigen Frühlingspunktes durch den Zodiak. Der Frühlingspunkt braucht, um die 360 Grad des Zodiak zu durchwandern, 72 x 360 = 25 920 Jahre. Ein platonisches Jahr wird in zwölf Weltenmonate (Äonen) aufgeteilt, welche für die Entwicklung der spirituellen Evolution von Bedeutung sind. Jeweils zur Halbzeit, d.h. alle 12 960 Jahre, muß unser Sonnensystem durch ein Strahlenfeld, das ganz besondere Entwicklungsschübe ermöglicht, siehe auch Vibration manaische und Lichtmaterie, auch S.382.

Kabbala
Das hebräische Wort "*Kabbala*" leitet sich aus dem Wortstamm "*kibel*" ab und bedeutet sinngemäß *empfangen.* Im Zentrum der Kabbala steht eine integrale Urglyphe -der Lebensbaum in welcher Symbole hierarchisch und polar vollkommen zu einem Baumdiagramm verschmolzen wurden und den strukturellen Grundriß sowohl westlicher als auch östlicher Esoterik bilden. Ziel und Weg der Kabbala ist es, unter Anleitung eines Lehrers die Glorie der zehn Sefiroth im Bewußtsein vollkommen zu entfalten, um in der integralen Wahrnehmungseinheit jenen Omegapunkt zu erreichen, welcher symbolisch den Mittelpunkt des Lebensbaumes bildet (Tifereth), das virtuelle Selbst, siehe auch Lebensbaum.

Katharsis
Dieser aus der Freudschen Psychologie entlehnte Begriff bedeutet in der Esoterik etwa Egoreinigung. In der Kabbala die Wegebereinigung im Sinne der Bewußtwerdung von Über- oder Unterbewertungen und ihrer Ursachen, siehe auch Wege-Blockade und Wegearbeit.

Kategorien
Mentale Grundformen, um das Denken und Sein in einen geordneten Zusammenhang zu stellen, siehe auch Denkkategorien.

Kelippoth
Kelippoth, ein Begriff aus der lurianischen Kabbala, bedeutet Schale oder Schlacke (hebräisch *"Klippoth"*). Er symbolisiert die große Spaltung (Dualismus) zwischen persönlichem und überpersönlichem Bewußtsein und damit den Verlust der inneren Einheit zwischen Mensch und Universum. Das Metapher vom Bruch der Gefäße (Sefiroth) oder des Auseinanderbrechens des Weltenbaumes, das hinter dem Begriff Kelippoth steht, ist eine Analogie der Vertreibung aus dem Paradies. Die Schalen der zerbrochenen Sefiroth sind das Böse, das seither die Glorie der Sefirothlichter überschattet und wie ein Scherbenhaufen bedeckt. Durch die Vermischung der Sefirothlichter mit dem Scherbenhaufen liegen Gut und Böse eng beieinander, ja sie sind ineinander verschlungen. Der Kelippoth ist also eine Schalenwelt des Glanzes, in der Gut und Böse nur schwer voneinander zu unterscheiden sind. Dies ist das Stigma unserer inneren und äußeren Welt. Somit ist der Kelippoth die dunkle Seite des Lebensbaumes oder der Seele, in welcher sich Licht und Schatten vermischen; psychologisch in Form von unausgetragenen Konflikten, aufbrechenden Gegensätzen, einseitigen Standpunkten, Über- und Unterbewertungen sowie Enttäuschung und Aggression, die das Ich-Bin durch bestimmte Abwehrformen zu vermeiden sucht. Bei einem Kelippoth'schen Anlagebild setzt in den Thanatoszyklen ab der fünften Sequenz die Automatik der Inversion ein, indem sich die Aggression gegen den ideellen Erwartungswert selbst richtet und so in die Perversion einmündet. Vom spirituellen Standpunkt ist dies die Phase, wo sich das virtuelle Selbst endgültig ablöst und den Körper sich selbst überläßt und somit den Beginn eines irreversiblen Chaos einleitet, siehe Thanatoszyklen und S.356.

Kind inneres
Symbolisiert die Einmaligkeit und das Geheimnis unserer ewigen Individualität. Das innere Kind ist von einzigartiger Originalität, Offenheit und Spontaneität und das Wesentliche am virtuellen Selbst, siehe dort.

Konkretisierung
Die stoffliche Verwirklichung oder Manifestation einer Idee oder eines Plans. Im absteigenden Eroszyklus II die letzte Sequenz, siehe auch dort.

Kosmogonie (kosmogonisch)
Die Art und Weise, wie sich die Schöpfung entfaltet. Es lassen sich drei mythologische Hauptrichtungen unterscheiden:
1.Sie ist Schöpfungsgeschichte, wenn die Universen kraft göttlichen Willens plötzlich ins Dasein gesetzt wurden.
2.Sie ist Bildungsgeschichte, wenn Gott, der Schöpfer, aus einem Urstoff die Universen herausbildete.

3.Sie ist Entwicklungsgeschichte, wenn eine als ewig gedachte Energie oder Kraft die Schöpfungsformen aus sich selbst entfaltet. Daraus haben sich drei religiöse Hauptstandpunkte herausgebildet:
a)Der eine geht von einer selbstverantwortlichen stufenweisen Bewußtwerdung aus, die durch Karma und langsame Läuterung vorankommt (spirituelle Evolution).
b)Der andere betont die Erlösung durch das Eingreifen göttlicher Mächte (Fremderlösung).
c)Der dritte, vor allem der Taoismus und die chinesische Philosophie, betont die Einheit mit dem Universum als ein anfangsloses harmonisches Ineinanderwirken der beiden Urkräfte Yin und Yang in Mensch und Natur.
Die Mitte von allen ist einerseits das eigene Bemühen, andererseits die Stärkung und Unterstützung von oben.

Kontinuum kategoriales
Ein Kategoriensystem, welches die Einheit des Seins annähernd erfaßt und eine vollständige Ableitung ermöglicht. Jedem Weg liegt eine Kategorie zugrunde, somit kommen wir auf 24 Urkategorien, siehe auch Kategorie und S.449.

Lapis philosophoricum
Begriff aus der Alchemie, Stein der Weisen, der das "opus magnum," das große Werk, vollendet, jenen Lichtmenschen oder Adam Kadmon, die Glorie Gottes. Im übertragenen Sinne symbolisiert er das göttliche Selbst, das sich im Individuationsprozeß von jenen niederen bewertenden Ich-Bin-Attributen befreit und im Urglanz personal fokussiert, siehe Individuation.

Lebensbaum
Je nach praktischem oder theoretischem Standpunkt ein Arbeitsdiagramm, Aktions- oder Bezugsrahmen, in dem die Erkenntnisse über ein freies Ich zustandekommen. Die Diagramm-Struktur des Lebensbaumes zeigt zehn Sefiroth, die durch 24 Wege oder Pfade miteinander verbunden sind. Jeder Sefirah symbolisiert eine einmalige Stufe von Bewußtseinsqualitäten mit einer Anzahl universeller und tugendhafter Attribute. Jeder Weg verbindet mindestens zwei Sefiroth und kanalisiert durch seine entsprechende Bewußtseinshaltung den Austausch der korrespondierenden Sefiroth. Der Lebensbaum ist ein Entsprechungsbild des inneren und äußeren Kosmos; an ihm läßt sich der Vorgang der Ausfaltung göttlicher Attribute nach unten und die Entfaltung der Seinsstufen und Bewußtseinszustände aufzeigen. Ebenso läßt sich an ihm der Prozeß der spirituellen Evolution und der Aufstieg sowie die Öffnung des Unbewußten zum Überbewußtsein demonstrieren. Die langsame Entfaltung der Sefiroth ist daher ein Bewußtwerdungsprozeß, der ein ganzes Leben anhält, und nur wer strebend sich bemüht, wird ihre Reinheit und Glorie erfahren. Jeder kann den Lebensbaum wie ein spirituelles Arbeitsdiagramm benutzen und sein ganz persönliches Lernthema entdecken, mit dem er sich auseinanderzusetzen hat. Erst die Befreiung von blockierenden Vorstellungen in den Wegen bewirkt die Versöhnung von unbewußten Gegensätzen und die Durchdringung des sterblichen Ichbildes mit dem Licht des höheren Selbstes, was gleichbedeutend mit der Erlösung aus der Gefangenschaft des Ego ist. Dies *"Werde, der du bist"* oder die integrale Wahrnehmungseinheit ist

das Ziel des Lebensbaumes. Um mit dem Lebensbaum wirklich arbeiten zu können, bedarf es jedoch der Unterweisung eines Lehrers, siehe auch Kabbala und Wegearbeit.

Lebensbereich innerer
Bezieht sich auf Störungen und Verluste von *Besitz, Beziehungen und Persönlichkeit* und wie wir oder andere damit umgehen. Daraus lassen sich analoge Entsprechungen zur inneren Wahrnehmung und momentanen Sichtweise ableiten und symbolisch interpretieren. Je nachdem, wie die Interpretation ausfällt, kann sie für Erkenntnishilfen nützlich sein und verborgene Beweggründe des bewertenden Ich-Bin aufdecken, siehe auch Botschaft spirituelle und S.272.

Lichtmaterie
Prophetische Verheißung der Engel von einer Transmutation unseres Planetensystems, wahrscheinlich der ganzen Galaxis, die zur spirituellen Entwicklung der Menschheit parallel verläuft. Die astronomischen Voraussetzungen einer Transmutation oder Erneuerung von Himmel und Erde ergeben sich aus der Geschwindigkeit, mit der unser Sonnensystem und unsere Galaxis um ein supergalaktisches Zentrum kreist und jeweils zweimal im Platonischen Jahr für ca.1500 Jahre ein bislang unentdecktes Strahlenfeld durchwandert. Der zeitliche Eintritt in das Strahlenfeld läßt sich an der Wanderung des Frühlingspunktes abschätzen und kehrt alle 12 960 Jahre wieder. Nach alten Quellen soll sich dies zu Beginn des Wassermanns und des Löwen ereignen. Mit dem Eintritt kommt es zu einer sogenannten *"manaischen Vibration"*, welche die atomaren Vorgänge anscheinend umkehrt, physikalisch vielleicht erklärbar mit dem Konzept der rückläufigen Antimaterie oder den Tachyonen gegen den Zeitpfeil. Nach prophetischem Kontext soll es dabei zu einer Art Veräußerlichung des seelischen Zustandes kommen, der vor aller Augen die spirituelle Entwicklungshöhe offenbart. Psychisch läßt sich dieses Phänomen mit einer Art hypnoiden Superbewußtseins vorstellen, indem Bewußtes und Unbewußtes verschmilzt und alle gespeicherten Erinnerungen und Empfindungen in einen ganzheitlichen Erlebniszustand versetzt. Dies würde auch die inversive Bewegung subatomarer Ereignisse stützen, die gleichfalls in der organischen Materie ablaufen. Im Zustand der Lichtmaterie kommt es zu einer Umwertung aller Werte und einer Ausstülpung des Innen nach außen. Niedriges wird erhöht, Hohes stürzt, wertvolles wird minderer, Verachtetes wird plötzlich wertgeschätzt usw. Offensichtlich ändert sich auch das Zeitbewußtsein und ganz wesentlich der Zustand des Ich, das wahrscheinlich aus dem Absonderungszustand des sterblichen Ich-Bin heraustritt und eine kosmisch-lichtvolle Ausweitung erfährt. Dieser Zustand ist vergleichbar mit dem Ajin-Sof-Aur, siehe dort. Siehe auch Vibration manaische und S.382. In diesem Sinne könnte man die manaische Vibration als eine Allegorie für den Beginn eines neuen Bewußtseinszustandes bezeichnen.

Makkabäerbücher
Bestehend aus vier alttestamentlichen Büchern, die sich mit dem Freiheitskämpfen gegen die syrische bzw. ägyptische Herrschaft befassen und die Forderung nach der rigorosen Reinerhaltung des jüdischen Religionsgesetzes aufstellt. Die ersten beiden Bücher werden den Apokryphen zugeschrieben.

Matrix individuelle
Die kategoriale Dreiheit von Ich, Haben und Tun, die nach der Vereinigung mit dem kosmischen Sein zum individuellen Sein wird. Durch die Absonderung vom Raum oder vom Ganzen kommt es zur Herausbildung von über- oder unterbewertenden Ich-Bin-Attributen, siehe auch dort und Band I.

Matrix kosmische
Die kategoriale Dreiheit von Raum, Energie und Form, aus der alles Sein hervorgeht (kosmischen Sein), siehe auch S.86.

Menschensohn
Die in menschlicher Gestalt sich offenbarende Gottheit. Ziel der spirituellen Evolution ist es, daß das Göttliche sich in jedem Menschen in besonderer Individualität, Einmaligkeit und Originalität offenbart (Tifereth), siehe auch Selbst virtuelles.

Merkaba-Mystik
Jüdisch-gnostische Bewegung, ausgehend vom 1.Jh.n.Chr., welche die Thronwagenvision des Hesekiel zur Grundlage hatte. In der Imaginationstechnik visualisierte der Merkaba-Mystiker den Thronwagen (masse merkaba) und fuhr auf ihm durch sieben Himmelspaläste (hebr.Hekhaloth); dabei benutzte er die magische Bedeutung des hebräischen Alphabetes, und daraus wieder Namen und Symbole, die ihn als Eingeweihten vor den anglikanischen Himmelswächtern auswiesen. Nachdem er die Prüfung bestanden hatte, wurde er in den Himmelspalästen von den jeweiligen Exponenten (Himmelsfürsten der Sefiroth) in eine höhere Stufe eingeweiht. Konnte er so alle Himmelspaläste passieren, dann war er ein *„Jorde Merkaba"*, ein vollständig Eingeweihter, und durfte vor die Thronwelt Gottes treten und den Metatron sehen, welcher nach damaliger Auffassung Henoch war. Daß es hierbei auf wesentlich mehr ankam, als nur auf magische Namen und Symbole, ergab sich aus den bewußtseinsverändernden Folgen solcher Reisen, die im Kreis der Eingeweihten ihre ganz eigenen Kriterien hatten. Die Aufnahme eines Jorde Merkaba in den Kreis der Eingeweihten war sehr strengen Regeln unterworfen und nur wenige waren auserwählt. Wesentliche Inhalte des Buches Sepher Jezirah stammen wahrscheinlich aus den Visionen der Merkaba-Mystiker und zeugen von dem hohen Niveau ihrer Frömmigkeit, siehe auch Imaginationstechnik, S.28

Midrasch
Teil des talmudischen Schrifttums, das sich mit der Methode der religiösen Schriftauslegung befaßt. Die Midraschim (Mrz.) entstanden zwischen dem 4. und 12.Jh, siehe auch Talmud.

Mischna
Teil des talmudischen Schrifttums, das sich mit den Normen und Gesetzesvorschriften der Thora befaßt. Die Mischna entstand etwas früher als die Midraschim, ca.zweites nachchristliches Jh., siehe auch Talmud.

Morphogenetische Felder
Eine Ende der 70iger Jahre von dem Engländer *Rupert Sheldrake* in seinem Buch: "Das schöpferische Universum" aufgestellte, revolutionäre Hypothese, die in sehr einfacher und plausibler Weise das Phänomen von Entwicklungssprüngen ganzer Populationen erklärte, ohne daß dabei anschauliche Nachahmung oder direkte Lernsituationen im Spiel wären. Die Hypothese behauptet, daß morphogenetische Energiefelder die Entwicklung von Verhaltensmustern auf die Lösungsmöglichkeiten bestimmter Daseinsproblem ausrichten und so den Fortbestand einer Art oder Gattung sichern. Das morphogenetische Feld bestimmt nicht nur die Differenziertheit von Verhaltensmustern, sondern auch die genomorphische Ausprägung und die Intelligenz der Regenerationskräfte von Organismen. Das Energiefeld besitzt eine morphische Strukturmatrix für die komplette physische Ausformung, und es konstelliert sich bereits vor der Verschmelzung von Ei und Samenzelle. Allein die formativen Energien des morphischen Feldes determinieren den individuellen und gestaltlichen Ausformungsprozeß. Für die Entstehung eines solchen Feldes hat Sheldrake eine simple und doch sehr einleuchtende Erklärung. Morphische Energien fließen aus vergangenen bzw. sich auflösenden Gestaltmustern der gleichen Art zu morphischen Resonanzen zusammen und bilden, wenn die physischen Voraussetzungen, z.B. die Bereitschaft zur Befruchtung von Eizellen einer Maus vorgegeben sind, ein Mausfeld, welches die gestaltliche Ausformung bestimmt. Die morphischen Resonanzen könnte man als ein formatives Organisationsmuster bezeichnen, welches sich nur über das entsprechende physische Genmaterial konstelliert, also Mausfelder über Mauszellen, Hühnerfelder über Hühnerzellen usw. Morphische Felder müssen daher mit den globalen Befruchtungs- und Auflösungszyklen der Biosphäre in einem für uns noch unvorstellbaren Ausmaß korrelieren. In den integralen Energiemustern der universalen Lebensenergie existieren unzählige solcher morphischen Felder und Resonanzen, und es ist leicht einzusehen, daß das Timing zwischen den globalen Auflösungs- und Befruchtungsvorgängen ganzheitliche Energiemuster erforderlich macht, die einer integralen, äonischen Bewegung folgen. Wir können solche integralen Muster als die superimplizite Ordnung der göttlichen Energie (Urglanz) bezeichnen, die mit außerordentlicher Präzision arbeitet und von einer abründigen Weisheit geleitet wird. Das Konzept von Sheldrake stützt die transdynamische Auffassung der Esoteriker und ergänzt David Bohms dynamischen Holismus sowie die Quantentheorie und die Supergravitationstheorie in hervorragender Weise. Dieses Konzept liefert u.a. auch eine Erklärung dafür, weshalb die Natur ein so exaktes Gedächtnis in bezug auf gestaltliche Wiederholung und Entwicklungen zielorientierter Verhaltensmuster besitzt, und es gibt uns ein tieferes Verständnis vom transformierenden Evolutionsprozeß, weil das morphisches Feld sämtliche Resonanzen und induktiven Bewußtseinsmomente der Vergangenheit und Gegenwart feldartig organisieren kann, um sie dann in einem Induktionsprozeß zu verstofflichen.

Motive höhere- (überpersönliche)
Motive, die keinen Selbstbezug aufweisen und überpersönliche Ziele (Allgemeinwohl) zur Grundlage haben. *Vereinigung, Wertschätzung, Fortschritt, Gestaltung, Versorgtsein.* Die Wechselwirkung zwischen persönlichem Nutzen und überpersönlicher Motivation wird durch das gemeinsame Wohl aufgehoben (Integration), siehe auch Drangrichtung transzendente.

Motive allerwelts- (persönliche)
Motive, die überwiegenden Selbstbezug aufweisen und persönliche Ziele (Eigenwohl) zur Grundlage haben. *Unabhängigkeit, Dominanz, Einfluß/Beeinflussung, Wohlleben, Geld.* Eine Wechselwirkung zwischen persönlichem Nutzen und überpersönlicher Motivation wird durch die Identifikation verhindert, siehe dort.

Mütter, die drei
Die drei horizontalen Wege, welche die drei Hauptgegensätze des Lebensbaumes verbinden. Ihre Realisierung ist für die Entwicklung des Bewußtseinskontinuums von herausragender Bedeutung, weil sie die Achsen der drei kabbalistischen Welten bilden, siehe auch Wertigkeit kabbalistische.

Mysterium
Das Geheimnisvolle, Unerforschliche, aber auch das unaussprechlich Erhabene „*Mysterium tremendum est fascinosum*", das in seiner Unergründlichkeit zwar fasziniert, gleichzeitig aber erschauern läßt. Alle ernsthaften Mysterienkulte streben nach dem Mysterium und versuchen, es in Liturgie und Ritualen symbolhaft darzustellen.

Neophyt
Anwärter auf das Priesteramt im Mysterienkult, siehe auch Hierophant.

Pentagramm
Fünfzackiges Diagramm, in einem Zug gezeichnet, das auch heute noch als magisches Symbol vielfältige Verwendung findet. Je nachdem, ob man es rechts- oder linksläufig zeichnet, gewinnt es magische Bedeutung. Rechtsläufig Bannung (Evokation), linksläufig Anrufung (Invokation). Uns dient das Pentagramm lediglich zur graphische Darstellung des links- oder rechtsläufigen Wahrnehmungsflusses, der entweder in den Eroszyklus (links) oder in den Thanatoszyklus (rechst) mündet, siehe auch Flußrichtung und zur Geschichte des Pentagramms S.452.

Pentateuch
Die fünf Bücher Moses

Perversion
Widernatürlichkeit, alle Absichten und Handlungen, die gegen das Leben und gegen die Würde des Menschen gerichtet sind.

Philosophia perennis
Die *immerwährende* Philosophie oder die gemeinsamen Grundpositionen und Intentionen aller Philosophien. Der Lebensbaum bietet sich als integrales Diagramm an zur Verständigung aller Religionen und philosophischen Erörterungen, siehe S.373.

Piktogramme
Bildsymbole, die unabhängig von Sprache und Kultur von allen verstanden werden. Solche werden heute zunehmend auf internationalen Veranstaltungen, Häfen, Flugplätzen und Bahnhöfen verwendet, siehe auch Ideogramm und Symbole.

Präzession
Rückläufige Wanderung des Frühlingspunktes durch den Tierkreis (Zodiak). Der Frühlingspunkt durchwandert den Zodiak in 25 920 Jahren, das entspricht einem platonischen Jahr oder Weltenjahr, siehe auch Äon und Jahr platonisches.

Psychosomatisch
Betrachtungsweise, in der die leib-seelische Wechselwirkung, hauptsächlich der Körper als Resonanzboden seelischer Befindlichkeit, angenommen wird. Seelische Störungen können sich zunächst in leiblichen Mißempfindungen und Funktionsstörungen äußern und auf die seelische Verfassung negativ zurückwirken (negative Rückkoppelung), später dann zu manifesten Krankheiten ausreifen, siehe psychosomatischer Korrespondenzschlüssel, S.260 und 261

Quantentheorie
Die Quantentheorie versucht im Unterschied zu den Theorien der klassischen Physik die diskreten, quantenhaften (mengenhafte) mikrophysikalischen Größen in Zusammenhang mit dem nicht mehr zu vernächlässigenden Einfluß von Meßgeräten zu erklären. Die Auswirkung der Energien von Meßgeräten auf das mikrophysikalische Meßresultat hat Heisenberg erstmals in seiner Unschärferelation mathematisch formuliert. Den entscheidenden Anstoß für die Quantentheorie gab die Existenz des Planckschen Wirkungsquantums und der Welle-Teilchen-Dualismus, demzufolge es grundsätzlich nicht möglich ist, im atomaren Ereignisfeld Ort und Impuls (Produkt aus Masse und Geschwindigkeit) eines Teilchens gleichzeitig und genau zu bestimmen, denn je schärfer die Messung einer Elektronenresonanz (Welle) vorgenommen wird, desto unschärfer wird das Korpuskel. Das Plancksche Wirkungsquantum wurde inzwischen zu einer Naturkonstante erhoben. Einfach ausgedrückt besagt es, daß die Energie eines Quants proportional zur Strahlungsfrequenz ist (**E = h·n**), d.h. je mehr Strahlung, desto weniger Frequenz und umgekehrt. Ob dieses Gesetz für das Bewußtsein gleichfalls gilt, bleibt abzuwarten. Immerhin scheint plausibel, daß je weniger Energie ein Mensch in bewertende Bin-Attribute (Frequenz) investiert, desto freier und ungehinderter kann seine wahre Essenz, das virtuelle Selbst, strahlen. So gesehen ließe sich das Plancksche Wirkungsquantum durchaus auf das menschliche Bewußtsein übertragen.

Rabbi
Bezeichnung für einen jüdischen Religionslehrer und Schriftgelehrten, der als Experte besonders des Talmud und des Alten Testamentes gilt. Später wurde jeder jüdische Gemeindevorsteher als Rabbi bezeichnet. Im anderen Sinne auch jüdische Anrede für eine spirituelle Autorität. Jesus wurde als Rabbi bezeichnet.

Rausch heiliger
Höchstmöglicher ekstatischer Zustand *„im Angesicht Gottes",* in welcher der Kabbalist oder *"Jorde Merkaba"* in Gott aufgeht und am göttlichen Leben teilnimmt (Unio mystica). Der Mystiker erfährt in diesem Zustand die Liebe Gottes und wünscht sich, ihn wieder so zu lieben. Dieser heilige Rausch reinigt ihn von allen Begierden und Wünschen, ja selbst von den Illusionen seines Ich-Bin. In ihm schweigen Vernunft und Erkenntnis und das ganz Unfaßbare, das jenseits aller Vorstellung und Wahrnehmung existiert, leuchtet im Herzen des Mystikers auf. Es ist die Transzendenz der Fülle der Füllen, aber zugleich auch die Leere der Leeren, doch unsagbare Glückseligkeit, siehe auch Merkaba-Mystiker.

Regel goldene
Die goldene Regel, die auf Tobias zurückgeht, lautet:
"Alles nun, was ihr wollt, daß Euch die Menschen tun sollen, das tut ihr ihnen auch."

Resonanzgesetz
Das kosmische Gesetz der Resonanz in neutestamentlicher Anlehnung lautet:
„Du bekommst so viel, als du zu geben bereit bist. Gibst du viel, so erhältst du viel und weit darüber hinaus, gibst du wenig, so wird dir auch das noch genommen, was du hast", oder *„was du säst, wirst du ernten",* bedeutet, daß jeder Gedanke und jede Absicht irgendwann wieder zurückkommt.

Runen
Archaische Ideogramme, ursprünglich 18 (Futhark), später wegen alphabetischer Normierung auf 24 erweitert, die zuerst im Ostseeraum und Skandinavien gefunden wurden und bis in die Altsteinzeit zurückgehen (5.Jahrtausend). Magisch-mystische Bedeutung gewinnen die Runen in der Edda, einem isländischen Götter- und Heldenepos (um 1100 n.Chr), in welcher Odin, durch den magischen Zauber der Runen gestärkt, den Kampf gegen zwielichtige Götter, Riesen (Reifthursen, Dämonen und Unholde) aufnimmt. Jedem germanischen Götterpaar wurde im Wallhall eine Rune zugeordnet, so daß insgesamt zwölf männliche und weibliche Götter dem Pantheon vorstanden und so eine Beziehung zu den zwölf Sternbildern hergestellt werden konnte. Die einfache Symbolik der Runen hat zugegeben einen starken Bezug zum Unbewußten und kann bei ethischer Anwendung, ohne Orakelei und Divinationspraktiken, eine transzendierende Wirkung auf das Ich ausüben. Der in diesem Buch vorgeschlagenen Runenyoga soll die Möglichkeit geben, durch entsprechende Stellungen die Bewußtseinshaltung des korrespondierenden Weges zu vertiefen.

Same heiliger
Hebräische Bezeichnung für einen der zehn Samen (Sefiroth) die aus dem Ajin-Sof-Aur emanieren, siehe auch Sefiroth.

Sanskrit
Indogermanische Sprache, die ca.1000 v.Chr. in Indien zu ihrer jetzigen Gestalt fand. Das Sanskrit ist die Sprache und Schrift der Gelehrten und Brahmanen und im Veda, einem religiösen Riesenkommentar, niedergelegt. Es gibt 50 Grundbuchstaben- 34 Konsonanten und 16 Vokale, wobei jedem Buchstaben, ähnlich wie im Hebräischen, eine magisch-mystische Bedeutung zukommt, insbesondere die Verkörperung von Naturgottheiten und kosmogonischen Kräften. Auch die Brahmanen glaubten, durch rituelle Anwendung von Sanskritbuchstaben magisch-schöpferisch auf das Universum einwirken zu können. Überdies wurden früher die Buchstaben auf Palmenpapier, den sogenannten Ollas, so angeordnet, daß ihre Wörter eine bestimmte melodische Schwingung ergaben und auf das höhere Selbst positiv einwirkten. Die mantrische Wirkung dieser Schwingungen wurde oszillographisch untersucht und ergab, daß sie bestimmte Mandalaformen mit besonders harmonisch-zentrischer Proportion hervorrufen, dies hat zu der überschwenglichen Behauptung geführt, Sanskrit sei die Sprache der Götter und die älteste Sprache der Welt.

Schechina
Die verborgene Gegenwart und Anweseneit Gottes in Malkuth oder auf Erden, was umgangssprachlich zu der Klagewendung führte: *"Die Schechina ist ausgezogen, hat uns verlassen."* In gnostischer Hypostasierung auch der weiblich-passive Aspekt Gottes.

Schi'ur Koma
Gnostisches Textfragment aus dem 1.Jh.n.Chr., in dem Gott in seiner menschlichen Gestalt beschrieben wird, wobei jedem Körperteil magische Zeichen und Buchstaben zugeordnet wurden. Die Inhalte stammen wahrscheinlich aus den Initiationserlebnissen der Merkaba-Mystiker und sind visionären Ursprungs. Die ungeheuren Dimensionen der göttlichen Gestalt, welche im Schi'ur-Koma beschrieben wurden, sind, verglichen mit den Meßwerten der modernen Astronomie, sehr bescheiden. Wenn auch pseudepigraphisch, so wird Rabbi Akiba, dem bedeutendsten Talmudlehrer dieser Zeit, das Fragment zugeschrieben, siehe Merkaba-Mystik und Akiba.

Schöpfungsstrahl
Bewußtseinsebene in den kabbalistischen Welten und in den Seinsschächten. Im Lebensbaum jene Wege, die parallel zum herabsteigenden Schöpfungsstrahl verlaufen. Je höher der Schöpfungsstrahl, desto feiner die innere und äußere Wahrnehmung (Schwellenwert vom Unterbewußten zum Bewußten) von Gegensatzproblemen, daher auch weniger offene Konflikte und elegantere Lösungsmodelle, weil weniger Gesetze und ein höherer Freiheitsgrad. Umgekehrt gilt:
Je niedriger der Schöpfungsstrahl, desto geringer und gröber die innere Wahrnehmung der verursachenden Gegensatzproblematik und um so wahrscheinlicher der Konflikt, der entsprechend rustikal ausgetragen wird, weil mehr Gesetze und ein geringerer Freiheitsgrad bestehen, siehe auch kabbalistische Wertigkeit und Bewußtsein.

Sefirah
Singularform, siehe Sefiroth.

Sefiroth
Pluralform mit der Bedeutung Urzahlen oder Stufen bzw. Potenzen der Gottheit. Infolge der anschwellenden Literatur kam es zu einer erheblichen Begriffserweiterung, u.a. Behältnisse seiner Kraft, Schatzkammern seiner Seligkeit und Verteilerinnen seiner Gnade, zehn Finger seiner Hände, zehn Gewänder, mit denen er bekleidet ist; zehn Heiligtümer, in denen er verherrlicht wird; zehn Lichter, die alle Intelligenzen erleuchten; die allgemeinsten Genera (Grundbausteine), deren Schoß alles umfaßt und aus dem es herauskommt, usw. Durch die stufenweise Offenbarung der Sefiroth kommt es zu einer langsamen Loslösung von bewertenden, sich abgrenzenden Ich-Bin-Attributen und zur parallelen Öffnung für die Glorie des *"Werde, der du bist"*- das göttliche Kind, siehe auch Selbst virtuelles und Kind inneres.

Sein persönliches
Bewußtwerdung der originalen Individualität und deren Ergänzungswert für das Ganze, siehe Selbst virtuelles und Kind inneres.

Sein überpersönliches
Bewußtwerdung des Ganzen für die Entfaltung der originalen Individualität, siehe Selbst virtuelles und Kind inneres, Matrix kosmische.

Seinsgesetze der Welten
Die Anzahl der in den Welten wirksamen Seinsgesetze, siehe auch Gesetzeslast der Welten und S.62.

Seinsschacht
Eine der fünf Sektoren im Wertekosmos, dessen dominante Kardinalschwingung oder transzendente Drangrichtung (Seins-Intention) den Seinsschacht konstelliert, und in dem das Ich hinabsteigt, d.h. aus dem Urglanz heraustritt. Der Seinsschacht enthält ein bestimmtes Sortiment von Urideen und Prinzipien, deren Einseitigkeiten und Übertreibungen das Ich in Kauf nimmt und sich somit einer bestimmten Seinsweise ausliefert. Die daraus abgeleiteten Bewußtseinsmaterialien und Inhalte hierarchisieren sich entsprechend in der Reihenfolge: Moralisches Niveau, spirituelle Fähigkeiten, Motivation, Denkausrichtung, kategoriale Dominanz, psychologische Bedürfnisse, mentale Problemlösung, Grundemotion, Grundtrieb, Grundbedürfnis, Steuerorgane, Erhaltungsorgane, Handlungsorgane, Biobedürfnis, Dominanz der sinnlichen Wahrnehmung und bevorzugtes Sinnesorgan. Je tiefer die Ich-Schwingung herabsteigt, desto mehr kommt es zur Verdichtung und Versinnlichung sowie zur Herausbildung bewertender Ich-Bin-Attribute. Auch im Seinsschacht gelten die fünf Schichtengesetze und die Numeration der Seinsgesetze, nicht jedoch die kabbalistische Wertigkeit, da ihm Wege aus allen Welten zugeordnet sind, siehe auch Drangrichtung dominante und Band I.

Seinsschichten
Schichten des Bewußtseins oder hierarchischer Stufenbau der Schöpfung. Die Bewußtseinsschichten des Menschen sind analog der Hierarchie der kabbalistischen Welten aufgebaut.

1.Triade, *Aziluth,* die göttliche Welt des heiligen Feuers und der Ursachen.
Stufe des Unaussprechlichen (Mysterium).
Stufe des Übergeistigen.
Stufe des kosmischen Wissens.
2.Triade, *Beriah,* die spirituelle Welt der überpersönlichen und persönlichen Ideen.
Stufe der Expansion.
Stufe der Selektion.
Stufe der Vereinigung oder Integration.
3.Triade, *Jezirah,* die astrale Welt der Formen, Gestaltung und Ausschmückung.
Stufe der Emotion.
Stufe des Mentals.
Stufe des Vitals.
Assiah, die physische Welt, die der stofflichen Festköper und des Gemachten, ist Stufe des Physischen. Die Stufen korrelieren mit der kabbalistischen Wertigkeit, mit dem Schöpfungsstrahl und der entsprechenden Gesetzeslast im Sinne von „je tiefer die Stufe, desto mehr Seinsgesetze und Abnahme des Freiheitsgrades", und letztlich auch mit den Gesetzen der Seinsschichten, siehe dort.

Seinsweise
Die bevorzugte Seinsweise hängt von der erwählten transzendenten Drangrichtung ab und dem daraus resultierenden Seinsschacht. Gemäß den fünf Seinsschächten gibt es fünf wesentliche Seinsweisen: ***die räumliche, die energetische, die tätige, die formende und die besitzende.*** Ordnet man die höheren Motive und die Seinsweise der transzendenten Drangrichtung zu, so läßt sich daraus eine erste psychologische Orientierung ableiten:

Tr.Drangr.	**höhere Motive**	**Seinsweise**
1.Liebe	Vereinigung	Räumliche
2.Freude	Wertschätzung	Energetische
3.Freiheit	Fortschritt	Tätige
4.Schöpfung	Gestalten	Formende
5.Geborgenheit	Versorgtsein	Besitzende

Wie man sieht, neigt z.B. jener, der sich nach Freiheit sehnt, zur Geschäftigkeit, nämlich die tätige Entfaltung. Er will mitwirken, Einfluß nehmen und mitbestimmen. Die schöpferische Drangrichtung möchte das Umfeld mitgestalten und formend einwirken, und der Drang nach Freude will lenkend energetische Wirkung erzielen. Jede dieser Seinsweisen neigt zu einem bestimmten Sortiment an Urideen und formt diese bevorzugt zu individuellen Bewußtseinshaltungen aus. Somit lassen sich daraus Stärken und Schwächen in allen Bewußtseinsebenen ableiten, siehe auch Drangrichtung transzendente (Hintergrundsehnsucht) und Seinsschacht.

Selbst virtuelles (hohes)
Virtuelles, reines Ich, ohne bewertende Attribute und Selbstbezug, das in einer Art Implosionszustand mit jedem beliebigen Punkt der Schöpfung augenblicklich in Verbindung treten kann, somit das Bewußtsein schlechthin. Im Menschen existiert es als Beobachter und Schöpfer zugleich und arbeitet auf die Einheit von individuellem und kosmischem

Sein hin, was bei Realisierung ewiges personales Leben im Glanz Gottes bedeuten würde. Dazu der Satz: *Nur die Verwirklichung, d.h. die Verstofflichung, hat bewußtseinsverändernde Kraft.*
Die häufig gestellte Frage, weshalb ein Ego und gleichzeitig ein virtuelles Selbst existiert, läßt sich so beantworten: Nur in einem physischen Körper kann das virtuelle Selbst verschiedene Bewußtseinszustände annehmen und das Personale ganzheitlich und komplett herausdifferenzieren und transzendieren. Das sterbliche Ego ist die fortgesetzte Täuschung, die Person sei der Mittelpunkt, doch für das virtuelle Selbst ist sie nur Diener und Hülle, in der es sich personalisiert. Eine essentielle Durchdringung der Person mit kosmischem Lichtbewußtsein, d.h. indem die fünf Füllen zu einem stabilen Bewußtseinskontinuum werden und so die Grundlage der vierundzwanzig Bewußtseinshaltungen des Lebensbaumes bilden, ist das Ziel und die Erlösung der Menschheit sowie der Materie. Solange die Schatten und Masken bewertender Ich-Bin-Attribute das virtuelle Selbst bedecken, bleibt dies allerdings nur Möglichkeit und geht bei Nichtrealisierung posthum, ohne personale Hülle (Seelenkleid), wieder zurück in den Urglanz. Dies bedeutet, daß der Mensch so gelebt hat, als sei er nie gewesen, nach dem Satz „*Er war, ist nicht, und wird nicht sein!*“ Wenn man über das virtuelle Selbst etwas aussagen kann, so bestenfalls, daß es von kindlichem Wesen ist, dabei immer guter Laune, witzig, aber auch sehr gutmütig und mit Raum und Zeit umgeht wie ein genialer Virtuose. Niemals übt es Zwang aus, sondern regt nur an, siehe auch Bewußtsein, Adam Kadmon, Kind inneres und S.222.

Sepher Bahir
Eine der ältesten fragmentarischen Handschriften der Kabbala, die 1176 in Südfrankreich entdeckt und 1651 in Amsterdam erstmalig gedruckt wurde. Als Autor gilt *Rabbi Nehuniah ben Hakana*, ein Talmudlehrer des ersten Jh.v.Chr. Die Handschrift ist in Midraschform verfaßt, d.h. eine Sammlung von Aussprüchen oder kurzen Vorträgen, die sich auf Bibelverse beziehen, besonders auf solche, die kosmologisch und kosmogonisch von Bedeutung sind. Der Text stammt wahrscheinlich aus der Zeit der Merkaba-Mystik und versucht, den Weltenbaum mit den Bibelversen in Einklang zu bringen, eine Dissertation schrieb Gershom Scholem.

Sepher Jezirah
Das Buch über die Weltformung stammt aus der Zeit der Merkaba-Mystik, etwa 2.Jh.n.Chr., und enthält knapp 1600 Worte. Es beschreibt, wie die zehn Sefiroth die Schöpfung entfalten und sich mit 22 geheimen Wegen der Weisheit verbinden. In jedem Sefirah sind stets alle 10 Sefiroth enthalten, wobei jeder Sefirah den Anfang und das Ende bildet. Die z.T. orakelhaft-visionären Formulierungen des Buches verraten den Autor als einen Visionär der Buchstabenmystik- einen *Jorde Merkaba*, der wahrscheinlich mit Absicht die Einweihungsgeheimnisse verschleierte. Die numerische Ordnung der Urideen und die kosmogonische Kraft der Sefiroth wird in rätselhafte Sprüche eingehüllt, ebenso die geheime Bedeutung der hebräischen Buchstaben; beide entziehen sich dem Zugriff intellektueller Analyse. Diese Visionen sind auch der wahre Grund, weshalb die Kabbala den Aufbau des Universum anthropomorph beschreibt und die zehn Sefiroth jeweils zehn Körperbereichen zugeordnet sind, die wiederum mit bestimmten Körperorganen und Abschnitten -den 22 hebräischen Buchstaben- korrespondieren.

Sepher Sohar
Ein Grundlagenwerk der Kabbala, das in ostaramäischer Schrift von dem spanischen Kabbalisten Mose de Leon aus Avila (1250-1305) verfaßt wurde und ältere Textfragmente der Merkaba-Mystik mit den neueren Erkenntnissen spanischer Kabbalisten vereinigt. Die Texte im Sohar sind schwierig zu lesen und erfordern meditative Betrachtung. Im Aufbau enthält er sechs Abteilungen, deren Inhalte eine mystische Theosophie darstellen, die sich aus einer Mischung von anthropomorpher Theologie, mythischer Kosmogonie und spiritueller Psychologie zusammensetzen. Kernaussage ist, daß Gott, Welt und Seele auf ihren eigenen Ebenen kein abgesondertes Dasein führen. Der ursprüngliche Schöpfungsakt kennt überhaupt keine totale Trennung. Der Mensch hat jedoch die Trennung eigenmächtig vollzogen und lebt in der Abgesondertheit seines Ego, d.h. seine bewertenden Ich-Bin-Attribute trennen ihn vom Universum. Der Sohar wurde vom Aramäischen zuerst ins Lateinische und später in andere Sprachen übersetzt. Eine vollständige englische Übersetzung des Sohar- ediert von Sperling Simon- gab es erstmals 1949.

Spirituell
Das Geistige oder die Geistigkeit betreffend, wonach der Grund aller Wirklichkeit geistig ist, im Gegensatz zum Materialismus.

Subatomar
Innerhalb des Atomkerns die letzten mikropysikalischen Welle-Teilchen-Phänomene, die mit Hilfe von hochenergetischen Streuexperimenten in mathematische Gleichungen und geometrischen Strukturen erfaßt werden können.

Supramental
Terminus von Sri Aurobindo (das göttliche Leben). Über das mentale Vermögen hinausgehend oder dem übergeordnet, d.h. das, was das vernünftige Denken übersteigt und transzendiert. In anderer Bedeutung die letzten Beweggründe von Motiven und ihre Ableitung aus dem überpersönlichen Wertekosmos (Urideen), siehe auch Denken übergeistiges.

Symbol geheimes
Ganzheitliches Sinnbild oder Erkennungszeichen, das nur von einer bestimmten Gruppe von Menschen, den Eingeweihten, verstanden wird. Es beinhaltet einen höheren, meist numinosen Sinngehalt (Uridee) in Form eines Gebots, einer Mahnung oder eines ganzheitlichen Zusammenhangs, der hinter den sinnlich wahrnehmbaren Erscheinungen steht und die tiefere Bedeutung veranschaulicht. In der Esoterik gibt es viele Einweihungswege, die sich auf Symbolismen stützen und dabei Gefahr laufen, die hinter dem Symbol geglaubte Kraft auf das Symbol selbst zu übertragen, womit dem Symbol, das ja nur ein Gleichnis sein soll, göttliche Verehrung zuteil wird, siehe Arkanum, Runen, Tarot und Archetypen.

Talmud
Enzyklopädisches Kompendium jüdischer Gelehrsamkeit, bestehend aus vier Stücken, das sich überwiegend mit religionsgesetzlichen Vorschriften und Entscheidungen befaßt und

in das fünfte nachchristliche Jahrhundert datiert (palästinensischer Talmud). Anderen Quellen zufolge soll der babylonische Talmud während der babylonischen Gefangenschaft 530 v.Chr.entstanden sein. In der gesamten Diaspora gilt der Talmud als wichtigstes Lehrbuch höherer jüdischer Bildung und war zu allen Zeiten für soziale und juristische Entscheidungen maßgebend, siehe auch Mischna und Midrasch.

Tarot
Archetypische Symbolreihe, bestehend aus Karten, die ursprünglich die mystische Bedeutung der 22 hebräischen Buchstaben in volkstümlich-imaginativen Bildern darstellte. Im Verlauf seiner Geschichte erfuhr der Tarot sinnentstellende Abwandlungen, so daß er heute weder als universales Interpretationsschema für Lebenssituationen taugt und noch weniger den Anspruch eines umfassenden Bausatzes für alle Bewußtseinsinhalte erheben kann, siehe auch Arkanum und S.399 und 433.

Teilpersönlichkeit
Teilbesetzung der Bewußtseinsmitte mit einem Identifikationsinhalt, der vom Ich personifiziert und zu einem bewertenden Ich-Bin-Inhalt wird sowie unterschiedliche Verhaltensmuster in bestimmten Aktionsfeldern bewirkt, z.B. im Freundeskreis anders als in der Familie und umgekehrt. Die Ursache solcher Automatiken sind letztlich Fehleinschätzungen der Wirklichkeit und falsche Erwartungen an die Situation oder an das Aktionsfeld. Bei neurotischer Veranlagung kann es zur Zwangspersönlichkeit kommen, siehe auch Identifikation und Aktionsfelder.

Theophanie
Mystisches Erlebnis, bei der eine Gottheit vor dem Menschen erscheint.

Theosophie
Versuch, eine Reihe von esoterischen und mystischen Lehren, welche die Beziehung zwischen Mensch, Kosmos und dem Göttlichen beschreiben, in einem übergeordneten Zusammenhang darzustellen. Charakteristisch für jede Theosophie ist die systematische Hierarchisierung von Seinsstufen und ihre Vermittlung durch aufgestiegene Meister, deren Existenz fragwürdig ist. Viele Elemente der Theosophie wurden aus der Gnosis, dem Neuplatonismus und der Kabbala entnommen. Letztere hat zu ihrer Systematisierung wesentlich beigetragen.

Thanatos-Bewußtsein
Gesamtheit des sterblichen Ich-Bin-Bewußtseins, welches die Trennung vom Ganzen oder dem Wahren, Schönen und Guten bewirkt und allgemein als Ego bezeichnet wird. Das Thanatos-Bewußtsein agiert nur im Erkenntnisbaum.

Thanatoszyklus allgemein
Sequenz, die in das Gegensatzdenken und in die Absonderung führt und ein egozentrisches Bewußtsein zur Folge hat (Identifikation). Ausgehend von der Begierde ist der Wahrnehmungsfluß nur im Erkenntnisbaum wirksam und zielt entweder nach außen in

die Gegensatzpostion oder nach oben zur Macht, und nach unten in die Absonderung, siehe auch Thanatoszyklus I, Ia, und II, siehe Begierde.

Thanatoszyklus I horizontal (die Übertreibung)
Im Erkenntnisbaum der Fluß der Wahrnehmung von innen nach außen in die Übertreibung. Die psychologische Reihenfolge ist: Begierde, Erwartung, Übertreibung, Enttäuschung, Aggression und Spaltung. Die Sequenz steht zum horizontalen Eroszyklus in einem reziproken Verhältnis, siehe auch dort.

Thanatoszyklus Ia horizontale (die Unterschätzung oder Unterbewertung)
Im Erkenntnisbaum der Fluß der Wahrnehmung von innen nach außen in die Unterschätzung oder Unterbewertung. Die psychologische Reihenfolge ist: Begierde, Bewertung, Unterschätzung, Versäumnis, Schuldprojektion oder Neid oder beides. Die Sequenz steht zum horizontalen Eroszyklus in einem reziproken Verhältnis, siehe auch dort.

Thanatoszyklus II absteigend (Absonderung)
Im Erkenntnisbaum der Fluß der Wahrnehmung von oben nach unten in die Absonderung. Die psychologische Reihenfolge ist: Begierde, Erwartung/fordern, Identitätsdrang, Haben und Besitzen, Absonderung. Die Sequenz steht zum absteigenden Eroszyklus in einem reziproken Verhältnis, siehe auch dort.

Thanatoszyklus II aufsteigend (Macht)
Im Erkenntnisbaum der Fluß der Wahrnehmung von unten nach oben in die Macht. Die psychologische Reihenfolge ist: Begierde, Erwartung/fordern, Ehrgeiz, Profilierung, Macht. Die Sequenz steht zum aufsteigenden Eroszyklus in einem reziproken Verhältnis, siehe auch dort.

Thora
Lehre oder Weisung. Kernstück der Thora ist das 5.Mosesbuch (Deuteronium), in welchem die Gesetze Gottes niedergelegt sind und den Juden die Regeln des ethisch-sittlichen Verhaltens vorgibt. Wegen der vielen Grenzfälle im Alltag entwickelte sich aus der Thora der Talmud, ein umfangreiches Kompendium kasuistischer Fälle und Dialoge. Die Thora wird in sakralen Schreinen in Thorarollen aufbewahrt und im Gottesdienst und am Sabbat feierlich vorgelesen, siehe auch Talmud.

Tikkun
Die Wiederherstellung und Rückführung des himmlischen Adam Kadmon. Durch die schrittweise Offenbarung der zehn göttlichen Angesichter oder Sefiroth (Parzufim) wird der Mensch sich seiner göttlichen Bestimmung zunehmend bewußt, somit auch die Erlösung aller Dinge- der ganzen Schöpfung, aus ihrer dunklen Unbewußtheit. Es ist die Rückkehr in den Omega-Alpha-Zustand und die Herabkunft oder Offenbarung des göttlichen Adam Kadmon, jenes ungeborene, doch stets gegenwärtige Bewußtsein der Liebe, Freude, Freiheit, Schöpfung und Geborgenheit. Im gleichen Sinne auch die Wiederherstellung der ursprünglichen Ganzheit, die in Gott schon immer war und immer sein wird (Apokastasis), siehe Sefiroth.

Transformation
Eigentlich Umformung oder Umwandlung. In esoterischer Bedeutung der Prozeß des Wesentlich-Werdens, im Sinne von Verwesung des alten Ich-Bin-Bildes. Hinsichtlich des Eroszyklus die Verschmelzung von persönlichem und überpersönlichen Sein in Tifereth zu einer integralen Wahrnehmungseinheit und die Offenbarung des Göttlichen. Die beste Methode einer Transformation ist die Rückführung einer Begierde oder Blockade auf ihre eigentliche Hintergrundsehnsucht, welche in der transzendenten Drangrichtung wurzelt. Gelingt die Transformation, so kommt es zur Transzendierung des Ich-Bin oder zur Implosion, siehe auch Transzendierung, Deus est centrum mundi und Selbst virtuelles.

Transzendierung
Die Überschreitung und der Durchbruch des sterblichen Ich-Bin zu einem konstanten, freien, virtuellen Selbst, welches seinen eigentlichen Stand in den fünf überpersönlichen Drangrichtungen hat. Der Transzendierung geht stets die Transformierung voraus. Eine so verstandene Transzendierung kann auch als eine Ich-Bin-Implosion bezeichnet werden, das sich im Deus est centrum mundi zentriert, siehe auch Deus est centrum mundi und Transformation.

Triade
Strukturelle Dreigliederung oder Dreierschritt im Lebensbaum (Welten) und den Engelschören, siehe Welten kabbalistische.

Urgeister
Die sieben erstgeschaffenen Geister oder Seraphim, gelegentlich auch die heiligen Tiere Gottes genannt, die in der christlichen Ikonographie als Engel mit sechs Flügeln dargestellt werden, siehe S.148.

Urglanz
Die unermeßliche Ausstrahlung Gottes, in der die fünf transzendenten Füllen oder Drangrichtungen die Grundlage allen Seins implizieren, siehe auch Drangrichtung transzendente und Ajin-Sof-Aur.

Uridee
Die ewigen Urbilder oder Schöpfungsideen, die dem Sein vorausgehen und die Universen gestalten; auch "Urpotenzen" einer höherdimensionierten Wirklichkeit des Wahren, Schönen und Guten. Eine Uridee ist eine Subtotalität -etwas Vollkommenes- mit einer schöpferischen Eigenbewegung von gewaltiger Kraft und Macht. In anderer Bedeutung der ideelle Kerngehalt einer Sache, eines Ereignisses oder eines Dinges. Richtig erkannt, wecken die Urideen in uns enorme Eros-Energien und veranlassen uns zu schöpferischen Handlungen, siehe Wertekosmos.

Uoroboros
Ein sehr altes mythisches Bildmotiv der Menschheit, das in der Alchemie besonders häufig verwendet wurde, in dem sich eine Schlange in den Schwanz beißt. Die Alchemisten sahen im Uroboros den ewigen Prozeß des Erhitzens, Verdampfens, Abkühlens, Konden-

sieren und Erhitzens usw. In den östlichen Kulturen der ewige Kreisprozeß des Werdens und Vergehens und der Wiedergeburt (Samsara). In unserem Verständnis die Automatik des bewertenden Selbstbezuges, der die menschliche Erkenntnis, sei sie nun gut oder böse, in den Mittelpunkt selbstischer Betrachtungen und somit in die Illusion der Absonderung führt. Eine Erlösung aus diesem Teufelskreis kann nur durch die Ich-Bin-Implosion geschehen, in welcher das bewertende Ich-Bin vom virtuellen Selbst absorbiert wird. Ohne die göttliche Hilfe ist dies kaum möglich, siehe auch S.210 und Midgardschlange, S.411 und Zim-Zum.

Verhältnis reziprokes
Bezeichnet den wechselseitigen Kehrwert zwischen dem Eros- und Thanatoszyklus im Sinne von: Je mehr der eine Zyklus wirksam, desto weniger der andere. Ein Beispiel für den absteigenden Zyklus: Je mehr Identitätsdrang, desto weniger Verstehen des Du, und desto mehr Übertreibung.
oder:
Je weniger Identitätsdrang, desto mehr Erwartung an das Du, und desto weniger Initiative (Unterbewertung), siehe auch S.240.

Vibration manaische
Prophetische Verheißung einer kosmischen Strahlung unbekannter Art, die unser Sonnensystem oder die ganze Galaxis nach einer Halbzeit von 12 960 Jahren innerhalb eines platonischen Jahres für ca.1500 Jahre durchläuft. Die manaische Vibration soll eine subatomare Anregung aller Sonnen und Planetenmassen hervorrufen und die Elektronen zu einer gegenläufige Bewegung veranlassen, die auf alle Lebensprozesse eine kaum einzuschätzende Wirkung haben dürfte. Die Engelsbotschaften betonen, daß das Licht dieser Vibration alles Falsche zu Staub werden läßt. Was immer auch unter *"falsch"* zu verstehen ist, jedenfalls müßte demnach die manaische Vibration das Unbewußte aktivieren und zu schmerzhaften Bewußtwerdungsprozeßen führen. Nach den prophetischen Kundgaben soll sie bei egobetonten Menschen besondere Schmerzzustände hervorrufen, ähnlich wie die Stiche von Skorpionen, siehe auch Lichtmaterie, Präzession und Jahr platonisches.

Virtuell
Der Kraft und Möglichkeit nach das, was anlagemäßig gegeben ist. Die fortgesetzte Gewißheit um einen begleitenden Beobachter (virtuelles Selbst), der jedoch nicht direkt wahrnehmbar ist und nur an den Auswirkungen (Gewissen, Intuition, Gottesrausch) erkannt werden darf.

Wahrnehmungsmodus ost-westlich
Grundlegender Paradigmen-Gegensatz zwischen Ursachenanalyse und der Synthese von Beziehungen. Die analytische Sichtweise zerlegt nach dem Prinzip atomistischer Reduktion den Vorgang, das Ereignis oder den Stoff und sucht die bedingenden Faktoren. Nützlich ist dieser Denkansatz, um vergangene Wirkungen aufzuspüren und auf einen Sachverhalt anzuwenden. Im Gegensatz dazu verknüpft die synthetische Sichtweise alle wichtigen, relevanten Faktoren zu einem ganzheitlichen Beziehungsnetz und untersucht die aktuelle Wechselwirkung und das Abhängigkeitsverhältnis. Nützlich ist dieser Denkan-

satz, um aktuelle Feldwirkungen aufzudecken, z.B. leib-seelische Wechselwirkung, energetische Prozesse (Wellen- und Quantenmechanik) und Korrelationen in Systemen, etwa beim Schachspiel. Auch für die Kabbala ist der induktivsynthetische Denkmodus effektiver, siehe auch Denkweise.

Weg primärer
Die acht primären Wege strahlen die harmonisierende Eros-Energie von Tifereth in den Lebensbaum aus. Blockaden auf einer dieser acht Wege müssen, ungeachtet der kabbalistischen Wertigkeit, zuerst ausgemerzt werden, da sie für das Gleichgewicht des Bewußtseinskontinuums von grundlegender Bedeutung sind. Die primären Wege kommen, mit Ausnahme der Wege 24, 17 und 20, nur in den einfachen Wegen vor, dieser scheinbare Widerspruch hebt sich auf, wenn man berücksichtigt, daß die Wege sowohl hierarchisch als zentrisch gedeutet werden müssen, wobei die zentrische Wertigkeit höher zu veranschlagen ist. Siehe auch Wertigkeit kabbalistische und Eros-Strahlung.

Wege-Blockade
Vorstellungen und Interpretationsweisen, welche häufig die guten Vorsätze in der Wegearbeit behindern, z.B. Abneigungen, Vorlieben, Gewohnheiten, Begierden, Aggression und die Hauptübel: moralische Verurteilung, Trägheit, Verachtung, Vorurteile, Verdächtigungen, Unterstellungen, Minderwertigkeitsgefühle, Ängste, Stolz, Trauer, Kränkung, Neid, Zorn, Enttäuschung, Eifersucht usw., siehe Hauptblockaden und Blockaden.

Wegearbeit
Affirmative Appellationen und inversive Fragetechniken, die Blockaden und falsche Sichtweisen in den Wegen aufdecken helfen. Zusätzlich zu einer solchen Bewußtseinsarbeit können Bildmotive, Malarbeit, Symbolkontemplation, Runenyoga, Mantras, Intonation von Gottesnamen und Imaginationsreisen die Wegearbeit ergänzen und verstärken. Gruppendynamische Seminararbeit und Unterweisungen von kompetenter Seite sind empfehlenswert, siehe Lebensbaum und Sefiroth.

Welten kabbalistische
Die aus der triadischen Dreigliederung der Sefiroth hervorgehenden Welten.
1.Aziluth, die göttliche Welt des heiligen Feuers und der Ursachen und Sitz erhabener Mächte und Götter (Logoi, Archäa), die im Bewußtseinszustand des Sat-Cid-Ananda (Sein-Wissen-Seligkeit) verbleiben und nicht mehr herabsteigen müssen.
2.Beriah, die spirituelle Welt überpersönlicher und persönlicher Ideen, schöpferischer Pläne und Beweggründe, auch des Wahren, Schönen und Guten. In ihr sind die höheren Engel und Genien beheimatet.
3.Jezirah, die astrale Welt der Formen, Gestaltung und Ausschmückung von Schönheit und Ästhetik und der praktischen Handhabung. In ihr sind künstlerische Geister und höchst praktisch veranlagte Wesen beheimatet.
4.Assiah, die physische Welt, die der stofflichen Festköper und des Gemachten. In ihr kristallisieren sich die Erscheinungen aus den Plänen und Formen der spirituellen und astralen Ebenen, siehe auch Gesetzeslast und Schöpfungsstrahl.

Wertekosmos
Welt der Werte und Tugenden oder Kosmos des Wahren, Schönen und Guten, aus dem die Urideen hervorgehen, um sich zu individualisieren bzw. zu verstofflichen, siehe Urideen und Sein überpersönliches.

Wertigkeit kabbalistische
Bedeutet den spirituellen Wert der Wege, je nach ihrer Höhe und Zentriertheit im Lebensbaum. Bei Wegebelastungen durch Blockaden ist die kabbalistische Wertigkeit und zuvorderst *die Zentriertheit* zu berücksichtigen. Wege von lebensthematischer Bedeutung können so für die Entwicklung des Bewußtseinskontinuums besser eingeschätzt werden. Ein einfacher Weg ist z.B. lebensthematisch leichter zu bewältigen als ein doppelter, der erheblich mehr Zeit und feinere Wahrnehmung erfordert. Die kabbalistische Wertigkeit kann man aufsteigend auch mit einer Zunahme an Subtilität gleichsetzen, in welcher die Gegensätze feiner, jedoch auch verschwommener wahrgenommen werden. Wer daher mit Blockaden in den Doppelten oder in den Müttern zu kämpfen hat, muß sie mehr im spirituellen Bereich suchen und weniger im Astralen und Konkreten (Emotional oder Mental). Vorrang haben grundsätzlich die Blockaden in den acht primären Wege, die für das Kontinuum, sowohl der astralen als auch der spirituellen Zentriertheit des überpersönlichen Eros entscheidend sind, siehe auch Schöpfungsstrahl und Wege primäre.

Yang und Yin
Im Taoismus die zwei Urkräfte, aus denen das Ch'i, die kosmogonische Energie oder universale Lebenskraft, entsteht.
Die Qualität von Yang beinhaltet Dynamik, Bewegung, Expansion, Ausstrahlung; sie entspricht der Sonne, dem Himmel, dem Tag, der Wärme, der Trockenheit und dem männlich-aktiven Prinzip. Die Qualität von Yin steht für Potenz, Ruhe, Statik, Implosion, Reflexion; sie entspricht dem Mond, der Erde, der Nacht, der Kühle, der Feuchtigkeit und dem weiblich-passiven Prinzip. Das harmonische Zusammenwirken beider Kräfte bedeutet Gleichgewicht, Gesundheit, Lebensfreude und Frieden und hat als Heilprinzip in die Akupunktur Eingang gefunden. Ein übergeordnetes Merkmal beider Energien ist die ewige Bewegung und der Wandel, der das einzig Dauernde ist, siehe auch Kosmogonie.

Zellulär
Den zellulären Stoffwechsel betreffend, sowie den Auf- und Abbau von Zellbestandteilen.

Zim-Zum
Der unbegreifliche Akt Gottes, in welchem er durch eine Art Null-Option sich zurückzieht, um seine unendliche Kraft zu veräußern. Gott *implodiert* und schafft damit Raum für das Freiwerden von unermeßlichen Energien, Formen und Ideen. Auf Gott trifft der Satz vollkommen zu: *"Der Geringste wird der Größte sein."* In dieser größten Selbstbeschränkung ist Gott der Geringste, folglich müssen sich seine unendlichen Energien in Myriaden von Licht und Liebe verströmen. Die Null-Option lüftet jenes Geheimnis, weshalb Gott stets die Fülle, d.h. immer der Geber ist und seine Attribute die der unendlichen Güte, Schöpfermacht und Gnade, siehe auch Ich-Bin-Implosion und Selbst virtuelles.

Merkaba-Arbeitsblatt 1

Sefiroth

Das übergeistige Bewußtsein
Das integrale Bewußtsein
Das pysische Bewußtsein
Das intuitive Bewußtsein
Das selektierende Bewußtsein
Das unfaßbare Bewußtsein
Das emotionale Bewußtsein
Das logische Bewußtsein
Das wissende Bewußtsein
Das vitale Bewußtsein
Das expansive Bewußtsein

Engel (Deine Helfer)

Rafael
Kamael
Gabriel
Zafkiel
Raziel
Metatron
Michael
Uriel
Sandalphon
Zadkiel

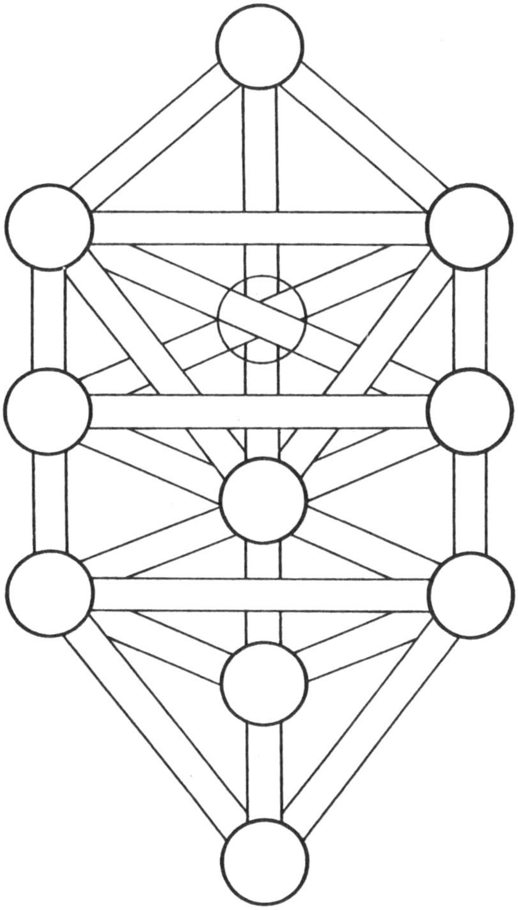

1.Ordnen Sie dem leeren Baumdiagramm die Sefiroth und Engel, zu. Falls Sie nicht weiter wissen, siehe auch S.201 und S. 260.
2.Welcher Sefiroth ist Ihnen im Alltag am stärksten bewußt, welcher zuwenig?

Merkaba-Arbeitsblatt 2

Wege

Weg 1 Aleph Erkenntnis
Weg 2 Beth Vorstellungskraft
Weg 3 Gimel Würde
Weg 4 Daleth Belohnung/Vergeltung
Weg 5 He Aufrichtigkeit
Weg 6 Vau Zuversicht
Weg 7 Zajin Zielstrebigkeit
Weg 8 Chet Übereinstimmung
Weg 9 Thet Akzeptanz
Weg 10 Jod Hilfsbereitschaft
Weg 11 Kaph Kreativität
Weg 12 Lamed Treue
Weg 13 Mem Einigung
Weg 14 Nun Zuverlässigkeit
Weg 15 Samek Vertrauen
Weg 16 Ajin Entschlossenheit
Weg 17 Phe Beharrlichkeit
Weg 18 Shade Begeisterung
Weg 19 Koph Humor
Weg 20 Resch Ideenfülle
Weg 21 Schin Spiritualität
Weg 22 Taw Gesetzeserfüllung
Weg 22a? Geduld
Weg 23 Fe Bescheidenheit
Weg 23a? Genügsamkeit
Weg 24 Wet Gelassenheit
Weg 24a? Hingabe
Weg 24b? Friede

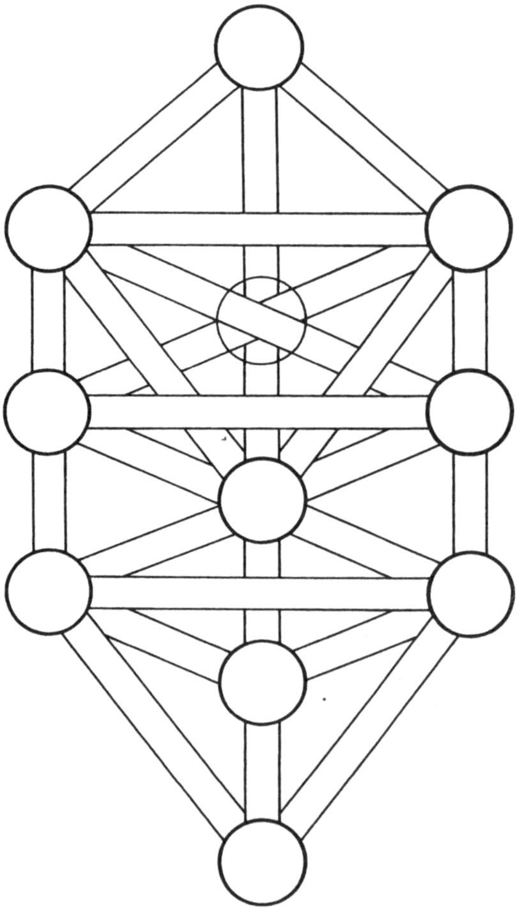

Engel(Deine Helfer)

Rafael
Kamael
Gabriel
Zafkiel
Raziel
Metatron
Michael
Uriel
Sandalphon
Zadkiel

1.Versuchen Sie am leeren Baumdiagramm alle individuellen Bewußtseinshaltungen zu bestimmen sowie die korrespondierenden Sefiroth und Engel. Falls Sie nicht weiter wissen, siehe auch S.83 und S.201.

2.In welchen Wegen sind Sie einigermaßen ausgewogen (in der Mitte), welche sind zu wenig bewußt (Unterbewertung, Unterschätzung) und in welchen übertreiben Sie häufig? Zur leichteren Orientierung und Gedächtnisstüze, empfehle ich Ihnen den Lebensbaumkarten-Set. Er enthält u.a. eine Aktionsfelderkarte und zwei Partnerschaftskarten. Markieren Sie Ihre Stärken grün, Ihre Schwächen rot, siehe auch S. 277 und 279.

Merkaba-Arbeitsblatt 3

Wege

Weg 1	Aleph	Erkenntnis
Weg 2	Beth	Vorstellungskraft
Weg 3	Gimel	Würde
Weg 4	Daleth	Belohnung/Vergeltung
Weg 5	He	Aufrichtigkeit
Weg 6	Vau	Zuversicht
Weg 7	Zajin	Zielstrebigkeit
Weg 8	Chet	Übereinstimmung
Weg 9	Thet	Akzeptanz
Weg 10	Jod	Hilfsbereitschaft
Weg 11	Kaph	Kreativität
Weg 12	Lamed	Treue
Weg 13	Mem	Einigung
Weg 14	Nun	Zuverlässigkeit
Weg 15	Samek	Vertrauen
Weg 16	Ajin	Entschlossenheit
Weg 17	Phe	Beharrlichkeit
Weg 18	Shade	Begeisterung
Weg 19	Koph	Humor
Weg 20	Resch	Ideenfülle
Weg 21	Schin	Spiritualität
Weg 22	Taw	Gesetzeserfüllung
Weg 22a?		Geduld
Weg 23	Fe	Bescheidenheit
Weg 23a?		Genügsamkeit
Weg 24	Wet	Gelassenheit
Weg 24a?		Hingabe
Weg 24b?		Friede

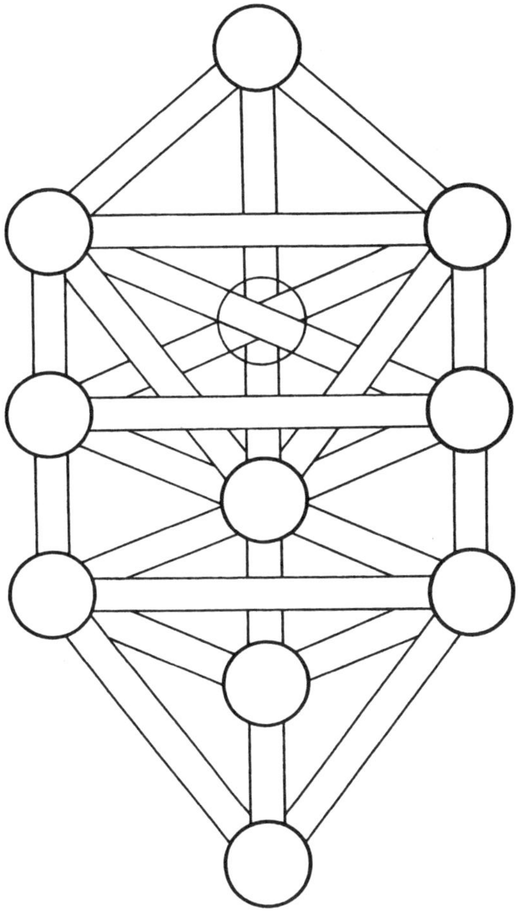

1.Wählen Sie für jeden Tag einen Weg und beginnen Sie mit den Wegen die Ihnen am leichtesten fallen! Lesen Sie zur Frühstückslektüre die entsprechenden Affirmationen auf den S.293-349. Wiederholen Sie vor dem Bettgang nochmals die Affirmationen und wägen Sie ab, ob Sie den Weg im Alltag realisiert haben. Wenn ja, haken Sie ihn ab und bedanken sich bei den korrespondierenden Engeln, wenn nein, bitten Sie die Engel um Hilfe und wiederholen Sie am darauffolgenden Tag.
2.Nachdem Sie alle Wege durchgegangen sind beginnen Sie von vorne, diesmal sollten Sie sich für jeden Weg eine Woche Zeit nehmen.

Stichwortverzeichnis

A

Abba, -Sefiroth, **397**
Abgrund gähnender, -Sefiroth, **397**
Abneigung, **234**
Absonderung, **127,** 256, **462**
Absonderung entzündl., 264, 266, 365
Abwehrformen, 366
Abwehrstrategien, **235**
Abyss, 58, 184, 185, **462**
Achtung, 66, 76
Adam Kadmon, 20, 28, 33 **462**
Adam, 184
Affinität, 107, 455
Affirmationen männlich, 351
-Sefiroth allg., 355
-Sefiroth männlich, 352
-Sefiroth weiblich, 354
-weiblich, 353
Aggression, 118, 227, **230**, **462**
Ajin, 48, **462**
Ajin-Sof, 48, 76, **462**
Ajin-Sof-Aur, 48, 49, **146, 147**, **462**
Akiba Ben Joseph, 28, **463**
Akshobhya, 418, 419
Aktionsfeld, 247, **463**
Aktionsfelder, 274, 275, 276, 290
Akzeptanz, 71, 77, 261, **309,** 309, 310
Alchemisten, 452
Algiz, 306, **415**
Allah, 383
Alleinerbe, -Sefiroth, **397**
Allerweltsmotive, 271
Alltagsintellekt, 213
Alpha, 294
Alpha-Omega, 149, **463**
Alphabet, **463**
Alte der, -Sefiroth, **397**
Amazonen, 415
Amitabha, 418,
Amoghasiddhi, 418, 419
Angelpunkt Lebensbaumes, 204
Angst, 363,
Ansuz, 294, **409**
Antithese-These, 134
Äon, 379, **462**
Aphrodite, 410
Apokalypse, 378, 383, 387
Apollon, 410
Aramäisch, 30, 31, 38, **463**
Arbeit, 72, 77
Arbeitsmethode d.Wege, 292
Archetyp, 202, 212, 395, 396, 402, **463**
Archetypen, Arkanum, 399
Archetypen, Sefiroth, 397
Ares, 415
Arglosigkeit, 47
Aristokrat esot., 459
Arkanas, 432, 484
Arkanum Tarot, 434
Arkanum, **464**
Arm linker, 261, 363
-rechter, 261, 363
Armgelenk linkes, 261, 363
-rechtes, 261, 363
Artemis, 414
Asen, 402, **404**
Asgard, **404,** 407
Assiah, 60, 62
Astral, **464**
Astrale Farben, 421
Astraler Farbschlüssel, 422
Athene, 408
Äther **107**
Atlantis, 379
Atman, 370
Attribut-Ungleichgewicht, 253
Aufbruch-Tarot, 433, 434, **437, 440**
Aufdeckung von Blockaden, 260
Auflehnung, 363,
Aufrichtigkeit, 70, 77, 261, **301,** 302
Auge linkes, 261, 363,
-neues, 389
-rechtes, 261, 363,
Aura, **464**
Ausfaltung des Lebensbaumes, 48
Ausgleichsverlust, 361
Außen u. Innen, 272
Auswahlliste Geben, Aktionsf., 283
Auswahlliste Nehmen, Aktionsf., 283
Auswahlliste Übertreibung, 277
Auswahlliste Unterbewertung, 279
Autoritär, 362
Aziluth, 57, 62

B

Bahir, 29
Balder, 402, **407**
Bannungsritual, 105, 452
Bauchspeicheldrüse, 261, 363
Baum d. Bewußtseinshaltungen, 83
Baum d. Erkenntnis, 184
Baum d. Runen u. german.Götter, 416
Baum der Archetypen, 398
Baum der Buddhas, 421

Baum der Einweihungsstufen, 445
Baum der Gnadengaben, 448
Baum der Himmelsfürsten, 201
Baum der Olympier, 417
Baum der Urideen, 79
Baum der Weltreligionen, 373
Baum des Kelippoth, 364
Baum des Tarot, 439
Baum hebräischer, 84
Baumgleichnis, 19, 21, 22
Becken kleines, 260, 362
Begeisterung, 74, 77, 170, **236,** 261, **327,** 328
Begierde, 114, 116, 117, 244, **462**, 454
Begierde-Ursachen, 244
Beharrlichkeit, 67, 77, 261, **325,** 326
Bein linkes, 261, 363
-rechtes, 261, 363
Belohnung u. Vergeltung, 66, 77, 261, **299,** 300
Bergpredigt, 227
Beriah, 59, 62
Berkana, 296, **411**
Bescheidenheit, 68, 77, 261, **340,** 341
Beschützer, -Sefiroth, **397**
Besessenheit, 442
Besitz, 273, 274, 280, 281, 282
Besitz, Beziehungen, Persönlichkeit, **274**
Besitzverluste, 284
Beta, 296
Betroffenheit, **234**
Bewertung, 120
Bewußtsein, **233**
-allgemein, **464**
-emotionales, 260,
-expansives, 260
-integrales, 260
-intuitives, 260
-logisches, 260,
-physisches, 260
-selektierendes, 260
-übergeistiges, 260, **465**
-unfaßbares, 260
-vitales, 260
-wissendes, 260
Bewußtseinshaltungen, 33
Bewußtseinshaltung individuell, 77, **465**
Bewußtseinskontinuum ethisches, 446, **465**
Bewußtseinsmitte, 209
Bewußtseinsmitte, 212
Bewußtseinsveränderung, **236**
Beziehungen, **236**, 274, 279, 280, 281, 282, 284
Beziehungsstörungen, 284
Bhagavadgita, 375, 377, 390, **465**
Bhakti, **465**
Binah, 58, 156
Binah-Zusammenfassung, 157
Biobedürfnisse, 218
Blase, 260, 362,
Blitzrune, 413
Blockade, 120, 238, **465**
-Angst, **243**, 454
-Aufdeckung, **260**
-Eifersucht, **243**, 454
-Enttäuschung, **243**
-Formen, 237
-Hochmut, **243**, 454
-Lähmung, **243**
-Minderwertigkeit, **243**
-Moralische, **243**
-Neid, **243**
-Total, 360, **362**
-Trägheit, **243**
-Trauer, **243**
-Vorurteil, **243**
Bodhi-Baum, 25
Bonifatius, 408
Böse das, 356
Botschaft spirit., 271, **273,** 283, **466**
Bragi, **408**
Braut geschmückte, -Sefiroth, **397**
Bronchien linke, 261, 363
-rechte, 261, 363
Brust obere, 261, 363
Brustbein, 260, 362
Brustmittelraum, 260, 362
Brustwirbel, 262
-achter, 262
-dritter, 262
-elfter, 262
-erster, 262
-fünfter, 262
-neunter, 262
-sechster, 262
-siebter, 262
-vierter, 262
-zehnter, 262
-zweiter, 262
-zwölfter, 262
Brustwirbelsäule mittl., 260, 362
-obere, 261, 363
-untere, 261, 363
Buchstaben griechische, 440
-hebräische, **80,** 440
Buchstabensinn mystischer, 40
Buddha, 68, 391
Buddha-Beschreibung, 418

Busch Wilhelm, 444

C

Cherubim, 195
Chesed, 58, **159**
Chesed-Zusammenfassung, 160
Chi, 308
Chokmah, 58, **153**, 457
Chokmah-Zusammenfassung, 154
Chroniken, 29
Conijunctio oppositorum, **466**
Cordovera, 32

D

Daath, 57, 58, **184, 185**
Daath-Zusammenfassung, 188
Dagaz,, 300, **415**
Degenerationsprozeß Kelippoth, 365
Delta, 300
Demeter, 414,
Demut u. Neinsagen, 225
Demut u. Widerstand, 225
Demütige Übertragungen, 226
Denken analoges, 133, **466**
Denkkategorien, 89, 90, **466**
Denkmodus, **466**
Denkweise, **466**
Denkweise west-östliche, 133
Dependenz, 452
Desintegration, **229**
Destruktion, 363
Deus e. c. mundi, 110, **466**
Dharma-Tarot, 433, 434, **438, 440**
Dialektik, 137
Dialektischer Prozeß, 137
Diamantstern, 412, 440
Diaspora, **469**
Dickdarm, 261, 363
Dijedpfeiler, 24
Dimension, 450
Dionysios Areopagites, 193
Dionysos, 410
Direktmethode spirituelle, 220, **467**
Disidentifikation, **104**
Diskretion, 449, 450
Don Juan, -Sefiroth, **397**
Donar, **408**
Donarkult, 408
Doppelten Wege, 65, 81, **467**
Drangrichtung transz., 244, 250, **467**
Dreitagesfinsternis, 382
Dualismus, 356
Dualistisch, 362
Dünndarm, 261, 363

E

Ebenen im Schöpfungsstrahl, 57
Eckehart, 99, 100, 101, 121, 211, 392, 393
Edda, 402
Ego, 442
Ego u. virtuellem Selbst, 223
Ego unwichtig, 219
Ego-Kennzeichen, **233**
Egozustand, 223
Ehe-Tarot, 433, 434, **436, 440**
Eierstock linker, 261, 363
-rechter, 261, 363
Eihwaz, **415**
Einfachen Wege, 69, 82, **467**
Einfachheit, 68, 76
Eingeständnis u. Konsens, 225
Weltrel. Einheit d., 371
Einheit, 65, 76
Einigung, 65, 77, 261, **317,** 318
Einweihung, **472**
Eir, **408**
Eiwaz, 324, 414
Elben, **406**
Elemente der Kabbala, 45
Elemente strukturelle, 54
Emotionen, 169
Enddarm, 261, 363
Energie, **88**
Energie der Mitte, 138, **467**
Engel, 190, 191, 192, 222, 402
Engel in Wegen, 285
Engels-Chor-Botschaft, **188**
Engelsarbeit, 202
Engelschöre, 194
Engelsbotschaften, 374, 384, 388, 389, 390
Engelsprache, 192
Entladung, **235**
Entmündigungsprozeß, 442
Entschlossenheit, 73, 77, 261, **323,** 324
Enttäuschung, 118
Entzündungen, 264, 266
Entzweiung/Streit, 363
Epsilon, 302
Erde, 49
Eremit, 341
Eremit-Tarot, 433, 434, **438, 440**
Erhalter d. kosm. Gleichgew., 198
Erkenntnis, 64, 77, 261, **293,** 294
Erkenntnisbaum, **467**
Erkenntnisprozeß, **468**
Erkenntnisstufe, 218
-erste, 218, 225
-zweite, 219, 225
-dritte, 219, 226

-vierte, 220
Erkenntnisstufen, 218
Erlebnis mystisches, 147
Erlebnismittelpunkt, 209
Erleuchtung, 65, 76, 205
Erlösung, 68, 76, **235**
Eros, 121
Eros-Bewußtsein, 204, **232**, **468**
Eros-Energie, 76, **468**
Erosstrahlung, **468**
Erosstrahlung achtfache, 206
Eroszyklus allg., 98, 202, 109, **468**
Eroszyklus I horizontal, 111, **468**
Eroszyklus II absteigend, 124, **468**
Eroszyklus II aufsteigend, 123, **468**
Eroszyklus in den Wegen, 113
Erschütterungen, 250, 376
Erwartung, 117
Erwartungshaltung Thanatoszyklus I, 116
Erzengel, 199
Esoterik, 441
Eva, 184
Evokation, **105**, 452, 453
Evokative Flußrichtung, 105
Evolution spirt., **236**
Expansion überwertig Macht, 255
-überwertig, 253
-überwertig, Absonderung, 256
-unterwertig, 254

F

Fall aus d. Paradies, 99
Falschheit, 363,
Farben astrale, 421
Farbenschlüssel astraler, 422, 423
Fatima, 196
Fehu, 304, **414**
Feigenbaum, 379
Fenriswolf, **409**
Feuerhimmel, 380
Feuerriese, 27, 414
Fischezeitalter, 380
-evokative, **469**
-invokativc, **469**
Fokussierung Urglanz, **469**
Form, 87, **89**
Forseti, **409**
Fragebogen, 247
Fragmente kabbalistische, 64
Frau alte, weise, -Sefiroth, **397**
Freiheit, 70, 76
Freja, **409**
Freyr, **409**
Friede, 69, 76, 85, 261, **348,** 349
Frühlingspunkt, 379, 380, 381
Fülle transzendente, 75, 85
Füllen die fünf, 111, 217
Fünf, **103**
Fünferzyklen, 109
Fünferzyklus, 107, **469**
Funktionsverlust, 264, 266, 365
Fußangeln und Fallstricke, 442
Füße, 260, 362
Fußknöchel, 260, 362
Fußreflexzonen, 260, 362
Fußsohlen, 260, 362

G

Gabriel, **200**
Gabriel-Botschaft 179
Gaja, 412
Gallenblase- u.gänge, 261, 363,
Gamma, 298
Gärtner Gottes, 182
Geben i.d. Aktionsf., 283
Geben u. Nehmen i.d. Aktionsf., 280
Geben u.Nehmen, **234**
Gebo, 308, **412**
Geborgenheit, 72, 76
Geburah, 58, 162, 163
Geburah-Zusammenfassung, 164
Geduld, 261, **338,** 339
Gefängnis inneres, 375, 376
Gefjon, **410**
Gefühle, 169
Gefühlsgewißheit, 23
Gegensatz west-östlicher Denkw., 133
Gegensatz, 450
Gegensatz-Ausgleich, 138
Gegensatz-Gesetz, 134
Gegensätze, 135, **234**
Gegensatzproblematik, 134, **469**
Gegenwartsbewußtsein, 250
Gehängter, 310, 433, 434, **436, 440**
Gehirn rechtes, 260, 362
-linkes, 260, 362,
Gehorsam, 71, 76
Geist heiliger, 390
Gelassenheit, 69, 77, 261, **344,** 345
General Gottes, 167
Genialität, 285, 286
Genien, **289**, **469**
Genien in den Wegen, 286
Genießer, -Sefiroth, **397**
Genitalbereich, 260, 362,
Genügsamkeit, 261, **342,** 343
Gerechtigkeit im Alltag, 458
Gerechtigkeit, 66, 76, 300, 454

Gerechtigkeit-Tarot, 433, 434, **435, 440**
Gericht-Tarot, 302, 433, 434, **435, 440**
Geschichte, d. Kabbala, 32
Gesetz dialektisches, 131, **469**
Gesetze d. Lebensbaum, 229
Gesetze d. Seinsschichten, 451
Gesetze psychologische, **232**
Gesetze spirituelle, 228, 232
Gesetze Zusammenfassung, 228
Gesetzeserfüllung, 68, 77, 261, **335,** 336
Gesetzeslast der Welten, **469**
Gesetzeswillkür, 363
Gesichtshälfte linke, 260, 362
-rechte, 260, 362
Gestrenge der Gottes, 164
Gestrenge, -Sefiroth, **397**
Gewalten 197
Gilgul, 33, **469**
Glaube, 67, 76, **234**, **469**
Gleichgültigkeit, 363
Glückseligkeit, 74, 76
Gnade, 454, 456
Gnadengaben, 447
Gnadenstreit, 456
Gnostiker, 452
Goethe, 60, 272, 455
Gönner, -Sefiroth, **397**
Gönner, 162
Götter griechische, 402, 440
-germanische, 402, 407, 440
Götterdämmerung, **406**
Gottesnarr, 345
Gottesnarr-Tarot, 433, 434, **438, 440**
Gottessohn, 198, 222
Grundbedürfnisse, 177
Gute das, 73, 76
Güte, 376

H

Hades, 415
Hagalrune gewöhnliche, 302, **415.**
Hals, 260, 362
Halswirbel, 262
-dritter, 262
-erster, 262
-fünfter, 262
-sechster, 262
-siebter, 262
-vierter, 262
-zweiter, 262
Halswirbelsäule, 261, 260, 362, 363
Hand linke, 261, 363
-rechte, 261, 363
Harmonie, 71, 76
Harmonie-Tarot, 433, 434, **436, 440**
Harnleiter linker, 261, 363
-rechter, 261, 363
Hartmann, Nic., 89
Haß, 363
Hauptblockaden, **243, 254**, 472
Hebräisch, 37, 38
Heiler Gottes, 171
Heiligkeit, 156
Heimdall, **410**
Helios, 407
Hellseher, 441, 442
Hephaistos, 411
Hera, 409
Herakles, 415
Hermes, 410
Herrera, 145
Herrschaften, 197
Herrscher-Tarot, 326, 433, 434, **437, 440**
Herrscherin-Tarot, 314, 433, 434, **436, 440**
Herz, 260, 362,
Herzenswunsch, 216
Hesekiel, 145, 356
Hestia, 410
Hexagramm, 93, 94
Hieroglyphen, 400, **472**
Hierophant, **472**
Hilfsbereitschaft/Arbeit, 69, 77, 72, 77, 261, **311,** 312
Hingabe, 261, **346,** 347
Hintergrund transzendenter, 249
Hintergrundsehnsucht, 249, **471**
Hirnbalken, 261, 363
Hirnstamm, 261, 363
Historie, 28
Hochmut, 363
Hod, 58, **173**
Hod-Zusammenfassung, 175
Hoenir, **410**
Hoffnung-Tarot, 70, 76, 433, 434, **435, 440**
Hohepriester-Tarot, 298, 433, 434, **435, 440**
Hohepriesterin-Tarot, 296, 433, 434, **435, 440**
Hüfte linke, 260, 362
-rechte, 260, 362
Hüftgelenk linkes, 260, 362
-rechtes, 260, 362
Hülle, physische, 181
Humor, 74, 77, 219, 261, **329,** 330
Humoral, **471**
Humorale Phasen 264, 266
Humorlosigkeit, 363
Hüter der Schriften, -Sefiroth, **397**

Hüter der Schwelle, -Sefiroth, **397**

I

Ich-Bin-Attribute, **471**
Ich-Bin-Implosion, **472**
Idealismus ethischer, 402
-transzendentaler, 403
Ideen, 153
Ideenarmut, 363
Ideenfülle, 68, 77, 261, **331,** 332
Identifikation, 105, 122, **209, 472**
Identifikation im Pentagrammfluß, 121
Identifikation Thanatoszyklen, 106
Ideogramm, 401, **472**
Idun, **410**
Imaginationsreise, 424
Imaginationstechnik, 28, 424
Imma; -Sefiroth, **397**
Implosion, 45
Individuation, 202, **472**
Inguz, 298, **408**
Initiation kabbalistische, **472**

Inkonsequenz, 363
Instruktionen praktische, **290**
Integration im Pentagrammfluß, 121
Integration von Gegensätzen, 131
Integration, 103, 111, 112, 121, **229, 473**
Intention, **473**
Intoleranz, relig., 367
Inversion, 362, 366, **473**
Inversion des Baumes, 357
Invokation, **103**, 452, 453
Invokative Flußrichtung, 103
Involution spirit., **236**
Is, 322, **414**
Ivaldi, **411**

J

Jahr platonisches, 379, **473**
Jera, 312, **408**
Jesod, 58, **177**
Jesod-Zusammenfassung, 179
Jesus Christus, 30, 45, 46, 122, 198, 217, 219, 224, 227, 251, 368, 370, 380, 381, 390, 407, 463, 480
Jezirah, 30, 59, 60, 62
Jochbein linkes, 261, 363
-rechtes, 261, 363
Jota, 312
Judäolateinisch, 38
Judäospanisch, 38

K

Kabbala praktische, 395
Kabbala, **473**
Kaiser-Tarot, 433, 434, **437, 440**
Kamael, **197**
Kamael-Botschaft, 164
Kämpfer, -Sefiroth, **397**
Kant, 173, 451
Kappa, 314
Kashyapa, 421
Kategorien, 156, 449, 450, 451, **474**
Katharsis, **473**
Kaunaz, 330, **408**
Kehlkopf, 260, 362
Kelippoth, 356, 474
Kenaz, 314, **411**
Kether, 48, 50, **150**
Kether-Zusammenfassung, 151
Kind inneres, 166, 202, **474**
Kind-Tarot, 322, 434, **437, 440**
Kirche Untergang, 384, 386
Knie linkes, 261, 363
-rechtes, 261, 363
Komödianten spirit., 361
Konditionalnexus, 368, 369
Konfrontation, 363
Königskind, -Sefiroth, **397**
Konkretisierung, **124**, 474
Konsens u. Eingeständnis, 225
Kontinuität, 449, 450
Kontinuum eth.,374
Kontinuum kategoriales, **475**
Koppa, 330
Körper, 181
Körperbereiche, 42, 44
Körperego, 177
Korrelationen, 239
Korrespondenzschlüssel Kelippoth, 362
Korrespondenzschlüssel Sefiroth, 260
Korrespondenzschlüssel spirituelle Botschaft, 283
Korrespondenzschlüssel Wege, 261
Kosmogonie, **474**
kosmogonisch, **474**
Kraft-Tarot, 433, 434, **437, 440**
Kraftimpuls, 74, 76
Krankheitserlösung, **236**
Krankheitsprozeß, 231, 365, 366
-humoral., 231, 365, 366
-zellulär, 231, 365, 366
Kreativität, 67, 77, **261, 313,** 314
Krebs, 264, 266, 365
Kreuzbein, 260, 261, 362, 363
Krise spirituelle, 185, 186

Kritik-Tarot, 432
Kundalini, 54
Kurz-Affirmationen der Sefiroth allg. 355
-männlich, 351
-Sefiroth männlich, 352
-Sefiroth weiblich, 354
-weiblich, 353
Kurzbeschreibung Buddhas, 418

L

Laguz, 316, **411,**
Lambda, 316
Laotse, 33, 45, 87, 92, 100, 186, 385, 393
Lapis philosophoricum, **475**
Lauheit, 388
Lebensbaum, **475**
Lebensbaum-Gesetzes, 229
Lebensbereich innerer, **476**
Lebenskräfte, 200
Lebenskunst spirit., 129
Lebensthemen gegensätzliche, 225
Leber, 261, 363
Leere, 376, 377
Leiste linke, 261, 363
-rechte, 261, 363
Lende linke, 261, 363
-rechte, 261, 363
Lendenwirbel, 262
-dritter, 262
-erster, 262
-fünfter, 262
-vierter, 262
-zweiter, 262,
Lendenwirbelsäule, 261, 363
Licht Gottes, 175
Lichtmaterie, 375, **476**
Lichtmensch, 249
Lichtschwingung neue, 309
Liebe, 69, 77, 78, 454, **455**
Liebe im Alltag, 456
Liebe u. Gerechtigkeit, 452
Liebenden,-Tarot, 316, 433, 434, **436, 440**
Loki, 402, 403, **411**
Lösen, 112
Loßlaskrise, 186
Luftröhre, 261, 363
Lügen, 162
Lungen, 261, 363
Lurian Isaak, 32, 33
Luzifer, 60

M

Macht d. virtuellen Selbstes, 215
Macht göttliche, 193
Macht, **126**
Mächte, 197
Magen, 261, 363
Magier, -Sefiroth, **397**
Magier-Tarot, 334, 433, 434, **438, 440**
Maitreya, 419
Majestät, -Sefiroth, **397**
Makkabäerbücher, **476**
Malkuth, 58, **181**
Malkuth-Zusammenfassung, 182
Manaz, 318, **410**
Mangelbewußtsein, 251
Manjushri, 420
Mantren, 401
Mäßigkeit-Tarot, 318, 433, 434, **436, 440**
Maßlosigkeit, 363,
Materialistisch, 362,
Matrix individuelle, 92, 93, **477**
-kosmische, 86, 90, 91, **477**
Matrona, -Sefiroth, **397**
Mauer innere, 249, 375
Maya, 58, 458, 459
Mensch verherrlichter, -Sefiroth, **397**
Menschensohn, 222, **477**
Merkaba-Arbeitsblätter, 495, 496, 497
Merkaba-Mystik, 28, **477**
Merkaba-Mystiker, 28, 29, 263
Merkmale der Engelchöre, 195
Metatron, **194**
Metatron-Botschaft, 151
Michael, 60, **198**
Michael-Botschaft, 167
Midgardschlange, **411**
Midrasch, **477**
Milz, 261, 363
Mimir, **412**
Mischna, **477**
Mitgefühl wahres, 72, 76, **233**
Mitte der Bewußtseinshaltungen, 350
Mitte goldene, 86, **234**, 237, 454
Mitte-Verlust, **234**
Moiren, 412
Mond-Tarot, 308, 433, 434, **436, 440**
Morphogenetische Felder, **478**
Motiv, 252
Motivation, 271, 272
Motive allerwelts, **479**
Motive höhere, 271, **478**
Motivwandel, 246, **255**
Mundboden, 261, 363
Mütter, 64, 81, **479**
My, 318
Myste, 28
Mysterium, 149, 249, **479**

Mystiker, 28
Mystisches Erlebnis, 147, 425
Mythen, 24, 28
Mythos persönl. 86

N

Nanna, **412**
Nasenloch linkes, 261, 363
-rechtes, 261, 363
Nasennebenhöhle linke, 261, 363
-rechte, 261, 363
Naturmensch (Tarzan). -Sefiroth, **397**
Nauthiz,320, **410,**
Nebenschilddrüsen, 260, 362
Nehmen i.d. Aktionsf., 283
Nehmen u. Geben i. d. Aktionsfelder 280
Neid, **121**
Neinsagen u. Demut, 225, 226
Neophyt, **479**
Neoplasmen, 264, 266, 365
Netzach, 58, **169**
Netzach-Zusammenfassung, 171
Neugierde, 111
Niere linke, 261, 363
-rechte, 261, 363
Nirvana, 370
Njörd, **412**
Nornen, 27, **412**
Nostradamus, 391
Numeration der Gesetzeslast, 62
Ny, 320

O

Oberbauch, 260, 362
Oberkiefer linker, 261, 363
-rechter, 261, 363
Oberkörper, 261, 363
Ochsenbild neuntes, 444
Odal, 345, **412**
Odin, **412,**
Odysseus, 408,
Offenbarung des Göttlichen, 222
Ohr linkes, 261, 363
-rechtes, 261, 363
Okzident, 86, 87
Olympier, 402, 407
Omega, 345,
Omegapunkt, 45, 220, 272
Omikron, 324
Opportun, 362
Oppositionsregel, 361
Orakelhaupt, 412
Organ-Be-Deutung, 42
Organbaum, 41
Organe alle, 261, 363,
Organerkrankung, **231**
Organschrumpfung, 264, 266, 365
Orient, 87
Orion, 382
Orpheus, 408
Ostara, **413**

P

Phantasie, 66, 77, 261, **295,** 296
Paradies, 99, 102, 184
Paradigma, 133
Partnerschaft, 226, **234**, 272, 443, 444
Partnertrennung, 220, 221
Paulus, 193, 227, 391
Pentagramm, **481**
Pentagramm-Geschichte, 450
Pentagrammfluß, 121
Pentateuch, **479**
Persephone, **414**
Persönlichkeit, 273, 274, 280, 281, 282
Perth, 326, **410**
Perversion, **232**, 359, **479**
Pessimismus, 363,
Phantasie, 76, 77
Phi, 304
Philosophia perennis, 374, **479**
Phytagoras, 452
Pi, 326
Piktogramme, 400, **479**
Planeten, 440
Planetenbahnen, 320
Planetenbahnen-Tarot, 434, **437, 440**
Platon, 409
Polaritätszuordnungen, 54
Poseidon, 412
Prädestination, 456
Prahlerei, 363, 261, 363
Präzession, **480**
Prinzip ordnendes, 114
Prinzipienreiter, 362
Projektion, 121
Prolog, 22
Prometheus, 411
Prüfer, -Sefiroth, **397**
Prüfung-Tarot, 310, 433, 434, **436, 440**
Psalm, 393
Pseudoübertreibung, **232**
Psi, 328
Psychoanalyse, 262
Psychosen, 212
Psychosomatik, 260, 261, **480**

Q
Quantentheorie, **480**

R
Rabbi, **480**
Rache, 450
Rafael, **199**
Rafael-Botschaft, 171
Ragnarök, 406
Raido, 332, **408**
Ratnasambhava, 418, 419
Rauchen, 212
Raum, **87**
Rausch heiliger, **483**
Raziel, **195**, 424
Raziel-Botschaft, 154
Rechthaberei, 459
Regel goldene, 162, 441, **481**
Reiniger -Sefiroth, **397**
Religionen im Lebensbaum, 367
Resonanzgesetz, **481**
Reziproke Verhältnisse, 240, **490**
Rheia, 414
Rho, 332
Riesen, **405**
Rippen linke, 261, 363
-rechte, 261, 363
Ritualmagie, 452, 453
Runen, 440, **481**
Rustikalisierung, **230**

S
Samen heilige, 50, 51, **481**
Sandalphon, **200**
Sandalphon-Botschaft, 182
Sanskrit, **482**
Satan, 356
Säulen des Lebensbaumes, 56
Schadenfreude, 363,
Schattenseiten, 132
Schau übergeistige, 147, 426
Schechina, 52, 181, **482**
Scheitel links u.rechts, 260, 362
Schi'ur Koma, 29, 145, **482**
Schichtengesetze, 451
Schicksalsrad-Tarot, 336, 433, 434, **438, 440**
Schilddrüse, 260, 362
Schläfen, linke, 260, 362
-rechte, 260, 362
Schlichter, -Sefiroth, **397**
Schlüsselbeine, 261, 363
Scholem Gershom, 35, 37
Schönheit, 66. 76
Schönheitsideal, 129
Schöpfer, -Sefiroth, **397**
Schöpfungsstrahl, 52, 53, **482**
Schriftentwicklung hebräische, 37
Schulterblatt linkes, 260, 362
-rechtes, 260, 362
Schultergelenk linkes, 260, 362
-rechtes, 260, 362
Schulterrand linker, 261, 363
-rechter, 261, 363
Schutzengel, 193, 200
Schwäche funktionelle, 264, 266, 365
Schwingung heilige, 383
Sefirah, **482**
Sefirah-Attribute, **231**
Sefiroth, 22, **483**
-defin., **145, 483**
-Affirmationen, 152-189
-Dissonanz, **229**
-Einfärbung, **231**
-Entsprechungen, 144
-Inversionen, 363
Sefiroth-Korrespondenzen 260
Sefiroth-Symbolik, 144
Sein ideales, 86
-individuelles, 93
-kosmisches, 87
-menschliches, 85
-persönliches, **483**
-überpersönliches, **483**
Seinsausdruck, 251
Seinsgesetze der Welten, **483**
Seinskategorien, 447
Seinsschacht, **483**
Seinsschichten, **470, 483**
Seinsweise, 111, **484**
Seinsweise ost-west, 134
Selbst virtuelles, 209, **484**
Selbst virtuelles u.Ego, 223
Selbst-Kennzeichen, **233**
Selbstbehauptung, 223
Selbstbeobachtung, 214
Selbstbeschränkung, 45
Selbstbetrug intutiver, 23
Selbstbezug, 116, 210, 211, 212, **411**
Selbstzustand, 223
Selektion überwertige, 253
Selektion überwertige, Macht, 255
Selektion unterwertige, 255
Selene, 412
Seminarhinweise, 430
Sepher Bahir, 29, **485**
Sepher Jezirah, 30, 432, 433, 434, **485**
Sepher Sohar, 30, **486,**
Seraphim, 195

Shakyamuni, 420.
Shunyata, 217
Siegel sechstes, 382
Siegeswagen-Tarot, 382, 433, 434, **437, 440**
Sif, **414**
Sigma, 334
Sinneswahrnehmung, 181
Sirius, 382
Skadi, **414**
Sonne-Tarot, 332, 433, 434, **437, 440**
Sosein reales, 87
Sowelu, 334, **413**
Sowohl-als-Auch, **131, 132**
Spaltend, 362
Speiseröhre, 261, 363
Spekulation, 363
Spirale, 104
Spiritualität, 65, 77, 261, **333,** 334
Spirituell, **486**
Stabilität, 72, 76
Standpunkte, **234**
Starke der Gottes, 179
Stärke-Tarot, 330, 433, 434, **437, 440**
Steißbein, 260, 362
Stern-Tarot, 304, 433, 434, **435, 440**
Sternzeichen, 440
Stirn, 260, 362
Stirnmitte, 261, 363
Strahlenkranz, 382
Stütze, 376
Subatomar, **486**
Sündenfall, 58, 101, 102
Superbewußtsein, 383
Superbürokratur, 379
Supramental, **486**
Surts, 27, **414**
Symbol geheimes, **486**
-Entstehung, 400
-Wesen, 400
-Wirkung, 401
Symboldeutung, 400
Symbole astrale, 395
Symbole religiöse, 401

T

Tag jüngster, 382
Tai-Chi, 400
Talmud, 38, **486**
Tarot traditioneller, 432
Tarot, 432, 433, **487**
Tarot-Numeration, 432
Tarotkarten, 438
Tau, 336
Teilpersönlichkeit, 212, 223, **487**
Tetagrammaton, 55
Teufel-Tarot, 306, 433, 434, **436, 440**
Thanatosbewußtsein, 203, **232**, **487**
Thanatoszyklus allg., 98, 109, 357, **487**
Thanatoszyklus I u Ia, 454
Thanatoszyklus I, horizontaler, 113, **488,**
Thanatoszyklus Ia horizontaler, 119, **488**
Thanatoszyklus II absteigend, 127, **488**
Thanatoszyklus II aufsteigender, 126, **488**
Thanatoszyklus in den Wegen, 118
Theophanie, **487**
Theoretisch, 362,
Theosophie, **487**
These-Antithese, 134
Theta, 310
Thora, 38, **488**
Throne, 196
Thronwagen, 28
Thurisaz, 328, **410**
Tifereth, 58, 166, 204, 222, **232**, 268
Tifereth-Zusammenfassung, 167
Tikkun, 33, **488**
Tiwaz, 336, **409**
Tochter schöne, -Sefiroth, **397**
Tod-Tarot, 294, 433, 434, **435, 440**
Todeszyklus, 357
Totenbefragung, 123, 220, **236**, **489,**
Transzendenz beharrlich, 220
Transzendenz des Bewußtseins, 217
Transzendierung, **489**
Traum, 249
Treue, 72, 77, 261, **315,** 316
Treulosigkeit, 363,
Triade, **489**
-mittlere, 159
-obere, 150
-untere, 169
Triebe, 177
Triebhaft, 362,
Tröster Gottes, 160
Tugendhafte, -Sefiroth, **397**
Turm-Tarot, 324, 433, 434, **437, 440**
Tyr, **414**

U

Übereinstimmung, 71, 77, 261, **307,** 308
Überkritisch, 362,
Übermut, 237
Übertragung demütige, 226, 227
Übertreibung, 113, 117, **229,** 454
-in den Aktionsf., 275
-in den Wegen, 277, 278
Überwinder, -Sefiroth, **397**
Ullr, **415**

Umfeld, **235**
Umwandlungsprozeß, 107
Unangreifbarkeit, **233**
Unaufrichtigkeit, 363
Unbeständigkeit, 363
Unbewußtes, 106
Unbewußtes kollekt., 396
Uneinsichtigkeit, 363
Ungeduld, 363
Unterbauch, 260, 261, 362, 363
Unterberwertung, 119, 120, **229,** 454
-i.d. Aktionsf., 276
-i.d. Wegen, 279, 280
-in Aktionsfeldern, 276
Unterkiefer rechter, 261, 363
-linker, 261, 363
Unterschätzung in Aktionsfeldern, 276
Unterschätzung, 119, 454
Unterstützung, 120
Unterwege neue, 446
Unzuverlässigkeit, 363,
Uoroboros, 210, 211, **489,**
Uranos, **411**
Urgeister die sieben, 148, **489**
Urglanz, 147, 426, **491**
Urglyphe, 22
Uridee, 64, 76, **489**
Uriel, **199**
Uriel-Botschaft, 175
Urkräfte, 199
Urmutter -Sefiroth, **397**
Urschrift, 40
Uruz, 310, **414**

V

Vairochana, 418
Vajrasattva, 418, 419
Vanen/Wanen, **404**
Vater großer, -Sefiroth, **397**
Verachtung, 363
Verallgemeinernd, 362
Verdatung, 378
Verdrängung, 106
Vereinigung, 123
Vergeltung, 66, 77, 261
Vergleichstabelle ost-west, 134
Verhältnis reziprokes, **489**
Verhärtung, 363
Verkünder, -Sefiroth, **397**
Verletzbarkeit, **233**
Verlust kosmischen Seins, 96, 97
Vermeidungshaltung, **235**
Vermittler, -Sefiroth, **397**
Vermittlung, 160
Versäumnis, 121
Verstand, 173
Verstandeskategorien, 173
Verstehen, 112
Vertrauen, 73, 77, 261, **321,** 322
Verurteilung, **235**
Verwirklichung, 73, 76
Verwirklichungsgeheimnis, **233**
Vibration manaische, 382, **489**
Vidar, **415**
Virtuell, **498**
Vorstellungskraft, 66, 77, 261, **295,** 296

W

Wachstum spirit., 67, 76, **236**
Wahrheit, 70, 76
Wahrnehmung distanz., 219, 223, **235**
-innere, **230**
Wahrnehmungsmodus ost-west, 134, **489**
Wahrnehmungsrichtung, 268
Wahrsager, 361, 363, 441, 442
Wallhall, **415**
Wallküren, **415.**
Wandlungsgesetz zentrales, 252, **231**
Wassermann, 380
Wassermanzeitalter, 380
Weder-Noch, 131, 132, 137
Wege primäre, 81, 206, **230**, **491**
Wege einzeln, 290
-neue, 446, 448
-Affirmationen, 294-349
-Blockaden, 229, **230,** 237, **491**
-Funktionen, 269
-Gesetze, 268
-Instruktionen ,290
-Inversion, 363
Wege-Korrespondenzen, 261
Wegearbeit praktische, 271, 290, 291, 292, **491**
Wegeübersicht, 268
Wegevergleich, **242**
Weisheit, 68, 76, 153
Welt-Tarot, 312, 433, 434, **436, 440**
Welten die vier, 57, 61
Welten kabbalistische, 57, 61, **491**
Weltenbaum, 25, 26
Weltenlenker, 369
Weltesche, 27
Weltgesetz überpers., 369
Weltmitte, 167, 374
Weltmutter, 409
Weltprozeß, 369
Weltreligionen, 371
Wertekosmos, 86, **492**

Wertigkeit kabbalistische, 80, **492**
Widerstand u. Demut, 225
Wirbel, verschlingender, -Sefiroth, **397**
Wirbelsäule-Korrespondenzen, 262, 263
Wissen, 64, 76
Wodan, 412
Wohlleben, 159
Wohltäter, -Sefiroth, **397**
Wunjo, 341, **412**
Würde, 66, 77, 261, **297,** 298
Xi, 322

Y

Yang und Yin, 54, 131, **492**
Yggdrasil, 27
Ypsilon, 341

Z

Zadkiel, **197**
Zadkiel-Botschaft, 160
Zafkiel, **196**
Zafkiel-Botschaft, 157
Zahlenwert, 434
Zähne obere rechts, 261, 363
-obere links, 261, 363
-untere links, 261, 363
-untere rechts, 261, 363
Zellulär, **492**
Zelluläre und humorale Phasen, 264, 266, 365, 366
Zentrierung individuelles Sein, 95, 96
Zermürbungsprozeß des Ego, 129
Zeta, 306
Zeus, 413
Ziel spirituelles, **233**
Ziellosigkeit, 363,
Zielstrebigkeit, 70, 77, 261, **305,** 306
Zim-Zum, 33, 45, 46, 47, **492**
Zionismus, 38
Zuneigung, 111, **235**
Zunge links, 261, 363
-rechts, 261, 363
Zusammenfassung Lichtm., 394
Zuverlässigkeit, 72, 77, 261, **319,** 320
Zuversicht, 70, 77, 261, **303,** 304
Zwanghaftigkeit, 363
Zwerchfell, 261, 363
Zwerge, **406**

Verlagsprogramm 1994, Buchneuerscheinungen

Walter Binder
Leben im Lebensbaum- eine Einführung
Das Buch bietet eine kurze und prägnante Einführung in den kosmischen Lebensbaum. Nur die wesentlichen Elemente der Kabbala, welche für die esoterische Praxis relevant sind, wurden beschrieben. Die Engelshierachie und ihre Bedeutung für die spirituelle Evolution, die zehn Sefiroth, die 24 Wegeverbindungen und die Integration von Gegensätzen. Etwas ausführlicher wurde der Fünferzyklus des Unbewußten und seine Bedeutung in den horizontalen und vertikalen Wegen dargestellt. Das Hauptanliegen des Buches gilt jedoch der täglichen Wegearbeit, die es dem Leser ermöglicht, durch gezielte Fragen und affirmative Verstärkungen auf das Unbewußte positiv einzuwirken.
F.16x23, S.508, 94 Abb., 9 Tabellen, DM 55,- gebunden.

Walter Binder
Lebensbaum-Kartenset
Die 40 Wegekarten zum Lebensbaum ergänzen den Einführungsband und die drei Kabbalabände in hervorragender Weise. Ihr aufbauendes Frage- und Antwortspiel und die tiefschürfenden Belehrungen der zehn himmlischen Exponenten machen sie zu einem unumgänglichen, praktischen Handwerkszeug. Wichtige Wegeattribute, esoterische Symbole und Bilder wurden den Texten beigefügt. Durch die tägliche Anwendung kann sich der Benutzer sein spirituelles Thema vor Augen halten und die innere Achtsamkeit im Alltag lernen. Wer mit diesen Karten regelmäßig arbeitet, macht große spirituelle Fortschritte. Kartenformat 13x10 cm, 43 Karten, mehrfarbig und drucklackiert im Karton, DM 59,-.

In Vorbereitung, Band I
Walter Binder
Der Mensch im Lebensbaum
Das Buch, aus ältesten Quellen geschürft, führt systematisch in die Psychologie und Spiritualität des kosmischen Lebensbaumes ein. Die völlig neue Ikonographie der zehn Sefirothtafeln ermöglicht dem Leser die richtige Handhabung der Ursymbole, Archetypen, Aurafarben, Formen, Zahlen, Töne, Buchstaben, Chakren und I-Ging-Zeichen. Letztere wurden mit dem genetischen Code und der Hierarchie des Lebensbaumes in Verbindung gebracht und neu interpretiert. Detailliert eingegangen wurde auch auf die zehn himmlischen Exponenten, den Fall Luzifers, die Engelschöre und ihren Einfluß auf die spirituelle Evolution. Sehr ausführlich wurde der Fünferzyklus des Unbewußten und seine Bedeutung in den *horizontal*-diagonalen und *vertikal*-diagonalen Wegen dargestellt und wie die Gegensätze zu einer spirituellen Wahrnehmungseinheit verschmelzen. Ein sehr wichtiges Anliegen sind dem Autor die individuelle Bewußtseinshaltung und die jeweiligen Wandlungszustände in den Wegen. Im letzten Drittel wird der Leser in die kosmischen Zyklen des platonischen Jahres und ihre Markierungen im Lebensbaum eingeführt. Im praktischen Teil gibt der Autor Anleitungen zur Integration von Teilpersönlichkeiten, aggressiven Energien und in die kabbalistische Operationen von Numerologie, magischen Quadraten sowie Methoden der richtigen Intonation der zehn Gottesnamen. F.16x23, ca.S.650, 105 Abb., 30 Tabellen, DM 65, gebunden.
Voraussichtlicher Erscheinungstermin: Herbst 1995

In Vorbereitung, Band II

Walter Binder

Die Wegearbeit im Lebensbaum

Das Hauptanliegen des Buches ist die praktische Wegearbeit, die es dem Leser ermöglicht, durch gezielte Fragen und affirmative Verstärkungen in Verbindung mit symbolischen Attributen, Bildern und Zitaten aus dem Volksmund auf das Unbewußte positiv einzuwirken. Die didaktisch ausgezeichnete Anleitung in der Wegearbeit führt den Praktiker durch die Hierarchie der Bewußtseinsstufen- ihre analoge und duale Vernetztheit, und er lernt so seine seelische Landkarte kennen. Systematisch gewinnt er nach und nach ein klares Orientierungsbild auf dem Weg zu seiner Fokussierung im Urglanz- dem göttlichen Funken in uns. Er wird unterwiesen, die korrespondierenden blockierten Wege der seelischen Landkarte richtig zu erschließen, um die innere Mitte und seelische Harmonie wiederzufinden. Im praktischen Teil wurden mentale Übungsanleitungen für Mantra- und Mandala-Meditation sowie Achtsamkeitsübungen eingefügt, so wie sie in den Seminaren des Autors seit Jahren praktiziert werden.
F.16x23, ca.S.450, 25 Abb., 30 Tabellen, DM 45, gebunden.
Voraussichtlicher Erscheinungstermin: Herbst 1995

In Vorbereitung, Band III

Walter Binder

Krankheitsdeutung und Therapie im Lebensbaum

Das Buch ist ein Novum in der spirituellen Literatur. Nach siebenjährigem Studium gelang es dem Autor, die psycho-spirituellen Ursachen von seelischen und körperlichen Krankheiten zu erforschen. Ausgehend vom Quellenstudium der 24 Wege der Weisheit und den Sefiroth-Einfärbungen, erfährt der Leser die wahre spirituelle Bedeutung seiner organischen und seelischen Erkrankung. In Anlehnung an die Homotoxikologie von Dr. med. H.H. Reckeweg und die drei humoralen und zellulären Phasen wird der Fachwelt, aber auch dem medizinischen Laien, die Paralellität zu den möglichen sechs Wandlungszustände der Bewußtseinshaltungen und Wahrnehmungsweisen aufgezeigt. Insofern kann dieses Buch die gesamte Psychologie und Medizin revolutionieren, weil es einen völlig neuen Ganzheitsansatz in Diagnose und Therapie anbietet. Dieses Buch erweitert wesentlich die orthodoxen Theorien der Psychosomatik und zeigt, wie durch über- oder unterwertige Bewußtseinshaltungen und Wahnehmungsweisen psychovegetative Blockaden entstehen können, die sich dann in den entsprechenden humoralen oder zellulären Phasen manifestieren. Das volle Verständnis des Buches setzt das Studium des ersten und zweiten Bandes voraus. F.16x23, ca.S.300, 20 Abb., Krankheitstabellen, DM 42-, gebunden.
Voraussichtlicher Erscheinungstermin: Herbst 1995

Walter Binder

Herzensübergabe

Ein Buch, ja ein spirituelles Juwel, das zur Hingabe an die göttliche Liebe und Langmut aufmuntert. Die aufbauende, vertrauliche Zwiesprache mit einem Diener des Herrn der unentwegt mit geduldiger Güte auffordert, entschlossen dem Höchsten die inneren Schatten des Ego zu übergeben, macht ihn so menschlich und zum liebenswerten Partner, den man am liebsten anfassen möchte. ER ist der große Heiler, der alles neu macht, und nur ER verfügt über die Macht, den Menschen völlig aus den Verstrickungen des Ego zu befreien. *Siehe, ich mache alles neu!* Diese schöne Offenbarung, diese lebendige Weisheit, diese zur Religion erblühte praktische Philosophie ist es, was wir in der Zeit der großen Bedrängnisse dringend brauchen. F. 15x21, ca.S.80, DM 32,- gebunden.

Walter Binder
Die kommende Lichtmaterie
Der wahrhaft atemberaubende Inhalt des Buches bietet eine Gesamtschau von wesentlichen Engelsbotschaften, Zitaten aus der Bibel und dem Koran, Versen aus der Bhagavadgita und einigen Centurien des Notradamus, und vermittelt wichtige Einsichten über die kommende Lichtmaterie, jenem neuen Bewußtsein, das die Menschheit in Kürze wie ein Dieb in der Nacht überraschen wird. Es werden die astronomischen und gesellschaftspolitischen Voraussetzungen für dieses äonale Ereignis geschildert, und welche inneren Prozesse dabei ablaufen.
F.12x17, S.46, DM 12,- kartoniert.

In Vorbereitung

Jürgen Klokow
Praktisches Handbuch der Homöopathie mit Indikationsverzeichnis
Das praktische Handbuch der Homöopathie wurde von einem Fachmann so konzipiert, daß auch ein Laie sein Mittel treffsicher bestimmen kann. Alle Symptome und Mittel sind systematisch in alphabetischer Reihenfolge parallel aufgelistet. Eine einfache, leicht verständliche Arbeitsanleitung erspart dem Sucher umständliches Herumblättern und gibt ihm ein wichtiges Rüstzeug an die Hand, um bei Bedarf sich selbst helfen zu können. Neben den üblichen Symptomen wurden auch die seltenen und sonderlichen Symptome und ihre Mittel aufgenommen, so daß auch Problemfälle angegangen werden können.
F.16x22, ca.S.756, schematische Suchbeschreibung, DM 120-, gebunden.
Voraussichtlicher Erscheinungstermin: Herbst 1994

Walter Binder
Erfolgreiche Naturheilbehandlung bei Magen- Darm- Leber- und Galleerkrankungen
Ein Buch, das einfach und prägnant typische Symptome und Krankheiten im Bauchbereich beschreibt und klare, praktische Behandlungsvorschläge mit rezeptfreien Naturheilmitteln und Behandlungsmethoden gibt.
F.15x21, S.150, kartoniert, DM 23-, 2. Auflage.

Walter Binder
Naturheilkundliches Ernährungsbrevier mit Topvollwertrezepten für gesunde und kranke Tage
Das Buch schließt eine Lücke in der Krankenheilkost. Es werden die wichtigsten Lebensmittel und ihr Heilwert vorgestellt und wie man sie in erprobten Vollwertrezepten bei Krankheiten einsetzt. Mit über 100 Vollwert-Heilrezepten ist dieses Buch ein wertvoller Ratgeber in der täglichen Küche für alle, die eine wirksame Heilkost zusammenstellen wollen.
F.15x21. S.295, kartoniert DM 35-, 4.Auflage 1994.

Walter Binder
Die Natur, der beste Arzt
Anleitung zur gefahrlosen Selbstbehandlung von 150 Krankheiten, mit Kräuterrezepten und Naturheilbehandlungen.
F.12x18, S.341, kartoniert DM 18,- 7.Auflage.

Walter Binder
Erfolgreiche Naturheilbehandlung bei Kopf- Hals- und Erkältungskrankheiten
Ein Buch, das einfach und prägnant typische Symptome und Krankheiten im Kopf-Halsbereich beschreibt und klare praktische Behandlungsvorschläge mit rezeptfreien Naturheilmitteln und Behandlungsmethoden gibt. Drei Akupressurtafeln mit genauer Indikation vervollständigen das Buch zu einem wichtigen Ratgeber.
F.15x21, S.232, kartoniert, DM 25,- 1.Auflage.

Walter Binder
Klassische Akupunktur und klinische Leitsymptome
Dieses Standardwerk der Akupunktur schließt die Lücke zwischen klinischen Leitsymptomen und klassischer Akupunkturanwendung. Die 82 mehrfarbig. Bildseiten mit exakter Punkteeinzeichnung geben dem Buch einen hohen praktischen Wert und es sollte in keiner Praxis fehlen. F.21x30, S.400, 38 Seiten Stichwortregister, geb., DM 159,- 1.Auflage.

Walter Binder
Akupunktur-Wandtafel-Set incl.Aufhängeleisten
Drei Akupunkturwandtafeln zur schnellen Auffindung von Punkten mit einfachem Orientierungs-Schemata der klassischen Akupunkturregeln. F.45x67 cm, einrollbar, drucklackiert, 3 Tafeln, DM 59,90-, 1.Auflage.

Walter Binder
Krebszellen sind SOS-Zellen
Naturheilkundliche Vorbeuge- u. Behandlungsmöglichkeiten in der Krebstherapie
Das Buch bietet eine umfassende Anleitung zur Stimulierung des Immunsystems. Besonders in der Krebsnachsorge gibt es auch dem interessierten Laien einen 9-wöchigen Therapieplan an die Hand, mit dem er Strahlen- und Chemoschäden schnell beseitigen kann.F.15x21, S.96, kartoniert, DM 20,- 1.Auflage.

Das besondere Reiki- und Chakra-Handbuch
Walter Binder
Der Energiekörper im Feld der Reiki-Kraft
Dieses faszinierende Buch ist eine gelungene Synthese von mystisch-spiritueller Erfahrung und Erkenntnissen aus der Psychologie und modernen Physik über die lebensenergetischen Prozesse, sowohl im äußeren wie inneren Erfahrungsbereich. In einem kühnen Bogen fächert der Autor dem Leser die mythologischen und geschichtlichen Phasen der universalen Lebensenergie auf und zeigt wichtige Querverbindungen zu den ganzheitlichen Ansätzen moderner Erkenntnisse. Der Leser erfährt, wie die Energie der Symbole auf die Energiehüllen wirken und wie es im rituellen Akt zur Öffnung der Energiezentren kommt. Er wird umfassend eingeführt in die universalen Gesetze der Energieschichten und erfährt Wesentliches über die Hierarchie der Bewußtseinsstufen. Systematisch wird der Leser mit der energetischen Dynamik der Chakrenphysiologie vertraut gemacht und erfährt Grundlegendes über ihre Rolle im spirituelle Wachstumsprozeß. Er gewinnt so ein originales Grundlagenwissen, das über die übliche Hermeneutik der Chakras bedeutend hinausreicht. Im praktischen Teil werden dem an der Chakraharmonisierung interessierten Heiler u.a. gefahrlose Behandlungsvorschläge bei ererbten oder erworbenen Chakradissonanzen vermittelt. Ebenso ausführlich wird die Anwendungsmöglichkeit der Reiki-Kraft

erörtert. Der Leser bekommt in Wort und Bild präzise Anleitungen für Behandlungstechniken, z.B. Handpositionen, Behandlungszeiten, und kann mit den reichen Bildmaterial des Buches praktisch arbeiten. Der letzte Abschnitt befaßt sich mit dem Sterbebeistand und zeigt die praktischen Möglichkeiten der Reiki-Anwendung. Im Anhang gibt der Autor noch Tips zur gewerblichen Ausübung von Reiki. Der umfassende Bezug des Buches macht es für den Praktiker und für Seminarleiter zu einem wichtigen Ratgeber und Nachschlagewerk.
F.15x21, S.305, 57 Abb., fünf Übersichtstabellen u. Stichwortreg., DM 34,50, kartoniert, 3.Auflage 1994.